鸣　谢

本书的出版获得中山大学研究生教育质量提升专项计划（24200-18842270）

和中山大学中央高校基本科研业务费专项资金（22wkqb01）的资助。

傅锡洪 著

即用是体

阳明学
深度解读

SUBSTANCE AS
MANIFESTATIONS

A Deep Interpretation of
Wang Yangming's Philosophy of Mind

社会科学文献出版社
SOCIAL SCIENCES ACADEMIC PRESS (CHINA)

序

21世纪以来，王阳明思想颇受学者的重视，也受到社会各界的广泛关注。在中国传统哲学特别是宋明理学领域，相比于朱子学，阳明学似乎更受人们欢迎，这一点我们可以从书店中琳琅满目的有关阳明学的各色书籍中得见一斑。不过就学术界看，与社会上掀起的"阳明学热"相比，严谨的哲学研究以及文献整理的成果更为突出，即便说其数量已到了浩如烟海的程度也不为过，这既呈现阳明学研究的两大学术特色，也象征着当今传统文化研究的强势复苏。

从学术的角度看，其实阳明学并不好懂，无论是耳熟能详的"知行合一"，还是其哲学的第一命题"心即理"以及与此相关的"心外无理""心外无物"等一套说法，乍见之下，都不免感觉有点违反社会常识。因为按照常识，知识与行为的发生总有先后的时间差，要么知识在行为之前，对行为起着引导的作用，要么行为在知识之后，对知识起着检验的作用，无论哪一种情况，知识和行为在发生上都存在或先或后的关系。于是，近年来学界出现了一种趋向：对"知识"进行重新探讨。认为在命题知识和能力之知以外，还有第三种类型的"动力之知"——这种"知"必然引发行为的发生，如阳明所讲的"知行合一"的"知"便是动力之知，更具体地说，此动力之知也就是阳明学的"良知"。这项研究对于深化阳明学的哲学研究无疑具有推动作用。且不论"动力之知"在概念上如何界定，就阳明学的内在义理而言，的确，"知行合一"与其"良知"概念密不可分。然而这一点在此前学术界的研究当中，重视程度却不够。

我在几年前曾撰文《作为阳明良知学的"知行合一"论》，指出知行合一其实就是阳明良知学的命题而不是其他的什么命题。意思是说，唯有在阳明良知学的理论观照下，我们才能恰当地理解何为知行合一。为了印证这一点，我认为应当充分重视阳明的一句自述："吾良知二字，自龙场以后，便已不出此意，只是点此二字不出。"这是说，1508 年阳明在贵州龙场发生的一次生命觉悟即"龙场悟道"之际，便已经悟出了"良知"的道理，只是当时还不能将此道理用语言表述出来，更无法将此理论化。

当然，学术研究非常讲求严谨性。如果按照王阳明思想发展的历程看，阳明"致良知"学说的正式提出，是在 1520 年前后，距龙场悟道的发生尚有 12 年的岁月，这是阳明学史上的常识。况且，上述阳明的自述，既不见录于阳明语录的经典《传习录》，也没有出现在《王文成公全书》所收阳明亲笔的文字中，而只不过出现在阳明弟子钱德洪《刻文录叙说》的文字当中，是以"先生尝曰"的形式加以转述的。退一步说，即便阳明曾经向弟子披露过这段回忆，但根据"孤证无凭"的史学原则，人们也有理由对阳明的这段自述的可靠性表示存疑。

然而我却以为阳明的这段自述是充分可信的，否则的话，阳明不会在龙场悟道次年便提出"知行合一"命题。理由有二：一是从义理上看，知行合一与心即理这一阳明学的哲学命题密切有关，而心即理正是阳明龙场悟道的核心内容；二是从文献上看，1512 年底至次年初，阳明弟子徐爱所记录的《传习录》上卷第 8 条便已明确拈出了"良知"二字："知是心之本体，心自然会知。见父自然知孝，见兄自然知弟，见孺子入井自然知恻隐，此便是良知，不假外求。"甚至说，如果做到了存天理去人欲，那么"心之良知更无障碍，得以充塞流行，便是致其知"。这里的"致其知"也正是阳明在 1520 年提出"致良知"的另一种表述。这条文献资料的可靠性及其重要性是毋庸置疑的。据此，我们可以断定，阳明"知行合一"命题的背后，有良知观念作为重要的理论支撑。

质言之，所谓"知行合一"的"知"不是泛指经验之知，而是特指道德之知，它既是一种能力之知，也是一种动力之知——必然伴随相应行动的"知"。由此，"知行合一"的"行"也就容易理解了，它并不是泛指一般的行为，而是特指良知的推动和落实。唯有如此，我们才可确切地理解阳明晚年为何会说"一念发动处便是知亦便是行"的缘由了。这句话的意思是说，在一念发动之际，作为"意"之本体的良知（"知者意之体"）以及与此"知"相伴随的"行"也必然同时发生。正是在这个意义上，才说知行合一无非就是致良知。

可见，阳明学的哲学义理自有一套严密的系统。心即理、知行合一、致良知这三大心学命题是互相环绕、紧密相扣的一套系统。说到底，我们研究阳明学，需要将阳明学的诸多哲学概念或命题重新置入阳明学的理论系统中才可得到善解。也许这个说法不过是一句"大白话"，但要真正做到这一点，我们后人需要经常提醒自己，使之成为我们进行学术研究的一种理论自觉。这里不妨再举一例，以说明把握阳明学思想体系的重要性。

大家知道，阳明自提出致良知之后，在他临死之前的三四年间，开始着力提倡一句思想口号："万物一体。"单独地看，万物一体无非宋儒程颢提倡的一种作为儒家精神境界的思想观点，即所谓"仁者，浑然与物同体"或"仁者以天地万物一体"。然而阳明此说更有一种本体义，而非仅指境界义。这是因为我们看到，阳明讲万物一体，其实是其良知观念的一种"外化"形式，即良知不只是内在性的个人精神，更是外化为社会存在的普遍精神，因此，万物一体其实是其心学理念的必然结果。特别是阳明在"一体之仁"的意义上，强调"万物一体"这一观念，也就是说，万物之所以是"一体"的，必须建立在"一体之仁"的基础上，由此出发，才能真正实现"万物一体"的理想社会。而"一体之仁"在阳明学的思想体系中，无非就是良知的另一种说法，因为在阳明那里，"仁体"之实质就是"良知"或"本心"而已。故阳明所理解的万物一体社会就是"心学纯明"的时代。按照阳明的良知学理论，如果脱离了良知本心，人类就无法真正建构起万物一体之仁的社会共同体。这就表明，就阳明学的思想体系看，致良知不仅是个人性的道德实践，更是指向公共社会的秩序重建。

阳明的这一观念在阳明后学时代得到了推演和发展，有些阳明弟子提出了"万物一体之学"和"万物一体之政"应当合二为一的观点，认为"学"和"政"既然都建立在万物一体之仁的基础上，因此结论就是"政学合一"，这是要求人们在政治社会领域共同推动和落实良知实践。无疑地，这一思想是对阳明良知理论的新发展，展现出阳明心学充满活力的时代性。

以上拉杂写来，谈的是我对王阳明哲学研究的一点个人体会。傅君锡洪的这部《即用是体——阳明学深度解读》是他的第一部专著，写成了洋洋洒洒60余万字的大书。我披览之余，直感叹服，以为是当今学界阳明学研究的一部佳作。该书文本解读平实，义理分析到位，对前沿研究的把握非常仔细，对阳明学思想体系也有整体性的理解，而且时有独到的心得和创见，很值得向读者推荐。锡洪在2009年随我攻读硕士学位，后又跟从吾妻重二教授，获得日本关西大学博士学位，2015年入职中山大学。2017年开始集中研究阳明学，仅时隔数年，锡洪便拿出了如此厚重的学术专著，而且几乎是在双目失明的状态下，独立完成的，所以更值得庆贺。一方面但愿今后随着科技的发展，锡洪能早日解决眼睛的疾患，另一方面也期待他在今后的学术研究事业上取得更多更好的成就。

吴 震

2024年3月28日于中山大学伦敦会屋

目　录

第二编　工夫

第三编　体用

第四编　四句教

第五编　真诚恻怛

导　论

　　导论第一部分聚焦于工夫问题这一宋明儒学的核心关切,揭示本书的问题由来;第二部分进一步讨论与工夫问题相辅相成的本体问题及其相互关系,展示本书基本思路和主要方法,由此也引出各编主旨;第三部分则提高分辨率,以概述各章主旨的形式进入阳明思想的内部,展示本书主要观点。其中,第一节主要是就王阳明与朱子、陆象山等人工夫论的异同而谈;第二节主要是围绕在宋明儒学尤其是阳明思想中的本体与工夫及其关系而谈;第三节则是围绕阳明思想中的关键概念、命题而谈。

一　问题由来

　　明代中期的王守仁(1472~1529),浙江人,字伯安,世称阳明先生,以倡导心学思想著称于世。一般认为他的思想与宋代陆象山的思想一脉相承,合称陆王心学。与之相对的则是程朱理学,双方思想存在诸多差异。

　　具体就工夫问题而言,近年来以程朱与陆王为相对的两方而概括其工夫主张的有倪培民先生。他总结历来的观点,指出程朱与陆王代表了两种不同的工夫取向:"它们一个是从外面去寻找道德的横向他律,通过格物致知、道问学等修身教养的功夫历程,明白普遍的理,并以此来间接地、渐进式地去发明道心,塑造自己;另一个是从个体的内心去进行道德的纵向自律,通过尊德性,直接发明自己的本心,达到顿悟。"① 这些总结代表了学界的一般看法。当然，学者在这里的"程"究竟是包括了二程兄弟程明道、程伊川还是仅仅指程伊川这一问题上存在分歧，如冯友兰先生如下说法便展示了学者存在的不同的看法："道学后来发展为'程朱'、'陆王'两大派。这个'程'，传统的说法以为统指二程，其实二程的哲学思想是不同的。朱熹继承、发展了程颐的哲学思想，而程颢的哲学思想，则为'陆王'所继承、发展。"② 唐君毅先生也将朱陆之异上溯到二程兄弟之异，"吾人欲论朱陆之异同，必须上溯二家之渊源，以见其同原于二程之学，而所承之方面，有相异之处，则有程朱之传，亦当有程陆之传"③。不过且不论明道，至少伊川和朱子，尤其是朱子堪称理学的代表则是不争的事实。在程朱理学与陆王心学相对而言的理解框架中，阳明的思想被认为是趋近于象山而远离朱子，并与朱子形成对立的。

这样的认识框架固然有其很强的解释力，但也存在若干不容忽视的问题。例如，阳明曾从不同角度批评象山，其中最为人所熟知的莫过于他批评象山"只是粗些"。尽管这是在高度评价了象山之后做出的批评，亦即越过朱子，直接认为"濂溪、明道之后，还是象山"④，不过这一批评却仍然有可能提示我们在陆王之间存在微妙的分别。

钱穆先生即注意到陆王之间并非一致。他从心物关系出发评论阳明："他晚年特别提出'事上磨炼'一句口号来，只为要在朱子格物和象山立心的两边，为他们开一通渠。后人必然要说阳明尊陆抑朱，怕也未必尽然吧？"又说："阳明自是偏向象山，归入'心即理'的一面；

① 倪培民：《良药也需遵医嘱——阳明学普及所需注意的倾向》，《孔学堂》2019 年第 1 期，第 10 页。

② 冯友兰：《中国哲学史新编》，《三松堂全集》第 10 卷，河南人民出版社，2000，第 89 页。

③ 唐君毅：《中国哲学原论·原性篇》，中国社会科学出版社，2005，第 350 页。

④ 均见钱德洪编《传习录》第 205 条，《王阳明全集》卷三，上海古籍出版社，2014，第 104 页。《传习录》编号取自陈荣捷《王阳明〈传习录〉详注集评》（华东师范大学出版社，2009）。

其实阳明虽讲心理合一，教人从心上下工夫，但他的议论，到底还是折衷心、物两派。别开生面，并不和象山走着同一的路子。"①阳明虽然倾向于陆，但确实是折中朱陆双方的，而不是一味地尊陆抑朱。钱先生的判断是非常准确的，他的结论对我们重新思考朱陆王三家的关系是很有启发意义的，尽管事实上象山重视树立本心并不代表他就忽视事务。徐复观先生在《象山学述》一文开篇便介绍了象山出身于一个九世同居的大家庭等情况，并指出："治理这样的一个家庭，确是一件难事，而且也是一件大事。这是陆氏一门学问的起点。"②象山的确得力于事上磨炼。且看他的夫子自道："吾家合族而食，每轮差子弟掌库三年。某适当其职，所学大进。"③对象山来说，确立本心主导作用之后本心应该贯注于具体事务中，而且树立本心的主导作用也往往是在处理事务的过程中发生的。因此如果要支撑钱先生的结论，有必要在心物关系问题之外另寻更为可信的证据。吴震先生也提示了阳明与朱陆的复杂关系："阳明心学的问题意识其实与朱熹理学与象山心学的思想争议是有密切关联的，而这种关联并不是简单地表现为对朱熹理学的反驳以及对象山心学的辩护，应当说，阳明学之于朱子学和象山学都有批判和继承的关系，是在对朱陆思想的异同、是非等义理问题进行反省的基础上得以形成的。"④

且不论阳明自己在朱陆之间有过调停之论，在他正德三年（1508）龙场悟道的次年，席元山向他求教朱陆异同的问题，他没有正面回答，而是讲述了自己在龙场所悟的内容，最终使席元山对此前的提问得出了"朱陆异同，各有得失"⑤的结论。相比于单纯是陆非朱而言，这无疑也有助于我们更加全面地看待阳明与朱陆思想的远近

① 钱穆：《阳明学述要》，九州出版社，2015，第77、71页。
② 徐复观：《中国思想史论集》，九州出版社，2013，第2~3页。
③ 陆九渊：《语录》上，《陆九渊集》卷三十四，中华书局，1980，第428页。
④ 吴震：《〈传习录〉精读》，复旦大学出版社，2011，第25页。
⑤ 钱德洪编《年谱一》，《王阳明全集》卷三十三，第1355页。

关系。

大致来说，阳明的思想介于朱陆之间而相对更接近于陆。传统上程朱理学、陆王心学的划分无疑有其合理性，只是我们不应该由此忽视陆王内部的差异，以及阳明与朱子的某些重要的相似之处。至于何以得出这一结论，则得从他们对本心在工夫中的不同作用的看法说起。

先秦时代的孟子即已提出人都有恻隐、羞恶、辞让和是非之心，此四端之心即是本心。本心实际上是直接发自本性的意念，是不容已要实现的情。一般而言，本心是使人为善去恶，并最终实现成贤成圣目标的重要条件。包括朱子在内的宋明诸儒都承认人皆有本心，不过在怎样对待本心的问题上，他们却有不同的态度。以对待本心的不同态度为基础，他们构建起自己各具特色的工夫论。朱子和象山的主张可以分别概括为二元八层非本体工夫和一元一层本体工夫，阳明则是一元两层本体工夫。[①] 仅就此便可看出，阳明介于朱子和象山之间而更接近于象山。当然，这里说的无疑已经是工夫的全部过程和完整面貌，而不仅仅是一时一地所做的具体工夫了。

（一）朱子的二元八层非本体工夫

朱子认为本心是凭借不上的，成就圣贤终究要依靠居敬和穷理。如弟子向他提问："先生尝说'仁'字就初处看，只是乍见孺子入井，而怵惕恻隐之心盖有不期然而然，便是初处否？"朱子回答："恁地靠着他不得。"[②] "靠着他不得"即是凭靠、凭借不上的意思。"初处"即是发端、萌芽的意思。"不期然而然"意味着意识发自先天本性而无后天的思虑。在遇到"乍见孺子入井"的情形时，人会不自觉地产生

---

① 笔者曾撰文详细对比阳明的一元两层本体工夫与朱子的二元八层非本体工夫，可参傅锡洪《朱王工夫论的结构差异——兼谈朱陆之争》（《学术研究》2022年第1期，第41~47页）。关于朱子和象山工夫论的差异，则可参考傅锡洪《朱陆之辩再论：理论症结、内在关联与话题选择》第一、二节［《杭州师范大学学报》（社会科学版）2021年第4期，第31~35页］。

② 黎靖德编《朱子语类》卷六，中华书局，1986，第110页。

恻隐之心，这就是本心。孟子之所以要突出"乍"，即是要排除后天思虑的渗入，而使此时的意识尽可能是完全发自先天本性的。朱子并未正面回答弟子的提问，实际上他并不否认弟子的观点，他只是强调本心是凭借不上的。承认人有本心而又不能凭借本心，实际上是继承自程伊川的观点。伊川如下所说的"知"实即本心之知："知者吾之所固有，然不致则不能得之，而致知必有道，故曰'致知在格物'。"①表示转折的"然"字清楚地展现出人固有本心而又不能凭借本心的张力。伊川的这一主张被朱子完整继承下来。

本心凭借不上可以分两层来讲，第一，无法完全凭借本心，由此工夫并非完全是先天工夫而具有后天工夫的性质；第二，进一步地，本心虽然不是没有作用，不过，在后天工夫中也是凭借不上的。

第一，不借助后天的努力而完全诉诸先天的本心是行不通的。因为如果不借助后天的反省、觉察，那么本心是无法保持清明状态的。朱子说："只为从前不省察了，此端才见，又被物欲汩了。所以秉彝不可磨灭处虽在，而终不能光明正大，如其本然。"②四端之心固然可以不期然而然地展现出来，但是人如果不加以后天的省察的话，这些意念就会混杂并淹没在私欲之中。

由此可见，朱子固然不否认本心的存在，不过他又坚持认为本心是无法完全凭靠的。这就是他对本心的基本态度。如所周知，牟宗三先生认为朱子思想中没有本心。较早摆脱这一观点影响的有蒙培元先生。他对朱子处之本心的内涵有深入阐发，他指出："朱子有道德本心之说，而最能说明其道德本心说的，莫过于'心即仁'说。"③从朱子一方面承认本心的存在，一方面又认为本心不足凭借，我们可以看出他在心性论和工夫论之间存在某种张力。唐君毅先生已指出朱子在有关本心问题上存在张力："朱子在宇宙论上，固以心属于气，气

---

①　程颢、程颐：《河南程氏遗书》卷二十五，《二程集》，中华书局，2004，第316页。

②　黎靖德编《朱子语类》卷一百一十八，第2846页。

③　蒙培元：《朱熹哲学十论》，中国人民大学出版社，2010，第115页。

依理而动静，并以心为有动有静，有存有亡者；在工夫论上亦谓此合道之心，可由存而亡，亦可由亡而存，其存亡全系在工夫上。然在纯粹之心性论，与直接相应于其心性论之工夫论中，则又初不重依气以言心，亦未尝不言'超乎一般之动静存亡之概念之上'之本心或心体。"①"直接相应于其心性论之工夫论"主要指对本心的察识，但这只在他三十七岁到四十岁之间短暂主导了他的工夫论，在他四十岁之后成熟时期的工夫论中并未起到主导作用。总体而言，唐先生的看法无疑是更全面的，而牟先生之所以认为朱子思想中没有本心，无疑与朱子倡导的工夫并不凭借本心有密切关系。②

基于对本心的上述态度，朱子对象山提出了如下评论："陆子静说'良知良能'、'四端'等处，且成片举似经语，不可谓不是。但说人便能如此，不假修为存养，此却不得。"③朱子认为象山宣扬本心的诸多论述本身并没有错，这也进一步印证了他并不否认本心的存在，错的是象山只是凭借本心而完全忽视了修为存养之类后天努力的作用，这是他的主张引发朱子不满的原因。

朱子所说的修为存养，最根本的便是居敬和穷理。大致而言，前者指的是保持意识的清醒、警觉状态，以至于私欲不容易产生，即便产生也容易被觉察并加以克除，后者指的是把握事物之理。居敬与成贤成圣的联系较易理解，即私欲的觉察和克除，无疑是成贤成圣的内在环节。穷理与成贤成圣的联系则须加说明。固然做成任何一件事情都需要了解与这件事情有关的事物的道理，在此意义上穷理是必要的，但朱子所说的道理并不仅仅是成事的手段而已，毋宁说道理的实现本身就是成贤成圣的目标。因为他所理解的道理从根本上来说即是圣人致力于实现的生生之仁。他说："圣贤出来抚临万物，各因其性而

---

① 唐君毅：《中国哲学原论·原性篇》，第 404 页。
② 对牟先生观点的更详细分析可参考傅锡洪《伊川、朱子思想及其与陆王的会通再论——对杨祖汉先生研究的若干补充》，《鹅湖月刊》2023 年第 6 期，第 60~64 页。
③ 黎靖德编《朱子语类》卷一百二十四，第 2970 页。

导之。如昆虫草木，未尝不顺其性，如取之以时，用之有节：当春生时‘不夭夭，不覆巢，不杀胎；草木零落，然后入山林；獭祭鱼，然后虞人入泽梁；豺祭兽，然后田猎’。所以能使万物各得其所者，惟是先知得天地本来生生之意。"①"天地本来生生之意"即是所穷之理的根本内容。圣人所做的事情无非是在把握了这一天地本来生生的道理之后，使其具体实现出来或实现不受干扰而已。他在这里主要说了有生命物，有生命物的存在可以称为生，无生命物的存在可以称为存，这是狭义地理解生，广义地讲，生生则可以统摄生与存。

　　由于人都有恻隐之心，所以原本"不夭夭，不覆巢，不杀胎"之类的道理并不难以理解，那为什么还需要穷理呢？朱子以下说法正可作为解释："圣贤教人，虽以恭敬持守为先，而于其中又必使之即事即物，考古验今，体会推寻，内外参合。盖必如此，然后见得此心之真，此理之正，而于世间万事、一切言语，无不洞然了其白黑。"② 意思是此心此理原本并不难以理解，真正需要努力才能做到的是理解"此心之真，此理之正"。"真"与"正"表现在，并不是心可以恻隐可以不恻隐，生生之理可以实现可以不实现，不恻隐、不生生也无妨碍。相反，以恻隐的方式实现生生之理具有必然性和迫切性。必然性是通过揭示所以如此的原因，阐明行动是只能如此而不能如彼的；迫切性是通过揭示如此行动是情不自禁、自发主动的，阐明如此行动是只能当下实施而不能有所延宕的。朱子以"所以然而不可易"和"所当然而不容已"的形式，③明确表达了必然性和迫切性的意思。并且尽管"不可易"在"不容已"的前面，但他仍认为迫切性更为根本，强调迫切性可以统摄必然性。意思是如果感受到了实现生生之理的迫切

---

① 黎靖德编《朱子语类》卷十四，第256页。
② 朱熹：《答项平父》五，《晦庵朱文公先生文集》卷五十四，朱杰人、严佐之、刘永翔主编《朱子全书》第23册，上海古籍出版社、安徽教育出版社，2002，第2543页。
③ 朱熹：《四书或问》卷二，《朱子全书》第6册，第528页。

性，自然会去行动，而必然性自然也就蕴含在其中。如果仅仅体认到必然性，则未必当下就去行动，而仍然可能延宕，则必然性最终也将落空。因此相比于必然性，迫切性是更为重要的。

关于"不容已"的含义，曾亦先生指出："'不容已'表面上是指理所当然，实际上是情不自已的意思。"[1] 这是非常恰当的，不过，之后他并未将对其的体认和确信视为朱子穷理所要达到的终极目标。

事实上，不容已在朱子思想中的重要性被以往学者低估了。朱子固然重视理是不可易的准则或规范，但也在不少地方强调了其不容已地要实现出来的性质。虽然总体来说前者是他更为重视的，但后者在他思想中也有不可或缺的地位。钱穆先生以下说法对两者的轻重地位的总体判断是恰当的，但也多少低估了后者的分量："大抵晦翁讲宇宙方面，思路较完密，但其所谓理，则规范的意味重，推动的力量薄，平铺没气力，落到人生方面，使人感到一种拘检与散漫疲弱无从奋力之感。"[2]

学界广泛讨论在朱子这里真知何以必然能行的问题，其要害即在对理之必然性和迫切性的体认和确信。并且，此处我们之所以用"迫切"而不回避失之急促褊狭的嫌疑，就是因为不如此不足以揭示朱子工夫论中蕴含的足以对治散漫疲弱的动力。

总之，穷理最关键的目的是实现对生生之理的不可易和不容已的体认和确信。有此体认和确信，便能落实人所固有的恻隐之仁，而不至于使之淹没在众多私欲之中。至于居敬则可充当人做穷理工夫的必要条件，当然穷理反过来也有助于人保持敬的状态。因为人对道理体认得越深，则越不容易被私欲干扰，因而也就越容易保持对私欲清醒、警觉的状态。而居敬、穷理又是有着各自内涵而不可化约的工

---

[1] 曾亦：《工夫与效验——从程明道论"识仁"看朱子对〈大学〉新本的阐释》，《中国儒学》第十辑，中国社会科学出版社，2015，第82页。

[2] 钱穆：《中国学术思想史论丛》（五），生活·读书·新知三联书店，2009，第280页。

夫，由此两者构成朱子工夫论的二元基础。穷理即《大学》八条目中的格物，在穷理的基础上以及在居敬的保证下，朱子主张以八条目为次序层层推进工夫。关于工夫节节推进的次序和居敬的保证作用，他说："方其当格物时，便敬以格之；当诚意时，便敬以诚之；以至正心、修身以后，节节常要惺觉执持，令此心常在，方是能持敬。"①

须指出的是，不是说只有完成致知才能开始诚意，而是说只有达到知至，才能做到意诚。诸如此类，前一条目的完成是后一条目完成的必要条件，而非后一条目开始的必要条件。吴震先生从工夫系统和工夫次第的角度对此做了说明："一则说正心诚意不全在致知格物之后，一则说必等到'物格知至'，然后才能真正做到正心诚意。朱熹之意似在强调：前者是就工夫系统而言，后者是就工夫次第而言。"②顺便一提，阳明则似乎不能理解此工夫次第与工夫系统并行不悖的观点，他在回答顾东桥的信中说："既云'交养互发、内外本末一以贯之'，则知行并进之说无复可疑矣。又云'工夫次第能不无先后之差'，无乃自相矛盾已乎？"③这可能是顾东桥并未准确、透彻揭示工夫有先后与工夫无先后何以能同时成立所致。从朱子的角度来说，物格知至而后可以做到意诚，这是工夫有先后；做格物工夫之时不能不启动诚意工夫，这是工夫无先后。阳明对朱子思想的理解是有一定欠缺的，这使我们有必要在研究阳明思想时对朱子思想也必须有深入的了解，才不至于不自觉地透过他的视角来看朱子思想。

第二，本心在后天工夫中也是凭借不上的，居敬、穷理之类工夫凭借的不是本心。考虑到朱子并不否认本心的存在，那么就有必要追问，他主张的工夫凭借的是不是本心。

因为居敬之为居敬乃在于保持清醒、警觉的状态，其要点是保持而不间断，而在经过长期工夫修养之前，本心恰恰是暂明暂灭，其呈

---

① 黎靖德编《朱子语类》卷十三，第226页。
② 吴震：《朱子思想再读》，生活·读书·新知三联书店，2018，第302页。
③ 钱德洪编《传习录》第132条，《王阳明全集》卷二，第47页。

露是时断时续的，因此本心固然可以发挥一定的作用，但可以确定居敬总体上凭借的不是本心。牟宗三先生如下对敬的工夫的定位是大致不误的，至少在工夫纯熟之前是如此："此良知是不虑而知，其知属之天，乃本诸先天德性者。只言'敬的心'，则是以虑而知，其知属之人，乃出诸后天工夫者。故'敬'只是提醒。静养动察皆是念念提醒，虑而反之。"[①] 朱子以下所说即体现出居敬存养凭借的不是固有的本心，存养工夫和本心并不是一体的关系："便是物欲昏蔽之极，也无时不醒觉。只是醒觉了，自放过去，不曾存得耳。"[②] 本心持续、稳定的呈现是居敬工夫的结果。朱子并不认为本心是本体，如果一定要说本体，那么存养工夫就是本体，而不必在存养工夫之外另寻可以自然呈露的，因而可以成为工夫凭借的本体。他说："盖操之而存，则只此便是本体，不待别求，惟其操之久而且熟，自然安于义理而不妄动，则所谓寂然者，当不待察识而自呈露矣。"[③]"不待察识而自呈露矣"即表明了直接针对本心的察识工夫在朱子工夫论中的地位是无足轻重的，这也正是本心在他工夫论中地位的体现。以下诸语也表达了类似的意思，其中"寂然常感"的本体便是指可以随时呈露并成为工夫凭借的本体："寂然常感者，固心之本体也。然存者，此心之存也；亡者，此心之亡也。非操舍存亡之外别有心之本体也。"[④] 最后是说存养工夫之外别无本体，亦即除了作为实体、本源的性以外，作用层面只有存养工夫本身可以称为本体，不必再去寻找可以凭靠的本体。这实际上是排除了本心在存养工夫中的作用。至于存养之所以可以被称为本体，原因也并不难理解。即存养本身体现了性的要求，使性在现实

① 牟宗三：《王阳明致良知教》，《牟宗三先生全集》第8卷，（台北）联经出版事业有限公司，2003，第14~15页。
② 黎靖德编《朱子语类》卷十七，第377页。
③ 朱熹：《答吕子约》十三，《晦庵朱文公先生文集》卷四十七，《朱子全书》第22册，第2189页。
④ 朱熹：《答吕子约》十，《晦庵朱文公先生文集》卷四十七，《朱子全书》第22册，第2183页。

中得以落实，所以才可以和性一样称为本体。

和牟先生一样，唐君毅先生也认为朱子的居敬工夫是后天工夫，亦即不是凭借本心的工夫。他说："朱子则有一套涵养主敬之工夫，以直接对治此气禀物欲之杂，此一套工夫又似纯属后天之人为者。"①只说"似"的原因是："吾人如顺朱子之心性论，以言其涵养主敬之工夫，亦可见其亦并非真视此工夫，为人之所外加，而亦可只视之为此心之本体之自明而自呈现，以成此涵养主敬之工夫；此中，即亦应有一心之本体与其工夫合一之义，而心之不昧其知觉，即为心之立体之事，亦心之用行之事。"②当然，朱子终究没有做到依靠本心。唐先生说："人之主敬以自存此体，为一静中之涵养工夫，其效亦止于拨开气质之蔽，以不障此光明之体为止。而在此工夫中，所见得此心体之光明之体，初亦即只是一体，而非一自起其用，而自明其明之体。"③

至于穷理，从本心为人所固有的角度来说，它应该会给穷理提供帮助，如朱子所说："其德本是至明物事，终是遮不得，必有时发见。便教至恶之人，亦时乎有善念之发。学者便当因其明处下工夫，一向明将去。"④"因其明处"可以成为"下工夫"的条件，不过"一向明将去"才是关键，而不是说已有之明才是关键，否则就不仅错过了本心的发用，其发用就没有意义了，而且错过了本心未能发用时所应做的工夫。以下诸语也表达了同样的意思："凡人各有个见识，不可谓他全不知。如'孩提之童，无不知爱其亲；及其长也，无不知敬其兄'，以至善恶是非之际，亦甚分晓。但不推致充广，故其见识终只如此。须是因此端绪从而穷格之。"⑤

事实上，穷理与本心的关系可以从两个角度来深入分析。

---

①　唐君毅：《中国哲学原论·原性篇》，第405页。
②　唐君毅：《中国哲学原论·原性篇》，第406页。
③　唐君毅：《中国哲学原论·原性篇》，第414页。
④　黎靖德编《朱子语类》卷十四，第264页。
⑤　黎靖德编《朱子语类》卷十八，第403页。

一方面，理的复杂性是单纯依靠本心所难以把握的。人只有通过读书之类的方式，才能对理的内容获得充分了解。由此读书是朱子实现穷理目标无可替代的主要方式。如他说"穷理之要必在于读书"[1]。当然，朱子也有看似与此相反的言论，如："学问，就自家身己上切要处理会方是，那读书底已是第二义。"[2]徐复观先生就此指出："朱子言论，以读书问题为中心，有显系自相矛盾而无以自解者，则系难以否认的事实。故朱、陆异同问题，实即朱子治学上所包含之矛盾问题。"[3]然而朱子以下所说实际上可以调和上述两方面的观点："须是存心与读书为一事，方得。"又说："本心陷溺之久，义理浸灌未透，且宜读书穷理。常不间断，则物欲之心自不能胜，而本心之义理自安且固矣。"[4]这实即他居敬与穷理相辅相成、相得益彰观点的具体化。应该说，朱子观点自有其可以自洽的内在逻辑。并且他与象山的分歧也与读书、涵养或居敬、穷理之间的关系无关，而与究竟依靠居敬、穷理还是本心有关。因此，朱陆之间的分歧应该不能归结为朱子自身的矛盾或居敬、穷理的关系。

另一方面更重要的是，从穷理的根本任务是体认到理的必然性和迫切性的角度来说，本心也是无济于事的。因为很显然，如果本心有帮助的话，朱子根本就没有必要诉诸穷理并为其设定体认和确信理之必然性和迫切性的最终目标。真正有效的是见闻之类的知觉以及全身心沉浸式的投入。关于知觉，朱子说："道理虽极精微，然初不在耳目见闻之外，是非黑白即在面前。此而不察，乃欲别求玄妙于意虑之表，亦已误矣。"[5]"别求玄妙于意虑之表"实即象山等人主张的直接体

---

① 朱熹：《行宫便殿奏札》二，《晦庵朱文公先生文集》卷十四，《朱子全书》第20册，第668页。

② 黎靖德编《朱子语类》卷十，第161页。

③ 徐复观：《中国思想史论集》，第26页。

④ 分别见黎靖德编《朱子语类》卷十一，第177、176页。

⑤ 朱熹：《答陆子静》二，《晦庵朱文公先生文集》卷三十六，《朱子全书》第21册，第1564页。

认本心的工夫主张。朱子认为这是过于玄妙、难以捉摸的。只有视听之类知觉才能使人体认到并最终确信理的必然性和迫切性。关于全身心沉浸式投入，朱子说："人多把这道理作一个悬空底物。《大学》不说穷理，只说个格物，便是要人就事物上理会，如此方见得实体。所谓实体，非就事物上见不得。且如作舟以行水，作车以行陆。今试以众人之力共推一舟于陆，必不能行，方见得舟果不能以行陆也，此之谓实体。"①"实体"是切实、真切地体认、感受的意思。车只能行于陆，舟只能行于水原本并不难理解，恐怕也不会真有人行车于水，行舟于陆。朱子只是以假设的行车于水、行舟于陆之不可行的显而易见、确凿无疑，来比喻全身心地沉浸于一件事情中，从而真切感受到理是必然如此、当下便如此的。

此外，若非工夫已达纯熟之境，那么诚意以下各个条目的工夫也是并不凭借本心的。如果以直接凭借本心的工夫为本体工夫，并非直接凭借本心的工夫为非本体工夫，那么总体而言朱子主张的工夫可以说是二元八层非本体工夫。尽管在朱子这里无论居敬还是穷理都可以不断激发出本心的力量，工夫最终所达致的无疑也是本心充分发用流行的本体工夫，但由于格物致知工夫是漫长而艰苦的，所以总体而言非本体工夫在他的工夫论中占据了主导地位。

（二）象山的一元一层本体工夫

与朱子本心凭借不上以及工夫不凭借本心的观点相反，象山工夫论的要旨在基本上完全凭借本心。在他看来本心既具充足性，因为可以使人因应不同情况做出妥善应对；也具直接性，因为可以自然呈现。他以下所说即表示了本心充足性和直接性的意思："万物皆备于我，有何欠阙？当恻隐时自然恻隐，当羞恶时自然羞恶，当宽裕温柔时自然宽裕温柔，当发强刚毅时自然发强刚毅。"②既然本心具有如此

---

① 黎靖德编《朱子语类》卷十五，第288页。
② 陆九渊：《语录》下，《陆九渊集》卷三十五，第455~456页。

作用，那么首先需要做的是了解和契入具有这些作用的本心。象山说："能知天之所以予我者至贵至厚，自然远非僻，惟正是守。且要知我之所固有者。"① 我所"固有"的便是本心。这种了解和契入本心的工夫即是格物。其含义无疑与朱子理解的注重读书的格物并不相同。朱子注重读书的观点在象山看来是"亦可受用，只是信此心未及"②。象山自己理解的格物的意思在于："某读书只看古注，圣人之言自明白。且如'弟子入则孝，出则弟'。是分明说与你入便孝，出便弟，何须得《传》《注》？学者疲精神于此，是以担子越重。到某这里，只是与他减担，只此便是格物。"③ 象山理解的格物就是让本心不被各种因素遮蔽而能充分显现出来。将精神倾注在文字训诂解释上，结果是阻碍了本心的自然发用。象山倡导的减少负担的目的不过是让本心可以不受干扰地发挥作用。由此可以看出，在他看来，后天因素不仅不能起到促使直接发自先天的本心落实的积极作用，反而会起到干扰、阻碍的负面作用。由此真正需要的是自然而然地让直接发自先天的本心不受阻碍地发挥作用。具体而言，这表现在两个方面。

首先，以自然的方式契入本心。象山说："深山有宝，无心于宝者得之。"④ 这是比喻只有以自然无为的方式才能契入本心，后天的努力反而会起到遮蔽的作用。在此"契入本心"无疑不是指将本心作为认识的对象，而是指人在意识中承接自然发用的本心，使其主导意识，进而将其落实。他以下所说也表达了自然契入本心的意思："优裕宽平，即所存多，思虑亦正。求索太过，即存少，思虑亦不正。"⑤ 之所以自然无为可以契入本心，是因为本心本可自然呈现，而不待后天的努力。如前所述，象山的这一观点受到朱子"说人便能如此，不假修

① 陆九渊：《语录》下，《陆九渊集》卷三十五，第 440 页。
② 陆九渊：《语录》下，《陆九渊集》卷三十五，第 459 页。
③ 陆九渊：《语录》下，《陆九渊集》卷三十五，第 441 页。
④ 陆九渊：《语录》上，《陆九渊集》卷三十四，第 409 页。
⑤ 陆九渊：《语录》下，《陆九渊集》卷三十五，第 464 页。

为存养"的批评。象山认为只有自然才能契入本心，后天努力只能起到阻碍作用；朱子则认为没有后天努力的话，本心只能暂明暂灭，其呈现只能时断时续，不足凭借。

朱陆各自的理由，也可参考唐君毅先生如下总结："朱陆之异，乃在象山之言工夫，要在教人直下就此心之所发之即理者，而直下自信自肯，以自发明其本心。而朱子则意谓人既有气禀物欲之杂，则当有一套内外夹持以去杂成纯之工夫，若直下言自觉自察识其心之本体，则所用之工夫，将不免与气质之昏蔽，夹杂俱流。"①

其次，基本上完全凭借本心以为善去恶。象山说："循吾固有而进德，则沛然无他适矣。"②又说："若立得住，何须把捉？"③又说："凡事累自家一毫不得。每理会一事时，血脉骨髓都在自家手中。然我此中却似个闲闲散散全不理会事底人，不陷事中。"④都在自己手中的"血脉骨髓"指的是本心。因为完全凭借本心，所以可以沛然无事，可以无须把捉，可以闲闲散散。由此可见，象山虽然讲自然无为，但并非完全无所作为，而恰恰是凭借本心大有作为。从这个角度来说，他并非完全忽视修为存养，只是他依靠的力量基本上完全来自本心而已。

之所以只是说"基本上完全"而不说"完全"，是因为习气对人的负面影响是习焉不察的，需要通过后天的精察才能发现，才能克治。陈来先生在研究阳明致良知工夫时注意到的习气之于致良知工夫的不利影响，在象山这里同样是适用的："良知既然是不虑而知，它就有可能被混入其他一些同属不虑而知的情欲和本能，这也是王门后学中实际发展的一种倾向。"⑤对习气的负面作用，象山指出："积思勉之功，旧习自除。"⑥在象山并非完全排斥后天努力，朱子虽不凭借本心

---

①　唐君毅：《中国哲学原论·原性篇》，第349页。
②　陆九渊：《语录》上，《陆九渊集》卷三十四，第416~417页。
③　陆九渊：《语录》下，《陆九渊集》卷三十五，第443页。
④　陆九渊：《语录》下，《陆九渊集》卷三十五，第459页。
⑤　陈来：《有无之境——王阳明哲学的精神》，人民出版社，1991，第335页。
⑥　陆九渊：《语录》下，《陆九渊集》卷三十五，第454页。

但本心也能起到一定作用的意义上，双方的工夫论是有一定交叉的。

阳明高足王龙溪的一个说法，可以用来概括象山的以上两层主张，即"无形象中真面目，不着纤毫力中大着力"[1]。前者是说以自然的方式契入本心，后者是说毫无后天努力，完全凭借本心以为善去恶。

综上可见，因为象山主张的工夫是专注于顺着本心以为善去恶而别无其他事务的，故为一元工夫；因为本心是本体，所以工夫又是本体工夫；因为自然无为贯穿工夫始终，所以工夫又可说是一层工夫。要言之，象山主张的是一元一层本体工夫，其工夫呈现出简易直截的显著特征。

（三）阳明的一元两层本体工夫以及心学的三派

阳明认为本心具有直接性和充足性，人应该凭借本心来做工夫。在这一点上他和象山是一致的。不过，他并不认为后天努力只有负面作用，他认为对于落实本心来说，后天努力往往是不可或缺的，尤其在初学阶段更是如此。在肯定后天努力的意义上，他又接近朱子，只是两人所说后天努力的方式并不一样。朱子所说的是并不凭借本心的居敬穷理等，阳明则是承接直接发用的本心而使之落实，由此我们才说阳明的观点介于朱陆两人之间而相对接近于象山。从有本心可以凭借的角度来说，工夫可以是简易的；从单纯凭借本心又是不够的，必须使意识指向本心并使之落实的角度来说，工夫又应该是真切的。事实上，阳明也的确用"简易真切"来概括自己的工夫论："工夫只是要简易真切。"[2]"简易"代表本心，而"真切"则意味着落实本心。朱子反对追求简易的做法；与此同时，不能说象山的工夫不真切，真切无疑也是他工夫论的题中之义，不过真切的确并非他强调的，他的工夫论的主要特征是简易。象山之所以不强调真切而强调简易，是因为本

---

[1] 王畿：《留都会纪》，吴震编校整理《王畿集》卷四，凤凰出版社，2007，第90页。
[2] 王守仁：《寄安福诸同志·丁亥》，《王阳明全集》卷六，第248页。

心不仅可以自然呈现而具有直接性，而且只要人自然放松，它就能指引和推动人正确地行动，因而具有充足性。由此，单纯简易便可使人进入做工夫的状态中，因此象山主要强调的是简易。在朱陆的对比之下，简易与真切便可以作为彰显阳明特色的标志性说法，两者分别揭示他所凭借的来自先天和后天的两种因素。

要言之，阳明工夫论的要义是发自先天与后天两种因素的并用，由此区别于基本上完全凭借先天因素的象山和主要凭借后天因素的朱子。可以说，阳明的主张既不同于朱子也不同于象山。尽管他与朱子和象山的距离是不一样的，然而单纯将他归为象山的同调、朱子的反调，无疑是不足以全面、准确理解他的主张的。当然，这么说并不意味着否定阳明和象山一样同属心学，只是说两人属于不同类型的心学，不能将他们等同视之。

此外如前所述，作为阳明最重要弟子之一的龙溪，其主张与象山趋同而不同于阳明。他的思想深深地影响了阳明后学的走向，甚至可以说，他在很大程度上使阳明后学偏离了阳明原本的方向。当然，这只是一种事实判断，并不意味着否定龙溪思想自身的价值。

与象山和龙溪接近的尚有不少，如北宋的程明道，明代中期阳明的密友湛甘泉以及明末的刘蕺山等。陆、王两派均同时承认本心的直接性和充足性，不过侧重点有所不同，阳明追求的是本心的直接发用，通过长期努力而达到充分发用；象山等追求的是本心在当下的充分发用。

除这两种类型的心学以外，尚有一派主要依靠静坐等方法体验未发阶段的心，他们借此以达到体悟本心和本心充分发用的目的。其与象山一派都注重本心的充分发用，差异在于是否注重本心的当下发用。其主要代表人物有二程的高足杨龟山，甘泉之师、开创明代心学的陈白沙，阳明后学中归寂派的代表聂双江、罗念庵，以及东林学派代表人物高景逸等。

牟宗三先生将此派的方法称为"超越的体证"。他在论述属于这一派的杨龟山再传弟子、朱子之师李延平"默坐澄心,体认天理"的工夫时说:"此步工夫含有一种'本体论的体证',但却是隔离的、超越的体证,即暂时隔离一下(默坐、危坐)去作超越的体证。"①静坐在这一派中是决定性的方法,而在其他流派中则只是起到或大或小的辅助作用。如象山不排斥经由静坐而顿悟,阳明自身在龙场即是通过静坐而顿悟,此后他也不反对发挥静坐的辅助作用,朱子也承认静坐有其积极作用。与超越的体证相对的是内在的体证,牟先生说:"前者是隔离的超越的体证,后者是不隔离的而即在经验中之内在的体证。"②尽管象山、阳明认可静坐的作用,不过两人倡导的工夫主要是内在的体证。所体证的无非本体或说心体。故强调体证者均属于心学,与之相对的则属理学。

大致可以说,朱子、象山、阳明、白沙代表宋明儒学的四种典型形态。其中朱子为理学,后三者为心学。除了典型的形态以外,尚有综合、融汇不同形态的学者,或虽属某一形态但特点不鲜明者,此不赘述。

二 思路方法

由上可见,阳明学的核心内涵实际上是追求在生活中契入本心并发挥其作用。③而阳明主要以"良知"表达本心的意思,因此也可以说阳明学是追求在生活中契入良知并发挥其作用的学问。

本心在阳明学中是联结本体与工夫的关键。由于本体与工夫这一对概念可以概括宋明儒学的核心问题,因而认为其在宋明儒学中居于核心地位并不为过。从本体与工夫角度概括宋明儒学,并不意味着忽

---

① 牟宗三:《心体与性体》(下),吉林出版集团有限责任公司,2015,第8页。
② 牟宗三:《心体与性体》(下),第131页。
③ "阳明学"既可指阳明自身的思想,也可以在指他自己的思想的同时包含他的不同时代和地域的后继者的思想。本书虽不排斥后一意义,不过一般在前一意义上使用这一术语。

略其具有的政治社会与历史文化的维度，因为这些维度也是本体的展开以及工夫的场域。

关于本体与工夫的含义及其地位，牟宗三先生指出："自宋明儒观之，就道德论道德，其中心问题首在讨论道德实践所以可能之先验根据（或超越的根据），此即心性问题是也。由此进而复讨论实践之下手问题，此即工夫入路问题是也。前者是道德实践所以可能之客观根据，后者是道德实践所以可能之主观根据。宋明儒心性之学之全部即是此两问题。以宋明儒词语说，前者是本体问题，后者是工夫问题。"① 关于牟先生谈及的本体与工夫及其在阳明学中的体现，我们分别从本体、工夫以及体用关系三方面加以分析。而本体是一个很难界定的概念，涉的问题较多，具体将从其在宋明儒学中的一般含义、心学中的本体、作为本体的良知三个层次来分析。

（一）宋明儒学中本体的一般含义

谈及本体或体，就必然同时涉及与之相对的发用、作用或者用的观念，以及与之近似的实体观念。对中国哲学体用思想有深入研究的胡勇先生在总结了张岱年、方克立、葛荣晋、童世骏等学者观点的得失的基础上说："体用范畴的基本内涵有二，一是实体和作用，二是本体与作用。"本体、实体与作用在此都已出现。那么它们的含义及关系又如何呢？胡先生说："'实体'即指一切实在，包括具体的个体和类，以及一切抽象的存在；而'本体'本质上都是'实体'也都有其自身的体与用，'本体'的本质义涵在于它是其他'实体'的本质根据或生发根源，也就是说'本体'一定是基于另一个实体而言的，所以'本体'就是相对于一个实体而言的根本性'实体'。'作用'作为'用'的内涵将根据是实体还是本体的情境不同而义涵有所不同，与'实体'相关联的是实体的属性表现和功能效用，与'本体'相关联

---

① 　牟宗三：《心体与性体》（上），吉林出版集团有限责任公司，2015，第10页。

的是显发运用和流行表现。"①

胡先生这里提到了实体与表现、本体与流行两组概念，正可用以解释宋明儒学所说的体用或本体与发用的内涵。且不论具体的个体和类，仅就抽象的存在而言，举一个例子来说明，理在朱子思想中无疑是体。而作为体，它其实有实体和本体两方面的内涵，并且，指实体时，不是具体的个体或者类，而是抽象的本质。在本质的意义上，实体也是可以称为本体的，因此，理无论是作为实体还是本体，都可以称为本体。为了区别作为实体的本体与本体，我们有时把后者称为本源。当然也须指出，不同学者的理解不同，如陈来先生便将实体理解为"宇宙万象及其运动的根源和依据"②。如此理解的实体，实即本书所说的本源加实体，而不单纯是本书所说的实体。

当朱子说"'形而上者'是理；才有作用，便是'形而下者'"③的时候，理指的是作为抽象本质的实体，与之相对的形而下的作用即是属性表现与功能效用。当朱子说"理便在心之中，心包蓄不住，随事而发"④的时候，理指的是本源，"随事而发"即是它的显发运用与流行表现。朱子的不少表述可以放在理既是实体也是本源的视野中来理解。如他说："气则二，理则一。"⑤气即阴阳之气，理即太极，所以此句含义可以借助朱子如下说法获得理解："性犹太极也，心犹阴阳也。太极只在阴阳之中，非能离阴阳也。然至论太极，自是太极；阴阳自是阴阳。惟性与心亦然。所谓一而二，二而一也。"⑥理之所以是一，是因为它是与表现相对的实体；气之所以是二，是因为它包含了作为本源的理，以及作为其流行的气。理与气有着实体、本质与现象、属性

① 胡勇:《中国哲学体用思想研究》，博士学位论文，南京大学哲学系，2013，第671页。
② 陈来:《仁学本体论》，生活·读书·新知三联书店，2014，第17页。
③ 黎靖德编《朱子语类》卷七十五，第1936页。
④ 黎靖德编《朱子语类》卷五，第85页。
⑤ 黎靖德编《朱子语类》卷三十九，第1013页。
⑥ 黎靖德编《朱子语类》卷五，第87页。

的差别，所以两者可以分而言之；理必然要流行表现出来，所以两者又可以合而言之。

钱穆先生指出在朱子这里理气、性气、心性关系都存在分说和合说，所言极是："朱子说理气合一，故说性气不离。朱子又主理气分言，故说性气不杂……说心性，犹如其说理气，可以分说，可以合说。"① 尽管心性与理气不是完全对应的，然而无论理气还是心性，都既可以分说也可以合说则是没有疑问的。前引朱子"至论太极，自是太极；阴阳自是阴阳"，是分说；"太极只在阴阳之中，非能离阴阳也"，则是合说。之所以既能分说又能合说，是因为理以及性既是实体又是本源。

朱子理解的本体既是实体也是本源。实体是形而上的抽象，是不可改易的规范，单纯谈论此规范时，它是"净洁空阔的世界"，是"无情意、无计度、无造作"的，是无时空的、永恒的。但是此规范内含着动力，它要不容自已地实现出来，因此这个实体同时也是本源。实体与本源是不可分割的关系。准则不容已地展现出来，就体现在现实世界中，它在现实世界中的运作是持续不断的。无论就实体还是本源而言，本体都是纯善无恶的，就实体而言纯善无恶是因为它不是具体物，就本源而言纯善无恶是因为恶尚未产生，先善而后恶。

众所周知，牟宗三先生认为朱子所说的理是只存有而不活动的，并因此而对朱子有激烈的批评。这是对朱子思想的重大误解。从实体与本源的角度来说，他之所以出现此误解，关键就在于他仅仅从与表现相对的实体的角度把握理，而忽略了理作为本源必然要流行出来的一面。他以下所说首先阐述了程明道"其理则谓之道"的内涵，之后批评了朱子的观点："'其理则谓之道'，此理是与神为一之理。全道体即是一神，即是一理，但其为理是超越的、动态的、既存有亦活动的生化之理，不只是超越的、静态的、只存有而不活动的形式的所

---

① 钱穆：《朱子学提纲》，生活·读书·新知三联书店，2002，第43~44页。

以然。朱子唯将此理视为静态的形式的所以然（当然亦是超越的、形而上的所以然），故将易体与神用俱视为气，俱属于形而下者，而惟理才是形而上者。如此说理尤显非明道说此语之意。"[1] 又说："分解言之，朱子谓理自理，气自气，并不误。此不能反对也。惟其视理为只存有而不活动，则差耳。"[2] 牟先生一方面肯定朱子理气对言的做法，另一方面又否定了其所说的理能发用流行的观点。实则这两者在朱子思想中是一体的两面，正是因为他只看到了朱子那里理气对言的一面，没有看到理必然发用流行的一面，所以他才会得出理只存有而不活动的结论。值得一提的是，牟先生所说的"超越"，并不意味着必然能有不容已的动力发用流行出来。他所说的超越，实际上就是形而上的意思。

与牟先生不同，向世陵先生在研究朱子思想时则强调了理或道体发用流行的一面，这一点不仅在天道而言是如此，就人心而言也是如此："在朱熹，道体不仅是存在，更是流行……相应地，'心具理'的重心也就不在静态的'具有'，而在动态的发用，在为宇宙间的道德秩序提供生成流行的源头。"[3] 这一认识有助于提醒我们注意理必然发用流行而不仅仅属于静态的维度。不仅理与气可以作如是观，理落在个体之人或物上即是性，性与气、性与情也可作如是观。具体在此就不展开论述了。

对理的内容的理解缺失，将会影响到对本体内含的理解。前已述及，牟先生认为本体是道德实践之所以可能的超越根据。就理学而言，此超越根据是理或者性。理或者性确实是道德实践之所以可能的"根据"，就此而言它们确实是本体。如朱子明确说："当然之理，人合恁

---

① 牟宗三：《心体与性体》（中），吉林出版集团有限责任公司，2015，第24页。
② 牟宗三：《心体与性体》（中），第425页。
③ 向世陵：《宋代理学的"性即理"与"心即理"》，《哲学研究》2014年第1期，第32页。

地底，便是体，故仁义礼智为体。"①因为是作为规范的当然，所以可以和现实相对而为超越的根据。但是仅仅从"超越的根据"的角度，并不足以揭示本体的内涵。胡勇先生便已指出"根据"一词不足以穷尽本体的内涵："根据毕竟不能等同于本体，本体事实上还包括创生性本源，而'根据'只是指现象如此表现的根本依据所在。"②其说甚是，故我们在表示与流行相对的本体时，也用"本源"的说法，"本源"的说法与"实体"构成区别。本源必然流行，因此突出的是源与流的融合；实体与表现相对，因此突出的是两者的区分。就理或者性而言，它们不仅是单纯的依据，而且是创生性本源，可以发用流行出来。

（二）心学所说的本体

阳明同样认为本体既是实体也是本源，在这一点上他和朱子是一致的。但是分言与合言各自在阳明学中的分量是与朱子大相径庭的，阳明基本上不采取分言的主张。与朱子认为准则要不容已展现出来、动力内含在准则中不同，阳明认为准则是内含在动力中的，动力发用过程中自我调节就形成准则。他无疑承认本体包含准则的维度，但他认为本体是内含准则的动力，这从他"良知只是个是非之心，是非只是个好恶"③的说法中便可看出。这意味着他不在动力之外单独谈论形而上的准则，不在本源之外单独谈论实体。若一定要直接谈论实体不可，则无法对实体言说什么，只能说实体是无善恶可言的，而不是纯善无恶的。在人的身上，内含着准则的动力实际上就是持续运作的戒惧之念。对阳明来说，之所以不能单独论本体之善恶，是因为本体自然会展现出来，所以只要论本体之善恶，就必然落到了现实层，而不仅仅停留在本体层。如果单纯在本体层就可以论善恶，那么本体就会被抽象缩略为准则，而失去了必然发用出来的动力义。朱子则认为仁义之类规范可以纯粹在体上言。这和他优先采取体用相分的立场是一

---

① 黎靖德编《朱子语类》卷一百零一，第 2591 页。
② 胡勇：《中国哲学体用思想研究》，第 670~671 页。
③ 钱德洪编《传习录》第 288 条，《王阳明全集》卷三，第 126 页。

致的。

阳明既认为性是本体，也认为良知是本体，两者都可以指实体和本源。瑞士哲学家、汉学家耿宁先生在论述良知时指出，良知实体与良知本体虽然意义不同，不过其实所指是相同的。他说："'本原知识'的'实体'与'本己本质'因而并不具有同一个含义，它们涉及不同的概念视角，但却始终是同一个实事。这是胡塞尔的说话方式；弗雷格会说：它们具有不同的意义（Sinn），但具有同一个指称（Bedeutung）。在此意义上，它们是等值的。"① 就实体而言良知，主要是指出其是与属性、表现相对的本质，是不容违背的准则；就本源而言良知，主要是指出其是与流行、作用相对的本源，是不容已的动力。朱子代表的理学与阳明代表的心学在言说的侧重点上的差别在于，朱子既重视合，也重视分，亦即他既重视理作为本源的一面，也重视其作为实体的一面。并且往往后者，即与理气相对而言的一面给人留下更为深刻的印象，他在这方面的论述的分量应该是更重的。若非如此，牟宗三先生也不至于对朱子产生理只存有而不活动的重大误解，钱穆先生也不至于认为朱子所说的理平铺无气力。与之相反，阳明则虽然也不得已地提及分，但他总是否定分说的合理性，他在合的一面着力无疑是多得多的。并且因为本源必然要流行出来，两者不能截然分开，所以本体在阳明这里往往统摄本源和流行，指本源顺畅发用出来的完美状态或说理想状态，而不仅仅是指本源。如他所说的"若是知行本体，即是良知良能，虽在困勉之人，亦皆可谓之'生知安行'矣"②，是主要就本源而言；"某今说个知行合一，正是对病的药。又不是某凿空杜撰，知行本体原是如此"③ 和"知行工夫本不可离。

---

① 〔瑞士〕耿宁：《人生第一等事——王阳明及其后学论"致良知"》，倪梁康译，商务印书馆，2014，第280页。
② 钱德洪编《传习录》第165条，《王阳明全集》卷二，第78页。
③ 钱德洪编《传习录》第5条，《王阳明全集》卷一，第5页。

只为后世学者分作两截用功，失却知行本体，故有合一并进之说"①，则是指本源顺畅发用的理想状态。与之相对的是，与表现相对的实体在阳明看来是无法直接言说的，我们只能通过言说表现的方式间接地言说实体。

将本源和流行融摄在一起的是本心，由此心学言说本体的一大特点，是在承认理与性的本体地位的同时，还以本心为本体。本心指的是恻隐、羞恶、辞让、是非之心，而非仁义礼智之性，所以它首先是作用、表现。只是因为它是性的充分而准确的表现，所以才又说它是本体。由此本心成为贯通性与作为其表现的情的关键。

牟先生认为本体是道德实践之所以可能的超越根据，这不仅不能把理学所说的理或者性的内涵充分、准确表达出来，同样也不能把心学所说的本心的内涵充分、准确表达出来。林月惠先生顺着牟先生的思路直接以良知为道德实践之所以可能的超越根据："良知即是超越的本体……当然，此超越的本体，在阳明心性论的系统里，也尝以'心之体'、'心体'、'心之本体'称之，指的是道德实践之所以可能的超越根据。"②对心学而言，本心确实是道德实践之所以可能的"根据"，就此而言本心确实是本体。但是仅仅从"超越的根据"的角度，并不足以揭示作为本体的本心的内涵。本心不仅规定了工夫应该达到的目标、规范是什么，而且还是实实在在的力量。并且此力量要不容已地展现在现实世界中，而不仅仅是"超越的"根据或抽象的原因。亦即本心可以自然呈现，从而推动人在现实世界中朝着相应的目标、规范前进。由此，只有从展现在现实世界中的规范性力量的角度，才足以把阳明所说本体的内涵充分、准确地表达出来。并且在其中，力量是根本的，规范是力量自我调节的结果，而非外在于力量。亦即本体也可说是内含着准则的动力。当然话又说回来，牟先生自然不会忽略心

---

① 钱德洪编《传习录》第 133 条，《王阳明全集》卷一，第 47~48 页。
② 林月惠：《良知学的转折：聂双江与罗念庵思想之研究》，台大出版中心，2005，第 421 页。

学所说本体所包含的创生性本源这一维度，这一维度甚至是他所极为重视的。在此想要指出的只是这一维度无法单纯用"根据"一词表达出来。

如果更收紧一点说，只有直接体现在现实世界中的规范性力量，或者说直接发自性而不容已地实现出来的情，才是本心，才是本体。这是阳明对本体的严格定义。当我们说阳明主张的是"一元两层本体工夫"的时候，便是在此严格的意义上来说本体的。就范围而言，"体现在现实世界中的规范性力量"大于"直接体现在现实世界中的规范性力量"，应该说前者是广义的本体的定义。在此之所以直接采取广义的定义，是因为阳明认为不仅直接发自性的不容已之情亦即本心可以称为本体，而且只要能够达成性的要求，完成工夫，哪怕是后天的力量，也都完全可以称为本体。如他说："做工夫的，便是本体。"① 这一思路也体现在他对良知的含义的理解中："能戒慎恐惧者，是良知也。"② 在这两处，阳明都没有将定义限定在直接发自先天的范围内，而是可以容纳来自后天的因素。

与之形成鲜明对照的是，刘蕺山等人将本体严格限定在先天的范围内。他说"才着念时，便非本体"③。这代表了心学内部不同于阳明思路的另一条重要思路，其追求的是由直接发自先天的意识完全主导人的意识和行动。其所强调的是本体的充分发用，而后天意识不仅不利于本体的充分发用，并且也不利于工夫的完成。

（三）作为本体的良知

前已述及，阳明心学中的本体一般以良知或者本心来表示。特别

---

① 朱得之编《稽山承语》第20条，吴光、钱明、董平、姚延福编校《王阳明全集》（新编本）卷四十，浙江古籍出版社，2010，第1610页。引自《王阳明全集》（新编本）的语录编号参陈来《中国近世思想史研究》（增订本），生活·读书·新知三联书店，2010。
② 钱德洪编《传习录》第159条，《王阳明全集》卷二，第74页。
③ 黄宗羲：《明儒学案》卷十，中华书局，2008，第218页。"着"音卓，表示黏着、黏滞的意思，故本书"着意""执着"等均写作"着"而非"著"。

值得注意的是，良知何以为"良"，可以从戒惧之念中得到解释。阳明认为戒惧之念是始终运作的，不依赖于人的后天努力，他说"戒惧之念是活泼泼地，此是天机不息处"①。不仅如此，戒惧之念还是人无法离开也不应离开的。他说："戒惧之念，无时可息。若戒惧之心稍有不存，不是昏聩，便已流入恶念。自朝至暮，自少至老，若要无念，即是已不知，此除是昏睡，除是槁木死灰。"②由此也可看出，戒惧之念就是在人的意识中持续存在的，对人的意念加以监督、调节、控制的意念。良知之良从根本上来说正是在戒惧之念上来谈的。

如果从字面来看的话，作为意念的戒惧之念可说是后文将提及的良知的第一义或第二义。不过，阳明从"活泼泼"的"天机不息处"来谈戒惧之念，则将其放在第三层本体也是完全可以的。并且从阳明用持续照射的日光而不是发出日光的太阳来比喻良知本体，而且从离开作用没有本体来看，第三层的本体其实就是一种持续运作的实现良知准则的力量，用什么来指称这个力量，戒惧之念应该是恰当的选择。因为它的意思就是持续运作的，监督、调控人的意识使之不仅中节而且和谐的意识。

"戒惧之念"和"真诚恻怛"等，都是本体的另外的称呼，从这个角度来说它的地位不宜过高。不过，从它揭示本体持续运作，就像太阳始终照射一样的角度出发，可以说它简明扼要表达了良知本体持续运作的特性。而只有从持续运作的角度，而不是无时间性的角度，才能充分准确展现良知本体的含义。

还须一提的是，戒惧之念并非不能涵盖自然阶段的工夫。从阳明戒惧之念无时可息的角度来看，工夫到了自然阶段是即自然而为戒惧，即无为而为有为。不过也须注意，阳明对戒惧之念的内涵的理解与其字面意思存在距离，以至于单独提戒惧之念容易让人忽略其自然和乐的一面，也无法把握戒惧的对象是什么。实际上它是心自然所处

---

① 钱德洪编《传习录》第 202 条，《王阳明全集》卷三，第 104 页。
② 钱德洪编《传习录》第 120 条，《王阳明全集》卷一，第 40 页。

的一种清醒、警觉的状态，善则不能不为之，恶则不能不去之，尤其是恶则不能不去之，亦即私欲一旦在心中升起就可以被敏锐意识到和有力克服掉的状态。

这种起到监督、调节、控制作用的意念始终存在，不依赖于人的后天努力，哪怕一般的意念出现偏差，这些意念也会或强或弱、或隐或显地起到监督、调节和控制的作用，换句话说，人内心深处的隐隐的不安始终在起作用，修养达到很高的阶段的人，其作用很显著、很强大，修养比较低的人其作用比较微弱。人与人在戒惧之念上的差异仅此而已，但戒惧之念都在起作用。这是良知之为良知的关键。从良知理论的角度来说，这实际上就是阳明的"良知自知说"。吴震先生指出："当人的意念一旦启动，良知也'自然'地同时启动，这里所说的'同时'，意谓良知与意念、人心与意识之间不存在丝毫的间隙，良知必然'同时'地亦即'自然'地存在于人的意识活动的整个过程之中，而不是说良知须等待或倚靠人的意念去发动，然后再回头来去察识意念的是非善恶，这就是阳明的良知自知理论的一项重要内涵。"① 吴先生还将"自知"视为阳明所说的良知最为基本的特质："质言之，所谓'自知'，在心学的语境中，是说良知作为一种根源性意识必然自己意识到自己，用阳明的另一术语来说，就是'自觉'或'自证'，这是阳明心学的良知观念最为基本之特质。"②

阳明无疑知道人的本性是会被遮蔽的，但他强调即便被遮蔽，它也会以戒惧之念的形式直接地、持续地起作用。正是在此基础上，他才说："良知之在人心，则万古如一日。"③ 又说"天理在人心，亘古亘今，无有终始；天理即是良知"④。这些说法不是在说无时间性的形而

---

① 吴震：《〈传习录〉精读》，第 114 页。
② 吴震：《心学道统论——以"颜子没而圣学亡"为中心》，《浙江大学学报》（人文社会科学版）2017 年第 3 期，第 69 页。
③ 王守仁：《寄邹谦之·二·丙戌》，《王阳明全集》卷六，第 225 页。
④ 钱德洪编《传习录》第 284 条，《王阳明全集》卷三，第 125 页。

上实体，而是在说那个持续运作的本源，那个始终存在的对人的意念起到监督、调节、控制作用的意念，亦即戒惧之念。这实际上就是良知本体。人所要做的关键是让意识指向这个持续起作用的戒惧之念，让它主导人的意识和行动。因为戒惧之念始终运作，所以他所说的工夫是简易的，将意识指向戒惧之念则是真切的，由此他的工夫论呈现出兼顾简易与真切的特点。

如此理解的良知，可以说包含但又不限于孟子所说的良知。《孟子》中只有一处提及良知："人之所不学而能者，其良能也；所不虑而知者，其良知也。孩提之童，无不知爱其亲者；及其长也，无不知敬其兄也。"①"不学而能"和"不虑而知"点出了良知良能是人先天固有的本性，它不必依赖于人的后天努力便可以直接呈现。朱子所引二程的说法便揭示了良知的直接性："良能良知，皆无所由，乃出于天，不系于人。"②良知之为良知正在于它是本性的直接发用，是不学不虑的初念。而"爱亲敬长"正是这样的初念而不是转念。

初念即已符合本性的要求无疑是最理想的，但是人往往不能做到这一点，要么初念就已经偏离了本性的要求，由此需要转念来纠偏；要么纵然初念符合本性的要求，不过却又没有主导意识和行动而滑落了，由此就需要转念来贞定初念使之不滑落。如果仅仅认定不学不虑而得的初念才是良知的话，固然符合了良知的本义，不过由转念而得的或由转念而贞定住的符合良知要求的意念，就将被排除出良知的范围。刘蕺山的弟子黄梨洲即对良知采取了狭义的理解。他批评当时解释四句教的人说："今之解者曰：'心体无善无恶是性，由是而发之为有善有恶之意，由是而有分别其善恶之知，由是而有为善去恶之格物。'层层自内而之外，一切皆是粗机，则良知已落后着，非不虑之本然，故邓定宇以为权论也。"③他从良知角度展开的论述，与前述他

---

① 朱熹：《孟子集注》卷十三，《四书章句集注》，中华书局，1983，第353页。
② 程颢、程颐：《河南程氏遗书》卷二上，《二程集》，第20页。
③ 黄宗羲：《明儒学案》卷十，第178页。

的老师蕺山从本体角度展开的论述是一致的。两者追求的都是当下做到本心的充分发用。邓定宇也是阳明后学中的人物。定宇、梨洲认为四句教所讲的良知并非真正的良知，真正的良知不是后起的分别善恶而为善去恶之念，而是直接发自本性以好善恶恶之念。他们仅仅将良知限定在初念的范围内。

与梨洲等人否定由分别善恶而为善去恶不同，阳明则认为这些转念也可以纳入良知的范围内。除了前引"能戒慎恐惧者，是良知也"，这一点还可以从他同时认可良知之于私欲"或遏于初，或制于中，或悔于后"①的作用形式看出。他的重要弟子，号称"浙有钱、王"之一的，《传习录》《年谱》等的主要编撰者之一的钱绪山继承了他的这一主张："学者初入手时，良知不能无间，善恶念头杂发难制，或防之于未发之前，或制之于临发之际，或悔改于既发之后，皆实功也。由是而入微，虽圣人之知几，亦只此工夫耳。"②在这三者中，梨洲等人只认可恶念没有萌发的第一者是良知，而在恶念已经萌发甚至付诸行动后再进行纠正的后两者，在他们看来已经不是良知。

阳明对三者皆认可的原因在于，它们不仅符合良知的要求，而且它们其实也或多或少受到了人的本性的引导和推动。而引导和推动正是以持续运作的戒惧之念的形式实现的。由此，相比于孟子以直接发自本性的初念为良知，良知的含义在阳明这里得到了扩展。尽管可以说这仍然是基于孟子，如孟子在倡导"由仁义行"这一完全发自本性的意念的方式之外，也并不彻底否定"行仁义"这一借助了转念以贞定本性之念的方式。③

对阳明来说，无论借助初念还是转念，为善去恶、成贤成圣的过程都是离不开戒惧之念的，只是戒惧之念在不同情况下表现方式不一样而已。它在理想的情况下直接呈现为爱亲敬长或者恻隐、羞恶、辞

---

① 钱德洪编《传习录》第158条，《王阳明全集》卷二，第73页。
② 黄宗羲：《明儒学案》卷十一，第236页。
③ 朱熹：《孟子章句》卷八，《四书章句集注》，第294页。

让、是非之心，在非理想的情况下，则虽然不能直接呈现为四端之心，却使人或强或弱地意识到了意念和行动的是非，并且或强或弱地具有向善背恶或者说好善恶恶的倾向，从而对意识和行动起到引导和推动作用。初念为善可以说是狭义的、严格的良知，转念为善则是广义的良知。须说明的是，直接发为四端之心的情形，无疑也是有对意识和行动的善恶的自知的，只是这种自知直接完成了对意识和行动的调控，因而看起来调控的痕迹并不显著。这样，基于戒惧之念，我们不仅可以解释良知何以为良，而且可以解释良知的广狭二义等问题。

基于上述思路，我们还可以解释耿宁先生的良知三义及其内在关联。人的本性直接发为四端之心，即是他说的良知的第一项含义；不管是否直接发为四端之心，本性都使人直接意识到了意识和行动中的善恶并具有好善恶恶的倾向，则是他所说的良知的第二项含义；不管人意识到了与否，始终自然运作的戒惧之念，则是就人而言的他所说的良知的第三项含义。之所以限定在人的范围内，是因为他所说的第三项含义不仅局限于人的范围，而戒惧之念则仅仅是就人来说的。要而言之，从人的角度来讲，良知是直接发自性而要不容已地实现出来的情。这个说法可以涵盖已经实现出来的四端，尚未实现出来却有冲动要实现出来的道德意识，以及作为它们的支撑的始终运作的戒惧之念。

耿宁先生认为良知有三项含义。前两项是在经验范围内的含义："其一是作为一种本原能力或向善秉性的'本原知识'，它在自发的意向（情感、倾向、意图）中表露出来，其二是作为对自己意向之伦理价值的直接意识的'本原知识'。"关于第一项，之所以是"本原"能力，是因为这是不学而能、不虑而知的，是一种自发的动力。关于第二项，即是良知自知，亦即对意识和行动中的善恶的直接意识。可以说，本原能力、向善秉性不过是直接完成了的对善恶的直接意识。第三项含义则是良知本体，其特点在于："这种'本原知识'始终是清澈的（显明的、透彻的、认识的：明），而且始终已经是完善的，它不产生，也不变化，而且它是所有意向作用的起源，也是作为'心（精神）'的作用对象之总和的世界的起源。王阳明常常将这种'本原知识'称作'良知本体'，我们将它翻译为'本原知识的本己（真正）本质'或'本原知识的本己实在'。"① 既不产生也不变化，实际上描述的正是始终自然运作的戒惧之念。这种戒惧之念即是良知本体，不是在此之外另有本体。第三项含义的良知是本体，其既有作为本质的一面，也有作为本源的一面。作为本源，其流行表现就是前两种含义的良知。直接完成对意识和行动的调控，是良知的第一项含义；不管是否直接完成调控，人都意识到了良知的引导和推动，此则是良知的第二项含义。无论直接完成调控，还是同时借助后天努力完成调控，作为本体的良知都同时成为主体。尚未完成调控，则良知至多只能说是本体，而不能说是主体，现实的人才是主体。当然，无论怎么区分，三者都可以称为良知，良知可以统摄其不同层次的内涵。

此外，陈立胜先生对耿宁先生所说良知三义的关联的理解也可参考。第一、二项的关联在于，"对本己意向的善与恶之内意识必应当下即有一好善、恶恶之萌动"。而第二、三项的关联在于，"良知之恒照恒察从根本上保证其自知必是同时现存的自知"②。

（四）心学所说的工夫

本体可以有广狭两义，随之而来的是工夫的广狭两义。按照牟先生以客观与主观来区分本体与工夫的思路，狭义的工夫指的是没有借助客观因素而单纯凭借主观因素所做的道德实践。换句话说，凭借后天努力所做的道德实践才是工夫，或说为实现成圣目标而付出的自觉努力才是工夫。之所以改"实践"为"自觉努力"，原因有二。第一，

---

① 分别见〔瑞士〕耿宁《人生第一等事：王阳明及其后学论"致良知"》，第271、271~272页。
② 陈立胜：《在现象学意义上如何理解"良知"？——对耿宁之王阳明良知三义说的方法论反思》，《哲学分析》2014年第4期，第38、32页。

实践不足以表达付出努力的意思，而工夫具有付出努力以克服困难、障碍而并不轻松、容易的意思。就如我们今天在日常用语中仍然使用"工夫"一词，指花费时间和精力做一件事情一样。耿宁先生虽然通常把"工夫"翻译为"伦理实践"，但他也用"努力"来翻译"工夫"。如他是这样翻译《传习录》第5条"我如今且去讲习讨论做知的工夫，待知得真了方去做行的工夫"的："他们说，首先必须通过解释和讨论来取得认识的努力［工夫］，并且如果他们的知识足够真实了，他们便会去做行动的努力［工夫］。"① 第二，实践并不足以涵盖工夫的内涵，因为实践往往与理论或认知相对，而理论或认知也是工夫的内在环节和要求。进而言之，工夫虽也可如朱子学者一样认为可以分为为学工夫和践履工夫，但从阳明学的角度来看，因为为学和践履是不能分割的关系，两者是相互渗透的，所以单纯说为学工夫或者践履工夫也可涵盖整个工夫。基于类似的理由，单纯从手段、方法角度理解工夫也是不够准确的，尽管这确实是包含在工夫中的。如以下对工夫的界定是很具代表性的，"欲达到某一修行目标所设想出的方法或手段"②。实则修行本身就是工夫，修行方法或手段是其题中应有之义，是内在于其中的。

当然，上述说法尽管自然有其合理性，从"工夫"的字面意思出发，的确是主观的努力才足以称得上是工夫。不过这只是狭义的工夫。正如广义的本体的含义可以跨出先天的范围而涵摄后天的因素一样，广义的工夫也可以跨出主观的范围而包含凭借先天因素而做的道德实践。故牟先生也曾不加"主观"方面的限定，直接认为："道德的实践就是工夫。"③ 这已经是与字面意思不同的广义的工夫了。

取广义的工夫定义有其合理性。原因有二。第一，本心自然呈现

---

① 〔瑞士〕耿宁：《人生第一等事：王阳明及其后学论"致良知"》，第124页。
② 林永胜：《反工夫的工夫论——以禅宗与阳明学为中心》，《台大佛学研究》第24期，台湾大学文学院佛学研究中心，2012，第123页。
③ 牟宗三：《宋明儒学的问题与发展》，华东师范大学出版社，2004，第99页。

于后天的意识中，而意识中既有先天因素，也有后天因素，两者固然有区别，但其实是难以截然分开的。如果采取狭义的工夫定义，只有后天努力才属于工夫的话，则阳明简易真切结合、先天后天两种力量并用的工夫就会被排除出工夫的范围，显然这是不合理的。第二，如果采取广义的工夫定义，则不仅阳明的工夫，不借助后天努力而由先天之性主导意识的工夫，也可以被纳入工夫的范围。林永胜先生将这种工夫称为"反工夫的工夫论"①。仅就儒家来说，所反的是狭义的工夫论，即只有付出了自觉努力的才是工夫；尽管如此却仍然可以称为工夫，这是因为其符合广义的工夫的定义，也就是即便是不可学、无下手处的工夫，只要有助于成圣目标的实现，都可以称为工夫。抛开阳明晚年天泉证道所说从顿悟本体入手的工夫不论，因为他重视自始便发挥后天因素在工夫中的积极作用，所以他的工夫论并不属于这一形态。而象山和作为其前导的明道，以及其后的甘泉、龙溪、蕺山等人所倡导的工夫则均属于这一形态。这一形态不仅人物众多，而且影响深远广大。牟宗三先生便基本上基于他们的立场来看待心学的主张，而未将与之不同的阳明从中区分出来。

就阳明的工夫论来说，先天后天两种力量并用具体展开为"一元两层本体工夫"。工夫无疑应该直接凭借本心以为善去恶，而无须在行之外另有知的工夫，工夫始终围绕一个中心展开，因此工夫是一元工夫。而本心是本体，因此工夫又是本体工夫。就普通人而言，在初学阶段本心受到私欲较重的遮蔽，无法提供为善去恶所需的全部支撑，因而有必要诉诸后天努力，此即以勉然为主的工夫。只有经过长期努力，本心才能基本不受私欲遮蔽，从而可以主要依靠本心来为善去恶，此即以自然为主的工夫。由此工夫区分为以勉然和自然为主的两层。如果将所谓上根人纳入进来，则普通人主要做勉然工夫，上根人主要做自然工夫，尽管这样的划分并不是绝对的。因为普通人也凭

---

① 林永胜：《反工夫的工夫论——以禅宗与阳明学为中心》，《台大佛学研究》第 24 期，第 123 页。

借了本心，上根人也不完全排斥后天的努力。总之，无论从普通人的不同阶段来说，还是从普通人与上根人的不同人群角度来说，工夫都可以区分为两层。概括而言，阳明倡导的工夫可以说是一元两层本体工夫。与之构成区别的，既有朱子的二元八层非本体工夫，也有象山的一元一层本体工夫。

（五）体用关系

无论凭借先天还是后天的力量，工夫都属于作用，而与本体构成区分。一般认为，阳明在体用问题上的看法是"即体即用"，或说"即用见体""体用不二"。前者如刘蕺山即以"即知即行，即心即物，即动即静，即体即用，即工夫即本体，即下即上，无之不一"①评论阳明学。后者如林月惠先生说："对阳明而言，良知本体作为天地万物的创生原理，它本身并非静态不活动的超越之理，而是在良知本体的'感应'活动中，显示出良知本身为最高的存有（Being）自身。这样论述良知本体的方式，以古典的学术术语说，即是'即用见体'；若用现代的学术术语说，则是'摄存有于活动'（摄实体性的存有于良知的感应活动）。总言之，就本体宇宙论所言之良知本体，即是'太极生生之理'。而良知本体之'体'，乃就太极生生之理的'常体不易'言；良知本体之'用'，即意谓太极生生之理的'妙用无息'。在这个意义下，体用相互蕴含：即体即用，即用即体，体用不二，故阳明有充分的理据证成：'即体而言用在体，即用而言体在用，是谓"体用一源"。'"②

这些观点固然有可能揭示阳明思想的特质，不过"即"仍然有可能被理解为相即不离，而相即不离的仍然是相对的两者。果真如此的话，他们的说法仍然不足以表达阳明的意旨。也就是说，阳明确实认为体用是无法分离的，不过即用见体、体用不二仍然不足以准确表

---

① 黄宗羲：《明儒学案》师说，第7页。

② 林月惠：《殊途同归：王阳明与郑霞谷的良知体用观》，《王学研究》2017年第2期，第125页。

达其体用论的特色。因为透过现实作用把握的本体仍然有可能是超越的、抽象的本体，只是超越的、抽象的本体投影到、体现在现实中，所以人们可以在现实的作用中把握本体，而本体与现实中的作用仍然分属两层。然而，认为本心不容已地要展现在现实中的阳明恰恰要把本体拉回现实中，认为现实的作用之外并无本体。因此，只有即用是体、离用无体，才足以表达他体用论的特色。

总结以上讨论，对阳明而言，本体是展现在现实世界中的规范性力量，工夫是一元两层本体工夫，即用是体、离用无体是他体用观的特色。这三点便是他关于本体、工夫以及体用关系的基本看法，这三点基本看法便是我们接下来讨论的基础，这些观点由阳明的各个概念和命题表达出来。

就本体而言，阳明认为本体是展现在现实世界中的规范性力量。这一内涵通过"知行合一"、"心即理"以及"良知即天道"等命题表达出来。知行合一表明作为本体的知具有必然能导出行的力量。心即理则表达了作为本体的心具有规范性内涵。而力量的根基在于良知与天道构成不仅同构而且一体的关系。正是因为与天道一体，良知不是假设或者纯粹与现实相对的实体，而要不容已地展现出来。以上三个方面构成阳明本体论的主要逻辑环节。这三个方面可以说是对牟宗三先生"良知三义"说的修正和发展。他认为："盖良知本有三义：一，主观义，知是知非之'独知'是也；二，客观义，良知即天理是也；三，绝对义，良知是'乾坤万有之基'是也（此言'乾坤万有'犹言天地万物）。"①

就工夫而言，阳明倡导的工夫是一元两层本体工夫。工夫的一元性突出地表现在他以诚意为首要工夫的主张中，以诚意为首要意味着不必如朱子所说的那样在完成诚意之前同时做漫长而艰苦的格物致知工夫，以至于徘徊于格物诚意两件事情中，工夫可以直接从诚意切

---

① 牟宗三：《从陆象山到刘蕺山》，吉林出版集团有限责任公司，2010，第222页。

入。而工夫之所以可以直接从诚意切入，是因为本心直接呈现，为人的行动提供指引和动力。凭借本心（或说良知）直接呈现而做到意念与本体一致，便是致知工夫。揭示致知直接表明了工夫是本体工夫。无论诚意，还是致知，抑或其他诸多指点语，都可以区分为勉强和自然两层，由此工夫又是两层工夫。本体代表发自先天的力量，勉强代表来自后天的力量，两种力量构成既相互需要又相互激发的关系，而这构成了阳明工夫论的内在理路。

就体用关系而言，即用是体、离用无体是阳明体用论的特色。在朱子那里作为本体而与现实相对的性在阳明这里被拉回现实之中。性不再是与现实相对的本体，而是即作用而为本体。性的直接发用即是良知。一般认为讲到良知，就意味着把握了阳明思想的宗旨。诚然良知或致良知确实可以表达阳明思想和工夫的要义，不过也应看到，良知之为良知，在于表达了即用是体的观点，即用是体意味着工夫可以直接从发露的本心入手。这才是阳明不同于朱子以及象山的关键所在。只有看到这一层，良知的内涵才算被真正揭示出来。要言之，阳明即用是体的体用观首先不是体现在别的地方，而就体现在"良知"一词上。"知"是发用，而"良"则意味着知是不容已地直接发自本体的，充分而准确体现本体的，由此尽管它是作用，却具有了本体的意义。本体与现实作用的关系往往以未发与已发的形式表达出来，未发与已发在表示本体与作用之外，还可以表示心的作用的不同阶段。与之相近的是动静（以及寂感），这些也是在讨论体用关系时不容忽视的话题。

以上述三个方面的讨论为基础，再来看阳明晚年思想，我们可以看到在阳明晚年思想中占有重要分量的"四句教"和"真诚恻怛"，也体现了上述三个基本看法。

"无善无恶"在阳明中年时期已被提及，而在天泉证道中更被重点提及，成为四句教中最为关键的一个概念。它既可以表示"无所谓善恶"，亦即离开发用单独谈本体的话，是无善恶可言的；也可表示

"自然好善恶恶"，而这是完全凭借本源的发用流行的工夫，与勉然好善恶恶构成两层工夫。好善恶恶则是良知固有的能力。这些都折射出阳明在本体、工夫以及体用问题上的基本主张。

阳明去世前几年内特别提及的真诚恻怛则揭示阳明良知本体概念的一个重要面向，即对他人处境不容已的痛切感受。这是具有伦理意义的动力。良知不是单纯对事物的静观或者对是非的分别，它本身具有将自身实现出来的力量，工夫所要做的是让这种力量不受阻碍地发用出来，而这种力量不受阻碍地发用出来的状态就是真诚恻怛的状态。真诚恻怛是理解阳明本体论和工夫论的关键概念。

以上所说正是本书"本体"、"工夫"、"体用"、"四句教"和"真诚恻怛"五个板块的内容。因此，本书实际上是以本体工夫关系为主线，以阳明晚年思想为归宿对阳明思想所做的全面探讨。

本部分的最后对本书采取的研究方法略做说明。

第一，以中国哲学整体为视野。阳明不仅是在与宋明时期流行的朱子学，濂溪、明道、象山、甘泉等的学问以及佛道二教、现实功利之学的批判性对话中形成自己思想的，还是在先秦以来整个中国思想积累起来的丰厚思想遗产的基础上进行思想言说的。只有将阳明思想置于整个中国哲学的视野中，才能理解他的思想渊源、立说旨趣以及特色。如联系先秦儒学可知，"无善无恶"不过是对孔子"从心所欲，不逾矩"[1]和颜子"有不善，未尝不知，知之未尝复行"[2]的工夫的一种理论化表达。而通过与朱子、象山的对比可知，阳明工夫论既不同于朱子，也不同于象山，加上注重静坐的白沙，四者在宋明儒学史上构成四足鼎立的态势。在中国思想消化、吸收佛教的影响的脉络中，阳明起到的作用也值得重视，即他扭转了朱子注重体用区分的倾向，虽然保留了体用观念，但更多地向先秦儒学复归，他注重勉然努力使工夫逐渐提升的取向，也使禅宗重视顿悟的工夫取向的影响在儒家工夫

① 朱熹：《论语集注》卷一，《四书章句集注》，第54页。
② 李学勤主编《十三经注疏·周易正义》，北京大学出版社，1999，第309页。

论中大幅消退。

第二，以现实的人为根本关怀。阳明的口头言说和书面言说构成了我们今天阅读的文本。以往不少研究沉溺于从文本到文本的研究，忽略了文本的最终目的是服务于现实的人，是为了给现实的人在成贤成圣的道路上指明目标、分析条件和点出困难，从而使人明白应该往什么方向走，有什么条件可以凭靠，有什么困难需要克服。只有还原到这样的情境中，阳明的各种言说才能得到善解。

第三，以把握宗旨、以意逆志为方法。言意关系是中国哲学的基本问题之一，阳明也注意到了言未必及意，甚至有可能对意构成遮蔽的问题。他还进一步提出克服言意张力的办法，即领会宗旨、以意逆志和防止因言语之"药"而发病。在阳明思想研究中，我们也有必要对阳明的言说采取如此这般的方法，由此庶几可以找到他贯穿始终而又不断深化的主旨，而不至于迷失在他纷繁的论述中。

第四，从编目和章回的设置可以看出，本书的总体布局是以阳明的问题意识为经，以他的概念命题为纬展开的。阳明学的根本问题意识是在现实中契入良知和发挥良知的作用，从而实现成贤成圣的目标，这一目标具有德性与幸福的双重意义。本体与工夫就其狭义而言代表了达成目标的客观与主观条件。尽管最后两编是以范畴为主，但其篇幅仅占全书的四分之一，从主体来看，成贤成圣的主客观条件及其关系构成了编目设置的主要原则。这些构成了全书的经线。而心即理、知行合一、诚意、致知、性、良知、未发已发以及四句教是历来阳明学研究关注的概念或命题；良知即天道、勉然自然、简易真切、动静合一以及真诚恻怛也不乏关注者。这些概念命题构成了全书的纬线。对概念命题的研究有助于问题意识的展开和深化，问题意识则使概念命题的研究得到凝练和升华。

三　主要观点

全书分五编十八章，每编三到四章。前三编本体、工夫与体用构成一个相对独立的单元，占四分之三的篇幅，是全书的主体部分，讨论的本体、工夫及其关系是本书的主线。第四、五编构成另一个相对独立的单元，在前一单元的基础上主要讨论阳明晚年思想。各章主要观点如下。

第一章"知行合一"指出，作为龙场悟道以后提出的首个重要命题，"知行合一"贯穿于阳明中晚年思想。在他看来，"知"从根本上来说是指直接发自本心的痛切感受、本然好恶，即本心之知。"知行合一"有三层含义：本来合一、能够合一、应该合一。这一命题旨在纠正朱子对本心之知作用的忽视，强调它具有直接性和充足性，提醒人们将它的直接性和充足性具体实现出来。"知行合一"的表述形式并不完美，因为"知"既可表示本心之知也可表示知识或知觉，以至于容易混淆；而"合一"的逻辑前提是分离，因而这个命题本身就潜藏着否定知行一体的因素。阳明之所以仍采取这一形式，是为了提醒人们重建知与行，进而重建我与万物的原初关联，让人意识到知原本就是能导出行的妥善安顿万物的痛切感受。

第二章"心即理"指出，一般认为"心即理"是阳明学的标志性命题，实际上朱子与阳明都认同在一定条件下心与理可以完全同一，只是双方在工夫提升之路、理的特性以及性理与事物之理的关系等方面存在重要分歧。"心即理"表示的既不是但凡心中的意念都合理，也不是排除一切经验意识的超越本心与理同一，而是本心所发的意念即是理。"心即理"还意味着理生于心。理生于心首先意味着心既是意识和行动的发动者，也是调控者，即性理直接出自心；其次则意味着性理统摄事物之理，即性理澄明能促使人去了解事物之理，而非遗漏事物之理。心之所以能生理，关键原因在于心本非内，万物原本内在心之中，心原有使万物得到妥善安顿的冲动，而万物的妥善安顿即是理。从工夫的角度来说，一方面，理生于心意味着不必如朱子所说的那样首先以格物的方式求理于事物，而应该求理于心。另一方面，虽然理的呈现具有直接性，但因为理往往与私欲同时呈现，所以对其把握也不排除后天的思虑参与。

第三章"良知即天道"指出，阳明不仅把良知视为善恶的准则以及好善恶恶的能力，而且认为良知就是天道。这意味着良知本来就并非专属于个人，良知还可以指天道，天道即良知，人的良知只是天道在人身上的发露、展现。良知与天道是一体而同构的关系。其同构表现为两点。第一，万物先行地内在于良知之中，就像万物内在于天道之中一样。良知润泽万物，善应万事，是良知的根本功能、固有职责。第二，万物虽然内在于良知，但又不构成对良知作用的阻碍，一如不构成对天道的阻碍一样。良知本可自然应对不同事务，应对了此事以后可以自然应对他事，应对了万事以后可以自然放下。总之良知与万物构成了不离不滞的关系。透过良知与天道一体而同构的关系，我们不仅可以明白阳明对私欲产生的根源的理解，即私欲主要根源于人对生与作为的习染，以至于使生与死、作与息等原本平衡的因素失衡，而且可以明白人生的终极幸福之所在，即人不仅可以无事一身轻，而且也可以有事还一身轻。致良知的最大收获就是轻松自在、其乐无穷，像天道一样使万物生生不息，而又自然而然、不感到有压力和负担。这就已经是所有人都有可能获得的最大幸福，应该用这个最大的幸福来劝人致良知。

第四章"中晚年工夫论的转折与连续"指出，在龙场至平藩的中年时期，阳明工夫论的焦点乃是克服支离，使工夫具有切要性。他认为，格物工夫唯有以诚意为统领来实施，才能避免支离之弊，真正克服私欲对心之本体的遮蔽，从而实现成圣的终极目标。我们由此也可看出，由诚意统领的工夫可谓一元工夫。对这一阶段的阳明来说，关注焦点虽不在工夫是否受到本体指引和推动的问题上，但由诚意统领的格物工夫，以及其他指点语所示的工夫，却并非没有本体的指引和推动，亦即并非不是本体工夫。而1520年前后"致良知"宗旨的提出，将本体问题凸显出来。本体工夫成为阳明在工夫问题上关注的焦点，由此阳明工夫论推进到一个新的阶段。

第五章"晚年工夫论中的致知与诚意"指出，"致良知"宗旨的提出，标志着"致良知"或"致知"在阳明工夫论中获得了首要地位。致知即是依循良知以好善恶恶。良知本体在为工夫提供明确准则的同时，也直接提供了充分的动力。由此，工夫变得不仅可靠，而且简易，这也是阳明将致知提至首要地位的主要原因，由此他也突出了工夫是本体工夫。不过，他并未放弃诚意的首要地位，只是诚意在他中晚年工夫论中发挥着不同作用。诚意的含义是努力使发自本体的好善恶恶之念充实于意念，阳明中年工夫论主要以此克服支离而保证工夫的切要，其晚年工夫论则以此督促学者真切用功，从而纠正学者出于工夫简易而不信良知或轻忽怠惰的倾向。因为致知和诚意从不同角度揭示同一工夫的内涵，两者同具首要地位这一点并不构成矛盾。以此为基础进一步探索可以发现，在阳明工夫论的演变过程中，隐含着一条很少受到关注但非常重要的线索，即他工夫论述的重心经历了由真切转向简易，再由简易转向真切的演进过程。

第六章"两层工夫"指出，在为善去恶、成贤成圣的漫长道路上，历代儒者注意到了不同阶段和不同层次工夫的区别，由此对为学进程采取了阶次的划分。由于对本心的不同态度，朱子、象山和阳明对工夫的阶次采取了不同的看法。对朱子而言，工夫并不凭借本心，主要在居敬的保证之下依据《大学》的八条目层层推进。对象山而言，工夫基本上完全凭借本心，虽有悟道与否的区别，不过从方式来看，整个过程并无明显的阶次区分，自然无为贯穿了工夫的始终。阳明则将工夫划分为以勉然为主和以自然为主两层。第一层虽然凭借了本心，但主要还是依赖后天的着实用意和精察克治以为善去恶。第二层主要凭借本心自然为善去恶，其要点是看似无为实则有为。

第七章"工夫论的内在理路"指出，阳明晚年对工夫提出了"只是要简易真切"的要求，这实际上道出了他工夫论的要义。在他看来，朱子学繁难而不简易，佛道二教简易但不真切，只有他在龙场所悟的依凭本心做身心修养工夫才是既简易又真切的。简易之为简易的关键是本体自然对工夫具有支撑作用，真切之为真切的关键是不忽视本体的这一作用，并使意识指向本体、诉诸本体，真正发挥本体的这一作用。简易内在地要求并且也自然蕴含着真切。对普通人来说，如果没有真切，简易是无法落实的。并且只要真切就可以达到简易。两者构成相互需要、相互转化的关系。这一互蕴关系构成了阳明工夫论的内在理路。

第八章"性"指出，阳明对性的问题有丰富而独到的论述。不过与他对心和良知的论述相比，他的性论较少受到关注。在心性关系方面，他不是把心提升为与形而下世界相对的形而上的实体，反而是把性引向形而下的世界，使性是直接呈现于形而下世界的规范性力量。现实性与规范性构成其性论的两项要义。这既不同于重视性的实体义，强调其规范性的朱子学，也不同于单纯以现实人性为性、突出性的现实性的自然人性论。在此前提下，他专门论性的观点可以分为两类。第一，阐明性呈现于现实世界，除在现实世界中的表现以外别无抽象的性。第二，阐明因为性呈现于现实世界而又是规范性的力量，所以性对完成工夫而言具有直接性与充足性。上述两类论述分别意味着直接在意识和行动层面落实性的必要性和可能性。

第九章"良知"指出，在阳明处，"良"意味着其后的"知"是直接发自天赋之性（即本体），因而充分、准确地表达了本体的内容的。"充分"和"准确"表现在它自然有力地推动人以正确的方式行动。充分、准确地表达了本体的内容，使得"知"虽然是作用，但具有了本体的意义。由此，"良知"透露了即用是体的信息，即用是体意味着工夫有可能直接凭借展现于现实世界中的本体亦即本心展开，而既不必像朱子主张的那样首先诉诸漫长而艰苦的格物致知工夫，也不必像陆象山等主张的那样首先通过顿悟以充分契入本心。由此阳明创立了一套兼具先天与后天维度的心性学说和工夫主张。在他这里，后天工夫因本心作用的引入而简易，先天工夫因后天因素的引入而严密，由此形成的主张可说是"先天渐教"。这套学说以"知行合一""心即理""诚意"等为初步表达,以"良知"或"致良知"为成熟表达,以"四句教"和"真诚恻怛"为最终表达,经历了一个逐渐发展、完善的过程。尽管言与意的紧张关系在点出良知时一度大大缓和,但并未最终消除,原因是"良知"这一表述存在对情感和意志的维度有所忽略,以及偏向于用而体的意味有所不足等问题。当然,即便突出体的地位,也不应忽视用的一面,体与用的分量应该保持平衡。这些问题不仅成为阳明在拈出"良知"后所要解决的主要课题,也深刻地影响了阳明后学的演化趋向。阳明后学朝着两个方向分化,或者过度重视用以至于认为凡用皆体,或者过度提揭体以至于离用言体。

第十章"未发已发"指出,源自《中庸》的未发已发因牵涉到喜怒哀乐中节与否的重大问题以及体用、动静等重要议题,而在宋明儒学中极具重要性。阳明在此问题上实际上是远承胡五峰、张南轩的主张而对其加以改造。五峰和南轩主张先察识后涵养的工夫论,强调觉察和体认发用的本心,使本心主导人的意识和行动。朱子质疑单纯在发用中察识和涵养本心是难以契入本心和保持本心的,认为只有在强调区分未发之性与已发之情、未发之静与已发之动阶段的工夫的基础上,引入穷理工夫和居敬工夫(尤其是静中涵养工夫),才能解决上述问题。阳明反对朱子对未发之性与已发之情,以及未发之静与已发之动阶段工夫的着重区分。他未发已发论的要旨在于,作为生生不息的戒惧之念的良知既是已发之情又是未发之性,是即已发而为未发。以此为基础,他的未发已发论主要从和即是中以及动静合一两个层次展开。他的主张有接近五峰、南轩之处,如此他便面临了五峰和南轩面临的问题,即人难以在发用中契入和保持本心。对此他主要通过强调良知本心的直接性以及后天的着实用意、精察克治加以解决。

第十一章"动静合一"指出,阳明倡导的工夫至少有两个特色。第一,因工夫围绕本体展开,本体与工夫合一,故其主张的工夫是一元本体工夫;第二,因本体在不同阶段有不同表现,故工夫又可以分为着意循理与自然循理两层。以一元两层本体工夫为视野，可以梳理出阳明论"动静"的思路。"动"有三层含义，即有事、从欲、着意；"静"也有三层含义，即无事、循理、自然。其中第一层中无事之静只是有事之动的一种特殊情况，两者都受到始终运作的本体的引导和推动。相应于动静的三层含义，动静合一既可指应事与未应事的心是同一个心，也可泛指循理，还可专指自然循理。在后两者中，前者已经做到正确，后者则不仅正确而且自然。自然正确不仅是个体良知的极致表现，同时也是天道的一般特点。

第十二章"无善无恶"指出，阳明倡导的无善无恶思想，是引发中晚明思想界热烈讨论甚至激烈争论的一个重大问题。在阳明那里，无善无恶既可表示无善恶可言的意思，也可表示好善恶恶却无所刻意、执着的意思。前一含义涉及体用论，后一含义涉及工夫论与境界论。就体用论而言，阳明认为无论物还是心之本体原本都无善恶可言，只有心之本体发动以后才有善恶可言。这反映了他离用无体，即用是体的主张。就工夫论和境界论而言，无善无恶和有善有恶分别指意念完全出于良知的状态和意念部分出于良知而仍然有所刻意、执着的状态。阳明提出有善有恶和无善无恶，主要是为了给学者分别指出达到道德境界和天地境界的工夫。

第十三章"两种《大学》诠释，两种四句教"指出，不少学者认为阳明的《大学》诠释与其四句教存在对应关系。诚然如此，须指出的是，这种对应关系不是单一的，而是一一对应关系。因为一方面他对《大学》有两种理解，这从他对"正心"的不同诠释中可以看出；另一方面四句教在他那里也有两种不同含义。他平时教人所用的四句教对应于以心之未发实体解释心的《大学》诠释，而天泉证道时确立的作为定本的四句教则对应以心的完善状态解释心的《大学》诠释。这样的对应关系是不能调换的，因而是一一对应的关系。除此之外，定本四句教与《大学》诠释存在一个重要差别，即它承认无善无恶代表的正心工夫可以是所谓上根人的工夫入路，而不仅仅是一般人达到道德境界以后的工夫。只有理解这样的一一对应关系以及差别，我们才能对阳明的《大学》诠释以及四句教获得全面、准确的理解。

第十四章"天泉四句"指出，与后世质疑和批评形成鲜明对照的是，阳明自身坚信天泉证道定下的四句教是既具普遍性且无弊的工夫指点语。在他看来，无善无恶和有善有恶不过是对"已发"之意识状态的描述，是不同条件下达致"好善恶恶"的不同道路。无善无恶指意念完全出于良知的动力，因而没有且不必刻意和执着；有善有恶指受私欲牵累而必须有所刻意、执着。分别以两者为核心的"四无"和"四有"的工夫提升之路并无高下之分，差异主要在入手处不同。四句教包含四无和四有两条工夫提升之路；无善无恶的含义包含好善恶恶，并以其为根本。这两点分别保证了四句教的普遍性和无弊性。阳明自身表述容易引起歧义，加之后世往往忽视上述两个要点，质疑和批评也就由此而起。

第十五章"严滩四句"指出，在严滩问答中，阳明提出了著名的严滩四句，其意图和天泉证道一样，是为了点出两条适合不同人的工夫提升之路，从而促使王龙溪和钱绪山二人相互取益。具体而言，严滩四句不仅如龙溪所指出的那样谈论了特定工夫层面的问题，而且谈论了包含不同工夫在内的完整工夫提升之路层面的问题。并且，有心工夫和无心工夫一样，也是受到本体指引和推动的工夫。只是由于同时包含了刻意、执着，因而有心工夫只能称为广义的本体工夫，而不足以称为狭义的或说严格的本体工夫而已。在两者同为本体工夫，从两者入手的两条工夫提升之路均能达到工夫最高境界的意义上，两条工夫提升之路是无优劣之分的。唯有如此理解，才能真正把握阳明严滩四句的本意。

第十六章"真诚恻怛之工夫"指出，在阳明学中，真诚恻怛是一个十分重要但未受足够重视的概念。这一概念由真切等词发展而来。真诚指刻意努力去除私欲之蔽（去恶）的工夫，及其达到的意识与本体一致的状态。在这种状态中，本体主导意识而促使人为善。恻怛指的是发自本体的对他人不能自已的同感。两者结合，即是刻意努力地诉诸恻隐之心以为善去恶，并进而保持恻隐之心自然发用以为善去恶的状态。阳明去世前几年之所以提出真诚恻隐并予以特别重视，就是因为这一概念充分满足了作为工夫指点语的要求，即它既包含了相对明确的目标指向（去恶与为善），又包含了明确的动力来源（成圣意志与本体）。真诚恻隐不仅有助于我们深入理解阳明的工夫论，而且对当今个人与社会、权利与责任关系的处理也不无启发意义。

第十七章"真诚恻隐之本体"指出，真诚恻隐等同于良知这一阳明思想的核心概念，并且和良知一样既是体也是用。"真诚恻隐"一语所指向的生生之仁，规定了良知本体的至善性质，提供了化知为行、为善去恶的动力。阳明之所以必欲将真诚恻隐提至本体高度，正是为了揭示良知本体中蕴含的足以克除私欲、使工夫得以完成的动力，并促使学者切实落实良知本体。

第十八章"真诚恻隐的总结性意义"指出，真诚恻隐是对阳明的思想做的总结。首先，"真诚恻隐"意味着本体与工夫的统一。阳明去世前必欲提出真诚恻隐并将其提至本体高度的根本原因，是以此揭示本体所蕴含的足以推动工夫的动力和引导工夫的准则，从而实现本体与工夫的统一。其次，"真诚恻隐"意味着动力与准则的统一。本体包含的动力与准则并非相互外在的关系，准则是内在于动力之中的，动力的自我调节就形成了准则。最后，"真诚恻隐"意味着勉然与自然的统一。真诚恻隐既可理解为以真诚工夫呈露恻隐之仁，即勉然的工夫；也可理解为以恻隐之力维护真诚状态，即自然的工夫。工夫从勉然提升至自然，构成一个完整的工夫提升之路。"真诚恻隐"因其对阳明思想的总结性意义，值得引起我们充分重视。

经过以上十八章的讨论，我们可以对阳明思想有一整体的了解。当然，这仍然不能说是没有遗漏的，在不少地方抑或让人不免有繁复之感。关于遗漏的问题，如明明德与亲民的关系问题，笔者在其他并非专题探讨阳明的文章中将会涉及。关于繁复的问题，首先多举文本例证确实是论证观点的需要，此无疑义。本书确实不仅旨在对阳明思想做整体勾勒，也期望能对阳明文本的解释有所助益。亦即不少文本例证服务于阳明思想阐释这一根本目标，揭明这些文本含义本身也是本书的目的。事实上，只有全面、深入地揭示文本的含义，才能对整体思想有准确的把握。就此而言，文本解读与思想研究这两重目标是内在统一的，两者共同构成了我们对王阳明心学的深度解读。

第一编　本体

第一章
知行合一

作为龙场悟道以后提出的首个重要命题，知行合一贯穿于阳明中晚年思想，其重要性是毋庸置疑的。梁启超先生甚至直接以"知行合一之教"概括他的思想。① 知行合一不仅引起包括阳明后学在内的中晚明儒者的讨论甚至争论，而且也是现代阳明学研究的热点问题，相关研究成果到了汗牛充栋的程度。

在这些讨论和研究中不乏真知灼见。如阳明高足王龙溪说："知非笃实，是谓虚妄，非本心之知矣；行非精察，是谓昏冥，非本心之行矣。"② 与此相似，同属浙中王门的季明德则以"本体之知"解释阳明知行合一的意旨："其意则主乎致本体之知，非求之于外者也，若求知于外而不以心体言知，则去道远矣。"③"本体之知"的说法源自阳明自身，此有待后述。"本心之知"和"本心之行"的说法点出了知行合一之所以可能，是因为这里说的知是出于本心的知，行是出于本心的行。"本心之知"一词的来源至少可以追溯到朱子："致知乃本心之知。"④ 其与阳明的差异稍后再论。

---

① 梁启超:《王阳明知行合一之教》,《梁启超论儒家哲学》, 商务印书馆, 2012, 第 192 页。

② 王畿:《答吴悟斋》,《王畿集》卷十, 第 252 页。

③ 季本:《大学私存附录》, 朱湘钰点校、钟彩钧校订《四书私存》,（台北）"中研院"中国文哲研究所, 2013, 第 32 页。

④ 黎靖德编《朱子语类》卷十五, 第 282 页。

明末清初的黄梨洲则更明确地揭示了本心之知的内涵:"所谓知善知恶者,非意动于善恶,从而分别之为知,知亦只是诚意中之好恶,好必于善,恶必于恶,孰是孰非而不容已者,虚灵不昧之性体也。"[1]梨洲准确点出了能导出行的本心之知是不容已的好善恶恶。人有各种各样的好恶,好恶是容不得停下来的,其中好善恶恶是本然好恶,它直接发自人的本性。正是直接发自人的本性的不容已动力,使知行合一变得可能。本心之知实际上就是良知,相应的将其落实的行即是致良知。冯友兰先生点出了这一点,并澄清了知行合一命题的性质:"王守仁讲'良知',并不是一般地讲认识论。'良知'是知,'致良知'是行,这个'行'也不是一般的行。他讲'知行合一',并不是一般地讲认识和行为的关系,也不是一般地讲理论和实践的关系。'知行合一'是王守仁哲学思想中的一个重要部分,他所讲的'知行合一'也就是'致良知'。"[2]如此而谈的知行合一是伦理命题,这不意味着阳明忽视了认识事物之理的理论问题。

基于已有成果可知,知行合一之所以可能的关键原因在于,知是本心之知,本心之知即是良知,它不仅是行动所应遵循的准则,而且是本然好恶,是不容已的动力。说得更透彻些,知是直接发自本心的试图妥善安顿万物的痛切感受。这种痛切感受和自己饥肠辘辘想要觅食一样迫在眉睫、不容耽搁。这是知的根本含义,也是知行合一的关键。本章即欲围绕本心之知,重探阳明知行合一命题。具体讨论知行合一直接针对什么问题而提出,为什么非提知行合一不可,以及为什么采取"知行合一"的表述形式这三个问题。在此过程中,也尝试回应历来对知行合一的各种误解和质疑。

---

① 黄宗羲:《明儒学案》卷十,第178~179页。
② 冯友兰:《中国哲学史新编》,《三松堂全集》第10卷,第203页。

第一节　直接针对朱子忽视本心之知的问题而提出

阳明的知行合一直接针对朱子忽视本心之知的作用的问题而提出。他的观点并非没有根据，朱子对本心之知的作用的忽视，从其居敬和穷理工夫都不凭借本心可以看出。①

阳明是在龙场悟道的次年提出知行合一的。《年谱》正德四年（1509）条记载席元山向阳明请教朱陆异同的问题，阳明答以知行合一，经过反复问辩，元山终于明白："圣人之学复睹于今日；朱陆异同，各有得失，无事辩诘，求之吾性本自明也。"②阳明为什么不谈朱陆异同且不论，重要的是，"求之吾性本自明也"，并非仅仅针对朱陆异同的问题，其实际上就是他龙场悟道的关键内容"吾性自足"，因此阳明确实是"告知以其所悟"。他向席元山阐述知行合一，席元山总结出"求之吾性本自明也"的结论，这其实正反映了知行合一的要旨。

原本"吾性自足"包含了本性既为工夫提供准则也提供动力两方面的内涵，而"吾性自明"的表述则主要是突出了准则方面的内涵，尽管如后所述事实上准则之明即已蕴含动力之诚。之所以突出准则之明，可能与他们对朱子的致知的关注和探讨有关。亦即通过强调本心自明，强调本心自然知善知恶来说明并非像朱子说的那样只有通过格物，才能实现本心之知、本心之明。不过无论"吾性自明"还是"吾性自足"，都表明工夫可以凭借天所赋予人的本性来开展。更具体地说，是凭借直接发自本性的本心或说本心之知来开展。强调这一点并不是无的放矢，而是对朱子工夫论的扭转。

---

① 导论第一部分表达的是笔者的观点，即朱子倡导的居敬、穷理工夫在漫长的工夫历程中都并不凭借本心，此处梳理的是阳明的观点，两处讨论并非重复。

② 钱德洪编《年谱一》，《王阳明全集》卷三十三，第1355页。

朱子工夫论以居敬穷理为核心。在阳明看来，无论居敬还是穷理，都并不凭借本心，反而是对本心的作用的忽视。当然，从朱子自身角度来说，他并非有意或无意地忽视了本心，他只是认为本心凭靠不上而已。梨洲揭示知行合一针对朱子重视知识的态度而提出，此一命题有助于解决单凭知识的力量不足以导出行动亦即知而不行的问题。他说："夫以知识为知，则轻浮而不实，故必以力行为功夫。良知感应神速，无有等待，本心之明即知，不欺本心之明即行也，不得不言'知行合一'。"[①]之所以以知识为知会造成轻浮不实亦即无法导出行动的问题，是因为人们即便有了知识或明白了道理以后仍然未必会去行动。梨洲以"本心之明"来解释知的含义，并且其含义区别于朱子那里通过格物致知所获得的知识，是符合阳明本旨的。不过与元山的总结一样，单独说"明"其实是不足以完整揭示本心的内涵的，它只是表达出了是非之准则方面的内涵，而没有表达出好恶之动力方面的内涵。当然梨洲并非不了解这方面的内涵，此点已如前述。

以下具体就居敬和穷理两个方面来谈阳明心中朱子对本心之知的忽视。

第一，在阳明看来，朱子倡导居敬工夫，是对本心作用的忽视。朱子说的居敬是指保持心不因私欲而昏昧的状态。在这种状态中，私欲一旦从心中升起，就能被人敏锐地觉察和迅速地克除。阳明批评其"终是没根源"，其意是说居敬只是凭借后天努力，并没有直接发自先天的本心作为支撑。[②]

居敬工夫没有直接发自先天的本心作为支撑，还可以从朱子对居敬的进一步解释中看出。朱子以"主一"——即意念高度集中而不分散——来解释居敬。阳明对此批评道："如此则饮酒，便一心在饮酒上；好色，便一心在好色上。却是逐物，成甚居敬功夫？……若只知

---

① 黄宗羲：《明儒学案》卷十，第181页。
② 钱德洪编《传习录》第129条，《王阳明全集》卷一，第44页。

主一，不知一即是理，有事时便是逐物，无事时便是着空。"① 这反映
了意识高度集中意义上的居敬，是脱离了理的正确引导的，是不可能
达成目标的。而阳明则认为心不仅提供了善恶的准则从而可以给行动
以正确的引导，即理是由心所产生的，而且提供了使善恶之准则得以
落实的好恶之动力，由此本心便可引导和推动正确行动的完成。阳明
从不凭借本心入手批评朱子倡导的居敬工夫，意味着在他看来，居敬
工夫忽视了本心的作用。

从朱子自身角度来说，居敬工夫固然不排除本心的参与，但本
心时隐时现，并不能稳定呈现，因此他所依靠的并非本心，而是后天
有意识的努力。就此而言，阳明"没根源"的批评可谓虽不中但亦
不远。

第二，更重要的，朱子倡导穷理工夫，也是对本心的作用的忽
视。在朱子那里，穷理即是格物，居于《大学》八条目之首。就八条
目而言，朱子有两点重要主张。第一，致知即致本心之知，致知和格
物虽无先后之分，但工夫的入手处在格物而不是致知，致知依赖于格
物，完成格物才能完成致知，亦即物格而后知至。第二，格物、致
知的完成先于诚意、正心的完成，亦即物格知至而后才能做到意诚心
正，应该按照《大学》条目一节一节做工夫。

从阳明的角度来看，这两点主张最终导致了本心被忽视，进而也
导致了知行不能合一。他的以下批评便反映了这两个后果："近世格
物致知之说，只一知字尚未有下落，若致字工夫，全不曾道著矣。此
知行之所以二也。"② 这里说的被忽略的"知"不是对事物之理的了解，
而是指直接发自本心的知。

就第一点而言，事实很显然，必须通过格物才能达到致知，这本
身就是对本心的忽视，故阳明说"只一知字尚未有下落"。阳明将朱
子的这一思路称为"外心以求理"，这里的"心"就是本心。他对此

---

① 钱德洪编《传习录》第117条，《王阳明全集》卷一，第38页。

② 王守仁：《与陆元静·二·壬午》，《王阳明全集》卷五，第211页。

批评道："外心以求理，此知行之所以二也。"①之所以穷理会导致知行不能合一的问题，关键原因就在于本心被忽略了。反过来，只有凭借本心才能做到知行合一。在阳明看来，忽略本心的穷理工夫是不可能导出正确的行动从而最终达成目标的。他说："今必曰穷天下之理，而不知反求诸其心，则凡所谓善恶之机，真妄之辨者，舍吾心之良知，亦将何所致其体察乎？"②"何所致其体察乎"的质疑可以理解为即便对事物之理获得了了解，此理也终究和心处在相互外在的关系中，无法使心按照理来行动。正如阳明所说："舍却本根，去枝枝叶叶上求个条理，决不能复入本根上去。虽勉强补缀得上，亦当遗落。"③

当然，按朱子物格即可做到知至的观点，格物即可激发本心之知，故他应该无法首肯阳明这一批评。这一点且不论，从阳明的角度来看格物是不可能起到如此作用的。更何况世事复杂，有些有前例可以依循，有些没有，这些完全依赖于本心的决断，而单纯穷理对此是无济于事的。仅以舜不告而娶为例，阳明说："夫舜之不告而娶，岂舜之前已有不告而娶者为之准则，故舜得以考之何典，问诸何人而为此邪？抑亦求诸其心一念之良知，权轻重之宜，不得已而为此邪？"④这里其实表露了理终究是由心产生而非本来存在于心外的观点，因此朱子外求的方法无异于南辕北辙。

就第二点而言，按朱子的观点，格物便可激发本心之知，进而导出相应的行动，原本是不至于造成忽略本心之知以及知行不合一的后果的。然而他又持知先行后的主张，这一点最终还是难以避免知行不合一的问题。尽管朱子并不认为做格物致知工夫时就可以完全忽略诚意以下工夫，然而在他看来如果不首先经过漫长而艰苦的格物致知，人是不可能真正做到诚意以下工夫的。从知行关系的角度来说，虽然

---

① 钱德洪编《传习录》第 133 条，《王阳明全集》卷二，第 48 页。
② 钱德洪编《传习录》第 136 条，《王阳明全集》卷二，第 52 页。
③ 钱德洪编《遗言录》下第 12 条，《王阳明全集》（新编本）卷四十，第 1604 页。
④ 钱德洪编《传习录》第 139 条，《王阳明全集》卷二，第 56~57 页。

知行相须，但毕竟知先行后。固然知行可以并进，但行的完成又依赖于知的完成，知相对于行仍然具有优先性。这种优先性使得知行难免发生脱节而成为先后进行的两个工夫。在此情况下，不仅因为与行脱节，知的工夫无法真正推进，而且知之后的行在脱离知的情况下也无法真正展开。故阳明批评说："若谓学问思辩之，然后去行，却如何悬空先去学问思辩得？行时又如何去得个学问思辩的事？"[1] 最后一个"去"是去除、丢开的意思，意思是行在脱离知的参与的情况下是无法展开的。其最终的结果就是："今人却就将知行分作两件去做，以为必先知了然后能行。我如今且去讲习讨论做知的工夫，待知得真了方去做行的工夫，故遂终身不行，亦遂终身不知。"[2]"终身不行"即是前述"致字工夫，全不曾道著"。

阳明认为本心就可以作为工夫的凭借，就可以保证工夫的完成。他说："明则诚矣，非若后儒所谓明善之浅也。"[3] 明就是本心不受遮蔽的状态。在这种状态中，本心可以自然发用，使本心之知充实于意识中并主导意识，亦即达到诚的状态。因而说，明是诚的充分条件，而不仅仅是诚的必要条件。或者说，明即是诚，两者是同等程度的工夫。

朱子则认为格物致知之后尚有诚意正心的工夫，亦即明善之后尚有诚身工夫，则将明善看得太浅近了。阳明说："故诚身有道，明善者，诚身之道也；不明乎善，不诚乎身矣。非明善之外别有所谓诚身之功也。诚身之始，身犹未诚也，故谓之明善；明善之极，则身诚矣。"[4] 在朱子层层推进的工夫论中，代表明善的格物致知只是达到诚身的必要条件，在诚身方面还需另做工夫，尽管在诚身方面所需的工夫远不如在格物致知方面多，但至少说明其不认为明善是诚身的充分

①　王守仁：《答友人问・丙戌》，《王阳明全集》卷六，第 232 页。
②　钱德洪编《传习录》第 5 条，《王阳明全集》卷一，第 5 页。
③　钱德洪编《传习录》第 164 条，《王阳明全集》卷二，第 77 页。
④　王守仁：《与王纯甫・二・癸酉》，《王阳明全集》卷四，第 175~176 页。

条件，不认为明与诚可以等量齐观。

换个角度来说，明诚关系如知行关系。按阳明的观点，知与行和明与诚一样，仅仅知就已经是全功。他以"知及"和"仁守"分别代表知和行，并明确点出知即是全功：

> 问"知及仁守"一章。先生曰："只知及之一句，便完全了，无少欠缺。自其明觉而言谓之知，自其明觉之纯理而言谓之仁，便是知行合一的工夫。譬如坐于此物乃是知及，若能常在此乃是仁守。不能久而守之，则是此智亦不及而必失之矣。亦有大本已立，小德或逾，不能庄以莅之；或一时过当，条理欠节次处，要皆未为尽善也。大抵此章圣人只是说个讲学的规模，智及之一句便完全了。"①

"知及"可以覆盖"仁守"，而不是"知及"之外另有"仁守"。实际上知和仁都包含准则和动力，都覆盖意识和行动，由此两者才能等量齐观。阳明努力把知提升到全功的高度，而不只是如朱子所认为的那样只是局限于一个阶段，在此之后另有专门的行的阶段。

郑泽绵指出，如何达成意念的真诚，亦即诚意，是朱子和阳明共同的问题意识，因此应该从诚意而非格物切入理解阳明提出知行合一的问题意识。② 从我们的观点来看，阳明不满于朱子的是本心作用的缺失，而并不限于格物、诚意抑或居敬中的某个工夫条目。他反对朱子所讲的格物，正是因为格物意味着绕开本心而陷入支离；主张诚意的首要地位，是为了直接落实本心的好善恶恶之念；反对朱子所说的居敬，也是因为其并无本心的指引和推动。这些都与本心有关，因此问题的关键在于本心的作用是否得到重视。

---

① 钱德洪编《遗言录》下第 4 条，《王阳明全集》（新编本）卷四十，第 1603 页。
② 郑泽绵：《从朱熹的"诚意"难题到王阳明的"知行合一"——重构从理学到心学的哲学史叙事》，《哲学动态》2021 年第 2 期，第 92~101 页。

总结而言，朱王工夫异同的关键就在于是否认为本心可以作为工夫的凭借。朱子认为不可，阳明认为可以。朱子认为不可，故寻找值得凭借的因素。其找到的值得凭借的除居敬以外便是穷理，这是将突破口置于在认知以及随之而来的信念上发生的改变。原本阳明也实践过朱子的方案，不过并未成功。经过龙场悟道，他开始坚定地主张本心可以直接对工夫发挥作用，故不必事先诉诸即物穷理，由此形成的工夫提升之路是即知即行，知行合一的。反观朱子倡导的工夫，无论居敬还是穷理，都没有有效发挥本心这一工夫真正的动力来源和方向指引的作用。阳明提出知行合一，针对的正是朱子忽视本心的作用的观点，从而纠正他心目中朱子工夫论既无法做到知也无法做到行的问题。

第二节　知行合一的三层含义

"知行合一"的提出固然是有所为而发，但也反映了知行关系的本来面貌。其本来面貌就是知行本来合一、能够合一，以及应该合一。这构成了知行合一的三层含义。这一命题旨在纠正对本心之知的作用的忽视，强调它的直接性和充足性，提醒人们将它的直接性和充足性具体实现。

知行合一不仅不是对人的无理要求，反而符合人的本性，是可以达成的目标。阳明说："某今说知行合一，虽亦是就今时补偏救弊说，然知行体段亦本来如是。"[1] 又说："此虽吃紧救弊而发，然知行之体本来如是，非以己意抑扬其间，姑为是说以苟一时之效者也。"[2]

阳明二传弟子李见罗未能完全把握阳明的意思，认为这只是为补偏救弊而提出的权宜之法，不足为定论："要吾辈善学先儒者，有志圣学者，学其诸所论著，学圣之真功可也，而必并其所提揭者，不谅其

---

[1]　王守仁：《答友人问·丙戌》，《王阳明全集》卷六，第232页。
[2]　钱德洪编《传习录》第133条，《王阳明全集》卷二，第48页。

救弊补偏之原有不得已也，而直据以为不易之定论也，可乎？"①见罗此说取消了阳明言说的普遍性意义。实则阳明自身已明言事情本来就是如此，不是姑且为了效果才这么说。

阳明所说"知行体段"即是知行的本来面貌或本来状态。其本来面貌可以从三个方面加以概括：本来合一、能够合一和应该合一。而理解这些的关键是本心之知的直接性和充足性。

首先我们来说本心之知。在阳明及其后学中，这应该是龙溪首先用的概念，含义与阳明自身说的"本体之知"以及良知、本心等相同，指的是直接发自本心的意念。说本心与本心之知、直接发自本心的意念是相同的，这一点不容易被人理解，然而阳明却的确是这么认为的。他认为"身、心、意、知、物是一件"②，这是他理解心意知物关系的视角之一。另一视角是心与知属体，意与物属用，如："身之主宰便是心，心之所发便是意，意之本体便是知，意之所在便是物。"③即便分体用，因为体在用中，即用是体，所以对体的言说也是通过对用的言说的方式进行。故通常情况下可不必对本心与本心之知或本体之知、直接发自本心的意念等加以过度区分。

在阳明看来，任何一个念头从心中升起，本心之知也同时升起，这些念头都处在本心之知的监察和调控之中。本心之知始终都在运作，没有停歇，可以成为工夫的依凭。阳明说："是故至善也者，心之本体也。动而后有不善，而本体之知，未尝不知也。意者，其动也。物者，其事也。至其本体之知，而动无不善。"④又说"本体之知自难

---

① 黄宗羲：《明儒学案》卷三十一，第 674 页。

② 钱德洪编《传习录》第 201 条，《王阳明全集》卷三，第 103 页。

③ 钱德洪编《传习录》第 6 条，《王阳明全集》卷一，第 6 页。

④ 王守仁：《大学古本序》，《王阳明全集》卷七，第 271 页。"至其本体之知"可说是化用自《易传》"知至，至之"。这样说虽无不可，不过根据阳明用语习惯，似作"致其本体之知"更合适，见钱德洪编《传习录》第 134 条，《王阳明全集》卷二，第 48 页。

泯息，虽问学克治也只凭他"①。"本体之知"即本心之知，与它们相似的还有"本体之念"②等概念。我们之所以主要用龙溪的"本心之知"而非阳明自身的"本体之知"，是因为朱子和阳明虽然都讲本体，但只有阳明以本心为本体，讲"本心"更具体指出了本体之所指，因而更能凸显阳明思想的特色。正是持续不间断运作的，能够监察和调控意念的本心之知，保证了知与行的合一。

本心之知之所以能保证知行合一，是因为它既是是非之准则，也是好恶之动力。本心之知作为是非之准则这一点并不难理解，阳明对此也多有论述。如"良知只是个是非之心"③，又如："尔那一点良知，是尔自家底准则。"④

本心之知还是不容已的动力。黄勇先生将阳明讲的良知直接称为具有道德性的"动力之知"，其含义是使人倾向于做出相应行为的道德知识，由此区别于命题性知识和能力之知。⑤此一说法是切中要害的，但与其说良知是知识，不如说是痛切的感受。吴震先生具体点出了意愿、意志、意向等使良知成其为动力的因素。⑥王格也点出"德性意义上的'知'必然有充足的力量带来相应的道德行为"⑦。

尽管并非所有的意欲、意志都是良知，被私欲等因素遮蔽以后的良知也并未转化为意欲、意志，然而阳明的确将良知视为意欲、意志，并以饥者求食等来形容其指向专一而又自我驱动的倾向。他说："果能如饥者之求饱，安能一日而不食，又安能屏弃五谷而食画饼者

---

① 钱德洪编《传习录》第 221 条，《王阳明全集》卷三，第 108 页。
② 钱德洪编《传习录》第 202 条，《王阳明全集》卷三，第 104 页。
③ 钱德洪编《传习录》第 288 条，《王阳明全集》卷三，第 126 页。
④ 钱德洪编《传习录》第 206 条，《王阳明全集》卷三，第 105 页。
⑤ 黄勇、崔雅琴：《论王阳明的良知概念：命题性知识，能力之知，抑或动力之知？》，《学术月刊》2016 年第 1 期，第 49 页；黄勇：《附：再论动力之知：回应郁振华教授》，《学术月刊》2016 年第 12 期，第 24 页。
⑥ 吴震：《作为良知伦理学的"知行合一"论——以"一念动处便是知亦便是行"为中心》，《学术月刊》2018 年第 5 期，第 14 页。
⑦ 王格：《王阳明"知行合一"义理再探》，《道德与文明》2015 年第 5 期，第 137 页。

乎?"① 这是对知之为知的最好说明,知是有力量的。饥者求食之类例子就是为了说明知所具有的不容已的动力。他在描述万物一体之仁时所说的"疾痛迫切,虽欲已之而自有所不容已"②,也最能直接、准确地表现好恶的动力义。实际上,本心之知本质上是发自本心的痛切感受。唯其有此痛切感受,才会如饥者求食般地迫切行动,由此使知转化为行,使知行构成一体无间的关系。劳思光先生指出:"阳明主旨总不外指出'良知'与'意志'间应有及本可有之贯通状态,此是'知行合一'之本旨。"③ 其说甚是。

事实上,本心之知对意念的监察、调控往往不是以反思的形式进行的,而正是以喜好与厌恶、安与不安的形式表现出来的。也就是说,说良知自知,与说良知是好恶、是疾痛感受,并不矛盾。吴震先生即指出了良知自知与良知是准则以及动力的关系:"阳明心学十分强调良知自知自觉、良知当下呈现,从而使得良知不仅是道德判断的标准,更是道德实践的力量源泉,对于丰富和完善儒家伦理学说具有重要的理论意义。"④ 耿宁先生则将良知"自知"与良知是"是非、好恶"对立起来:"王阳明的'良知'不必然是一个是非、好恶之心。如果心的本体自然流行、自然发用,如果没有任何私欲、物欲去妨碍它、遮蔽它、牵扯它,那么这个心理活动的自知也就没有什么是非、好恶。"⑤ 然而事实并非如此,正如阳明所言揭明的:"知得良知却是谁?自家痛痒自家知。若将痛痒从人问,痛痒何须更问为?"⑥ 痛痒比喻的不容已的好恶与良知自知是一体的,它们不是非此即彼的关系。在此也可看出阳明所说的良知至少融合了孟子那里分而言之的是非之心和

① 王守仁:《与顾惟贤》,《王阳明全集》卷二十七,第1097页。
② 钱德洪编《传习录》第182条,《王阳明全集》卷二,第91页。
③ 劳思光:《新编中国哲学史》(三卷上),广西师范大学出版社,2005,第331页。
④ 吴震:《〈传习录〉精读》,第241页。
⑤ 〔瑞士〕耿宁:《心的现象——耿宁心性现象学研究文集》,倪梁康编,倪梁康、张庆熊、王庆节等译,商务印书馆,2012,第132页。
⑥ 王守仁:《答人问良知二首》,《王阳明全集》卷二十,第871页。

羞恶之心。至于耿宁先生何以有此误解，则与他对《传习录》"七情顺其自然之流行，皆是良知之用，不可分别善恶"[1]的误解有关，对此我们在第十三章再来详论。

重要的是，是非之准则与好恶之动力并不是平行的关系，准则其实内在于动力之中，而非由外界强加于人。阳明认为，是非之准则不外乎是好恶出来的，好恶得恰如其分，就构成了善恶的标准。故他说"是非只是个好恶"[2]，又说："好字原是好字，恶字原是恶字。"[3]因此，保证知行合一的本心之知实际上是内含准则的动力。

接着，我们来说本心之知的直接性和充足性。从本心之知是好恶的角度来说，它具有直接性。阳明的比喻便突出了好恶的直接性："只见那好色时已自好了，不是见了后又立个心去好。闻恶臭属知，恶恶臭属行。只闻那恶臭时已自恶了，不是闻了后别立个心去恶。"[4]无疑本心具有当下性，不过当下性是相对于过去、未来而言的。阳明通过"好好色，恶恶臭"的比喻所要凸显的是本心的非反思性，与反思性相对的是直接性，因此我们采取"直接性"而非"当下性"的说法。因为好恶本身就是一种促使人行动的动力，可以使人符合善恶的准则，所以人依循这个准则并不困难。动力与准则可以涵盖完成工夫所需的条件，就此而言，作为内含准则的好恶对于完成工夫而言是充足的。阳明以下说法强调了本心之知的充足性："昏暗之士，果能随事随物精察此心之天理，以致其本然之良知，则虽愚必明，虽柔必强，大本立而达道行，九经之属可一以贯之而无遗矣。尚何患其无致用之实乎？"[5]同时也提及了良知的充足性："夫万事万物之理不外于吾心，而必曰穷天下之理，是殆以吾心之良知为未足，而必外求于天下之广以

---

① 钱德洪编《传习录》第290条，《王阳明全集》卷三，第126页。
② 钱德洪编《传习录》第288条，《王阳明全集》卷三，第126页。
③ 黄宗羲：《明儒学案》卷二十五，第585页。
④ 钱德洪编《传习录》第5条，《王阳明全集》卷一，第4页。
⑤ 钱德洪编《传习录》第137条，《王阳明全集》卷二，第53页。

神补增益之,是犹析心与理而为二也。"①

我们再来说知行合一的三层含义。阳明前期最重要的弟子徐曰仁(名爱)认为:"如今人尽有知得父当孝、兄当弟者,却不能孝、不能弟,便是知与行分明是两件。"阳明对此评论道:"此已被私欲隔断,不是知行的本体了。未有知而不行者。知而不行,只是未知。圣贤教人知行,正是要复那本体,不是着你只恁的便罢。"② 最后一句中的"着"表达的是要求、命令的意思,意思接近于"让""使"。阳明回答中的几句话先后表达了知行本来合一、能够合一和应该合一的意思。这正是知行合一的三层含义。

第一,本来合一。"此已被私欲隔断,不是知行的本体了",即意味着知行本来是合一的。20 世纪前期梁漱溟、梁启超、贺麟等多位研究过阳明学的学者都提到了知行本来合一这一点。③ 知行之所以本来合一,有两层原因:一是人人皆有良知本体,二是即便私欲遮蔽,良知本体也可以自然呈现。阳明以下所说即表达了这两层意思:"若是知行本体,即是良知良能,虽在困勉之人,亦皆可谓之'生知安行'矣。"④ 良知不受私欲干扰自然呈现从而实现知行合一,便是知行的本来样态:"知行如何分得开?此便是知行的本体,不曾有私意隔断的。"⑤ 顺便一提,正因为良知会自然呈现而不仅仅是能力或者潜能,所以阳明多提良知而少提良能,提良知已经蕴含良能于其中。

第二,能够合一。"未有知而不行者。知而不行,只是未知",表达的即是知行能够合一的意思。唐君毅先生指出:"阳明即由此'知'必当彻于行,进以言此'知'原亦自知求彻于其行,以成其知行合一

---

① 钱德洪编《传习录》第 136 条,《王阳明全集》卷二,第 52 页。
② 钱德洪编《传习录》第 5 条,《王阳明全集》卷一,第 4 页。
③ 相关研究参乐爱国《梁漱溟对阳明学的阐发与吸取》,《湖北大学学报》(哲学社会科学版)2020 年第 2 期,第 56~63 页。
④ 钱德洪编《传习录》第 165 条,《王阳明全集》卷二,第 78 页。
⑤ 钱德洪编《传习录》第 5 条,《王阳明全集》卷一,第 4 页

之说。"[1] 唐先生点出知行合一不仅必要，不仅应该，而且可能。知本身要求能够贯彻于行，这是知行能够合一的关键。这种知，实际上就是良知。阳明说："知良能是良知，能良知是良能，此知行合一之本旨也。"[2] 这句话揭示知同时是能够。此处的能够，不仅是指可能性，而且是指必然能实现之意，亦即知必然导出行动。之所以如此，是因为知本身是一种不容已的动力。由此可见，虽然阳明单提良知，而较少提及良能，但良能所代表的固有之能力是蕴含在良知之中的。

阳明还说："孟子云：'是非之心，知也。''是非之心，人皆有之'，即所谓良知也。孰无是良知乎？但不能致之耳。《易》谓'知至，至之'，知至者，知也；至之者，致知也。此知行之所以一也。"[3] "知"即良知，阳明把"知至"解释为良知，把"至之"解释为致良知。其中"知至"之"至"字没有在解释中被提到，实际上这个字表明了良知能够达到极致的特征，即知不是泛然的知，而具有充足性，必然能推动相应的行。而"至之"则是说应该将知的充足性实现出来，将知具体落实为相应的行。正因如此，阳明才将其与知行合一联系起来。实际上，"知至，至之"说明的是知行能够合一和应该合一。"知至"是说能够，"至之"是说应该。进一步说，"知至"和"至之"，或说知行能够合一和应该合一这两点，正对应于阳明工夫论中的简易和真切。

第三，应该合一。"圣贤教人知行，正是要复那本体，不是着你只恁的便罢"，表达的即是知行应该合一的意思。牟宗三先生指出："良知明觉若真通过逆觉体证而被肯认，则它本身即是私欲气质等之大克星，其本身就有一种不容已地要涌现出来的力量。此即阳明所以言知行合一之故，亦即孟子所言之良知良能也。"[4] 良知本身固然要求

---

① 唐君毅：《中国哲学原论·原教篇》，中国社会科学出版社，2006，第 195 页。
② 黄宗羲：《明儒学案》卷十三，第 277 页。此语为弟子季明德转述阳明语。
③ 王守仁：《与陆原静·二·壬午》，《王阳明全集》卷五，第 211 页。
④ 牟宗三：《从陆象山到刘蕺山》，第 146 页。

贯彻于行动之中，不过如果没有"通过逆觉体证而被肯认"这一前提条件，那么纵然本有良知也是无济于事的。这就点出了知行合一不仅是可能的，而且也是一种工夫要求。周海春先生等指出："就王阳明'知行合一'的立言宗旨而言，'致良知'的'致'突出了克倒不善的念头的重要性，更明确了'知行合一'的宗旨。"①

诚然，阳明将应该合一视为知行合一的"立言宗旨"："今人学问，只因知行分作两件，故有一念发动，虽是不善，然却未曾行，便不去禁止。我今说个'知行合一'，正要人晓得一念发动处，便即是行了。发动处有不善，就将这不善的念克倒了。须要彻根彻底，不使那一念不善潜伏在胸中。此是我立言宗旨。"②须说明的是，"一念发动处，便即是行了"须善解，否则容易造成单纯以思想、意念定罪，混淆道德与法律的严重后果。吴震先生便指出："按字面理解，一念之发动即便没有付诸实施，便已经是一种行了。倘若果真如此，并由此来量罪定刑的话，那么这个世界恐怕将是牢狱成灾。"③

类似的一段记载是："要晓得一念动处便是知，亦便是行。如人在床上思量去偷人东西，此念动了，便是做贼。若还去偷，那个人只到半路转来，却也是贼。"④照阳明所说，一个偷盗之念既是知又是行，那岂不是也实现知行合一了吗？实则不然。阳明只是借此要求人"不使那一念不善潜伏在胸中"而已。人出于本心原本是厌恶偷盗的，有此厌恶之心，则不但不会在心中升起偷盗之念，更不会将其付诸行动。这就是恶恶而去恶，和好善而为善一样，是真正的知行合一。偷盗之念已经升起，则说明本心已受遮蔽。若本心不去蔽，不加精察克治之功，则此知念难免外化为具体的行动。故阳明才说"一念动处

---

① 周海春、韩晓龙：《论王阳明"知行合一"的立言宗旨》，《湖北大学学报》（哲学社会科学版）2019年第3期，第109页。

② 钱德洪编《传习录》第226条，《王阳明全集》卷三，第109~110页。

③ 吴震解读《中华传统文化百部经典·传习录》，国家图书馆出版社，2018，第392页。

④ 黄直编《遗言录》上第6条，《王阳明全集》（新编本）卷四十，第1597页。

便是知，亦便是行"。正如吴震先生解释的那样，阳明想要说的无非是："念不分正邪，就在一旦发动的同时，良知自知自觉的机制便随之启动，善的便加以存养，不善的便加以'克倒了'，而且还要'彻根彻底'。"①

阳明又说："吾契但著实就身心上体履，当下便自知得。今却只从言语文义上窥测，所以牵制支离，转说转糊涂，正是不能知行合一之弊耳。"②这是说应该做到知行合一。知解文意本身就是知行不合一的表现。因为知解文意未能紧扣自身好恶的意念。只有切身体认才是真正明白知行论述的关键。他对知行合一的论述也最终落脚在应该合一上："是非之心，知也，人皆有之。子无患其无知，惟患不肯知耳；无患其知之未至，惟患不致其知耳。故曰：'知之非艰，行之惟艰。'今执途之人而告之以凡为仁义之事，彼皆能知其为善也；告之以凡为不仁不义之事，彼皆能知其为不善也。途之人皆能知之，而子有弗知乎？如知其为善也，致其知为善之知而必为之，则知至矣；如知其为不善也，致其知为不善之知而必不为之，则知至矣。知犹水也，人心之无不知，犹水之无不就下也，决而行之，无有不就下者。决而行之者，致知之谓也。此吾所谓知行合一者也。"③水必然往下流比喻知必然能导出行，去除阻碍水往下流的障碍，则是比喻要求人实现知的固有能力。即便生知安行的人，也面临如何落实知行合一的问题。阳明说"所谓'生知安行'，'知行'二字亦是就用功上说"④，即生知安行的人也并非没有工夫可言，只是工夫相对而言比较自然而已。

总结而言，阳明以下所说堪称知行合一的确解："知行合一之功，正所以致其本心之良知。"⑤阳明不仅承认存在本心之知，而且主张以

①　吴震解读《中华传统文化百部经典·传习录》，第392~393页。
②　王守仁：《答友人问·丙戌》，《王阳明全集》卷六，第232页。"吾契"即"吾辈"。
③　王守仁：《书朱守谐卷·甲申》，《王阳明全集》卷八，第308页。
④　钱德洪编《传习录》第165条，《王阳明全集》卷二，第78页。
⑤　钱德洪编《传习录》第140条，《王阳明全集》卷二，第59页。

其为工夫的动力来源和方向指引。知行合一在阳明学中的根本作用，就在于揭示本体之于工夫的意义，或说揭示本体工夫的可能性。知行合一正是点出本体工夫之可能性的命题，同时也要求工夫以围绕本体的形式展开，使工夫是一元本体工夫。阳明工夫论不同于朱子的根本特质在于，他认为本体能直接在工夫中发挥作用，其发挥作用的具体表现就是工夫可直接从诚意切入，而不必如朱子所说首先做漫长而艰苦的格物致知工夫。在此诚意不同于居敬，是有根源的，其根源就是兼准则和动力于一身，具有直接性和充足性的本心之知。

第三节　重建知与行、我与万物的原初关联

从逻辑上讲，合一的前提是分离，而且"知"具有复杂多义性，难以与知识问题区别开来，这些都使"知行合一"这个命题的表述形式并不完美。不过，采取现在的表述形式虽属不得已，但这种表述形式也有它的优越性，即提醒人们重建知与行，进而重建我与万物的原初关联，让人意识到知原本就是能导出行的痛切之知。

为了补偏救弊才有知行合一的说法，这固然不妨碍其表达的内容的真实有效性，但也使知行合一这个表述天然就存在缺陷。其缺陷主要有二：第一，逻辑上讲，合一的前提是分离，因此，提出知行合一反而预设了知行的分离，这个命题本身就潜藏着否定知行一体的因素；第二，"知"具有复杂多义性，难以与知识问题区别开来。类似的缺陷还存在于"知是行之始，行是知之成"等阐发知行合一的表述中。这些缺陷并不是阳明主观上期望的，但其客观存在也不以他的主观意志为转移。

阳明对知行合一有如下重要论述："某尝说知是行的主意，行是知的功夫；知是行之始，行是知之成。"[1]"主意"即是动机，"功夫"即

---

① 钱德洪编《传习录》第5条，《王阳明全集》卷一，第5页。

是落实。"始"即是开端，"成"即是完成。如此则知行明明是二而不是一，为什么不能分？仅从表述来看，阳明的说法并不严密。事实上，如果像朱子一样把知理解为格物致知，把行理解为诚意正心以下的工夫，那么知行无疑是可以分开的。朱子自身就每每感慨自己在知上用力多，在行上用力少。这无疑是以知行可以分开为前提的。但对阳明而言，知行却不能分开，原因就在于他说的知是指本体之知，此知必然能导出相应的行动，行动不过是本体之知的外化展现、最终落实而已。两者看似有先与后、首与尾的区别，实则构成一体无间的关系。两者看似有时间差，其实是一体的，有知必有行，有行必有知。

从知行确实有始终、首尾的不同来看，论者区分同质的时间差并无不可。不过即便存在时间差，知行也仍然只是一个，这才是问题的关键。强调两者的时间差，反而可能割裂两者的内在关联。故阳明特别强调"知行并进，不宜分别前后"[1]，即两者相互渗透，齐头并进，并无所谓时间差，不管是异质的时间差还是同质的时间差。陈立胜先生评论劳思光先生等的研究说："传统朱子学立场坚持知行之间乃存在一由'内'及'外'的'异质的时间差'，劳思光先生认为由于阳明将知、行做了重新界定，'知'是价值之知，是行之发动，故知行合一只能是'根源意义'上的合一。这一看法实际上是认定知行乃是同一行动之不同阶段，知行之间仍然存在一'同质的时间差'。"陈先生自身观点是知行乃是无时间差的合一："知行并非同一行动之两个不同的时间段，而是同一行动之两个不同面向（一体两面）。"[2]其说甚是。

正是基于有知必有行，有行必有知，知行相互渗透和蕴含，阳明说："知之真切笃实处，即是行；行之明觉精察处，即是知。"[3]"知之真切笃实"，即是说知不是泛然地知，而是直接发自本体的不容已

[1]　钱德洪编《传习录》第132条，《王阳明全集》卷二，第46页。
[2]　陈立胜：《入圣之机：王阳明致良知工夫论研究》，生活·读书·新知三联书店，2019，第132页。
[3]　钱德洪编《传习录》第133条，《王阳明全集》卷二，第47页。

的意欲。有了这一不容已的意欲，自然可以引导出相应的行动，所以阳明说"知之真切笃实处，即是行"。"行之明觉精察处"，是说行动的时候本心澄明，但凡一点私欲都能觉察。由此这样的行动自然是本心引导的行动，即"本心之行"，所以阳明说"行之明觉精察处，即是知"。此"知"自然是本心之知无疑。经过这样的论述，知行交融互渗，一体无间，由此人们便或可避免两者有先有后的误解了。

不过，前引"知行并进"之说和知行合一一样，还存在一个"知"之所指不明确的问题，以至于难以与一般理解的知觉以及知识区分开来。

关于难以与知觉区分开来的问题，阳明以"好好色，恶恶臭"比喻良知，原本是为了说明良知之好恶的直接性。在此值得注意的是，阳明通过"美"与"恶"来突出感官刺激的强烈性，由此形容好恶直接产生而不假思索，并能带来相应的或趋近或远避的行动。龙溪则直接以一般而言的见闻来比喻能导出行的知。其说法是不准确的，他的表述混淆了良知和知觉，他也没有通过突出感官刺激的强烈性以说明良知能直接引发行动。他说："如眼见得是知，然已是见了，即是行；耳闻得是知，然已是闻了，即是行。要之，只此一个知，已自尽了。"[1] 实际上仅仅凭借耳目的闻见之知，是不足以导出行动的，龙溪"已自尽了"的说法并不确切。

当然，好好色、恶恶臭只要有所节制，达到合宜的程度，本也可划入良知的范围。因为良知本身即包含肯定和维护自我之生的维度。自我之生和一体之仁是其两大要素，亦即良知终究是要妥善安顿包含我在内的万物。如果缺乏节制，就不能称为良知了，这是应该强调的。[2]

---

① 王畿:《南游会纪》,《王畿集》卷七, 第 159 页。
② 关于知觉与良知或本心的关系，是正确理解心学的一大关键，学者往往容易受到理学影响而过度区分两者。对此问题，我们在第二章第一节、第三章第二节等处还将涉及。

关于难以与知识区分开来的问题，与阳明论辩的顾东桥便从朱子学的立场出发，将知视为知识，而从知行相须、知行互发的角度理解阳明的观点。他说："所喻知行并进，不宜分别前后，即《中庸》尊德性而道问学之功交养互发、内外本末一以贯之之道。"① 梨洲也认为阳明的知行合一远承自伊川的观点。他基于伊川"人既能知见，岂有不能行"的观点说："伊川先生已有知行合一之言矣。"② 实则伊川、朱子的观点与阳明是大异其趣的。

伊川、朱子认为如果人们通过格物，对理之不可易和不容已的性质获得了体认和确信，就必然会迫切地按照理来行动。这固然也是化知为行，但此知是对理的体认和确信，与直接发自本心的痛切感受相比，存在着反思意识与直接意识的区别。这种差别集中体现在双方对"真知"含义的理解上。

伊川认为："真知与常知异。常见一田夫，曾被虎伤，有人说虎伤人，众莫不惊，独田夫色动异于众。若虎能伤人，虽三尺童子莫不知之，然未尝真知。真知须如田夫乃是。故人知不善而犹为不善，是亦未尝真知。若真知，决不为矣。"③ 伊川说的"真知"显然不是指自身被虎伤意义上的直接经验，而是说只有通过格物，使知达到如同直接被虎伤一样毫无疑问而又痛切不容已的程度，才足以称为真知。这显然不同于阳明所说的自然本有的良知。阳明则认为："天然是非之心，乃真知也。"④ 当然伊川和朱子并不否认本心之知的存在，只是他们认为工夫的关键不在于此而已。

除直接意识与反思意识，还可借用信念与欲望来类比伊川、朱子和阳明所说的知的不同内涵，尽管阳明所说的知更准确地说是内含着

---

① 钱德洪编《传习录》第132条，《王阳明全集》卷二，第46~47页。
② 黄宗羲著，全祖望补修《宋元学案》卷十五，中华书局，1986，第603页。
③ 程颢、程颐：《河南程氏遗书》卷二上，《二程集》，第16页。黄直编《遗言录》上第48条，《王阳明全集》（新编本）卷四十，第1601页。
④ 程颢、程颐：《河南程氏遗书》卷二上，《二程集》，第16页。黄直编《遗言录》上第48条，《王阳明全集》（新编本）卷四十，第1601页。

准则的动力，而不是泛泛而谈的欲望。

王龙溪的不当表述以及顾东桥和黄梨洲等人的误解都说明知行合一并进之类表述容易和知觉、知识问题混淆。事实上，知并非单纯知觉或者知识，而是痛切之知。阳明后来提出"良知"，一定程度上可以提醒人们准确理解其内涵。周海春先生等即指出，"王阳明的'知行合一'有一个发展过程，'致良知'使'知行合一'更为完备"①。

要言之，讲知行合一是为了使人明白知的本意是痛切之知，本来是可以重建知与行，以及我与万物的原初关联的。这种原初关联的主要表现是人与人之间互相扶持而各得所养，形成一个万物一体的理想社会；而作为其中一个个体的我身体力行，通过倡导明德亲民的学问来维系这一理想社会。他说："嗟乎！昔王道之大行也，分田制禄，四民皆有定制。壮者修其孝弟忠信，老者衣帛食肉，不负戴于道路，死徙无出乡，出入相友，疾病相扶持，乌有耄耋之年而犹走衣食于道路者乎！周衰而王迹熄，民始有无恒产者。然其时圣学尚明，士虽贫困，犹有固穷之节，里闾族党，犹知有相恤之义。逮其后世，功利之说日浸以盛，不复知有明德亲民之实。士皆巧文博词以饰诈，相规以伪，相轧以利，外冠裳而内禽兽，而犹或自以为从事于圣贤之学。如是而欲挽而复之三代，呜呼其难哉！吾为此惧，揭知行合一之说，订致知格物之谬，思有以正人心，息邪说，以求明先圣之学，庶几君子闻大道之要，小人蒙至治之泽。"②

岛田虔次先生指出良知包含了自我与他者的统一的冲动："'良知'已经是知与行的统一，但现在又成了自与他的统一原理。不，不只是原理，它是心，大概是冲动。就像人要从四肢百体的疾病恢复而反省以前的本能冲动那样，万物一体的良知，就是朝向自他统一的道德的

---

① 周海春、韩晓龙：《论王阳明"知行合一"的立言宗旨》，《湖北大学学报》（哲学社会科学版）2019 年第 3 期，第 109 页。
② 王守仁：《书林司训卷·丙戌》，《王阳明全集》卷八，第 313~314 页。

冲动。"① 按照阳明自身的说法，自我与他者的统一是内蕴于知行合一理论中，而成为他这一理论的根本归宿的。

要言之，阳明将知行合一学说置于恢复圣学，进而重建王道的宏大理想中来把握。他提出这一命题的根本意图正是重建我与万物原本一体的血脉联系。

那么这一命题何以就能有如此作用呢？就当时人的处境来说，不仅沉醉于功名利禄破坏了我与万物原初的血脉联系，而且世儒沿袭的朱子学，也对这种血脉联系起到了遮蔽的作用。这是因为，在知行二者中强调知的优先性的朱子学不强调率先在具体情境中实施工夫。虽然在达到物格知至之前也并非无工夫可做，但周遭的事物首先是穷理的对象，而不是一种当下做工夫的触动和激发。我在对象化的静观中与万物相遇，万物主要不构成对我本心的直接触动和激发。更何况，朱子所强调的穷理往往还是在书本上进行的，万物就更不直接与我照面了。由此我与万物很大程度上处在隔绝的关系中。朱子在给友人的书信中提到的"不知有己"的问题，便会引发对周遭世界无动于衷的问题："今一向耽着文字，令此心全体都奔在册子上，更不知有己，便是个无知觉、不识痛痒之人。虽读得书，亦何益于吾事邪？"② 与此相反，对阳明来说，周遭事物内在于本心，与人构成一体无间的关系，构成对本心的直接触动和激发，人由此触动和激发而有发自本心的行动。本心使知行成为一体的同时，也使我与万物的血肉联系得以重新建立起来。这构成了知行合一的根本意旨。阳明以下从意念所在的角度讲物，从物对人的激发的角度讲事，由此物与事是一体的，即表现了周遭事物经由意念的渠道对人的触动和激发："自意之所着谓之物，

---

① 〔日〕岛田虔次：《朱子学与阳明学》，蒋国保译，山东人民出版社，2022，第102~103页。

② 朱熹：《答吕子约》二十六，《晦庵朱文公先生文集》卷四十六，《朱子全书》第22册，第2202页。

自物之所为谓之事。物者事之物，事者物之事也。一而已矣。"①

因为阳明强调的不是知识而是本心之知，那是否存在这样的问题：光有纯粹的动机，不一定能拥有关于事物的正确知识，由此也就不一定能保证行动达成目标呢？顾东桥便有这样的质疑，他认为阳明知即是行，"行即是知"的观点高估了本心的作用，他说："若真谓行即是知，恐其专求本心，遂遗物理，必有暗而不达之处。抑岂圣门知行并进之成法哉？"②顾东桥从突出本心作用的角度理解阳明这句话，是符合阳明本意的。重要的是，固然纯粹动机未必能保证一定获得正确知识，但这并不意味着连寻找正确知识以及去解决问题的行动都没有发生，因而就不足以否定知行一体的关系。亦即从阳明的角度来说，知行合一虽然不是直接讨论如何获得知识的问题，但可以帮助人扩展知识。

并且直接来讲，因为知必然导出行，而行又是获得知识的有效途径，很多时候离开了行动是无法真正掌握知识的，所以本心之知恰恰是获得知识的有力支撑。阳明说："夫人必有欲食之心然后知食。欲食之心即是意，即是行之始矣。食味之美恶必待入口而后知，岂有不待入口而已先知食味之美恶者邪？必有欲行之心，然后知路。欲行之心即是意，即是行之始矣。路岐之险夷必待身亲履历而后知，岂有不待身亲履历而已先知路岐之险夷者邪？"③这正涉及前述本体之知充足性的问题，良知的确需要见闻，但这不代表良知本身是不充足的。良知自足是阳明自身的主张。不过这是就源头而言的，即在源头上无须知识的辅助。不过从知行合一的整个过程来看，知识是不可或缺的，尽管这也在良知的统摄之中，即良知自然会推动人探究和了解所需的知识。一方面良知从根本上来说是自足的，另一方面不能因为良知自足而误以为不需要知识，这两者是同时成立的。

---

① 陈荣捷编《传习录拾遗》第27条，《王阳明全集》卷三十二，第1296页。
② 钱德洪编《传习录》第133条，《王阳明全集》卷二，第47页。
③ 钱德洪编《传习录》第132条，《王阳明全集》卷二，第47页。

良知作为痛切之知、本然好恶，提供动力这一点是关键，无此动力则再多见闻知识也不会去行动。而有了良知之动力，则自然会去探索，会去问人。所以问题的关键在痛切之知、本然好恶提供的动力，而不是见闻知识。这是阳明的洞见所在。见闻是良知的内在要求，可以为良知统摄，而不是从外面来补充良知。正因为问题的关键是痛切之知、本然好恶，单纯拥有知识本身无法导出行动，所以尽管良知可以统摄知识，两者不可分离，但仍然有必要对它们加以区分。

明末清初学者王船山认为阳明知行合一的实质是"销行以归知，终始于知"[1]。船山是基于阳明对知的强调而有此议论，阳明强调知这一点的确是符合实情的。那么对知的强调是否会造成忽略和否定行的问题呢？回答是不会。因为知必然可以导出行，所以虽然强调知，但并不存在船山批评的把行化约为知，以至于始终在知中打转的问题。知只是统摄行，而不是取代行以至于取消行。

知统摄行，必然导出行，工夫是否就是纯粹的先天工夫了呢？或者说，是否就不需要后天的努力了呢？梨洲就认为只有纯粹先天工夫才足以称为知行合一，一旦落在后天对治私欲之中，工夫就不符合知行合一的本旨了。他说："若向发时认取，则善恶杂揉，终是不能清楚，即件件瞒不过照心，亦是克伐怨欲不行也。知之而后行之，方为合一。其视知行终判两样，皆非师门之旨也。"[2] 梨洲以为努力克治私欲已经落入后手，只有完全顺应本心，意念纯善无恶，才称得上是知行合一。其观点实际上是龙溪和其师刘蕺山观点的翻版，在此不赘述。

重要的是，对阳明来说事实并非如此。其弟子曾引阳明对知行合一的解释："格物以致其良知，谓之学，此知行合一之训也。"[3] "格物"即是努力去欲的意思。并非有私欲需要对治，就不再是知行合一的本

---

① 王夫之：《尚书引义》卷三，中华书局，1962，第 66 页。
② 黄宗羲：《明儒学案》卷十四，第 297 页。
③ 朱得之编《稽山承语》第 2 条，《王阳明全集》（新编本）卷四十，第 1607 页。

旨了。再看阳明根据不同人根器对知行合一的分层，更能说明知行合一并非只局限于先天工夫：

> 问："圣人生知安行是自然的，如何有甚功夫？"先生曰："知行二字即是功夫，但有浅深难易之殊耳。良知原是精精明明的，如欲孝亲，生知安行的只是依此良知，实落尽孝而已；学知利行者只是时时省觉，务要依此良知尽孝而已；至于困知勉行者，蔽锢已深，虽要依此良知去孝，又为私欲所阻，是以不能，必须加人一己百、人十己千之功，方能依此良知以尽其孝。圣人虽是生知安行，然其心不敢自是，肯做困知勉行的功夫。困知勉行的，却要思量做生知安行的事，怎生成得？"①

阳明指出，即便生知安行者的工夫，也不是纯粹先天工夫，也包含了后天的刻意、执着。而困知勉行者是无法逾越困勉阶段而直达生安阶段的，不过不能因为他们是困知勉行就认为他们的工夫不是知行合一了。学知利行实际上介于生知安行与困知勉行之间，初期是有所刻意、执着，后期是无所刻意、执着。阳明以"存之既久，不待于存而自无不存"②来描述这种转变。因此总体而言知行合一存在有所刻意、执着和无所刻意、执着两种情况，两种情况均可以称为知行合一。当然阳明认为这两种情况的关系并非截然二分，而是有所重叠的。

朱子正是基于困知勉行的人"蔽锢已深，虽要依此良知去孝，又为私欲所阻"这样的原因，或者用他自己的话来说即是"人又多是忘了"本心，才认为本心无法凭借，只能诉诸居敬穷理。而阳明认为虽然此时本心之知不足以成为工夫的完全支撑，但只要辅以后天的努力，则并非不可以落实本心之知。他特别强调此时本心之知仍在运作，不容忽视："若是知行本体，即是良知良能，虽在困勉之人，亦皆

---

① 钱德洪编《传习录》第 291 条，《王阳明全集》卷三，第 126~127 页。

② 钱德洪编《传习录》第 134 条，《王阳明全集》卷二，第 49 页。

可谓之'生知安行'矣。"① 他凭借本心之知的工夫的一个重要特点恰恰是，强调不同人各随良知的发用程度做工夫。

> 或问："孟子'始条理者，智之事，终条理者，圣之事'。知行分明是两事。"直曰："要晓得始终条理，只是一个条理而始终之耳。"曰："既是一个条理，缘何三子却圣而不智？"直曰："也是三子所知分限只到此地位。"先生尝以此问诸友。黄正之曰："先生以致知各随分限之说，提省诸生。此意最切。"先生曰："如今说三子，正是此意。"②

工夫的起点是各随分限，而目标则是各尽分限。无论本心之知呈露多少，都可以直接入手做工夫。

最后须说明，需要后天努力，而不是单凭先天工夫，和本心之知具有充足性不冲突。后天努力只是将本心之知的充足性实现出来而已。就像虽然树苗在本性上能长成参天大树，但这并不排斥我们在后天需要搬开压制在其上的石头，需要帮它浇水、施肥等。做这些后天的工作不代表它原本没有长成参天大树的本性。

吕思勉先生以下说法便既提到了良知足以凭借，也提到了需要致知工夫："人心虽动于妄，而良知未尝不知，故致知之功，实大可恃。良知虽无时不存，而不能不为物欲所蔽，故致知之功，必不容缓。以良知为足恃，而遂忘致之之功，则所谓良知，亦终为物欲所蔽耳。"③ 吕先生虽未做进一步解释，不过他的这个说法本身是正确的。

法国学者朱利安（François Jullien，也译作弗朗索瓦·于连）先生有一个观点，可能误解了孟子以来有关植物的比喻，没有意识到由人与树构成的整体才足以说明良知的问题。他说："孟子之所以不用意愿

---

① 钱德洪编《传习录》第 165 条，《王阳明全集》卷二，第 78 页。
② 陈荣捷编《传习录拾遗》第 21 条，《王阳明全集》卷三十二，第 1293 页。
③ 吕思勉：《理学纲要》，江苏文艺出版社，2008，第 153 页。

这一范畴——其思想之特性恐怕也因此而成——乃是因为他思考道德乃是以潜能与其具体现实化为思路（说人性底蕴先是在我们自身，继而在外部世界中推发而出），而不是按选择与行动这样的构架（通过'深思'之后的抉择与'有意自愿'的行动）来完成的。这中间有个东西方参照系的差异：中国方面乃是按植物生长的过程，从萌芽求思；而希腊方面，则是从传统上的史诗与戏剧——这些在先秦中国未曾有过的文艺形式——所表现的'行动中'的人出发（另外《圣经》在相当程度上，也是对人之行动的记叙）。"① 实则在人与树构成的整体中，人的选择会对树苗的生长带来正面或负面的影响，朱利安先生似乎未能注意到这一点。

总之，尽管知行合一存在这样那样的问题，然而它有助于重建知与行、自我与万物的原初关联。阳明正是基于这一点而非用这一表述不可，哪怕从诞生之初开始，它就招致各种误解和质疑。

小　结

阳明龙场悟道的主要成果是领悟本心的作用和要求。知行合一是将其作用和要求表达出来的第一个重要命题。只有从本心的角度，才能对阳明的知行合一得出善解。事实上，后世不乏误解和误用，正如吴震先生指出的那样："就'知行合一'问题而言，不难发现，日本阳明学尤其是近代日本阳明学对此问题存在一些误解甚至是有意的曲解，对这一问题的理解往往被化约为这样的观点：任何知识都可以或应当直接化作一种力量而可以不计其手段及后果，至于行为动力是否根源于普遍良知或者知识的价值之源究竟何在等本体问题，则被搁置不问。这就不免偏离了阳明良知学意义上的'知行合一'命题的理论

---

① 〔法〕弗朗索瓦·于连：《道德奠基：孟子与启蒙哲人的对话》，宋刚译，北京大学出版社，2002，第97页。

旨趣。"① 蔡仁厚先生谈及日本阳明学时也说："日本阳明学者所表现的勇往实践之精神，虽然很有壮采，但像西乡隆盛与伊藤博文之死，实只能算是国之忠烈，而不足以言君子之节义。因为他们的死，都与征韩直接相关，而征韩是灭人之国，乃大不仁、大不义之事，这如何通得过自己良知之许可？天下岂有主张灭人之国与从事灭人之国的阳明学者？"② 两先生所说的误解与误用是值得我们深思和警惕的。

知行合一的本意是，不必诉诸格物所得的知识，本心之知就可以直接导出善行而禁止恶行，这样就可以避免终身不行以及终身不知的问题。而善与恶出自好与恶，好恶本是不容已的痛感。这种痛感具有伦理意义，是万物一体的根基。而知行合一的最终指向也正是万物一体的理想社会。

最后根据以上观点，我们尝试讨论陈来先生提出的关于知行合一的两个有趣而深刻的问题。面对陈先生的观点，无论赞成者还是反对者，似均未充分挖掘出这两个问题的意义。③ 实际上，对这两个问题的回答，分别意味着我们有必要从好恶角度理解知行合一，而作为好善恶恶之本体的良知有是否成为主体的区别。

首先，陈先生指出："在理学的伦理学中把道德修养分为'为善'和'去恶'两个方面，从这个角度来看，提出一念发动即是行，对于矫治'一念发动虽是不善，然却未曾行，便不去禁止'有正面的积极作用；然而，如果这个'一念发动'不是恶念，而是善念，能否说'一念发动是善，即是行善'了呢？如果人只停留在意念的善，而并不付诸社会行为，这不正是阳明所要批判的'知而不行'吗？"又说："知行合一的那些具体表述在伦理实践中往往针对着不同对象而有

---

① 吴震：《作为良知伦理学的"知行合一"论——以"一念动处便是知亦便是行"为中心》，《学术月刊》2018 年第 5 期，第 23 页。

② 蔡仁厚：《王阳明哲学》，九州出版社，2012，第 194 页。

③ 这两个问题引起学界关注和讨论，如李明辉先生提出了自己的看法。参李明辉《从康德的实践哲学论王阳明的"知行合一"说》，《中国文哲研究集刊》第 4 期，1994，第 415~440 页。

不同意义。如对于'去恶'，应强调知已是行之始；对于'为善'则应强调行才是知之成。"①陈先生突出了善恶之念的不对等性，这是富有洞见的。实际上，我们只要引入好恶，便可解释同样是一念发动处，为什么善念要实施，恶念却要禁绝。对善采取喜好的态度而推行之，对恶采取厌恶的态度而禁绝之，亦即由好善恶恶而为善去恶，这两者都是符合知行合一的。换句话说，任何一个念头发动，本体之知都伴随始终，本体之知具有好恶的倾向，善念则好之，恶念则恶之。善念则促使人推行和落实，恶念则阻止人推行和落实。把善念推行和落实，是善念方面的知行合一；把恶念阻止和禁绝，是恶念方面的知行合一。推行和落实善念，阻止和禁绝恶念，是知行关系的本来状态；善念不推行、不落实，恶念不阻止、不禁绝，就不再是知行关系的本来状态了。举例而言，动了偷盗的念头而不停止行动，是没有做到恶恶方面的知行合一。动了助人的念头而不付诸行动，是没有做到好善方面的知行合一。恶恶方面就是要停止行动，好善方面就是要付诸行动。停止行动是恶恶方面知行合一的体现，在这方面要求的行动就是停止行动。知行合一的具体表现有差异，不过其定义并不因为善念和恶念的不同而有所改变。

其次，陈先生认为阳明晚年提出致良知学说以后，知行合一学说也发生了相应的变化。他说："在晚年，阳明把良知与致良知纳入知行的范畴，这个理论在出发点上也是强调人把良知所知贯彻到行为和实践，而它强调区分良知与致知，于是阳明不能像'知而未行只是未知'一样讲良知不致便不是良知。"②确实，具体意识层面不能致良知的问题，并不影响本体层面上良知的有无。因为就本体亦即始终运作的戒惧之念的角度而言，良知谈不上起灭，谈不上增减。良知作为本体尽管会被遮蔽，但不能说其已不是良知，戒惧之念当然还是良知。这是一方面，不过从另一方面说，离开致良知工夫，良知不能具体落

---

① 分别见陈来《有无之境——王阳明哲学的精神》，第106~107、108 页。

② 陈来：《有无之境——王阳明哲学的精神》，第182 页。

实，良知确实不成其为良知。只是，不能成其为良知的意思，是说意识没有受到良知主导，良知本体没有同时成为主体，其功能、作用没有充分发挥出来。但这不是对良知之为好善恶恶的本体的否定，而是说作为一种有待实现的本性和能力，良知不仅能够而且也必须在发用中实现出来，唯其如此良知才成其为良知。"知而不行，只是未知"，其中的"知"实际上也是良知，"未知"也不是否定良知本体，而同样是说良知被遮蔽了，意识没有受到良知主导。阳明的有些表述确实存在词不达意的问题，因而有待仔细分疏与澄清。

第二章
心即理

　　一般认为，"心即理"是阳明学的第一命题，如吕思勉先生便认为："阳明之学，虽极博大精微，然溯其原，则自'心即理'一语来而已。"① 此一命题继承自陆象山，而区别于朱子等人的"性即理"。陆王不同于朱子等人之处，在于在承认后者的同时也承认前者。

　　学界对"心即理"命题已有非常丰富而深入的研究，具体研究后文会提及。不过，通过深究这一命题，仍可发现若干有待解决的疑问。第一，仔细爬梳朱子的文献，会发现他也有类似"心即是理"或者"心与理一"的观点，如此则仅仅从是否承认心即理的角度，并不足以区分陆王与朱子的观点。第二，阳明显然不会认为凡是心中所发的意念都是合理的，既然如此，他为什么要直接说心即理？他的观点应该是只有本心才符合理，既然如此，那他为什么不明确说本心即理？既然心与理是同一的关系，而心又是活动变化的，那么难道理也是活动变化的吗？如果理是活动变化之理，那就意味着应该在心的发用中把握理，可既然理不是静态的、固定的标准，那又如何确认在发用中把握的是理而不是私欲？第三，阳明既然认为心即是理，可为什么又认为理生于心？两者是否能同时成立？他认为性理可以统摄事理和物理，这种统摄是否会压制对知识的纯粹探

---

① 　吕思勉：《理学纲要》，第 152 页。

求，他是否为事理和物理的探讨保留了足够的空间？本章即欲在与朱子的比较的基础上，以上述问题为线索，重探阳明"心即理"命题的内在逻辑与丰富内涵。

第一节　陆王与朱子的异同

虽说陆王的"心即理"区别于朱子等人主张的"性即理"，不过，这并不意味着朱子没有类似"心即理"或者"心与理一"的观点，甚至于在对这些观点的内涵的理解上，朱子和陆王也是高度一致的。双方都认为"心即理"之类命题表示的是一定条件下心与理的完全同一。只是朱子经常将心与理对言，仅仅视理为形而上，而又认为现实中人的心往往不能合于理，才让人不太容易注意到他"心即理"的观点。尽管在内涵上有一致的理解，我们也不能忽视朱子与陆王之间的重要分歧。其分歧主要表现在"心即理"的适用范围、应该主要从静态还是动态角度把握理、性理与物理的关系三个方面。

一　朱子的"心即理"及其成立的三个条件

朱子之前已有学者提及心即理的观点。佛教的类似表述且不论，程明道描述"曾子易箦"时的状态，提到了"心是理，理是心"[①]。稍早于朱子的胡致堂（名寅，胡五峰之兄）则明确说过"心即是理，理即是心"的观点，他是就工夫圆熟后的人来说的："圣人心即是理，理即是心，以一贯之，莫能障者。"[②]与致堂几乎同时的张横浦（名九成）也用"心即理，理即心"来描述"深造之学"的效验。[③]

朱子也讲心与理的同一，不过，他只是在未受私欲干扰的本然意义上或工夫圆熟之后的境界意义上来谈心与理的同一，而并不认为这

---

① 程颢、程颐：《河南程氏遗书》卷十三，《二程集》，第 139 页。
② 胡寅：《崇正辩》卷二上，《斐然集·崇正辩》，岳麓书社，2009，第 689 页。
③ 张九成：《孟子传》卷十九，《张九成集》，浙江古籍出版社，2013，第 943 页。

一同一具有普遍适用性。以下心与理的同一便是在未受私欲干扰的本然意义上说的："心与理一，不是理在前面为一物。"① 其意是理本就在心中，而非自外而来与心相对为二，心与理本是同一的。以下则是在工夫圆熟之后的境界意义上说的："仁者理即是心，心即是理。"此条语录又被记录为："仁者心与理一，心纯是这道理。"② "仁者"即表示修养所达到的圆熟境界。无论"理即是心，心即是理"，还是"心纯是这道理"，都明白无误地表示了心与理是完全同一的关系。

心与理完全同一，是在以下三点都满足的条件下才成立的。

首先，从心与理的关系来说，此理是天赋予人的，原本就具于人心之中，亦即理不是自外而来与心相遇的。朱子在界定心的含义时说："心者，人之神明，所以具众理而应万事者也。性则心之所具之理，而天又理之所从以出者也。"③ 天赋予人的理成为性，至少构成心的未发实体或说形上本质，这样理与心的内在关联便建立起来了。由此也可看出朱子所说的"心与理一"从根本上来说是指"心与性一"。

其次，从理的角度说，本具之理具有不容已要表现出来的特点，亦即理不仅是形上本质，而且是可以流行出来的本源。朱子说："理便在心之中，心包蓄不住，随事而发。"④ 从性的角度说："动处是心，动底是性。"⑤ 作为形上实体的性并无动静可言，这里之所以说"动底是性"，是说性具有不容已表现出来的冲动。故朱子又说："性不能不动，动则情矣。"⑥ 向世陵先生即指出了性是能够发用流行的："由于性之'生'义，爱之理就如同谷种的发芽萌果一样必然会生长。由未发

---

① 黎靖德编《朱子语类》卷五，第 85 页。
② 均见黎靖德编《朱子语类》卷三十七，第 985 页。关于朱子与胡致堂、张横浦观点的微妙区别，可参向世陵《宋代理学的"性即理"与"心即理"》，《哲学研究》2014 年第 1 期，第 32~33 页。
③ 朱熹：《孟子集注》卷十三，《四书章句集注》，第 349 页。
④ 黎靖德编《朱子语类》卷五，第 85 页。
⑤ 黎靖德编《朱子语类》卷五，第 88 页。
⑥ 朱熹：《胡子知言疑义》，《胡宏集》附录一，中华书局，1987，第 337 页。

到已发，仁之生意是不可能被遏止的。"①

关于性的未发已发以及动静，胡五峰已有近似的观点，即既认为性属未发而又认为性具有能动性，朱子继承了五峰的这些观点，他与五峰的差异主要在对心的不同理解。一方面，五峰认为性是未发，心是已发："未发只可言性，已发乃可言心。"② 另一方面，他又认为性具有能动性："圣人指明其体曰性，指明其用曰心。性不能不动，动则心矣。"③ 与五峰仅仅从已发之用的角度理解心不同，朱子则认为心同时涵盖未发之体（性）与已发之用（情）。这一点且不论，在性要发用流行出来这一点上，朱子与五峰是完全一致的。

理不容已地表现出来，就不再是单纯的未发之性，同时也成为已发之情。不仅如此，因为理作为性，是心的未发本质，所以其表现出来也体现了心的各种作用和功能，其作用包含主宰作用和知觉功能等。总之，理不容已地表现出来这一特点使理越出了单纯形上本质的范围，而可能与含义更加丰富的心构成等同关系。

一般认为性只是心的形上部分，如此则可以说性小心大，而如果心与性是等同关系的话，就不能说性小心大了。朱子以下所言便明确否定了性小心大的观点：

> 又问："昨日以天地之心、情、性在人上言之，今却以人之心、性、情就天上言之，如何？"曰："春夏秋冬便是天地之心；天命流行有所主宰，其所以为春夏秋冬，便是性；造化发用便是情。"又问："恐心大性小？"曰："此不可以小大论。若以能为春夏秋冬者为性，亦未是。只是所以为此者，是合下有此道理。"④

---

① 向世陵：《宋代理学的"性即理"与"心即理"》，《哲学研究》2014 年第 1 期，第 32 页。
② 胡宏：《与曾吉甫书》，《胡宏集》，第 115 页。
③ 朱熹：《胡子知言疑义》，《胡宏集》附录一，第 336 页。
④ 黎靖德编《朱子语类》卷九十五，第 2423 页。

在朱子这里，心可以就人而言，也可就天而言，两者是类似的，因此此处就天而言的心完全可以移用到人心上。此点且不论，重要的是，朱子否定性小心大的理由在于性会发用流行出来。他之所以认为"若以能为春夏秋冬者为性，亦未是"，原因在于这里仅仅把性理解为一种能发而未发的本性，而"只是所以为此者，是合下有此道理"则越出了未发的范围，在性的发用流行中来把握性，这就把性足以不小于心的完整内涵展现出来了。

当朱子直接将合于理的形而下的事物称为理或者道，将已发之情称为性的时候，性与心等同的可能性就实现出来了。他说："形而下即形而上者，《易传》谓'至微者理'，即所谓形而上者也；'至著者象'，即所谓形而下者也。'体用一源，显微无间'，则虽形而上、形而下，亦只是此个义理也。"① 又说："如阴阳五行错综不失条绪，便是理。"又说"是处便是理，不是处便是咈理"。又说"只是徐行后长方是道，若疾行先长便不是道"。② 因为仁即是理，理的根本内涵就是仁，所以他以下所说也是把形而下的事物称为理："若能到私欲净尽，天理流行处，皆可谓之仁。"以及："如'克己复礼'亦是仁；'出门如见大宾，使民如承大祭'，亦是仁；'居处恭，执事敬，与人忠'，亦是仁。看从那路入。但从一路入，做到极处皆是仁。"这两句是从一整段中截取出来的，在这两句中间的一句则有两种不同记录，只有后者才是把合于理的形而下的事物称为理，前者则坚持形而上的理与形而下的事物的区分："如'博学笃志，切问近思'，能如是，则仁亦在其中。"另一种记录将"则仁亦在其中"记录为："便可为仁。"③

发用在外者可以称为理，这一观点可以说承接自伊川。伊川说：

---

① 朱熹:《答吕子约》十三，《晦庵先生朱文公文集》卷四十八，《朱子全书》第22册，第2227页。
② 分别见黎靖德编《朱子语类》卷一、一百二十二、六十二，第3、2949、1497页。
③ 均见黎靖德编《朱子语类》卷九十六，第2464页。当然，此处的"仁亦在其中"也可能只是沿袭《论语》原文，而未必是坚持形而上的理与形而下的事物的区分。

"中理在事，义在心内。苟不主义，浩然之气从何而生？理只是发而见于外者。""中"读去声。当然伊川也不是仅仅把理视为义的表现，而是同时把理视为根本，如他说："义便知有是有非。顺理而行，是为义也。"总体来说内外义理，不能截然区分，他说："内外一理，岂特事上求合义也？"[1] 这样，理既是流行表现，也是未发实体，这两方面都被朱子继承下来了。

唐君毅先生有一个说法指出了理之于心具有超越性："此所谓超越，乃自其先于一切实现之事，为吾人所当实现，而又不能为吾人之现有之心之气，与有此心之现有生命之气，所全幅加以实现而言。"[2] 杨儒宾先生也采取类似看法。[3] 不过，这只是提到了理作为表示规范的实体的一面，如果从理"随事而发"，以及"……便是理""……便是仁"的角度来说，则理也是现实的具体的理，其与心并不存在一为超越一为现实的悬隔。只是朱子特别强调理与气、性与心的分别，使性或说理与心、气在具体现实层面的统一很少受人关注而已，此点稍后再论。

最后，从心的方面来说，如果心中有私欲阻碍，那么理的表现就会受到阻碍，以至于表现无法达到充分而持续的程度。因此心未受私欲干扰的本然状态或工夫已达圆熟之后的境界，也是心与理一的必要条件。

前已从理的角度述及理与心未必存在一为超越一为现实的悬隔，关于这一点，还可参牟宗三先生从心的角度出发所做的论述："体现实体以成德（所谓尽心或尽性），此成德之过程是无穷无尽的。要说不圆满，永远不圆满，无人敢以圣自居。然而要说圆满，则当体即圆

---

① 程颢、程颐：《河南程氏遗书》卷十八，《二程集》，第 206 页。
② 唐君毅：《中国哲学原论·原性篇》，第 246 页。
③ 杨儒宾：《格物与豁然贯通——朱子〈格物补传〉的诠释问题》，《朱子学的开展——学术篇》，（台北）汉学研究中心，2002，第 219~246 页。

满，圣亦随时可至。"①"当体即圆满，圣亦随时可至"也为朱子所认可，这可以从如下问答中得到印证：

> 国秀问："圣人言仁处，如'克己复礼'一句，最是言得仁之全体否？"曰："圣人告人，如'居处恭，执事敬，与人忠'之类，无非言仁。若见得时，则何处不是全体？何尝见有半体底仁！但'克己复礼'一句，却尤亲切。"②

由此，不仅性理可以落实在具体现实层面，心在本然意义上也具有无限的潜力，与理所具有的抽象的无限性并没有区别。朱子说，"天大无外，而性禀其全，故人之本心，其体廓然，亦无限量"③。又说："人能反身自求于日用之间，存养体察，以去其物欲之蔽，则求仁得仁，本心昭著，天命流行之全体固不外乎此身矣。"④ 要言之，即便不从性理虽为实体却可以自然发用从而充分展现于现实的角度，而仅仅从本然状态的心将理实现出来的角度立论，心与理其实也是可以完全同一的。

二 忽视或误解产生的三个原因

一些学者认为朱子所说"心与理一"只是心与理的贴合、合一，而非完全同一。如杨儒宾先生便明确指出了这一点："朱子始终认定即使在终究处发生的类似悟觉之经验，此际的境界乃不可言说地自然发生，此时突破的心灵可谓道心，道心是心与理合，但'心理合一'不是质的同一，道心的'知'仍是气之灵，朱子在'德性'与'知'之

---

① 牟宗三：《心体与性体》（上），第9页。
② 黎靖德编《朱子语类》卷四十一，第1054~1055页。
③ 朱熹：《尽心说》，《晦庵朱文公先生文集》卷六十七，《朱子全书》第23册，第3273页。
④ 朱熹：《答张钦夫》十，《晦庵朱文公先生文集》卷三十，《朱子全书》第21册，第1327页。

间划下一道切口，虽然是极纤细隐微的距离，但张载、程颐用法中的'德性之知'仍是不合法的概念。"① 杨先生在此处是以心属气，而认为心与理相对，并基于此认为心与理终究只能贴合而不能同一。持类似观点的学者不少，如赖尚清先生便认为："在人心的层次，人心只能合理，以理为主，而不能直接和理合一。"② 其最后一句虽然用的是"合一"，但实际是说心与理不是同一的关系。根据前述分析，此种观点在理只是表示规范的实体的意义上或可成立，然而理并非仅仅是表示规范的实体。

当然，学者持有如此观点并非没有缘由。以下三个层次的问题，尤其是前两个层次的问题制约了人们对在朱子这里心与理可以是完全同一的关系的认识。

首先最主要的，朱子讨论心与理关系时特别强调两者是相对而言的，即心是虚灵之心，理是实在之理，两者一虚一实，性质相反，并且分属"能"与"所"的不同领域。如他说："灵处只是心，不是性。性只是理。"又说："所觉者，心之理也；能觉者，气之灵也。"又说："性虽虚，都是实理。心虽是一物，却虚，故能包含万理。"③ 由此容易让人误以为心与理只是外在的摄具关系，而不可能是同一关系。即便是他常说的"心具众理"，因为可以解释为"心包万理，万理具于一心"④，而这明显采用了容器与内含物的比喻，所以也容易让人认为心与理只是外在的摄具关系。果真如此想，则心与理至多只是合一的关系，而不可能是同一的关系。前引杨儒宾先生的话便直接提到了"气之灵"（对应于心的虚灵特征）。

唐君毅先生如下看法也是从心是虚灵之气这一角度出发立论。他

---

① 杨儒宾：《理学工夫论的"德性之知"》，《中国文化》2018年第1期，第50页。
② 赖尚清：《论朱子"仁者，理即是心，心即是理"——兼论牟宗三批判朱子哲学"心即是气"》，《朱子学刊》（第二辑），黄山书社，2017，第102页。
③ 分别见黎靖德编《朱子语类》卷五，第85、85、88页。
④ 黎靖德编《朱子语类》卷九，第155页。

注意到了朱子关于理"随事而发"之类表述与陆王一致，不过他仍然着眼于朱子有关心是气之灵的论述，认为其义理与陆王有一肩之隔。他说："纯从心性论之观点，以看此中之心与理之俱呈俱现，则亦可不说心为能觉、理为所觉；而尽可以满心而发者皆是理，或心即天理之昭明灵觉，而言心即理。此即可成陆王之义。然朱子于此盖亦有意焉，而未能及。此则又由其宇宙论之观点，以说心为气之灵之观点碍之。"①

近似地，向世陵先生虽然落脚于本体论之存在与发用关系（即前述性具生意必然发用出来之意），但也非常重视朱子思想中心与理的主客关系："朱熹的心与理一或心即理的观点，便是基于主客体之关系立论并引向本体论之存在与发用关系的。"正是以此为基础，向先生还进一步得出了不同儒者对"心即理"内涵理解也有差异的结论："尽管不同学派学者大都认可'心即理'，但其实质却有差异。命题的普遍认同与对其的特殊理解，是研究宋代理学时需要特别加以留意的问题。"②

其次，前已论及，朱子当然并不是认为心与理的关系仅仅是心通过认知活动外在地摄具理。他认为理原本就内在于心中。理是以性的形式内在于心中的，性构成了心的形上本质和未发本源。就此而言，心与理是包含与被包含的关系，或者说是部分同一的关系，而不能说是完全同一的关系。朱子对此有着相当严格的界定。如门人提问"有已发之性，有未发之性"的问题，他给予了否定的回答，认为："性才发，便是情。"③关于理，朱子同样认为："'形而上者'是理；才有作用，便是'形而下者'。"④类似的说法还有："衣食动作只是物，物之

① 唐君毅：《中国哲学原论·原性篇》，第249页。
② 向世陵：《宋代理学的"性即理"与"心即理"》，《哲学研究》2014年第1期，第34、35页。
③ 黎靖德编《朱子语类》卷五，第90页。
④ 黎靖德编《朱子语类》卷七十五，第1936页。

理乃道也。将物便唤做道，则不可。……'形而上为道，形而下为器。'说这形而下之器之中，便有那形而上之道。若便将形而下之器作形而上之道，则不可。"① 以及："道，体也。义，用也。二者皆理也，形而上者也。气也者，器也，形而下者也。以本体言之，则有是理，然后有是气，而理之所以行，又必因气以为质也。"② 理只是心的形上本质、未发本源，心除了作为形上本质、未发本源的理之外，还有其他面向，如心对人的行动的主宰能力、对事物及其道理的知觉能力，以及与未发之性相对的已发之情等。主宰能力、知觉能力以及情都和性有密切关系，但都不能化约为性，因而不能被性所涵盖。因为理只是能发而未发的形上实体，心则有着更为丰富的内涵，所以两者仍然是部分同一而非完全同一的关系。

至于理"随事而发"从而越出单纯形上领域，进入具体现实领域而仍可称为理的一面，常常被朱子区分形而上与形而下的言论所淹没。如此则理被视为抽象而超越的，人无法完全达到的，心则是现实的具体的，无法将理完全实现出来的，这样心与理之间就出现了不可逾越的鸿沟，两者是不可能统一的。前述唐君毅先生有关超越的说法即表达了这一意思。

牟宗三先生虽然承认理具有当下现实性以及心具有无限性，但是在论述朱子思想的时候，则不认为朱子所说之理具有现实性，而只认为理是未发的实体。众所周知，他认为朱子所说的理是"只存有而不活动"的。这显然忽视了理能发而成为现实之理的一面，因而是对朱子学的重大误解。而其误解的根源之一，是朱子自身对理未发的一面强调有余，而对其能发的一面强调不足。

最后，更何况，心常常失去主宰性，以至于已发之情未必都是未发之性的表现，而可能渗入私欲。私欲显然是与理相对的。私欲的存在自然使人不会认为心与理是同一的。事实上朱子自身即主要基于这

① 黎靖德编《朱子语类》卷六十二，第 1496 页。
② 朱熹:《孟子或问》卷三,《朱子全书》第 6 册，第 934 页。

一理由对"心与理一"持警惕和限制的态度，尽管他并没有因此彻底否定这一命题。他说："近世一种学问，虽说心与理一，而不察乎气禀物欲之私，故其发亦不合理，却与释氏同病，不可不察。"① 其所直接批评的是象山学，从中可以看出他对"心与理一"的观点并不是无条件认同的，其主要理由正是现实心中包含了私欲。

陈来先生如下说法也主要就是在这一意义上来说的："虽然心具众理，而由于人之气禀带来的先天消极影响，致使作为意识活动的心不可能完全合理，所以在朱熹哲学中不能承认心即是理。"② 陈先生基于这里提到的气质带来的先天消极影响，认为朱子只从境界而不从本来状态的角度认可心与理为一。我们则认为朱子也承认本来状态的心与理为一。只不过，本书所说的本来状态是指不含私欲的状态，而私欲即已包括气质带来的消极影响，因此本来状态是排除了气质的消极影响的。当然，排除气质的消极影响并不意味着排除气质的影响，而回到纯粹的形上本质。朱子承认原初的气质可以是纯善的："二气五行，始何尝不正。只滚来滚去，便有不正。如阳为刚燥，阴为重浊之类。"③ 而他如下所言也是说本来状态纯善无恶："人生都是天理，人欲却是后来没巴鼻生底。"④

三 与阳明的三点差异

通过上述分析可知，朱子的确认为完善状态的心是与理完全同一的。反对心、理以至于性、情、才等概念区分的象山的观点自然不必详论，如他说："且如情、性、心、才，都只是一般物事，言偶不同耳。"⑤ 他无疑认同心与理的同一。如他说："心即理也。"⑥ 阳明的观点

---

① 黎靖德编《朱子语类》卷一百二十六，第3016页。
② 陈来：《朱子哲学研究》，华东师范大学出版社，2000，第414页。
③ 黎靖德编《朱子语类》卷四，第68页。
④ 黎靖德编《朱子语类》卷十三，第224页。
⑤ 陆九渊：《语录》下，《陆九渊集》卷三十五，第444页。
⑥ 陆九渊：《与李宰·二》，《陆九渊集》卷十一，第149页。

也是如此。牟宗三先生指出对陆王而言："'心即理'不是心合理，乃是心就是理；'心理为一'不是心与理合而为一，乃是此心自身之自一。"① 可以说，朱子与阳明的分歧不在于心的完善状态下与理完全同一这一观点，而在于以下三个方面。

第一，朱子并不以此指点学者做工夫，此一命题具有严格适用范围。他并未因为心本具理以至于两者可以构成同一的关系，就指点学者向心中体认固有之理。甚至他都很少谈及心与理的合一，原因主要在于他认为心常常失去主宰性，以至于已发之情未必都是未发之性的表现，而可能渗入私欲。亦即现实状况通常是心与理的不合一。在此情况下谈心与理的完全同一是没有意义的。

这从他如下关于性善的说法可以看出："今说性善。一日之间，动多少思虑，萌多少计较，如何得善！"② 这个说法可以理解为，虽然从根本上来说人是性善的或者心与理可以完全同一，但现实中存在很多不善或很多心与理不一的情况，那么，单说"性善"或者"心与理一"有什么意义呢？面对众多不善而谈"性善"或者"心与理一"，在朱子看来无异于在家族衰落之后夸耀当年的富裕，他对此表示反对："譬如人今日贫，则说昔日富不得。"③ 要言之，心与理的原初同一对工夫而言是靠不上的。④ 在此背景下，他发展出以穷理（或说格物）和居敬为基础的工夫论。前者着眼于发挥心的知觉作用，后者着眼于发挥心的主宰功能，都不以心所本具的理为主要的依凭。

第二，与突出穷理工夫相对应，朱子总体上突出的是理作为静态的被认知的准则的面向，而不是突出其体现于活动变化中，在活动变化中被把握的面向。

---

① 牟宗三：《从陆象山到刘蕺山》，第 138 页。
② 黎靖德编《朱子语类》卷十二，第 205 页。
③ 黎靖德编《朱子语类》卷一百零一，第 2585 页。
④ 进一步的讨论可参傅锡洪《朱王工夫论的异同刍议》，《朱子学研究》（第 2 辑），江西教育出版社，2023，第 1~14 页。

第三，朱子所说的与心同一的理虽然首先是指本心之性理，不过也包含物理，性理与物理在内容上是同一的，两者是内外相对的关系。他以在家和在外的两个儿子比喻性理与物理，两者都为我所固有："某常说，人有两个儿子，一个在家，一个在外去干家事。其父却说道在家底是自家儿子，在外底不是！"① 正因为同一，所以通过穷事物之理（格物）便可以达到穷本心之理（致知）的目标。

当然，须说明的是，与性理同一的物理，从根本上来说其内容是仁或仁义礼智。套用牟宗三先生的话来说，此处的物理仍然属于"存在之理"，而非"形构之理"或说"归纳普遍化之理"②。亦即此处的理是支撑万物存在的根源性力量，而不仅仅是万物具体的内在结构和运行规律。

在上述三个方面，阳明都与朱子不同。

第一，阳明虽然并不认为但凡心中的意念都是合理的，但"心即理"命题却是针对所有人立言的，适用于所有人而不局限于处在完善状态中的人，所有人的工夫都应该从与理同一的心入手，获得心的支持。赖区平在反思牟宗三先生朱子心论之际即已注意到言说方式与工夫的问题，认为双方差异应从言说方式与工夫问题角度来看："理学与心学之关键差异不在于是否认同心即理，而在于是否强调心即理；在于对天道心性及其直接主导之工夫，是倾向于罕言，还是倾向于雅言。"③

区平进而从"心是灵气"切入批评牟宗三先生对宋明儒学的误解无疑有合理性，但也应看到，如果借用佛教的体、相、用三分的框架来说，那么"心是灵气"关注的大致是心之相，而牟先生的误解的实质，在理学方面是对体的内涵理解失之片面，仅仅注意到理是未发

---

① 黎靖德编《朱子语类》卷十五，第 303 页。
② 牟宗三：《心体与性体》（上），第 79、89 页。
③ 赖区平：《"心是灵气"作为道学共识——基于道学史的考察》，《哲学与文化》2019 年第 4 期，第 153 页。

的实体，而忽略其是能发的本源；在心学方面是仅仅从与用相对的体的角度理解本心，而不认为本心是即作用而为本体。亦即其要害在体与用，而非相，三者不能完全割裂开来，尤其气与用有时并无严格区分，一者着眼于现实，一者着眼于作用。实际上，应该从即用见体之外是否进一步承认即用是体的角度来区分心学和理学，在此且不详论。要言之，牟先生认为心学所讲的心与理是同一而不仅仅是合一的关系这一点是确切的，不过他将心学所讲的心与理均理解为超越的本质、本源，两者是在超越的意义上同一，这是不确切的。我们可以概括出他对理学和心学的误解，即在理学所讲的理是未发的实体之外忽略了其还是能发的本源，只是把心学所讲的本心局限在未发的领域，而把其能发的特点仅仅讲成抽象的活动而非现实的活动。此处的理学与心学分别以伊川、朱子和象山、阳明为典型，这是他所区分的宋明儒学三系中的两系，另一系为五峰、蕺山系。他对五峰、蕺山的理解则兼具了上述两个方面的误解。牟先生对前两系以及后一系的误解，我们在下一节和第十章还会分别再加以详论。

此外，就工夫的着眼点究竟在理还是心而言，荒木见悟先生的如下总结并非没有道理："所谓心学，心先立于理；所谓理学，理先立于心。"① 只是，这不意味着双方对心和理的内涵的理解有实质性区别。因为对双方而言，理的根本内涵都是仁义礼智，而心都能自然呈现理并且会被遮蔽。

第二，阳明认为理不是单纯静态的被认知的准则，而是在现实中呈现、不断活动变化的，可以直接呈现并指引和推动人的工夫。也只有在这样的情况下，理才能和心实现完全同一。

第三，阳明认为性理与物理不是同一的关系，而是统摄的关系。他主要不是从物的"存在之理"，而是从"形构之理"或说"归纳普遍化之理"的角度理解物理。由此，他认为与心合一的理只是性理或

① 〔日〕荒木见悟:《心学与理学》，李凤全译，《复旦学报》(社会科学版)1998年第5期，第80页。

情理，事理与物理则并非先天地与性理同一。与朱子通过穷事物之理的方式达到穷本心之理的目标，亦即格物以致知的工夫提升之路不同，他事实上主张致知以格物，亦即通过诚明本心的性理，从而激发并主导了解事理与物理的活动。亦即他主张以性理统摄事物之理，而不认为性理与物理都为人所固有并且是内外对举的关系。

朱子认为物理从根本上来说是使万物生生不息之仁，此即牟先生所谓不同于"形构之理"的"存在之理"。这个意义上的物理是人所本具的。而阳明则把朱子所讲的物理主要理解为"形构之理"。从他的角度来说，了解这些只是道德修养得以完成的条件而非根本。他格竹失败，无法从物理推导出性理的一个原因应该在此。他和朱子在物理是直接内在于心还是为心所统摄这一点上的不同看法，最终原因在于他们对物理的根本内涵的不同理解。

综上可见，朱王虽然对"心即理"的内涵有着共同的认识，双方的理解却也有着重大差异。如此则朱王在心与理关系问题上的看法有同有异，不能化归为一，我们的观点不同于试图化朱为王的阳明《朱子晚年定论》的思路。也就是说，认为双方对"心即理"的内涵理解相同，并不意味着制造了一份新的《朱子晚年定论》，因为双方在其适用范围等方面存在差异。

第二节 "心即理"的含义与宗旨

"心即理"中的"即"是即是、等同的意思，而不是相即或合一的意思。这个命题表示的既不是但凡心中的意念都合理，也不是排除一切经验意识的超越本心与理同一，而是善念（或说本心所发的意念）即是理。之所以只说心而不点出本心，是因为本心可以自然呈现。阳明以此命题指点学者使意识指向心，感受到本心的指引和推动，进而使本心之念得以落实。因为私欲的干扰和不同情境中理的不同，所以单纯放任自然的态度是不足以把握理和落实理的，人们不应排除借助着实用意与精察克治之后天努力。

龙场悟道后四年（1512），阳明与徐曰仁在南归舟中论学时，比较系统地阐述了自己的心学主张。他如此提及"心即理"命题："心即理也。此心无私欲之蔽，即是天理，不须外面添一分。"① 这两句话至少可以分以下四个层次加以解读。首先，人心中所发的意念既有合理的，也有不合理的，亦即就现实心而言，是不能说"心即理"的。由此阳明劈头所说心即理究竟在什么意义上成立，是需要进一步加以解释的。其次，阳明接着对这一命题的内涵做了解释，并非心中所发的意念都是合理的，只有无私欲之蔽之心亦即本心所发的意念才是合理的。由此这一命题是在本心即理的意义上，而非但凡现实心都合理的意义上成立的。在这一点上，他跟象山是一致的。象山的观点，正如陈来先生所说，"陆九渊讲的心即是理，只是指本心即理，即不是认定人心无条件地合理"②。既然如此，那么阳明单说"心即理"岂不是不够准确，这是有待回答的问题。再次，阳明为什么要提出"心即理"这一命题，原因就在于他希望以此来指点学者将注意力从事物转向心，除了心之外"不须外面添一分"。这表明"心即理"命题既是一种理论判断，也具有明确的工夫指向。最后，阳明本意是指点学者将视线转向本心，充分发挥本心的作用，可他之所以只说"心"而不说"本心"，原因就在于这里并未提及的一个观点，即本心具有直接性，可以自然呈现，由此只要提到心就已经足够，就可以起到指点本心的作用。从表达了他的本意的角度来说，他只说心而不说本心，并非不准确。要言之，"心即理"的宗旨是说理不必如朱子认为的那样到事物上去求，求了之后反过来使自身意念达到真诚；具有直接性的本心就已经是理了，完全可以按照此直接性的本心行动，而不必等到穷理之后才能诚意。

对以上意涵，有三点是需要特别说明的。

---

① 钱德洪编《传习录》第3条，《王阳明全集》卷一，第3页。

② 陈来：《朱子哲学研究》，第406页。

一　本心即理

在上述内涵中，首先可以确认的是，"心即理"不是在现实心都合理的意义上说的，因为毫无疑问阳明不会认为凡现实心所生的意念都是合理的。实际上，即便可能是合理的意念，他也认为应该有所辨析。例如，一般认为爱是合理的，人应该爱人和爱物，不过，阳明却指出爱存在是否合理或是否符合本体的问题："爱之本体固可谓之仁，但亦有爱得是与不是者，须爱得是方是爱之本体，方可谓之仁。"唐代的韩愈提出"博爱"的主张，对爱进行了限定，看似更为合理。不过，阳明却认为即便博爱也可能有偏差，也可能存在不当博爱而以至于博爱流入私欲的情况。正如他说："若只知博爱而不论是与不是，亦便有差处。吾尝谓博字不若公字为尽。"当然，即便从公而非私的角度来讲爱，也不一定就不会出现偏差，所以阳明最后指出："大抵训释字义，亦只是得其大概，若其精微奥蕴，在人思而自得，非言语所能喻。"[1] 对一般人而言，唯有诉诸自我的思考和判断，才能在纷繁的现实心中准确地辨别出本心。

关于本心，宰我问三年之丧，孔子以心安与否回答他。由此一般认为心安即可作为本心的标准。阳明对此并不完全反对，不过，他认为对意念应当加以省察：

> 问："据人心所知，多有误欲作理，认贼作子处。何处乃见良知？"先生曰："尔以为何如？"曰："心所安处，才是良知。"曰："固是，但要省察，恐有非所安而安者。"[2]

实际上，合于良知必心安，心安则未必合于良知。所谓"省察"，不是以外在的标准来衡量和评判，而是感受自己的心是否真切。正如以

---

①　王守仁：《与黄勉之·二·甲申》，《王阳明全集》卷五，第 217 页。

②　陈荣捷编《传习录拾遗》第 7 条，《王阳明全集》卷三十二，第 1289 页。

下对话所示：

> 艾铎问：“如何为天理？”先生曰：“就尔居丧上体验看。”曰：
> “人子孝亲，哀号哭泣，此孝心便是天理？”先生曰：“孝亲之心
> 真切处才是天理。如真心去定省问安，虽不到床前，却也是孝。
> 若无真切之心，虽日日定省问安，也只与扮戏相似，却不是孝。
> 此便见心之真切，才为天理。”①

居丧期间即便“哀号哭泣”也未必是天理或良知，只有此心真切才
是。真切与否的标准不在外在的行动，而在意念是否指向不容已的本
性而未受到私欲干扰，唯有这样的意念主导意识和行动才足以称为
天理。

　　原本，本心即理而且本心具有直接性，单独说“心即理”的确可
以指点出合于理的本心之念，因此“心即理”的工夫指点功能是可以
实现的。不过，从理论论述而非工夫指点的角度来看，单纯说“心即
理”，则不足以表达出此处所说的心是本心，是直接出自不容已的本
性而没有受到私欲干扰的意念，故阳明有必要对这一表述加以完善。
完善的方案主要是在 1520 年后致良知思想的框架中提出“良知即是
天理”②或“吾心之良知，即所谓天理也”③。“良”即表示出了意念直接
发自本性而没有受到私欲干扰的意思。由此“良知”一语便可以表达
出本心具有的直接性。“知”是发用，而“良”则代表直接发自本体，
这样就避免了心既可指本心也可指现实心的语意不够准确的问题。此
外，他去世前夕（1528）从“真诚恻怛”④角度对良知的论述，也可
视作对“心即理”命题的深化和完善。质言之，阳明恰恰是在“心即

---

① 陈荣捷编《传习录拾遗》第 25 条，《王阳明全集》卷三十二，第 1295 页。
② 钱德洪编《传习录》第 169 条，《王阳明全集》卷二，第 81 页。
③ 钱德洪编《传习录》第 135 条，《王阳明全集》卷二，第 51 页。
④ 钱德洪编《传习录》第 189 条，《王阳明全集》卷二，第 95 页。

理"这一新的见解的基础上不断改进，而不是退回到单纯只是讲"性即理"的老路上去。

然而，与阳明同时代的倾向于朱子学的学者罗整庵认为阳明是在但凡心中的意念都合理的意义上主张"心即理"。他认为这存在以心为性的混淆，这实际上是试图将心学拉回理学"性即理"的轨道上去。整庵说："夫心者，人之神明，性者，人之生理。理之所在谓之心，心之所有谓之性；不可混而为一也……二者初不相离，而实不容相混，精之又精，乃见其真。其或认心为性，差毫厘而谬千里矣。"①整庵在此突出了心与性相对而言的一面，如此则性为心之本源进而可以主导心的作用的一面无法彰显出来。心固然还是神明不测的，但一定程度上已被简化为无定准的知觉作用，有待与心相对的性来规范和引导。阳明则恰恰通过良知、真诚恻怛等，将心所具有的跟性一样的功能、特质揭示出来，而不仅仅将心视为无定准的知觉作用，也不认为只有性才具有生生不息之理的意义。阳明讲友湛甘泉相关说法虽然落脚于自己的天理论，与阳明的良知论并无二致，但也有天理可以涵盖良知，而良知本身则并不充足，有待天理来弥补和充实的嫌疑："良知必用天理，天理莫非良知，以言其交用则同也。"②

明末的刘蕺山也注意到心性分合的问题，其如下观点可以说与整庵颇为接近："心一也，合性而言，则曰仁；离性而言，则曰觉。觉则仁之亲切痛痒处，然不可以觉为仁，正谓不可以心为性也。"③蕺山批评心学存在以心为性的问题，认为以心为性不可取，实际上把心学的主张化约为以觉言性，且此觉是离性而言的，这无疑是不符合心学本旨的。阳明所说的心，无疑是合性而言的，事实上也并无抽象的离性而言的纯粹知觉，性不只是单纯的实体，而始终在知觉中发挥或隐或显、或小或大的作用。

---

① 黄宗羲：《明儒学案》卷四十七，第1108~1109页。
② 湛若水：《阳明先生墓志铭》，《王阳明全集》卷三十八，第1539页。
③ 黄宗羲：《明儒学案》卷六十二，第1518页。

蕺山的弟子黄梨洲也继承了其师的观点，其对阳明学的背景与意义做了如下评论："先生悯宋儒之后学者，以知识为知，谓'人心之所有者不过明觉，而理为天地万物之所公共，故必穷尽天地万物之理，然后吾心之明觉与之浑合而无间'。说是无内外，其实全靠外来闻见以填补其灵明者也。先生以圣人之学，心学也。心即理也，故于致知格物之训，不得不言'致吾心良知之天理于事事物物，则事事物物皆得其理'……或者以释氏本心之说，颇近于心学，不知儒释界限只一理字。释氏于天地万物之理，一切置之度外，更不复讲，而止守此明觉……先生点出心之所以为心，不在明觉而在天理，金镜已坠而复收，遂使儒释疆界渺若山河，此有目者所共睹也。"[1]虽然朱子也认识到人心不只有明觉，还有本心，但是他的确认为本心是凭借不上的，而可以凭借的是心的主宰能力以及作为认识能力的明觉。从这个角度来说，虽然梨洲说朱子认为心只有明觉并不妥当，但他对阳明究竟在什么意义上反对朱子的评论是切中肯綮的。他指出了阳明学作为心学，关键是点出了心不仅仅是认识能力意义上的明觉，也包含了可以指引和推动工夫的理，这也是对阳明学的深切了解。但是他的说法也有问题，即在辨析儒佛之际，没有将焦点放在包含了理的心不同于佛教上，而单纯将理作为区分儒佛的关键，这并不足以彰显心学的真精神。正因如此，陈来先生才批评梨洲的观点，认为："黄宗羲所说的明觉近于朱子讲的知觉，而与阳明所说的明觉有所不同。阳明所说的明觉是良知，而黄宗羲所说的明觉只是知觉，这是他对阳明学的误解。他所说的灵明也不是阳明所说的灵明，而是朱子学所说的灵明。所以黄宗羲对阳明学的'立言之大旨'的理解有很多问题。对阳明而言，心之所以为心，即是明觉良知，而不能说'不在明觉而在天理'。"[2]陈先生对阳明的理解以及辩护是准确的。原本梨洲首先在讨论阳明面对的理学的倾向及他对此倾向的纠正时，所做的分析是富有启发性的，

---

① 黄宗羲：《明儒学案》卷十，第180~181页。
② 陈来：《王阳明晚年思想的感应论》，《深圳社会科学》2020年第2期，第50页。

但接着在辨析儒佛异同时，则未免将心学化约为理学，没有点出心学所说的明觉是包含了理的明觉，是足以和佛教区别开来的。

荒木见悟先生对心学不同于理学之处的看法可谓切中要害："理学对于超越'理'而进行自由操作的'心'没有绝对的信赖。所以朱子云'盖人心无形，出入不定，须就规矩绳墨上守定，便自内外帖然'（《朱子文集》别集卷四《何叔京镐》），试图将'心'安定在'规矩'（理）之上。"① 实际上，心学思考的基点就在于对理学不信赖心这一点的突破，尽管其也不是对现实心采取绝对信赖的态度，但的确捕捉到了在现实中活动的本心，并给予其信赖，而赋予其本体地位。

由此引申可以对学界关注的良知客观化问题略赘几句。从根本上来讲，良知客观化问题之所以会成为问题，是因为默认了良知偏于主观，没有客观性，所以需要客观化。这从传统学术的角度来讲，就是认为心学所讲的心仅仅是认识能力意义上的明觉而不是理，但其实本心既是明觉也是理，或者说其明觉中蕴含着理，本有客观性，而无所谓客观化的问题。客观化之所以成为问题，固然有心学在具体运用层面产生的分歧的因素，但从根本上来说是由于学者站在理学立场看心学，将心学所说的心简化为无定准的知觉才造成的。

其实不仅阳明，在他之前的象山便已是在发用的层面上来谈本心，这意味着并非只有在性的层面才能谈理，在发用的层面也并非只有知觉。象山说："恻隐，仁之端也；羞恶，义之端也；辞让，礼之端也；是非，智之端也。此即是本心。"② 他是在如下语脉中提到"心即理也"的："四端者，即此心也；天之所以与我者，即此心也。人皆有是心，心皆具此理。心即理也。"③ "四端"点出了心的发用义。"心即理"命题直接是在发用的层面上讲的，而不是首先在与发用相对的本

①〔日〕荒木见悟：《阳明学的位相》，焦堃、陈晓杰、廖明飞、申绪璐译，江苏人民出版社，2022，第191页。
②《年谱》，《陆九渊集》卷三十六，第487页。
③ 陆九渊：《与李宰·二》，《陆九渊集》卷十一，第149页。

质、本源的层面上讲的。另外顺便一提，从形式逻辑的角度来看，从"人皆有是心，心皆具此理"是推不出"心即理也"的。此处被认为是理的心无疑应该同样被理解为本心，而此命题成立的前提是本心是可以自然呈现的。

黄梨洲正确地理解了"心即理"是在发用层面上讲的，牟宗三先生批驳了他的观点，我们从中可以看出他反对梨洲理解的理由："人之中气表现而为恻隐等，并无必然，则气善只是一时之偶然，并无必然性，亦无普遍性。如是，则性善之义亦成偶然，亦不能必然地、普遍地被建立……朱子虽亦一条鞭地视心为气，然于性、理，则必维持其超越性，是则仍可保持性善义之必然性与普遍性。而黄梨洲之论则悖矣。如其所论，心与理固为一矣。然此'一'之意义很特别。所谓'一'者是就心气之有恻隐等之中气说。恻隐等之中气固不离心，而且即是心气之一相。然心气有恻隐等之中气，亦可有过不及之非中气。是则'心与理一'只是部分地一，并非全部是一也。此非孟子、象山、阳明等所说之心即性、心即理、心与理一之义也。"[1]

牟先生认为朱子所说的心只是气，是误解，朱子所说的心既包含了气的一面而为情，也包含了理的一面而为性。牟先生将理从心的含义中抽离，与整庵、蕺山将性抽离出心而使得心仅仅是知觉，致思进路是一样的。正是因为认为在现实层无法讲心与理的同一，牟先生才将心上提到超越层。他认为只有将心与理上提到超越层，在超越层来讲本心，才能保证本心的普遍性和必然性，而在现象层则意识和行动存在过和不及、善恶相混的问题，以至于不足以保证本心的普遍性和必然性。

诚然如牟先生所说，如果单纯讲恻隐不恻隐的话，确实在现象层是无法确保心必然是理，无法确保性必然是善的。不过，阳明并非仅仅从恻隐不恻隐的角度来讲心即是理、讲性善。他认为本心自然呈

---

①　牟宗三：《心体与性体》（中），第114页。

现，具有不容已的特征，即便遮蔽也能呈现，而不是可以恻隐可以不恻隐。梨洲对这一点也有深刻的认识。他在评论阳明思想时所说的良知之"知亦只是诚意中之好恶，好必于善，恶必于恶，孰是孰非而不容已者，虚灵不昧之性体也"①，便表明他完全理解在作用层何以能谈本体。本体在作用层可以表现出好善恶恶而不容已的特征，而不仅仅是可以好善恶恶也可以不好善恶恶，这是在作用层也可以谈本体的根本原因。因此上述牟先生对梨洲的批驳应该是不成立的。进一步地，他认为在作用层不能讲本体，本体只能超越地讲的观点也是不成立的。

事实上，唐君毅先生便注意到了阳明并非单纯从人有恻隐之心的角度讲良知，亦从恻隐具有必然性的角度来讲良知，由此便可证成心即理与性善。他指出"良知之知善知恶，同时能好善恶恶，即自然见得此良知之有此善善恶恶、反反正正，而唯定向在善"②。正因为恻隐之类善端的发用具有必然性，这一必然性不因人的恶的气质的遮蔽而丧失，所以尽管阳明承认人的先天气质会给人带来善恶的不同影响，不过他的理论却也不至于因为气质的因素而陷入王国维先生所说的"不得不盘旋于善恶二元论之胯下"的困境中。③赖区平也指出："心即理也并非指心不属气而仅属理，而是说心能恰当自如地展现四端、发出行动。"④可见，并不是在作用上谈心体，便会陷入学者所说的心失去主宰性的问题："于可上可下的'心'上论本体，并不能保住其本体地位，同时还连累其主宰地位。在阳明学中，'心'的地位看似至高无上乃至无所不包，却像是被架空了的'太上皇'一样，其主宰性实则很软弱，一如其并无对'意'的主宰作用。"⑤

---

① 黄宗羲:《明儒学案》卷十，第 178~179 页。
② 唐君毅:《中国哲学原论·原性篇》，第 288 页。
③ 王国维:《王国维遗书》第 3 册，上海书店出版社，2011，第 338 页。
④ 赖区平:《"心是灵气"作为道学共识——基于道学史的考察》，《哲学与文化》2019 年第 4 期，第 153 页。
⑤ 曾海军:《重估王阳明"心外无物"论的价值——读丁纪〈鹅湖诗与四句教〉所思所得》，《天府新论》2022 年第 6 期，第 21 页。

至于牟先生提及的心与理并非全部是一的问题，其实也不难理解。从现实心角度来说固然不能说心与理一，不过从本心的角度来说则完全可以。这一命题本就是在本心而非心的所有状态的意义上成立的，只是本心是发用，是即发用而为本体，而不是相对于现实发用的形上本质。从牟先生对黄梨洲的批评可以看出，他恰恰是为了追求普遍必然性而往单纯谈性即理的方向后退，反而抛弃了阳明学即用是体，在发用中把握本体这一最重要的洞见。从这个角度讲，他的思路与罗整庵等朱子学者是一脉相承的。

郭晓东先生敏锐地意识到："牟宗三先生将性气关系理解为二者夹杂着滚在一起，从某种意义上说，似乎可以认为是更接近于朱子的说法。"[1]诚然如此，因为牟先生的说法是以性气之分为前提的。李世平也指出牟先生的思路近于朱子学而非阳明学，这是极富睿识的。当然如此断言的根据尚有讨论的余地。李世平认为其根据在于："牟宗三讲的'综性体之整全而谓之理'，并不是孟子的仁、义、礼、智之端，也不是阳明的良知、天理的道德本源义，而是全体道德规范义。朱子学讲的理也恰恰是全体的道德规范之理。"[2]应该说，问题的关键不在于牟先生强调规范，将他对本体的观点化约为规范也并不恰当，而在于他强调本体与作用之分，甚至于在这一点上他比朱子还有过之而无不及，这是其观点接近于朱子学的主要原因。

二 心与理的同一并不是在超越层的同一

"此心无私欲之蔽，即是天理"的准确含义是"善念存时，即是天理"[3]，也就是此心无私欲之蔽的情况下所发的意念是善念，此善念

---

① 郭晓东：《识仁与定性：工夫论视域下的程明道哲学研究》，复旦大学出版社，2006，第95页。

② 李世平：《牟学是阳明学还是朱子学？——由牟宗三的"心体""性体"看》，《朱子学研究》第38辑，2022，第67页。

③ 钱德洪编《传习录》第53条，《王阳明全集》卷一，第22页。

即是天理。前文所引"孝亲之心真切处才是天理"表达的也是类似的意思。此外，阳明认同二程观点："程子谓'人心即人欲，道心即天理'，语若分析而意实得之。"① 其意思也与善念即天理相近。

以上是比较严格的解释，放宽地说，即便私欲遮蔽，本心也仍在运作，或说人也有回复到善念的倾向，只是这一倾向当下不能主导人的意识和行动而已，就此而言的回复到善念的倾向也是天理。

须说明的是，无事时并非没有意念，只是运作很微妙而不显著而已。还须说明的是，根据阳明"即是天理"和"才是天理"的表述，善念或真切之念不是合于天理（天理是形而上的标准），而就是天理，心与理是同一的关系，而不仅仅是合一的关系。

无私欲之蔽之心还有可能被理解为在一切经验意识之上的，与形下之气相对的形上实体、未发本源。这种理解可以以牟宗三先生为代表，他是在将心上提的前提下来解释阳明心即理命题："此所谓本心显然不是心理学的心，乃是超越的本然的道德心。孟子说性善，是就此道德心说吾人之性，那就是说，是以每人皆有的那能自发仁义之理的道德本心为吾人之本性，此本性亦可以说就是人所本有的'内在的道德性'。"② 又说："超越的道德本心显然不是心理学的心。道德的本心虽不是一独立物，然却是一独立的意义而为吾人道德实践之先天根据，为吾人道德生命之本体也。此作为本体之本心决非气之质性明矣。心理学的心是气，而此道德的本心决不可视作气也。"③ 又说："譬如王阳明的'良知'，不能说是属于气；若属于气，那就成了形而下的，那就糟了。所以心体以理言，它就是理，因此说'心即理'。"④ 又说："客观地自'於穆不已'之天命实体言性，其'心'义首先是形而上的，自诚体、神体、寂感真几而表示。若更为形式地言之，此

---

① 钱德洪编《传习录》第 10 条，《王阳明全集》卷一，第 8 页。
② 牟宗三：《从陆象山到刘蕺山》，第 138 页。
③ 牟宗三：《心体与性体》（上），第 407 页。
④ 牟宗三：《中国哲学十九讲》，吉林出版集团有限责任公司，2015，第 341 页。

'心'义即为'活动'义,是'动而无动'之动。此实体、性体,本是'即存有即活动'者,故能妙运万物而起宇宙生化与道德创造之大用。"①

"动而无动"表示的是心的活动不是形下世界中的活动,而是本体的活动性,不是带着气的活动,如果是的话,就不能说是"无动"了。牟先生特别提醒说:"你不要一看到是活动的,就说它是形而下的,是属于气。活动有属于气的,也有不属于气的。"②牟先生是把心上提到性的层面来理解,他所说的"超越"实际上就是指形上实体、未发本源。这不仅可以从"本性"、"根据"以及"决不可视作气也"等说法中看出,而且可以从他有关"体之为纯普遍性之自己"的说法中得到确认:"吾人在分解之纲维中,是反显以立体。但即此在分解之反显中,体亦被置定在抽象的状态中,此一步置定是抽象地显示体之自己,是使体归于其自己,即使体在其自己,是显体之为纯普遍性之自己。"③

事实上,"心即理"命题不是只有在抽离现实心的意义上才成立,因为本心就在现实心中,两者的同一不是以心的上提为前提,而是以理的下拉为前提。当然所谓下拉也不是否定心与理具有的本体的面向,而是即用而为体。理就在心应对事事物物的过程之中。心与理正是同一于应对事事物物的过程中。本心不能单从能力、本性角度来理解,它其实也是现实心,只是它是符合本体,体现本性的现实心。它不是单纯的本质、本源,而已经落在现实中了。

当然牟先生并非只是将心上提而最终仍然落在现实中来讲。他说:"此道德的而又是宇宙的性体心体,通过'寂感真几'一概念即转而为本体宇宙论的生化之理、实现之理。这生化之理是由实践的体证而呈现,它自必'显诸仁,藏诸用,鼓万物而不与圣人同忧,盛德大业

---

① 牟宗三:《心体与性体》(上),第38页。
② 牟宗三:《中国哲学十九讲》,第342页。
③ 牟宗三:《心体与性体》(中),第107页。

至矣哉'，它自然非直贯下来不可。依是，它虽是超越的，而却不是隔绝的。"① 又说："在不离越之下，如何能讲超越义？曰：超越不超越不在本体之离不离也。超越只在意义上说，不在隔离上说。"② 这些说明非常重要。超越的本心不是与其发用隔绝的一物，而就在发用中呈现。在此基础上还应再推进一步，也就是既然超越的心不是隔绝的，那么与此同时，性与理也是既超越也非隔绝的，而就在具体的心与情、事与物中呈现出来。故阳明才会说"善念存时，即是天理"。要看到这一层，才能真正理解心与性以及理的同一。

事实上，牟宗三之师熊十力正是在发用的层面上讲本心，而不是仅仅在本质、本源的层面上讲本心；并且不仅以与发用相对的本质、本源为本体，而且以发用层面的本心为本体。关于在发用上讲本心，熊先生说："心既只是恒转之动，应不即是恒转。"在熊先生的用语中，"恒转之动"即是作用，"恒转"则是本体。关于本心虽为作用但也可以称为本体，熊先生先设问说："心不即是本体。而《新论》却又说心即本体，其义云何？"其后回答原因："言心即本体者，即用而显其体也。夫曰恒转之动而辟者，此动即是举体成用，非体在用外也。离用而不可觅体，故乃即用而识体。"③

王巧生先生对熊先生以本心为作用并且即作用而为本体的观点有准确理解："'本心'即其形上学中与本体自性一致的'辟'。理论上说，本体无相状，本心属用而有相状。然体用不二、即用见体，故可谓本心即本体。"④

牟先生观点的问题在于，他虽然在超越之外提了并非与现实隔绝，并认为本心非直贯下来不可，但终究认为心与理是超越层面的概

① 牟宗三：《心体与性体》（上），第 157 页。
② 牟宗三：《王阳明致良知教》，《牟宗三先生全集》第 8 卷，第 91 页。
③ 均见熊十力：《新唯识论》（语体文本），《熊十力全集》，湖北教育出版社，2001，第 3 卷，第 377 页。
④ 王巧生：《熊十力本心论的逻辑、特征与创获》，《周易研究》2020 年第 5 期，第 104 页。

念，只是其与现实是不隔绝的而已。他虽然认识到本体与作用并不隔绝而必然直贯下来，但只认为未直贯下来的才是本体，直贯下来以后虽发自本体、是本体之用但不能直接称为本体。其思路仍然以区分为优先，以心、理为与现实相对的形上实体、未发本源。尽管他注意到心、理虽然超越但不隔绝，甚至以具体普遍性来解释心、理与现实的关系，但终究他还是从超越的角度来理解心与理，与阳明自身的思路是格格不入的。

将心提到超越的高度这一做法，实质上是将作为心学核心概念的心当作了朱子思想中的性或理。当然，牟先生不会承认自己是把心学所说的心当成了理学所讲的性或理，因为他认为理学所讲的性或理不具有活动性，与心学所讲的心有本质区别。然而这是重大误解，这一点前文业已指出。朱子虽然认为性具有不容已的冲动，但他通常是严格将性限定在形上实体、未发本源的领域来理解。阳明的思路与此不同，他的思路是超越与内在、形上与现实融合，在以融合为优先的前提下不混淆，即并不认为凡现实心都是理。

已有不少学者注意到牟宗三先生对心学所说本心的理解的问题。李泽厚先生以下所言正是牟先生的主张："尽管心学强调'心'不是知觉的心，不是感性的心，而是纯道德本体意义上的超越的心。但是它又总要用'生生不已'、'不安不忍'、'恻然'等等来描述它，表达它，规定它（包括牟宗三也如此）。而所谓'生生'、'不安不忍'、'恻然'等等，难道不正是具有情感和感知经验在内吗？尽管如何强调它非心理而为形上，如何不是感性，尽管论说得如何玄妙超脱，但真正按实说来，离开了感性、心理，所谓'不安不忍'、'恻然'等等，又可能是什么呢？……但这样一来，这个所谓道德本体实际上便不容否定地包含有感性的性质、含义、内容和因素了。"[1] 陈畅先生也指出在牟宗三处，"事物的意义在根本上来说不在作为有限物的事物

---

[1]　李泽厚：《中国古代思想史论》，生活·读书·新知三联书店，2008，第275页。

本身，而在于'不依附于有限物'的纯粹精神"，"道德创造性能排斥'自然创造'"，由此可以得出结论："虽然牟氏意在打通道德界与自然界、弥合精神与物质之二分，但他的解决方式却在另一层面确认甚至深化了这一区分。"① 两人均对牟先生严格区分形上形下，在形上层讲心提出了质疑，其中认为牟先生确认甚至深化了本体与现实的区分这一观点是极富洞见的。

陈来先生对牟先生的观点既有继承，也有反省。他认为心是先验的道德主体："王守仁主张的心即理，这里的心并不是指知觉而言，'心即理'的心只是指'心体'或'心之本体'而言，这个心之本体也就是从孟子到陆九渊的'本心'的概念，它不是现象意识层面经验的自我，而是先验的纯粹道德主体。"这一观点与牟先生以及罗整庵等朱子学者的观点较为接近。不过，除了从先验道德主体的角度理解本心，陈先生也注意到本心具有感性经验的性质，"本心并不是抽象的或隐蔽的神秘实体，本心即是人的道德意识和情感"。② 他在另一处也表达了类似看法："从主体说，心学的'本心'虽是道德主体，但此道德主体与康德规定的道德主体仍有不同，本心虽排斥情欲，但仍有感性的色彩即道德感情。本心提供的道德法则也不指唯一的普遍立法形式，更不用说'形式'与'实质'的分别也是儒学所无。"③ 之所以要突出"心即理"中的心的先验性，是因为经验意识中既有合于理的成分，也有不合于理的成分，而这样的经验意识显然不足以真正成为心之本体；之所以又要突出心的经验性，是因为阳明和象山其实都从经验意识的角度谈论心，即便对其本体地位的强调也不是脱离经验意识来谈的。

杨国荣先生也指出："作为理与心的融合，王阳明所注重的心体，

① 陈畅：《牟宗三与刘宗周论寂感真几：比较与省思》，《现代哲学》2015年第6期，第114、115、115页。
② 陈来：《宋明理学》，华东师范大学出版社，2003，第203、148页。
③ 陈来：《有无之境——王阳明哲学的精神》，第38页。

显然不同于纯粹的理性形式，它内在地渗入了人的价值追求，并相应地包含了休谟视为行为动因的情感等内容，从而既为行为提供了普遍的导向，又构成了行为的内在动力。所谓致吾心之良知于事事物物，强调的便是心体并不是静态的逻辑形式，而是具有向道德实践过渡的能动品格；简言之，心的外化或对象化表明，心体既是形式因，又是动力因。"① 在诸位学者观点基础上，我们不仅应该在形下层讲心，而且可以说心不是纯形下，而是即形下而为形上，即作用而为本体。唯有如此才真正揭示了心学中形下与形上、作用与本体的关系。

　　牟先生会有上述的理解，与熊先生《新唯识论》思路的不彻底存在一定关联。吴震先生对其《新唯识论》阶段的体用论有全面、准确概括："20 世纪 30 年代初，熊氏建构了颇具中国哲学特色的本体论，认为与西洋哲学割裂本体和现象的二元致思趋向不同，中国哲学的本体既非超脱于万物之上的'独存'亦非潜藏于现象背后的'原因'，提出了'由体显用''即用显体'的体用不二论。熊氏由此反对西洋哲学或佛教有宗的本体论所导致的'二重世界'或'二重本体'的理论弊端，显明中国哲学本体即'全体'、全体即'大用'的理论特色，构成其哲学的主要标识和理论贡献。"② 熊先生晚期的思想相比于《新唯识论》阶段有新的发展，可以作为参考。陈来先生指出其晚年思想的要义："其成熟的体用论，主张体用皆为实有，实体不在功用之外，实体是大用的自身，实体自身完全变现为大用，即用即体，即体即用，实体自身是生生变动的。"③ 如此则完全可以说即体是用和即用是体，而不仅仅可以说即体即用，体用不二。陈先生认为其晚年思想与《新唯识论》的区别在于，"在五十年代写《新唯识论》删定本、《原

---

①　杨国荣：《心学之思：王阳明哲学的阐释》，生活·读书·新知三联书店，1997，第 84 页。

②　吴震：《从本体到仁体——熊十力哲学及其与宋明理学的交汇》，《甘肃社会科学》2022 年第 4 期，第 33 页。

③　陈来：《仁学本体论》，第 364 页。

儒》之后，熊十力不再说用上无自性，而改为充分肯定用"①。

与晚年思想不同，在《新唯识论》时期尽管熊先生认为本心是即用而为体，由此可以说用是有自性的，然而如果参考他《新唯识论》的总体思路，则他这时确实坚持体用的严格区分。从上述来自他《新唯识论》（语体文本）的引文即可看出问题所在，该书完成于抗战期间，②而牟先生等是受了他这些思想影响的。熊先生固然意识到了心虽为用而可以同时为体，亦即他已经认识到了"即用是体"，可是这是以他认为体用分属两层为前提的，此两层即是王巧生先生点出的"本体无相状，本心属用而有相状"。王先生"体用不二、即用见体"的总结，忠实地反映了熊先生的观点。如果说即用是体，那么无疑可以推出即用见体、体用不二的观点，但反之则不然。亦即仅仅说即用见体、体用不二，则体用仍然可能是两层，两层仅仅相即不离而已，由此与即用是体之间仍有原则性分别。而熊先生解释何以即用是体的时候，正是以此两层划分为前提。他在解释中提到的无论是"即用而显其体也""离用而不可觅体"，还是"即用而识体"，这些都有可能退回体用为二的窠臼中去。亦即在他的解释中出现的体，完全有可能是抽象之体，只是投射到现实中，以至于除了借由现实的渠道，便无法寻觅、显现、认识本体。在这个意义上仍然是可以说体用相即不二的，但不能说即用是体。因此他所提供的原因事实上是不足以充分支撑他的结论的。尽管他即用是体的结论是极富洞见的，但是相比之下即用见体这一较弱的原因则透露出他即用是体的洞见并没有彻底贯彻下去，而仍然坚持了他体用二分的前提。

事实上，熊先生撰写《新唯识论》的目的在于批驳体用隔绝而主张即用显体："哲学家往往误计本体是超脱于现象界之上，或隐于现象界之背后而为现象作根源，此乃根本迷谬，《新论》谈体用正救此

---

① 陈来：《仁学本体论》，第 372 页。
② 《新唯识论》（语体文本）的成书情况可参郭齐勇《熊十力传论》，中国社会科学出版社，2013，第 67、70、74~75 页。

失。"① 不过，他仍然坚持体用具有如下的区分："若于现象而洞见其实体，即现象本非实有，只此实体是唯一实在。"② 他本人都尚且如此，也就无怪乎他的继承者或许无法坚持他已经获得的洞见而往后退了。

更何况，作为熊先生继承者的牟宗三先生本人深受康德感性理性二分影响，杨泽波先生注意到了这一点及其带来的困境："不管怎样解释，在康德那里道德自律必须排除情感，而儒学反而对道德情感大加赞扬。这两者完全不同。这种困难局面之所以出现，从根源处分析，还在两分方法的不足。在康德那里，只有理性才能成为道德的根据，而理性必须是普遍的，道德情感只具有具体性，不具有普遍性，所以必须排除在外。"③

质言之，我们不能单纯从本质、本源角度理解阳明所说的心。本源、本质是作为事物背后起发动和调控作用的未发本源、形上实体。现实心肯定不只是这样的本源、本质，本心也不只是。本心和现实心一样，也是在现实中活动的，只是它没有受到私欲干扰发生偏离而已。本心不是离开发用的本体，而是即发用而为本体，在阳明看来可以用"良知""戒惧之念"④，以及"真诚恻怛"等来指称它。而无论知、念，还是恻怛，都是发用而不仅仅是本体。

最后就陈来先生关于本心是道德主体的观点略赘几句，这一点在上一章的结语中也有涉及，并由此引出工夫的问题。很多学者把本体理解为主体，如唐君毅先生就认为："在中国，则'本初指枝叶之本'，为枝叶之生长或生命之原者。'体'初指人之身体，为人之视听言动之活动所自出者。合为哲学中之本体之一名，即恒指吾人之生命心灵之主体，而此主体即表现于生命心灵之种种活动或用，如体验、

---

① 熊十力：《新唯识论》（语体文本），《熊十力全集》第三卷，第276页。
② 熊十力：《新唯识论》（文言文本），《熊十力全集》第二卷，第21~22页。
③ 杨泽波：《贡献与终结——牟宗三儒学思想研究》第一卷，上海人民出版社，2014，第26~27页。
④ 钱德洪编《传习录》第120条，《王阳明全集》卷一，第40页。

体会、体贴、体悟、体达等之中。"① 须辨析的是，本心或良知是指引和推动人正确行动的本体，此作用如果能不受阻碍地发挥出来，则良知同时成为真正的、现实的主体，否则只是理论的、潜在的主体。牟宗三先生如下关于逆觉体证工夫的说法便揭示了本心从潜在主体转变成现实主体的关键："吾人就其表露之端警觉而体证之，是肯认此本心之实际的亦是主观的根据，同时亦是自觉地作道德实践之本质的关键。"② 东方朔先生则是借着自由意志将本体与主体的这层关系揭示了出来："理论上，自由意志并不是一个对象性的存在，亦即在任何情况下它都能展示、能呈现、能觉悟，强调此一点很重要。但另一方面，自由意志本身却必须透过作为现实主体的人才能表现，而现实主体的人既受到躯壳的限制而不免有妄拟情缘、玩弄光景之病，同时也受到社会存在的限制而不免于各种束缚和痛苦。如是，自由意志要完成其自身、实现其自身，则不能使其仅仅局限于主体意志自身之展示或觉悟，而必须在现实的人及其存在的社会层面中成就其自身的自我规定，如是则必会遭遇到限制而须疏通之。只注重意志之展示而不思及意志之完成，其病有可能流于'自了汉'式的哲学。"③ 实际上这也就是说，尽管本心的发用是自然的，然而本心的落实则是需要人努力完成的，在这个过程中有必要考虑自身和社会的各种条件和限制，如此才能使本心成为真正的主体。

三　后天努力并非不必要

既然"心即理"并不意味着现实心都已合理，那么这一命题就并不意味着取消了工夫，并且，理和心一样是变动不居的，对此，阳明并不排除借助着意与精察的后天努力把握理和落实理。

---

① 唐君毅:《中国哲学原论·原道篇上》，中国社会科学出版社，2006，第15页。
② 牟宗三:《心体与性体》(中)，第393页。
③ 东方朔:《"两头明，中间暗"——朱子对象山心学的批评及其蕴含的理论问题》，《孔学堂》2022年第3期，第65页。

"心即理"命题既是一个理论命题，也是工夫指点，因而内含着工夫要求，如李承贵先生所说："一种行为若要得到肯定，前提是发出行为的'心'主动融'理'于内，从而实现'心即理'。因此，以'心即理'作为判断行为善恶的根据，内在地隐含着'心纯化为天理'的要求，从而表现为人精神世界的自我调整。"①

此命题的具体要求是"来心上做工夫，不去袭义于外"，单纯说"只是此心去求索"则不足以表达其工夫内涵。阳明说："我说个心即理，要使知心理是一个，便来心上做工夫，不去袭义于外，便是王道之真。此我立言宗旨。"②来心上做工夫的关键是发挥本心的作用。

阳明认为朱子在《大学或问》中提到的四条格物方法本应是有轻重之分的，其中"察之于念虑之微"实际上是有助于觉察、体认到本心的，从而可以在四条中脱颖而出，成为工夫的"头脑"。不过，朱子将这一条和其他三条平铺并列，就忽视了这一条可能具有的统领意义。阳明说："文公格物之说，只是少头脑，如所谓'察之于念虑之微'，此一句不该与'求之文字之中'，'验之于事为之著'，'索之讲论之际'混作一例看，是无轻重也。"③在本心的指引和推动之下，不必如朱子说的那样先做穷理工夫，便可直接做到意念是发自本心之念，而无私欲。由此阳明打破了穷理在知行工夫中的优先地位。他用"向头脑上用工"来表示发挥本心作用的意思，弟子对此语做了解释，他认为并未完全得其要旨：

谢弘之曰："求之文字，也只是此心去求；索之讲论，也只是此心去索，总是明此心之天理而已，何有未明？"先生曰："亦未甚明白，不免将心与物歧而二之，可乎？深思之，当自得

---

① 李承贵：《"心即理"的构造与运行》，《学术界》2020年第8期，第127页。
② 钱德洪编《传习录》第321条，《王阳明全集》卷三，第138页。
③ 钱德洪编《传习录》第234条，《王阳明全集》卷三，第112页。

之矣。"①

"亦未甚明白"表明阳明对弟子的回答既有肯定，也有否定。肯定的部分是"总是明此心之天理而已"，问题则出在"此心去求索"上。因为"此心去求索"的说法有可能终究没有彻底改变用功方向，完全可以如朱子那样理解为由格物而达到致知。这样的话，弟子的观点就完全落在朱子思想的框架之中，完全没有注意到心具有直接性这一阳明义理的要领。阳明认为理在心中，不在心外，向心求理，即可求得道理。因此只是说此心去求，就不足以把只是求此心这层关键意思表达出来，这才是阳明不甚满意的缘由所在。

不过，在现实心中把握理并不容易，其内在问题是理与欲同时呈现，混杂难分，此点易于理解，更何况，理在不同情境中是不断活动变化的。在此情况下，阳明不排斥后天辨别理欲的努力。

前引阳明弟子的提问"据人心所知，多有误欲作理，认贼作子处"，即反映了阳明工夫论可能存在理欲不易区分的内在问题。导致这一问题的一个重要原因是，理不是静态、固定的标准，其本身就是活动变化的，与私欲属于同一层次。他"天理原自寂然不动，原自感而遂通"②的说法，便体现了理与心一样是活动变化的。这句话是说理是为人所固有的，在人与不同的外物打交道时可以帮助人相应地妥善应对。他说的"良知只是一个天理自然明觉发见处"③，也表明理是活动之理。

阳明从不同角度论述心的特点的相关言论，或许让人误以为理涵融于心而只是心的一个侧面。他说"心一而已，以其全体恻怛而言谓之仁，以其得宜而言谓之义，以其条理而言谓之理"④。不过，他又从

---

① 钱德洪编《遗言录》下第8条，《王阳明全集》（新编本）卷四十，第1604页。
② 钱德洪编《传习录》第145条，《王阳明全集》卷二，第65~66页。
③ 钱德洪编《传习录》第189条，《王阳明全集》卷二，第95页。
④ 钱德洪编《传习录》第133条，《王阳明全集》卷二，第48页。

理的角度出发认为理可以反过来涵容心，心只是理的一个面向，则又可以看出理也具有跟心一样的活动变化性。他说："理一而已。以其理之凝聚而言，则谓之性；以其凝聚之主宰而言，则谓之心；以其主宰之发动而言，则谓之意；以其发动之明觉而言，则谓之知；以其明觉之感应而言，则谓之物。"[1] 如此则完全可以说理可以和心一样是在现实中活动变化的，而不仅仅是固定的规范、标准。

唐君毅先生将理是活动变化的这一点揭示得最为清楚："此理之见于心之发用上，虽定而有常、似实，然亦与心同变动不居，而未尝不虚。"又说："理之内容自是要表现的、或能表现的。此要表现、能表现，乃理之义中之所涵，否则此理不能称为生生之理。然理之表现，乃一面表现，一面退藏，一面发散，一面收敛，如上所说。此一面表现发散，一面退藏收敛，岂非正是理之灵？则不只心是活物，而变动不居，理亦是活物，而变动不居也。又理表现，而'能觉'与之相俱。心无能觉之理，则心不能觉；心即依能觉之理，以有所觉。则由心有此所觉，而谓'心之理'有此所觉，又何尝不可？心有所觉时，心称为能觉，则'心之理'有所觉，此'心之理'应亦可称为能觉，固不可如朱子之只以理为所觉矣。"[2]

正如唐先生所说，朱子确实否定了理是能觉："今既曰视听，理又如何会视听？"[3] 而认为理可以反过来涵容心的阳明的观点则并非如此。从理跟心一样是活动的这一点出发，我们可以进一步确证心与理是同一的关系，而不仅仅是合一的关系。实际上，理能活动这一点，是心与理同一关系能成立的关键。

由于理是在发用中的理，其与私欲处在同一层面，因此阳明有可能从否定的方面相互界定两者。如他从理的角度界定私欲："理无动者

①　钱德洪编《传习录》第 174 条，《王阳明全集》卷二，第 86~87 页。
②　唐君毅：《中国哲学原论·原教篇》，第 208、210~211 页。
③　黎靖德编《朱子语类》卷七十九，第 2039 页。

也，动即为欲。"①"动"是偏离的意思。因为理是"我"所固有的，所以"我"本来的状态是不偏离理的，偏离了就变成了私欲。又说："非本体之念，即是私念。"②这实际上也是从理的角度界定私欲。如果理的含义是确定的，那么从理的角度界定私欲是没有问题的，不过，阳明又从私欲的角度界定理，这就难免陷入了循环定义的泥潭中。最典型的例子，便是前引紧随"心即理也"而后说的"此心无私欲之蔽，即是天理"。又如他面对"何者为天理"的问题时回答"去得人欲，便识天理"③，这也是一个典型的例子。

面对这种理欲同在发用层面交织的情况，应该如何处置呢？修养圆熟的人自然易于辨别两者。对他们来说，理可以自然呈现并主导意识和行动。不过，对初学者而言，理虽然并非没有自然呈现的时候，但即便呈现，也不能主导意识和行动。

对此，我们首先来看阳明晚年最重要的弟子之一王龙溪的一个观点以作为参照，他宣称这是"师门密旨"："是非者，善恶之几、分别之端。知是知非，所谓规矩也；忘规矩而得其巧，虽有分别而不起分别之想，所谓悟也。其机原于一念之微，此性命之根、无为之灵体，师门密旨也。"④龙溪说的"规矩"不是通常理解的作为规矩、准绳的外在的天理，而是能够知是知非的良知。因此忘规矩即是忘良知。龙溪的意思是应该保持无所刻意、执着的自然状态，从而使良知能够充分发用。

龙溪的工夫论自有其效力，这一点且不论，考察阳明自己的观点，除了晚年天泉证道和严滩问答中的类似观点，应该说他平时并无忘良知这个规矩的说法，而是要让良知这个规矩充分发挥作用。如他说："夫良知之于节目时变，犹规矩尺度之于方圆长短也。节目时变

---

① 钱德洪编《传习录》第 157 条，《王阳明全集》卷二，第 72 页。
② 钱德洪编《传习录》第 202 条，《王阳明全集》卷三，第 104 页。
③ 钱德洪编《传习录》第 76 条，《王阳明全集》卷一，第 26~27 页。
④ 王畿：《半洲刘公墓表》，《王畿集》卷二十，第 641 页。

之不可预定，犹方圆长短之不可胜穷也。故规矩诚立，则不可欺以方圆，而天下之方圆不可胜用矣；尺度诚陈，则不可欺以长短，而天下之长短不可胜用矣；良知诚致，则不可欺以节目时变，而天下之节目时变不可胜应矣。"[1] 他以下所说也表达了致良知便可无所刻意、执着而不是相反的意思："义即是良知，晓得良知是个头脑，方无执著。且如受人馈送，也有今日当受的，他日不当受的；也有今日不当受的，他日当受的。你若执著了今日当受的，便一切受去，执著了今日不当受的，便一切不受去，便是'适'、'莫'，便不是良知的本体，如何唤得做义？"[2]

总体而言，阳明认为对普通人来说不仅不能忘良知，而且在初学阶段只有在先天的良知之外同时借助后天的努力，才能做到不仅辨析理欲，还能存理而去欲。如他所说"初学立心之始，有个困勉的意在"[3]，便是借助后天的着实用意。前文提到的阳明"要省察，恐有非所安而安者"的观点，是借助了后天的精细省察。通过后天省察所得的理并非自外而来的理，而就是心所固有的理，省察只是使它被辨别出来存留于意识中并主导意识和行动而已。

相比于初学者，工夫圆熟的人的差别只是在于他们总体上不必诉诸困勉工夫而已，他们心中的意志、志向就是良知本身。正如阳明所说："善念发而知之，而充之；恶念发而知之，而遏之。知与充与遏者，志也，天聪明也。圣人只有此，学者当存此。"[4] 于普通人而言，良知未必主导意志，意志未必出于良知。其努力既可以描述为意志的纯化，也可以描述为使良知成为意志。顺带一提，阳明肯定的是良知，只有在圣人层面良知才是意志，意志才是良知，故不能简单称其为唯意志论者。

---

① 钱德洪编《传习录》第 139 条，《王阳明全集》卷二，第 56 页。
② 钱德洪编《传习录》第 248 条，《王阳明全集》卷三，第 116 页。
③ 钱德洪编《传习录》第 6 条，《王阳明全集》卷一，第 6 页。
④ 钱德洪编《传习录》第 71 条，《王阳明全集》卷一，第 25 页。

罗整庵对心学有如下评论:"良心发见,乃感应自然之机,所谓天下之至神者,固无待于思也,然欲其一一中节,非思不可,研几工夫,正在此处。"其实阳明也承认罗整庵所说的这两点。即他既认为本心具有直接性,同时又认为对普通人来说辨别理欲需要精察克治,落实本心之念需要着实用意。也就是说,心固然可以指引一个方向,这就是理,但具体落实还有可能会被私欲带偏,因此对于理还需要人加以辨别、肯认和护持。

有趣的是,在本体提供向导以及需要人去认识和跟随这两方面,阳明与后来的卢梭都是一致的。卢梭说:"感谢老天,我们才摆脱了这种可怕的哲学的玄虚,我们没有渊博的学问也能做人,我们才无须浪费我们一生的时间去研究伦理,因为我们已经以最低的代价找到了一个最可靠的向导指引我们走出这浩大的偏见的迷津。但是,单单存在着这样一个向导是不够的,我们还需要认识它和跟随它。"[1]

阳明并没有因为本心的直接性,便走向放任自然的路上去。整庵如下批评并不适用于他:"感应之际,乃一切任其自然,遂以为即此是道,其不至于猖狂妄行者几希!"[2]整庵认为阳明的主张是只要率性自然即可达到合理的状态,牟宗三先生则认为这个命题意味着工夫可以主要凭借本心展开,两人都没有注意到后天的着实用意和精察克治之于人生修养不可或缺的作用。[3]

晚明东林派的儒者顾泾阳有一句话,正可用以反观龙溪和阳明的工夫主张:"谓之善,定是不思不勉;谓之不思不勉,尚未必便是善。"[4]就后半句而言,诚然在不思不勉的状态下所得的未必是理,只是我们也不能以此完全否定龙溪工夫论的有效性,其工夫论自有一套

---

① 〔法〕卢梭:《爱弥儿》(下),李平沤译,《卢梭全集》第7卷,商务印书馆,2012,第47页。
② 黄宗羲:《明儒学案》卷四十七,第1138页。
③ 牟先生的观点及其分析详见本书第七章引言部分的讨论。
④ 黄宗羲:《明儒学案》卷五十八,第1389页。

逻辑，只是此处无法详论而已。就前半句而言，泾阳的观点可谓与整庵的观点正好相反，即泾阳要求自然，而整庵则反对自然。不过，善未必就一定是在不思不勉的状态下才能把握和落实，困勉工夫也可把握和落实理。阳明的工夫论自有其不容否定的合理性，并且其鲜明的特色恰恰在于诉诸良知的同时并不否定后天努力的正面价值。泾阳所说的必定依靠不思不勉才能达到的已经不只是善，而是至善。

要言之，"心即理"的意思是本心与理完全同一。无论将其理解为凡现实心都合理，还是只有心之实体、本源才与理合一，都违背了阳明的本意。本心是即作用而为本体，这是深入、准确理解"心即理"含义与宗旨的关键。

"心即理"主张的最大意义，是揭示了心不仅仅是具有知觉功能的明觉之心，而且包含了自然呈现的本心，因而可以直接成为为善去恶工夫的依凭。如此则没有必要像朱子说的那样首先绕开本心，凭借明觉之心做漫长而艰苦的格物致知工夫，为善去恶工夫可直接从心切入，如此则工夫变得简便易行。人人都有本心，本心自然呈现，这也使儒学得以向社会各个阶层渗透，而不再仅仅局限于读书人的范围。

当然，本心可以作为为善去恶工夫的凭借，不意味着可以放任自然，不意味着单纯凭借本心可以解决一切问题。以为可以放任自然，以为本心可以包办一切，是对心学存在的相当广泛的误解。且不论阳明特别强调本心之外后天努力不可或缺的作用，即便认为后天努力具有负面作用的象山，也认为必须当下确立本心对意识和行动的主导作用，如此为善去恶工夫才能得到本心的充分支持和明晰引导，如此工夫才不会流于认欲为理、恣意妄为。龙溪的观点也是如此，这是其工夫论的合理性所在。无论如何，本心自然呈现和本心能完全主导人的意识和行动之间，是存在不容忽视的距离的，心学家对此是有清醒认识的。"心即理"命题并未直接表示出这一距离，但综合分析心学思想时我们却不能忽视这一点。

无论是罗整庵还是牟宗三先生，都受到朱子学的深刻影响，他们对心学的看法影响极为广泛而深远，这是值得注意的现象。虽然已有学者反省了他们的看法，但心学自身的逻辑，尤其是即用是体的基本立场，尚未受到学界足够关注和重视，这是今后心学研究应该加以关注和重视的。

第三节 "心即理"意味着理生于心

"心即理"意味着理生于心。理生于心首先意味着心既是意识和行动的发动者，也是调控者，即性理直接出自心；其次则意味着性理统摄事物之理，即性理澄明能促使人去了解事物之理，而非遗漏事物之理。心之所以能生理，关键原因在于心本非与万物隔绝，万物原本内在于心之中，心原有使万物得到妥善安顿的冲动，而万物的妥善安顿即是理。从工夫的角度来说，理生于心和心即是理一样，意味着不必如朱子所说的那样首先以格物的方式求理于事物，而应该求理于心。①

前已述及，"心即理"字面上便可解读出的意思是本心所发的意念即是理。这是平铺着陈述本心所发的意念与理的关系。由此进一步说，理是出于本心的。

已有不少学者以不同形式指出"心即理"这一命题的确切含义是理由本心所生。如劳思光先生从价值规范源于自觉能力的角度说："阳明之'心'观念，乃就有主宰性之自觉能力而言，而'理'观念则指价值规范而言；故'心即理也'一语，确义即是说，一切价值规范皆源自此自觉能力。"② 牟宗三先生则从孟子仁义内在的观点出发解释心即理的内涵："孟子言性善，其言性善之关键唯在反对告子之'生之谓

---

① 上节谈及工夫，侧重点在不能没有后天努力；本节谈工夫则侧重于强调应该围绕本心展开工夫。

② 劳思光：《新编中国哲学史》（三卷上），第315页。

性'，其正面之进路唯在'仁义内在'。'内在'者是内在于心。'内在于心'者不是把那外在的仁义吸纳于心，心与之合而为一，乃是此心即是仁义之心，仁义即是此心之自发。如果把仁义视为理，例如说道德法则，则此理即是此心之所自发，此即象山阳明所说之'心即理'。"①又解释阳明"良知只是一个天理自然明觉发见处"②说："'天理之自然明觉'即是'天理之自然而非造作地，昭昭明明而即在本心灵觉中之具体地非抽象地呈现'，天理之这样的呈现即在良知处发见。故良知之心即是存有论的创发原则，它不是一认知心。它不是认知一客观而外在的理，它的明觉不是认知地及物的或外指的，它是内敛地昭昭明明之不昧，它这一昭昭明明之不昧即隐然给吾人决定一方向，决定一应当如何之原则（天理）。当其决定之，你可以说它即觉识之，但它觉识的不是外在的理，乃即是它自身所决定者，不，乃即是它自身底决定活动之自己，此决定活动之自己即呈现一个理，故它觉此理即是呈现此理，它是存有论地呈现之，而不是横列地认知之。而就此决定活动本身说，它是活动，它同时亦即是存有。良知是即活动即存有的。"③理的"存有"是就心创理，理由心产生及呈现来说的。牟先生虽然反复提到呈现，不过单纯呈现是不足以涵盖理由心生的含义的。他以下直截了当地说创发而不仅仅是呈现："在孟子、陆、王一系中，心具是分析地具、创发地具，故心具即心发。"④荒木见悟先生对"心即理"的解释是"理在良知中被创造"⑤。陈来先生也从"道德法则源于道德主体"的角度解释"心即理"的含义。⑥他说："在阳明看来，

①　牟宗三：《从陆象山到刘蕺山》，第137~138页。
②　钱德洪编《传习录》第189条，《王阳明全集》卷二，第95页。
③　牟宗三：《从陆象山到刘蕺山》，第140页。
④　牟宗三：《从陆象山到刘蕺山》，第76页。
⑤　〔日〕荒木见悟：《佛教与阳明学》，（东京）第三文明社，1979，第83页。转引自〔日〕小路口聪《心创造理——荒木见悟教授"心即理"解释的可能性》，吴震、申绪璐主编《中国哲学的丰富性再现——荒木见悟与近世中国思想论集》，上海古籍出版社，2021，第266页。
⑥　陈来：《有无之境——王阳明哲学的精神》，第41页。

这个'明'、'灵'并不是泛指知觉,也不是指认知意义的能觉,而是一种道德意义上的本觉,是'天理之昭明灵觉'。这种本然的明觉即心之本体,它能够自然地合于道德法则,从而,换言之,它本身即可提供道德法则,在此意义上,它与道德法则就是同一的。"①

当然,学界也有不同观点,如谢遐龄先生便特别强调:"王阳明主张心即理、良知即天理,基本上沿袭程朱理得于天具于心之说,并非主张理生于心。"②那么,究竟理生于心还是生于天呢?果真理生于心的话,其内涵是什么,心又为什么能生理,其对工夫的影响又如何呢?以下对这些问题分别加以讨论。

一 "心即理"的深层含义

"心即理"从字面上可以理解为本心所发的意念即是理。在此基础上进一步说,理是生于或出于本心的。

阳明以理"出于吾心之良知"③的形式直接指出了理是生于心的。此处的良知即是本心。理生于本心的说法是从生成的角度阐述理的来源,这揭示出"心即理"命题的内在意蕴。因为本心具有直接性,所以泛泛地说理由心生,也可以表达理由本心所生的意思。如阳明"莫非发于吾之一心"便直接说心而非本心,"是理也,发之于亲则为孝,发之于君则为忠,发之于朋友则为信。千变万化,至不可穷竭,而莫非发于吾之一心"④。以下表达了有心即有理、无心便无理、理出于心而心外无理的意思,当然这无疑也是从本心的角度来说的:"有孝亲之心,即有孝之理,无孝亲之心,即无孝之理矣。有忠君之心,即有忠之理,无忠君之心,即无忠之理矣。理岂外于吾心邪?"⑤这些说法

---

① 陈来:《有无之境——王阳明哲学的精神》,第 75 页。
② 谢遐龄:《序:深化心性论研究之途》,曾亦:《本体与工夫:湖湘学派研究》,上海人民出版社,2007,第 4 页。
③ 钱德洪编《传习录》第 135 条,《王阳明全集》卷二,第 51 页。
④ 王守仁:《书诸阳伯卷·甲申》,《王阳明全集》卷八,第 308 页。
⑤ 钱德洪编《传习录》第 133 条,《王阳明全集》卷二,第 48 页。

表明理不是自在地、现成地存在于事事物物上，而是由于人依循本心的意识和行为才体现于事事物物上的。亦即无此心则无此理，理不过是心发用的产物而已。当然，这里的理都是价值之理、规范之理，或者说是性理。并且，仅仅说心而不说本心或良知，可能被理解为包含各种私欲的心而非本心，所以终究说本心或良知更不容易引发误解。故阳明又说"致吾心良知之天理于事事物物，则事事物物皆得其理矣"①。

如谢遐龄先生所认为的，说理得于天并无问题，阳明认可这一观点。问题只在于，从阳明"心也，性也，天也，一也"②以及"天即良知"和"良知即天"③的观点来看，理生于心（或说良知）和理生于天之间并非非此即彼的关系，两者可以同时成立。

进一步地，根据阳明"夫心之体，性也；性之原，天也"④的观点，是否可以说理最终出自天而非出自心？可以说最终出自天，但不能因此否定也是出自心。

天的运作有两个值得注意的特征。第一，天没有进入具体情境，因而对具体物并无偏好。阳明说："天地生意，花草一般，何曾有善恶之分？"⑤尽管如此，天仍然在总体上保持自然生生不息的状态，此自然生生即是理的根本内涵。因此可以说理是出于天的。第二，天对自身的运作并无自觉，如果没有心的话，出于天是没有意义的。没有心的知觉，无论善恶还是物，都归于寂静，正如在著名的"岩中花树"章中阳明说的"你未看此花时，此花与汝心同归于寂"⑥所示的那样。下面的问答实际上也表明了同样的意思：

---

① 钱德洪编《传习录》第135条，《王阳明全集》卷二，第51页。
② 钱德洪编《传习录》第192条，《王阳明全集》卷二，第98页。
③ 钱德洪编《传习录》第287条，《王阳明全集》卷三，第125页。
④ 钱德洪编《传习录》第134条，《王阳明全集》卷二，第49页。
⑤ 钱德洪编《传习录》第101条，《王阳明全集》卷一，第33页。
⑥ 钱德洪编《传习录》第275条，《王阳明全集》卷三，第122页。

又问："天地鬼神万物，千古见在，何没了我的灵明，便俱无了？"曰："今看死的人，他这些精灵游散了，他的天地万物尚在何处？"①

理并非已经自在地存在于心中，因为相应于具体的情境才有具体的理；理更不是自在地存在于事物中。说寂静而不说无，只是意味着心本具有妥善地应对事物，使之达到妥善安顿的能力。

上述两方面的问题正是借由人心才得以解决的。由此，心与天是一体的，心并非专属于人而外在于天，出于心不是对出于天的否定，而恰恰是天的运作的一个环节。也就是说，人心不仅对于人而言具有不可或缺的积极作用，并且对于天地也具有不可或缺的作用。阳明以人心是天地最灵妙的孔窍表达心之于天地的作用。此孔窍具有双重意义。一方面，孔窍使普遍的天道获得了个体性的情境，从而使好恶变得可能。换句话说，理终究是心在具体情境中的选择，是由心的好恶所致。另一方面，灵妙的人心的自我意识同时也足以成为天地的自我意识。阳明说："盖天地万物与人原是一体，其发窍之最精处，是人心一点灵明。"② "我的灵明，便是天地鬼神的主宰。天没有我的灵明，谁去仰他高？地没有我的灵明，谁去俯他深？鬼神没有我的灵明，谁去辩他吉凶灾祥？天地鬼神万物离却我的灵明，便没有天地鬼神万物了。"③唯其如此，心才不是仅仅属人的，而足以与天构成一体的关系，而理出于心与理出于天也才是既同时成立又不可相互化约的关系。吕思勉先生便从心与天的内在一致的角度理解阳明的良知学说的源头："用力于知，即用力于心。而用力于心，即用力于造成我之物质发窍

---

① 钱德洪编《传习录》第 336 条，《王阳明全集》卷三，第 141 页。
② 钱德洪编《传习录》第 274 条，《王阳明全集》卷三，第 122 页。
③ 钱德洪编《传习录》第 336 条，《王阳明全集》卷三，第 141 页。关于宋明儒学视野中人心之于宇宙整体的意义的分析，还可参傅锡洪《"形"的哲学——张载思想的一个侧面》，《哲学动态》2023 年第 9 期，第 40~49 页。

最精之处也。此致良知之说所由来也。"① 其说甚是。

至此可以确证，阳明的确主张理生于心。关于这一主张，我们将从内涵、原因以及工夫指向三个层次对其加以分析。其内涵首先是作为行动准则的性理出于心，其次则是事物之理虽然并非直接内含于性理中，性理却可以统摄物理。这两点构成理生于心的完整内涵。

二 准则内在于动力

理生于心意味着心不仅是意念的发动者，而且是调控者。发动意味着动力，调控则意味着准则。理生于心意味着准则内在于动力。心是动力，理是准则。"心即理"的含义是，心所具有的动力义同时包含了准则义，亦即作为行动准则的性理不是外在于作为动力的心的。

首先，如一般所认为的，心是意识和行动的发动者，主张"心即理"的阳明在此基础上进一步认为作为意识和行动的发动者的心同时也是调控者。阳明说："所谓汝心，却是那能视听言动的，这个便是性，便是天理。"② 性的问题且不论，这里说的是心即天理。心中产生的意念既有符合天理的，也有不符合天理的，阳明何以能直接说心即天理？关键就在于心对视听言动能够自我调控，否则"能"就将走向自己的反面，即能力的丧失。正如他引用老子的话所说"美色令人目盲，美声令人耳聋，美味令人口爽，驰骋田猎令人发狂"③，他之所以能直接说心即天理，恰恰证明自我调控的准则是内在于心之中，为心所固有的。他又说："所谓心者，非今一团血肉之具也，乃指其至灵至明、能作能知者也。此所谓良知也。"④ 唯因心至灵而能作，所以心不仅仅是静观的理智；唯因心至明而能知，所以心不是盲目的欲望。在

---

① 吕思勉：《理学纲要》，第149页。
② 钱德洪编《传习录》第122条，《王阳明全集》卷一，第41页。
③ 钱德洪编《传习录》第122条，《王阳明全集》卷一，第40~41页。
④ 朱得之编《稽山承语》第10条，《王阳明全集》（新编本）卷四十，第1608~1609页。

阳明这里，灵和作蕴含了明和知，两者不是相互外在的关系。心是动力和准则的统一体。即心既是知觉运动的发动者，也是操控者。兼有这两者的心即是良知。良知之为良知，不仅因其是静态的准则，更是实现准则的动力。

其次，既然作为意识和行动发动者的心同时内含准则，那么单纯说心就不足以涵盖此发动者的内涵，而只有本心或良知才足以涵盖其内涵，故阳明又直接说良知是意识和行动的发动者。如他说："盖吾之耳而非良知，则不能以听矣，又何有于聪？目而非良知，则不能以视矣，又何有于明？心而非良知，则不能以思与觉矣，又何有于睿知？然则又何有于宽裕温柔乎？又何有于发强刚毅乎？又何有于斋庄中正、文理密察乎？又何有于溥博渊泉而时出之乎？"[1] 一般认为良知是视听、思考等活动的调控者，阳明在此则特别强调了良知首先是视听、思考等活动的发动者，这是更为根本的。如果良知不首先是发动者的话，那么良知对这些活动的调控就只能是外在的调控。实际情况则是调控的准则是内在于发动的过程中的，是发动者所固有的原则。

另外顺便一提，这里表明了良知的作用是非常神妙的，因此有条件让良知充分发挥作用的时候，是应该去除后天的意识，以无心的方式做工夫的，这也正是张横渠说"无心之妙非有心所及也"[2]的原因。

阳明以舜不告而娶、武王不葬而兴师为例，说明行动的准则并非外在的，而是出于内心不容已的动力。他说："夫舜之不告而娶，岂舜之前已有不告而娶者为之准则，故舜得以考之何典，问诸何人而为此邪？抑亦求诸其心一念之良知，权轻重之宜，不得已而为此邪？武之不葬而兴师，岂武之前已有不葬而兴师者为之准则，故武得以考之何典，问诸何人而为此邪？抑亦求诸其心一念之良知，权轻重之宜，不得已而为此邪？使舜之心而非诚于为无后，武之心而非诚于为救民，则其不告而娶与不葬而兴师，乃不孝不忠之大者。而后之人不务

---

① 王守仁：《答南元善·丙戌》，《王阳明全集》卷六，第235页。
② 张载：《正蒙·天道》，《张载集》，中华书局，1978，第14页。

致其良知，以精察义理于此心感应酬酢之间，顾欲悬空讨论此等变常之事，执之以为制事之本，以求临事之无失，其亦远矣！"① 阳明此处提到了"准则"。值得注意的是，朱子说："须从明处渐渐推将去，穷到是处，吾心亦自有准则。"② 这里出现了和阳明的话中同样的"准则"一词。朱王都用准则解释理的含义，这是我们用这个词的直接原因。"此心感应酬酢之间"即是准则产生的具体情境。"不得已"不是受制于外在的限制或压力，而是一种发自本心的不容已感受，心必如此才安，不如此则不安，因此这是形容心的真切状态。行动的准则正是这样诞生的。阳明由此从根本上将儒家经典所记载的原则收回本心，本心而非经典才是这些原则的最终来源。

　　阳明从不同角度阐发了心所兼具的动力与准则的含义，其中一些相对直接地点出了准则内在于动力，另一些则可以从这一角度进行解读。

　　其一，善恶或是非出自好恶即是说准则内在于动力。阳明说，"良知只是个是非之心，是非只是个好恶"。③ 类似地，他对巧与力关系的论述也表达了同样的意思："巧力实非两事。巧亦只在用力处，力而不巧，亦是徒力。"④

　　阳明的观点与朱子是大异其趣的。朱子的观点从他对胡五峰的批评中可以看出。五峰说"好恶，性也"，因为好恶是不容已的动力，所以五峰这么说是为了突出性不仅仅是未发的实体，同时也要不容已地表现出来。朱子对性要不容已地表现出来无疑是认同的，但他认为五峰的表述是有问题的，这从他的评论中可以看出："此章即性无善恶之意。若果如是，则性但有好恶，而无善恶之别矣！"⑤ 朱子认为单

---

① 钱德洪编《传习录》第 139 条，《王阳明全集》卷二，第 56~57 页。
② 黎靖德编《朱子语类》卷十五，第 289 页。
③ 钱德洪编《传习录》第 288 条，《王阳明全集》卷三，第 126 页。
④ 钱德洪编《传习录》第 286 条，《王阳明全集》卷三，第 125 页。
⑤ 朱熹：《胡子知言疑义》，《胡宏集》附录一，第 330 页。

独谈好恶，则喜好的未必是善，厌恶的未必是恶，因此单纯从好恶出发，是无法树立善恶的标准的，当然就更谈不上使人的好恶合乎善恶的标准了。朱子的批评是有一定道理的，好恶未必就是好善恶恶，但也应看到，朱子并未意识到好恶的活动中就包含善恶之理，因而好恶可以是性，而仅仅认为好恶纯粹是知觉。由此也可确证，前引罗整庵割裂性与觉的思路应该是导源于朱子。

朱子又说："好恶固性之所有，然直谓之性则不可。盖好恶，物也，好善而恶恶，物之则也。有物必有则，是所谓形色天性也。今欲语性，乃举物而遗则，恐未得为无害也。"[1] 物之则就是物之理，实际上是先于人的好恶而固定存在的，而不是由人的好恶得出来的，故朱子说"事事物物皆有定理"[2]。这凸显了朱子将好恶之心和善恶之理割裂开来的倾向，他认为只有谈好善恶恶，才能将性包含的善恶之理的内涵揭明。问题的关键不在于心的活动，而在于它所遵循的先在的理。而阳明则认为善恶之理并不先在于心的活动，而就在好恶之心中，不能脱离开好恶之心来谈善恶之理。在他看来，善恶或是非之心就足以穷尽良知的内涵，好恶（或更准确说本然好恶）又足以涵盖是非之心的内涵。此处的好恶即是孔子所说"唯仁者能好人，能恶人"（《论语·里仁》），孟子所说"其好恶与人相近也者几希"（《孟子·告子上》），以及"民之秉彝，好是懿德"（《诗·大雅·烝民之篇》）和"羞恶之心，人皆有之"（《孟子·告子上》）的好恶。实际上是非之心即是准则，好恶则是动力。"是非只是个好恶"意味着准则是内在于动力之中的。阳明在好恶上讲是非亦即善恶，突破了朱子"事事物物皆有定理"而向事物求理的思路，展现了好恶包含的自我定向的能力。

阳明弟子钱绪山有一个观点："先师曰'无善无恶者心之体'，是对后世格物穷理之学先有乎善者立言也。因时设法，不得已之辞焉

---

① 朱熹：《胡子知言疑义》，《胡宏集》附录一，第330页。
② 黎靖德编《朱子语类》卷十七，第380页。

耳。"① 可以说，阳明在好恶上谈论善恶，目的才是打破朱子的定理观。而讲无善无恶则另有目的。讲无善无恶一方面是为了说明与作用相对的心之实体是无善恶可言的，另一方面更重要的是为了指点出适合已经达到道德境界的学者或所谓上根人的工夫。绪山的认识存在错位，对此我们在第十二章还会谈到。

因为善恶是理，好恶是情，所以也可以说理生于情。认为理出于情与认为理出于心，实质上是一样的。阳明以及象山从四端论本心，便是以情论心。实际上不仅阳明、象山就情论心，朱子也不否认这一思路，如他说："心，包情性者也，自其动者言之，虽谓之情亦可也。"② 他们的主张均不同于程伊川。伊川认为："若既发，则可谓之情，不可谓之心。"③

此外，基于理出于心，是否可以说理出于气？阳明确实有心与气异名同指的观点，即："以其充塞氤氲而言谓之气……以其主宰而言谓之心……其实则一而已。"④ 在心是"至灵至明、能作能知"之气的意义上，说理生于气也未尝不可。当然阳明也直接规定了一般意义上的气与理的关系，两者是相互依赖的关系："理者气之条理，气者理之运用；无条理则不能运用，无运用则亦无以见其所谓条理者矣。"⑤ 这个说法也表明气之中包含了理，而不是纯粹的质料，这与知觉中包含了性的作用的观点是一致的。

其二，禀赋与主宰的观点表达了动力与准则的含义。阳明说："知是理之灵处。就其主宰处说，便谓之心；就其禀赋处说，便谓之性。"⑥ "主宰"主要对应于准则，因为主宰主要对应于调控；"禀赋"主要对应于动力，良知是天赋的因而可以实现，所以说是动力。

---

① 黄宗羲：《明儒学案》卷十一，第 234~235 页。
② 黎靖德编《朱子语类》卷五十三，第 1297 页。
③ 程颢、程颐：《河南程氏遗书》卷十八，《二程集》，第 204 页。
④ 朱得之编《稽山承语》第 10 条，《王阳明全集》（新编本）卷四十，第 1608 页。
⑤ 钱德洪编《传习录》第 153 条，《王阳明全集》卷二，第 70 页。
⑥ 钱德洪编《传习录》第 118 条，《王阳明全集》卷一，第 39 页。

其三，阳明以"恒照"来形容良知："良知者，心之本体，即前所谓恒照者也。"① 其内涵则是："恒照则恒动恒静，天地之所以恒久而不已也。"② "恒"为不容停止之动力，对应于"动"，"照"为不可改易之准则，对应于"静"，两者融合而构成良知的完整内涵。

三 性理统摄物理

在宋明儒学中，理的含义是多样的，吴震先生即指出："'理'作为哲学概念，在宋明理学史上有多重含义及多种用法，冯友兰和牟宗三等对此都做过仔细梳理。要之，其根本义就是两点：性理义和物理义。"③

本节以上所说主要是性理，但是仅仅有性理是不足以保证行动的成功的，行动的成功还依赖于对事物之理的了解。阳明并非不关注与行动相关的事物之理的问题。"心即理"或"理生于心"具有两层含义：第一，引导人行动的性理或情理直接出自心；第二，若此心不受遮蔽，则人自然会去了解行动所需的事物之理，亦即性理可以统摄事物之理。

阳明以下提到的问题是他"心即理"观点针对的主要问题："今学者之学圣人，于圣人之所能知者，未能学而知之，而顾汲汲焉求知圣人之所不能知者以为学，无乃失其所以希圣之方欤？"④ "圣人之所能知者"指的是本心所具有的义理或者说准则。朱子学倡导的格物穷理工夫忽略本心之理而外求，亦即阳明这里说的"汲汲焉求知圣人之所不能知者"，偏离了成贤成圣的根本方向，以至于阳明有如下感慨："此道坦如道路，世儒往往自加荒塞，终身陷荆棘之场而不悔，吾不

---

① 钱德洪编《传习录》第152条，《王阳明全集》卷二，第69页。
② 钱德洪编《传习录》第151条，《王阳明全集》卷二，第69页。
③ 吴震：《朱子学与阳明学——宋明理学纲要》，北京大学出版社，2022，第105页。
④ 钱德洪编《传习录》第141条，《王阳明全集》卷二，第60页。

知其何说也！"①

在此需要追问的是，阳明扭转朱子学外求的方向，是否倒向了工夫的内转，是否对事物之理缺乏足够的重视。关于前者，与阳明论辩的罗整庵便对阳明有"是内而非外"、"专事于反观内省之为，而遗弃其讲习讨论之功"以及"沉溺于枯槁虚寂之偏，而不尽于物理人事之变"的质疑②。陈来先生也认为："阳明哲学的'心即是理'或'心外无理'的命题的提出……最终引导到内向修养方法的完全确立。"③关于后者，与阳明通信辩难的顾东桥便认为阳明的主张存在"专求本心，遂遗物理"④的问题。他甚至还认为阳明的主张是"教人以致知明德，而戒其即物穷理"⑤。

值得注意的是，认为阳明对性理或说伦理重视有余而对物理重视不够，在现代学界是非常流行的观点。如劳思光先生总结了阳明对知识问题的三种态度："第一面是将事理看成简单易知者，认定只要人之意志方向不为私欲所蔽，则自能见到所关事物之理；如论'温凊'之理处所说。第二面则强调道德意志推动有关道德行为内容之认知；如所说诚于孝亲自然思量寒热，自要去求温凊之理等语，即是此意。第三面则强调与道德行为无关之事理知识并不重要，亦非圣人所须知。此即解'圣人无所不知'一段议论之主旨。"具体引文我们稍后还会提到，劳先生总结阳明的看法为："合而观之，阳明对'知识问题'之态度，可说乃一消极态度；盖阳明只承认道德行为之价值，而不认为独立意义之知识活动有何独立价值。对事物之理之知识，只在能有助于道德行为之完成时，方值得注意；因此，认知活动内部之种种问题，亦更不在阳明探索之范围中。"⑥

---

① 钱德洪编《传习录》第338条，《王阳明全集》卷三，第141页。
② 钱德洪编《传习录》第175条，《王阳明全集》卷二，第87页。
③ 陈来：《有无之境——王阳明哲学的精神》，第33页。
④ 钱德洪编《传习录》第133条，《王阳明全集》卷二，第48页。
⑤ 钱德洪编《传习录》第137条，《王阳明全集》卷二，第53页。
⑥ 劳思光：《新编中国哲学史》（三卷上），第318页。

陈来先生也认为："阳明把儒家固有的伦理优先（the priority of ethics）的立场更加推进，虽然有其现实关怀及对症下药的一面，但多少使尊德性与道问学的平衡受到了影响。"[①] 杨国荣先生也指出："尽管王阳明并不否认德性与实践理性或伦理理性的联系（实践理性始终是良知的内在规定之一），但工具理性意义上的知识技能却常常在其视野之外，所谓'非所论'，便明显地表现这一趋向。从这方面看，王阳明对化德性为德行这一过程的理解，无疑又有其理论上的局限。"[②]

实际上，阳明并非对事物之理的问题缺乏足够重视，认为他已实现工夫的内转也并不准确。他在性理与事物之理的关系问题上的态度可以概括为以下几点。首先，他认为性理内在于心，但并不认为事物之理也为心所固有，而认为事物之理是需要后天经验才能获得的。其次，他认为对于道德修养而言，性理和事物之理都是不可或缺的。不过，性理是根本，事物之理相对而言是末节。他并非忽略事物之理，只是认为性理与事物之理具有本末、先后、轻重、缓急的不同。最后，两者之所以存在上述不同地位，是因为人单纯了解事物之理不一定会去行动，而性理则可以使人不仅有充沛的动力去行动，而且也有动力去了解事物之理。正是在这个意义上，可以说性理能够统领事物之理。因此，去除私欲之蔽，使性理得以澄明，这不仅解决了伦理方面的问题，而且有助于推动对事物之理的了解。这或许就正是刘蕺山说的智自仁来的意思。蕺山说："良知之智，实自恻隐之仁来。"[③]

首先，阳明认为人所固有的只是性理而非事物之理。他说："圣人无所不知，只是知个天理；无所不能，只是能个天理。圣人本体明白，故事事知个天理所在，便去尽个天理。不是本体明后，却于天下事物都便知得，便做得来也。天下事物，如名物度数、草木鸟兽之

---

① 陈来：《有无之境——王阳明哲学的精神》，第 45 页。
② 杨国荣：《心学之思：王阳明哲学的阐释》，第 132 页。
③ 黄宗羲：《明儒学案》卷十，第 189 页。

类，不胜其烦。圣人须是本体明了，亦何缘能尽知得？"① 又说："若夫礼乐名物，古今事变，亦必待学而后有以验其行事之实。"②

其次，性理与事物之理均不可或缺，不过相比后者，前者是更为根本的。关于事物之理，阳明明确表达了其不能被遗弃的态度："'专求本心，遂遗物理'，此盖失其本心者也。夫物理不外于吾心，外吾心而求物理，无物理矣；遗物理而求吾心，吾心又何物邪？"③ 就此而言，"来心上做工夫"并不意味着从外转向内，因为心物不离，即心即物，不能说阳明做工夫的方向由外转向了内。阳明又说："念虑之精微即事理之精微也。"④ 念虑之精微不是脱离了或外在于事理之精微而先行实现的。

徐曰仁向阳明提问："如事父一事，其间温清定省之类，有许多节目，不亦须讲求否？" 阳明在回答中一方面强调事物之理是必须讲求的，但另一方面又强调其并不是根本的，而是其次的："如何不讲求？只是有个头脑，只是就此心去人欲、存天理上讲求。就如讲求冬温，也只是要尽此心之孝，恐怕有一毫人欲间杂；讲求夏清，也只是要尽此心之孝，恐怕有一毫人欲间杂：只是讲求得此心。"⑤ 此处既承认了事物之理不容忽视，又强调了相比之下性理的澄明是更为根本的。在此可以说，应该设法让父母冬温夏清是事理，具体如何让父母冬温夏清则是有关物理的问题。阳明相关言论也表达了跟上述引文相同的两层意思，只是这两层意思的顺序与上述引文相反而已，阳明首先说的是单纯拥有知识并不能导出道德修养的行动："苟无是心，虽预先讲得世上许多名物度数，与己原不相干，只是装缀，临时自行不去。亦不是将名物度数全然不理，只要'知所先后，则近道'。"⑥ 为了强调本

---

① 钱德洪编《传习录》第 277 条，《王阳明全集》卷三，第 110 页。
② 钱德洪编《传习录》第 141 条，《王阳明全集》卷二，第 60 页。
③ 钱德洪编《传习录》第 133 条，《王阳明全集》卷二，第 48 页。
④ 钱德洪编《传习录》第 324 条，《王阳明全集》卷三，第 139 页。
⑤ 钱德洪编《传习录》第 3 条，《王阳明全集》卷一，第 3 页。
⑥ 钱德洪编《传习录》第 67 条，《王阳明全集》卷一，第 24 页。

心的重要性，阳明甚至说："大端惟在复心体之同然，而知识技能非所与论也。"① 又说："人皆以圣人为多知，而不知圣人初不从事于知识也。"② 这些表述看似完全否认知识之于成圣的价值，诚然未免矫枉过正，不过，只要放在阳明强调本心之性理的优先性的思路中来看，便自然不难理解这些言论的本意。他实际上并无轻视知识的意思，他只是意欲以此劝人不要沉溺于对知识的探求之中以至于忘记了可以凭借的本心以及应该遵循的性理。

阳明如下说法是耐人寻味的，对我们理解他以性理为本，以事物之理为末的思想非常重要。他说："若只是温清之节、奉养之宜，可一日二日讲之而尽，用得甚学问思辩？惟于温清时，也只要此心纯乎天理之极；奉养时，也只要此心纯乎天理之极。此则非有学问思辩之功，将不免于毫厘千里之谬，所以虽在圣人，犹加'精一'之训。"③ 重要的不是那些具体知识，而是具体探索并真切落实具体知识的心，这才是根本。没有这个心，再多的知识也是无济于事的。一般人认为行为正确与否取决于知识的多寡。虽然知识的多寡确实影响行动成效的大小，不过，这还不是最关键的。原因很显然，一个人即使有很多关于如何行动才正确的知识，也不意味着这个人必然因此就去行动。正确行动的意愿比正确行动所需的知识更能推动一个人去行动。

不仅阳明持这样的看法，其实朱子也是如此。他对格物的强调，无疑有获得更多知识的目的，这些知识有助于正确地行动，但格物更根本的目的是解决去正确行动的意愿问题。对理的必然性和迫切性的体认和确信，而非对理的内容（包含了一般所谓的知识）的理解，才是格物的最终目标。而这一点是人们在研究朱子格物论时往往容易忽视的。

在这个问题上，即便阳明对朱子的理解也是不准确的。他早年

---

① 钱德洪编《传习录》第 142 条，《王阳明全集》卷二，第 62 页。
② 黄直编《遗言录》上第 53 条，《王阳明全集》（新编本）卷四十，第 1602 页。
③ 钱德洪编《传习录》第 4 条，《王阳明全集》卷一，第 3~4 页。

的格竹行动便以所以然之理或说知识为主要目标，而没有意识到对理之不可易和不容已的性质的体认和确信才是格物的最终目标。其言曰"一日寓书斋，对数筮竹，要去格他理之所以然"[①]。

问题在于，朱子主张的格物虽然以对理的性质的体认和确信为最终目标，但毕竟也有助于增长知识，甚至于在一般人看来，朱子格物的主要目标仅仅是增长知识。阳明直接从本心出发，即便能解决正确行动所需的意愿（或说动力）的问题，但本心是否能提供正确行动所需的知识，也是不无疑问的。至少，单纯凭借本心就能应对纷繁的事务而进行恰当的处置，是违反一般人的直觉的。应该说，这是阳明脱离朱子学，走上独特的心学道路必须解决的关键问题。

阳明的解决思路并不复杂，也不玄幻，总体而言分为两步：第一，本心蕴含性理，这是他反复强调的；第二，本心不仅可以推动人按照性理的要求行动，而且可以促使人获取相关的知识或说事物之理，不管是通过自行探索，还是咨询他人的方式。

再次，性理澄明可以促使人具体进行道德修养的行动，其中自然也包括促使人主动去探索所需的事物之理。张学智先生便强调在阳明这里道德对知识的带动作用："不是道德和知识平行发展，而是以道德带动知识。在他这里，意志比知识有更多的优越性，他赋予意志主动获得知识以完成自身的价值目标的能动性质。"[②]

《传习录》第3条是阳明专门论述"心即理"的一条。这一条的主体共有两轮较长的问答，第一轮阳明解决的是本心自有性理的问题，在提到"心即理"这一观点之后，他继续阐发本心所生发的性理的作用："以此纯乎天理之心，发之事父便是孝，发之事君便是忠，发之交友治民便是信与仁。只在此心去人欲、存天理上用功便是。"徐曰仁不以此为满足，因为他的本意并不是提问性理之于道德修养不可或缺的作用，而是在阳明强调本心的思路中如何解决事物之理的问

[①]　钱德洪编《遗言录》下第49条，《王阳明全集》（新编本）卷四十，第1606页。

[②]　张学智:《明代哲学史》，中国人民大学出版社，2012，第85页。

题，所以他接着继续追问事物之理的问题，阳明在回答中讲到了性理可以统摄事物之理："此心若无人欲，纯是天理，是个诚于孝亲的心，冬时自然思量父母的寒，便自要去求个温的道理；夏时自然思量父母的热，便自要去求个清的道理。这都是那诚孝的心发出来的条件。却是须有这诚孝的心，然后有这条件发出来。譬之树木，这诚孝的心便是根，许多条件便是枝叶，须先有根，然后有枝叶，不是先寻了枝叶，然后去种根。"[1] 他在别处又说："人只要成就自家心体，则用在其中。如养得心体，果有未发之中，自然有发而中节之和，自然无施不可。"[2] 又说："从事于天理，有自然之才能。若但从事于才能，则非希圣之学矣。"[3] 又说："圣人于礼乐名物，不必尽知。然他知得一个天理，便自有许多节文度数出来。不知能问，亦即是天理节文所在。"[4] 可以说，事物之理的问题正是在性理的激发和推动之下得以解决的。其解决的途径既包括自行探索，也包括向人请教等。

陈来先生指出："朱子哲学中的物理包含当然与必然两方面，阳明的所有论证只是解决了当然之理一面。而另一方面，事物是否有其必然之理（法则、规律、性质）？这一类物理能否归结为至善？致良知以求至善能否穷尽这类物理？面对这一类物理是否可说'心外无理'，是否可说'外吾心而求物理而无物理'？这些都是提出'心外无理'的阳明应当回答而没有回答的问题。"[5] 从以上分析可知，阳明所说的理和朱子所说的一样也包含了性理与事物之理两方面的内容，从探求事物之理必须借助后天经验的角度来说，事物之理确实并非先天地内在于人心之中；不过，从性理可以促使人探求事物之理的角度来说，又可以说事物之理也不在心外。只不过，它不是直接与心构成同一的

---

① 均见钱德洪编《传习录》第3条，《王阳明全集》卷一，第3页。

② 钱德洪编《传习录》第67条，《王阳明全集》卷一，第24页。

③ 黄直编《遗言录》上第53条，《王阳明全集》（新编本）卷四十，第1602页。

④ 钱德洪编《传习录》第277条，《王阳明全集》卷三，第110页。

⑤ 陈来：《有无之境——王阳明哲学的精神》，第44~45页。

关系，而是被统摄在性理之下。

要言之，理确实分为两层，一层是性理或说情理，一层是事理、物理。前者为心所固有，后者则需要经验才能把握。只不过，如果性理主导人的意识的话，人自然有动力去探索事物之理。就此而言，阳明并非轻视对事物之理的探索。只不过，他确实没有给对知识的纯粹探求留下余地，而仍然将知识置于伦理的统御之下。伦理的统御所能达到的效果是否不及对知识的纯粹探求的效果，是一个有待另外探讨的问题。

四　万物原本内在于心中

心之所以能生性理并进而统摄事物之理，关键原因在于心本非与万物隔绝，万物原本内在于心之中，心原有使万物得到妥善安顿的冲动，而万物的妥善安顿即是理。

心何以能发出理？直接原因是心具有不容已的动力，而动力中包含准则，唯有实现了这些准则，心才自慊或说满足、愉悦。根本原因则是因为心本非与万物隔绝，万物本为心所固有，心本有使万物获得妥善安顿的冲动。

阳明曾以"须知万物是吾身"[1]的诗句，以及"使有一物失所，便是吾仁有未尽处"[2]"天地万物，俱在我良知的发用流行中，何尝又有一物超于良知之外，能作得障碍"[3]的表述简洁表达了心非内而物非外的意思。阳明如下关于万物一体之仁的说法也表达了这样的意思："夫圣人之心，以天地万物为一体，其视天下之人，无外内远近，凡有血气，皆其昆弟赤子之亲，莫不欲安全而教养之，以遂其万物一体之念。天下之人心，其始亦非有异于圣人也，特其间于有我之私，隔于物欲之蔽，大者以小，通者以塞，人各有心，至有视其父子兄弟如仇

---

① 王守仁:《碧霞池夜坐》,《王阳明全集》卷二十，第865页
② 钱德洪编《传习录》第89条,《王阳明全集》卷一，第29页。
③ 钱德洪编《传习录》第269条,《王阳明全集》卷三，第121页。

雠者。"① 又说："圣人之求尽其心也，以天地万物为一体也。吾之父子亲矣，而天下有未亲者焉，吾心未尽也。吾之君臣义矣，而天下有未义者焉，吾心未尽也。吾之夫妇别矣，长幼序矣，朋友信矣，而天下有未别、未序、未信者焉，吾心未尽也。吾之一家饱暖逸乐矣，而天下有未饱暖逸乐者焉，其能以亲乎？义乎？别、序、信乎？吾心未尽也。"② 万物的妥善安顿是"我"的心或良知的内在要求，它们并非外在于我的良知。见孺子入井有不安，见瓦石毁坏有顾惜，诸如此类的都是出于人所原本就有的妥善安顿万物的冲动。我们甚至可以说，良知就是让万物得到妥善安顿的痛切感受。

阳明自身也确实具有一体同物之心，认为他人是自身良知所固有。这突出表现在他的讲学活动上。聂双江信服阳明的学问，不过对阳明广泛讲学这一点仍有怀疑："犹疑接人太滥，上书言之。阳明答曰：'吾之讲学，非以蕲人之信己也，行吾不得已之心耳。若畏人之不信，必择人而与之，是自丧其心也。'"③ 双江的质疑表明，阳明未将视野局限于如双江一样的已升任高官的精英中。正如焦堃先生指出的那样："王阳明的弟子群体当以各地的生员、举人为主。随着王阳明自身政治地位的提高，其弟子的整体社会地位也相应地有所上升；然而就整体而言，入门时的弟子中最多的当是举人，生员次之，有进士资格者及平民皆属少数。故而笔者认为，王阳明绝大部分时期的传道方针当归结为'觉士行道'，且其所觉之士，主体乃是地方上的中下层士人，或者说是未仕之士。"④ 这种开放的心态鲜明地反映出阳明一体同物的精神。

可以说，心固然是"我"之心，但其内涵又绝不只是一己之心所能概括的，不能单纯采取个体主义的视角来看待人之心。万物看

---

① 钱德洪编《传习录》第142条，《王阳明全集》卷二，第61页。
② 王守仁：《重修山阴县学记·乙酉》，《王阳明全集》卷七，第286~287页。
③ 黄宗羲：《明儒学案》卷十七，第370页。
④ 焦堃：《阳明心学与明代内阁政治》，中华书局，2021，第4页。

似外在于"我"，但实际上又与"我"构成血脉相通的一体关系，因此"我"之心也是万物之心，万物的荣枯成毁都与"我"心有关。故阳明面对"人有虚灵，方有良知。若草、木、瓦、石之类，亦有良知否"的问题时说："人的良知，就是草、木、瓦、石的良知。若草、木、瓦、石无人的良知，不可以为草、木、瓦、石矣。岂惟草、木、瓦、石为然，天地无人的良知，亦不可为天地矣。"①

草木瓦石是否有良知这个问题本身是很有意义的。草木向阳，瓦石自存，这些都可以说是它们有良知的表现，这是一层。人认识和维护这些，便是人的良知，也是它们的良知。这是另一层。阳明没有就前一层来说，而就后一层来说，对提问者的问题做了转换。为什么说"天地无人的良知，亦不可为天地矣"，后文其实没有充分的解释，只是说了一体，但没有直接说无人的良知则无万物，没有说人对万物的生生的维护。

顺便一提，朱子以下说法与阳明似同实异："天地间非特人为至灵，自家心便是鸟兽草木之心，但人受天地之中而生耳。"②朱子强调的是鸟兽草木本和人一样禀得天理，只是受到气质局限而无法充分显现出来而已。

且不说物的良知，"我"之外的他人自然无疑也有良知。前引"天下之人心，其始亦非有异于圣人也"即表明了这一点。在他处，阳明还更加明确点出了这一点："岂惟大人，虽小人之心亦莫不然，彼顾自小之耳。"③

当然万物都与"我"心有关，内在于"我"心之中，不意味着"我"可以随意宰制万物，可以采取家长主义或者人类中心主义的态度。虽然人在满足生存、发展的活动中对万物难免有所破坏，但无疑

---

① 钱德洪编《传习录》第274条，《王阳明全集》卷三，第122页。
② 黎靖德编《朱子语类》卷四，第59页。按：此说源自二程，见于《河南程氏遗书》卷一。
③ 王守仁:《大学问》，《王阳明全集》卷二十六，第1066页。

应该将其限度控制在适度的范围内，同时也应该选择尽可能合理的方式。阳明良知论的一大要点恰恰在于对人和物的尊重，尊重的原因正在于人和物皆有良知，也有妥善安顿自己的倾向，这一倾向不应受到压制和破坏。阳明对自身经历的一个反省最能体现这一点：

> 筮仕刑曹，言于大司寇，禁狱吏取饭囚之余蓁豕，或以为美谈。晚自愧曰："当时善则归己，不识置堂官同僚于何地？此不学之过。"①

阳明任职刑部期间请求上级禁止狱卒以剩饭养猪，被传为美谈，殊不知此举纵然有利于囚犯，体现了好生之德，完全值得肯定，但在具体处置方式上未免以君子自居而以小人待人，容易激起狱卒以及主管官员的抵触，不利于事情的妥善处置，因而非良知学的应有之义。由此引申，阳明处理事务的原则恰恰是在承认人皆有良知的前提下的协商和引导，是尽一切可能扩大与自己友好与合作的人的范围，是调动一切积极的力量以实现生生与一体的共同目标。这也构成他政治思想的根本特征，在此且不详细展开论述。

总之，使万物自然生生不息的状态得以维系而不被破坏，是"我"的内在职责。而人都有良知，都有责任使万物获得妥善安顿。由于不同人的良知从根本上来说是一致的，都以万物的自然生生不息为最终目标，所以人与人之间的相互协调是可能的。甚至可以说，这种相互协调也是内在于万物妥善安顿的要求之中的，是理的内在环节。

阳明在回复从朱子学立场对自己学说多有质疑的顾东桥的信中反复辨析"心即理"以及"知行合一"等义理，可以说已经条分缕析，极尽详细精微，无复余蕴。不过，他不以此为满足，必欲撰写一段阐

---

① 黄文焕：《古今长者录》卷八，转引自束景南《王阳明佚文辑考编年》（增订版），上海古籍出版社，2015，第1033页。

述万物一体的"拔本塞源论",并以此结束给顾东桥的信,原因就在于他认为一体之仁才是关键。唯有切实体认到心本非内、万物一体,心中的准则才能明晰起来,并以充沛的动力将其实现出来。脱离了万物一体这一根基的义理辨析,终究只是其次的。阳明说:"夫'拔本塞源'之论不明于天下,则天下之学圣人者将日繁日难,斯人沦于禽兽夷狄,而犹自以为圣人之学;吾之说虽或暂明于一时,终将冻解于西而冰坚于东,雾释于前而云滃于后,呶呶焉危困以死,而卒无救于天下之分毫也已!"[1]

重要的是,既然心本非内,人与天地万物为一体,"我"的良知便是万物的良知,"我"的良知的职责是使万物得到妥善安顿,妥善安顿也是物自身的要求,那么,虽说理从根本上是出于心的,但也可以在此基础上说理是出于物的,由此就不存在理究竟出于心还是出于物的非此即彼的问题,理出于心和理出于物两者其实是可以同时成立的,正如可以说人的良知同时也是草木瓦石的良知一样。简言之,妥善安顿物的理不仅从根本上来说是出自良知,在此基础上同时也是出自物,是物的内在要求。在儒家的视野中,物不是单纯的死物,更不是供人拷打、宰制的对象,它本身有一个妥帖的、美好的状态,有一个恰切的、合宜的风度,就像窗户要糊好一样,蝴蝶就是要飞,鱼儿就是要游,这是物自身的要求。同时这也是本心的要求,本心就是不容已地期待人和物保持或恢复良好状态的心。清人姚文然"常觉胸中生意满,须知世上苦人多"的诗句,可谓对本心内涵最好的说明。

不过,阳明喜用的镜喻影响了人们对其理出于心的观点的理解,让人误以为他的主张是物固有理,而心只是将其反映出来而已,由此便对理出于心构成了否定。

一般认为镜能将物的美丑不加扭曲、不打折扣地呈现出来。在使用这个比喻的时候,人们默认了事物本身是有美丑之分的,而镜只是

---

[1] 钱德洪编《传习录》第142条,《王阳明全集》卷二,第60~61页。

如其所是地将其呈现出来而已。阳明用镜来比喻心的功能的问题正是出在这里。按他理出于心、善恶由好恶所生的观点，应该说物本无善恶可言，而正是心对物做出了善恶的评价。可是在镜喻中，物是自有善恶之分的，镜只是将其呈现出来。因此，镜从根本上来说原本并不适合用来比喻阳明所说之心。不过，阳明还是用它来比喻心，以至于容易造成误解。如果追溯他的本意，可以发现无疑他并不认同心只是把握事物固有的善恶，以镜喻心仅仅旨在说明本心在评价物时是毫无私欲、毫无刻意与执着的。这基本上可以从他以下说法看出："圣人致知之功至诚无息，其良知之体皦如明镜，略无纤翳。妍媸之来，随物见形，而明镜曾无留染。所谓'情顺万事而无情'也。'无所住而生其心'，佛氏曾有是言，未为非也。明镜之应物，妍者妍，媸者媸，一照而皆真，即是生其心处。妍者妍，媸者媸，一过而不留，即是无所住处。"①"明镜曾无留染"和"一过而不留"主要比喻本心的无所执着，如此描述本心是恰当的。问题在于"妍媸之来，随物见形"，"妍者妍，媸者媸"以及"一照而皆真"。这些原本是为了说明本心毫无私欲，结果却容易让人误以为物本有善恶，本心只是客观地将其呈现出来而已。实则物本无善恶，善恶由心的好恶而来的。这是镜喻不能准确表达阳明本意之处。

"情顺万事而无情"语出程明道的《定性书》。明道在《定性书》中还说："圣人之喜，以物之当喜；圣人之怒，以物之当怒。是圣人之喜怒，不系于心而系于物也。"②阳明弟子陆原静据此提问："若程子之言，则是圣人之情不生于心而生于物也，何谓耶？"③这显然与阳明善恶出于好恶的观点相左，故陆原静有此提问。对此阳明做了上述回答。从上述对镜喻的分析可以看出，仅从他的表述来说，并不足以彻底排除陆原静物本有善恶的怀疑。

---

① 钱德洪编《传习录》第167条，《王阳明全集》卷二，第79页。
② 程颢：《答横渠张子厚先生书》，《河南程氏文集》卷二，《二程集》，第461页。
③ 钱德洪编《传习录》第167条，《王阳明全集》卷二，第79页。

事实上，明道所说"不系于心而系于物"的本意应该是说不带私欲地、客观地反映物本身的善恶。他的意思的重点在不带私欲这一点上。在强调不带私欲这一点上他与阳明是一致的。问题是，即便如此，他也只是认为心是在反映物本来的善恶，这从他"物之当喜"以及"物之当怒"的说法中可以得到确认。他的这一观点看起来的确与阳明存在距离。

不过，综观明道的《定性书》，他还表达过物非外而心非内，物为"我"本性固有之物的观点："苟以外物为外，牵己而从之，是以己性为有内外也。且以性为随物于外，则当其在外时，何者为在内？是有意于绝外诱，而不知性之无内外也。"①如此则给予万物妥善的安顿，善者善之，恶者恶之，对其做出恰当的善恶评价，不仅顺应了万物的本性，而且是"我"的本性的内在要求。由此，说善恶系于物也可，说善恶系于"我"的心也可，两者是一致的。蔡家和先生则主要强调前者："明道之学系从道家之顺应物性、以百姓心为心等说，转手而来；明道不属'心即理'学，如其《定性书》：'圣人之喜怒，不系于心而系于物也。'若为'心即理'，则该言系心亦系于物；明道之客观理学，系建立于'服牛乘马'之物各付物上，一径顺任牛马之性，道理如斯而不可易。"②

当然，这样说仍然为物本有善恶的观点留了余地，而"我"的好恶只是与物固有的善恶正好保持一致而已。不过，如果深入推究的话，事实并非如此。且看明道如下说法："'寂然不动，感而遂通'者，天理具备，元无欠少，不为尧存，不为桀亡。父子君臣，常理不易，何曾动来？因不动，故言'寂然'；虽不动，感便通，感非自外也。"③"天理具备，元无欠少"不是说天理离开人而自存，而是说

---

① 程颢：《答横渠张子厚先生书》，《河南程氏文集》卷二，《二程集》，第460页。
② 蔡家和：《论牟宗三判明道为"心即理"之学》，《孔学堂》2020年第2期，第34页。
③ 程颢、程颐：《河南程氏遗书》卷二上，《二程集》，第43页。

"我"本有能力去妥善安顿事物，这构成了"我"处理事物的准则。去处理事物的准则并非自外而来，这就是明道最后所说的"感非自外也"的意思。关于"感非自外也"的含义，还可以参考伊川的一个说法：

> 又问："喜怒出于外，如何？"曰："非出于外，感于外而发于中也。"①

提问者说的"喜怒出于外"，近似于明道"物之当喜"和"物之当怒"的字面意思。伊川明确否定了这一观点，认为实际上只是"感于外而发于中也"。他虽然仍说喜怒是有"感于外"才发动的，但又认为"非出于外"，即喜怒并非由外在的物的状态所决定，实际上是由"我"所固有的准则所决定。套用他"处物为义"②的说法来说，即是如何对待物的"义"是内在于"我"自身的。这正与明道"感非自外也"的观点如出一辙。也就是说，固然事物呈现出区别，不过，以何种方式去应对终究取决于自己。亦即"我"仍然有可能选择自己的应对，如人以为喜者而"我"则怒之，人以为怒者"我"则喜之，人以为善者"我"则以为恶，人以为恶者"我"则以为善等。以前举舜不告而娶、武王不葬而兴师为例，人以为舜必须等报告了父母以后才能娶亲，武王必须等待安葬了文王之后才能兴师。面临娶与不娶、兴师与不兴师的选择之际，如果真有"系于物"的明白无误的答案供人取用的话，为何常人都不能做出正确的选择，只有舜和武王才顺应了事情的本性而行？

要言之，喜怒善恶代表的对事物的应对方式最终取决于"我"的选择，是"我"选择的结果，而不是现成地存在于事物之中。"不系于心而系于物也"只是说选择之际完全依凭本心，而毫无私欲渗透其

---

① 程颢、程颐：《河南程氏遗书》卷十八，《二程集》，第204页。

② 程颢、程颐：《粹言》卷一，《二程集》，第1175页。

间。这才是综合明道各种说法所能得出的结论。他的很多说法容易让
人误以为物自有善恶，而人的好恶只是依循物固有的善恶而已。这是
其表述不尽准确的地方。

抛开论述的词不达意不论，从好恶相对于善恶的优先性的角度来
说，阳明和明道终究可谓同属一系的思想家。他们均不同于认为事事
物物上都有定理的朱子。从伊川"在物为理，处物为义"①的主张来
看，其观点应是介于朱子与明道、阳明之间。"在物为理"为朱子所
继承和大力弘扬，"处物为义"则接近于明道的"天理具备，元无欠
少"，以及阳明的"此心在物则为理"②。朱子并非认为人没有"处物为
义"的性理，只是在工夫中不凭借它而已。朱子主张心物相对，理既
在心也在物，人应该通过以心合物来明白物理，以达到激发心之性理
的目标；阳明主张理由心生，心外无物，性理统摄物理。

五　求理于心的工夫指向

从工夫的角度来说，理生于心意味着不必如朱子所说的那样首先
以格物的方式求理于事物，首先求理于事物反而是有害无益的，应该
求理于心。

从阳明的角度来看，既然如何行动的准则最终出自良知的不容
已，那么朱子主张的即物穷理对于解决行动准则的问题就是无济于事
的。阳明认为重要的不是外在的理，而是心的澄明。他在给主张朱子
学的顾东桥的回信中说："今必曰穷天下之理，而不知反求诸其心，则
凡所谓善恶之机，真妄之辨者，舍吾心之良知，亦将何所致其体察
乎？吾子所谓'气拘物蔽'者，拘此蔽此而已。今欲去此之蔽，不知
致力于此，而欲以外求，是犹目之不明者，不务服药调理以治其目，
而徒怅怅然求明于其外，明岂可以自外而得哉？"③"服药调理以治其

---

① 程颢、程颐:《粹言》卷一,《二程集》, 第 1175 页。
② 钱德洪编《传习录》第 321 条,《王阳明全集》卷三, 第 137 页。
③ 钱德洪编《传习录》第 136 条,《王阳明全集》卷二, 第 52 页。

目"的比喻,即是他"来心上做工夫"①的思路。只有本心清明,人们才能真切地感受到与万物的一体关系,才能明确地意识到自己应该如何行动。如果本心昏昧,那么,无论万物如何生机勃发,也不能让自己兴发感动;无论万物如何衰颓败坏,也不能让自己感到痛心疾首。在这些情况下,正确行动的准则是无从谈起的。

"气拘物蔽"虽然直接出自顾东桥之笔,不过,这其实是朱子的观点。如朱子解释《大学》的"明德"时说:"明德者,人之所得乎天,而虚灵不昧,以具众理而应万事者也。但为气禀所拘,人欲所蔽,则有时而昏;然其本体之明,则有未尝息者。"②朱子认识到气质和物欲等因素对本心的遮蔽,由此提出了格物穷理的主张,力图以此解决本心被遮蔽的问题。朱子认为理为心所固有,他之所以不主张直接求诸此心,原因在于他认为求诸本心难免玄幻。此点且不详论,重要的是,他认为虽然物理终究也是此心所固有,但人却只有通过视听之类知觉的参与,才能把握这些物理。虽然这样做看似比直接求诸本心要更为曲折,但实际上通过视听之类知觉可以更加直接、真切地把握理在事事物物上的呈现,由此对理获得不可易和不容已的体认和确信。有了这样的体认和确信,才可以打破气质和物欲的干扰,对理的认识才能转化为行动。

阳明则认为,此心如果是不澄明的,那么就无法产生理。这是从他自身理由心生的角度来说,如果从朱子以心认识理的角度来说,在此心并不澄明的情况下是无法把握理的。正如阳明得意弟子徐曰仁所说:"心犹镜也。圣人心如明镜,常人心如昏镜。近世格物之说,如以镜照物,照上用功,不知镜尚昏在,何能照?"③在起步阶段,的确存在此心尚未澄明而必须穷理的情况,这无疑会制约穷理的效果,曰仁的批评自有其道理。当然,这也是无可奈何的,工夫总要在条件未充

---

① 钱德洪编《传习录》第321条,《王阳明全集》卷三,第138页。
② 朱熹:《大学章句》,《四书章句集注》,第3页。
③ 钱德洪编《传习录》第62条,《王阳明全集》卷一,第23页。

分成熟的情况下开始，否则永无启动之时。况且，从居敬与穷理是相互激发、相互促进的关系来说，朱子并非纯粹凭借尚且昏昧的心来穷理。穷理本身可以使此心澄明，从而为进一步的穷理准备条件，而且穷理还可以得到居敬的支持。

阳明则如此批评朱子的主张："外心以求物理，是以有暗而不达之处，此告子'义外'之说，孟子所以谓之不知义也。"[1]朱子向外求理的主张不能真正把握理，由此所能做到的不过是"袭义于外"[2]而已，亦即虽行仁义但没有内心的支撑，只是表面文章，终究没有根本，难以持久。如阳明以下所说："吾教人致良知，在格物上用功，却是有根本的学问。日长进一日，愈久愈觉精明。世儒教人事事物物上去寻讨，却是无根本的学问。方其壮时，虽暂能外面修饰，不见有过，老则精神衰迈，终须放倒。譬如无根之树，移栽水边，虽暂时鲜好，终久要憔悴。"[3]所谓"根本"便是含准则与动力于一身的良知。"移栽水边"而获得暂时的滋养，比喻格物所得的成果。因为并无本心的支撑，所以终究要"放倒"或"憔悴"。阳明以此说明向外的格物的最终结果，由此表明其危害。从朱子的角度来讲，因为物理与性理同构，格物可以激发本心，所以他应该也无法首肯阳明的这一批评。

还须提及的是，阳明在开头提及致良知是在格物上做，是说致良知不能脱离使事物获得妥善安顿的活动，并不是在使事物获得妥善安顿的活动之外，另有什么致良知。曰仁的说法可能让人误以为在"照上用功"之前还有单独的脱离事物的"磨镜"工夫。阳明对先明此心再照物之说可能带来的问题是有警觉的，指出："是说本自好，只不善看，亦便有病痛。"[4]他以下所说突出的是即当下的处境而致良知，堪称对曰仁磨镜比喻的最好解释："只存得此心常见在，便是学。过去未

---

① 　钱德洪编《传习录》第133条，《王阳明全集》卷二，第48页。
② 　钱德洪编《传习录》第321条，《王阳明全集》卷三，第138页。
③ 　钱德洪编《传习录》第239条，《王阳明全集》卷三，第113页。
④ 　钱德洪编《传习录》第21条，《王阳明全集》卷一，第14页。

来事，思之何益？徒放心耳！"①当下的处境既有可能是为政，也有可能是为学。不论什么处境，都可以而且应该使良知发挥作用，而这就已经是致良知了。

从知行合一的角度也可以看出朱子倡导的格物穷理是有弊病的。"心即理"与知行合一具有内在联系。从知行合一的角度来说，在自己心中求理，是知行合一的前提，外心以求理则会导致知行不合一，以至于终身既不行也不知。因此按照朱子所说的工夫来做是有问题的。阳明说，"外心以求理，此知行之所以二也。求理于吾心，此圣门知行合一之教"②。在自己心中求理，理可以自然呈现，所以可以直接导出相应的行动，因此可以做到知行合一。在心之外求理，抛开了可以直接导出行的本心，因此求理的过程就只能是知而不能是行，由此知行便不能合一。然而，脱离了行的单纯的知，本身又是难以完成的。知的完成终究是有赖于行的。阳明说："知其如何而为温清之节，则必实致其温清之功，而后吾之知始至；知其如何而为奉养之宜，则必实致其奉养之力，而后吾之知始至。如是乃可以为致知耳。若但空然知之为如何温清奉养，而遂谓之致知，则孰非致知者耶？"③这里实际上解构了脱离行而独立存在的知，认为不存在这样的知。也就是说，朱子脱离行单独推进的知是不可能成功的。总之，按照朱子所说的工夫论，最终的结果便是既不能行也不能知，身心修养的工夫终归于失败。

在此须补充说明的是，根据朱子"物，犹事也"④的解释，他虽然往往在物上说理，不过终究仍然是在人与物打交道的事中把握物理。基于此，他说"所谓格物，只是眼前处置事物，酌其轻重，究极其当

---

① 钱德洪编《传习录》第79条，《王阳明全集》卷一，第21页。
② 钱德洪编《传习录》第133条，《王阳明全集》卷二，第48页。
③ 王守仁：《书诸阳伯卷·甲申》，《王阳明全集》卷八，第309页。
④ 朱熹：《大学章句》，《四书章句集注》，第4页。

处，便是"①。如此则阳明对他观点的如下归纳应该是不尽准确的："夫
求理于事事物物者，如求孝之理于其亲之谓也。求孝之理于其亲，则
孝之理其果在于吾之心邪？抑果在于亲之身邪？假而果在于亲之身，
则亲没之后，吾心遂无孝之理欤？"②朱子的观点很难说是在父母身上
寻找孝敬的道理，而是在与父母相处的过程中把握孝敬的道理。

此点且不论，即便从阳明自己思想的角度来说，在事亲的事上求
孝之理也并不是错误的。原因在于心物不离，即心即事，在心求理不
是脱离应对万物的事情而别求道理。如前举舜不告而娶、武王不葬而
兴师的例子时，阳明所说的求理于心的情形便是，"求诸其心一念之
良知，权轻重之宜，不得已而为此"。当然，这也不排除在无事时因
为没有烦扰而人的本心更容易呈露，此时更容易契入本心。只是，即
便如此，本心的内容也并非与事物无关。

综上可见，阳明确实主张理生于心，尽管其准确说法应该是理生
于本心或良知，之所以不说本心而直接说心，是因为本心自然呈现，
人可以直接体认到本心。理生于心的基本内涵是理生于情、善恶源自
好恶；性理澄明则自然会去了解相应的事物之理；心之所以能生理是
因为心本非内，万物原本内在于心中，心本有使万物得到妥善安顿的
冲动，而万物的妥善安顿即是理；理生于心意味着工夫的要领是在心
中求理。

小　结

"心即理"往往被视为阳明学的第一命题，对其的理解关乎阳明
思想的全局。这一命题具有丰富的内涵，其直接意思是说本心与理的
同一，进而意味着理出于心，或说准则出于动力。而理包含性理与事
物之理两层意思，"心即理"表现为心与性理的同一以及性理对事物

---

① 黎靖德编《朱子语类》卷十五，第294页。
② 钱德洪编《传习录》第135条，《王阳明全集》卷二，第50页。

之理的统摄两层内涵。

以上便是本章的主要结论，在此基础上有必要对"心即理"与"气即性"两个命题的关系略赘几句。阳明不仅认为心即是理，而且认为气即是性。如他说："若见得自性明白时，气即是性，性即是气，原无性气之可分也。"[①]牟宗三在这两个"即"之间做了区分："心即理、心理为一，心即性、心性为一，此皆是说体自身，皆是概念断定语句，而此仍可进一步言其具体表现上之理气一、道器一乃至形上形下一，此皆是圆顿之一。概念断定上之一不是于至变中见不变，圆顿之一则是。"[②]牟先生对"心即理"命题的看法的问题前文已经探讨，在此要探讨的是，他对"心即理"与"气即性"的区分是不是合理的。他之所以认为它们是不一样的，是因为他把心上提，认为其与理属于同一层次，并且没有把气上提，没有把性下拉，性属于超越层，气属于作用层或说现实层，于是有此看法。"圆顿之一"即是说超越层之性与现实层之气相即不离。实则理和性都被阳明下拉，心也不必上提，尽管心与气不能等同，两者内涵有异，但这些概念都是在现实层而非超越层来谈的。两个命题的结构是相同的，"即"的意思都是同一而非相即，只是功能存在一定差别。就"心即理"而言，其意思是理不在心外。这意味着不必首先做格物致知的工夫。就"气即性"而言，其意思是性不在气上与气相对。这意味着在气中将性充分而准确地实现出来的必要性和可能性。因此说两个命题具体指向有所不同。总体而言，它们的内涵可以从以下四个层次进行分析。

第一，虽说心即是理，不过心中纷繁的意念不可能都是合理的。虽说气即是性，不过气的千态万状不可能都是性的充分、准确反映。

第二，那么，两个命题怎么又都成立，在什么意义上成立？在"此心无私欲之蔽"，在"认得头脑分明"的意义上成立。

第三，那为什么有限定条件，而限定条件在命题中不直接表达出

---

① 钱德洪编《传习录》第150条，《王阳明全集》卷二，第69页。
② 牟宗三：《心体与性体》（中），第115页。

来？因为目的就是让人认识到"不必外面添一分"，应该就心认理，理在心中，而不与心相对为二；就是让人认识到就气认性，性不在气之外，不是与气相对为二。

第四，理不与心相对为二，性不与气相对为二，结果是性理被从形上拉回到现实世界中来理解，理是善念，性在气质中展现，以至于"私欲、客气，性之蔽也"可以和"仁、义、礼、智，性之性也"等并列①，因为私欲客气也无非是性的不同方面不同程度的展现而已。这样就改变了性在朱子学中只是形上而与形下相对的定位，性理是展现于现实世界中的规范性力量，即作用而为本体。而这构成了阳明学的一个关键洞见，是我们理解阳明学的重要切入点。

即作用而为本体或简言之即用是体思想在中国哲学史上具有重要意义。它意味着心学扭转了以朱子为代表的理学强调体与用的区分的趋向，这种扭转一定程度上也可以视为对先秦儒学的复归。李泽厚先生如下说法揭示了在中国思想史上将体用区分为两层的趋向的来由和限度："中国从来少有'什么是'即少有 Being 和 Idea 的问题而总是'how'（如何），这正是中国实用理性一大特征，它的视角、途径、问题、语言、思维方式颇不同于希腊。在这一意义上，中国哲学传统倒是非本质主义的，是反形而上学的，重视的是存在的多元状态和功能，而非固有的实体或本质。儒、道、法、阴阳诸家均如此。佛教输入后有所改变，以致严重影响了宋明理学，产生走向两个世界之趋向。但佛教里生发出禅宗，却又是对本土传统的复归。其间关系复杂，不似今日许多哲学史家所描述者。"②准确地说，产生两个世界趋向的不是整个宋明理学，而主要是其中理学这一支，因为如前所述，心学理解的心和理都是展现在作用中的本体，而不是与作用相对的本体。虽然现实不都是本体的充分、准确体现，但本体与现实并不是两层。当然心与理又无疑都是本体，在这一点上，心学又是吸收了佛教

---

① 钱德洪编《传习录》第 165 条，《王阳明全集》卷二，第 77 页。

② 李泽厚：《论语今读》，安徽文艺出版社，1998，第 54~55 页。

观念的，因而心学并非简单回复到尚无明确体用区分的先秦儒学。冯友兰先生如下说法即似乎并未注意到心、理在心学中是即形下而为形上的："陆九渊列举了一些变化的具体情况，认为这些就是'道'，并不是于这些情况之外别有一个'道'。这就是不承认有所谓'道器之分'，'形而上'和'形而下'之分，这是心学的一贯主张。"又说："关于理学与心学'性即理'和'心即理'的辩论，其中心问题在于理究竟是形上还是形下，而不是辩论理是不是公共的问题。"[①] 心学对体与用采取了融合中又包含区分的态度，如此则心学的主张既不能简单地说成本质主义或形而上学的，也不能简单说成是非本质主义或反形而上学的。虽然心学并无两层区分，但毕竟谈了本质、本源，更何况理学也谈本质、本源，这是宋明儒学与佛教输入之前的中国哲学传统不同之处。李先生"产生走向两个世界之趋向"的表述是准确的，因为朱子代表的理学，虽然认为体与用是两层，存在不容混淆的区别，但也不是将体与用视为两个世界，而仍然认为体必展现于用，体与用是不相离的。

从即用是体出发，可以得出心即是理与理生于心同时成立的结论。当我们说心即是理时，心与理是同一的关系；当我们说理由心生时，心与理是体用关系。因为即用是体，所以上述两个方面可以同时成立。在朱子那里，理发用出来就是形而下的事物了，性发用出来就是情了，发与未发是用与体的关系，但是它们不是同一的。一者是形而下的，一者是形而上的。朱子认为体是体，用是用，固然体是用之体，用是体之用，两者不能割裂，但是两者又是不能等同的，两者有形而上（微）与形而下（显）的区别。阳明认为即用是体，当然也可以说即体是用。体与用两者虽有区别，并非所有的用都是体的充分而准确的体现，但不能离开用来单独谈体，体就在用之中，体是即用而为体。这是双方的不同之处。阳明认为心所生的善念即是理，

---

① 冯友兰:《中国哲学史新编》,《三松堂全集》第 10 卷，第 190、211 页。

是用，而他主张即用是体、离用无体，故此本来是用的理即是本来是体的心，由此他可以直接说"心即理"。虽然这一命题的字面意思是"心＝理"，但同时也意味着理由心所生。之所以明明是理由心所生，却说"心即理"，则是跟工夫指点有关，即通过"心即理"引导人来心上求理，而不外求。

最后关于性理统摄事物之理有必要补充几句。李承贵先生表达过"心即理"命题狭隘化理解可能带来的问题，这是值得注意的。[①] 仅就阳明的思路而言，有两个问题是需要警惕的。第一，如果过于狭隘地理解性理的含义，那就难免会缩小其范围，仿佛只有在当下有切实之用的知识才值得追求，这无疑会大大限制人们对事物之理的探求，以至于出现缓不济急的情况。应该说，只要有助于改善人类和万物福祉的求知活动，都是符合性理的要求的。而在求知过程中也能兼顾知识和性理。性理不仅可以规范和引导人对知识的探求，而且也有助于提升知识探求的效果，可以减少功利、计较之类心理情绪对人的才能的发挥造成的阻碍。阳明如下所说的态度既可用于读书，也可用于读书以外的探索活动，即可体现出性理提升知识探求效果的作用："且如读书时，良知知得强记之心不是，即克去之；有欲速之心不是，即克去之；有夸多斗靡之心不是，即克去之。如此，亦只是终日与圣贤印对，是个纯乎天理之心。"[②] 阳明在这里提示了一种如其所是地对待事物而不渗入主观情绪的态度。这种态度既符合性理的要求，也有助于知识的探求，并且一定程度上给予知识以独立的地位。即是人必须顺应知识固有的条理，知识的内在结构构成了对人的制约，而非完全从属于人。可以说，在有良知不代表有知识的意义上，不应该有良知的傲慢；在知识自有条理并且无止境的意义上，也不应有知识的傲慢。

刘荣茂近来的研究即提到了阳明后学中存在融合性理与知识以及

---

① 李承贵：《"心即理"的效应——兼及"心即理"的意识形态特性》，《社会科学研究》2021年第3期，第130~135页。

② 钱德洪编《传习录》第241条，《王阳明全集》卷三，第114页。

知识具有相对独立性的典型案例。他指出："阳明学派中不乏博学多能之士。顾应祥与唐顺之均擅长数学、历史等学科，两人不仅在知识领域博览深造，而且自觉将求知学艺与理学修身融合在一起。"又说："顾唐两人以为，心性修养非悬空而做，探究知识技艺是涵养德性的切实途径，两者相互促进，相辅相成。他们崇尚博览各种知识技艺，这自然不是'反智识主义'。而从涵养心性、精神陶冶的角度提倡知识技艺的必要性，应该也不能称为'泛道德主义'。顾箬溪以数学作为'养心之助'、'适吾之适'是基于研习数学所得的纯粹快乐，而非其他道德目的。两人强调数学等知识之学习是修身工夫的必要途径，首先是以前者的独立性为前提的。"①

第二，认为圣贤的形态是单一的，仿佛只有从事性理之学的人才能成贤成圣，由此将成贤成圣的普遍性要求与每个人在各自具体领域中的探索对立起来。这无疑也会限制人们在各个领域、各个方向的多元多样的探索。实则不同的人"异业而同道"②，从事的活动的多样性与行道的统一性是并行不悖的。以为只有从事性理之学才能成贤成圣的倾向始终存在于心学乃至宋明儒学内部。钱穆先生即注意到了这一倾向："自宋明理学诸儒兴，然后非可与适道者，即不可与共学，而孔学之规模狭矣。"③象山、阳明等人对此保持高度警惕，认为从事性理之学者或说道学者不应该自外于普通民众。象山深切感受到了这一倾向对道学发展的危害："近日向学者多，一则以喜，一则以惧。夫人勇于为学，岂不可喜？然此道本日用常行，近日学者却把作一事，张大虚声，名过于实，起人不平之心。是以为道学之说者，必为人深排力诋。"④阳明则说："我辈举止，少要有骇异人处，便是曲成万物之心

---

① 刘荣茂：《"游艺"与"养心"：阳明学派的知识面向——以顾应祥、唐顺之为中心》，《哲学与文化》2020年第6期，第167、175页。

② 王守仁：《节庵方公墓表·乙酉》，《王阳明全集》卷二十五，第1037页。

③ 钱穆：《学龠》，九州出版社，2010，第2页。

④ 陆九渊：《语录》下，《陆九渊集》卷三十五，第437页。

矣。"① 阳明后学邹元标面对"居德则忌"的问题回答说:"即如今讲学
先生,不自知与愚夫愚妇同体,只要居德,所以取忌。"② 尽管早已有
这些学者敲响警钟,也有众多学者很好地结合了性理之学与日常生
活,但自外于大众丰富而多样的生活实践和智慧的倾向似乎仍然广泛
存在于道学内部。这使道学变得狭隘和空疏,这应当是道学在明末清
初走向衰落的重要原因。

当然也要指出,道的开放性不代表原则性的丧失,两者是缺一不
可的。陈立胜先生指出:"阳明'四民异业而同道'论固然是以儒学宗
师身份对商人社会价值给予了明确肯定,却未放弃'士阶层'的精英
意识,他对纵欲逐利与攀比嫉妒现象的批判未尝不是对'工商精神气
质'(所谓'资本主义人之心性')蔓延化现象的不满。"③ 接纳的态度
表明对不同职业均可行道的认可,贞定则是对道的主导作用的强调,
两者应是缺一不可的。正如阳明所说:"夫道固不外于人伦日用,然必
先志于道而以道为主,则人伦日用自无非道。"④ 而从儒学的传统来说,
这也不过是孔子倡导的"尊贤而容众,嘉善而矜不能"(《论语·子
张》)以及"泛爱众而亲仁"(《论语·学而》)的传统的题中之义。

---

① 钱德洪编《遗言录》下第 43 条,《王阳明全集》(新编本)卷四十,第 1606 页。
② 黄宗羲:《明儒学案》卷二十三,第 540 页。
③ 陈立胜:《王阳明"四民异业而同道"新解——兼论〈节庵方公墓表〉问世的一
段因缘》,《哲学研究》2021 年第 3 期,第 45 页。
④ 黄直编《遗言录》上第 55 条,《王阳明全集》(新编本)卷四十,第 1602 页。

第三章
良知即天道

　　众所周知，阳明的思想以良知为中心，而良知"只是个是非之心，是非只是个好恶"①，亦即良知不过是是非或善恶的准则以及好善恶恶的能力和活动。不过，引人瞩目的是他还称良知是天道，是天地万物的根基。这方面的论述引起一些学者的质疑和反对。如钱穆先生便批评道："阳明在人生方面言之，若亲切易简，当下可使人用力向前，此乃其长处。但要把心来包罗宇宙万物，又嫌唐大不实，在理论方面太单薄，牢笼不住。此则王学之所短。"② 与之相反，牟宗三先生则盛赞阳明这一突破道德领域樊篱以把握良知的做法："王阳明明明说'心外无物'，明明说：'无声无臭独知时，此是乾坤万有基。'乾坤万有不能离开良知而存在，而这些偏执者却使良知萎缩，只限于人类的道德界，那么天地万物的存在交给谁呢？这是不通的。"③ 在此仍须探究的是，阳明的意思是每个人个体的良知需要为天地万物的存在负责吗？如果是，如何负责；如果不是，那是什么在为天地万物的存在负责？人的良知就足以穷尽天道的内涵吗？这些问题如果不能很好地解答，那就无怪乎钱穆先生的批评了。刘梁剑先生最近的文章也直接点出这一问题："如果说本心即是宇宙之生化，则不免'以心法起灭

---

① 　钱德洪编《传习录》第288条，《王阳明全集》卷三，第126页。
② 　钱穆：《中国学术思想史论丛》（五），第280页。
③ 　牟宗三：《中国哲学十九讲》，第377页。

天地'。"①

冯耀明先生的观点可以在一定程度上帮助我们回答这些问题。他认为良知乃是一"生生的功能性",它能"存藏太虚中的生生的性能,及借人的心灵作为和外部行动而运转此生生的性能至宇宙万物之中"。由此可见,良知虽为个体之人所拥有,但它的功能却和天道一样,能使万物生生不息。这就解释了为什么说良知不仅局限于人生道德领域,还进入了存在领域的原因,并且说明了人对于万物的生生确实负有一部分责任。须说明的是,天道和太虚含义存在区别,天道既是宇宙的终极秩序,也是使此秩序得以落实的力量。太虚则是无形之气,它是不容违背的力量,万物从中产生而又复归于它。在太虚与万物两者中,起到主导作用的是太虚。因此在天道的运转中,太虚是其主要的力量。冯耀明先生提到良知与太虚的同构以及良知参与太虚的创造活动,并未进一步规定它们之间的关系,这实际上暗示了他认为人的良知不能涵盖太虚的完整内涵。亦即在人的良知之外还有天道,人对万物的生生所能负的只是部分责任而非全部责任。如果要求人负全部责任,便会出现钱穆先生批评的"唐大不实"和"牢笼不住"的问题。

冯耀明先生在突出良知与天道同构的基础上,进一步认为良知概念不能被界定为"任何种类的知识和认知能力、觉悟和体悟能力、或智的直觉和神秘感受等"②。相对于单纯把良知视为人的意识和能力,而未注意到良知同时是使万物生生不息的机能的观点而言,冯先生这一观点似乎走向了另一极端。

早先的冯友兰先生也有类似观点,他评论象山与阳明"心外无理"观点时就把他们所说的心仅仅理解为宇宙心(近似于天道),而

---

① 刘梁剑:《牟宗三"道德的形上学"检视》,《中国儒学》第十八辑,中国社会科学出版社,2022,第228页。

② 冯耀明:《王阳明良知新诠》,郑宗义、林月惠合编《全球与本土之间的哲学探索:刘述先先生八秩寿庆论文集》,(台北)学生书局,2014,第316、316、306页。

对其属人的意识（即个体心）的一面观照不够："他们也说'心外无理'，可是他们所说的'心'是宇宙的心，不是个体的心。"①冯先生无疑注意到阳明所说的心可以指个体心，如他引用阳明的两段语录后评论这两段话，"它们明确地说'你心'、'无心'、'我的灵明'、'他的天地万物'，可见这两条所说的心是个体的心"。但是，他又认为这与讲宇宙心的《大学问》是矛盾的，对此应该采信《大学问》，理由是："语录和《大学问》有了矛盾，怎样解决这个矛盾呢？要以《大学问》为主，因为《大学问》是王守仁自己写的，正式发给学生的讲稿。语录是学生们记录他的讲话。语录可能有错误，但可以作为参考的资料。"②实际上，宇宙心与个体心不是非此即彼的关系，冯先生没有注意到两者是一体的关系。

王庆节先生也认为象山、阳明这里自我之心是被宇宙之心同化和替代的。他还进一步指出这会带来严重问题："随着这一替代和同一，儒家的'有机体自我'观念中原本可能包含有的诸如个别性、独特性和他人性等等的特征，就完全地丧失了。所以，以王阳明的'良知'自我为代表的有机体主义的绝对自我概念，虽然高扬自我的绝对性，但这种'自我'由于在本质上排除了异质的'他人'的存在，是一种缺乏'他我'的'自我'，因而不可能在我们的日常道德生活实践中真正地建立起来。"③实则自我之心只是宇宙之心的分支，两者只是一体的关系而非同一的关系。用后文的话来说，与天道同一的是"大良知"而不是"小良知"，良知的个体性与公共性是可以并存的。

冯耀明先生上述较为激进的观点受到陈立胜先生质疑。尽管陈先生也认为作为良知的"灵窍既是一造化生生不息之理体，亦是无所不贯之气体，而不可简单地将其与现象学的'纯粹意识'或佛教的'妙

---

① 冯友兰:《中国哲学史新编》,《三松堂全集》第10卷,第211页。
② 冯友兰:《中国哲学史新编》,《三松堂全集》第10卷,第212页。
③ 王庆节:《解释学、海德格尔与儒道今释》,中国人民大学出版社,2004,第265页。

明真心'画上等号"①。这一修正也可适用于冯友兰先生的观点。实际
上，人的良知与天道是一体的关系，冯友兰先生所说的宇宙心可以发
露、展现于个体身上，两者不是非此即彼的关系。

陈来先生如下观点仅在人的层面上谈宇宙实体，而未涉及人之外
天道的运行。此点且不论，他对宇宙实体与人心关系的看法是富有启
发意义的："如果说，甲之心，乙之心，千百年前圣人之心，千百年后
贤者之心，都'只是一个心'，那就意味着四方上下、古往今来的人
的心共同构成了一个心，这个心亦即是宇宙的实体，个体的心只是这
宇宙实体的表现。"②实际上个体心是宇宙心的分支、表现，两者不能
等同，但又是一体的。

上述分析表明，在良知与天道关系问题上，钱穆先生良知非天道
以及冯友兰、冯耀明先生化良知为天道的观点固然不可取，而牟宗三
先生以良知为天道的观点也未进一步规定两者的关系，陈来先生的观
点也可进一步向天道领域拓展。在上述研究的基础上进一步深入探究
可以发现：第一，人的良知不仅和天道是同构的，而且它本身就是天
道，良知与天道的同构正是以这种一体的关系为基础；第二，不仅良
知是天道，而且天道也不过就是良知，人的良知只是天道在人身上的
发露、展现；第三，良知与天道的同构之处不仅体现于使万物生生的
功能职责，此点已为冯耀明先生点出，而且体现于它的运作方式和天
道一样自然而然、不费力、不黏滞。此点则为陈来先生所指出，他注
意到了"良知与太虚一样，本来就是廓然无碍、明莹无滞的"③，此即
良知在运作方式上与天道的同构。此点具有特别重要的意义，其意义
正在于揭示人为什么要致良知的缘由，其根本原因即是良知像天道一
样虽使万物生生不息但不使之感到紧张和压力，而这是人可能获得的
最大幸福。以下即欲沿着这样的思路，在整个宋明儒学的框架中，特

---

① 陈立胜：《入圣之机：王阳明致良知工夫论研究》，第298页。
② 陈来：《宋明理学》，第151页。
③ 陈来：《有无之境——王阳明哲学的精神》，第208页。

别是在与朱子的相关思想的对比中，探讨阳明良知天道不仅一体而且同构的思想。

第一节　不仅同构而且一体

在阳明之前，继承了先秦儒学传统的宋儒已有天人一体之类思想，这些思想成为阳明良知即天道主张的思想渊源和理论参照。阳明这一观点的理路在于，太虚创造万物而又消化万物，如此循环不已，形成了生生不息的世界。这是天道的功能职责和运作方式。良知润泽万物、善应万事而又可以放下，有作有息，不断循环，模拟的原型正是天道，两者具有相同的功能职责和运作方式。良知之所以与天道具有相同的功能职责和运作方式，是因为我们通常所说的人的良知本身就是天道在个体之人身上的发露、展现。人的良知不单属于人，还和天道是一体的。不仅良知即天道，而且天道即良知。

一　宋代儒学的天人一体论

在阳明之前，继承了先秦儒学传统的宋儒已有天人一体思想，这些思想成为阳明良知天道一体论的重要渊源和参照。

远在先秦时代，《易传·系辞上》便说："易无思也，无为也，寂然不动，感而遂通天下之故。非天下之至神，其孰能与于此。"至神之人之所以不必思虑、不必努力，自然而然就能与天下万物实现感而遂通，是因为外物与人本为一体。及至宋代，周濂溪以下所说与《易传》是一脉相承的："无思，本也；思通，用也。几动于彼，诚动于此。无思而无不通，为圣人。"[1] 从学于濂溪的程明道则直接点出万物非外，个人与天地万物是一体的，这是感而遂通的原因："虽不动，感便通，感非自外也。"[2] 他还说："合天人，已是为不知者引而致之。天

---

[1]　周敦颐：《通书》，《周敦颐集》卷二，中华书局，2009，第 22 页。
[2]　程颢、程颐：《河南程氏遗书》卷二上，《二程集》，第 43 页。

人无间。夫不充塞则不能化育，言赞化育，已是离人而言之。"①"合天人"是以天人相分为前提的，但事实上人本来就与天地是一体的，因此"合天人"这一说法虽然揭示了天人之间的紧密联系，但仍然是有问题的。

天人一体，不只是说人处在天地之中，不能离开天地而自存，天人时时处在互动之中，更是说天地的职责就是人的职责，人在天地的职责之外没有另外的职责。天地的职责是化育万物，人也应该承担起这样的职责。正因为天地的职责就是人的职责，所以如果说"赞化育"，亦即参与、支持化育万物的活动，那就已经先行地自外于天地的职责，而仅仅把化育万物视为天地的职责了。担负化育万物的职责必须有相应的能力，明道"不充塞则不能化育"的说法，即包含了此能力不受阻碍充分发挥出来的意思。此能力是天赋予人而为人所固有的。如果没有这一能力，那么担负化育万物的职责对人来说就是强制，不可能达到自然而然的境界。

既然化育万物是人的固有职责，那么万物就是内在于个人之中，个人与万物不是相互外在、相互隔绝的关系。并且，既然人有相应的能力以承担这一职责，那就不必瞻前顾后，心神不定，感到紧张和压力。故明道在著名的《定性书》中对人提出了如下期望和要求："所谓定者，动亦定，静亦定，无将迎，无内外。苟以外物为外，牵己而从之，是以己性为有内外也。……是有意于绝外诱，而不知性之无内外也。既以内外为二本，则又乌可遽语定哉！夫天地之常，以其心普万物而无心；圣人之常，以其情顺万事而无情。故君子之学，莫若廓然而大公，物来而顺应。"②"定"即心神安定，不感到紧张和压力。之所以能做到安定，凭借的是"性"。之所以应该做到"无内外"，正是因为性自然包含万物，万物内在于我之中，使万物妥善安顿是本性固有的要求。摈弃外物不是人的本性，摈弃外物不能保守本性。与外

---

① 程颢、程颐：《河南程氏遗书》卷二上，《二程集》，第33页。
② 程颢：《答横渠张子厚先生书》，《河南程氏文集》卷二，《二程集》，第460页。

物打交道对性来说不是冲击和负担，日用常行是本性固有之事。"将"即念念不忘过去之事，"迎"即期待未来之事。正如耿宁先生的一个解释和说明所示："这个'将迎'可以翻译为'追向'和'迎向'。它们指的是追向过去的或消逝的事物与迎向将来的或未来的事物。这个表达来自道家传统，但自宋代以来也在禅宗中变得重要起来：禅宗用它来批评对过去的执着和对未来的欲念与思考。这个表达当时在儒家那里也找到了进路。"① 明道《定性书》即是宋明儒者运用此词的一例。之所以应该做到"无将迎"，是因为"我"本有使万物得到妥善安顿的能力，本可不必执着于已经过去之事，或者刻意迎接未来之事。无内外之隔绝而让万物得到妥善安顿，是本性的功能职责；无过去未来之牵挂，是本性的运作方式。"顺万事"从而做到"廓然而大公"，是顺应本性的功能职责所能达到的最高境界；"无情"从而做到"物来而顺应"，是顺应本性的运作方式所能达到的最高境界。"无情"不是真的没有情感，而是情感显现、作用得很自然，无所刻意、执着而已。这些最终都是对天道"普万物而无心"的效仿。

　　天赋予人以本性，而人凭借本性又在功能职责和运作方式两个方面都达到与天地的一致。并且由于"我"与天地万物构成一体的关系，天地的大化流行并非外在于"我"，所以可以说："天地之用皆我之用。"② 这就是与"二本"相对的"一本"的完整内涵。明道直接提到"一本"的例子如："若不一本，则安得'先天而天不违，后天而奉天时'？"③ 牟宗三先生从体与用的贯通无二的角度理解明道的"一本"："所谓'一本'者，无论从主观面说，或从客观面说，总只是这'本体宇宙论的实体'之道德创造或宇宙生化之立体的直贯。"④ 牟先生以从实体到其道德创造、宇宙生化之作用这一立体的直贯解释明道所

---

① 〔瑞士〕耿宁：《人生第一等事：王阳明及其后学论"致良知"》，第 677~678 页。
② 程颢、程颐：《河南程氏遗书》卷二上，《二程集》，第 17 页。
③ 程颢、程颐：《河南程氏遗书》卷二上，《二程集》，第 43 页。
④ 牟宗三：《心体与性体》（中），第 19 页。

说的一本，是误解。明道本意是说人的道德创造与宇宙生化的一贯，而不是说本体与其作用的一贯。或者说，一本与否所要处理的问题是天人关系问题，而不是体用关系问题。

阳明说的良知即是明道说的性。良知不离于万物即是"无内外"，良知不滞于万物则是"无将迎"。"天地间活泼泼地，无非此理，便是吾良知的流行不息"，即是"天地之用皆我之用"。阳明良知即天道、天道即良知，天道与良知两者构成一体的关系的主要论点，在明道这里都已出现。

张横渠在著名的《西铭》中表达了与明道近似的观点："天地之塞，吾其体；天地之帅，吾其性。民吾同胞，物吾与也……存，吾顺事，没，吾宁也。"① "民胞物与"是破除内外之隔绝，"存顺没宁"是顺应本性有所作为而又能够放下，从而保持安定、平静。

值得注意的是，从"天地之塞"与"天地之帅"来看，横渠是并提气与性两者，而不仅仅是从性的角度立论。这一点对我们理解阳明的观点是很有参考价值的，因为对他来说，气也是理解良知不可或缺的维度。当然这不是说明道忽略了气的维度，如他说："仁者，以天地万物为一体，莫非己也。认得为己，何所不至？若不有诸己，自不与己相干。如手足不仁，气已不贯，皆不属己。"② 只是这一维度并非他所强调。

程伊川说："心也，性也，天也，非有异也。"③ 朱子则从仁的角度出发，表达了人与天地的相似："仁，便如天地发育万物，人无私意，便与天地相似。但天地无一息间断，'圣希天'处正在此。"④ "仁"的表现是"发育万物"，即让万物生长。"发育万物"为大公，"无一息间断"则是顺应。当然两者只有在无私欲以至于本性充分发用的条件

---

① 张载：《正蒙·乾称》，《张载集》，第62~63页。
② 程颢、程颐：《河南程氏遗书》卷二，《二程集》，第15页。
③ 程颢、程颐：《河南程氏遗书》卷二十五，《二程集》，第321页。
④ 黎靖德编《朱子语类》卷九十五，第2415页。

下才能达到。达到这种境界的途径且不论，至少朱子表达的这种境界与明道、横渠以及阳明所表达的是一致的。当然差异也是存在的，除了达成途径不同以外（这一点下一节再论），他们对这种境界的态度也有所不同，这主要表现在两个方面。

第一，朱子慎言一体，如他在上述引文中只说人与天相似，亦即两者是同构的，而未继续往前推进认为天人一体。尽管他并不反对天人一体，如他说："这个道理，吾身也在里面，万物亦在里面，天地亦在里面。通同只是一个物事，无障蔽，无遮碍。吾之心，即天地之心。"[1] 但他更重视的是它们的界限，而对一体保持警惕。如他说"泛言同体者，使人含胡昏缓而无警切之功，其弊或至于认物为己者有之矣"[2]。由此也可见，前述钱穆先生对阳明的批评可谓导源于朱子。

吴震先生如此论述朱子对一体的态度及其原因："朱子对'万物一体'或'一体之仁'说有义理上的了解，但他始终对'一体'说保持警惕，原因在于朱子在实践问题上更注重由'分殊'而'理一'、由'下学'而'上达'的为学旨趣。"吴先生也指出了朱子这一批评的效力的有限性："朱子判定'一体'说将导致'认物为己'，'知觉'说将导致'认欲为理'，只是属于理论推断而非现实判断，即不等于说'认物为己''认欲为理'已然是程门后学言仁所导致的思想现实。"[3]

朱子也解释了自己慎言一体的原因："人多要人我合一，人我如何合得！……克己，只是克去己私，如何便说到人己为一处！物我自有一等差。只是仁者做得在这里了，要得人也如此，便推去及人。所以'亲亲而仁民，仁民而爱物'。人我只是理一，分自不同。"[4] 之所以不能奢谈人我合一有三个原因："我"可能有私欲，不同的人和物与"我"的关系是有等差的，不同的人有不同的职分。"认物为己"正是

---

① 黎靖德编《朱子语类》卷三十六，第977页。
② 朱熹：《仁说》，《晦庵先生朱文公文集》卷六十七，《朱子全书》第23册，第3281页。
③ 吴震：《朱子思想再读》，第18、20页。
④ 黎靖德编《朱子语类》卷三十六，第952页。

混淆了人我的职分。

朱王在一体论上慎言与倡言的差异也可以从对《中庸》第三十二章"唯天下至诚……知天地之化育"的不同解释中看出。朱子对此的解释是："其于天地之化育，则亦其极诚无妄者有默契焉，非但闻见之知而已。"[1]阳明则更进一步，不仅在"默契"这一心意相通的意义上来解释"知"的意思，而且从主管的意义上来解释。他说："'惟天下至诚为能尽其性，知天地之化育'，存心者，心有未尽也。知天，如知州、知县之知，是自己分上事，已与天为一。"[2]天的职责就是人的职责，人应该妥善安顿万物，由此人被提升到了与天地一样的高度。因为妥善安顿万物是人的内在倾向，所以从主管的角度解释知的含义是可以说得通的。

第二，朱子侧重于强调使事物得到妥善安顿从而合于理的一面，而非自然、放松的一面。如他对象山强调自然放松、随顺本心的"无意见"表示不以为然的态度："《大学》不曾说'无意'，而说'诚意'。若无意见，将何物去择乎中庸？将何物去察迩言？《论语》'无意'，只是要无私意。若是正意，则不可无。"[3]他特别突出的是圣人不思不勉境界中积极做工夫从而合于理的一面："圣人'不勉而中，不思而得，从容中道'，亦只是此心常存，理常明，故能如此。贤人所以异于圣人，众人所以异于贤人，亦只争这些子境界，存与不存而已。常谓人无有极则处，便是尧舜周孔，不成说我是从容中道，不要去戒慎恐惧！他那工夫，亦自未尝得息。"[4]在孔子肯定曾点"浴乎沂，风乎舞雩，咏而归"（《论语·先进》）的境界的问题上，他也不是突出其从容自在的一面，而是突出其合于理的一面："这数句，只是见得曾点从容自在处，见得道理处却不在此，然而却当就这看出来。"[5]他甚至

---

① 朱熹：《中庸章句》，《四书章句集注》，第38~39页。
② 钱德洪编《传习录》第6条，《王阳明全集》卷一，第6页。
③ 黎靖德编《朱子语类》卷一百二十四，第2972页。
④ 黎靖德编《朱子语类》卷一百一十七，第2823页。
⑤ 黎靖德编《朱子语类》卷四十一，第1049页。

认为如果做到与理相合，则自然可以感到和乐。他解释濂溪"故君子慎动"说："动必以正，则和在其中矣。"[①] 如此则真正重要的是做工夫以合于理，而达到轻松自在的状态是其随顺而来的结果。

朱子主要关注行动合乎准则以至于可以感到安定从容，阳明主要关注行动动力充足以至于可以自然和乐。这与侧重天人相分还是天人一体一起，构成朱子与明道、阳明等人在天人关系问题上的差异。陈来先生则主要从"戒慎"与"和乐"的角度区分两者，并进而认为："明代理学可以说是围绕着阳明所谓'戒慎'与'和乐'或'敬畏'与'洒落'之辩展开的。"[②] 这一意见也是非常值得参考的。可以说，阳明在形成自己观点之际，无疑也参考、对照了朱子的观点，并表达了自己的不同看法。

陆象山所说"吾于践履未能纯一，然才自警策，便与天地相似"[③]，突出了本心与天地的同构；"宇宙便是吾心，吾心即是宇宙"[④]，以及"道外无事，事外无道"[⑤] 等观点，则突出了人心与天地万物的一体。当然，因为"心"可能沉溺于私欲，而宇宙则虽然在运转中可能出现偏差，但不远而复，所以与宇宙一体的是本心，象山的表述未必严密，应该善加理解。当然他之所以直接说心与宇宙一体，应该是因为他认为心可以自然发用流行，从而觉察到与天地的偏离。阳明认为良知与天道一体，就避免了表述不够严密的问题。

此外，胡五峰心"无死生"以及"无以形观心，而以心观心"[⑥] 的观点也突破了单纯从人之一身的角度来理解心的局限，某种意义上建立起了心与天道的关系。唐君毅先生以下是就胡五峰而论，不过对于我们理解阳明良知即天道的观点也是不无裨益的。他说："大率凡人皆

---

① 周敦颐：《通书》，《周敦颐集》卷二，第18~19页。

② 陈来：《有无之境——王阳明哲学的精神》，第10页。

③ 陆九渊：《语录》上，《陆九渊集》卷三十四，第411页。

④ 陆九渊：《杂说》，《陆九渊集》卷二十二，第273页。

⑤ 陆九渊：《语录下》，《陆九渊集》卷三十五，第474页。

⑥ 均见朱熹《胡子知言疑义》，《胡宏集》附录一，第333页。

不免即形气观此心，乃恒于此无生死之心，问其在人死后之安在。然真能自此心之道以观心之所以为心，而根绝以形观心之观点者，则固可不问人死以后其心安在。因即在人未死之前，其心亦非即在其身体之形气中，而已超出此身体之形气，初不即在此形气中，而唯以此形气，为其所成之性之所主宰而流行之所矣。"① 当然与冯友兰、冯耀明先生的观点类似，五峰的观点的问题可能在于脱离个体之一身来谈心，阳明则并非不重视这个面向。

以上思想都成为阳明良知天道一体论可资利用的理论资源和参考。冯友兰先生分析阳明思想时，将其与明道、象山等人思想进行对比："所谓'明德'，就是陆九渊他们所说的'此心'，不过他们只提出'此心'，并没有说出来'此心'的主要内容。王守仁认为'明德'的主要内容就是'以万物为一体'之'仁'，又举了许多例证以为说明，这就充实得多了。"② 实际上，无论明道的"性之无内外""情顺万事而无情"，还是象山的"宇宙便是吾心，吾心即是宇宙""道外无事，事外无道"，都或明或暗地揭示了心是万物一体之心的观点，他们的看法是一脉相承的。

二　良知与天道的一体及其意义

在阳明看来，我们通常所说的人的良知本身就是天道在个体之人身上的发露、展现。人的良知不单属于人，还和天道是一体的。不仅良知即天道，而且天道即良知。

阳明在上述人物观点的基础上，提出了良知即天道的观点："天道之运，无一息之或停；吾心良知之运，亦无一息之或停。良知即天道，谓之'亦'，则犹二之矣。"③ 类似的说法还有："天地日用四时鬼神莫非一体之实理，不待有所彼此比拟者。古人之言合德合明、如天

①　唐君毅：《中国哲学原论·原性篇》，第358页。
②　冯友兰：《中国哲学史新编》，《三松堂全集》第10卷，第198页。
③　王守仁：《惜阴说·丙戌》，《王阳明全集》卷七，第298页。

如神、至善至诚者，皆自下学而言，犹有二也。"①此外，他在给弟子季明德的回信中也表达了类似观点。季明德认为"人之为学，求尽乎天而已"。他的本意是要突出天人的融合关系，阳明却认为这有把心与天离而二之的嫌疑，因而表示不赞成。他说："其间又云：'人之为学，求尽乎天而已。'此明德之意，本欲合天人而为一，而未免反离而二之也……故不若言：'人之为学，求尽乎心而已。'"②此外，"心即道，道即天"③"良知即是道"④也一定程度上表达了近似观点。

"谓之'亦'，则犹二之矣"的说法，和明道"言赞化育，已是离人而言之"的思路如出一辙。阳明之所以不采取"良知亦即是天道"的表述，是因为"亦"是以良知原本外在于天道为前提的。在此前提下，单纯说"良知亦即是天道"便不足以表达良知与天道的一体，不足以说明良知就是天道。而阳明要强调的恰恰是良知已经越出了个人的范围，不是个人的专属物，它本身就已经是天道了；人的良知只是天道在个人身上的发露、展现，可以说是天道在人身上的分支。

在此须追问的是，既然个人的良知只是天道的分支，那么是否天道的范围大于良知，两者仍然不是完全同一的？事实上，一方面，人的良知确实不能涵盖天道的完整内涵，就此而言人的良知的外延小于天道，可以称之为"小良知"或前述冯友兰先生所谓"个体心"。不过，另一方面，良知又不仅仅是天道在个人身上的分支，在此意义上良知即天道，而且整个天道也可称为良知，这从阳明"天即良知也"的说法中可以看出。天道意义上的良知可以称为"大良知"或冯先生所谓"宇宙心"。陈立胜先生以下所说的良知即是就天道而言的："良知作为灵气、精灵之气，弥漫周流于宇宙之间，天地万物都是此精灵所造，这是天道创造的力量与生机，这一力量与生机体现于

①　朱得之编《稽山承语》第10条，《王阳明全集》（新编本）卷四十，第1609页。
②　王守仁：《答季明德·丙戌》，《王阳明全集》卷六，第238页。
③　钱德洪编《传习录》第66条，《王阳明全集》卷一，第24页。
④　钱德洪编《传习录》第165条，《王阳明全集》卷二，第78页。

（embodied）人身之中，即是人之'真己'，即是一自信、自立、自主、自化之独立人格。"① 就天道而言的良知的范围大于人的良知的范围。因为良知即天道，天道即良知，所以良知和天道所指的范围又是一样的，由此两者是同一的，当然就此而言的无疑是"大良知"，就人而言的"小良知"则并不与天道同一，两者属于一体中的部分与整体的关系。

阳明说："'先天而天弗违'，天即良知也；'后天而奉天时'，良知即天也。"② 其中引自《易传·文言》的话应该理解为，个人如果自然凭借先天本性而行，那么所行就是良知；如果凭借后天努力以依循良知而行，那么就是符合了先天本性。由此可见人的先天本性就是良知。阳明在此基础上的阐释应该理解为，使人获得良知这一先天本性的天本身就是良知，良知就是天。《易传》原文和阳明的阐释中，前者讲了上根人与中根以下人以及已经达到道德境界和尚未达到道德境界的人的工夫的关系，后者讲了人与天的关系。良知即是天，意味着良知可以直接从天的角度来理解，而不必局限于从人的角度来理解。天即是良知，则意味着天不是漫无目的和毫无意志的，良知的指向即是天的意志和目的，换言之，生生之仁是天的意志和目的。故阳明说"仁是造化生生不息之理"③。又说："天地皆仁之滓。"④ 即天地万物都是由生生之仁而有，是生生之仁的产物。"滓"即沉淀、凝聚成物的意思。天的意志和目的是就天自身来说的，其意志和目的相对于万物而言，则是天的功能职责。

不过，因为天实现自己意志和目的的方式是自然的，所以人们不易觉察它的意志和目的，以至于说起天的时候，人们不仅说天地无心，而且相比于说良知化育万物，更倾向于说太虚化育万物，尽管两

---

① 陈立胜：《入圣之机：王阳明致良知工夫论研究》，第 300 页。
② 钱德洪编《传习录》第 287 条，《王阳明全集》卷三，第 125 页。
③ 钱德洪编《传习录》第 93 条，《王阳明全集》卷一，第 29 页。
④ 朱得之编《稽山承语》第 7 条，《王阳明全集》（新编本）卷四十，第 1608 页。

种说法的内涵是一样的。阳明认可天地无心的观点："要其极致，乃见天地无心，而人为之心。"[①]"天地无心"不是说天地自身没有化育万物的功能，而是说天地化育万物是自然不费力、不黏滞的，而不是说只有等到有人的时候，天地才能化育万物。可以说，天的功能职责是生生，运作方式是自然。[②]而这一点实际上已为明道"天地之常，以其心普万物而无心"一语所道出。"普万物"表达的是生生，"无心"表达的是自然。自然生生就构成了宇宙的至善，也是人应该追求的最高目标。人是天的一部分，也承担着化育万物的使命。并且人又是万物之灵，所谓"其发窍之最精处，是人心一点灵明"[③]。而人的行动又是有意志和目的的，因此说人是天地之心。

人是天地之心或更具体地说人心是天地之心体现在两个方面。第一，人的意识可以照察万物，万物如果没有人心的照察，则失去意义，就此而言可以说心外无物。一般对阳明心外无物观点即从这一角度来理解。如杨国荣先生就认为"作为存在的根据，良知的本体作用主要体现于意义世界的建构过程"。"天地作为'天地'，其意义只是对人才敞开；就此而言，亦可说，没有主体意识及其活动，便无天地（即天地不再以'天地'等形式呈现出来）。"[④]陈少明先生也认为："理解'心外无物'命题的关键在于从存在论转化到意义论，其确切的含义是，任何事物离开人心的观照，意义得不到确认，与人的价值关系无法确立。"当然，陈先生最后也指出，"阳明的心外无物，最终要导向万物一体。因此不是将物排除出心外，而是纳万物于一心"[⑤]。万物一体这一点无疑是重要的，这涉及人心是天地之心以及心外无物的第二层含义，即万物是内在于心的，与心保持痛痒相关、休戚与共的关

---

① 朱得之编《稽山承语》第 10 条，《王阳明全集》（新编本）卷四十，第 1608 页。
② 陈立胜：《入圣之机：王阳明致良知工夫论研究》，第 300 页。
③ 钱德洪编《传习录》第 274 条，《王阳明全集》卷三，第 122 页。
④ 杨国荣：《心学之思：王阳明哲学的阐释》，第 170、7 页。
⑤ 陈少明："心外无物"：从存在论到意义建构，《中国社会科学》2014 年第 1 期，第 68、83 页。

系，妥善安顿万物是心的固有职责。这样一来，心外无物就不仅仅涉及了意义论，而且涉及了存在论，而正如本章开头所述，这正是牟宗三先生业已揭示的。

意义世界的构建与人的意向性有关，相应的物是"意之所在便是物"①；而本性上使万物得到妥善安顿，则此物是就"明觉之感应而言，则谓之物"②。因为前者与意念、行为有关，所以牟先生称之为"行为物"，后者则是实在物，故牟先生称之为"存有物"。因为意念也是由良知本体发出，所以两种含义的物可以统一于良知。牟先生指出："感应于物而物皆得其所，则吾之行事亦皆纯而事亦得其理。就事言，良知明觉是吾实践德行之根据；就物言，良知明觉是天地万物之存有论的根据。"③陈立胜先生不认为牟先生的区分是有根据的："在阳明文本中，意之所在之物与明觉感应之物是否有此区别，或者说阳明是否自觉到两说之区别，此则另当别论。"④陈来先生在分析牟先生观点之际，则似乎未注意到这里存在意义论与存在论两层，而仅仅注意到了意义论一层："从良知明觉创造和生化万物来说，牟宗三的说法接近于现象学的构造对象说，这是他以自己的哲学对阳明此说的运用发挥，并不是王阳明的本意。"并且，将感应的对象称为存有物，也不会忽略感应的意义，因为以存有物为对象的感应的目的是使物得到妥善安顿，这是感应以及基于感应的一体的根本内涵。陈先生批评牟先生说："特别是他把明觉感应为物的物解释为物自身，更是忽略了感应的意义，所以这些说法与其说是对阳明之学的理解，不如说是他自己哲学的发挥。"⑤

另外陈先生认为阳明晚年才肯定物的实在性："他对'物'的界

① 钱德洪编《传习录》第6条，《王阳明全集》卷一，第6页。
② 钱德洪编《传习录》第174条，《王阳明全集》卷二，第86~87页。
③ 牟宗三：《从陆象山到刘蕺山》，第148、153页。
④ 陈立胜：《入圣之机：王阳明致良知工夫论研究》，第202页。
⑤ 陈来：《王阳明晚年思想的感应论》，《深圳社会科学》2020年第2期，第46页。

定，不再以'意之所在'定义物，而以'明觉之感应'来界定物，宣称'物'就是与心发生感应关系的对象，表明王阳明晚年学问功夫向肯定物的实在性方面发生的变化。"① 此说恐亦未安。成书于正德十三年（1518）的《传习录》卷上载阳明中年的一个说法："明德是此心之德，即是仁。'仁者以天地万物为一体'，使有一物失所，便是吾仁有未尽处。"② 此处所说的有待妥善安顿的物，无疑具有实在性。

《红楼梦》中贾宝玉病后看到杏花已经开过时发出"我能病了几天，竟把杏花辜负了"③ 的感慨，此言即意味着人不去看杏花则杏花的开放便无意义，这是第一层意义上的心外无物。而他在看戏的间隙想起看小书房的一轴美人画，即"想那里那美人也自然是寂寞的，须得我去望慰他一回"④ 一语，表达的则是第二层意义上的心外无物。他的望慰包含了慰问、爱惜以及在其受到威胁、破坏时加以维护、复原等内涵，而这些无疑涉及了美人的存在。只有将这两层揭示出来，才足以把握心外无物以及人心是天地之心的完整含义。

总结而言，良知的外延比想象的更为广大。一般人认为良知是就人而言的，阳明不否认这一点，只是他通过"天即良知"的命题进一步揭示良知还是就天道而言的。只有将良知提升到天道的高度，并且认为天道就是良知，而不仅仅将良知理解为个人的专属物，我们才能完整把握良知的内涵。耿宁先生"良知三义"中的第三义实际上就是与天道同一的良知："对于王阳明而言，在他话语中出现的这个始终已经完善的'本原知识的本己本质'，似乎不是某种只在许多作为个体实在的个别人中实存的并且相应地自身是多的东西，而是一个所有人，甚至所有事物所共同分有的一个实在性。就此而论，我们在这第三个概念中不仅涉及某种概念的普遍之物，而且也涉及某种实在的普

---

① 陈来:《王阳明晚年思想的感应论》,《深圳社会科学》2020 年第 2 期, 第 40 页。
② 钱德洪编《传习录》第 89 条,《王阳明全集》卷一, 第 29 页。
③ 周汝昌校批《周汝昌校订批点本石头记》, 译林出版社, 2017, 第 754 页。
④ 周汝昌校批《周汝昌校订批点本石头记》, 第 245 页。

遍之物。"①

　　唯有认识到天道即良知，我们才能理解阳明"无声无臭独知时，此是乾坤万有基"②的说法，也才能理解良知"生天生地，成鬼成帝"的说法："良知是造化的精灵。这些精灵，生天生地，成鬼成帝，皆从此出，真是与物无对。"③"独知"即良知。这两处并不是说人的良知能够照察万物，没有良知的照察，万物都是没有意义的。尽管阳明确实持有这样的主张，但他在这里所要表达的并不是这个意思。他确确实实是说良知是万物存在的根基。可是常识告诉我们，没有人的存在，万物也有可能自生自成，与人的良知并无直接干涉。在此情况下，只有把良知理解为天道本身，认为说良知其实是说天道，阳明的观点才能说得通。他不是以个人主观的良知吞没天地万物，这是不容混淆的界限。如果将个人的良知与天道混淆，以个人的良知取代天道，那阳明就难免落入此前的朱子对心学的批评了："又云心即性，性即天，天即性，性即心，此语亦无伦理。且天地乃本有之物，非心所能生也。若曰心能生天之形体，是乃释氏想澄成国土之余论，张子（原文作"子张"）尝力排之矣。"④阳明所说"造化的精灵"实际上就是天道。天道创造万物而又消化万物，如此循环不已，形成了生生不息的世界。这是天道的功能职责和运作方式。他说良知是"乾坤万有基""良知是造化的精灵"的时候，都是直接针对天道而言的。只是人的良知与天道不仅同构而且一体，所以这两个说法虽然直接就天道而言，但也并未将人排除在外，毕竟人的良知是天完成自身功能的一个环节，并且只有在人这里，借助人的意识，天才完成了对自身的自觉。

　　将良知上提到天道的高度主要有三重意义。

---

①　〔瑞士〕耿宁:《人生第一等事：王阳明及其后学论"致良知"》，第273页。

②　王守仁:《咏良知四首示诸生》之四，《王阳明全集》卷二十，第870页。

③　钱德洪编《传习录》第261条，《王阳明全集》卷三，第119页。

④　朱熹:《记疑》，《晦庵先生朱文公文集》卷七十，《朱子全书》第23册，第3403页。

首先，将良知上提到天道的高度，解决了良知的个体性与公共性的关系问题。董平先生指出："就人人本有良知而言，实质上乃是天道作为绝对存在的唯一性获得了其多样性的体现方式，这就是理一而分殊；正因此故，个体才能够获得其各自的存在本质并成为其个体性本身。良知的公共性，则是多样的个体性在共相上体现为天道的唯一性与绝对性，是为分殊而理一；正因此故，良知的个体性的实现，才可能成为在公共性维度上对于天道之普遍正义的表达。在存在的本原性意义上，良知的个体性与公共性、绝对性与普遍性是交相圆融的。"①吴震先生的相关看法也表达了良知的个体性与公共性的关系："依阳明，良知的整体性和普遍性存在于分殊性和特殊性当中，反过来说，良知的分殊性和具体性也必然透过其整体性和普遍性得以呈现自身的价值和意义。"②阳明所说"吾心之良知，即所谓天理也"，也可从个体性（吾心之良知）与公共性（天理）关系的角度加以理解。阳明所说"惟夫明其明德以亲民也，故能以一身为天下；亲民以明其明德也，故能以天下为一身"③，也兼顾了个体性与公共性两面。其中，如果抽去"夫明其明德以亲民也，故能以一身为天下"这一维度，阳明就不免落入此前的朱子对心学"认物为己"的批评了。

值得一提的是，关于良知表现的多样性，钱穆先生评论阳明晚年的《拔本塞源论》说："讲良知之学，每易侧重在人与人之相同处，而此篇所论则同时涉及人与人之相异处。"④诚然差异性和多样性是研究阳明良知学时不容忽视的问题，亦即公共性、普遍性不能用来作为否定个体性、分殊性的理由。

其次，将良知上提到天道的高度，解决了就人而言的良知所具有

---

① 董平:《阳明心学的定性及良知的公共性与无善无恶》,《哲学研究》2018 年第 2 期, 第 53 页。
② 吴震解读《中华传统文化百部经典·传习录》, 第 388 页。
③ 王守仁:《书赵孟立卷》,《王阳明全集》卷二十八, 第 1128 页。
④ 钱穆:《阳明学述要》, 第 88 页。

的动力和准则的来源问题。人的良知为什么是内含着准则的动力，原因就在于它源自天道，天道本身是内含着准则的动力，所以作为其分支的人的良知也是如此。阳明回答"寻常意思多忙，有事固忙。无事亦忙，何也"的问题时所说的"人得此而生"便指出了其源头在天道："天地气机，元无一息之停。然有个主宰，故不先不后，不急不缓，虽千变万化，而主宰常定，人得此而生。若主宰定时，与天运一般不息，虽酬酢万变，常是从容自在，所谓'天君泰然，百体从令'。若无主宰，便只是这气奔放，如何不忙？"①"元无一息之停"体现了动力，"主宰"指的是将动力的发用调控到适当的程度，因而体现了准则。

最后，将良知上提到天道的高度，解决了人的良知的功能职责和运作方式究竟为何的问题。前述引文中，"元无一息之停"便是指天地化育万物的功能职责，"从容自在"则是指运作方式很自然。人的良知禀受自天，也具备如此特征。即良知能够润泽万物、善应万事而又可以放下，有作有息，不断循环。这就是人的良知的功能职责和运作方式。概括而言，良知既不离于万物，万物原本内在于良知之中，又不滞于万物，而可以保持从容自在。以下分别对良知与天道同构的两个方面，即功能职责与运作方式加以详细讨论。

第二节　化育万物的功能职责

首先就功能职责而言，人的良知不是单纯个体的所属物，它是天道在个体之人身上的发露、体现，它的功用是使万物得到妥善安顿。良知润泽万物，善应万事，是良知的根本功能、固有职责。而私欲的存在制约了它的功能职责的发挥。

在如下问答中，阳明将"鸢飞鱼跃"视为"吾良知的流行不息"，

① 钱德洪编《传习录》第104条，《王阳明全集》卷一，第34~35页。

表明"我"的良知与天地万物并非隔绝的关系，良知不是从一个内在的世界中出来而到三维的世界，进而和与自身异质的万物遭遇，相反，万物本就内在于良知之中，就像万物内在于天道之中一样。

> 问："先儒谓'鸢飞鱼跃'，与'必有事焉'同一活泼泼地。"先生曰："亦是。天地间活泼泼地，无非此理，便是吾良知的流行不息，致良知便是'必有事'的工夫。此理非惟不可离，实亦不得而离也。无往而非道，无往而非工夫。"[①]

"先儒"指的是明道，语见《河南程氏遗书》卷三明道语第一条。[②]"鸢飞鱼跃"见于《中庸》，被子思用来比喻万物生机勃勃、各得其所的状态；"必有事焉"出自《孟子·公孙丑上》，意思是有所作为，形容工夫的不容已。前者讲天地，后者讲人。明道认为两者都是"活泼泼地"，即已点出两者具有同构性，工夫原本就可以和万物生机勃勃的状态一样，有着充沛的动力。从阳明的角度来看，此动力即是良知，他还进一步认为天地万物生机勃勃的状态"便是吾良知的流行不息"。原本万物自生自成，并非人的良知的功劳，而是天道的功劳。阳明之所以说这也是"我"的良知的流行不息，是因为"我"的良知与天道是一体的。由此，万物生机勃勃中体现出的天道的流行不息，便是我的良知的流行不息。

既然万物已经处在生机勃勃的状态中，仿佛已经没有需要"我"做的事情，并且这种状态已经是"我"的良知的流行不息，仿佛"我"已经在其中作了相应的贡献，那么我就什么都不必再做了吗？回答是否定的，不仅因为仍然还有人和物有待得到妥善安顿，而且因为"我"的良知可能被私欲遮蔽，这些都有可能使"我"的良知并没有而且也无法做到流行不息。以下分别就这两点加以论述。

---

① 钱德洪编《传习录》第330条，《王阳明全集》卷三，第139~140页。
② 程颢、程颐：《河南程氏遗书》卷三，《二程集》，第59页。

一　万物的状态激发人妥善安顿万物的努力

鸢飞鱼跃固然是万物生机勃勃的体现，但并非所有人和物都已经处在这样的状态中。从天的角度来说，气凝聚成形质以后，存在气运不齐的问题。亦即天道的运行尽管从根本上来说有一定之规，却也难免有偏差。如黄梨洲所言便是很多儒者共同的观点：“天地之气，寒往暑来，寒必于冬，暑必于夏，其本然也。有时冬而暑，夏而寒，是为愆阳伏阴，失其本然之理矣。失其本然，便不可名之为理也。然天地不能无愆阳伏阴之寒暑，而万古此冬寒夏暑之常道，则一定之理也。”[1] 天道既有常也有变，常是根本，变是末节。如果有变而无常，则天道无秩序可言，人的良知也将失去来源和参照；如果有常而无变，则人之外的天道运作将无须人的参与，人的作为的意义将大打折扣。当然，这样说不意味着天是为了人的作为更有价值而故意出现偏差。对天道偏差造成的问题，需要人的弥补。从人的角度来说，无疑也有很多偏差（具体原因稍后再论）。对此则不仅需要弥补，而且需要纠正。除了正常的生老病死的节律，万物的衰颓败坏主要原因即在天与人在运作过程中出现的偏差。万物的衰颓败坏直接构成对“我”的激发和召唤，促使“我”参与到改善万物处境，促成和维系万物生机勃勃的活动中去。对于那些尚未处在这种状态中的人和物的境况的改善，我负有不容推卸的责任。故阳明说：“‘仁者以天地万物为一体’，使有一物失所，便是吾仁有未尽处。”[2] 前述引文中他说的“不可离”以及“无往而非道”，即是强调不能推卸这一责任。

阳明之所以在讲工夫的时候要谈万物一体，是因为万物一体本身可以激发人的行动。与此不同，朱子固然承认万物本是一体的，但他并不从一体的角度讲工夫。弟子向他提出的系列问题，实际上反映了心学从一体出发讲工夫的主张：“‘仁者以天地万物为一体’，此即人

---

①　黄宗羲：《明儒学案》卷二十九，第649页。
②　钱德洪编《传习录》第89条，《王阳明全集》卷一，第29页。

物初生时验之可见。人物均受天地之气而生，所以同一体，如人兄弟异形而皆出父母胞胎，所以皆当爱。故推老老之心，则及人之老；推幼幼之心，则及人之幼。惟仁者其心公溥，实见此理，故能以天地万物为一体否？"此处的"实见此理"不是通过朱子所说的格物工夫而获得的对理的理解和确信，而是感受到万物原本一体对人构成的激发和召唤。朱子在回答中对此表达了反对的态度："'爱'字不在同体上说，自不属同体事。他那物事自是爱。这个是说那无所不爱了，方能得同体。若爱，则是自然爱，不是同体了方爱。惟其同体，所以无所不爱。所以爱者，以其有此心也；所以无所不爱者，以其同体也。"[1] 朱子认为爱是自然的，这一点阳明无疑也认同。不过，朱子认为一体只是无所不爱的工夫达到的效果，而不是爱的工夫的条件。与之相反，阳明则从一体来讲工夫，因为万物本为一体，可以构成激发和召唤人去做工夫的条件。

激发和召唤是通过"感应之几"这个途径实现的。阳明在以下对话中提到了感应之几：

> 问："人心与物同体，如吾身原是血气流通的，所以谓之同体。若于人便异体了，禽兽草木益远矣，而何谓之同体？"先生曰："你只在感应之几上看，岂但禽兽草木，虽天地也与我同体的，鬼神也与我同体的。"请问。先生曰："你看这个天地中间，甚么是天地的心？"对曰："尝闻人是天地的心。"曰："人又甚么教做心？"对曰："只是一个灵明。""可知充天塞地中间，只有这个灵明，人只为形体自间隔了。我的灵明，便是天地鬼神的主宰。天没有我的灵明，谁去仰他高？地没有我的灵明，谁去俯他深？鬼神没有我的灵明，谁去辩他吉凶灾祥？天地鬼神万物离却我的灵明，便没有天地鬼神万物了。我的灵明离却天地鬼神

---

[1] 钱德洪编《传习录》第 336 条，《王阳明全集》卷三，第 141 页。

　　万物，亦没有我的灵明。如此，便是一气流通的，如何与他间隔得？"①

　　这里"只有这个灵明"的表述有其合理性，因为人心最为灵妙，弥漫周遍，但也存在过度夸大人的良知，以至于掩盖天道自身运转的内在机制的危险，这是有必要指出来的。良知即是灵明，即是感应之几。感应之几把人与万物连接成休戚与共的整体，并进而促成人去维系或恢复万物的生机。在此须说明的是，阳明说"虽天地也与我同体的，鬼神也与我同体的"时，这是完整的回答，触及了维系万物的存在这一层。其后从俯仰与辨别角度提出的解释直接看来则是不够完整的，因为俯仰与辨别主要是说照察万物的意义而不是维系其存在。当然，深层地来讲，对万物的照察其实就可以触动人维系其存在。阳明仅仅通过照察意义上的万物一体就得出了一气流通、一体相关的结论。这只能说明，深层的维系万物的存在意义上的万物一体通过表层的照察万物的样貌的意义上的万物一体表现出来，而表层的照察中蕴含了深层的维系，两者不能截然分开。此点且不论，重要的是，感应之几的重要性毋庸置疑，在此须探讨的是其与一体、气以及知觉的关系，学界在有关这些关系的问题上存在分歧。

　　第一，感应之几与一体的关系。从"只在感应之几上看，岂但禽兽草木，虽天地也与我同体的，鬼神也与我同体的"，可以看出感应之几是同体或说一体的前提。而"天地万物与人原是一体，其发窍之最精处，是人心一点灵明"以及"天地万物，本吾一体者也"②等则又凸显一体的优先性。实际上一体与感应是互为前提的关系。蔡祥元先生主要突出了感通的优先性："这个一体，是以感通为本体的'一体'。感通是此万物一体的枢机。"不过在一些说法中，某种意义上他也触及了一体的优先地位，如论述程明道思想时说："观天地生物气象与

───────────

①　钱德洪编《传习录》第336条，《王阳明全集》卷三，第140~141页。
②　钱德洪编《传习录》第179条，《王阳明全集》卷二，第89页。

实现仁者之仁，是同一个过程，它说的都是在内外贯通的意义上的观感、观摩，而不只是一个外在的观察。"①

第二，感应之几与气的关系。上述引文最后"如此，便是一气流通的"这一表述非常值得注意。阳明是在"我的灵明"亦即良知与"天地鬼神万物"为一体的基础上得出"如此，便是一气流通的"这一结论的。这提醒我们，一气流通是人与天地万物为一体的结果而非条件。事实上，阳明认为良知的发用流行就是气，即良知"以其流行而言谓之气"②。当然，阳明也不否认气的作用。他在另一处便将一气流通视为万物一体相通的前提。他说："盖天地万物与人原是一体，其发窍之最精处，是人心一点灵明。风、雨、露、雷、日、月、星、辰，禽、兽、草、木、山、川、土、石，与人原只一体。故五谷禽兽之类，皆可以养人；药石之类，皆可以疗疾：只为同此一气，故能相通耳。"③陈来先生便特别重视气的作用，他如此评论："其中的'一气流通'不仅具有物质实体的意义，同时也包含着把宇宙看成一个有机系统的意义，无论哪一方面都是强调万物与'我'的息息相关的不可分割性，而这个不可分割的有机系统的总体即是仁体。由此，仁体可以超出心体而成为宇宙的本体。"这样，从明道到阳明，仁学思想就实现了从主观向客观的突破："王阳明所强调的'万物一体'虽然也沿着主观境界义作了发展，认为心体上本然如此，但他同时认为就存有的状态说也是实然如此，这突破了'万物一体'的主观义，气的思想对这种突破起到了关键性作用。"④须说明的是，当明道从性无内外的角度来讲万物一体之际，其所说的万物一体就已经不仅仅限于主观义，就已经是基于人与万物原本一体的内在关联。吴震先生在解释

---

① 分别见蔡祥元《感通本体引论——兼与李泽厚、陈来等先生商榷》，《文史哲》2018年第5期，第137、136页。

② 钱德洪编《传习录》第154条，《王阳明全集》卷二，第70页。

③ 钱德洪编《传习录》第274条，《王阳明全集》卷三，第122页。

④ 分别见陈来《仁学视野中的"万物一体"论》(下)，《河北学刊》2016年第4期，第6、1页。

《传习录》第 336 条时则对阳明强调良知之感应与气之流行两方面的观点做了综合把握，并最终落脚于良知："'一气流通'同样被当作宇宙存在的一个基本事实，但同时阳明又强调良知一点灵明（而非气之本身）才是整个宇宙存在的核心这一观点。"①

因为人的身体是有形质的，会在很大程度上对气的流通起到阻碍作用。尽管这种阻碍作用并不彻底，人仍然始终与万物处在交互的作用中，并且，人最终无法永续存在，而必然面临死亡，这也表明这种阻碍作用是有限度的。如果没有感应之几的作用，具有个体性的人完全有可能陷入对自我的执着中，仅仅以外物为与己无关的对象甚或役使和享用的对象，因此有必要借助良知或感应之几将人与万物联系在一起。② 实际上，正如前述感通与一体是互为前提的关系，良知与一气流通也不能截然分开。阳明恰是将它们视为从不同角度对同一对象的指点。他说："所谓心即理也者，以其充塞氤氲而言谓之气……以其主宰而言谓之心……其实则一而已。"③

在上述"一而已"的思路中，阳明认为气是良知（与理合一的心）的发用流行，其意无非是说无论是无形之气，还是由无形之气和有形之气构成的万物都原本内在于良知之中。不过，气的作用也不容忽视。在宋明儒学中，无形之气有着无往不入的渗透力。阳明认为气是良知的流行，便意味着良知的感应作用有着无往不入的渗透力，能够遍及万物而无遗漏。由此良知成为万物一体的根据，阳明以"万物一体之仁"④ 来指称良知的这一作用。基于此，陈立胜先生以感通能力

---

① 吴震：《心学与气学的思想异动》，《复旦学报》（社会科学版）2020 年第 1 期，第 114 页。
② 笔者对张载思想中个体性的形成及其限度，以及第三节将要提到的万物出现的必然性等问题有详尽论述，可参傅锡洪《"形"的哲学：张载思想的一个侧面》，《哲学动态》2023 年第 9 期，第 40—49 页。张横渠的这些关切虽非阳明的关切，其观点却也是阳明理论所能兼容的。
③ 朱得之编《稽山承语》第 10 条，《王阳明全集》（新编本）卷四十，第 1608 页。
④ 钱德洪编《传习录》第 142 条，《王阳明全集》卷二，第 61 页。

来界定良知的本质:"质言之,良知之为'良'即是这种'天赋的'而非'义袭的'(外在强加的)与他者生命感通的能力。"[1]进一步而言,良知就是一种通达万物而使之得到妥善安顿的能力。

第三,感应之几与知觉的关系。感应之几的运作离不开知觉,但不能说一般所谓知觉就等同于感应之几,因为虽然心学认为良知就在知觉之中,由此知觉内含感应之几,但是单纯提知觉,却不足以揭示它包含的感应之几的内涵。这是因为一般理解的痛痒之类的知觉仅仅局限在血气流通的一身之中,而感应之几则将触角伸展到了天地万物上,并且万物的状态尤其是遭遇都跟它有关。一般理解的视听之类的知觉也能触及天地万物,但如果没有感应之几的运作,那么视听很有可能只会将万物把握为静观的对象,或者将其把握为欲望的对象,无论哪种情况,都无法使人对万物的处境尤其是遭遇产生同感。感应之几则可以使人产生同感。阳明在此提到了天之高、地之深、鬼神之吉凶灾祥,这些都是万物的状态。至于万物之遭遇,他在《大学问》中将人对万物遭遇本有的同感表达得淋漓尽致,"见孺子之入井,而必有怵惕恻隐之心焉,是其仁之与孺子而为一体也;孺子犹同类者也,见鸟兽之哀鸣觳觫,而必有不忍之心焉,是其仁之与鸟兽而为一体也;鸟兽犹有知觉者也,见草木之摧折而必有悯恤之心焉,是其仁之与草木而为一体也;草木犹有生意者也,见瓦石之毁坏而必有顾惜之心焉,是其仁之与瓦石而为一体也"[2]。人与物的遭遇未必都是可以避免的,比如随着季节的推移而发生的草木的零落就是不可避免的,不过,仍有很多遭遇的结果是可以挽回的,例如由人为原因造成的破坏则可以弥补和纠正。万物对"我"的激发和召唤,是以感应之几的形式进行的。感应之几的本质就在于"我"与他人、他物休戚与共的一体感。知觉固然内含着这种一体感,这种一体感也有赖于知觉的触

---

① 陈立胜:《入圣之机:王阳明致良知工夫论研究》,第37页。
② 王守仁:《大学问》,《王阳明全集》卷二十六,第1066页。

发，但这种一体感不能简单等同于一般所谓的或理学视野下的知觉。因为万物先行地与"我"构成一体的关系，而不是依赖于单纯知觉对外物的把握才有了这种一体感。

牟宗三先生对感应之为感应的本质是有洞见的，尽管他也将感应与知觉过度区分开来了："'感应'或'感通'不是感性中之接受或被影响，亦不是心理学中的刺激与反应。实乃是即寂即感，神感神应之超越的、创生的、如如实现之的感应，这必是康德所说的人类所不能有的'智的直觉'之感应。（康德不承认人类能有此种直觉，但良知之明觉，仁心之感通就含有这种直觉，这是中西哲学之最大而又最本质的差异点。）"[①]"明觉"不同于一般理解的认知之"摄取"，一般的观点认为认知是将外物摄入感官，这预设了心物的对待关系。而明觉则意味着物本为心所固有，本具血脉关联。只是在感官投射其上时，此种本有的关联才呈现出来、明白起来而已。正如南镇观花时阳明所说的那样："你未看此花时，此花与汝心同归于寂。你来看此花时，则此花颜色一时明白起来。便知此花不在你的心外。"[②]心与物由此便不是对待的关系，而是物内含在心中，心本非内而统摄物的关系。牟先生所说的"超越"上提到了本体而非停留在单纯感性作用或者心理作用的层面。"创生"和"如如实现"则意味着成就万物的本性，使万物各得其所，这无疑是感应或说一体感的题中应有之义。牟先生认为无论是感性中的接受与被影响，还是新理学中的刺激与反应，都不必然包含着使他人或他物得到妥善安顿的要求。这就是它们不同于感应的地方。

但也必须指出，牟先生的观点趋近于理学重视体用相分的思路，而不同于心学注重体用合言的思路，实际上感应不能脱离感觉作用和心理活动而展开。他的说法存在脱离感觉作用与心理活动来谈感应的问题，这一点比理学更有过之而无不及，因为理学还承认本体的展开

---

① 牟宗三:《从陆象山到刘蕺山》，第143~144页。
② 钱德洪编《传习录》第275条，《王阳明全集》卷三，第122页。

要表现在作用中。从心学立场来看，固然不能直接将感觉作用、心理活动和感应等同起来，但也不能将两者对立起来。感应在知觉中或多或少发挥作用，如此知觉便可以称为"明觉"，而并不存在毫无感应的纯粹知觉。

万物内在于良知或者心，心有着不容已的动力使万物获得妥善安顿，而这些使万物得到妥善安顿的具体行动便是事。阳明说的"意未有悬空的，必着事物"[①]，以及"离了事物为学，却是着空"[②]，都表明良知不离于事物。物不是自外而来与良知相遇，使人与物得到妥善安顿的事是良知固有的内在环节。就此而言，可以说"心外无事"[③]以及"事外无心"。前者学者提得较多，后者则较少受到注意。关于后者，阳明说："反求诸己者，先须扫去自己旧时许多缪妄劳攘圭角，守以谦虚，复其天之所以与我者。持此正念，久之自然定静，遇事物之来，件件与他理会，无非是养心之功，盖事外无心也。"[④]对心的修养离不开使万物得到妥善安顿的具体事务。这也反过来印证万物原本内在于心，使万物得到妥善安顿的事是心的必然要求。相关言论也表达了类似的意思："至诚能尽其性，亦只在人物之性上尽。离却人物，便无性可尽得。能尽人物之性，即是至诚致曲处。致曲工夫，亦只在人物之性上致，更无二义。但比至诚有安勉不同耳。"[⑤]最后所说是生知安行和困知勉行的两层工夫，此点且不论，重要的是，人的本性的实现不能离开使万物本性得以实现的活动，由此可以确证万物的确内在于人的本性，使万物得到妥善安顿是良知的内在要求。阳明之所以主张"人须在事上磨炼做功夫乃有益"[⑥]，根本原因也正在于此。

---

① 钱德洪编《传习录》第 201 条，《王阳明全集》卷三，第 103 页。
② 钱德洪编《传习录》第 218 条，《王阳明全集》卷三，第 108 页。
③ 钱德洪编《传习录》第 32 条，《王阳明全集》卷一，第 17 页。
④ 黄直编《遗言录》第 36 条，《王阳明全集》（新编本）卷四十，第 1599 页。
⑤ 陈荣捷《传习录拾遗》第 29 条，《王阳明全集》卷三十二，第 1296 页。
⑥ 钱德洪编《传习录》第 204 条，《王阳明全集》卷三，第 104 页。

二　私欲的根源与克除私欲的动力

私欲主要根源于人对生与作为的习染，以至于使生与死、作与息等原本平衡的因素失衡。而与万物的一体关系构成"我"克服私欲的动力。

前述引文中阳明提到"人只为形体自间隔了"，即"我"虽然拥有良知，但"我"也终究仍然是万物之一，因此有可能陷入对自我的执着中。对自我的执着深深地植根于人的个体性之中，难以去除，最鲜明的体现即好生恶死的心态。阳明说："人于生死念头，本从生身命根上带来，故不易去。"①由此引申可以理解私欲或说恶产生的根源。

著名汉学家倪德卫先生说："为何有恶？我认为王阳明并没有一个真正的答案……王对恶的理论实在不感兴趣。他关注的是引导我们走出恶。"②事实并非如此。阳明认为私欲是一种过当、失衡的状态。他说："至善者，心之本体。本体上才过当些子，便是恶了。"③有生有死本是人生常态，这是天道使然。观照生而有所作为，观照死而安定平静，由此人可以拥有美德并摆脱烦扰。不过由于人习染于生而远离死亡，习染于作为而远离止息，使生死、作息在人的意识中的分量出现向生与作的一方的倾斜，由此使人不能放下。其根本表现就是对自我的执着。对自我的执着不仅可能引发对包括"我"自身在内的万物的损害，而且还会带来烦扰，干扰良知作用的发挥。而损害和烦扰这两者即是一般所谓私欲，并且分别构成两层工夫主要要克服的私欲。上述看法可以得到阳明自身"人心自有知识以来，已为习俗所染"等说法的支持。④"知识"主要指分别心，包括对生死、作息的分别等。分

---

① 钱德洪编《传习录》第278条，《王阳明全集》卷三，第123页。
② 〔美〕倪德卫：《儒家之道：中国哲学之探讨》，周炽成译，江苏人民出版社，2006，第273页。
③ 钱德洪编《传习录》第228条，《王阳明全集》卷三，第110页。
④ 钱德洪编《年谱三》，《王阳明全集》卷三十五，第1443页。

别或说区分原本不是问题，即便区分也仍然可以保持平衡。在两者中出现轻重的区分甚至取舍的问题，才是问题。而轻重和取舍是由习染造成的。习染的具体方式即是"着些意思"，以至于使生与死、作与息等原本平衡的因素失衡。阳明说："喜怒哀乐本体自是中和的。才自家着些意思，便过不及，便是私。"[1]

阳明也从气质的角度解释私欲的来源，气质是通过使身与心或说形与神失衡的方式影响生与死、作与息等的平衡的。只是阳明相对重视习俗，而朱子较多讲气质。另外，对显著的物的执着以至于忽略微妙的良知，也是一个不容忽视的因素，此因素即是物欲。习俗、气质与物欲便构成私欲的来源。

私欲或说对自我的执着不仅会使"我"陷入患得患失之类负面情绪而不能让本心自然发用，而且将破坏"我"与万物的内在关联，使"我"不仅对周围人与物的遭遇漠不关心，甚至"我"自身就成为使它们受害的缘由。在这些情况中，感应之几就淹没在各种私欲中，"我"就蜕变为万物之一，而不再是天地之心。阳明说："道无形体，万象皆其形体；道无显晦，人所见有显晦。以形体而言，天地一物也；以显晦而言，人心其机也……心失其正，则吾亦万象而已；心得其正，乃谓之人。"[2]"机"即是枢机、枢纽的意思。人心究竟选择跟从良知还是私欲，决定了人可以贵为天地之心还是沦落为一物。如果只是顺应知觉见到显著的事物，而忽略微妙的良知，那就会沉溺享受，沦为一物。如果能在知觉之中体认到微妙的良知，那就能感受到万物的遭遇，从而真正成为天地之心。正因为良知如此重要，关乎人是否为人的根本问题，所以在前述引文中阳明说它是"不得而离"的，应该做到"无往而非工夫"。也正因为良知是微妙的，而人总是容易被显著的事物吸引，所以对于大多数人来说致良知的工夫都需要后天努力的配合，而不能单纯诉诸自然发用的良知。

---

① 钱德洪编《传习录》第58条，《王阳明全集》卷一，第22页。

② 朱得之编《稽山承语》第10条，《王阳明全集》（新编本）卷四十，第1608页。

感应之"几"表达的正是微小的苗头、发端的意思。如阳明说"其萌动处就是几"①。原本阳明直接说"感应"并无不可,之所以要说"感应之几",是提醒对话者在包含"利害相攻,毁誉相制,得失相形,荣辱相缠,是非相倾,顾瞻牵滞,纷纭舛戾"②在内的纷繁的意念中,去感受、体认良知的萌发、端倪。良知的萌发、端倪虽然微小,但仔细体察却可发现它不仅极其敏锐,而且富有力量,是一种痛切不容已的感受,必欲实现自身。唯其如此,它才具有无往不入的渗透力。随着其实现而来的是一种快乐、满足的感受。阳明说:"古之人所以能见善不啻若己出,见恶不啻若己入,视民之饥溺犹己之饥溺,而一夫不获,若己推而纳诸沟中者,非故为是而以蕲天下之信己也,务致其良知,求自慊而已矣。"③阳明认为这种自慊的状态和太虚是同体的,他在谈到歌唱时说:"若是良知在此歌,真是瞬息之间邪秽荡涤、渣滓消融,直与太虚同体,方是自慊之学。"④

良知是微妙的,即不睹不闻的,体认到微妙的良知,即保持戒慎恐惧的状态。阳明经常用手边的物体比喻良知本体。物体相对于视觉虽有隐显的不同,但人对良知本体却应该时时保持戒惧而不使其昏昧。弟子季明德的回忆在阳明的所有说法中非常典型:

> 予尝载酒从阳明先师游于鉴湖之滨,时黄石龙亦与焉。因论戒慎不睹、恐惧不闻之义,先师举手中箸示予曰:"见否?"对曰:"见。"既而隐箸桌下,又问曰:"见否?"对曰:"不见。"先师微哂,予私问之石龙,石龙曰:"此谓常睹常闻也。"终不解。其后思而得之。盖不睹中有常睹,故能戒慎不睹,不闻中有常闻,故

---

① 钱德洪编《传习录》第281条,《王阳明全集》卷三,第124页。
② 王守仁:《约斋说·甲戌》,《王阳明全集》卷七,第291页。
③ 钱德洪编《传习录》第179条,《王阳明全集》卷二,第90页。
④ 朱得之编《稽山承语》第32条,《王阳明全集》(新编本)卷四十,第1612页。

能恐惧不闻，此天命之於穆不已也。①

石龙即黄宗贤（绾）。阳明的意思是在没有看到本体的地方看到本体，在没有听到本体的地方听到本体，不让本体被遮蔽，时时保持本心清明的状态。这才是不容已的天命之性。阳明另外一些说法也表达了类似意思，例如："戒惧于不睹不闻，如太和之运而不息也。"② 人们因为习染于有声有色的具体物，以至于对无声无臭的本体的反应变得迟钝，甚至无视之，这是需要纠正的。

要言之，良知不离万物，万物内在于良知之中，使万物获得妥善安顿是良知的内在要求，这是良知的功能职责。感应不同于一般所谓知觉的关键也正在于万物先行地内在于良知之中。万物内在于良知之中，则良知非内，万物非外，这实际上就是明道说的"无内外"与"廓然而大公"。阳明继承其观点，认为心无内外："人必要说心有内外，原不曾实见心体。我今说无内外，尚恐学者流在有内外上去。若说有内外，则内外益判矣。况心无内外，亦不自我说。明道《定性书》有云：'且以性为随物于外，则当其在外时，何者为在内？'此一条最痛快。"③

第三节　不滞于万物的运作方式

再就运作方式而言，万物虽然内在于良知之中，但又不构成对良知作用的阻碍，一如不构成对太虚的阻碍。良知本可自然应对不同事务而不必刻意，应对了此事以后可以自然应对他事，应对了万事以后可以自然放下，而不必执着。良知在具体时空中展开的运作过程具有特定的情境性和相对的独立性。

---

① 　黄宗羲：《明儒学案》卷十三，第 277 页。
② 　王守仁：《与唐虞佐侍御·辛巳》，《王阳明全集》卷五，第 205 页。
③ 　陈荣捷编《传习录拾遗》第 20 条，《王阳明全集》卷三十二，第 1293 页。

一　万物不构成对良知的阻碍

人有各种各样的事务需要处理，因为这些事务相关的物原本内在于良知之中，所以良知都能让人做出恰当的应对。这可从前文所述万物内在于良知之中推导出来。当然阳明也直接指出了这一点："不知古今事变从何处出？若从良知流出，致知焉尽之矣。"① 由此在前后相续的时间之流中，良知对事务的处理就表现出特定的情境性和相对的独立性。

特定的情境性是说良知针对不同的情境或说不同的事务有不同的应对，如当喜则喜，当怒则怒。倪德卫先生从"由于道德真理只存在心中，但是心只不过是它在特定条件下的行动"出发，指出"王阳明的伦理学似乎就是一种极端意义上的'情境伦理学'"②。彭国翔先生在讨论王龙溪思想时对致良知工夫的境遇性做了详细论述。③ 相对的独立性是说各个应对本不会相互干扰，如本不会因为上一件事情之怒，而在下一件事情的处理过程中迁怒于人。人也有并无事务需要应对的时候，良知在此时本可保持平静，在此之前或之后对事务的应对都不会影响良知的平静，反过来，平静状态也不妨碍之前或之后对事务的应对。概括而言，良知本可自然应对不同事务，应对了此事以后可以自然应对他事，应对了万事以后可以自然放下，这是良知的运作方式。此即明道说的"无将迎"和"物来而顺应"的状态。这样的状态与前引阳明所说"顾瞻牵滞，纷纭舛戾"正相反。李承贵先生认为"心态平和"是万物一体的内涵之一，诚为确论。④ 其所说正是良知的这一运作方式。

---

① 陈荣捷编《传习录拾遗》第 33 条，《王阳明全集》卷三十二，第 1297 页。
② 〔美〕倪德卫：《儒家之道：中国哲学之探讨》，第 286~287 页。
③ 彭国翔：《良知学的展开：王龙溪与中晚明的阳明学》（增订版），生活·读书·新知三联书店，2015，第 31~38 页。
④ 李承贵：《王阳明"万物一体"义理构造及其意蕴》，《江淮论坛》2018 年第 2 期，第 83 页。

阳明以"随感随应"来表示良知感应作用的情境性与独立性。他以下所说"至善"即是良知,"至善之发见,是而是焉,非而非焉,轻重厚薄,随感随应,变动不居"①。又说:"圣人良知精精明明,随感随应,自能敷行出去,此即是神。"② 做到随感随应意味着良知可以使人不至于滞留在上一项事务中,而根据情境的变化自然能不断做出新的应对。如果无事需要应对,良知自然也可以处于平静的状态。阳明指出随着昼夜的交替,良知也经历着应事与不必应事的循环。他说:"夜来天地混沌,形色俱泯,人亦耳目无所睹闻,众窍俱翕,此即良知收敛凝一时。天地既开,庶物露生,人亦耳目有所睹闻,众窍俱辟,此即良知妙用发生时。"③

良知之所以能随感随应,是因为万物虽然内在于良知之中,但从根本上来说又不构成对良知作用的阻碍。良知之所以有此能力,也是源自天道。阳明认为万物无法构成对太虚的障碍,这从他"真是与物无对"④ 的说法中便可看出。关于良知与太虚在这一点上的同构性,阳明还说:"夫惟有道之士,真有以见其良知之昭明灵觉,圆融洞澈,廓然与太虚而同体。太虚之中,何物不有?而无一物能为太虚之障碍。"⑤ 又说:"良知之虚,便是天之太虚;良知之无,便是太虚之无形。日、月、风、雷、山、川、民、物,凡有貌象形色,皆在太虚无形中发用流行,未尝作得天的障碍。圣人只是顺其良知之发用,天地万物,俱在我良知的发用流行中,何尝又有一物超于良知之外,能作得障碍?"⑥ 既然万物无法构成对太虚的障碍,那太虚运化万物便可以达到不费力、不黏滞的状态,而良知的发用也应该如此:"良知本体原来无有,本体只是太虚。太虚之中,日月星辰,风雨露雷,阴霾饐

---

① 王守仁:《大学问》,《王阳明全集》卷二十六,第 1067 页。
② 钱德洪编《遗言录》下第 3 条,《王阳明全集》(新编本)卷四十,第 1603 页。
③ 钱德洪编《传习录》第 267 条,《王阳明全集》卷三,第 120 页。
④ 钱德洪编《传习录》第 261 条,《王阳明全集》卷三,第 119 页。
⑤ 王守仁:《答南元善·丙戌》,《王阳明全集》卷六,第 235 页。
⑥ 钱德洪编《传习录》第 269 条,《王阳明全集》卷三,第 121 页。

气，何物不有？而又何一物得为太虚之障？人心本体亦复如是。太虚无形，一过而化，亦何费纤毫气力？"①意念"一过而化"则不滞留在胸中，此为"无将"；"何费纤毫气力"则不必刻意，此为"无迎"。

"何费纤毫气力"是因为使万物生长是天道的本性，这一点不必赘言。"一过而化"以至于万物无法构成对太虚的障碍的问题则有待追问。若要回答这一问题，就有必要进一步探讨天道与万物的关系。

一方面，万物本身的产生和发展无疑是天道的目标，天道之生生就体现在万物的产生和发展中，离了万物的产生和发展，无所谓天道。与通常理解的佛教认为万物的生成仅仅是因缘耦合、没有自性、没有必然性不同，儒家认为万物的生成具有必然性，具有自性。儒家也认为生成的事物终究会毁坏、消亡，在这一点上和佛教是一致的。双方的差异在于是否承认生的必然性。采取承认态度的儒家认可个体性的意义，承认物的正面价值。

牟宗三先生指出佛教也能维持现象的存在。他说："到天台圆教时确可以成存有论，因为可以维持住一切法的存在。在圆教，成佛是即九法界而成佛；般若是就着一切法而成般若；解脱、法身皆然。"②当然，这种维持是在道不离事的意义上的维持，而不是就事物本身的价值被肯定而言。牟先生对这一点有认识，龚隽先生近来也指出："中国化的佛教义学，甚至禅宗在哲学的宗旨上都明确强调了道不离事的一面。"③就其最终旨趣而言，儒佛确有入世与出世以及是否承认生的必然性的重大差异。

正因承认生的必然性，所以不用说孺子入井，即便是瓦石的毁坏，也是有违天道的。人们不仅在见到孺子入井的时候不自觉地就会产生怵惕恻隐之心，即便看到瓦石毁坏，也难免油然产生顾惜之心。

---

① 钱德洪编《年谱三》，《王阳明全集》卷三十五，第1442页。
② 牟宗三：《中国哲学十九讲》，第105页。
③ 龚隽：《从经史之学到道学：再论北宋思想史上的辟佛说》，《中国哲学史》2022年第3期，第31页。

这是良知使然，而良知是天道在人身上的展现。且不论外物，即便是自己的生命，人们加以珍惜，以合理的方式改善生活的状态，让生命的质量得到提升，从天道的角度来讲也是完全正当的。这可以说是万物内在于天道以及内在于良知之处。

另一方面，天道赓续不已，且不说生命也有生长衰朽的周期，即便看起来再坚固的物体，也有残缺破败的时候。也就是说不仅生或者成具有必然性，死或者毁也具有必然性。由此可以看出，固然单个生命的生存或者物体的存在体现了天道的目的，有着不容抹杀的价值，但这并不是天道的最终目的。从横向而言的广大的生和从纵向而言的持续的生，或简言之生生才是天道的最终目的。如果执着于一物的生，天道便无法实现共同的生和持续的生。因此天道必然不会留恋于一物的生，而自然会在一物的生实现之后转移到另一物的生上。这又是天道以及良知超越于万物之处，万物无法构成对太虚的障碍的根本原因也正在于此。即便天道运转过程中出现偏差，也将"不远而复"，人再怎样执着于自我，自我也将最终被太虚化除。

天道内含生与杀两面。从其以万物的生生为目标的角度来说，天道是有目标的，是仁的；从其又不停留在个体的生上，不感到辛劳、不邀功请赏、不留恋已经过去的事物的角度来说，则又可以说是无目标的、不仁的、自然的。当然和近代以来的机械论宇宙观比起来，从自然生生角度讲的中国古代天道观无疑还是属于目的论的宇宙观。[1]

因为生具有必然性，杀是对生的否定，没有生则无法定义杀，更为根本的是生而不是杀，所以不能因为天道既有生又有杀，而否定天道的运转存在一定的标准。

概括起来，使万物生，是造化之造；使万物无法永生，则是造化之化。前者自无而有，后者自有而无，两方面结合起来，才构成完整

---

[1] 西方从古典目的论宇宙观到近代机械论宇宙观的转变，可参〔荷〕爱德华·扬·戴克斯特豪斯《世界图景的机械化》，张卜天译，商务印书馆，2017。

的天道。造与化可以说是相互依赖、相辅相成的关系。阳明高足王龙溪便指出了这一点："造者，自无而显于有；化者，自有而归于无。不造，则化之源息；不化，则造之机滞。"[1]从每一物的生都反映了天道的角度来说，天道看起来是有情的；从每一物的生又都不是天道的最终目的的角度来说，天道又是无情的。

且不论对待外物的生死的态度，仅就自身的生死而言，不能善生和不能安死都是有违天道的。善生表现在顺应天赋的本性而有所作为，安死表现在不执着于生而能够放下。更加具体的要求是，生的每个片段为所当为而又能够无将迎。所当为的内容便是依循良知以使万物得到妥善安顿，方式则是无将迎，即自然应对不同事务，应对此事之后自然应对他事，应对万事之后自然放下。

如果说万物以见闻的形式呈现在人的世界中，那么良知与万物的关系就可以理解为良知与见闻的关系。阳明对良知与见闻关系的总结，也可适用于对良知与万物关系的总结："良知不滞于见闻，而亦不离于见闻。"[2]从功能职责来说，良知与万物的关系是不离；从运作方式来说，良知与万物的关系是不滞。不滞具体表现为无将迎。

二　良知无将迎的运作方式

首先关于"无将"，即应对此事之后自然应对他事，应对万事之后自然放下。阳明说："心体上着不得一念留滞，就如眼着不得些子尘沙。些子能得几多？满眼便昏天黑地了。"之所以如此，是因为如果一念留滞，就会影响良知对后续事务的应对。他甚至进一步说，即便是好的念头也不应该滞留在心中："这一念不但是私念，便好的念头，亦着不得些子。如眼中放些金玉屑，眼亦开不得了。"[3]他的这一

---

①　王畿:《东游会语》,《王畿集》卷四, 第85页。

②　钱德洪编《传习录》第168条,《王阳明全集》卷二, 第80页。

③　均见钱德洪编《传习录》第335条,《王阳明全集》卷三, 第140页。

观点与象山"恶能害心，善亦能害心"①的观点一脉相承。好的念头如悔悟，悔悟有助于使人反省过往的行为，从而改善将来的行为。即便如此，悔悟也不应该滞留在心中。薛尚谦便存在悔悟过多，不能及时化除的问题。阳明指出："悔悟是去病之药，然以改之为贵。若留滞于中，则又因药发病。"②

当然，阳明并非认为任何时候都不应该有执着，尤其是在初学的时候。如薛尚谦提问"持志如心痛，一心在痛上，安有工夫说闲语，管闲事"，他在回答中首先指出"初学工夫，如此用亦好"③。下面谈及的有所刻意，同样也并非都是需要被否定的。如他说："初时若不着实用意去好善恶恶，如何能为善去恶？"④ 这是他不同于象山的地方，象山认为但凡有意都会阻碍本心的发用，阳明则认为有意在初学阶段不仅不会阻碍良知发用，反而能使良知的发用达到恰如其分的程度。这一问题涉及他两层工夫的主张，且待第六章再来详论。

其次关于"无迎"，即以自然而无所刻意的方式应对不同事务。阳明往往以镜来比喻良知。镜能准确呈现物体，这可以比喻良知对善恶做出准确判断，从而使万物得到妥善安顿。物体尚未放置在镜前或者已经从镜前移开，镜中都不会有物体的影像。这可以比喻心无将迎，亦即既无所刻意，也无所执着的特点。以下问答虽然既提到了"已往之形尚在"之执着的问题，也提到了"未照之形先具"之刻意的问题，不过重点讨论的是后者，即试图以在知识等方面的提前准备，应对纷繁的事务：

> 问："圣人应变不穷，莫亦是预先讲求否？"先生曰："如何讲求得许多？圣人之心如明镜，只是一个明，则随感而应，无

---

① 陆九渊：《语录下》，《陆九渊集》卷三十五，第456页。
② 钱德洪编《传习录》第106条，《王阳明全集》卷一，第35页。
③ 钱德洪编《传习录》第95条，《王阳明全集》卷一，第30页。
④ 钱德洪编《传习录》第119条，《王阳明全集》卷一，第39页。

物不照，未有已往之形尚在，未照之形先具者……是知圣人遇此
时，方有此事。只怕镜不明，不怕物来不能照。讲求事变，亦是
照时事，然学者却须先有个明的工夫。学者惟患此心之未能明，
不患事变之不能尽。"①

不同时代的圣人面对的形势不同，应对也不同，并没有成例可以依
循。因此单纯通过获取知识的途径以求恰当应事是不可能的。重要的
是使良知处在清明的状态，充分发挥良知的作用。"先有个明的工夫"
似乎是说可以而且应该脱离事务预先对良知做些什么。这与阳明事
上磨炼的基本观点看似相左（"讲求事变，亦是照时事"也反映了这
一观点），实则并非如此。阳明固然不反对静中涵养以澄明良知的工
夫，不过这一涵养工夫并非在事务来临之前预先在良知上有所准备。
因为良知可以自然呈现、不待思索安排，重要的是将意识指向良知，
而不是先行地脱离事务做预先的准备。关于良知自然呈现、不待思索
安排，阳明说："良知只是一个良知，而善恶自辨，更有何善何恶可
思？"②从他关于致良知之乐的说法也可以看出良知不待安排准备："但
一念开明，反身而诚，则即此而在矣。"③

　　有所刻意的一个表现是在应事之前先存私心，阳明用《大学》的
"有所"来表示这种状态。《大学》说："身有所忿懥，则不得其正；有
所恐惧，则不得其正；有所好乐，则不得其正；有所忧患，则不得
其正。"④朱子主要从"四者人不能无，只是不要它留而不去"亦即有
所执着的角度解释这里的"有所"，不过他也从有所刻意的角度解释
其含义："看此一段，只是要人不可先有此心耳。譬如衡之为器，本

① 钱德洪编《传习录》第 21 条，《王阳明全集》卷一，第 13~14 页。
② 钱德洪编《传习录》第 162 条，《王阳明全集》卷二，第 76 页。
③ 钱德洪编《传习录》第 160 条，《王阳明全集》卷二，第 79 页。
④ 朱熹：《大学章句》，《四书章句集注》，第 8 页。

所以平物也，今若先有一物在上，则又如何称！"①阳明相关说法主要
也是从有所刻意的角度立论："忿懥几件，人心怎能无得？只是不可
有所耳！（原文无"所"，据另本补字）凡人忿懥著了一分意思，便
怒得过当，非廓然大公之体了。故'有所忿懥'，便不得其正也。如
今于凡忿懥等件，只是个物来顺应，不要着一分意思，便心体廓然
大公，得其本体之正了。且如出外见人相斗，其不是的，我心亦怒。
然虽怒，却此心廓然，不曾动些子气。如今怒人，亦得如此，方才
是正。"②

　　不过，在阳明心目中，有所刻意的一个重要表现是知识上的预先
准备，他通过阐发《论语》"无知"的含义对此加以反对。《论语》载
孔子语："吾有知乎哉？无知也。有鄙夫问于我，空空如也，我叩其两
端而竭焉。"③阳明阐释道："孔子有鄙夫来问，未尝先有知识以应之，
其心只空空而已；但叩他自知的是非两端，与之一剖决，鄙夫之心便
已了然。鄙夫自知的是非，便是他本来天则，虽圣人聪明，如何可与
增减得一毫？他只不能自信，夫子与之一剖决，便已竭尽无余了。若
夫子与鄙夫言时，留得些子知识在，便是不能竭他的良知，道体即有
二了。"④"无知"意为排除知识而充分发挥良知的主导作用。阳明在
他处说的"预先定一个规矩在"以及"要将道理一一说得无罅漏，立
定个格式"⑤，便不是这里说的无知了。在他看来，主张工夫应该以格
物穷理为先的朱子，采取的恰恰是这种以现成的规矩、格式为先的思
路，而朱子学在当时是儒学思想的主流，读书人沉溺于知识的获取中
不能自拔，由此受到阳明的激烈批评。反对朱子学从知识切入解决为
善去恶的问题，可以说是他思想的一个核心主题。

　　须补充说明的是，见闻是良知发用所不可离的，换言之，知识

①　分别见黎靖德编《朱子语类》卷十六，第344、345页。
②　钱德洪编《传习录》第235条，《王阳明全集》卷三，第112页。
③　朱熹：《论语集注》卷五，《四书章句集注》，第110页。
④　钱德洪编《传习录》第295条，《王阳明全集》卷三，第128页。
⑤　均见钱德洪编《传习录》第52条，《王阳明全集》卷一，第22页。

其实也是不可或缺的，但不能以知识为出发点而应该以良知为出发点。并且，不主动迎接未来的事务，不代表心思散漫，态度随便。致良知仍然需要精细的思考，只是这不同于刻意为之、思虑纷扰。阳明说："千思万虑，只是要致良知。良知愈思愈精明，若不精思，漫然随事应去，良知便粗了。"[①]致良知和刻意为之、思虑纷扰的区别在于，是否顺应良知并以良知为行动的动机。在以良知为动机的前提下，积极获取经验知识，仔细考察事物之理是致良知的题中应有之义。

按照现象学家胡塞尔的理论，意识是在时间之流中运作的，其无法避免地存在面向未来的前摄和面向过去的留滞，这是意识固有的结构。以此反观阳明的观点，可以说在存在这种无法避免的结构性因素的情况下，并不是要彻底消除前摄和滞留，而是要阻绝其产生负面影响。在做工夫之初要有反省，修养到一定阶段可以自然不受其影响。

总之，人的良知和天道一样具有自然发用的特征，人本可以做到无所刻意、无所执着地让良知自然发用。私欲以及对知识的沉溺使人不仅忘记了拥有良知的"我"与万物的原初关联，也忘记了良知有起有落的运作方式，由此不仅在空间上阻碍了"我"与万物的和谐相处，而且使良知的作用在时间之流中不能顺畅无碍地展开。

三　区分功能职责与运作方式的必要性

以上所说无所刻意、执着的应事方式很容易招致误解，误解的表现之一是其所代表的良知的运作方式与良知的功能职责很容易被混淆。

一个典型的例子是晚明东林学派领袖顾泾阳。他对当时阳明后学中盛行的无善无恶有一个批评，其借助的是阳明的一个说法："近世喜言无善无恶，就而即其旨，则曰：'所谓无善，非真无善也，只是不

---

① 钱德洪编《传习录》第284条，《王阳明全集》卷三，第125页。

著于善耳。'予窃以为经言无方无体,是恐著了方体也;言无声无臭,是恐著了声臭也;言不识不知,是恐著了识知也。何者?吾之心,原自超出方体声臭识知之外也。至于善,即是心之本色,说怎著不著?如明是目之本色,还说得个不著于明否?聪是耳之本色,还说得个不著于聪否?又如孝子,还可说莫著于孝否?如忠臣,还可说莫著于忠否?昔阳明遭宁藩之变,日夕念其亲不置,门人问曰:'得无著相?'阳明曰:'此相如何不著?'斯言足以破之矣。"①

泾阳对无善无恶的说法持批评态度。他接受无善表示的是不着善相的意思,并援引阳明自身的说法证明善相是不能不着的。实则泾阳在这里存在一个混淆之处。阳明赞同的"着相"指的是认为包括亲人在内的万物内在于良知之中,不能否定或抛弃内在于良知的万物而独善其身。而阳明反对的"着相"则是指有所刻意、执着。前者涉及的是良知的功能职责,后者涉及的则是良知的运作方式,泾阳的问题正在于混淆了这两者。

跟泾阳一样误解善之所指的,还有同为东林学派领袖的高景逸。他评论无善无恶说:"始也扫善恶以空念耳,究且任空而废行,于是乎名、节、忠、义轻,而士鲜实修。"②实则无善无恶本意只是讲良知的运作方式而不是指其功能职责,在运作方式意义上做到无所刻意、执着,并不妨碍其功能职责是好善恶恶。

同样的混淆还存在于早些的王塘南那里。塘南是阳明二传弟子中的杰出人物,黄梨洲叙述他与夏朴斋发生的争论及其反省:

> 夏朴斋问:"无善无恶心之体,于义云何?"先生曰:"是也。"曰:"与性善之旨同乎?"曰:"无善乃至善,亦无弗同也。"朴斋不以为然,先生亦不然朴斋。后先生看《大乘止观》,谓"性空如镜,妍来妍见,媸来媸见",因省曰:"然则性亦空寂,

---

① 黄宗羲:《明儒学案》卷五十八,第1390页。
② 黄宗羲:《明儒学案》卷五十八,第1424页。

随物善恶乎？此说大害道。乃知孟子性善之说，终是稳当。向使性中本无仁义，则恻隐、羞恶从何处出来？吾人应事处人，如此则安，不如此则不安，此非善而何？"[1]

的确，人在应事接物的时候有不容已的动力为善去恶，由此可以证明人性本善，而非无善恶可言。而镜喻中的无善无恶则是强调好善恶恶是自然的而非刻意、执着的，与基于性善的好善恶恶是可以并行不悖而非矛盾的。塘南则把镜喻中的无善无恶理解为心是随着物的善恶而有善有恶，本身则无善恶标准。如果准确理解镜喻的话，他在肯定性善的同时，是本不必否定镜喻中的无善无恶的。

泾阳、景逸和塘南等人均是晚明思想界的重要人物，他们的思辨能力不可谓不强，而尚且有如此误解，无怪乎阳明会感慨儒佛异同只在倏忽之间："释氏之说亦自有同于吾儒，而不害其为异者，惟在于几微毫忽之间而已。"[2] 其因或许在于儒佛双方都有不着相的一面，而如果不从功能职责和运作方式的不同角度加以理解的话，则难免出现混淆。

面对弟子"佛家言寂灭，与圣人言寂然不动，何以异"的问题，阳明在回答中对两家思想的差异加以说明："佛氏言生生灭灭，寂灭为乐。以寂灭为乐，是有意于寂灭矣。惟圣人只是顺其寂灭之常。"[3] "寂灭之常"就是随时随地可以做到寂灭，亦即随时随地可以无入而不自得。当生则生，当死则死，当动则动，当静则静，不自找烦恼，当下便可实现安定平定意义上的寂灭。佛教则虽也注重当下，但终究以超脱生死轮回获得寂灭（亦即涅槃）为追求。阳明在此处对儒佛异同的分别可谓切中要害。

---

[1]　黄宗羲：《明儒学案》卷二十，第467~468页。
[2]　王守仁：《答徐成之·二·壬午》，《王阳明全集》卷二十一，第890页。
[3]　钱德洪编《稽山承语》下第40条，《王阳明全集》（新编本）卷四十，第1606页。

小　结

　　综合以上讨论可知，人的良知与天道是一体并且同构的关系。其中同构表现在功能职责和运作方式两个方面，亦即两者同构于生生与自然两个方面；一体则表现在良知即天道、天道即良知两个方面。同构是就人的良知和天道各有所指而言，一体则是就良知含义可以扩大到天道而言。原本一体与同构是互斥的，如甲、乙两人的眼睛是同构的，甲的手和脚是一体的，一体和同构在此不能同时实现。因为良知与天道的一体和同构立论角度不同，所以不存在一体则不能同构，同构则不能一体的问题。要言之，阳明之所以要从天道的角度论述良知，是为了说明人的良知与天道不仅同具使万物生生不息的功能职责，而且同具自然而然的运作方式。

　　这些观点难免让人产生疑问。仿佛天道才是最终的本体、最高的概念，良知则不是，这未免与人们对阳明学的一般认识相抵牾。果真如此的话，还有可能带来一个结果，即人的意志终究源自天道，人成了完成天道的傀儡。对这些问题可从两个层次来回答。第一，阳明的确以良知为本体，为最高概念，不过良知原本就不能仅仅从个体所属物的角度来理解，天道也是良知，而且人的良知与天道是一体的。既然天道也是良知，那么以天道为本体和最高概念，也是以良知为本体和最高概念。天道解释了个体良知的来源问题，既保证了其在差异性中还具有统一性，规定了其是内含准则的动力，也规定了其功能职责和运作方式。第二，因为良知与天道一体，两者是不可分割的整体，所以依循天道而行实际上也是依循良知自身，由此并不存在个体良知沦为天道傀儡的问题。

　　与其说从天道角度理解良知会造成人成为天道的傀儡的问题，不如说认为良知与天道一体可能会带来人的自我膨胀的问题。牟宗三先生有鉴于此，指出："须知在成德之教中，此'天'字之尊严是不应减杀者，更不应抹去者。如果成德之教中必涵有一'道德的形上学'，则此'天'字亦不应抹去或减杀。须知王学之流弊，即因阳明于此处稍虚歉，故人提不住，遂流于'虚玄而荡'或'情识而肆'，蕺山即于此着眼而'归显于密'也（此为吾之判语）。"[1] 有关明末刘蕺山思想的问题且不论，如果只是泛泛地谈良知与天道的一体甚至同一，而不区分大良知与小良知，则确实存在减杀天的尊严与神秘的问题。吴震先生也指出："过分相信人心之力量、性善之崇高而忽视天命对人心的制约，以至于放松对人性罪恶的警惕，却的确是由心学之'法'而起的弊端，对此理应作出深刻的反省。"[2] 诚然，人有对自我的执着，具有尊严与神秘的天对人的行为确实可以产生积极的制约作用。当然，这一制约是否充分有效，以及是否只能以此来制约人的行为，则是可以进一步讨论的问题。因为很显然，天道尽管具有终极性，然而它对人的活动的制约不是当下就能实现的，而具有整体性和长期性，甚至滞后性。

此处还须讨论的是，将良知上提到天道的高度来理解，解决了良知的运作方式的问题。最终落实到工夫的领域来讲，则有助于回答人为什么须要致良知的问题。

一般认为，致良知本不是为了什么目的，而是发自本心不容已的动力。这么说自然没有问题，只是对于良知被遮蔽的人来说，固然良知可以时时呈露，但为何须要让良知主导意识和行动，使良知得以落实，却不是一个不证自明的问题。将良知提到天道的高度，便能展示出致良知所能达到的最终境界。其境界便是"若主宰定时，与天运一般不息，虽酬酢万变，常是从容自在"。或者阳明说的："人若复得他完完全全，无少亏欠，自不觉手舞足蹈，不知天地间更有何乐可代。"[3] 他还借用陶渊明的语言描述致良知可能达到的境界："学者信得

①　牟宗三：《心体与性体》（上），第44页。
②　吴震：《〈传习录〉精读》，第244页。
③　钱德洪编《传习录》第261条，《王阳明全集》卷三，第119页。

良知过，不为气所乱，便常做个羲皇已上人。"① 致良知的最大收获就是轻松自在、其乐无穷，像天道一样，虽然让万物生生不息，但却自然而然，不感到压力和负担。这就已经是所有人都有可能获得的最大幸福，应该用这个最大的幸福来劝人致良知。当然，他的思路不是借助致良知的手段以追求幸福，而是直接认为做到致良知就已经是最大的幸福。

《中庸》说舜："德为圣人，尊为天子，富有四海之内。宗庙飨之，子孙保之。"② 这固然是莫大的幸福，或至少可以说是世俗幸福的顶峰，但非所有人都可以获得，不具有普遍性。并且，如果为了获得和保持这些幸福而经受"说不出的烦难"③，以至于心力交瘁，则也很难说是最大的幸福，反而不如普通人日常生活可能获得的幸福。

当然，我们说的普通人日常生活可能获得的最大幸福仍然首先是精神性而非物质性的，至少物质因素不具有决定性作用。牟宗三先生以德福一致来解释工夫所达到的轻松自在、其乐无穷的境界："一切存在之状态随心转，事事如意而无所谓不如意，这便是福。这样，德即存在，存在即德，德与福通过这样的诡谲的相即便形成德福浑是一事。"④ 杨泽波先生注意到牟先生混淆了两种不同的幸福，以至于并不能真正解决康德意义上的圆善问题："康德提出圆善问题是因为如果有德之人不能因此配享幸福，那么这种道德的合理性便存在问题，因此在其基督教的文化背景下设定了上帝，以上帝来保证有德之人能够按照比例配享幸福。康德这里讲的以道德配享的那个幸福是有确切含义的，特指物质领域的幸福。不管我们给存有论视域下的幸福起什么样的称谓，这种存有的性质只是精神性的东西则是没有任何疑问的，这种精神性的东西既不能改变为物质性的东西，也不能代替物质性的东

---

① 钱德洪编《传习录》第 311 条，《王阳明全集》卷三，第 131 页。
② 朱熹：《中庸章句》，《四书章句集注》，第 25 页。
③ 此为贾探春的感叹，见周汝昌校批《周汝昌校订批点本石头记》，第 924 页。
④ 牟宗三：《圆善论》，吉林出版集团有限责任公司，2010，第 249 页。

西，从而真正解决康德的圆善问题。"① 当然话又说回来，尽管阳明说的并非康德的德福一致中的物质上的幸福，不过，无论如何阳明乃至儒家讲的义理已经涉入幸福的领域，而不仅仅是道德的领域，其仍然是对幸福问题的一种有意义的回答。因为优厚的物质条件是否能带来幸福，终究有赖于人的心理状态和精神境界，即良好的心理状态和精神境界可以使人对并不优厚的物质条件感到满足，反之则对优厚的物质条件仍然不满足。如此则康德意义上的物质幸福并不能决定人的幸福，心理状态和精神境界对人的幸福有着更大的决定作用，尽管这么说并不意味着否定物质条件的巨大影响。而且，致良知带来的精神幸福可以促使人与自我、社会、环境的关系更加和谐，基于此，即便物质的幸福也可以获得提升，这一点是值得注意的。也就是说，致良知带来的幸福首要的是精神的幸福，但也可以包含物质幸福。

历来儒者往往感叹人为什么不为善去恶从事道德修养，这确实是一个根本性的问题。轻松快乐，没有烦恼，这才是最大的幸福。儒家的义理表明，人不仅可以无事一身轻，而且也可以有事还一身轻。阳明正是以最大的幸福来劝导世人来进行道德修养。常言道"惟大英雄能本色，是真名士自风流"②，"大英雄"有所作为，"真名士"则能超脱和放下，两方面相辅相成，正可构成阳明乃至整个宋明儒学追求的理想人格和精神境界。

陈来先生已指出："'豪雄'与'浪漫'是我们理解阳明个人及其事功和精神取向的两个不可忽视的要素。"③ 事实上，宋明儒学追求的圣贤人格与英雄气概、浪漫气息是可以并存的。从宋明儒学的开山周濂溪开始便是如此。他一方面在政治治理上表现出色，判定案件决不

① 杨泽波：《四无与圆善——评牟宗三立四无为圆教以解决圆善问题》，《复旦学报》（社会科学版）2010年第2期，第48~49页。
② 此两句为史湘云的自我期许，分别见周汝昌校批《周汝昌校订批点本石头记》，第821、637页。做到有情有理，像大英雄一样有所作为，像真名士一样超脱和放下，共同构成《红楼梦》追求的核心价值。
③ 陈来：《有无之境——王阳明哲学的精神》，第3页。

屈从上司的旨意，有英雄豪杰的气概；另一方面又游山玩水，吟风弄月，自由洒脱。从中可以看出，既有所作为，又超脱而能放下，是宋明儒学的内在精神。

有所作为，甚至以天下为己任，这需要巨大的支撑力量，也会带来需要释放的压力。前者的解决靠的是人所本有的生生之力量，后者的解决则有必要诉诸自然放松。阳明以下对孔子的追求以及对心境的描述，展现出有所忧虑、有所作为与自然和乐两方面及其内在统一的关系："夫子汲汲遑遑，若求亡子于道路，而不暇于暖席者，宁以蕲人之知我信我而已哉？盖其天地万物一体之仁，疾痛迫切，虽欲已之而自有所不容已。故其言曰：'吾非斯人之徒与而谁与！''欲洁其身而乱大伦。''果哉，末之难矣！'呜呼！此非诚以天地万物为一体者，孰能以知夫子之心乎？若其'遁世无闷'，'乐天知命'者，则固'无入而不自得'，'道并行而不相悖'也。"① 最后一句和前面的内容构成一种紧张，前文积极，后文看似消极，但在阳明看来这是统一的。因为发自本性，为所当为之事而不感到紧张和压力，所以"无入而不自得"。

师事过阳明与湛甘泉的蒋道林关于昼夜之道的说法，也是揭示有为与无为两方面的统一的一个典型例子："虚无寂灭，与权谋霸术，皆是堕在一边，知有夜不知有昼，知有昼不知有夜。圣人从中道上行，故终日有事，实无一事，终日有为，实未尝为，情顺万事而无情。此便是通乎昼夜之道而知。"②

顺便一提，"昼夜之道"的一项本来含义是，人在夜间休息时应该将今天已经过去的事务和明天未来的事务放下，这才是无将迎而做到了超脱和放下。阳明说："知昼即知夜矣。日间良知是顺应无滞的，夜间良知即是收敛凝一的，有梦即先兆。"③ 对此的一般解释是，夜间

---

① 钱德洪编《传习录》第 182 条，《王阳明全集》卷二，第 91~92 页。
② 黄宗羲：《明儒学案》卷二十八，第 630 页。
③ 王守仁著，梁启超点校《传习录集评》，九州出版社，2014，第 228 页。

本不该有梦，有梦则表明没有做到"收敛凝一"。故陶浔霍说："可见世人之梦都是不该有的。"① 如此则难以解释最后一句的含义。实际上，最后一句所说的梦是先兆之梦，此种类型的梦是仍然会存在的。程伊川即认识到此种类型的梦是例外，仍可存在。其有如下问答：

> 问："人心所系着之事，则夜见于梦。所着事善，夜梦见之者，莫不害否？"曰："虽是善事，心亦是动。凡事有朕兆入梦者，却无害，舍此皆是妄动。"②

细研阳明的意思，可知其对伊川的观点进行了解释，即人若真的做到了良知当发散则发散，当收敛则收敛，那么别的梦就不会做了，所做的就是先兆之梦。诚然，此时心最为中正平和，毫无各种情绪的干扰，因而最易于感知到事情可能的走向，故此种先兆之梦仍然可以并且也会存在。

陈来先生认为，"自得就是寻求精神生活的怡然、满足、淡泊、恬适、宁静、充实、自在，这种境界对阳明始终有极大吸引力，尽管他并不想以放弃刚健不息的社会活动为代价，事实上他总是想把二者结合起来"③。

阳明以下一段论述良知运作方式及其作用的话，则正可揭示达到上述双重目标的条件和效果："盖吾良知之体，本自聪明睿知，本自宽裕温柔，本自发强刚毅，本自斋庄中正、文理密察，本自溥博渊泉而时出之，本无富贵之可慕，本无贫贱之可忧，本无得丧之可欣戚、爱憎之可取舍。"④ 如此则致良知所能达到的状态不仅是可致的，而且也是可欲的。而只有从良知与天道不仅一体并且同构的特点出发，我们

---

① 钱德洪编《传习录》第267条，《王阳明全集》卷三，第120页。
② 程颢、程颐：《河南程氏遗书》卷十八，《二程集》，第202页。
③ 陈来：《有无之境——王阳明哲学的精神》，第324页。
④ 王守仁：《答南元善·丙戌》，《王阳明全集》卷六，第235页。

才能真正理解阳明有关良知运作方式的这些论述。

最后须补充的是，本章重点谈及了万物一体的问题。从静坐顿悟式的神秘主义角度切入理解万物一体，是理解万物一体的一条重要思路，这一思路在宋明儒学史上也有广泛的影响，是儒者入道的一种重要方式。[①] 不过，尽管神秘体验确实可以让人拥有万物一体的感受，然而万物一体也完全可以是日常生活中真切不容已的感受，如阳明所说的恻隐、不忍、悯恤以及顾惜之心便是如此，而并非只能是神秘体验。因此神秘体验不是把握万物一体的唯一进路，甚至对于大多数普通人来说，这不是一条主要进路。而且，静坐顿悟固然可以使人达到"一切俗缘皆非性体，乃豁然脱落"[②] 的功效，不过正如王龙溪指出的那样，由静坐而顿悟只是"证悟"，仅仅高于通过听闻言语而得的"解悟"。只有在事上磨炼，具体使万物得到妥善安顿才是"彻悟"。其言曰："师门尝有入悟三种教法：从知解而得者，谓之解悟，未离言诠；从静坐而得者，谓之证悟，犹有待于境；从人事练习而得者，忘言忘境，触处逢源，愈摇荡愈凝寂，始为彻悟。此正法眼藏也。"[③] 应该说龙溪的观点是深得阳明事上磨心、心物不离本旨的，是切中静坐顿悟的局限的。

---

① 陈来先生作《儒学传统中的神秘主义》一文，对宋明儒者的神秘体验有精详的研究。参陈来《中国近世思想史研究》（增订本），第341~373页。

② 陈荣捷编《传习录拾遗》第47条，《王阳明全集》卷三十二，第1302页。这是借用阳明的一个说法，其本意并非说静坐顿悟的功效，而是说弟子听闻孔子的教导而觉悟。

③ 王畿：《留别霓川漫语》，《王畿集》卷十六，第466页。

第二编　工夫

第四章
中晚年工夫论的转折与连续

　　众所周知，阳明心学形成于正德三年（1508）的龙场悟道，而成熟于正德十五年（1520）前后致良知宗旨的提出。无疑，贬谪贵州，居夷处困，是龙场悟道的契机；而正德十四年（1519）征讨宁王叛乱和随后遭遇的宦官张许的刁难，则是其提出致良知宗旨的契机。在从龙场到平藩这十余年时间里，表达阳明心学本体观念的主要命题，有"心即理"和"心外无理"等，表达工夫观念的主要命题，则有"知行合一"、"心外无学"、"去人欲而存天理"和"立诚"等。在初刻于正德十三年（1518）的《大学古本傍释》序中，阳明开篇即说："《大学》之要，诚意而已矣。诚意之功，格物而已矣。"[①] 阳明这一阶段对工夫问题的最终看法，可谓于此和盘托出。

　　陈来先生认为："阳明对《大学》格物致知的理解有一个发展变化的过程。这个过程，简单说来，就是以'诚意'为本转向以'致知'为本的过程。""江西平藩之前他一直以诚意来统率格物，平藩之后以致知为宗旨，建立哲学体系。"陈先生在论及致良知观念的提出时，指出其背景："按阳明戊寅（引者按：即1518）前主诚意说，诚意指真实地好善恶恶，但辨别善恶的标准没有确定。所以阳明指出，懂得良知学说，好恶就有了所当依从的标准，因为良知就是每个人内在具

---

①　王守仁:《大学古本原序》,《王阳明全集》卷三十二，第1320页。

有的是非之则。"不过，陈先生也注意到阳明正德十年（1515）《送郑德夫归省序》中提及了作为诚意之根据的是非之心，并进而指出："阳明的诚意说后来发展为致良知说，也反映了体系内部的要求。"①

诚如陈先生所言，中年时期阳明所说工夫未必没有本体依据。这一看法具有非常重要的意义，有可能帮助我们纠正自阳明高足王龙溪以来把诚意仅仅视为后天之学的成见。龙溪说："正心，先天之学也；诚意，后天之学也。"②这实际上是他自己的思想，以之来分析阳明所说的诚意是并不恰当的。重要的是，既然本体能作为依据从而指引工夫，那么它为什么不能同时也作为工夫的动力来源从而推动工夫呢？换句话说，我们完全还可进一步设想，这一阶段阳明所说的工夫，不仅受到本体的指引从而具有本体依据，而且也受到本体的推动从而拥有本体的动力，甚至在部分情况下还是完全出于本体之动力，因而同时也合于本体之准则的工夫。

在阳明提揭的诚意、格物、知行合一和去欲存理等主要工夫指点语中，我们很难直接看出这些工夫是否受到本体的指引和推动。固然，这一阶段的阳明强调要在心上做工夫，但仅仅从他的这一表述来看，心与其说指的是本体之心，不如说指的是心所发之意念；与其说是本体依据和动力来源，不如说是做工夫的场所，或说着眼点、下手处。然而，如果说阳明这一阶段论述和指点的工夫不受本体指引和推动的话，那又与其对本体的着力提揭不相协调。这种本体与工夫的脱节、断裂果真出现在阳明思想中的话，那就意味着决定这一阶段阳明思想基本面貌的龙场悟道的成果，终究而言只有本体论意义，而很难说有什么工夫论意义。即便其有工夫论意义，也要直到致良知宗旨的提出，才最终体现出来。亦即阳明在龙场所悟之本体，直到平藩为止都不能贯彻于工夫，不仅不能指引和推动工夫，更不能使工夫成为完全出于本体的工夫。我们仅从阳明学归一的趋向来看，这一点也是难

① 分别见陈来《有无之境——王阳明哲学的精神》，第124、125、163、130页。
② 王畿：《三山丽泽录》，《王畿集》卷一，第10页。

以想象的。

阳明自己如此提到"归一":"所谓'尊德性而道问学'一节,至当归一,更无可疑。"① 吴震先生指出:"阳明讲'归一'或'合一',是就心学意义上来讲的,是从心之本体的立场出发的。"② 归一是心学的共同取向。如象山也说:"盖心,一心也,理,一理也,至当归一,精义无二,此心此理,实不容有二。"③

因此,更有可能的情况是,阳明所说的工夫确实受到本体指引和推动,并且在一部分情况下还是完全出于本体的工夫。只不过,工夫是否受到本体指引和推动,或是否为完全出于本体的工夫的问题,并非他中年时期关注的焦点而已。从他这一时期对诚意的论述可以看出,他关注的焦点是工夫而不应是治理散漫的二元工夫,而应该是切中要害的一元工夫。二元则有两事需要处理,一元则仅有一事需要处理。朱子居敬穷理并行的工夫是二元工夫,并且其突破的关键是穷理,而阳明认为穷理无关因而也无益于身心修养,是支离。与支离相对的是切要。他提出诚意是工夫的头脑,以诚意为头脑,工夫才能有益于身心修养并保证成圣之终极目标的实现,如此便使工夫具有了切要性。

其中关于一元工夫,陈立胜先生关于阳明的说法,触及了从朱子两轮一体工夫转向阳明一元工夫的问题:"'独知'工夫乃是一即省察即涵养、即明即诚、即知即行的端本澄源的一元工夫,而有别于朱子省察与涵养、明与诚、知与行两轮一体的工夫。"④ 诚意所代表的工夫具有切要性这一点,则已为董平先生所指出:"'诚意'则是消除'隔断'而确保心体之真实体现的切要工夫。"⑤

---

① 钱德洪编《传习录》第193条,《王阳明全集》卷二,第98页。

② 吴震:《〈传习录〉精读》,第25页。

③ 陆九渊:《与曾宅之》,《陆九渊集》卷一,第4~5页。

④ 陈立胜:《王阳明思想中的"独知"概念——兼论王阳明与朱子工夫论之异同》,《中山大学学报》(社会科学版)2016年第5期,第79页。

⑤ 董平:《主体性的自我澄明:论王阳明"致良知"说》,《中国哲学史》2020年第1期,第66页。

本章即欲沿着上述思路，探讨阳明中年时期工夫论的问题意识，以及这些工夫所受本体的指引和推动，并由此探讨这一阶段的工夫论与其后致良知观念之间的内在关联，由此把握致良知宗旨提出前后其工夫论的转折与连续。

第一节　中年工夫论以切要为焦点

就工夫论而言，工夫是否具有切要性的问题，是阳明中年关注的焦点。切要性的反面是支离。

阳明对切要性的要求，体现于其对诚意的重视中。诚意可以对治工夫的支离。而为了保证切要性的落实，阳明又强调格物是诚意的具体实施方法。格物能使诚意工夫不至流于空疏。诚意和格物的上述作用，可以从他《大学古本傍释》序中"不本于诚意，而徒以格物者，谓之支；不事于格物，而徒以诚意者，谓之虚"① 的主张中看出。

支离是阳明视野中朱子学的弊病，空疏是其所谓佛道之学的问题。而他认为当时士人深受这两者，尤其是朱子学的影响。在诚意和格物中，诚意居于主导地位，格物则居于从属地位。阳明认为，唯有以诚意为统领做格物工夫，才能真正克服私欲对心之本体的遮蔽，从而实现成圣的终极目标。而聚焦于克服私欲对心之本体的遮蔽，正是他对圣学或圣人之道的理解。这一理解直接得其龙场悟道。

阳明的《年谱》载阳明龙场所悟的内容为："圣人之道，吾性自足，向之求理于事物者误也。"② 把工夫理解为"求理于事物"，即是支离。与之相反的切要，则是聚焦于克服私欲对心之本体的遮蔽。

陈来先生从本体和工夫两个方面，全面概括了龙场悟道的内容，并进而将这两点归结为"心即理"的本体论命题："'吾性自足'是论本体（性体），不当'求理于事物'是论工夫。龙场悟道的基本结论

① 　王守仁：《大学古本原序》，《王阳明全集》卷三十二，第 1321 页。
② 　钱德洪编《年谱一》，《王阳明全集》卷三十三，第 1354 页。

实质上就是'心即理'，但这一思想的具体表述与展开最早见于《传习录》上徐爱所录。"①众所周知，阳明早年即立志成为圣人，后来曾究心于朱子的格物穷理之学并在著名的"格竹"事件中受到挫折，失去成为圣人的信心，于是泛滥于佛道之学。经过在龙场动心忍性的一番磨难，他重新树立了成为圣人的信心，认为天所赋予人的本性或说心体即可帮助人实现这一目标。其所谓心体，即是工夫的本体依据和动力来源。"求理于事物"即穷尽事事物物之理，体现了朱子学以格物、致知为本的工夫路线。阳明对这一路线把知识、才能当作成圣的根本这一特点有深刻的洞察。他说："后世不知作圣之本是纯乎天理，却专去知识才能上求圣人。以为圣人无所不知，无所不能，我须是将圣人许多知识才能逐一理会始得。故不务去天理上着工夫，徒弊精竭力，从册子上钻研，名物上考索，形迹上比拟，知识愈广而人欲愈滋，才力愈多而天理愈蔽。"②正因为把知识、才能当作成圣的关键，而对知识、才能的追求无疑是以越多、越广为佳，所以才造成了泛滥无归，以至于未能聚焦于克除私欲的支离之弊。经龙场之悟，阳明彻底抛弃了朱子学的工夫路线，并独立探索出一套求理于心的心学工夫路线。而这一工夫路线正是以克除私欲为根本追求，并以此贯穿工夫的整个过程，由此使工夫具备了切要性的特点。

牟宗三先生以下对何谓"支离"的论述，有助于我们理解阳明对朱子的批评。他说："一般由支离而说零散琐碎，那是引申义，而非支离的本义。支离的意思，好比一个骨干不会有支离，旁支才会岔出去，只有支（branches）才会有歧出。所以说支离，不是琐碎不琐碎的问题，而是中肯不中肯，歧出不歧出的问题。"③他在另一处进一步说："'支离'者，歧出而不相干之谓。此是单对相应道德本性而为道德的实践言为支离，并不是寡头泛言博文为支离也。若就客观理解，

① 陈来:《有无之境——王阳明哲学的精神》，第54页。
② 钱德洪编《传习录》第99条，《王阳明全集》卷一，第32页。
③ 牟宗三:《中国哲学十九讲》，第300页。

研究工作言，并无所谓支离也。"① 阳明批评朱子支离时，主要针对的是他从格物致知切入，没有扣紧去欲这一身心修养的要害来展开工夫。如其所批评朱子："早年合下便要继往开来，故一向只就考索著述上用功。若先切己自修，自然不暇及此。"② 至于其批评是否切当，格物致知是否果真支离而无关身心修养，则已如导论所述并非如此。

阳明认为"来心上做工夫"，是自己的"立言宗旨"。这从他与门人的以下问答可以看出：

> 又问："心即理之说，程子云'在物为理'，如何谓心即理？"先生曰："在物为理，在字上当添一心字，此心在物则为理。如此心在事父则为孝，在事君则为忠之类。"先生因谓之曰："诸君要识得我立言宗旨。我如今说个心即理是如何，只为世人分心与理为二，故便有许多病痛。如五伯攘夷狄，尊周室，都是一个私心，便不当理。人却说他做得当理，只心有未纯，往往悦慕其所为，要来外面做得好看，却与心全不相干。分心与理为二，其流至于伯道之伪而不自知。故我说个心即理，要使知心理是一个，便来心上做工夫，不去袭义于外，便是王道之真。此我立言宗旨。"③

"来心上做工夫，不去袭义于外"，是指点工夫方向之语。"在物为理"意味着工夫的着眼点、下手处在物理；"此心在物为理"则意味着工夫的着眼点、下手处在心。当然对阳明来说，心与物不是对立的关系，在心上做工夫可统贯穷理，仅谈穷理则"与心的善恶并不相干"。阳明认为主张来心上做工夫就是自己的"立言宗旨"。由此可以看出，他此时关注的焦点在于工夫的着眼点、下手处在心（准确说是心所发

---

① 牟宗三：《从陆象山到刘蕺山》，第 54~55 页。
② 钱德洪编《传习录》第 100 条，《王阳明全集》卷一，第 32 页。
③ 钱德洪编《传习录》第 321 条，《王阳明全集》卷三，第 137~138 页。

之意念的善恶、诚伪）而不在物，至于来心上做工夫是否能得到本体指引和推动的问题，则并非他关注的焦点。尽管这么说并不意味着来心上做工夫是没有本体指引和推动的。只是说，他的关注焦点尚不在此而已。因为此时他的核心关切是扭转由片面追求穷理带来的逐物之学、支离之学和功利之学的为学方向。而克服这些倾向的关键，在于提出来心上做工夫的诚意之学，唯有诚意之学才能克服片面追求穷理带来的弊病。

之所以须来心上做工夫，是因为唯有来心上做工夫，才能彻底扭转朱子学之支离和佛道之空疏的方向。来心上做工夫之所以可能，则是因为心外无理，理由心生，心才是发出和调控人的意识与行动的主宰，而在心之外则无事可言、无理可言，当然也就无学可言。阳明说："德有本而学有要，不于其本而泛焉以从事，高之而虚无，卑之而支离，终亦流荡失宗，劳而无得矣。是故君子之学，惟求得其心。虽至于位天地，育万物，未有出于吾心之外也……心外无事，心外无理，故心外无学。"[1]

心的主宰作用体现在意识和行动中："心者身之主宰，目虽视而所以视者心也，耳虽听而所以听者心也，口与四肢虽言动而所以言动者心也。故欲修身在于体当自家心体。"[2] "所以"即表达出了理的含义。心不仅是视听言动的发出者，更是调控者。理即体现于心对视听言动的调控之中。"修身在体当自家心体"，也是指点工夫方向之语，意即修身的关键在体认心体。心不仅是意识和行动的发出者，而且能使意识和行动符合自身固有的准则（此固有准则即是作为本体的性），故称为心体。须在意识与行动中体会心体，省察意识与行动是否依循了心体的要求。凡是不符合心体要求的念头，都是人欲而应该被克除，而不能自欺此心体。因而，正心工夫具体落实为不自欺的态度。而这种不自欺的态度，就是《大学》所说的诚意工夫。由此，诚意成为中

---

[1]　王守仁：《紫阳书院集序·乙亥》，《王阳明全集》卷七，第267页。
[2]　钱德洪编《传习录》第317条，《王阳明全集》卷三，第135页。

年阳明工夫论的核心。反对格物的首要性，主张以诚意统领格物，是中年阳明工夫论与朱子学工夫论的根本分歧。

所谓诚意统领格物，根本含义是由好善恶恶而为善去恶。从以下说法可以看出诚意和格物在阳明处的基本含义："初时若不着实用意去好善恶恶，如何能为善去恶？这着实用意便是诚意。"[①] 原本阳明认为好善恶恶即是诚意。不过，在初学阶段，"着实用意去好善恶恶"，才能称得上诚意。因为初学阶段心体受到气质、习俗和物欲等遮蔽，尚未充分呈露，所以阳明在好善恶恶之前特别强调"着实用意"。因好善恶恶而能做到的为善去恶，则是阳明所说的格物工夫。在诚意统领下的格物工夫，不再是即物穷理的意思，而主要是指由克除私欲，而做到端正念头以为善。

须说明的是，"好善恶恶"和"为善去恶"不是直接对应的。好善和恶恶都是善而当为之，不好善、不恶恶则都是恶而当去之。故"为善"即是具体落实好善恶恶，"去恶"则是抑制对恶的喜好与对善的厌恶。因此说"好善恶恶"与"为善去恶"不是对应的。湛甘泉后学冯从吾便指出了两者的不对应："人心一念发动处，有善念，有恶念。有善念，亦自有好善之念，有恶念，亦自有恶恶之念，皆一时并起。善念与恶念对言，好善之念与恶恶之念不对言。何也？好善之念，固善念，恶恶之念，亦善念，总一念也。"[②] 阳明弟子黄以方的如下说法也表明了同样的区分。他在解释阳明"人但得好善如好好色，恶恶如恶恶臭，便是圣人"时说："善能实实的好，是无念不善矣；恶能实实的恶，是无念及恶矣：如何不是圣人？"[③] 在此，好善和恶恶都是善。

在阳明看来，唯有以诚意为主导，才能统领为善去恶的工夫；而朱子学以格物穷理为先，则不能统领为善去恶的工夫。他说："《大学》

---

① 钱德洪编《传习录》第119条，《王阳明全集》卷一，第39页。
② 黄宗羲：《明儒学案》卷四十一，第997页。
③ 钱德洪编《传习录》第229条，《王阳明全集》卷三，第110页。

工夫即是明明德，明明德只是个诚意，诚意的工夫只是格物致知。若以诚意为主，去用格物致知的工夫，即工夫始有下落，即为善去恶无非是诚意的事。如新本先去穷格事物之理，即茫茫荡荡，都无着落处。"①由诚意统领格物，意味着格物的含义由诚意决定，从而使其服务于诚意的目的。具体而言，诚意规定了格物的含义是为善去恶。亦即好善恶恶的诚意必然要求为善去恶的工夫，为善去恶的工夫即由"格物"一语表达出来。若无诚意统领，格物工夫单纯以穷尽事事物物之理为内容，便会落入"茫茫荡荡，都无着落处"的支离之陷阱，以至于背离好善恶恶的诚意之目标，而诚意也就不能统领为善去恶的工夫了。

当然，反对和防止支离，并不意味着反对探究事物之理，也不意味着工夫内转。因为对阳明来说，心之所发的意与物构成意向关系，处在意向关系中的物非内非外。如果草木鸟兽之理在特定情形下成为诚意所要求的事，并且工夫过程也为诚意所统领，那格之又有何妨？格物在此不仅是无妨的，甚至还是必需的。格物与格心无法严格区分。如"意在于事亲，即事亲便是一物"②，从格心的角度来说，端正事亲的念头，不是单有念头之端正即可的。念头的端正必须有所体现，在事亲的行动上能做到温清定省，才叫端正事亲的念头。而温清定省必然涉及亦即如何才能使父母温清定省的问题。带着使父母温清定省的目的，去了解和探讨相关的事物之理，在阳明看来是诚意的题中应有之义。在诚意的统领下，格心便是格物，格物便是格心。因而，格心和格物就不是两件事情。要言之，诚意统领格物，则知融入了行，所以只有一事；格物在诚意之外进行，则知与行分而为二了，所以是两事。以诚意为统领，则即心即物，物直接构成对人行动的激发，物与心是不分离的。朱子则是把物当作了认识的对象，有一个行动之前的认知的环节，物首先是静观的对象，而不是对人的行动的当

---

①　钱德洪编《传习录》第129条，《王阳明全集》卷一，第44页。

②　钱德洪编《传习录》第6条，《王阳明全集》卷一，第7页。

下的激发。由此，诚意统领格物，就不仅仅包含了好善恶恶统领为善去恶的意思，而且包含了为善去恶统领了解知识的意思。这样，朱子所理解的格物也可以在阳明的思路中保有其应有的地位，若非如此，则好善恶恶的善良意志容易造成好心办坏事的结果。

至于好善恶恶的诚意工夫何以能统领为善去恶的格物工夫的问题，阳明决意前往大都的比喻，最能说明问题："夫不辞险阻艰难，决意向前，此正是诚意之意。审如是，则其所以问道途，具资斧，戒舟车，皆有不容已者。不然，又安在其为决意向前，而亦安所前乎？夫不识大都所在而泛焉欲往，则亦欲往而已，未尝真往也。惟其欲往而未尝真往，是以道途之不问，资斧之不具，舟车之不戒。若决意向前，则真往矣。真往者能如是乎？此最工夫切要者。"①着实用意去好善恶恶的诚意，包含了必然将好善恶恶付之行动的强大动力，正是诚意工夫内含的强大动力，使诚意可以统领为善去恶的格物工夫。阳明最后也直接点出这样的诚意工夫具有切要的特征。

一旦诚意统领的格物工夫达到极致，那么人的意念就完全成为心体的发用，而不再受到私欲之类因素的干扰。对阳明来说，这种状态就是诚的状态。而圣人不过就是达到了诚的状态的人。他说："圣，诚而已矣。君子之学以诚身。"②又说："人但得好善如好好色，恶恶如恶恶臭，便是圣人。"③既然以诚意统领格物工夫便能达到圣人的境界，那么诚意工夫就具有统括、涵盖全部工夫的作用，或者说，诚意不仅如前所述赋予了工夫以切要性，使之免于无关身心修养的支离之弊，而且赋予了工夫以整全性，以至于仅凭诚意工夫即可达到成圣的终极目标。简言之，诚意工夫便是全功，此外更无工夫可用。由此，当门人问阳明"立诚尽之矣乎"的问题时，他断然回答："立诚尽之矣！"④

---

① 王守仁：《答王天宇·二·甲戌》，《王阳明全集》卷四，第 184 页。
② 王守仁：《书王天宇卷·甲戌》，《王阳明全集》卷八，第 302 页。
③ 钱德洪编《传习录》第 229 条，《王阳明全集》卷三，第 110 页。
④ 王守仁：《赠林典卿归省序·乙亥》，《王阳明全集》卷七，第 262 页。

诚意不仅使工夫免于支离，而且是全功，这也就无怪阳明在《大学古本傍释》序中会说"《大学》之要，诚意而已矣"了。

强调诚意即是全功的类似说法，在阳明中年的文字和语录中非常多见。如《大学古本傍释》称："修身唯在于诚意。"又如《传习录》卷上载阳明语："大抵《中庸》工夫只是诚身，诚身之极便是至诚；《大学》工夫只是诚意，诚意之极便是至善。"[1] 再如守衡述阳明语："《大学》工夫只是诚意，诚意工夫只是格物。修、齐、治、平，只诚意尽矣。"[2]

第二节　格物工夫受本体指引和推动

以上探讨了诚意在阳明中年工夫论中的地位和作用。作为阳明中年工夫论的核心，诚意能赋予工夫以切要性和整全性。切要性意味着工夫可以免于支离，整全性意味着仅诚意工夫即可保证成圣终极目标的实现。若从工夫之依据和动力而言，则对阳明来说，由诚意统领的格物工夫受到本体指引和推动，并在一部分情况下还是完全出于本体的工夫。

在前引《传习录》卷上"如新本先去穷格事物之理，即茫茫荡荡，都无着落处"后，阳明指出，即便朱子学在穷理之外提出"敬"的观念以求能使工夫收束到身心修养上来，但终究而言其敬的观念是没有根源的。他说朱子："须用添个敬字方才牵扯得向身心上来。然终是没根源。"[3] 阳明之所以说敬的观念是没有根源的，是因为其含义不过是使意识高度集中、专一而已，并无来自本体的准则和动力以保证其必然是为善去恶的。至于对阳明来说，敬字的提出不合《大学》原意的问题，在此不必赘言。重要的是，阳明自身以诚意为主导的工夫

---

① 钱德洪编《传习录》第129条，《王阳明全集》卷一，第44页。
② 钱德洪编《传习录》第119条，《王阳明全集》卷一，第39页。
③ 钱德洪编《传习录》第129条，《王阳明全集》卷一，第44页。

论，虽然做到了紧扣身心修养问题而谈，但也面临是否具有根源，亦即是否受到本体指引和推动的问题。

事实上，本体指引和推动的问题，简言之即本体支撑的问题，本就是内在于诚意工夫中，而必须解决的问题。且不论诚意之动力来源的问题，仅就准则而言，之所以这么说，是因为诚意工夫必然会遇到一个怎么知道所发的念头是善还是恶的问题，这一点业已为陈来先生所道出。工夫有本体的参与，以本体为据对念头的善恶加以判别，则能解决这一问题。薛中离曾问阳明"正恐这些私意认不真"的问题，阳明在回答中除了强调真切，还点出了人所本有的是非之心："总是志未切。志切，目视耳听皆在此，安有认不真的道理？'是非之心人皆有之'，不假外求。讲求亦只是体当自心所见，不成去心外别有个见。"①

以下郑德夫与阳明的问答，也表明阳明所说的诚意工夫是有本体参与的：

> 曰："心又何以能定是非乎？"曰："无是非之心，非人也。口之于甘苦也，与易牙同；目之于妍媸也，与离娄同；心之于是非也，与圣人同。其有昧焉者，其心之于道，不能如口之于味、目之于色之诚切也，然后私得而蔽之。子务立其诚而已。子惟虑夫心之于道，不能如口之于味、目之于色之诚切也，而何虑夫甘苦妍媸之无辩也乎？"②

阳明认为"心之于是非也，与圣人同"，即是非之心具有普遍性，是人皆有之的本体。虽然人皆有之，但是人们往往在意识层面遮蔽了这一本体。其原因就在于"其心之于道，不能如口之于味、目之于色之诚切也"，"诚切"接近于前述"着实用意"。不诚切，则诚意工夫无

---

① 钱德洪编《传习录》第96条，《王阳明全集》卷一，第30~31页。
② 王守仁：《赠郑德夫归省序·乙亥》，《王阳明全集》卷七，第266页。

从谈起，是非之心自然也就无从落实。因而，阳明最后将重点放在如好好色般的诚意工夫上。在陆原静所记录的问答中，阳明也将致知才能诚意的问题归结于真切做诚意工夫：

> 问："知至然后可以言诚意。今天理人欲，知之未尽，如何用得克己工夫？"先生曰："人若真实切己用功不已，则于此心天理之精微日见一日，私欲之细微亦日见一日。若不用克己工夫，终日只是说话而已，天理终不自见，私欲亦终不自见。"①

阳明对人面临的主要问题的诊断是非常准确的，即对正确与否的知不是最紧缺的，缺的是将其转化为行。而转化的关键是本然好恶、痛切感受，而这正是阳明诚意以及知行合一命题强调的。诚意不是知至以后的工夫，而可以在本然好恶、痛切感受的推动和引导下直接展开。当然，陆原静认为"知至然后可以言诚意"是对朱子思想的误解。朱子认为虽然知未至，但也要开始诚意，只是因为知未至，诚意比较艰难而已。

阳明中年时期还说过"诚是心之本体"②、"至善是心之本体"③、"知是心之本体"④和"此独知处便是诚的萌芽"⑤等。诚意工夫对阳明来说，始终是在诚、知、至善心体或者独知驱动和监督下进行的。

仅以诚为例来说，按照阳明"'诚'字有以工夫说者。诚是心之本体，求复其本体，便是思诚的工夫"⑥的说法，诚自身就可以是诚意工夫的依据和动力来源，即以诚之本体为导向，让意念达到和诚之本体一致的工夫，就是思诚，亦即诚意的工夫。诚意统领格物，即是使

---

① 钱德洪编《传习录》第65条，《王阳明全集》卷一，第23页。
② 钱德洪编《传习录》第121条，《王阳明全集》卷一，第40页。
③ 钱德洪编《传习录》第2条，《王阳明全集》卷一，第2页。
④ 钱德洪编《传习录》第8条，《王阳明全集》卷一，第7页。
⑤ 钱德洪编《传习录》第120条，《王阳明全集》卷一，第39页。
⑥ 钱德洪编《传习录》第120条，《王阳明全集》卷一，第40页。

诚之本体充实于意念之中，并由这一意念引导并最终完成为善工夫。

由上可知，好善恶恶之念乃是出于心体之念，亦即本体之念。而心体不仅提供了何为善恶的准则（善恶），从而成为行动的指引，而且也提供了按照准则行动的动力（好恶），从而成为行动的动力来源。所谓由诚意统领的格物工夫，就是在意识层面体认到心体的指引和推动，由此排除气质、习俗和物欲等对意念的影响，从而使意念成为出于本体之念。而对本体的体认越深，本体呈露得就越充分，本体之念就越强烈，由此引发的工夫也就越果决。这种果决的状态达到完全不受私欲之类因素干扰时，工夫就成了完全出于本体之动力，因而同时也成为符合本体之准则的工夫。

由此我们便可完全明白工夫受到本体指引和推动，以及工夫完全出于本体这两者的含义。前引"初时若不着实用意去好善恶恶"一段的完整内容是："为学工夫有浅深。初时若不着实用意去好善恶恶，如何能为善去恶？这着实用意便是诚意。然不知心之本体原无一物，一向着意去好善恶恶，便又多了这分意思，便不是廓然大公。《书》所谓'无有作好作恶'，方是本体。所以说'有所忿懥好乐则不得其正'。正心只是诚意工夫里面体当自家心体，常要鉴空衡平，这便是未发之中。"① 前已论及，阳明说"着实用意便是诚意"，不过是"着实用意去好善恶恶便是诚意"的省略形式而已。在此要进一步指出的是，既然"着实用意去好善恶恶"并不足以概括诚意的意思，那么尚有不必着实用意，而能好善恶恶的情形。就诚意的含义而言，只要是好善恶恶，就是诚意，而不管是否着意或说刻意为之。至于其中不必刻意为之的情形，称为正心。正心是诚意工夫的一种特殊形式，这种形式的独特之处在于，它不是刻意为之的，而是基于对本体的充分体认，从而完全借助了本体自身的力量。对心之本体而言，本就是好善恶恶的，而不必刻意为之。这种作为诚意特殊形式的正心工夫，便是

---

① 钱德洪编《传习录》第119条，《王阳明全集》卷一，第39页。

完全出于本体的工夫，是普通人达到较高阶段或所谓上根人才能做到的。而着实用意地好善恶恶，虽然也受到了本体的指引和推动，但毕竟包含了刻意为之的成分，所以只可说是部分出于本体的工夫，而不能称为完全出于本体的工夫。当然，因为有所刻意的好善恶恶毕竟受到本体的指引和推动，所以我们可以将其视为广义的本体工夫，亦即部分出于本体的工夫。而完全出于本体的好善恶恶，则是狭义的亦即严格意义上的本体工夫。正是基于以上理由，我们才说对阳明而言，由诚意统领的格物工夫受到本体指引和推动，并在一部分情况下还是完全出于本体的工夫。

第三节　本体指引和推动作为中年工夫论的普遍特征

以上，我们直接就阳明中年有关诚意与格物的论述，确认了他所说的由诚意统领的格物工夫获得了本体指引和推动。不过，他中年时期指点工夫的用语不仅限于诚意与格物，上述结论对中年时期的阳明来说是否具有普遍意义？以下，我们就阳明经常提及的"去人欲而存天理"话头，讨论本体的作用怎样在这一话头指点下具体落实的问题。这一话头承袭自朱子学，非阳明独创。如果以朱子学固有语言所表达的工夫论，都体现出工夫受本体的指引和推动，那么，我们就有理由得出结论，阳明论述的工夫是获得了本体指引和推动的这一点，适用于他中年时期所有有关工夫的论述。

我们首先来看徐曰仁与阳明的如下问答：

爱问："至善只求诸心，恐于天下事理有不能尽。"先生曰："心即理也。天下又有心外之事，心外之理乎？"爱曰："如事父之孝，事君之忠，交友之信，治民之仁，其间有许多理在，恐亦不可不察。"先生叹曰："此说之蔽久矣，岂一语所能悟？今姑就

> 所问者言之：且如事父，不成去父上求个孝的理？事君，不成去
> 君上求个忠的理？交友治民，不成去友上、民上求个信与仁的
> 理？都只在此心。心即理也。此心无私欲之蔽，即是天理，不须
> 外面添一分。以此纯乎天理之心，发之事父便是孝，发之事君便
> 是忠，发之交友治民便是信与仁。只在此心去人欲、存天理上用
> 功便是。"①

"只在此心去人欲、存天理上用功"，而后"以此纯乎天理之心"事亲、从兄、事君，便有事亲之孝，从兄之悌，事君之忠。问题的关键在于，去人欲与存天理之间的关系究竟如何。

在朱子学中，某种意义上存天理应当是涵养的工夫，去人欲则是慎独察识的工夫，两者分属未发和已发的不同阶段，是互不统属，但互相促进的关系。在阳明，以其归一之学的取向而言，这两个工夫不仅不是互不统属的关系，甚至也不是有主有次、一统一属的关系，就其实质而言，两者只是一个工夫。陈立胜先生从省察和涵养关系的角度指出在阳明处，省察工夫并不是脱离涵养而存在，而是内含着涵养工夫的。他说："在'发处''发时'用功，绝不是在经验层面上打转，亦不仅仅是提防性、防御性地审查意念初发时之真伪性质，而是由此'发时''发处'体证、体认、涵养、默识良知之本体、心之本体，悟得良知真头面。"②就本章的观点来说，阳明所说的克除私欲的省察工夫，是以心之本体为依据和动力来源才得以施行的。

从"如心无私欲之蔽即是天理""只在此心去人欲、存天理上用功便是"等说法，可见工夫的目标是纯乎天理之心，而关键则在于去人欲。阳明在他处强调，仅仅去人欲工夫便已足够，此外更无存天理的工夫。他说："既去恶念，便是善念，便复心之本体矣。譬如日光，

---

① 钱德洪编《传习录》第3条，《王阳明全集》卷一，第2~3页。
② 陈立胜：《王阳明思想中的"独知"概念——兼论王阳明与朱子工夫论之异同》，《中山大学学报》（社会科学版），2016年第5期，第90页。

被云来遮蔽，云去，光已复矣。若恶念既去，又要存个善念，即是日光之中添燃一灯。"①人欲去得一分，天理便存得一分。去了人欲之心，则心自可以发出孝悌忠信仁义等善行。从心的这个功能看，也可看出此心是心体，而不仅仅具有知觉的意义。

进一步说，去人欲的工夫，是否有本体指引和推动，便成为问题的关键。这要从怎样做去人欲的工夫说起。要点就在于由"心即理"的本体命题，必然引出的"至善只求诸心"这一工夫命题。"至善只求诸心"不仅是指点本体何所在的命题，也是指点工夫以何为据、如何下手的命题。求诸心而可得至善或天理的引导，明白是非对错，是非对错只在一念之间，并是其所是，非其所非，将是非对错的认识付诸行动，如此则可谓做到了去人欲。而如前所述，去人欲便已是存天理了。

至善或天理成为做工夫的依据和动力来源。相比于其他常用方法，如单纯使意识宁静下来，这一方法具有保证工夫正确方向的根本作用。正如以下对话所示：

> 问："宁静存心时，可为'未发之中'否？"先生曰："今人存心，只定得气。当其宁静时，亦只是气宁静，不可以为'未发之中'。"曰："'未'便是'中'，莫亦是求'中'功夫？"曰："只要去人欲、存天理，方是功夫。静时念念去人欲、存天理，动时念念去人欲、存天理，不管宁静不宁静。若靠那宁静，不惟渐有喜静厌动之弊，中间许多病痛只是潜伏在，终不能绝去，遇事依旧滋长。以循理为主，何尝不宁静；以宁静为主，未必能循理。"②

"以循理为主"中的理，即是做工夫的本体依据和动力来源。另外，

---

① 钱德洪编《传习录》第237条，《王阳明全集》卷三，第112~113页。
② 钱德洪编《传习录》第28条，《王阳明全集》卷一，第15~16页。

阳明还有"好恶一循于理"①等说法，表示好恶之意需要完全依理而行，理构成好恶的本体依据和动力来源。重要的是，理非由外向的求索而得，而是心所本具。因此，理作为本体依据和动力来源，终究而言，乃是心作为本体依据和动力来源。

在此须指出的是，对阳明而言，心作为本体必能有所表现，其有所表现即源自"天机不息"。虽受私欲遮蔽，但无论如何，本体都不会彻底受蔽而中断，因而可以始终对工夫发挥推动与引导作用。从正德十四年阳明答陈明水（名九川，字惟濬）语可以看出本体活泼、生生不息：

> 九川问："近年因厌泛滥之学，每要静坐，求屏息念虑，非惟不能，愈觉扰扰，如何？"先生曰："念如何可息？只是要正。"曰："当自有无念时否？"先生曰："实无无念时。"曰："如此却如何言静？"曰："静未尝不动，动未尝不静。戒谨恐惧即是念，何分动静。"曰："周子何以言'定之以中正仁义而主静'？"曰："无欲故静，是'静亦定，动亦定'的'定'字，主其本体也。戒惧之念是活泼泼地，此是天机不息处，所谓'维天之命，於穆不已'，一息便是死，非本体之念，即是私念。"②

既然本体可以始终发挥对工夫的引导和推动作用，那么，问题就不在于穷尽本体之知的全部内容，而在于就当下呈现于意识层面的本体之知而遵循之、推行之。唯其如此，才是真切的诚意工夫。这正是前引阳明答薛中离语以及《赠郑德夫归省序》就已表达的意思。在前引陆原静与阳明问答的后半部分，阳明也表达了同样的意思："如人走路一般，走得一段，方认得一段；走到歧路处，有疑便问，问了又走，方渐能到得欲到之处。今人于已知之天理不肯存，已知之人欲不肯去，

---

① 钱德洪编《传习录》第101条，《王阳明全集》卷一，第33页。
② 钱德洪编《传习录》第202条，《王阳明全集》卷三，第103~104页。

且只管愁不能尽知。只管闲讲，何益之有？且待克得自己无私可克，方愁不能尽知，亦未迟在。"[1]至于单纯已知之天理无法提供全部支撑的问题，则有必要诉诸着实用意等后天因素，此不赘言。

第四节　致良知的提出与阳明工夫论焦点的变化

阳明于正德十五年前后正式提出致良知宗旨。致良知宗旨的提出，将工夫之本体依据与动力来源的问题凸显出来，使之成为阳明在工夫问题上关注的焦点，由此阳明工夫论推进到一个新的阶段。

前已述及，正德十四年陈明水问学于阳明。从他们有关"本体工夫"（或作"本体功夫"）问题的讨论，可以看出当时的阳明已有将工夫之本体依据和动力来源问题凸显出来的倾向。阳明说："功夫不离本体，本体原无内外。只为后来做功夫的分了内外，失其本体了。如今正要讲明功夫不要有内外，乃是本体功夫。"[2]"功夫不离本体"，是说工夫不能专务求静于内或逐物于外，而要在本体主导下进行，如此才能称得上是"本体工夫"。至于专务求静于内或逐物于外，何以并无或失去本体的主导，我们前两节已有论及。此条说明正德十四年前后，阳明对本体在工夫中如何发挥作用的问题，已经明确予以关注和重视。"良知"最终成为他用以指点工夫之本体依据与动力来源的术语，也正是在这一背景下发生的。

《传习录》卷下首条也是陈明水正德十四年所录，其中载他对诚意工夫的思考及其与阳明等师友的问难。通过对这些思考和问难的分析，我们不仅可以看出阳明中年工夫论内含的本体支撑，而且可以理解阳明工夫论从中年以诚意为首要工夫向晚年以致良知为中心演变的过程和内在机理。这段对话的主要内容为：

---

① 钱德洪编《传习录》第65条，《王阳明全集》卷一，第23~24页。
② 钱德洪编《传习录》第204条，《王阳明全集》卷三，第104页。

己卯归自京师，再见先生于洪都。先生兵务倥偬，乘隙讲授，首问："近年用功何如？"九川曰："近年体验得'明明德'工夫只是'诚意'。自'明明德于天下'，步步推入根源，到'诚意'上再去不得，如何以前又有格致工夫？后又体验，觉得意之诚伪必先知觉乃可，以颜子'有不善未尝不知，知之未尝复行'为证，豁然若无疑；却又多了格物功夫。又思来，吾心之灵，何有不知意之善恶？只是物欲蔽了，须格去物欲，始能如颜子未尝不知耳。又自疑功夫颠倒，与'诚意'不成片段。后问希颜。希颜曰：'先生谓格物致知是诚意功夫，极好。'九川曰：'如何是诚意功夫？希颜令再思体看，九川终不悟，请问。'"先生曰："惜哉！此可一言而悟！惟濬所举颜子事便是了。只要知身、心、意、知、物是一件。"九川疑曰："物在外，如何与身、心、意、知是一件？"先生曰："耳、目、口、鼻、四肢，身也，非心安能视、听、言、动？心欲视、听、言、动，无耳、目、口、鼻、四肢亦不能。故无心则无身，无身则无心。但指其充塞处言之谓之身，指其主宰处言之谓之心，指心之发动处谓之意，指意之灵明处谓之知，指意之涉着处谓之物：只是一件。意未有悬空的，必着事物，故欲诚意则随意所在某事而格之，去其人欲而归于天理，则良知之在此事者无蔽而得致矣。此便是诚意的功夫。"九川乃释然，破数年之疑。①

明水原本认为工夫只在诚意，应该专注做诚意工夫。而他的疑问也就由此而起：既然应该专注做诚意工夫，则又何必如《大学》所说的那样有致知工夫呢？经过仔细体察，他认识到诚意必须以察觉意念的是非为前提，而察觉意念的是非正是致知的工夫。由此只要做致知诚意的工夫就可以了，何必又谈及格物呢？经过仔细体察，他又认识到知

① 钱德洪编《传习录》第201条，《王阳明全集》卷三，第102~103页。

是知非之心会被私欲遮蔽，故有必要做去私欲的格物工夫。然而，既然已经去除了私欲，那就已经达到了表里如一的诚的状态，即已经做到了诚意。这样一来，去私欲一方面作为格物，是致知的前提，另一方面作为诚意的下手处，却又以致知为前提，因而出现颠倒、循环的问题，且无法像《大学》说的那样，由格物而推到致知，又由致知而推到诚意。

然而，阳明并不认为明水的问题是一个棘手的问题。他认为致知当然是必要的，但又不认为由此就会导致循环关系。因为在他看来，"身、心、意、知、物是一件"，这实际上蕴含了格、致、诚、正、修只是一个工夫的观点。只不过，这一观点在此并未明说，而是在正德十五年《答罗整庵少宰书》"惟其工夫之详密，而要之只是一事"①，以及嘉靖六年（1527）钱绪山所录《大学问》"格、致、诚、正、修者……其实只是一事"②等处才被正式、完整地表达。在阳明看来，明水的疑问，正是由于没有理解格致诚正修只是一个工夫所致。

格致诚正修只是一个工夫的观点，一方面对以诚意为首要工夫的观点做了修正，弱化了诚意在工夫条目中的地位，同时意味着致知作用的凸显和地位的提升过程，迈出了第一步。另一方面，既然格致诚正修只是一个工夫，那么也就无所谓单独以何者为首要的问题，这也制约了致知地位的过度提升，为阳明提出致良知宗旨之后，仍然给予诚意和格物充分的重视，做了铺垫和准备。

以格致诚正修只是一个工夫观点的提出为分界，致知地位的提升过程，大致可以分为两个阶段。第一个阶段，随着格致诚正修只是一个工夫观点的提出，致知某种程度上获得了与诚意同等重要的地位。第二个阶段，随着致良知宗旨的提出，致知或致良知成为阳明主要的工夫指点语，其重要性应当说已经超过诚意。

事实上，之所以在明水的理解中，各个工夫条目会出现颠倒、循

---

① 钱德洪编《传习录》第174条，《王阳明全集》卷二，第86页。
② 王守仁：《大学问》，《王阳明全集》卷二十六，第1069页。

环关系，关键就在于致知一环地位的凸显。正是为了使知是知非之心不受遮蔽，才有必要做格物工夫，由此才引发格物与诚意的重复，并导致工夫的颠倒、循环。

原本在中年阳明的一些论述中，格物是诚意的工夫，或说诚意的工夫在格物上做，并未特别考虑致知的地位和作用，致知往往在论述格物时被顺带提及，如前引《传习录》卷上第 129 条便是如此。但一方面，既然阳明以《大学》为框架来讨论工夫问题，那就必须考虑到将《大学》各个条目都容纳进对工夫的论述中，并对它们的内涵和关系做出合理的解释。也就是说，阳明的思想论述受到其所依据的经典文本的限制，这种限制很大程度上是外在的，因而不得不加以考虑。但另一方面更重要的是，致知环节的存在是其工夫论的内在要求。当他说"此独知处便是诚的萌芽"[①] 等的时候，便已经蕴含了诚必须以判别善恶是非为前提，由此致知本就是题中之义，而并不是突然出现的。

在与薛中离、郑德夫以及陆原静等人的问答中，阳明便已经触及诚意与致知关系的问题，然而，他当时虽然也认为工夫是有本体支撑的，但关注的焦点却在诚意工夫的重要性上，认为最为紧迫的问题本就不在本体，因而并未将视线投向致知，也未赋予致知不同于格物的独立地位。致知的地位问题之所以变得不容回避，从外部原因来说，是因为阳明门人不断将关注点投向致知，并依据《大学》文本而试图赋予其独立于格物的地位。从内部原因来说，是因为阳明对工夫之真切性的体认，使他由真切而达简易，而使工夫变得简易的，正是本体的指引和推动，由此，将本体之指引和推动凸显出来的致知，便被阳明放到关注中心来把握。阳明把握到工夫之简易性这一点，从正德十五年他对明水所说的"此间有个诀窍"等可以看出，因"诀窍"即意味着工夫的简便易行。

---

①　钱德洪编《传习录》第 120 条，《王阳明全集》卷一，第 39 页。

正德十五年陈明水又见阳明，一般认为阳明这年正式揭出致良知宗旨，其中最早的一段重要语录，便是明水记录下来的。其内容为：

> 庚辰往虔州，再见先生，问："近来功夫虽若稍知头脑，然难寻个稳当快乐处。"先生曰："尔却去心上寻个天理，此正所谓理障。此间有个诀窍。"曰："请问如何？"曰："只是致知。"曰："如何致？"曰："尔那一点良知，是尔自家底准则。尔意念着处，他是便知是，非便知非，更瞒他一些不得。尔只不要欺他，实实落落依着他做去，善便存，恶便去，他这里何等稳当快乐。此便是格物的真诀，致知的实功。若不靠着这些真机，如何去格物？我亦近年体贴出来如此分明，初犹疑只依他恐有不足，精细看无些小欠阙。"①

"只是致知"和此前"只是诚意"的表述形成鲜明对比，表明阳明理解的《大学》工夫条目的重心，在此时确实发生了转移。不过，从他对致知的解释来看，他认为致知不过就是"只不要欺他"，这一点则仍是诚意的旧义。以诚意界定致知，表明诚意在致知或致良知观念中得以保留下来，成为致良知工夫的根本内容。更为重要的是，致知即是依循良知。依循的说法，将良知之本体在工夫中的中心地位，充分凸显出来。"此间有个诀窍"，表明依循良知的工夫，是简便易行的工夫。之所以简便易行，就是因为有良知本体可供依循。"我亦近年体贴出来如此分明"，则表明对致知的深切理解，是阳明在长期真切做工夫的基础上实际体验所得的结果。因而，他突出致知的地位，以为工夫不过就是依循这一良知本体而已，与其说是他直接追求工夫简易性获得的成果，不如说是他真切从事诚意工夫自然、顺带获得的成果。1508 年以后，阳明功夫论的要旨经历了由切要而达简易、由简易

---

① 钱德洪编《传习录》第 206 条，《王阳明全集》卷三，第 105 页。

而达真切的演变过程。他针对朱子工夫论不切要、不简易的问题而形成自身切要而简易的工夫论，他工夫论面临的主要内在问题，中年是学者做工夫虽然切要但却困苦，晚年则是学者做工夫虽然简易但却不真切，对此我们在下一章再来详论。

由于阳明明确点出诚意和致知只是一个工夫，因而他工夫指点语从诚意转向致知，反映的不过就是他的关注点在同一工夫的不同侧面之间的转移。这一转移的实质，是工夫之本体指引和推动的问题在阳明工夫论中由一般地位提升为首要地位，取代工夫之切要性的问题，成为他关注的焦点。当然，关注焦点转移的同时，也应当看到，诚意、格物在致知工夫中仍然具有重要地位。

诚意工夫在致良知中的地位，上文已经提及，即致良知是不欺良知、依循良知，让良知充实于意念。关于格物，仅举一例加以说明。完成于嘉靖二年（1523）的《大学古本傍释》改本对致良知的解释是使"吾事亲之良知无私欲之间而得以致其极"[1]。虽然工夫指点语变成致良知，但致良知工夫的内容，仍然是以去除私欲的格物工夫为关键。

小　结

在正德三年龙场悟道之前的青年时期，阳明尽管因为从事朱子学式的格物工夫遭遇失败，对自身是否能够成圣失去信心，以至于泛滥于佛道之学，然而，如何才能成就圣人的问题，始终萦绕在他心中挥之不去。经过长期的思考和在龙场的磨砺，他彻悟了本体之于工夫的作用，由此重建了对儒家成圣之学的信念。他在龙场所悟的本质，就是仅仅依靠自我固有的本体，而非外在的知识，便可以做工夫并达到圣人的境界。龙场悟道的成果，虽然可以表述为"心即理"的本体命

---

[1]　王守仁：《大学古本傍释·戊寅》，《王阳明全集》卷三十二，第1316页。按：此为改本，非戊寅所作。

题，但其核心的问题关切，则在于成圣工夫的根据与动力何在。因而，从如何引导与推动工夫而非静态、抽象本体的角度，更能揭示龙场悟道在阳明学中的意义。

与朱子学不同，对进入中年以后的阳明来说，心不仅是做工夫处，更是做工夫的本体支撑。[①]所谓本体支撑，就是本体对工夫的指引和推动。工夫获得本体指引和推动，就是工夫出于德性之知或天德良知，而非见闻之知。与此不同，朱子主张的基于主宰心、知觉心的居敬涵养、格物致知工夫，并非依靠本体支撑。对他来说，诚意是继格物、致知而起的另一个工夫。亦即诚意在格物之后、之外，而非内在地包含格物并作为格物的统领。阳明中年念兹在兹的则是让格物内在于诚意之中，以扭转格物的方向，使之成为克去私欲的工夫。

阳明"来心上做工夫"即针对朱子格物之学的支离，其与朱子"心是做工夫处"的差别何在？要言之，阳明"来心上做工夫"，直接针对心所发的意念之善恶、诚伪，此点直接与朱子格物致知构成区别。而旨在落实好善恶恶之念的诚意本身由本体指引和推动，这一点又区别于朱子不凭借本体的居敬涵养。很显然，"心是做工夫处"命题直接点出了朱子并不以心为做工夫的本体支撑，而只是将其视为做工夫的场所。

在阳明中年的上述工夫论中，内含着诚意与致知关系的紧张。一方面，致知和格物一样，是诚意的下手处，另一方面致知又是诚意的依据。这两点是否能同时成立，就成为阳明必须面对的问题。换句话说，既然致知是诚意的依据，诚意最终要落实到致知，那为什么还要有诚意？要回答这个问题，就涉及阳明中年工夫论的问题意识。他不是要在格物致知之外另提一个诚意工夫，而是意在指出，正是由于有诚意的统领，或说正是由于格物致知内在于诚意之中，格物致知才能

---

① 对朱子"心是做工夫处"立场的详细分析，可参吴震《"心是做工夫处"——关于朱熹心论的几个问题》，吴震主编《宋代新儒学的精神世界——以朱子学为中心》，华东师范大学出版社，2009，第112~138页。

避免支离、逐物、功利的弊病，而成为去除私欲的工夫。如果格物致知本为去欲的工夫，阳明何必再谈诚意而造成累赘。因为在格物致知已是去欲工夫的情况下，追求表里如一的诚意，事实上已经包含在格物致知的去欲工夫中了。提出诚意的统领作用，本身就是为了避免支离，如果因为提出诚意，反而使诚意与格物或致知造成支离，那就违背阳明的意旨了。也正是因为诚意、致知和格物等工夫事实上是内在统一的，所以阳明才最终明确提出格致诚正修只是一个工夫的主张。诚意和致知的紧张关系，由此也才得以解决。

工夫受到本体指引和推动，是阳明自龙场悟道以后的一贯看法。至于他论述重点从诚意向致良知的转变，则意味着工夫之本体指引和推动的问题在他意识中越发凸显，成为他在工夫问题上关注的焦点。亦即正德十五年前后，阳明思想的转进在于，关注焦点由心所发之意念是工夫着眼点、下手处，变为良知是工夫的本体支撑。其中的连续性在于，他所说的工夫始终都是受到本体指引和推动的。正是这种连续性，才使转进不是突然发生的，而是有既有因素作为内在支撑的。

正德十五年前后阳明思想的转折与连续果真如此的话，我们还可以解释一个问题，即何以"良知"在阳明处拥有本体代名词一般的地位。这个问题可以如此表述：阳明中年经常使用的心、诚、独知、至善等概念，均可称为本体，然而晚年却最为重视良知，并且只有晚年念兹在兹的良知，在阳明学中不仅表示良知本身的含义，还可以直接作为本体同义词来使用，其中的原因究竟何在？之所以"良知"可以直接作为本体的同义词，是因为中年提及那些概念之际，阳明的问题关切不在于做工夫的本体支撑。致良知宗旨提出后，问题意识主要就在于阐明工夫的本体支撑。亦即讲良知主要就是为了讲工夫所依赖的本体，讲本体即不能不讲良知，两者便成了一而二、二而一的关系，由此良知便成了本体的代名词。

对阳明来说，因为一方面"良"字凸显良知乃天所赋予、人所固有，因而一反便得的特征，另一方面良知又表示是非之心的含义，直接触及分辨是非善恶这一道德问题的要害，所以以良知指点学者做工夫就能收到简易明白的效果，这一点非其他指点语所能比拟。当然也应看到，正德十五年前后正式提出致良知宗旨以前，阳明已经明确意识到本体在做工夫过程中的作用。对他来说，不管这个本体叫作什么，工夫都应紧扣本体来推行。从根本上来说，重要的是揭示本体在做工夫过程中扮演的关键角色并在行动中将其作用展现出来，至于本体叫作什么，相对来说反倒没有那么重要。因此，正德十五年以后他借良知这一本体所能说明的主要问题，某种意义上在正德十五年以前借助心之本体、诚、知、独知、至善和天理等本体概念，也在一定程度上都能说明。

如果上述判断成立的话，那么，正德三年龙场悟道，而非正德十五年前后致良知宗旨的提出，在阳明学的发展过程中就是头等大事。龙场悟道以后，阳明思想每转益进，尤其致良知宗旨的提出，使阳明学的面貌发生显著变化，使学者有可能直接契入良知这一工夫要领，这一点是毋庸置疑的。不过终究而言，正德三年以后阳明思想连续性的分量，应该是重于断裂性的分量的。

第五章
晚年工夫论中的致知与诚意

　　学界一般认为，以正德十五年（1520）提出致良知宗旨为标志，阳明思想开启了一个新的阶段。自此以后，他在主要以致良知接引学者做工夫的同时，自身对致良知工夫的实践也日臻化境。无论阳明自己，还是其门人后学，抑或当代学者，都对他思想的这一转变给予了高度评价。仅拿阳明自己的话来说，他在嘉靖四年（1525）对致良知的地位及其重新发现的意义，做了如下极高的评价："致良知之外无学矣。自孔孟既没，此学失传几千百年，赖天之灵，偶复有见，诚千古之一快，百世以俟圣人而不惑者也。"①

　　对正德十五年前后阳明思想，尤其是工夫论究竟发生了什么变化，如上章所述，陈来先生认为其变化可以大致概括为从以诚意为本，转向以致知或致良知为本。在正德十五年以后阳明的论述中，致知和致良知含义一致，可以互换使用。此处所说"本"，则是首要或根本的意思。

　　不过，值得注意的是，正德十五年前后两个阶段并非截然二分的关系。不少学者都注意到了这一点，在此仅举两例，就良知而言，吴震先生认为："若就义理的角度言，所谓阳明的早晚期良知说，其实并

---

　　①　王守仁：《书魏师孟卷·乙酉》，《王阳明全集》卷八，第 312 页。

不存在本质上的歧义，只是在表述上的侧重点略有偏差而已。"①　就诚而言，陈立胜先生指出，"对'诚'之强调一直见于阳明晚年思想"②。诚包含了诚意的意思。上述学者的看法提醒我们有必要重新思考正德十五年前后阳明工夫论的关系。

一方面，正如阳明的夫子自道——"吾'良知'二字，自龙场以后，便已不出此意，只是点此二字不出"③——所显示的，从正德三年（1508）龙场悟道到正德十五年间，阳明工夫论乃至其思想整体，都可用良知理论加以诠释。在这个阶段，他也偶有提及良知概念。良知概念和同样表示本体的其他概念，如心、天理、独知和诚等一起，被他用来表示本体。另一方面，在正德十五年以后阳明晚年的论述中，不仅可见关于诚意的谈论，而且可见他对诚意的重视甚至足以与对致知的重视相提并论。他极为重视诚意的一个重要表现便是，在界定良知本体和致良知工夫的含义时，他均涉及了诚意。故而，与其说正德十五年前后阳明的立场发生了实质性的转变，不如说在此前后，他的关注焦点或说论述中心发生了转移。

围绕理解阳明关注焦点或说论述中心的转移，至少有以下四点问题有待回答。

第一，对阳明来说，良知和致知提供了诚意所不能直接提供的何种思想要素，以至于其关注焦点必得从诚意转向致知，并进而赋予致知以首要地位。

第二，论述中心既已转向致知，诚意又能为阳明工夫论提供何种思想要素，以至于他仍在工夫论中赋予其与致知同样重要的地位。

第三，以诚意为本与以致知为本之间是否存在冲突，两者能否协

---

①　吴震：《略议耿宁对王阳明"良知自知"说的诠释——就〈心的现象：耿宁心性现象学论文集〉而谈》，《现代哲学》2015年第1期，第122页。

②　陈立胜：《王阳明思想中的"独知"概念——兼论王阳明与朱子工夫论之异同》，《中山大学学报》（社会科学版）2016年第5期，第87页。

③　陈荣捷编《传习录拾遗》第10条，《王阳明全集》卷三十二，第1290页。

调一致。

第四，诚意在阳明中晚年工夫论中都具有首要地位，那从诚意转向致知的解释思路就应该修改，那么解释阳明工夫论转变的新的思路应该是怎样的。

本章无意否定致知作为阳明晚年乃至一生思想及教法之核心的地位，而旨在揭示以下四个主要观点。第一，致知之所以成为阳明晚年工夫论的中心并获得首要地位，主要是因其点出了直接指引和推动工夫的本体，以其指点工夫，则工夫不仅可靠，而且简易。第二，诚意在阳明晚年工夫论中的主要作用在于，提醒学者不因致知工夫的简易而不信良知或轻忽怠惰，从而促使学者真切做致知工夫。与致知突出工夫获得的本体指引和推动不同，诚意则突出了意念专一和自我驱动的面向。正是这一面向，使诚意能够发挥促使学者落实致知工夫的作用。第三，致知和诚意都是好善恶恶，两者只是从不同角度揭示同一个工夫的内涵，以致知为本和以诚意为本可以并立。第四，相比于从诚意到致知的思路，由真切到简易，由简易到真切，更能解释阳明工夫演进的内在线索。

第一节　突出致知使工夫变得可靠且简易

从整体来看，阳明晚年无疑是以致知为中心展开工夫论述的。他之所以将致知凸显出来，主要是因为良知不仅保证了工夫的正确方向，而且使工夫变得易于实施。亦即致知由于揭示了能直接指引和推动工夫的本体，使工夫只要依循良知而行即可，因而满足了他对工夫之可靠与简易的要求，由此致知才在工夫论中成为关注焦点并获得首要地位。

阳明工夫论主要是在与朱子工夫论的批判性对话中展开的。与朱子一样，他也围绕《大学》展开工夫论述。中年时期的阳明认为《大学》工夫条目以诚意为本，这从他正德十三年（1518）《大学古本原序》"大学之要，诚意而已矣"①之说可看出。不过，在嘉靖二年（1523）的改本中，他虽在开头保留了上述突出诚意地位及作用的论述，却又在随后的文句中转而用致知来贯穿解释《大学》的工夫条目。他认为："致知者，诚意之本也。"②也就是说，他此时强调的是致知比诚意更为根本。由此可见，其时致知在他围绕《大学》展开的工夫论中已获得了首要地位。

不仅如此，致知或致良知在阳明晚年的整体思想中都具有首要地位。如他说："'致良知'是学问大头脑，是圣人教人第一义。"③去世前不久，他甚至还以致良知概括自己一生讲学的宗旨："吾平生讲学，只是'致良知'三字。"④

在"致良知"一语中，"致"的首要含义是依循，"致良知"即"依循良知"⑤。阳明将致良知解释为依循良知的例子俯拾皆是。如他说："良知原是完完全全，是的还他是，非的还他非，是非只依着他，更无有不是处。"⑥又如："凡应物起念处，皆谓之意。意则有是有非，能知得意之是与非者，则谓之良知。依得良知，即无有不是矣。"⑦又如："学者学循此良知而已，谓之知学，只是知得专在学循良知。"⑧再如以下一段话，表明在阳明看来，用依循良知来解释致良知，具有普遍意义："良知原是精精明明的，如欲孝亲，生知安行的只是依此良知，实落尽孝而已；学知利行者只是时时省觉，务要依此良知尽孝而已；至于困知勉行者，蔽锢已深，虽要依此良知去孝，又为私欲所阻，是以不能，必须加人一己百、人十己千之功，方能依此良知以尽

①　王守仁：《大学古本原序》，《王阳明全集》卷三十二，第1320页。

②　王守仁：《大学古本序·戊寅》，《王阳明全集》卷七，第271页。

③　钱德洪编《传习录》第168条，《王阳明全集》卷二，第80页。

④　王守仁：《寄正宪男手墨二卷》，《王阳明全集》卷二十六，第1091页。

⑤　关于阳明以依循解释"致"字的思路，陈立胜先生进行了精详的研究。参陈立胜《入圣之机：王阳明致良知工夫论研究》，第302~332页。

⑥　钱德洪编《传习录》第265条，《王阳明全集》卷三，第120页。

⑦　王守仁：《答魏师说·丁亥》，《王阳明全集》卷六，第242页。

⑧　钱德洪编《传习录》第165条，《王阳明全集》卷二，第78页。

其孝。"①

"致"之后的"良知"是本体。相比于其他工夫指点语，致良知一语的一大优越性就在于，它明确点出了使工夫得以完成的本体，因而使工夫易于开展。阳明之所以以致良知为"学问大头脑"，一个原因就在于良知所具有的本体地位。就如阳明将"致良知"与孟子所说"集义"工夫对比时所指出的那样"说'集义'则一时未见头脑，说'致良知'即当下便有实地步可用功。故区区专说致良知"②。良知在阳明晚年可以说是本体的代名词。他中年用心、天理、独知和诚等表示本体，而往年则主要以良知表示本体，其有关本体和工夫的论述，大都围绕良知展开。如他以一体之仁和真诚恻怛解释本体与工夫，便是以阐述良知内涵的形式展开的。

在阳明处，本体的作用有两层。第一，本体为工夫提供准则，从而使由其指引的工夫免于妄作之结果。第二，本体在保证工夫正确方向的同时，也直接提供充分的动力，推动工夫的完成。③正是本体的这两重作用，使工夫变得不仅可靠，而且简易。

正德十五年后阳明将致良知提至首要地位，主要原因正是这一工夫指点语中的良知是本体，足以确保工夫的可靠与简易。众所周知，阳明认为："良知只是个是非之心，是非只是个好恶。"④良知是对是非的分别，由此可指引工夫朝着正确的方向前进。进一步地，良知还是带有动力的好恶。发自良知的好恶，亦即好善恶恶，正可引导和推动工夫的实施和完成。对这两点吴震先生有简明扼要的概括："良知不仅是是非标准，更是一种好恶的道德力量。"⑤良知对工夫的正确引导和

---

① 钱德洪编《传习录》第 291 条，《王阳明全集》卷三，第 126 页。

② 钱德洪编《传习录》第 187 条，《王阳明全集》卷二，第 94 页。

③ 赖区平在研究阳明中晚年工夫论的变化之际提到的诸多要素中即包含了动力与准则。见赖区平《王阳明中后期思想变化之理路试析——从工夫面向的视角来看》，《哲学门》2016 年第 1 辑，第 241~254 页。

④ 钱德洪编《传习录》第 288 条，《王阳明全集》卷三，第 126 页。

⑤ 吴震解读《中华传统文化百部经典·传习录》，第 455 页。

有力推动，使工夫变得不仅可靠，而且简易。并且因为好恶是不假思虑的情感，所以良知的这两重作用具有有别于反思性的直接性。正是这种直接性，使得良知本体可以直接在工夫中发挥作用。良知的直接性使得依循良知以做工夫变得可能。事实上，将良知本体的这两重作用最充分发挥出来的工夫指点语，也正是首先可以解释为依循良知的致良知。而依循良知便能使良知作为本体的两重作用不受干扰因而最大程度地将其发挥出来。

关于致知工夫的可靠性，嘉靖二年的《大学古本序》指出："不本于致知而徒以格物诚意者，谓之妄。"① 另外，阳明还在晚年的信中称："良知之外，更无知；致知之外，更无学。外良知以求知者，邪妄之知矣；外致知以为学者，异端之学矣。"②

关于简易性，他告诫陆原静（又作元静，名澄）的话，便反映出他体认到工夫应该达到简易："元静少年亦要解'五经'，志亦好博。但圣人教人，只怕人不简易，他说的皆是简易之规。以今人好博之心观之，却似圣人教人差了。"③ 致良知工夫正是满足简易之要求的工夫，阳明反复称赞致良知工夫简易明白。如他说："圣贤论学，无不可用之功，只是致良知三字，尤简易明白，有实下手处，更无走失。"④ 又如："良知明白，随你去静处体悟也好，随你去事上磨炼也好，良知本体原是无动无静的，此便是学问头脑。"⑤ 再如："'惟天下至圣，为能聪明睿智'，旧看何等玄妙，今看来原是人人自有的。耳原是聪，目原是明，心思原是睿智，圣人只是一能之尔。能处正是良知，众人不能，只是个不致知，何等明白简易！"⑥

---

① 王守仁：《大学古本序》，《王阳明全集》卷七，第 271 页。

② 王守仁：《与马子莘·丁亥》，《王阳明全集》卷六，第 243 页。

③ 钱德洪编《传习录》第 258 条，《王阳明全集》卷三，第 118 页。

④ 王守仁：《与陈惟濬·丁亥》，《王阳明全集》卷六，第 247 页。按：阳明在引文之前提及"近得聂文蔚书"等语，而阳明收到聂双江书并回复是在次年，可知引文出自次年，即嘉靖七年（1528）。下引此书同。

⑤ 钱德洪编《传习录》第 262 条，《王阳明全集》卷三，第 119 页。

⑥ 钱德洪编《传习录》第 283 条，《王阳明全集》卷三，第 124 页。

问题在于，困知勉行以致良知，难道也是简易的吗？回答是肯定的。尽管困知勉行以致良知不如完全出于良知之自然的工夫那样简易，但至少和"私意安排"的"纷纭劳扰"[1]，或者朱子学式格物穷理工夫的繁难比起来，也是简易的。而且事实上阳明提出致良知，其根本问题意识正是以简易扭转朱子格物致知工夫的繁难。简易的原因就在于工夫仍然直接受到本体的指引和推动。阳明明确指出，意识受私欲牵累之时，良知自然能够发觉，并进而推动去除私欲工夫的施行。他说："才有着时，良知亦自会觉，觉即蔽去，复其体矣！此处能勘得破，方是简易透彻功夫。"[2]

进一步，正因为致良知工夫直接受到本体的正确指引和有力推动，所以仅致良知工夫即可保证成圣境界的实现。阳明说："若今日所讲良知之说，乃真是圣学之传，但从此学圣人，却无有不至者。"[3]正德十五年揭出致良知宗旨之际，他对陈明水等门人说："我亦近年体贴出来如此分明，初犹疑只依他恐有不足，精细看无些小欠阙。"[4]正因为致良知就是全功，仅此就可以保证成圣境界的实现，故他又说："除却良知，还有甚么说得！"[5]

基于此，阳明批评了那些将致良知与集义、勿忘勿助之类工夫指点语"搀和兼搭"的做法。[6]通过对"搀和兼搭"的批评，他维护了致良知工夫本是全功的地位。另一个认为致良知工夫必须与其他工夫如穷理或讲求天理等搭配、组合才能构成完整工夫的典型例子，见于他的其他批评："盖有谓良知不足以尽天下之理，而必假于穷索以增益之者。又以为徒致良知未必能合于天理，须以良知讲求其所谓天理者，而执之以为一定之则，然后可以率由而无弊。是其为说，非实

---

① 钱德洪编《传习录》第169条，《王阳明全集》卷二，第81页。
② 钱德洪编《传习录》第290条，《王阳明全集》卷三，126页。
③ 王守仁：《寄安福诸同志·丁亥》，《王阳明全集》卷六，第248页。
④ 钱德洪编《传习录》第206条，《王阳明全集》卷三，第105页。
⑤ 王守仁：《寄邹谦之·三·丙戌》，《王阳明全集》卷六，第228页。
⑥ 钱德洪编《传习录》第188条，《王阳明全集》卷二，第95页。

加体认之功而真有以见夫良知者，则亦莫能辩其言之似是而非也。"①
致良知之所以不必穷理或讲求天理等的配合，就是因为良知自身不仅
能提供准则，从而保证工夫的正确方向，而且也能提供通过自主探索
或询问他人之类方式去了解具体事物之理的动力，从而保证工夫的完
成。也就是说，讲求天理和穷理本身就蕴含在致良知工夫之中，而不
必另寻天理或物理以补充良知的不足。

第二节　突出诚意可以促成致知工夫的落实

尽管阳明晚年以致知为首要工夫，但他也不否认诚意的首要地
位。如他在《答朱守中》里表示"要在立诚而已"，在《启问道通书》
中则表示"大抵吾人为学紧要大头脑，只是立志"，并且强调立志的
关键在于如好好色、恶恶臭般的真切。如所周知，好好色、恶恶臭在
儒学中被用来比喻诚意。他强调诚意具有首要地位的原因在于，致知
主要凸显工夫的简易性，人们由此容易怀疑良知果真是否就是全功，
或者忽视工夫的艰难和持久，这些都妨碍了致知工夫的落实。在此
背景下，旨在强调工夫真切性的诚意，就有助于促使人们认真、切
实落实致知工夫，从而对主要凸显简易性的致知起到补充和纠偏的
作用。

原本致知工夫简易明白，学者得此指点，在工夫上应该大有长
进。然而现实却并非如此。嘉靖六年（1527），阳明提出致良知宗旨
已达七年，良知学说已在弟子中广泛传播。然而其时阳明却感慨："近
时同志，莫不知以良知为说，然亦未见有能实体认之者，是以尚未免
于疑惑。"②也就是说，致知工夫虽极为简易明白，在现实中，学者却
往往不能体认良知，以至于陷入疑惑的状态中。处在这种疑惑的状态
中，切实落实致知工夫自然就更无从谈起了。

① 王守仁:《与马子莘·丁亥》,《王阳明全集》卷六, 第 243 页。
② 王守仁:《与马子莘·丁亥》,《王阳明全集》卷六, 第 243 页。

　　阳明在次年亦即嘉靖七年（1528）进一步分析了出现上述情况的原因。他认为学者未能落实致良知工夫，其主要原因，既有理解良知不真，也有轻视"致"字工夫。他说："近时同志亦已无不知有致良知之说，然能于此实用功者绝少，皆缘见得良知未真，又将致字看太易了，是以多未有得力处。虽比往时支离之说稍有头绪，然亦只是五十步百步之间耳。"① "见得良知未真"和"将致字看太易了"，正是阳明提出致良知宗旨以后学者不能切实做致知工夫的根本原因。这两点原因会分别造成困与忘的问题。

　　困与忘是阳明弟子周道通自我反省时提出来的。他在给阳明的信中说："若三五日不得朋友相讲，便觉微弱，遇事便会困，亦时会忘。"② 虽然只是周道通一人针对朋友讲习一事而发，但困与忘恰可概括阳明提出致良知宗旨，工夫简易性由此显豁无遗背景下在学者中广泛存在的问题。

　　"困"就是困苦，就是不得要领，就是劳而无功。原本突出工夫可靠与简易的致良知可以克服困苦的问题，在此背景下学者却仍然陷于困苦的主要原因，是其未能真正理解良知。学者认为良知过于简易，不相信良知足以应付复杂的世事，不相信致知就是全功，因而在做工夫时并不真正依循良知而行，由此便陷入了在准则方面诉诸权谋智术而挖空心思，在动力方面则诉诸个人意志而苦苦支撑的困境之中。

　　"忘"就是不当一回事，就是轻忽，就是不肯切实用功。在阳明提出致良知宗旨的背景下，这一问题的主要原因是将"致"字看得太轻易了。在阳明晚年揭出致良知宗旨以后，学者之所以会看轻"致"字，一个重要原因就是阳明将"究竟话头""一口说尽"，学者"得之容易"，并不珍惜，以至于陷入不能将良知付诸实践的怠惰之中。③

---

① 　王守仁：《与陈惟濬·丁亥》，《王阳明全集》卷六，第247页。
② 　钱德洪编《传习录》第144条，《王阳明全集》卷二，第64页。
③ 　钱德洪：《刻文录叙说》，《王阳明全集》卷四十一，第1747页。

阳明以下说法可以提示我们解决困忘问题的思路："学患不知要，知要矣，患无笃切之志。"① 要领即是致良知，把握要领以后的笃志，即是决心切实去致良知。事实上这两个要点都可以归结为诚意。

我们首先来看把握要领这一点。良知之所以是要领，是因其直接为工夫提供了动力和准则。知道要领可以免于疑惑。而正如前文"亦未见有能实体认之者，是以尚未免于疑惑"表明的，免于疑惑依赖于切实体认良知。而所谓切实体认良知，就是让良知充实于意念，达到意念与良知本体的一致，而这种状态正是诚意的状态。"诚意"的基本意思是不自欺，是表里如一，在阳明处则指意念与本体一致，或说意念都是发自本体之念。而本体之念即是好善恶恶，因此也可说诚意即是好善恶恶。当然，在受到私欲阻碍之时，要做到好善恶恶必须有所刻意、执着，因而在此情形中，诚意便是有所刻意、执着地好善恶恶。

接着我们再具体看笃志。阳明非常重视笃志。他在嘉靖四年前后给周道通的回信中说："大抵吾人为学紧要大头脑，只是立志，所谓困忘之病，亦只是志欠真切。今好色之人，未尝病于困忘，只是一真切耳。"② 真切立志就是笃志，而"真切"的基本含义是认真、切实。真切地好善恶恶实即诚意。因为笃志必落实为真切地好善恶恶，因此说笃志终究就是诚意。由此，阳明把立志看作"为学紧要大头脑"，实际上就是把诚意看作"为学紧要大头脑"。作为决心切实去致良知的笃志，意味着体认良知本体，让良知本体充实于意念，从而推动致知工夫的落实。原本良知自有动力和准则，笃志不过是使良知的动力和准则充分发挥出来而已。也就是说，笃志构成了致知的内在要求和必然结果。而笃志即是诚意，因此，问题的关键就在于诚意，诚意构成了致知的内在要求和必然结果。

总之，解决困忘问题需要知要和笃志两个条件，而两个条件的实

---

① 王守仁：《答舒国用·癸未》，《王阳明全集》卷五，第211页。
② 钱德洪编《传习录》第144条，《王阳明全集》卷二，第65页。

质又都在于诚意。因此，解决困忘问题的关键，就在于诚意。阳明晚年强调诚意在工夫中的首要地位，其针对的正是致知话语下学者广泛存在的困忘问题。

为解决致知背景下学者中存在的困忘问题，阳明赋予了诚意以首要地位。那么，被赋予首要地位的诚意，又是如何解决困忘问题的呢？

解决困的问题，关键在诚之专一，由此使良知固有准则在具体事务中发挥作用；解决忘的问题，关键在诚的自我驱动，由此启动致知工夫，进而发挥良知固有动力的作用。当然，这两点又可归结于诚意之自我驱动。因为只有启动致知工夫，才能专一地发挥良知准则的作用。

阳明晚年给予了诚和诚意以极高的地位。除了在给朱守忠、周道通的信中所表达的以外，嘉靖五年（1526），他断言诚足以概括天地之道和圣人之学："夫天地之道，诚焉而已耳，圣人之学，诚焉而已耳。"[1] 诚在他晚年思想中的地位，由此可谓显露无遗。诚不仅是理想状态，也是工夫要求。阳明认为圣人能以至为真诚、始终如一的态度做致知工夫，他说："圣人致知之功至诚无息。"[2] 圣人之所以能做到至诚无息，原因就在于其抱有真切的态度。正是在真切的意义上，阳明才会在以致良知为"学问大头脑"以外，还把诚意也视为"为学紧要大头脑"。

诚意如何解决困忘的问题，从而发挥"为学紧要大头脑"的作用？如前所述，阳明以好色比喻诚意，而好色具有意念专一而心无旁骛、自我驱动而无须外力推动两个主要特点。阳明以此比喻诚意。因而，诚意也具有意念专一而心无旁骛、自我驱动而无须外力推动两个主要特点。前述笃志之所以是诚意，其原因也可以说在于笃志和诚意一样，具有意念专一和自我驱动的特点。正因笃志就是诚意，所以阳

---

[1]　王守仁：《南冈说·丙戌》，《王阳明全集》卷二十四，第 1000 页。
[2]　钱德洪《传习录》第 167 条，《王阳明全集》卷二，第 79 页。

明才以原本用以比喻诚意的好色来比喻笃志。正是意念专一和自我驱动两点克服了困忘的问题，促成了致知工夫的落实。以下我们具体加以说明。

首先，关于困的问题。阳明曾致信弟子欧阳南野，指出其存在将处理事务与涵养良知分为两事的错误。阳明说："为学终身只是一事，不论有事无事，只是这一件。若说宁不了事，不可不加培养，却是分为两事也。"① 阳明是说无论有事无事，终身只是致良知一个工夫。南野的意思是，在处理事务感到吃力之际，宁肯不去做事，也不能不涵养良知。他意在通过涵养良知来使自己能胜任事务，因而他并不认为自己把处理事务和涵养良知分为两事了。由此，他对阳明的批评表示了疑惑。针对南野的疑惑，在嘉靖五年（1526）的回信中，阳明从良知自有准则的角度，进一步解释了自己此前批评他的理由："君子之酬酢万变，当行则行，当止则止，当生则生，当死则死，斟酌调停，无非是致其良知，以求自慊而已……若云'宁不了事，不可不加培养'者，亦是先有功利之心，较计成败利钝而爱憎取舍于其间，是以将了事自作一事，而培养又别作一事，此便有是内非外之意，便是自私用智，便是'义外'，便有'不得于心，勿求于气'之病，便不是致良知以求自慊之功矣。"② 阳明指出，南野放下事务而转向涵养良知的做法，表明他并没有在处理事务过程中直接贯彻良知的准则，而是诉诸功利计较。因此，他已经把事务和良知割裂开来，并且事实上也否定了致知作为全功的地位。

如前所述，良知的准则不能贯彻于事务，就会使人陷入困苦之中。事实正是如此，南野便为精力不足的问题所困扰。他说："若事变之来，有事势不容不了，而精力虽衰，稍鼓舞亦能支持，则持志以帅气可矣。然言动终无气力，毕事则困惫已甚，不几于暴其气已乎？此其轻重缓急，良知固未尝不知，然或迫于事势，安能顾精力？或因于

---

① 钱德洪编《传习录》第170条，《王阳明全集》卷二，第82页。
② 钱德洪编《传习录》第170条，《王阳明全集》卷二，第82~83页。

精力，安能顾事势？如之何则可？"①阳明在回信中首先指出精力不足问题的原因在于将良知与事务割裂为二，然后指出解决之道在于诉诸专一之诚，亦即"诚一真切"地致知。他说："所云'鼓舞支持，毕事则困惫已甚'，又云'迫于事势，困于精力'，皆是把作两事做了，所以有此。凡学问之功，一则诚，二则伪，凡此皆是致良知之意欠诚一真切之故。《大学》言：'诚其意者，如恶恶臭，如好好色，此之谓自慊。'曾见有恶恶臭、好好色而须鼓舞支持者乎？曾见毕事则困惫已甚者乎？曾有迫于事势、困于精力者乎？此可以知其受病之所从来矣。"②阳明在最后揭示自我驱动的诚意才是解决问题的根本依靠。因其具有使良知之动力发用出来，从而推动致知工夫在具体事务中落实的作用。而随着致知工夫在具体事务中的落实，良知与事务割裂为二的问题自然也就解决了。

阳明尚有与"诚一真切"相似的另一表述，即"诚切专一"。这一表述出现在他嘉靖六年回答另一弟子魏水洲的信中。水洲受"拘于体面，格于事势"问题困扰。阳明指出其症结在于没有认识到良知的准则可以贯彻于事务，而解决之道正在于"诚切专一"地做致知工夫。他说："所疑拘于体面，格于事势等患，皆是致良知之心未能诚切专一。若能诚切专一，自无此也。凡作事不能谋始与有轻忽苟且之弊者，亦皆致知之心未能诚一，亦是见得良知未透彻。若见得透彻，即体面事势中，莫非良知之妙用。除却体面事势之外，亦别无良知矣。岂得又为体面所局，事势所格？即已动于私意，非复良知之本然矣。"③

其次，关于忘的问题。在忘或说轻忽的状态中，致知工夫并未真正启动。而诚意所具有的自我驱动倾向，正可以激发良知固有的动力，启动致知工夫，因而诚意是这一问题的解决之道。

---

① 钱德洪编《传习录》第170条，《王阳明全集》卷二，第82页。
② 钱德洪编《传习录》第170条，《王阳明全集》卷二，第83页。
③ 王守仁：《答魏师说·丁亥》，《王阳明全集》卷六，第242页。

在提出致良知宗旨后的正德十六年（1521），阳明说："大抵此学之不明，皆由吾人入耳出口，未尝诚诸其身。譬之谈饮说食，何由得见醉饱之实乎？"①他在此指出致知之学不能光大的原因，就在于人们并没有推动自身做致知工夫，而是让致知工夫仅仅停留在了口耳之间。这就是说，只有能够自我驱动的诚意工夫，才能光大致知之学。同年他在给朱守忠的信中则正面表达了诚意的关键作用："道之不明，皆由吾辈明之于口而不明之于身，是以徒腾颊舌，未能不言而信。要在立诚而已。向日谦虚之说，其病端亦起于不诚。使能如好好色，如恶恶臭，亦安有不谦不虚时邪？"②诚身、立诚，等同于诚意。立诚能推动口耳之学转化为身心之学，使人契入良知固有的动力，启动并落实致知工夫。正因为立诚能解决启动并落实致知工夫的问题，所以才被阳明赋予了"要在立诚而已"的首要地位。

由上可见，诚意在阳明中晚年工夫论中的作用是不同的。诚意在其中年工夫论中主要是为了克服支离而保证工夫的切要，与此不同，诚意在其晚年工夫论中则主要是为了督促学者认真、切实落实致知工夫。

前已论及，阳明中年工夫论便以诚意为本。其时他强调诚意在工夫中的首要地位，是针对朱子学以格物为首要工夫而来。在他看来，朱子学以格物为首要工夫，便使工夫陷于穷尽事物之理，无关身心修养的支离之弊中。他认为，唯有在好善恶恶的推动下做为善去恶的工夫，工夫才是关乎身心修养并有助于达成成圣目标的。而好善恶恶正是诚意，为善去恶则是格物，由好善恶恶推动为善去恶，便是由诚意统领格物。唯其有了诚意的统领，格物工夫才免于支离；也唯其以格物工夫为下手处，诚意才能真正落实。克服工夫的支离，使工夫具有切要性，正是中年阳明工夫论关注的焦点。"切要"的意思是抓住根本，与之相反的支离的意思则是偏离根本。在阳明看来，朱子学唯其

---

① 王守仁:《与席元山·辛巳》,《王阳明全集》卷五，第 202 页。

② 王守仁:《与朱守忠·辛巳》,《王阳明全集》卷五，第 201 页。

偏离了好善恶恶这一根本，所以才会陷入求理于事事物物的支离烦琐中。

尽管在嘉靖二年的《大学古本序》中，阳明仍保留了对诚意与格物意义的评价，但这并不足以反映在致良知理论提出以后诚意在阳明工夫论中的地位和作用。因为致良知学说的提出，本身就意味着阳明在工夫论上的论述中心已经发生转移，相应地，诚意在新的问题意识中究竟承担什么角色，仅仅凭借《大学古本序》这类由前一时期文本修改而成的文本，是不可能被真正揭明的。

事实上，即便是晚年新创作的文本，也未必都能反映诚意在阳明晚年工夫论中扮演的角色。如在嘉靖四年前后与顾东桥的书信往来中，顾东桥称赞阳明的诚意学说具有矫正当时学者逐物支离、忽视身心修养之弊病的重要意义："近时学者务外遗内，博而寡要，故先生特倡'诚意'一义，针砭膏肓，诚大惠也。"阳明在回答中指出："鄙人之心，吾子固已一句道尽，复何言哉！复何言哉！若'诚意'之说，自是圣门教人用功第一义。但近世学者乃作第二义看，故稍与提掇紧要出来，非鄙人所能特倡也。"[①] "近世学者乃作第二义看"，即是指朱子学者主张以格物为先，以诚意为后。从回答来看，阳明不仅没有反驳顾东桥的说法，反而还顺承其说，认为诚意在儒学工夫论中拥有首要地位。尽管阳明晚年确实也认为诚意具有首要地位，不过很显然，诚意在此针对的是工夫的支离，而非对致知工夫的怀疑和轻视。换句话说，诚意在此主要反映的是阳明中年而非晚年工夫论的问题意识。当然，我们不是说阳明晚年就不反对工夫的支离，只是说这不构成他晚年的主要关切而已。要求简易，避免繁难是他提出致良知宗旨的主要关切。为保证致良知的落实，他又进一步要求学者克服困忘，做到真切。这些才是他晚年的主要关切。

总之，诚意在阳明晚年工夫论中仍然具有首要地位，而没有因为

---

① 钱德洪编《传习录》第130条，《王阳明全集》卷二，第46页。

致良知宗旨的揭出而被轻视。这也从一个侧面反映了正德十五年前后阳明工夫论的连续性。不过同时更应看到，诚意在阳明晚年工夫论中的地位基于阳明对工夫之真切性的要求。在致良知宗旨凸显工夫之简易性的背景下，人们容易怀疑致知作为全功的地位或轻忽工夫的困难与持久，因而对真切做工夫的强调就显得非常必要和紧迫。与阳明中年借由诚意以保证工夫的切要性不同，诚意在阳明晚年工夫论中的作用，主要是保证工夫的真切性。从它们各自的反面来看，切要性对治的是工夫的支离，真切性对治的是怀疑或轻视工夫。诚意所扮演的不同角色，又反映出阳明工夫论的发展和变化。

第三节　致知与诚意各有所指而又相互蕴含

阳明晚年同时以致知和诚意为本，是否会造成宋明儒学史上备受诟病的"二本"问题呢？回答是不会。因为致知和诚意本就是指同一个工夫。从不同角度对同一个工夫进行刻画，既是为了工夫的详密，也是不得已的"补偏救弊"。

正德十五年，阳明在给罗整庵的信中说："若语其要，则'修身'二字亦足矣，何必又言'正心'？'正心'二字亦足矣，何必又言'诚意'？'诚意'二字亦足矣，何必又言'致知'，又言'格物'？惟其工夫之详密，而要之只是一事，此所以为精一之学，此正不可思者也。"[①] 这段话既说明格致诚正修虽各有所指，但本就只是指一个工夫，同时也说明详密是工夫的内在要求。正是为了工夫的详密，所以才有必要从不同角度对同一个工夫进行刻画。

阳明后学罗近溪讲学时，他所认可的一僧之言，可以印证不同称谓指同一物的必要性：

---

① 钱德洪编《传习录》第174条，《王阳明全集》卷二，第86页。

近溪罗先生会讲，有僧在座，近溪问之曰："儒者言心言性言念言意言虑言才，纷若茧丝，诸微细惑，试一一为我破。"僧久之谓近溪曰："我今见近溪，唤作近溪矣，不知夫人作何称谓？"曰："称相公。"曰："父母云何？"曰："称行。"曰："为诸生时广文云何？"曰："称字。"僧大声向近溪云："汝乃有许多名色！"近溪恍然下拜。①

格致诚正修的关系，正可用在宋明儒学史上非常常见的"专言"与"偏言"来说明。专言和偏言解决的是仅仅用一个名词还是同时用多个名词表达一个概念的内涵的问题。专言和偏言的区分来自程伊川，他说："四德之元，犹五常之仁。偏言则一事，专言则包四者。"②此段因被朱子、吕东莱收入《近思录》，而在宋明时代有着广泛的影响。若一个名词就足以表达一个概念的完整内涵，那么这个名词就是专言。"仁"可以把仁、义、礼、智这四德的内涵都包含在内，此时"仁"就是专言。所谓专言，就是一言而足的意思。必须同时使用两个或两个以上的名词，才能把一个概念的完整内涵表达清楚，这些名词就是偏言。仁和义、礼、智并列为四德，各自表达了四德的一部分内涵。作为偏言时，仁和义、礼、智一样，都只是从特定角度表达了四德的一部分内涵。作为偏言的各个名词，如果同时也可以作为专言指称全体，那么它们就是异名同指，亦即含义不同，指称相同，因而相互蕴含的关系。

朱子讲专言和偏言的关系值得参考，尽管他侧重的是两者相互区别的一面而非相互蕴含的一面："二者亦都相关。说着偏言底，专言底便在里面；说专言底，则偏言底便在里面。虽是相关，又要看得界限分明。"③从朱子的论述来看，义、礼、智也可以生发和统括其他几种

---

① 黄宗羲：《明儒学案》卷二十一，第499页。
② 程颐：《伊川易传》卷一，《二程集》，第697页。
③ 黎靖德编《朱子语类》卷二十，第463页。

德性，因此也是专言，此不展开论述。由此，仁义礼智就构成了所指不同却相互蕴含的关系。与此相同，在阳明处，格致诚正修也是所指不同而又相互蕴含的关系。

由于阳明晚年常常提及工夫不能直接在修身和正心上做，所以我们以下主要围绕诚意、致知和格物展开讨论。诚意、致知与格物，既是专言，也是偏言。只有弄清楚它们在不同语境中究竟是专言还是偏言，我们才能免于理解的偏差和混乱。

从偏言的角度来说，致知、诚意和格物是从不同角度指点出同一个工夫的不同侧面。致知主要指点出指引和推动工夫的本体，本体即是良知。而诚意则主要指点出工夫的场所，即工夫围绕意识中流动不息的意念展开。格物则主要指点出工夫的具体下手处，即意念之所在便是事物，工夫就随其事物而为善去恶。

顺带一提，致知工夫在格物上用，换阳明的另一个说法即是"明明德必在于亲民，而亲民乃所以明其明德也"[1]。阳明弟子龙溪即直接指出了这两种表述的内在一致性："致知工夫在格物上用，犹云《大学》明德在亲民上用，离了亲民更无学也。"[2] 这是不同于朱子的重要思想，因为朱子强调的是明明德的优先性和基础性，此点且不论，重要的是，致知、诚意和格物分别从本体、场所和下手处三个不同角度，揭示同一个工夫的完整内涵。

从现实角度来说，之所以需要从不同角度指点工夫的完整内涵，是因为人们往往只见其一，不及其余，所以需要指点出人们容易忽视的侧面，从而使工夫的完整内涵得以详尽、细密地呈现出来。阳明遇到的情况是，学者要么因不见本体或不信本体而困苦，要么因不肯用功而怠惰。故有必要以致知之简易，消除不见本体之困苦；以诚意之真切，消除不信本体之困苦以及不肯用功之怠惰。在这些情形中，致知和诚意是相互为用的关系。

---

① 王守仁：《亲民堂记》，《王阳明全集》卷七，第 280 页。
② 王畿：《致知议辩》，《王畿集》卷六，第 133 页。

那么，以致知救正诚意之弊，以诚意救正致知之弊的做法，是否会造成阳明批评的掺和、搭配的问题呢？回答是否定的。因为致知本就蕴含诚意，诚意本就蕴含致知，它们实际上只是指同一个工夫。旨在让良知本体在意念中充分呈露出来的致知，本就能保证工夫的落实。本不必再强调诚意，而诚意已经蕴含在其中；如果再强调诚意，那也不过就是致知的题中之义。同样地，使意念好善恶恶的诚意，也以良知为依据并能保证工夫的落实。本不必再强调致知，而致知已经蕴含在其中；如果再强调致知，那也不过是诚意的题中之义。仅致知或诚意便足以保证工夫的完成和成圣境界的达成，此为专言，为全功。也就是说，虽然它们只是从一个特定的角度立说，但终究它们的内涵又是涵盖整体因而可以相互蕴含和沟通的。

致知与诚意各有所指而又相互蕴含的关系，可以比照阳明说的知行关系。他如此论及知行既各有所指又相互蕴含的关系："古人所以既说一个知又说一个行者，只为世间有一种人，懵懵懂懂的任意去做，全不解思惟省察，也只是个冥行妄作，所以必说个知，方才行得是。又有一种人，茫茫荡荡悬空去思索，全不肯着实躬行，也只是个揣摸影响，所以必说一个行，方才知得真。此是古人不得已补偏救弊的说话，若见得这个意时，即一言而足。"又说："若会得时，只说一个知，已自有行在；只说一个行，已自有知在。"① 知行本是相互蕴含的专言，所以可以"一言而足"。然而，为了"补偏救弊"，又不得不分而言之，使之各有所指。知行关系的模式，是完全可以套用到致知与诚意关系上来的。

从专言的角度来说，既然致知和诚意只是指一个工夫，那么它们都可以覆盖工夫全程。随着良知在意念中呈露，整个工夫过程都受良知主导，这一点自不待言。之所以说诚意也是覆盖全程的，是因为诚意不在致知之后发生，而是同时发生。就如阳明在论述知行关系时所

---

① 均见钱德洪编《传习录》第 5 条，《王阳明全集》卷一，第 5 页。

说："见好色属知，好好色属行。只见那好色时已自好了，不是见了后又立个心去好。闻恶臭属知，恶恶臭属行。只闻那恶臭时已自恶了，不是闻了后别立个心去恶。"①同样地，好善恶恶不是在知善知恶之外又另外立一个心去好善恶恶，而在知善知恶的同时，便好善恶恶了。因而好善恶恶不是知善知恶以后的环节，而覆盖了工夫的发端环节。正是好善恶恶的诚意提供的动力，启动了整个工夫的进程。并且，诚意在进程中仍然持续提供动力，使工夫不至于中断。由此可说，诚意也是覆盖工夫全程的。

根据上述分析，我们可以对阳明晚年各种说法究竟是在专言还是在偏言的意义上说的有清楚的理解。如他强调致知地位和作用的"只是致良知三字无病"②，是在致良知为专言、为全功的意义上来说的。与此相同，前引"致知之外，更无学"，是在致知同时蕴含诚意与格物的意义上来说的。因此，凭借这句话不足以否定诚意在阳明晚年工夫论中的地位。他说的"此道至简至易的"，因为此道不外乎就是致良知之道，所以这句话可以理解为是在致知即是全功的意义上来说的，意味着仅凭致知工夫，便可达到最高境界。"亦至精至微的"③，则可以理解为是在致知、诚意和格物等作为偏言的意义上来说的，意味着工夫是由致知、诚意和格物等构成的精微的复合体。

既然上述各个专言是相互蕴含的关系，那么它们就可以相互界定。

阳明晚年以致良知为宗旨，故他基于致良知来界定格物、诚意以及正心的含义。他说："随时就事上致其良知，便是格物；着实去致良知，便是诚意；着实致其良知而无一毫意必固我，便是正心。"④在此，格物、诚意和正心均是致良知工夫。它们只是因为把致良知的不同侧

---

① 钱德洪编《传习录》第5条，《王阳明全集》卷一，第4页。
② 钱德洪编《传习录》第262条，《王阳明全集》卷三，第119页。
③ 钱德洪编《传习录》第340条，《王阳明全集》卷三，第142页。
④ 钱德洪编《传习录》第187条，《王阳明全集》卷二，第94页。

面表达了出来，所以才拥有了不同的名称。其中之所以"无一毫意必固我"而仍然能做到着实致良知，是因为良知充分呈露而使工夫具有强劲的力量。

同样因为本就是指同一个工夫，所以阳明也用诚意来界定致良知的含义。如前所论，在记录正德十五年前后提出致良知宗旨最重要的一段问答中，阳明认为致良知工夫就是"只不要欺他，实实落落依着他做去"①。他在此认为致良知工夫即是不欺良知依循良知。而作为致良知基本含义的依循良知，又可进一步归结为不欺良知，而不欺良知即是诚意。由此可见，致良知工夫的含义可以归结为诚意。

进一步地，因为致良知和良知不过是即工夫而为本体（或说即用是体）的关系，所以也可以用诚意来界定良知本体的含义。阳明在界定良知含义的最重要表述中，确实是这样做的。他将良知界定为好恶："良知只是个是非之心，是非只是个好恶。"②其所谓好恶当是好善恶恶，而非泛泛地指所有好恶。好善恶恶即是诚意。因而，良知的含义也可以归结为诚意。

这样一来，我们对良知以及致良知这两个阳明晚年乃至一生最重要概念的理解，需要借助诚意才能完成。诚意在阳明晚年工夫论中的地位和作用，由此就更加显露无遗了。诚意不仅具有促使学者避免困苦和轻忽，推动学者切实做致良知工夫的作用，而且还是致良知工夫的内在要求，也是致良知工夫的必然结果。终究而言，诚意和致良知是可以相互界定的等同关系。

总结上述讨论可知，从专言的角度来说，单纯做致知或诚意工夫，便能达到成圣的最高目标。从偏言的角度来说，致知和诚意是各有所指而又交互为用的关系。这两个论点并不矛盾，因为立说角度本就不同。而阳明之所以能同时认可诚意和致知的首要地位，原因就在于它们本就只是指一个工夫而已。因此，同时承认致知与诚意的首要

---

① 钱德洪编《传习录》第206条，《王阳明全集》卷三，第105页。
② 钱德洪编《传习录》第288条，《王阳明全集》卷三，第126页。

地位，就不会造成"二本"的问题。

既然阳明晚年同时认可致知和诚意的首要地位，那么，从以诚意为本转向以致知为本，就难以准确概括正德十五年前后阳明工夫论的转变。因此，我们就不得不寻找一个新的框架，来解释阳明工夫论演进的内在线索。

第四节　阳明工夫论演进的内在线索

阳明自身晚年的一个说法，便可以视作他工夫论演进的内在线索。他认为工夫应当满足简易和真切两项要求："凡工夫只是要简易真切。愈真切，愈简易；愈简易，愈真切。"① 原本这句话只是用来说明对工夫的要求，以及真切和简易相互促进的关系。不过我们也可以将真切和简易放到阳明自身工夫论的演进过程中来看。可以说，综观中年和晚年的阳明，其工夫论经历了一个重心由真切转向简易，再由简易转向真切的演进过程。具体来说，阳明从中年主要以诚意指点学者做工夫，并且自身专注于做诚意工夫，转进到正德十五年前后提出"致良知"宗旨，是重心由真切转向简易的过程；而晚年专注于做致良知工夫并日臻化境，在去世前几年特别重视真切，并提出一体之仁和真诚恻怛等观念以解释良知和致良知，则是重心由简易转向真切的过程。

首先，我们从理论上来看简易和真切何以能相互促进和转化。简易是本体指引和推动工夫的状态，真切是追求意念为本体之念所充实的状态。我们可以通过一个例子来说明简易与真切具体指什么。

> 一友自叹："私意萌时，分明自心知得，只是不能使他即去。"先生曰："你萌时这一知处，便是你的命根。当下即去消磨，

---

① 王守仁：《寄安福诸同志·丁亥》，《王阳明全集》卷六，第248页。

便是立命工夫。"①

"分明知得"与"你萌时这一知处"体现了良知作为准则和动力，为工夫准备了条件。只是此时由于私欲干扰，良知的动力不够充足而已，所以才会出现"只是不能使他即去"的情况。不过无论如何，良知的存在使工夫变得简易则是毫无疑问的。"当下即去消磨"，是说使良知本体充实于意念。这体现了真切做工夫的要求。真切就是本体充实意念，使意念只是发自本体之念，从而使人在意念中充分体认到本体的状态。

要言之，工夫之所以简易，是因为有本体作为动力和准则；之所以真切，是因为在意念中体认到了本体，本体之念得以充实于意念中。"愈真切，愈简易"，是因为不断排除意念中阻碍本体发用的私欲等因素，从而使本体之念充实于意念之中，本体得以主导工夫，因而工夫越来越简易。"愈简易，愈真切"，是因为本体本就蕴含着动力，原本其自然而然就能充实于意念之中，从而排除各种私欲的影响，而这就是做到真切了。

基于前面的讨论可知，简易和真切相互促进的关系，接近于致知与诚意交互为用的关系。在第二节，通过分析"诚切专一"，我们讨论了阳明诉诸真切，以促成简易工夫得以落实的情形。反过来也一样。在被问及工夫如何才能做到真切的问题时，阳明诉诸了致良知工夫的简易，可见由简易也可达到真切。正如以下对话所示：

> 一友问功夫不切。先生曰："学问功夫，我已曾一句道尽，如何今日转说转远，都不着根？"对曰："致良知盖闻教矣，然亦须讲明。"先生曰："既知致良知，又何可讲明？良知本是明白，实落用功便是。不肯用功，只在语言上转说转胡涂。"②

① 钱德洪编《传习录》第333条，《王阳明全集》卷三，第140页。
② 钱德洪编《传习录》第280条，《王阳明全集》卷三，第123~124页。

在第一节，我们曾引阳明语，说明依循良知工夫具有普遍意义。由阳明语可见，上乘也只是依循良知，依循良知之简易中本有真切。中下也是依循良知，只是包含着实用意而已，在着实用意中，当然也包含简易。不内含简易的真切，将失去良知的推动，流入"意、必、固、我"的困苦，迷失良知本来的好恶。不内含真切的简易，亦即不切实落实良知，则会因为轻忽而无所作为。困苦与轻忽正是致良知语境下在学者中出现的两大问题。也就是说，如果做不到真切，那么连简易也将失去；如果做不到简易，那么连真切也将失去。这是从反方向推导阳明"愈真切，愈简易；愈简易，愈真切"的逻辑，必然会得到的结果。

接着，我们从历史过程来看阳明工夫论何以会经历重心由真切转向简易，再由简易转向真切的演进过程。从以下回忆可以看出，致良知宗旨提出前后，阳明和其他学者面临的学术局面发生了显著变化："某于'良知'之说，从百死千难中得来，非是容易见得到此。此本是学者究竟话头，可惜此体沦埋已久。学者苦于闻见障蔽，无入头处。不得已与人一口说尽。但恐学者得之容易，只把作一种光景玩弄，孤负此知耳！"[①]"与人一口说尽"，即是指致良知宗旨的提出。

原本正德三年龙场悟道之际，阳明就已领悟仅凭天赋的本心，便能保证成圣境界的实现。然而直到正德十五年前后，他才将本心正式称为良知，并主要用良知指点学者做工夫。正是因为在经历了如此漫长的过程之后，阳明才最终揭示良知学说并以之为宗旨，所以他说的"百死千难"，就不只包括正德三年以前的下狱、廷杖和贬谪龙场，还包括正德十五年以前的宁藩叛乱和张许之难等。正是在这些复杂而艰难的经历之后，阳明才正式提出了致良知宗旨。

原本良知明白，一反便得，之所以说"非是容易见得到此"，主要是因为见闻之知的障蔽。阳明和宋元以降的学者一样，长期浸淫在

---

①　钱德洪：《刻文录叙说》，《王阳明全集》卷四十一，第 1747 页。

作为官学的朱子学氛围之中。他历经磨难之后，才深刻地认识到其根本弊病就在于埋没本心。埋没本心而后陷入支离，支离使朱子学沦为障蔽学者本心的见闻之知，也是阳明非经九死一生无法重新发现良知学说的主要障碍。见闻之知的障蔽之深，使阳明不免有如下感慨："闻见益多，覆蔽益重。反不曾读书的人，更容易与他说得。"[1]

正因为本心学说得来不易，所以阳明做工夫也才极为真切。他中年工夫论以体现真切的诚意为统领，从客观上来讲主要针对的是朱子学的支离，而从主观上来讲则是因为本心观念得来不易。这一态度还从中年延续到晚年。即便晚年提出致良知宗旨，工夫的简易性显豁无遗，他也始终不忘真切用功。

因为致知和诚意相互蕴含，所以阳明晚年对诚意的强调，就不会引发否定致知的后果。正德十五年前后提出致良知宗旨以后，也不存在一个明显的时间点，在这个时间点的前后，阳明从以致知为本又重新转向以诚意为本。尽管并不存在这样的时间点，然而，我们却可以明显看到，强调真切、诚意重要性的论述密集地出现在他去世前几年的著述文献中。这些文献和他同一时期提出的一体之仁、真诚恻怛一起，体现出他的论述重心确实已由简易转向真切。

以上是从阳明自身的视角来看其工夫论的演进，那么从听他讲学，与他共学的学者的视角来看，情况又如何呢？

对学者来说，随着工夫简易性的揭示，真切用功就显得更为必要和紧迫。因为他们面对的不再是"苦于闻见障蔽，无入头处"的局面，而是"究竟话头""得之容易"的局面。对他们来说，如此明白的良知本体以及简易的致良知工夫，一方面可能让他们感到不可思议，以至于无法相信良知便能应对纷繁的事务，另一方面又有可能让他们感到放松和疏忽，认为不必努力也可做到致良知。无论哪种情况，若非加一番刻意努力地体认和实践，就不能达到真切的状态。若

---

① 陈荣捷编《传习录拾遗》第17条，《王阳明全集》卷三十二，第1292页。

体认和实践不能达到真切的状态，那么，明白的良知本体和简易的致良知工夫就会沦为被玩弄的"光景"，为善去恶的工夫也将变得困苦不堪，阳明所担心的自己将良知"一口说尽"的危害，也就会不幸成真，而学者也终将辜负此知。面对这样的形势，对工夫的要求就必须详密。仅仅点出工夫的简易就显得非常不够，还必须强调工夫的真切。正是在这个背景下，阳明晚年的工夫论，才出现了同时以致知和诚意为本的局面。当然，两者并非相互否定的关系，而是相互促进、内在统一的关系，这是我们已经反复强调过的。

此外，在学者中出现的困苦与轻忽问题也是他提出一体之仁、真诚恻怛所要解决的问题。一体之仁、真诚恻怛揭示的不能自已的一体之痛感，无疑也能推动困苦与轻忽问题的解决。而这些也都是他强调真切做工夫的体现。

小 结

以上我们不仅解释了阳明晚年为何要以致知为核心论述工夫，即为了突出工夫的可靠和简易，而且指出阳明仍然保留了诚意的首要地位，其作用是督促学者切实落实良知。我们还指出因为致知和诚意只是从不同角度指点同一工夫，所以同时以致知和诚意为首要工夫并不矛盾。

最后，我们结合理论观点与历史过程，从内外两个方面对阳明工夫论的演进做一总结。

第一，内在因素。真切便可达到简易，简易便可达到真切，致知和诚意作为阳明指点学者之语，乃是他基于工夫体证所得。若无中年时期长久真切从事诚意工夫的积累，阳明不可能如此真切地感受到良知本体所具有的使工夫不仅可靠而且简易的强大力量，自然也就不可能提出致良知并以之为学问宗旨，从而使工夫的简易性显豁无遗。同样地，如果不是因为晚年对仅凭良知本体便可成圣深信不疑，并随时随地信手做依循良知的工夫，他也不可能如此真切地感受到良知固有的动力和准则，尤其是源自良知本体的不能自已的一体之痛感，自然也就不可能强烈要求学者真切做工夫，并且提出一体之仁和真诚恻怛之类的观念，其工夫论的重心自然也就不可能由简易转向真切。当然，重心由真切转向简易，再由简易转向真切，阳明最终不是回到原点，而是在充分揭示本体之动力与准则的作用，工夫因而在变得可靠而简易的基础上重新转向真切。

第二，外在因素。原本由真切便可达到简易，由简易便可达到真切，两者是相互蕴含的关系。然而，如果不善加体会的话，就可能出现固守真切而迷惑，固守简易而轻忽之类的弊病。这与诚意、致知关系的情形是一样的。重要的是，前述阳明以致知之简易，消除不见本体之困苦，以诚意之真切，消除不信本体之困苦以及不肯用功之怠惰，恰恰分别反映了正德十五年前后和去世前几年他思想转进的外在机缘。也就是说，他由真切而达简易，由简易而达真切的为学进展，是由自身体证所得，把握了工夫修养的内在理路，也切中了当时学者身上的弊病，回应了在学者中出现的重大问题。

第六章
两层工夫

　　在为善去恶、成贤成圣的漫长道路上，历代儒者感受到了不同阶段和层次工夫的区别，由此对为学进程采取了阶段和层次的划分。其中最广为人知者莫过于孔子的划分。他自述一生为学大致经历了这样的过程："吾十有五而志于学，三十而立，四十而不惑，五十而知天命，六十而耳顺，七十而从心所欲，不逾矩。"[①] 不同学者对此有不同解释。大致而言，"志于学"意味着为学摆脱了自发性和随意性，开始具有自觉性和持续性，因而构成了为学的真正开端。"从心所欲不逾矩"则大体上已经是最高的圣人境界了。尽管为学历程可以日就月将，本质上并无止境，然而无疑两个阶段中前者是勉强的、刻苦的，后者是自然的、和乐的。而在这两者中间可以进一步划分出"立""不惑""知天命""耳顺"等不同阶次。这一不断升进的为学历程成为后世儒者，尤其是认为通过学习人都可以成圣的宋明儒者效仿和追求的典范。不同学者对此有不同解释，由此丰富和扩展了儒学工夫论的传统。而关于工夫阶次的研究也就成为儒学工夫论研究不可或缺的议题。

　　就宋明儒者而言，他们无疑都承认为学历程有深浅、生熟的区别，因此泛泛地从他们对深浅、生熟的区别入手是无法真正了解他们

---

① 　朱熹：《论语集注》卷一，《四书章句集注》，第 54 页。

对工夫阶次的划分的,只有从他们对工夫凭借因素的变化,或说做工夫的方式的变化的论述入手,才能真正了解他们对工夫阶次的划分。

就凭借因素或工夫方式而言,宋明时代代表性的儒者朱子、象山和阳明对工夫的阶次采取了不同的看法。其中,阳明采取的从以勉然为主到以自然为主的划分很少受到学界重视。在研究天泉证道的四句教之际,学者注意到的是工夫有顿、渐之别,而未能将有善有恶代表勉然的阶段、无善无恶代表自然的阶段这一实质揭示出来,也未能将四句教在阳明工夫论中的全局性意义揭示出来。在阳明自身工夫历程以及阳明经典诠释的研究中,倒有不少学者注意到工夫阶次的问题。①

阳明自身对工夫阶次的论述未受重视的主要原因,是很多学者认为阳明倡导的工夫完全凭借本体,除了泛泛而谈的工夫由浅入深、由生到熟的进阶次第以外,并无显著的阶次区分。用牟宗三先生的话来说,完全凭借本体的工夫就是"直道而行的工夫"。他评价致良知工夫时说:"此就是对治工夫的那个超越工夫、相应的工夫、直道而行的工夫。若于致良知还不切,而别求致之之功,便都是杂念,不是工夫。终须一个直道工夫来破除这些杂念,此方是真工夫所在。"② 牟先生给予了致良知工夫以极高评价。"相应"就是有效,能够克服障碍达成目标。"超越"则解释了为什么能够达成目标,那是因为阳明的主张抓住了形上的、根源性的力量,符合了工夫的本质。"直道而行"则又进一步解释了根源性力量的作用方式,其方式就是完全依循本体、凭借本体,是直接顺着本体下来的工夫。"直道而行"突出了无闲思杂虑、无人为造作的意味。质言之,牟先生认为阳明主张的工夫是完全凭借良知本心展开的。工夫虽有生熟、深浅的不同,不过本质

① 前者如张卫红《由凡至圣:王阳明体悟本心的工夫阶次——以王龙溪〈悟说〉〈滁阳会语〉为中心的考察》,张卫红《由凡至圣:阳明心学工夫散论》,生活·读书·新知三联书店,2016,第1~33页;后者如郭亮《圣人年谱:立志与成圣——王阳明与季本〈论语〉"志于学"章辨释》,《中山大学学报》(社会科学版)2017年第6期,第135~141页。

② 牟宗三:《王阳明致良知教》,《牟宗三先生全集》第8卷,第68页。

上却并无阶次的差异。

　　另一些学者，如唐君毅先生注意到阳明那里工夫存在由"下学而上达"的演进，认为在这一点上阳明与朱子相同而异于象山。[①] 诚然阳明倡导的工夫确实有从下学到上达的升进过程，因为从以勉然为主到以自然为主实际上也可以说是从下学而至上达。不过用下学与上达来概括这一升进过程似乎并不合适。因为如果按照阳明自身的观点，则下学与上达并非对工夫阶次的区分。他认为下学与上达的区别是人力是否可及，而不是不同的为学阶段。与其说下学与上达是不同的为学阶段，不如说是可以凭借的后天因素与先天因素。他说："夫目可得见，耳可得闻，口可得言，心可得思者，皆'下学'也。目不可得见，耳不可得闻，口不可得言，心不可得思者，'上达'也。如木之栽培灌溉，是'下学'也；至于日夜之所息，条达畅茂，乃是'上达'。人安能预其力哉？"[②] 由此人应该在下学亦即后天因素上用功，而上达亦即先天因素便会相伴而来。两者是同时而非先后的关系，不适合用来描述工夫阶次的升进。因此区分阶次的关键并不在此。

　　所谓先天因素实即本心。本心是直接发自仁义礼智之性的恻隐、羞恶、辞让、是非之情，是要将仁义礼智实现出来的不容已动力，是一种直接意识。本心可以自然呈现，求则得之，因而与后天因素无先后之分。本心这一发自先天的因素和后天努力构成了阳明倡导的工夫的主要凭借因素。

　　实际上，在阳明这里并不是没有工夫阶次的区分，真正构成其工夫阶次区分的也不是下学与上达，而是在凭借本心之外主要凭借后天努力与基本上完全凭借本心，由此工夫可以分为以勉然为主与以自然为主两层。这两层之间存在显著差别，这种两层的划分也与朱陆工夫形成显著差别。

　　从是否完全凭借本心的角度来说，三者的区别在于，阳明主张

从部分凭借本心，发自先天与后天的因素并用入手，朱子则不凭借本心，主要从后天因素入手；象山则可说是基本上完全凭借本心，而否定后天因素的积极作用。

阳明从以勉然为主到以自然为主这两层区分是对孔子一生层层升进的为学历程的高度概括，同时也凸显了在孔子那里未凸显的本心。可以说两层工夫论是阳明对孔子以来儒学工夫传统的继承和发展，在宋明儒学史上颇具特色。由此两层工夫构成我们研究他工夫论无法绕开的问题。

第一节　朱陆对工夫阶次的不同理解

面对先秦以来丰富多样的儒学工夫论传统，朱陆王对工夫的阶次采取了不同的划分方式。其中对朱子而言，工夫并不凭借本心，主要依据《大学》的八条目层层推进。工夫虽可作知与行、明明德与新民的区分，但这些都涵盖在八条目中。其对工夫阶次的理解可以以八层工夫来概括。对象山而言，工夫基本上完全凭借本心，虽有悟道与否的区别，但工夫并无明显的层次区分，"自然"贯穿了工夫的始终。

一　朱子的八层工夫

孔子一生为学历程可以简括为勉然与自然两层，两层的划分在《中庸》《孟子》等文献中都有明确体现。而一生致力于阐释"四书"的朱子对这种划分有深入、详细的了解。

例如，《中庸》以"诚"和"诚之"分别表示自然和勉然的工夫，两者实际上分别是圣人和圣人以下之人的工夫："诚者天之道也；诚之者人之道也。诚者不勉而中，不思而得，从容中道，圣人也。诚之者，择善而固执之者也。"朱子解释此段说："不思而得，生知也。不勉而中，安行也。择善，学知以下之事。固执，利行以下之事也。"①"生知"和"学知"的说法源自孔子对人的先天禀赋以及后天努力的四层区分:"生而知之者,上也;学而知之者,次也;困而学之,又其次也;困而不学,民斯为下矣。"②《中庸》在知之外补充了行的维度,构成了"生知安行"、"学知利行"和"困知勉行"三个不同层次。其言曰:"或生而知之,或学而知之,或困而知之,及其知之一也;或安而行之,或利而行之,或勉强而行之,及其成功一也。"③根据《中庸》划分的两层,这三层被朱子收束为"生知安行"和"学知利行以下"两层,以与《中庸》的划分相对应。

从朱子的角度来看,之所以需要划分,首先是因为人的气质存在清浊、美恶的不同,由此人有了智愚、贤不肖的差别。其次则是因为人所处的为学阶段不同。可以说,朱子以下说法点到了这两方面的原因:"生而知者,气极清而理无蔽也;学知以下,则气之清浊有多寡而理之全缺系焉耳。"④气质清而美,或者已经处在较高的阶段,对理有充分的认识,则私欲对人的本性的阻碍较小,因而可以自然发用,主导为善去恶的工夫;气质浊而不美,或者尚且处在初学阶段,对理的认识还不充分,私欲对本性的阻碍较大,本性无法自然发用,只有加倍努力,才能做到为善去恶。由此工夫呈现出自然与勉然的差别。

孟子反复提及对人两种不同层次的划分,其核心区别即是以自然还是勉然的方式达到仁义本性的要求。如其评价舜是"由仁义行,非行仁义也"。朱子解释道:"仁义已根于心,而所行皆从此出。非以仁义为美,而后勉强行之,所谓安而行之也。此则圣人之事,不待存之,而无不存矣。"⑤朱子"以仁义为美,而后勉强行之"的观点非常重要,点出勉强之为勉强,不是因为畏惧刑罚或者贪图名利,而是出

---

① 朱熹:《中庸章句》,《四书章句集注》,第 31 页。
② 朱熹:《论语集注》卷八,《四书章句集注》,第 172~173 页。
③ 朱熹:《中庸章句》,《四书章句集注》,第 29 页。
④ 朱熹:《答郑子上》十五,《晦庵朱文公先生文集》卷五十六,《朱子全书》第 23 册,第 2691 页。
⑤ 朱熹:《孟子章句》卷八,《四书章句集注》,第 294 页。

于对仁义的向往和追求。"勉强而行之"尚且如此，就更不用说与之相比更高一层的"利而行之"，无疑也是出于对仁义的向往和追求。而在朱子之前，郑玄认为"利而行之"是"贪荣名也"，孔颖达则认为勉强是"畏惧罪恶"。[①] 在朱子与郑、孔的解释中，人的行为存在内在目的与外在目的的区别。

孟子又说："尧舜，性者也；汤武，反之也。"朱子解释说："性者，得全于天，无所污坏，不假修为，圣之至也。反之者，修为以复其性，而至于圣人也。"[②] 孟子又说："万物皆备于我矣。反身而诚，乐莫大焉。强恕而行，求仁莫近焉。"[③] 朱子在解释中明确提到了"两截工夫"："这章是两截工夫。'反身而诚'，盖知之已至，而自然循理，所以乐。'强恕而行'，是知之未至，且恁把捉勉强去，少间到纯熟处，便是仁。"[④] 因为"自然"，所以谈不上面提到的"修为"，可以说这已经是最高的境界了；但毕竟所思所行又"循理"，所以也可以称为"工夫"，而不是无工夫可言。勉然和自然两个阶段不是单纯工夫与境界的关系，同时也是工夫的两个不同阶段的关系，故朱子称其为"两截工夫"。藤井伦明先生便指出在朱子等儒者那里工夫包含了意识性和非意识性两个阶段，并且是以后者为目标。他说："吾人应该将理学之'工夫'理解为'有意识'地超越其'意识性'而趋向'自然'的行为。"[⑤]

朱子注意到并承认工夫可以分为两层，在这一点上他与阳明是相同的。只是他不以此为自身工夫论的基本框架，他工夫论的基本框架是《大学》的八条目以及始终伴随八条目而作为其保证的居敬。上述

---

① 分别见郑玄注，孔颖达疏《礼记正义》卷五十二，李学勤主编《十三经注疏》，北京大学出版社，1999，第 1441、1442 页。
② 朱熹：《孟子集注》卷十四，《四书章句集注》，第 373 页。
③ 朱熹：《孟子集注》卷十三，《四书章句集注》，第 350 页。
④ 黎靖德编《朱子语类》卷六十，第 1436 页。
⑤ 〔日〕藤井伦明：《朱熹思想结构探索——以"理"为考察中心》，台大出版中心，2013，第 45 页。

勉然与自然的划分融摄在这个框架中，成为理解其内涵的一个方面，而不是基本框架。

在八条目中，格物致知属于知，诚意以下属于行。在上述引文中，朱子就将孟子所说"万物皆备于我"纳入自身以居敬以及《大学》格物致知两者为优先的工夫论中来把握。达到了物格知至，意念便可以自然循理。否则的话就只能勉强使意念符合理的要求。当然严格说，按照朱子对诚意以下工夫的理解，物格知至以后并非就可以完全自然循理，在此"自然"与"勉强"只是相对言之。因为他认为诚意以下工夫仍然费一番工夫，只是其费力程度无法与物格知至之前相提并论而已。并且，即便到了圣人境界的人，也并非以自然工夫自居，而只是自然而然达到这一状态。正如朱子所说："圣人固不思不勉。然使圣人自有不思不勉之意，则罔念而作狂矣！"[1]

另外，孟子还有一段著名论述，朱子也将之放在知与行的框架中来把握，这一框架实际上就是将工夫区分为格物致知和诚意以下工夫。孟子说："尽其心者，知其性也。知其性，则知天矣。存其心，养其性，所以事天也。夭寿不贰，修身以俟之，所以立命也。"按顺序，孟子讲了尽心知性知天、存心养性事天以及夭寿不贰修身立命三个内容。朱子在解释中，分别以前两者为知与行，又将后一者分属智与仁，智和仁分别是知和行的极致状态。由此他将孟子的说法放入知行的框架中。他说："愚谓尽心知性而知天，所以造其理也；存心养性以事天，所以履其事也。不知其理，固不能履其事；然徒造其理而不履其事，则亦无以有诸己矣。知天而不以夭寿贰其心，智之尽也；事天而能修身以俟死，仁之至也。"[2]朱子这一解释突出了格物致知的作用，而绕过了"万物皆备于我"的本心，可见他是以《大学》来解释《孟子》。《大学》的八条目而非孟子的勉然与自然，构成他工夫阶次的基本框架。

---

① 黎靖德编《朱子语类》卷七十八，第 2014~2015 页。
② 朱熹：《孟子集注》卷十三，《四书章句集注》，第 349 页。

同样重视孟子此段话的阳明与之不同，认为工夫有困知勉行、学知利行和生知安行三层，而学知利行可以作为两者的过渡，因此实际上是勉然和自然两层。双方工夫论的差异在对同一段经典文本的注释中鲜明地体现出来。

绕过本心的解释思路体现出朱子工夫论并不凭借本心的显著特征。当然他并非认为人是没有本心的，他只是认为单纯本心不足凭借，因为本心是暂明暂灭的。只有通过居敬和格物致知，才能使人真正按照本心指示的方向行动。不凭借本心这一点是他受到象山以及阳明激烈批评的主要原因。

朱子认为，知的最终目标不是对理的内容的认识，尽管这也内在于其目标之中，不过其最终目标则是对理的不可易和不容已的性质的体认和确信，亦即对理的必然性、不得不如此（对应于"不可易"）和迫切性、容不得停下来（对应于"不容已"）的体认和确信。[1] 只有有了这一体认和确信，对理的知才能真正转化为诚意以下的行。如果没有这一体认和确信，那做诚意以下工夫就会感到勉强、费力。当然，尽管感到勉强、费力，却也不能等到达成对理的必然性和迫切性的体认和确信以后才开始做诚意以下工夫。这一体认和确信的达成，就成为工夫的一个分水岭。在此之前是以勉强为主，在此之后是以自然为主。

尽管勉强与否的区分非常重要，不过朱子仍不满足于这样的区分。且不论行的层面可以区分为诚意以下六个条目，这六个条目"节节有工夫"[2]，即便是知的层面，也可仔细区分为格物和致知。朱子认为，若要实现对理的必然性和迫切性的体认和确信，作为理的具体承载者、展现者的事物是不可或缺的，故他特别重视格物。不过格物和致知虽为两个条目，看似是两个前后相继的工夫，但在操作层面上则只是一个工夫，而不是在格物之外另有什么致知的工夫。朱子解释

---

① 朱熹：《四书或问》卷二，《朱子全书》第 6 册，第 528 页。
② 黎靖德编《朱子语类》卷十六，第 327 页。

《大学》"致知在格物"时便道出了为什么说它们只是一个工夫的原因:"格物所以致知,物才格,则知已至,故云在,更无次第也。"[1] 致知不需要单独实施,物格了便可知至。亦即对事物之理获得不可易和不容已的体认和确信,便可同时带来对本心之知的不可易和不容已的体认和确信,以至于不需要另外再实施致知工夫。之所以一个工夫需要两个条目来表达,则是因为单纯致知只能表达出人心固有之知得以呈现和主导意识的意思,而不足以表达出了解外在事物之理的意思。由此,尽管在操作层面上是一个工夫,格物和致知仍然有着各自的内涵,两者不可化约为一。而诚意以下的工夫也有着各自不可化约的内涵,工夫是一节一节推进的。因此总体上《大学》的八个条目不能化约为七个条目或更少的条目。从工夫阶次的角度来说,朱子倡导的工夫是八目工夫或说八层工夫。

这种层层递进的工夫不仅与象山、阳明不同,也与此前汉唐儒者观点不同。李纪祥先生已指出朱子的理解不同于郑玄、孔颖达等的理解:"朱熹提出的八条目,在郑玄那里是不成立的概念,而在孔颖达视域中的《大学》本章结构,确然并无后世所谓的'八条目'。"[2]

八个条目可以从知行的角度划分为格物致知之知和诚意以下之行,还可以从内外角度划分为修身以上之明明德和齐家以下之新民。具体如何划分视需要而定,不同的划分都以八层工夫为基础,都是对八层工夫内涵的挖掘。单纯知、行,或明、新,或勉然、自然都不足以充分、准确表达朱子对工夫阶次的理解。

二　象山的一层工夫

与朱子偏向于从《大学》解释《孟子》不同,象山则直接从孟子强调的"先立乎其大"入手指点学者工夫。孟子说:"耳目之官不思,

---

① 黎靖德编《朱子语类》卷十五,第 309 页。
② 李纪祥:《〈四书〉本〈大学〉与〈礼记·大学〉:两种文本的比较》,《文史哲》2016 年第 4 期,第 23 页。

而蔽于物，物交物，则引之而已矣。心之官则思，思则得之，不思则不得也。此天之所与我者，先立乎其大者，则其小者弗能夺也。此为大人而已矣。"朱子在解释中并未突出心指的是本心："凡事物之来，心得其职，则得其理，而物不能蔽；失其职，则不得其理，而物来蔽之。"[1] 心与理的对举，意味着心有必要把握理，而把握理的方法便是格物。象山则完全将心视为本心。这从他认为此心的作用是使人"其宽裕温柔足以有容，发强刚毅足以有执，斋庄中正足以有敬，文理密察足以有别"[2] 的描述中可以看出。本心对工夫而言不仅具有直接性，而且具有充足性。由此他的工夫便围绕着领悟本心进而凭借本心为善去恶的主题展开。

对此主题有两点需要注意。

第一，象山认为对本心的领悟，只有放松、自然才能做到。他说："深山有宝，无心于宝者得之。"[3] 一旦诉诸意识，诉诸着意，反而无法契入本心。当然这不意味着要什么都不做，那样的话也无法领悟本心。只是说本心具有直接性而本可自然呈现，如："先生居象山，多告学者云：'汝耳自聪，目自明，事父自能孝，事兄自能弟。本无少缺，不必他求，在乎自立而已。'学者于此亦多兴起。"[4] 他以下突出格物在工夫中地位的论述也是以本心能够自然呈现为前提的：

> "格物是下手处。"伯敏问："如何样格物？"先生云："研究物理。"伯敏云："天下万物不胜其繁，如何尽研究得？"先生云："万物皆备于我，只要明理。然理不解自明，须是隆师亲友。"[5]

---

① 朱熹：《孟子章句》卷十一，《四书章句集注》，第335页。

② 陆九渊：《与邵叔谊》，《陆九渊集》卷一，第1页。

③ 陆九渊：《语录》上，《陆九渊集》卷三十四，第409页。

④ 陆九渊：《语录》上，《陆九渊集》卷三十四，第408页。

⑤ 陆九渊：《语录》下，《陆九渊集》卷三十五，第440页。

"隆师亲友"不过是为了相互鼓励和感发，从而使为善去恶不至于变成费力的事情。应该不加干扰和阻挠地让本心完全主导自己的意识。

徐复观先生便注意到了这里的一个重要转换："象山的用心，是要先在人的根源上，即念虑初起之处，先作一种价值的转换。有了这种价值转换，则一切的东西都在此一价值统属之下，而皆成为有价值，皆可以充实价值。此时不仅读书为有益，甚至考时文亦无大害。此种价值的转换，即是由辨志的义利之辨以复其本心。在本心发用之下去读书、考时文，则都是为了义而不是为了利，都是本心的发荣滋长，都是'从里面出来'。"[1] 亦即象山强调自然，并非如朱子所认为的那样无所作为甚至认欲为理。

唐君毅先生也强调了象山工夫以"先立其大"为前提："此则赖于人心有一'打开蔽障，或自其中直下超拔而出之，以自升起其心'之工夫。此一工夫，即象山所谓'先立乎其大者'之工夫，而为象山所视为一切工夫之本者。"[2]

在感受本心自然呈现的体认活动而非分析、解释本心的认知活动中，顿悟便有可能出现。最典型的例子便是象山高足杨慈湖，他的顿悟发生在凭借本心来判断卖扇人的案件时，而不是发生在分析孟子关于四端之心的文意时。[3]

领悟本心构成了工夫的真正开端。象山对孔子十五岁时有志于学做了这样的解释："孔子十五而志于学，是已知道时也。"他不是强调"志于学"中包含刻意、执着的意思，而是突出对道的认识，这实际上就是发明本心、先立其大。这是非常重要的一个观点，能够体现象山的为学倾向。孔子此后工夫虽然层层升进，但都是在树立本心发挥其主导作用前提下进行的。

象山不仅认为孔子在先立其大的前提下工夫层层升进，还认为一

---

① 徐复观：《中国思想史论集》，第16~17页。
② 唐君毅：《中国哲学原论·原教篇》，第155页。
③ 《年谱》，《陆九渊集》卷三十六，第487~488页。

般人如果有志于学的话，在认识和实践上都会经历逐渐长进的过程。如他就孔子的升进历程说："虽有所知，未免乍出乍入，乍明乍晦，或警或纵，或作或辍。至三十而立，则无出入、明晦、警纵、作辍之分矣。然于事物之间未能灼然分明见得。至四十始不惑。不惑矣，未必能洞然融通乎天理矣，然未必纯熟。至六十而所知已到，七十而所行已到。"[①] 他就一般人的情况说："人苟有志于学，自应随分有所长益。" 从这个角度来讲，他所倡导的工夫当然有不同的阶次以不断提升。不过他由此所要强调的是不要助长："但宽平随分去，纵有过，亦须易觉易改。便未觉未改，其过亦须轻。故助长之病甚于忘。"[②] 助长首先指的是好胜心之类的私欲，不过从"宽平"的表达来看，无疑也意味着避免各种后天意识的干扰，使得本心可以自然而充分地发用，这应该是贯穿工夫始终而成为其根本特征的。

以下对告子的评论也体现了他对工夫应该从自然而入的追求："告子之意：'不得于言，勿求于心'，是外面硬把捉的。要之亦是孔门别派，将来也会成，只是终不自然。"[③] 这表明象山终究取从自然而入的道路，反对从勉然而入的道路。虽说从凭借本心的角度而言象山之学的确可以说是孟子学，不过也应注意他单提自然的做法与孟子并提勉然与自然是并不一致的。牟宗三先生以下所说符合象山而与孟子则不尽符合："象山从《论》《孟》入手，纯是孟子学，只是一心之朗现，一心之申展，一心之遍润。"[④] 孟子平视自然与勉然两种工夫，并非如牟先生所说认为工夫"只是一心之朗现"。

第二，领悟本心之后，单纯凭借本心就可以为善去恶，但在此情况下，即便是想要为善、想要成圣的心也会起到负面的作用。因此，包括想要成圣在内的念头都应该抛弃，工夫应该基本上完全凭借本心

---

① 陆九渊：《语录》（下），《陆九渊集》卷三十五，第 476 页。
② 陆九渊：《与张季忠》，《陆九渊集》卷七，第 93 页。
③ 陆九渊：《语录》（下），《陆九渊集》卷三十五，第 445 页。
④ 牟宗三：《心体与性体》（上），第 42 页。

自然而为。徐复观先生注意到了这一点："因平时本心之'信得及'，可以破除由善恶对立观念而来之心理的艰苦性，及由此艰苦性所发生之对于行为之拘束力。"① 象山自己则说："无思无为，寂然不动，感而遂通天下之故。"又说："恶能害心，善亦能害心。"又说："心不可汩一事，只自立心。"② 最后一句是说心不可被任何一事所烦扰。只要树立本心的主导作用，便可做到不为一事所烦扰，因此要做的只是树立本心的主导作用。

在基本上完全凭借本心而无思无为的基础上，象山对孔子告诫颜子的"克己复礼为仁"一语提出了一个独特的解释，认为颜子所要克去的念头主要是想要为善的念头。他说："以颜子之贤，虽其知之未至，善之未明，亦必不至有声色货利之累，忿狠纵肆之失，夫子答其'问仁'，乃有'克己复礼'之说。所谓己私者，非必如常人所见之过恶而后为己私也。己之未克，虽自命以仁义道德，自期以可至圣贤之地者，皆其私也。颜子之所以异乎众人者，为其不安乎此。极钻仰之力，而不能自已，故卒能践'克己复礼'之言，而知遂以至，善遂以明也。"③

象山认为颜子并无声色货利、忿狠纵肆之类私欲需要克除，孔子告诫他的"克己"克除的不是这些私欲，而是以仁者自居，想要成为圣人的意向。这种意向本身不仅会阻碍人们对本心的领悟，而且会阻碍本心的发用。工夫只是感受本心的自然发用，凭借本心以为善去恶。这是说工夫应该是自然的。不过自然不意味着无所作为，仍然需要"极钻仰之力，而不能自已"，之所以能如此，则是因为凭借了充分发用的本心的力量。

有人就象山上述追求成圣之念也要不得的观点向朱子提问。朱子对此痛加批驳："此等议论，恰如小儿则剧一般，只管要高去，圣门何

---

① 徐复观：《中国思想史论集》，第 76 页。
② 均见陆九渊《语录》（下），《陆九渊集》卷三十五，第 456 页。
③ 陆九渊：《与胡季随·二》，《陆九渊集》卷一，第 8 页。

尝有这般说话！人要去学圣贤，此是好底念虑，有何不可？若以为不得，则尧舜之'兢兢业业'，周公之'思兼三王'，孔子之'好古敏求'，颜子之'有为若是'，孟子之'愿学孔子'之念，皆当克去矣！看他意思只是禅。志公云：'不起纤毫修学心，无相光中常自在。'他只是要如此，然岂有此理？"①

朱子引南朝僧人宝志的话"不起纤毫修学心"评价象山工夫的特点是非常准确的。只是他并不认为这样的方法具有可行性，而认为普通人终究还是要勉强努力。对象山来说，唯其"不起纤毫修学心"，才能使本心得以充分呈现并主导意识，进而由本心来主导为善去恶。也就是说，为善去恶的意识的显题化，会对为善去恶本身构成妨碍。因此他要通过反对为善去恶的意识的显题化，成全为善去恶的目的本身。

在他这里，因为本心主导，所以自自然然与兢兢业业是可以并存而非矛盾的。唐君毅先生即指出了这一点："此等高明之义，皆象山之学之归宗义，而象山之教，固有其面对障蔽求加超拔之警策义，如上节所说，与今兹所说之自疑自克之工夫，就人心志所存，更辨其公私义利之切实可循者在也。"②象山以下说法便提到了兢兢业业的意思："小心翼翼，昭事上帝，上帝临汝，无二尔心，战战兢兢，那有闲管时候。""小心翼翼，心小而道大。大人者，与天地合其德，与日月合其明，与四时合其序，与鬼神合其吉凶。"③"昔之圣人，小心翼翼，临深履冰，参前倚衡，畴昔之所以事天敬天畏天者，盖无所不用其极，而灾变之来，亦未尝不以为己之责。"④"莫厌辛苦，此学脉也。"⑤这并不是对基本上完全凭借本心的否定，而主要是在本心主导下的小心翼翼、战战兢兢。

① 黎靖德编《朱子语类》卷一百零四，第2619页。
② 唐君毅：《中国哲学原论·原教篇》，第160页。
③ 均见陆九渊《语录》（下），《陆九渊集》卷三十五，第449页。
④ 陆九渊：《大学春秋讲义》，《陆九渊集》卷二十三，第282页。
⑤ 陆九渊：《语录》下，《陆九渊集》卷三十五，第468页。

后来阳明也从敬畏与洒落的统一的角度讨论了这一问题。弟子提出"敬畏之增，不能不为洒落之累"以及"敬畏为有心，如何可以无心？而出于自然，不疑其所行"的疑问。阳明在回答中指出终极而言敬畏出于心体之自然，因而不会成为心体的负担："尧舜之兢兢业业，文王之小心翼翼，皆敬畏之谓也，皆出乎其心体之自然也。出乎心体，非有所为而为之者，自然之谓也。"① 阳明所讲的较高阶段的工夫和象山的工夫是一致的。

不过如果因为兢兢业业而滑向刻意、执着，那是象山反对的。他说："见人收拾者，又一切古执去了，又不免教他稍放开。此处难，不收拾又不得，收拾又执。这般要处，要人自理会得。"② "古执"即固执，或说刻意、执着。他在此讲到了工夫面临的松紧宽严的难处，我们从中可以看到他的学问的关键。他最终是通过让人先立其大来解决工夫的松紧宽严问题，即基本上完全凭借本心来收敛私欲。由此则既解决了收敛私欲的问题，又避免了刻意、执着。象山如下出发于"优游宽容"，落脚在"自不费力"的说法便展示了这一点："优游宽容，却不是委靡废放，此中至健至严，自不费力。"③ 既解决收敛私欲的问题又避免刻意、执着，这构成了象山工夫论的要义。

须说明的是，因为习气对人具有潜移默化的影响，所以单纯凭借作为直接意识的本心是难以克服习气的影响的。象山便诉诸思勉以克除习气的影响："积思勉之功，旧习自除。"④ 这是我们在讨论象山工夫论时只说他"基本上完全凭借本心"，而不说"完全凭借本心"的原因。

要言之，象山所讲的工夫看似区分为悟前和悟后两个阶次，不过实际上因为悟前悟后都是以自然为宗旨，所以可以说两个阶次本质

---

① 王守仁：《答舒国用·癸未》，《王阳明全集》卷五，第 212~213 页。
② 陆九渊：《语录》（下），《陆九渊集》卷三十五，第 469 页。
③ 陆九渊：《与包详道·五》，《陆九渊集》卷六，第 83~84 页。
④ 陆九渊：《语录》（下），《陆九渊集》卷三十五，第 454 页。

上是一个阶次，从根本上来说工夫并无阶次区分，自然贯穿了工夫的始终。

除象山外，持类似主张的前有程明道，后有湛甘泉以及阳明、甘泉门下的大批人物，如王龙溪、王心斋、罗近溪以及蒋道林等。龙溪等人的主张对阳明后学的整体走向产生了重大影响。之所以会出现他们的主张，跟众多因素有关，如龙溪认为学问应该自证自悟，不能随人脚跟转，这一为学态度使他不盲从阳明的观点；湛甘泉作为阳明讲友，在阳明去世后将近三十年才去世，其对思想界的影响力不可低估；直接从本心契入而要求放松的学风，对浸染朱子学繁难学问而身心俱疲的学者也颇有吸引力。

龙溪、心斋、近溪的观点且不论，南皋以下观点与象山可谓如出一辙："一堂之上，有问即答，茶到即接，此处还添得否？此理不须凑泊，不须帮帖。""曰：'然则致知之功如何？'曰：'圣人致之无知而已。'""但有心求，求不着便着。"①

蒋道林如下观点与象山也可说是如出一辙："凡看圣贤论学，论义理处，须是优柔厌饫，久之乃能忽然觉悟到。忽然觉悟，却全不假思索安排矣。强探力索，即是邪思，何缘有见？惟用而不用，乃是正思也。"②道林师事阳明和甘泉，一般认为其得于甘泉的思想为多。诚然如此，其工夫论便与甘泉相近而异于阳明。

冈田武彦先生将阳明后学划分为现成派、修证派和归寂派三派，他以下对现成派的特点的描述，也大致可以用来描述象山、甘泉、龙溪一脉的特点："现成派的主张是把阳明所说的'良知'看作现成良知。他们强调'当下现成'，视工夫为本体之障碍而加以抛弃，并直接把吾心的自然流行当作本体与性命。因此，在这派儒者中流行着阳明所谓'人人心中有个圣人'的观点。他们认为，由于良知是现成的，所以，若不悟得'有即无'，便不能悟得良知真体。因此，他们

① 分别见黄宗羲《明儒学案》卷二十三，第538、537、536页。
② 黄宗羲：《明儒学案》卷二十八，第630页。

提倡所谓'直下承当'、'直下之信'、'一了百当'的顿悟，而排斥渐修。相对于以工夫求本体而言，这是直接在本体上做工夫，遂成为'本体即工夫'派。所以，他们轻视工夫，动辄随任纯朴的自然性情，或者随任知解情识，从而陷入任情悬空之弊，以至于产生蔑视人伦道德和世之纲纪的风潮。"①

"视工夫为本体之障碍而加以抛弃"实际上是排斥有心做工夫或说有心为善去恶。"悟得'有即无'"，即是明了工夫应该是无心为之的，包括"悟得良知真体"也应该是以无心的方式做到的。"悟得良知真体"则构成了自然为善去恶的前提。只有坚守这一前提，才能避免冈田先生最后提到的一任情识的弊病。

当然须指出的是，龙溪强调悟，心斋、近溪则强调自然，不同学者的侧重点是有所不同的。如近溪的以下问答突出的自然是不以致知或顿悟为前提的：

> 罗子曰："此时我问子答，是知能之良否？"曰："是知能之良也。"罗子曰："此个问答，要虑学否？"曰："不要虑，不要学也。"罗子曰："如此是为宗旨……"②

对龙溪与心斋、近溪的差异，可以参考唐君毅先生的一个说法，他总结、发挥刘蕺山的观点说："依蕺山之旨，以评二溪之学，则更可谓此龙溪之学，教人参究一无善无恶之灵明，即教人欣慕一虚空玄漠之境，而使人不脱欣厌心。此亦即致良知而'荡之以玄虚'也。至于近溪之教人于日用常行中，随处见天德良知，而不知人之日用常行，恒是真妄混糅，良知与情识，夹杂俱流。则此所见之天德良知，即成

---

① 〔日〕冈田武彦：《王阳明与明末儒学》，吴光、钱明、屠承先译，重庆出版社，2016，第99页。
② 罗汝芳：《近溪子集》，方祖猷、梁一群、李庆龙等编校整理《罗汝芳集》上册，凤凰出版社，2007，第36页。

'参之以情识'之天德良知矣。"①

陈来先生综合各家说法，在冈田先生观点的基础上进一步将龙溪和心斋一脉区分开来，提出自己对阳明后学分派的观点："把这些说法综合起来，我们认为王门后学的重要代表为：钱德洪（绪山）、邹守益（东廓）代表的王学稳健派，可称'主修派'。王畿（龙溪）代表的无善无恶派，可称'主无派'。聂豹（双江）、罗洪先（念庵）的主静归寂派，可称'主静派'。王艮（心斋）、罗汝芳（近溪）的泰州学派，可称'自然派'。"② 这一划分是富有启发意义的。当然，"主修派"的提法主要突出了工夫的地位，而无法表达出良知本体的作用，未免是一个遗憾。另外，我们也可以说龙溪代表尊悟派，而心斋、近溪则代表自然派。两者均主张自然，不过相对而言前者更为接近明道、象山的观点。

第二节　阳明对两层工夫的选择

阳明认为本心既不是像朱子所说的那样不足凭借，也不是像象山所说的那样可以基本上完全凭借，现实的情况介于两者之间。故他虽然和朱子一样围绕《大学》展开工夫论述，但其宗旨却不是八层工夫；虽然和象山一样属于心学一系，但是主张勉然在为学之初不可或缺的作用。他将工夫区分为以勉然为主和以自然为主两层，由此在工夫问题上选择了不同于朱陆的道路。

阳明的道路在其与朱陆三人中可谓最接近于孟子。就此而言，我们可以在阳明和孟子一样都主张两层工夫的意义上，为牟宗三先生认为阳明之学是孟子学的说法注入新的内涵："后来阳明承象山之学脉而

---

① 唐君毅：《中国哲学原论·原教篇》，第306页。
② 陈来：《序》，彭国翔：《良知学的展开：王龙溪与中晚明的阳明学》（增订版），第4页。

言致良知，亦仍是孟子学之精神。"① 当然，如前文所述，在先秦儒学中并非只有孟子赞成两层工夫的主张，孟子思想并非其唯一来源。

一 不同于朱子的选择

阳明虽然批评朱子学，但和朱子一样围绕《大学》展开工夫论述。钱穆先生说："阳明讲学，自己也还不能免于拘牵文义。到底是他受朱子的影响太深了，他早年曾依朱子《格物补传》切实下过工夫的，他虽失败了，在他胸中终于洗不掉'《大学》为入德之门'的一个见解。因此他在龙场一悟，也还只悟到格物致知的义解上去。此后阳明讲学始终脱不掉那一套格物、致知、诚意、正心的话头。他还要复位《古本大学》，还要替朱子搜集他的晚年定论，可见阳明平素在他内心深处，确实信仰《大学》，信仰朱子。他自己有了启悟，也必祈合之于朱子和《大学》而后快。他内心似乎感到必如此，'夫然后吾心快然，无复余憾而自慊矣'。"②

一般认为阳明反对朱子而以自己的心学思想来诠释《大学》，钱先生此说则指出另一面，即阳明一旦有了领悟以后"必祈合之于朱子和《大学》而后快"，应该说对他的心理有较好的体贴。当然，由此进一步说他"信仰《大学》，信仰朱子"，则又未免减杀了他思想的批判力和创造性，以至于难免有化阳明学为朱子学的嫌疑。如阳明自己所说："盖不忍抵牾朱子者，其本心也；不得已而与之抵牾者，道固如是，不直则道不见也。"③ 这才是阳明心态的完整展现，亦即虽然阳明深受朱子影响，并围绕《大学》展开工夫论述，但他的工夫论与朱子有重大区别。故他说："吾说与晦庵时有不同者，为入门下手处有毫厘千里之分，不得不辩。"④

---

① 牟宗三:《心体与性体》（上），第43页。
② 钱穆:《阳明学述要》，第98页。
③ 钱德洪编《传习录》第176条，《王阳明全集》卷二，第88页。
④ 钱德洪编《传习录》第98条，《王阳明全集》卷一，第31页。

对格物和致知孰为优先的不同看法，可以展现朱子与阳明对工夫的不同理解。朱子直接根据《大学》的文本主张"致知在格物"，阳明则基于孟子有关本心的思想重新诠释《大学》，主张致知以格物。前者突出格物之于致知的作用，后者则突出致知之于格物的作用。朱子认为本心之知的诚明有赖于对事物之理的了解，工夫的真正突破口在格物而非致知。阳明则认为本心之知自然呈露，可以直接凭借本心之知以端正意念、为善去恶。凭借本心之知以端正意念、为善去恶就是格物，而无须在此前做求理于事物的工夫。工夫的关键在致知而非格物。《大学》的"致知在格物"应该理解为致知通过格物的方式得以具体落实，即在具体事务中为善去恶是本心之知得以落实的具体方式。正如阳明所说："然亦不是悬空的致知，致知在实事上格。如意在于为善，便就这件事上去为；意在于去恶，便就这件事上去不为。"[1]如果每件事情相关的人和物都得到妥善安顿，那么格物的目标就达到了。阳明说："致吾心之良知者，致知也。事事物物皆得其理者，格物也。"[2]当然，最后的"格物"更准确说是"物格"。

在阳明这里格物可以分别理解为端正意念和使现实物获得妥善安顿。北方王门的尤西川便注意到了在他这里"物"有两种不同含义，并且认为两种含义是内在统一的："阳明格物，其说有二。曰：'知者意之体，物者意之用，如意用于事亲，即事亲为一物，只要去其心之不正，以全其本体之正，故曰"格者正也"。'又曰：'致知在格物者，致吾心之良知于事事物物也。致吾心之良知于事事物物，则事事物物皆得其理矣。致吾心之良知者，致知也。事事物物皆得其理者，物格也。'前说似专指一念，后说则并举事物，若相戾者，然性无内外，而心外无物，二说只一说也。"[3]牟宗三先生将两种含义分别叫作"行为物"和"存有物"："物是事。事是行为，故吾亦曾以'行为物'说

---

[1]　钱德洪编《传习录》第317条，《王阳明全集》卷三，第136页。
[2]　钱德洪编《传习录》第135条，《王阳明全集》卷二，第51页。
[3]　黄宗羲：《明儒学案》卷二十九，第643页。

之。扩大言之，亦可以是'存有物'。"① 存有物即一般所说的现实物，包括人始终需要与之打交道的人和物。念头或者行为物是人在任何时候都无法离开的，即便什么都不做，不做本身也构成了一种行为，故阳明有"实无无念时"② 之说。由此就行为物而言，人时时都有格物的任务，即端正意念。不过端正意念也涉及现实物，而不是脱离开现实物而单独存在端正意念的工夫。陈来先生也注意到阳明格物论中究竟是格意念物还是现实物的问题，他以下说法即表达了这个意思："当我们梳理阳明格物说的时候，总有一个中心问题不明朗，这就是阳明究竟是主张格'心'，还是格'物'，或者二者兼而有之？"③ 实际上两者是兼而有之、不能分离的。基于此，则牟先生如下说法也未免缩小了格现实物的范围。他说："从明觉之感应说物，严格讲，与从意之所用说物，是不同其层次的。后者的说法，意与物是有种种颜色的，故必有待于致良知以诚之与正之。而前者的说法，则无如许参差，唯是良知天理之流行，意不待诚而自诚，物不待正而自正。"④ 牟先生有此看法的原因是没有注意到良知的发用有微弱和强大的区别，而无论微弱还是强大，都可以说现实物在良知的明觉中。

阳明认为朱子最大的失误是绕开了本心，没有发挥本心的作用。他说的"外心以求物理"，即是指朱子的工夫论避开了本心而忽视了本心的作用。他说："夫外心以求物理，是以有暗而不达之处，此告子'义外'之说，孟子所以谓之不知义也。"实则人自然有本心可以凭借，原本不必外求。本心自然会有的恻隐、得宜、条理等就是人有仁、义、礼等本性的表现，所谓"心一而已，以其全体恻隐而言谓之仁，以其得宜而言谓之义，以其条理而言谓之理"⑤。既然人有本心，

---

① 牟宗三：《从陆象山到刘蕺山》，第 148 页。
② 钱德洪编《传习录》第 202 条，《王阳明全集》卷三，第 103 页。
③ 陈来：《有无之境——王阳明哲学的精神》，第 156 页。
④ 牟宗三：《从陆象山到刘蕺山》，第 149 页。
⑤ 均见钱德洪编《传习录》第 133 条，《王阳明全集》卷二，第 48 页。

那需要做的就是将其落实，或者说依循本心之知而行，这就是致知。

不过阳明也无法回避朱子面临的问题，那就是人虽有本心却不按照本心行动的问题。朱子由此诉诸勉强以落实本心所知之理，主要是诉诸格物以获得对事物之理的必然性和迫切性的体认和确信，而对事物之理的必然性和迫切性的体认和确信同时促成对本心之知的必然性和迫切性的体认和确信。阳明则主要诉诸勉强落实本心。

阳明促使学者勉强落实本心的一个典型例子是上一章已经提到的，门人感叹："私意萌时，分明自心知得，只是不能使他即去。"阳明回答："你萌时这一知处，便是你的命根。当下即去消磨，便是立命工夫。"①"分明自心知得"私欲萌动的，便是本心。不过仅仅有本心是不够的，因为相比之下私欲更为强大，以至于虽然有本心，可结果仍然是"不能使他即去"，亦即面对私欲只能徒唤奈何。对此阳明指出工夫要实现突破的关键是"当下即去消磨"。他认为在本心不及私欲强大的情况下，显然这只有诉诸勉强这一后天努力才能做到，而不是自然而然就可以做到的。

朱子面对此种情况，也会给学者类似"当下即去消磨"的建议，而认为不能纵容私意泛滥，但他不认为这是根本的解决之道。他认为根本的解决之道还在于对理必然如此、当下就得如此的体认和确信。从朱子的角度来看，门人"分明自心知得"的"知"并没有那么分明，因为如果真的足够分明的话，是可以使他有容不得停下来的动力去克除私欲的。只是，诉诸格物就将注意力主要放在了事物之理上，而不是诉诸本心。而阳明则没有偏离"分明自心知得"的本心，并且认为这才是"命根"。"当下即去消磨"尽管是工夫得以实现突破的关键，但这一勉然工夫是围绕本心的落实而展开的。可以说本心和勉强共同构成了工夫的动力。

随着勉强落实本心的工夫日益熟练，战胜私欲变得越来越容易。

---

① 钱德洪编《传习录》第333条，《王阳明全集》卷三，第140页。

达到一定程度便"胜得容易，便是大贤"①。也就是私欲萌动时，不仅可以做到"分明自心知得"，而且可以做到轻易"使之即去"。用阳明的话来说是"才有着时，良知亦自会觉，觉即蔽去，复其体矣"②，或者"纤尘即见，才拂便去，亦不消费力"③，又或者"不须着力，不待防检，而真性自不息矣"④。用王龙溪的话来说就是"才动即觉，才觉即化"⑤。这是化用自《易传·系辞下》评价颜子的一个说法，"有不善未尝不知，知之未尝复行"⑥。之所以能如此，主要是因为私欲对本心的障碍日益减少，本心变得可以充分发用。

大贤以上的圣人是否无私欲可克呢？或者换个角度来问，圣人是否会有过错呢？阳明认为圣人不能无过，人心都有滑向私欲的危险，圣人对这一点保持了足够的警觉："人皆曰人非尧舜，安能无过？此亦相沿之说，未足以知尧舜之心。若尧舜之心而自以为无过，即非所以为圣人矣。其相授受之言曰：'人心惟危，道心惟微，惟精惟一，允执厥中。'彼其自以为人心之惟危也，则其心亦与人同耳。危即过也，惟其兢兢业业，尝加'精一'之功，是以能'允执厥中'而免于过。古之圣贤时时自见己过而改之，是以能无过，非其心果与人异也。"⑦由此可见，圣人的工夫并非单纯为善而没有去恶。克除私欲仍然是工夫的题中应有之义，只是发掘和克除私欲相对而言非常自然，并不费力而已。根据克除私欲、落实本心的难易，可以将阳明倡导的工夫划分为以勉然为主与以自然为主两层。后者主要依靠直接发自先天本性的良知的力量，前者则在良知的力量之外还要依靠后天的努力。

耿宁先生便注意到阳明区分了"艰苦的学习者"和"已觉悟者"

---

① 钱德洪编《传习录》第216条，《王阳明全集》卷三，第107页。
② 钱德洪编《传习录》第290条，《王阳明全集》卷三，第126页。
③ 钱德洪编《年谱一》，《王阳明全集》卷三十三，第1358页。
④ 钱德洪编《传习录》第329条，《王阳明全集》卷三，第139页。
⑤ 此为龙溪常用语，如见王畿《水西同志会籍》，《王畿集》卷二，第36页。
⑥ 王弼注，孔颖达疏《周易正义》卷八，李学勤主编《十三经注疏》，第309页。
⑦ 王守仁：《寄诸弟·戊寅》，《王阳明全集》卷四，第193页。

的不同立场。阳明站在前者的立场上时，"在他那里，'本原知识'的或多或少清晰的明见与'确立的意志'仍然表现为两种不同的力量。但即使在他这里，完善的'本原知识'（作为其始终完善的'本己本质'的'本原知识'）的观念也还是扮演着重要的角色"①。可以说，耿宁先生事实上已经注意到阳明的两层工夫以及工夫可以依靠的两种力量。

二 格物的两层含义所体现的阳明两层工夫论

两层工夫的差异直接体现在格物的含义中。从工夫阶次的角度来看，格物在阳明这里主要有两种含义，第一个是为善去恶，第二个是勉然去欲（或说勉然去恶）。含义一通贯勉然与自然两层工夫，含义二则主要指第一层的工夫。

阳明以不同的方式表达格物的第一层含义。其中最简洁的是四句教最后一句"为善去恶是格物"②。他认为包含这句在内的四句教："此是彻上彻下语，自初学以至圣人，只此功夫。"③ 照此理解，四句教第三、四句涉及的良知与格物是第一句讲的无所刻意、执着的工夫和第二句讲的有所刻意、执着的工夫都需要的。当然第四句的"为善去恶"也可理解为勉然去欲，如此则与第二句的"有善有恶"相对应，区别于第一句的"无善无恶"和第三句的"知善知恶"，一、三句和二、四句分别指不同的工夫。不过终究前一种理解更能凸显不同阶次工夫的共同性，而不至于使为学过程完全断为两截。

与为善去恶类似的对格物的解释是："格者，正也。正其不正，以归于正也。"④ 如果要对应的话，"正其不正"是去恶，"归于正"则是为善。阳明以下说法进一步明确点出格物是就意念而言，指端正意念

---

① 〔瑞士〕耿宁：《人生第一等事：王阳明及其后学论"致良知"》，第264页。
② 钱德洪编《传习录》第315条，《王阳明全集》卷三，第133页。
③ 钱德洪编《年谱三》，《王阳明全集》卷三十五，第1443页。
④ 钱德洪编《传习录》第85条，《王阳明全集》卷一，第28页。

的工夫。如果放在朱子的思路中来理解的话，那么阳明所说的格物已经是诚意，是行而不是作为行的准备的、服务于行的知了。阳明说："'格物'如《孟子》'大人格君心'之'格'，是去其心之不正，以全其本体之正。但意念所在，即要去其不正以全其正，即无时无处不是存天理，即是穷理。"① 以下则提供了一个说明格物是在具体事务中依循良知、落实良知的具体例子："知得轻傲处，便是良知；致此良知，除却轻傲，便是格物。"② 另一个例子是："明道曰：'某写字甚敬，非是要字好，只此是学。'既是非要字好，所学又是甚事？知此可以知格物之学矣。"③ 格物是正念头、调摄此心。这是格物之学之为格物之学的关键，格物的关键不在于向外获得了多少知识，或者掌握了多少技能。进一步说，调摄此心，此心发用，也不是离了写字之类事情而别为一事。

阳明以下说法涉及格物的第二种含义："只是这个灵，能不为私欲遮隔，充拓得尽，便完完是他本体，便与天地合德。自圣人以下，不能无蔽，故须格物以致其知。"④ 面对圣人以下私欲遮蔽较重的情况，需要格物才能做到致知。这里的"格物"指的就是诉诸勉强以去除私欲，"致知"则是做到依循本心之知。由此两层工夫也可以表述为不需要格物便可致知和需要格物才能致知。这里的"格物"只能理解为勉强去欲。其以是否需要格物才能致知的形式，表达了两层工夫："若良知之发，更无私意障碍，即所谓'充其恻隐之心，而仁不可胜用矣'。然在常人不能无私意障碍，所以须用致知格物之功。胜私复理，即心之良知更无障碍，得以充塞流行，便是致其知。"⑤ 此条为徐曰仁所录，是《传习录》中最早直接提到两层工夫的记录。阳明在此区分

---

① 钱德洪编《传习录》第7条，《王阳明全集》卷一，第7页。
② 王守仁：《寄薛尚谦·癸未》，《王阳明全集》卷五，第222页。
③ 钱德洪编《遗言录》下第47条，《王阳明全集》（新编本）卷四十，第1606页。
④ 钱德洪编《传习录》第118条，《王阳明全集》卷一，第39页。标点有改动。
⑤ 钱德洪编《传习录》第8条，《王阳明全集》卷一，第7页。

了是否有"私意障碍"两种情况，私意即私欲。这里的重心是"障碍"，可以分为两种情况：第一，无私欲，自然也就无障碍；第二，虽然有私欲，但很微弱，容易克服，不构成良知发用流行的障碍。无私欲障碍，则良知自然发用，这无疑是致知。有私欲障碍，则有必要克服私欲的障碍。克服私欲的障碍而使良知发用即是格物的第二种含义。由此工夫区分为单纯致知和需要格物的致知两层。格物的有无实际上就是致知在意识中显题化与否，显题化即是勉然致知，未显题化则是自然致知。

阳明曾说："'先天而天弗违'，天即良知也；'后天而奉天时'，良知即天也。"[①] 在此并未提到格物，不过刘蕺山在评论这句话时提到了格物："先生言致良知以格物，便是先天而天弗违；先生言格物以致其良知，便是后天而奉天时。"[②] 此处两个"格物"的意思是不同的。前一个是为善去恶的意思，后一个是勉强去蔽的意思。阳明在此讨论的是两层工夫的问题。"先天而天弗违"是在讨论完全出于本体的工夫，"天即良知"是说出于天之自然便可达到良知好善恶恶的要求。"后天而奉天时"是在讨论部分出于本体的工夫，"良知即天"是说部分出于良知本体的工夫也符合天之自然，因为勉然做工夫即是此种条件下的自然。

牟宗三先生在解释《中庸》"诚者，天之道也；诚之者，人之道也"时说："依《中庸》，'诚者，天之道也'并非说诚是属于彼天之道，此只言'尧、舜性之也'之义，意即从性自然而行，不须加择善固执之'诚之'之工夫便是'天之道'。天者自然义，'安而行之'之义，濂溪所谓'性焉安焉之谓圣'是也。是则天者是副词，不是指天地之'天'之实字。'诚者，天之道也'即是后来王学所说'即本体便是工夫'。此则在天在人一也……至于'诚之者，人之道也'，此亦并非说'诚之'之工夫是属于人之道，其意是'汤、武反之也'之

[①]　钱德洪编《传习录》第287条，《王阳明全集》卷三，第125页。

[②]　黄宗羲：《明儒学案》卷十，第214~215页。

义，言不能自性安然而行者，便须加择善固执之'诚之'之工夫。'诚之'之工夫即是'反之'之工夫，濂溪所谓'复焉执焉之谓贤'是也。是则'人之道'之'人'是对自然安然而说，是加工作意之谓，亦是副词义，不是指实之实体字。'诚之者，人之道也'即后来王学中所谓'即工夫便是本体'也。'复焉执焉'（诚之）是人之作意之道，'性焉安焉'（诚）是人之自然之道。"① 牟先生此处所说实际上道出了两层工夫在宋明儒学开端的周濂溪这里已经出现了，只是濂溪并未展开论述，并未阐发两层各自的特点而已。当然，"天"也不仅仅限于是副词，也可以表示实体的天道。

此外，冈田武彦先生对阳明后学中的修证派工夫的描述是比较接近于阳明自身的工夫主张的，"修证派以尽良知之情意为'致良知'，并倡导阳明所谓的'真诚恻怛'，倡导诚和诚意"②。这个说法既点到了作为本体的良知和诚，也点到了作为工夫的"尽"与诚意，而真诚恻怛则可以既是本体，也是工夫。因此说他描述的修证派的这些主张较为接近阳明自身的工夫论。

质言之，无论格物采取哪种理解，都以本心之知为前提，是对本心之知的落实，参照朱子的划分，则已不仅是知而且是行。这是阳明这里格物的两个根本特征。与之相反，在朱子那里，格物是本心之知主导意识的前提，格物属于知而不是行。这是双方格物致知理解的不同之处。吴震先生如下说法即指出了阳明所说格物的主要特点："格物不是一种面向外物之'定理'的求知活动，而是在社会事务、日常生活等关乎人事的所有领域内实施的一项德性修炼的活动，实质上也是将致良知工夫化作一种生活方式的活动。"③

如此，则阳明似乎取消了知的环节。对此可以从两个层次来回答。首先，本心之知意义上的知是存在的，但不构成一个单独的环

---

① 牟宗三：《心体与性体》（中），第217页。
② 〔日〕冈田武彦：《王阳明与明末儒学》，第137~138页。
③ 吴震：《朱子学与阳明学——宋明理学纲要》，第285页。

节，因为本心之知可以自然呈现，具有直接性。如他说："知是心之本体。心自然会知：见父自然知孝，见兄自然知弟，见孺子入井自然知恻隐，此便是良知，不假外求。"① 其次，至于一般理解的事物之理，阳明也不忽视，只是认为这不是首要的，首要的还是让本心之知能主导意识。阳明采取的是由一驭精、以约统博的思路。如他说："若只是温清之节、奉养之宜，可一日二日讲之而尽，用得甚学问思辩？惟于温清时，也只要此心纯乎天理之极；奉养时，也只要此心纯乎天理之极。此则非有学问思辩之功，将不免于毫厘千里之谬，所以虽在圣人，犹加'精一'之训。"② "此心纯乎天理之极"，即是说本心主导意识而不受私欲干扰，这才是问题的关键。至于具体的知识则并不难了解。即便自己不了解，在"此心纯乎天理之极"的引导和推动下，自然会去通过探索以及询问他人等方式获得所需的知识。

做到"此心纯乎天理之极"即是致知。阳明在嘉靖二年（1523）对《大学古本序》做了修改，将工夫最终归结为致知，突出了其地位："《大学》之要，诚意而已矣。诚意之功，格物而已矣。诚意之极，止至善而已矣。止至善之则，致知而已矣……乃若致知，则存乎心；悟致知焉，尽矣。"③ "而已矣"表示"已经足够"的意思。这几句突出了致知对于工夫而言是充足的。阳明在给弟子薛中离的信中提到了改本序的背景及其意义："致知二字，是千古圣学之秘，向在虔时终日论此，同志中尚多有未彻。近于古本序中改数语，颇发此意，然见者往往亦不能察。今寄一纸，幸熟味！此是孔门正法眼藏，从前儒者多不曾悟到，故其说卒入于支离。"④ "从前儒者"主要指朱子。改本序的背景是"从前儒者多不曾悟到"致知的根本地位，以至于使工夫陷入了支离。"支离"即是偏离根本，在这里具体指朱子诉诸格物，以至于

---

① 钱德洪编《传习录》第8条，《王阳明全集》卷一，第7页。
② 钱德洪编《传习录》第4条，《王阳明全集》卷一，第3~4页。
③ 王守仁：《大学古本序·戊寅》，《王阳明全集》卷七，第270~271页。
④ 王守仁：《寄薛尚谦·癸未》，《王阳明全集》卷五，第222~223页。

忽略了本心的作用。"从前儒者多不曾悟到"的致知，不是作为第二层工夫的自然致知，更不是无私欲需要克除的极致状态（因为即便圣人也无法完全避免滑向私欲的问题），而是通贯工夫所有阶段，使本心无私欲之蔽的致知。

目前学界在改本序末句的断读和理解上存在分歧。[①]"乃若致知，则存乎心；悟致知焉，尽矣"，应该断读为"乃若致知，则存乎心悟。致知焉，尽矣。"以下一段话便出现了"致知焉尽之矣"的表述，对我们了解改本序末句的断句和句意非常关键：

> 或问："致良知工夫，恐于古今事变有遗？"先生曰："不知古今事变从何处出？若从良知流出，致知焉尽之矣。"[②]

事情本身是心之所为，事情之准则以及动力也是发于心。"致知焉尽之矣"只是说致知不是人们想象的那样无法应对纷繁的事务，致知就足以应对纷繁的事务而提供相应的准则以及动力。"尽"不是说致知就是工夫的最高阶段，而是说单纯致知便足以使人应对纷繁的事务，这正是阳明要人领悟的东西。由此，人应该将视角转向心，而不是物，强调致知并非依赖格物，而是依赖于心。改本序"致知焉尽矣"表达的也是这个意思。单纯致知便可以使人应对纷繁的事务，这一点是很反直觉的，多数人不能相信其可能性和必要性，而认可朱子的格物穷理之学。故阳明需要强调"致知则存乎心悟"。"致知则存乎心悟"只是说意识到致知就已足够的可能性并不高，得切实领悟，得切实体察，不是单纯凭借口耳之间的学问就可以把握的。而世人往往恰恰止步于口耳之间的学问。领悟和体察起来如果很容易的话，圣人也就没有必要"惧人之求之于外也，而反覆其辞"[③]了，包括朱子

---

① 相关讨论参方旭东《悟致知焉尽矣——禅学对诠释王阳明思想的一个启发》，《贵阳学院学报》（社会科学版）2020 年第 5 期，第 6~12 页。
② 陈荣捷编《传习录拾遗》第 33 条，《王阳明全集》卷三十二，第 1297 页。
③ 王守仁：《大学古本序》，《王阳明全集》卷七，第 271 页。

在内的儒者就不会出现偏差了。提出"致知则存乎心悟",是希望学者对致知的把握不仅不要停留在口耳之间,更不要徒然无益地掀起争论。

要言之,改本序的说法有助于从根本上扭转朱子学支离的问题。之所以说是"从根本上扭转",是因为阳明在正德十三年(1518)完成的初本序,即已提出扭转朱子学支离倾向的问题,只是因为没有提出致知,所以还不够究竟。他当时只是指出工夫之初即可做端正意念的诚意工夫,即工夫之初便可以做到让意念与本体一致,而不必先做求理于事物的工夫。至于工夫之初即可做端正意念的工夫的原因,则没有直接点出。其原因便是本心之知的存在。当然毫无疑问,阳明当时并非不明白本心之知的存在,他只是没有直接点出这一点而已。

这里的悟不是象山主张的顿悟,它并不以本心的充分发用为直接目标,而是以当下发用的本心的落实为目标。当下发用的本心是有限的、不充分的,但有助于推进为善去恶的工夫。

荒木见悟先生认为阳明持顿悟的主张,但他的语气并不坚定,并且所给的证据似乎也不够充分。他说:"阳明之格物致知论并非像朱子学所说的那样对分散、个别的理进行积攒,而是将本来混一而无一物的良知确立为超经验的主体,令其对格物致知的情景过程之制定承担起全部的责任,故而将其称为顿悟亦无不可。所谓'良知无前后,只知得见在的几,便是一了百了'(《传习录》卷下),良知之进展乃是在每个瞬间都将过去、现在和未来集中于现在之一机而完成的。"[1] 每个当下所做的致良知工夫固然需要调动一个人拥有的所有积累,这可以反映一个人工夫所达到的程度,但并不能因为强调工夫集中于当下这个时点而认为此工夫是瞬间可以完成的顿悟。另外,荒木先生所说也透露了在每个当下所做的致良知工夫对人来说可能是充满压力的,对此我们将在第九章再来分析。

---

① 〔日〕荒木见悟:《阳明学的位相》,第101页。

三　从阳明的两层工夫看陆王差异

面对不能使本心之知得以落实的问题，阳明并没有和象山一样直接诉诸本心的充分发用。当然，他并不是从根本上否定象山的思想学说，毋宁说他对象山的思想学说在整体方向上是完全认同的，并评价"陆氏之学，孟氏之学也"，而孟子之学正是"圣人之学，心学也"的典范。[①] 不过在具体工夫提升之路上他对象山又持保留态度。象山的观点如果用他的话来说，那就是："利根之人一悟本体，即是功夫，人己内外，一齐俱透了。"而阳明认为这样的利根之人太难遇见了："利根之人，世亦难遇，本体功夫，一悟尽透。此颜子、明道所不敢承当，岂可轻易望人！"如果一味采取这种道路来指点根器不够的学者，那结果很可能是"一切事为俱不着实，不过养成一个虚寂"[②]。象山诉诸本心充分发用的施教方式可以说是向资质中等以下的人宣扬中等以上的道理。阳明对此并不赞同："人的资质不同，施教不可躐等。中人以下的人，便与他说性说命，他也不省得，也须慢慢琢磨他起来。"[③] 也就是说，中人以下还是需要通过勉然工夫加以雕琢，不能直接让他们做完全出于本心的工夫。

以下虽然落脚在勉然工夫可以最终成功这一点上，但也说明了对资质一般的人来说从勉然入手是必要的："人之气质清浊粹驳，有中人以上，中人以下，其于道有生知安行，学知利行，其下者必须人一己百，人十己千，及其成功则一。"[④]

象山高足杨慈湖"不起意"的主张是对象山以自然为要旨的工夫的继承。"不起意"不仅是工夫修持的结果，同时本身也是修持方法。以下说法主要强调了前者，"如果我们能够通过修持工夫保持本心的

---

① 分别见王守仁《象山文集序·庚辰》，《王阳明全集》卷七，第274、273页。
② 均见钱德洪编《传习录》第315条，《王阳明全集》卷三，第133~134页。
③ 钱德洪编《传习录》第251条，《王阳明全集》卷三，第117页。
④ 钱德洪编《传习录》第99条，《王阳明全集》卷一，第32页。

常觉常明，意念便可顺着本心而自然流出，应物而无累"。① 阳明明确表达了对慈湖不以为然的态度："杨慈湖不为无见，又着在无声无臭上见了。"② "无声无臭"可以指代"不起意"。阳明认为慈湖太执着于不起意的观点，亦即慈湖扩大了其适用范围，一味地以之来指点学者，不免太拘泥于这个观点，以至于没有做到适应不同学者的具体情况。慈湖的问题应该就是阳明所批评的工夫指点超过学者的阶次的问题："与人论学，亦须随人分限所及。如树有这些萌芽，只把这些水去灌溉。萌芽再长，便又加水。自拱把以至合抱，灌溉之功皆是随其分限所及。若些小萌芽，有一桶水在，尽要倾上，便浸坏他了。"③

此外，阳明对友人的一个提醒很值得玩味，从中可以看出他虽非直接反对象山，但对过早放松以及单纯凭借本心持反对态度。他说："学绝道丧，俗之陷溺，如人在大海波涛中，且须援之登岸，然后可授之衣而与之食。若以衣食投之波涛中，是适重其溺，彼将不以为德而反以为尤矣。故凡居今之时，且须随机导引，因事启沃，宽心平气以薰陶之，俟其感发兴起，而后开之以其说，是故为力易而收效溥。"④ "援之登岸"比喻引导其去欲，使其脱离私欲的牵累。"授之衣而与之食"意味着指点其本心，因其有本心而给予其肯定与支持，使之可以按照本心自由发挥，不必勉强。这两点中，前者是收，后者是放。不先收就采取放的教导，其流弊一定是以私欲为本心，在本心的名义下纵欲，其结果势必比尚无本心名义时更为不堪，陷入私欲的泥潭则更深，所以阳明说"适重其溺"。"俟其感发兴起"，即是等待学者私欲已经有所收敛，本心已经有所呈露。"开之以其说"即是以本心学说教导之，提醒其切实落实本心。

---

① 陈碧强：《从"意"概念的二重性看杨简的"不起意"学说》，《哲学分析》2017年第 4 期，第 82 页。
② 钱德洪编《传习录》第 310 条，《王阳明全集》卷三，第 131 页。
③ 钱德洪编《传习录》第 225 条，《王阳明全集》卷三，第 109 页。
④ 王守仁：《寄李道夫·乙亥》，《王阳明全集》卷四，第 185~186 页。

面对"声色货利是良知所有的否"的问题，阳明在回答中既肯定了这一点，也要求学者在初学阶段加以克治："固然。但不出于有我之私，顺应之可也。若初学用工，却须纯去扫除，则适然来遇，此始不为累。"① 意思是一开始必须收敛，甚至略过度也无妨。阳明又说："古人讲学，头脑须只一个，却是因人以为浅深。譬如这般花只好浇一瓶水，却倒一桶水在上，便浸死了。"② 每个人良知的开悟有早晚迟速的区别。如果在为学之初就告诉人随着自己的心性而行，而不必有所勉强，那就像是用大水把尚且处于幼苗阶段的花草淹没了。

在较高阶段工夫的意义上，阳明和象山是一致的。而就工夫整体过程而言，双方则有差别，即象山主张的工夫无论悟前还是悟后，都以自然为宗旨，而阳明仅仅在较高阶段才强调自然，并且事实上也无须以顿悟为工夫的前提。

总之，阳明倡导的工夫既不忽视本心的作用，在这一点上他不同于不诉诸本心作用的朱子，也不是基本上完全诉诸本心，由此不同于象山。他选择的是从以勉然为主提升到以自然为主，这既发挥了本心的作用，又没有忽视后天努力的作用。在肯定后天努力的意义上，他接近于朱子。只是两人所说后天努力的方式并不一样，朱子所说是并不凭借本心的居敬穷理等，阳明则是承接直接发用的本心而使之落实，他的工夫和象山一样都是一元本体工夫。由此我们才说阳明的观点介于朱陆两人之间而相对接近于象山。就阳明倡导经由后天进入而最终达到完全先天的工夫提升之路的角度来说，唐君毅先生的如下说法是恰当的，"阳明之学乃始于朱而归宗于陆。则谓阳明之学为朱陆之通邮，亦未尝不可"。不过，他对阳明学的一些看法则又不免有问题，"若其精义所存，则与朱子之别在毫厘间"③。实则朱王之间在

---

① 钱德洪编《遗言录》下第6条，《王阳明全集》（新编本）卷四十，第1603页。标点有改动。
② 钱德洪编《遗言录》下第37条，《王阳明全集》（新编本）卷四十，第1605~1606页。
③ 均见唐君毅《中国哲学原论·原教篇》，第132页。

后天工夫之所指方面的差异是非常显著的。其差异便是是否直接凭借本心。

第三节　两层工夫各自的特点

两层工夫存在以勉然还是自然为主的区别。第一层虽然凭借了本心，但主要还是依赖后天的着实用意和精察克治。第二层主要凭借本心自然为善去恶，其要点是既有为又无为。虽然没有截然的区分，不过因为主导的方面不一样，或勉然或自然，所以两层的区分仍然是有必要的。并且，两层工夫构成了阳明工夫论的基本框架，这一框架不仅体现在他对格物、致知、诚意等工夫条目的理解中，也体现在他晚年天泉证道时提出的四句教以及作为他哲学遗言的真诚恻怛中。

阳明以下说法比较完整地体现了其工夫主张："圣人之心如明镜，纤翳自无所容，自不消磨刮。若常人之心，如斑垢驳蚀之镜，须痛刮磨一番，尽去驳蚀，然后纤尘即见，才拂便去，亦不消费力。到此已是识得仁体矣。若驳蚀未去，其间固自有一点明处，尘埃之落，固亦见得，才拂便去；至于堆积于驳蚀之上，终弗之能见也。此学利困勉之所由异，幸勿以为难而疑之也。"[1] 因为圣人在这里是与常人相对而言的，而常人属于学知利行以下的常人，所以可以说圣人实即生知安行者。两层工夫首先指的是生知安行的圣人和学知利行以下的常人的不同工夫。常人即便是从困知勉行出发，最终也可达到"纤尘即见，才拂便去，亦不消费力"的状态。这与生知安行的圣人已经没有区别。因此，两层工夫又指常人从困知勉行或学知利行出发，最终达到和生知安行者一样的状态的不同工夫。无论是横向的圣人与常人，还是纵向的从常人到圣人的不同阶段，其主要区别都是以自然为主还是以勉然为主。

---

① 　钱德洪编《年谱一》，《王阳明全集》卷三十三，第1358页。

一　两层功夫的主要特点

困知勉行的人在起步阶段本心处于遮蔽状态，即阳明所说"堆积于驳蚀之上，终弗之能见也"。这种状态似乎是本体被彻底遮蔽的状态，然而阳明终究认为"觉即蔽去""一提便醒"，这就意味着本体的作用其实并未彻底中断。这种状态下如何开始做工夫呢？

可以说有两种力量可以凭借，第一种是本心。即便现实的意识和本心有距离，本心也一点便醒，这一被点醒的本心可以在工夫中发挥一定的指引和推动作用。尽管其作用比较微弱，但也是不容忽视的。阳明以下说法其实便是说勉然工夫也凭借了本心："'修道之谓教'以下许多说话，工夫只是修道以仁。"[①] 仁即本心或说良知，如阳明说"自其明觉而言谓之知，自其明觉之纯理而言谓之仁"[②]，"知"即良知。阳明在此强调第一层工夫乃是仁所指引和推动的工夫。因为第一层中有本体参与，所以也可以称为后文将要提到的"第一义工夫"。

第二种可以凭借的力量则是勉强或说后天努力。这是特别重要的，因为此时的状态就如同阳明弟子黄以方听闻阳明"人但得好善如好好色，恶恶如恶恶臭，便是圣人"的教导后总结的那样："直初时闻之，觉甚易，后体验得来，此个功夫着实是难。如一念虽知好善恶恶，然不知不觉，又夹杂去了。才有夹杂，便不是好善如好好色、恶恶如恶恶臭的心。"[③] 仍然知道应该好善恶恶，这是良知在起作用，但又不能坚持这一念使之不滑落，故而有必要借助后天的因素。

刘海滨先生指出阳明的工夫"一方面是用良知本身的力量"，"另一方面，如果遮蔽较厚，良知本身力量尚微弱，就不得不借助意识的助力"。[④] 在此特别值得注意的是"助力"的说法，这表明后天因素

---

① 朱得之：《稽山承语》第 8 条，《王阳明全集》（新编本）卷四十，第 1608 页。

② 钱德洪编《遗言录》下第 4 条，《王阳明全集》（新编本）卷四十，第 1603 页。

③ 钱德洪编《传习录》第 229 条，《王阳明全集》卷三，第 110 页。

④ 刘海滨：《"致"良知与"信"良知——良知教的实修方法及其难点》，《广西大学学报》（哲学社会科学版）2015 年第 4 期，第 39 页。

并非只是先天因素的流溢，是先天因素在后天的展现，因而是内在于先天因素的，相反，后天因素与先天因素是平行、并列的关系。杨国荣先生也指出了阳明心学具有先天后天两种因素并用的特点："正如致良知这一命题所表明的那样，肯定先天之知与后天之致的统一，构成了王阳明心学的重要特点。"[1]

后天努力从动力方面讲是"着实用意"[2]或"着实用功"[3]，从准则方面讲是"精察克治"[4]。着实代表本心自然发用的力量之外的力量。精察则代表对如何行动才符合良知准则的分辨，故而精察是从准则方面来说的，代表对准则的辨析以及坚守。初学阶段本心受到私欲遮蔽，因此单纯本心的动力和准则不足以支撑为善去恶的工夫，着实用意和精察克治便起到了弥补动力不够充足、准则不够明晰缺陷的作用。

初学阶段单纯本心不足以指引和推动工夫的完成，是需要着实用意和精察克治的原因。陈来先生注意到了良知未充分发用对工夫的影响："良知本体人人具足，但现成地表现在意识活动的良知都是不完全的，所以才要'致'良知。个体良知的巨大差别性不能替代、反映道德法则的统一性。因而每个人不能仅仅依据尚未'致极'的良知决定行为准则，否则，道德判断的机制就是不完善的。"[5]应该说，良知未充分呈现，是需要包括着实用意和精察克治在内的后天努力的原因。现实中难以存在彻底的、完善的良知，只有具体的、有限的良知。人不应脱离这具体的、有限的良知来做工夫。

事实上，陈立胜先生说的"省察之心"、"以经印心"和"从师亲

① 杨国荣：《走向良知：〈传习录〉与阳明心学》，上海外语教育出版社，2018，第81页。
② 钱德洪编《传习录》第119条，《王阳明全集》卷一，第39页。
③ 钱德洪编《传习录》第64条，《王阳明全集》卷一，第23页。
④ 陈荣捷《传习录拾遗》第38条，《王阳明全集》卷三十二，第1298页。
⑤ 陈来：《有无之境——王阳明哲学的精神》，第335页。

友"的必要性，也可从现实中良知的有限性角度来理解。① 其中"以经印心"反映了阳明学中蕴含的知识化倾向。吴震先生指出阳明后学中存在这一趋向："在阳明后学以及晚明思想的转向过程中，大致有三种趋向值得注意，我们姑且称之为知识化趋向、政治化趋向、宗教化趋向。"② 重要的是，如果经典只是印证本心则并无不可，如果发展到以经典替代本心，那就违背阳明本意了。

勉强又可说是有心或者有意，在儒学史上往往受到批评。且不论孔子对"意必固我"的反对，宋代的批评如前述的象山，以及张横渠所说："有心为之，虽善皆意也。"③ 程明道也持类似看法，当然他虽然认为有心为善是私欲，不过却也承认一般的学习者难免要经历这一阶段："论持其志。先生曰：'只这个也是私。然学者不恁地不得。'"④《河南程氏遗书》卷十五所载以下说法或许也是明道而非伊川之语："礼即是理也。不是天理，便是私欲。人虽有意于为善，亦是非礼。"⑤ 此卷语录归属存在争议。因为伊川在"颜子所好何学论"中表达了更认同濂溪两层工夫的立场，而此条意思与前引明道观点相似，故姑且以此条为明道语。象山否定有心工夫的观点的源头，便至少可以追溯到张程二人这里。

阳明的观点与明道有微妙的区别。"欲也者，非必声色货利外诱也，有心之私皆欲也。"⑥ 并非"有心皆欲也"，只有在不恰当的时候的有心，才是"有心之私"，才是欲。实际上这是暗含了有心有其积极作用，而不是像明道一样认为仅仅是不得已的权宜之计。

稍早于阳明的贺医闾师从陈白沙，其观点有接近于阳明之处：

---

① 陈立胜：《入圣之机：王阳明致良知工夫论研究》，第335~354页。
② 吴震：《〈传习录〉精读》，第243页。
③ 张载：《正蒙·中正》，《张载集》，第28页。
④ 程颢、程颐：《河南程氏外书》卷八，《二程集》，第398页。
⑤ 程颢、程颐：《河南程氏遗书》卷十五，《二程集》，第144页。
⑥ 王守仁：《答伦彦式·辛巳》，《王阳明全集》卷五，第204页。

今人见人有勉强把捉者，便笑曰："某人造作，不诚实。"我尝曰："且得肯如此亦好了。"如本好色，把持不好色，如本好酒，把持不饮酒，此正矫揉之功，如何不好。若任情胡行，只管好色饮酒，乃曰吾性如此，此等之人，以为诚实不造作，可乎？①

与阳明同时的主张气学的儒者王浚川也有类似观点，他批评明道上述观点说："程子论持志曰：'只此便是私'，此言亦过高，或恐非先生之言。儒者遂以主敬存诚以持志为有意，而贬修治之学，殊失'下学上达'之意，近禅氏之虚静矣。"②

须注意的是，应该有的着意不是着意让本心呈现，而是让本心落实。二程有关恕心的一个区分也可以用来讨论阳明说的本心，因为本心也可和二程说的恕心一样自然呈现。因为本心可以自然呈现，所以着意的目标不是呈现本心，而是使本心落实。二程说："彼谓着心勉而行恕则可，谓着心求恕则不可。盖恕，自有之理，举斯心加诸彼而已，不待求而后得。"③冈田武彦先生关于阳明后学中修证派的工夫的论述说的也是这一区分："修证派的工夫是本体的工夫，而不是与本体相对的工夫。所谓本体的工夫，就是'用功于本体'上；所谓与本体相对的工夫，可以说就是'用功而求本体'。"④在此有必要对法国学者朱利安先生的一个观点加以辨析。"孟子如此强调条件势化的过程，不过是与中国思想共通的效率观念相连了：人不应该希求直接达到所欲的事实效果（因为直达目的总意味着要强求，而结果也不就会长久），而应该使效果自然而然地，作为结局，从事前准备好的条件情势中顺势而出。"⑤如果按照伊川的说法，"自然"指的是本心的发露或

---

① 黄宗羲：《明儒学案》卷六，第 101 页。
② 王廷相：《雅述》上篇，《王廷相集》，中华书局，1989，第 834 页。
③ 程颢、程颐：《河南程氏遗书》卷一，《二程集》，第 9 页。
④ 〔日〕冈田武彦：《王阳明与明末儒学》，第 143~144 页。
⑤ 〔法〕弗朗索瓦·于连：《道德奠基：孟子与启蒙哲人的对话》，第 100~101 页。

呈现，而不是说充实或落实。要反对的只是勉强地让本心发露，而不是勉强地使本心落实。尽管勉强地让本心落实并非工夫的最高阶段。

后天努力与直接发自先天的本心的关系是怎样的？在朱子处，居敬与格物是两轮并进、两翼并举的关系，两者具有同等重要的地位。而对于阳明来说，后天努力始终是围绕本心而展开的，两者并非同等并列的结构。即便在初学阶段后天努力提供的动力与定力的分量超过了本心直接好善恶恶的分量，其与本心的好善恶恶也是辅助与中心的结构关系。正是在仅要落实好善恶恶之念的意义上，阳明的工夫论是一元工夫论，而不同于朱子居敬与穷理或知善知恶之格物与好善恶恶之诚意分开并行的二元工夫论。

唐君毅先生所言实际上正点出了阳明所说初学工夫与朱陆的异同："象山于其满心而发者可直下自信而更不疑，而阳明之言吾人之致良知，则是谓人于其心之所发，须更随其所发，以随时有一自加以精一之工夫。'今日良知见在如此，则随今日所知扩充到底；明日良知又有开悟，便从明日所知扩充到底，如此方是精一的工夫。'（《传习录》卷下）此即无异将朱子所重之省察之教，更摄在象山之发明本心，以事涵养之教中，方成此致良知之说。至其又不同于朱子者，则在朱子之言省察，只以天理为对照之标准，而依阳明之致良知之教，则谓'心之本体，即天理也，天理之昭明灵觉，即良知也'。故此天理之呈现，自始即呈现于一昭明灵觉之心之中。此中对照之标准，即当说是此'即心即理之心体或良知之呈现'；而致良知之工夫，即此心体之呈现而更自起用。"[1]

人之所以能做到勉强，是因为立志。阳明点出立志具有巨大作用："夫苟有必为圣人之志，然后能加为己谨独之功。能加为己谨独之功，然后于天理人欲之辨日精日密，而于古人论学之得失，孰为支离，孰为空寂，孰为似是而非，孰为似诚而伪，不待辩说而自明。何者？其

---

[1]　唐君毅：《中国哲学原论·原性篇》，第282页。

心必欲实有诸己也。"①可见立志构成了工夫的真正开端。关于立志何以是工夫的真正开端，唐君毅先生的解释最为确切："人若不能本自信以立志于事物之表，以超于事物之上而拨起，则人对其当前之工夫之可断可杂，或暂断暂杂，即不能有一工夫，以再续之而去其杂，则工夫之继续成纯，即势必终有不可能者在矣。"②

阳明极为重视立志，认为立志之于工夫具有充足作用："我此论学是无中生有的工夫，诸公须要信得及，只是立志。学者一念为善之志，如树之种，但勿助勿忘，只管培植将去，自然日夜滋长，生气日完，枝叶日茂。树初生时，便抽繁枝，亦须刊落，然后根干能大。初学时亦然，故立志贵专一。"③他以下所说也体现了立志对工夫的统领作用："只'志道'一句，便含下面数句功夫，自住不得。"④"只是立志"的意思是，立志就是充分条件，其后所说的积极进展可以随顺立志而来，以至于无法遏制。既然这些积极进展从无到有的发生，是完全由立志带来的，那么，我们就可以说立志是无中生有亦即从无到有的工夫。阳明强调的"信得及"，一个重点就在于对这一从无到有之可能性的信得及。

立志之所以能带来从无到有的积极进展，原因就在于人有本心。阳明同意弟子的如下观点，即"知止者，知至善只在吾心，元不在外也，而后志定"⑤。本心因为可以自然呈现，且包含正确行动的动力和准则，因此可以称作是至善的。认识到本心的这种特性，便可以立定志向。本心可以使人在为善的道路上动力日益强劲，准则日益明晰，其能提供的支撑是源源不断的。故阳明才有如此感慨："与其为数顷无源之塘水，不若为数尺有源之井水，生意不穷。"⑥有源无源的区别即

---

① 王守仁：《书汪进之卷》，《王阳明全集》卷二十八，第 1127 页。
② 唐君毅：《中国哲学原论·原性篇》，第 399 页。
③ 钱德洪编《传习录》第 115 条，《王阳明全集》卷一，第 37 页。
④ 钱德洪编《传习录》第 240 条，《王阳明全集》卷三，第 113 页。
⑤ 钱德洪编《传习录》第 85 条，《王阳明全集》卷一，第 28 页。
⑥ 钱德洪编《传习录》第 68 条，《王阳明全集》卷一，第 24 页。

在于是否有本心的支撑。要言之，对于立志作用的信得及，最终就是对本心作用的信得及。信得及的另一重点是对本心不容违背，人应该依循本心而行，亦即对落实本心的必要性信得及。

从反面来说，从无到有的工夫，就是无论知识还是才能，这些相比于本心而言外在的因素都不凭借，只是凭借本心，让本心在意念中升起，取得对意念的主导权。可以说，"无中生有"点出了阳明凭借本心的工夫的充足性。

阳明特别强调学者有必要相信良知作用的充足性。从与朱子的观点的对比中，我们可以更充分地理解这一必要性。朱子认为通过漫长而艰苦的格物工夫可以激发本心之知，可以使之持续、稳定、可靠地发挥作用，而在阳明这里，并无格物工夫的激发。在此情况下，自然状态的本心便只能暂明暂灭，而不能持续发挥作用。此外，一般人都基于朱子的思想，认为只有格物致知才能使人充分了解事物之理，怀疑单纯凭借本心不能应对纷繁的事务。这两点使信得及本心变得异常困难。可是如果脱离本心做工夫，那就不仅支离而繁难，而且终究无法成功。支离即沉溺于对事物之理的探求，偏离为善去恶的总体方向。繁难即对事物之理的探求是漫长而艰苦的。无法成功的原因则是大量事例没有现成的道理可以参考，只有诉诸本心才能得到善解。

正因为本心如此重要，而信得及本心又如此困难，所以阳明特别重视信得及本心。按照阳明弟子薛中离的说法："信得此过，方是圣人的真血脉。"他是在听闻了阳明自我剖析之后有此感叹的，从阳明的自述中我们也可以看到他自身做到相信良知也经历了漫长而艰辛的探索过程："我在南都已前，尚有些子乡愿的意思在。我今信得这良知真是真非，信手行去，更不着些覆藏。我今才做得个狂者的胸次，使天下之人都说我行不掩言也罢。"[1] "乡愿的意思"指的是屈从于世俗意见、现成观念，阳明很长时间里以为有必要遵从世俗意见、现成观

---

[1] 均见钱德洪编《传习录》第312条，《王阳明全集》卷三，第132页。

念，不敢放手将本心的意念展现于行动中。这是对本心不够自信的表现，同时也表明信得及本心并不容易。这不仅需要听闻师友的讲论、一时的痛下决心，更需要长期的艰苦用功。在长期用功中感受到良知之于为善去恶的成圣工夫的充足性，由此真正做到信得及本心的地位和作用。

这里涉及认识本心的问题。用《中庸》的"诚"和"明"这组概念来说，工夫既包含了"诚"，即感受到本心的直接发用，也包含了"明"。明体现在对本心的认识上。阳明以下所说分别是自然和勉然两层工夫："率性是诚者事，所谓'自诚明，谓之性'也。修道是诚之者事，所谓'自明诚，谓之教'也。"[1] 率性所处的是以自然为主的阶段。在此阶段，本心自然呈现，人可以直接感受到本心的发用，本心可以自然主导人的意识和行动。"修道"所处的是以勉然为主的阶段。在此阶段，本心虽有呈现，但不能主导人的意识和行动。人首先要做的是认识本心，此即为"明"。"自明诚"看似是将第一层工夫中诚的因素置于次要的地位，但明才是第一位的。不过认识最终要落实为体认、感受之诚，否则就只是无济于事的知解，所以尽管明是入手处，但诚才是最终的落脚点。认识要解决的问题是信本心的问题。

阳明经常提到的"悟"，其最终指向可以说是对良知本心之信。而这个信是伴随致良知的具体过程而逐渐推进、深化并最终完成的。他提及了良知之悟的渐进性、积累性："我辈致知，只是各随分限所及。今日良知见在如此，只随今日所知扩充到底；明日良知又有开悟，便从明日所知扩充到底。如此方是精一功夫。"[2] 蕺山对此评论道："此是先生渐教，顿不废渐。"[3] 蕺山以渐教定位阳明是有洞见的，虽然阳明自身在龙场经历了顿悟，且在顿悟之后不废渐修，但他在指点学者之际却并不强调顿悟。因为良知自然呈现，人不必依赖顿悟便可

---

① 　钱德洪编《传习录》第 127 条，《王阳明全集》卷一，第 43 页。

② 　钱德洪编《传习录》第 225 条，《王阳明全集》卷三，第 109 页。

③ 　黄宗羲：《明儒学案》卷十，第 209 页。

开始做工夫。当然渐进积累到一定程度而发生顿悟，确信良知足以凭借，他也是不反对的。由此，他的主张可以说是由渐而入，渐不废顿；从明而入，明诚并用。

工夫虽然分为两层，但也无法截然分开。本来第一层只是勉然多而不是完全抛弃自然（本心可以自然呈现），第二层只是自然多而不是彻底抛弃勉然。阳明说："众人亦率性也。但率性在圣人分上较多，故'率性之谓道'属圣人事。圣人亦修道也，但修道在贤人分上多，故'修道之谓教'属贤人事。"[1]又说："我这里言格物，自童子以至圣人，皆是此等工夫。但圣人格物，便更熟得些子，不消费力。"[2]虽然没有截然的区分，不过因为主导的方面不一样，或勉然或自然，所以两层的区分仍然是有必要的。

顺便一提，经过阳明如此解释的格物工夫，不同于朱子把格物理解为学者在大学阶段的工夫。吴震先生对此指出："经过阳明重新诠释，格物工夫已经不分小学阶段与大学阶段的区别，甚至可以不分身份地位下贱的卖柴人以及地位高贵的公卿大夫，一直到圣人和天子，任何人所做的格物工夫都是一样的，都是在自身应尽的义务当中，实现本心的良知。假设格物工夫是通过种种'道问学'的环节，与外物紧密接触和了解之后，逐渐增加的闻见之知、外物知识，那么，显然'童子'或'卖柴人'就无法进入其中而必然被排除在这类格物工夫之外。"[3]

两层工夫过渡的标志应该是渣滓融化、脱落习染，达到内外合一，良知充分发用，由此人便有不容已的动力去为善去恶。阳明谈到内外合一这一工夫的真机、要义时说："功夫不是透得这个真机，如何得他充实光辉？若能透得时，不由你聪明知解接得来。须胸中渣滓

---

① 钱德洪编《传习录》第 230 条，《王阳明全集》卷三，第 111 页。
② 钱德洪编《传习录》第 319 条，《王阳明全集》卷三，第 137 页。
③ 吴震解读《中华传统文化百部经典·传习录》，第 499 页。

浑化，不使有毫发沾带，始得。"① 又说："颜子'欲罢不能'，是真见得道体不息，无可罢时。若功夫有起有倒，尚有可罢时，只是未曾见得道体。"② 其对孔子弟子听闻孔子教导以后的情形的描述，也可用以形容达到第二层的情形："世之学者，没溺于富贵声利之场，如拘如囚，而莫之省脱。及闻孔子之教，始知一切俗缘皆非性体，乃豁然脱落。"③ 以上说的是一种真的能放下私欲的状态，本心所发之念不息，所以欲罢不能，这无疑已经进入工夫的第二层了。在这种状态中，意志与本心融合为一，本心之外别无意志，如第二章所引"圣人只有此，学者当存此"所显示的，圣人只有本心，别无意志。从本心充分发用的角度来说，这一阶段是有为；从本心之外别无意志的角度来说，这一阶段又无为。日本阳明学者佐藤一斋解释说："圣人自然，故曰有，学者用功，故曰存。"④ 一斋此言可谓深得阳明两层工夫意旨。

工夫熟后自然为善，或许可以说就是已经养成德性，拥有美德。因此，第二层的工夫不仅可以从行为，而且可以从美德的角度加以解释。

美德的外在表现主要是使万物得到妥善安顿。人如果要能自然而然地做到为善去恶，关键就在于人的意识与现实物达到高度协调。因为协调，所以不必刻意、执着便可自然而然使之得到妥善安顿。使现实物得到妥善安顿即是万物一体。而自然而然使万物得到妥善安顿，就不仅是美德，还能拥有幸福。而这正是自然生生这一阳明乃至整个宋明儒学所讲的工夫的最终指向。诚如前述尤西川所说"性无内外，而心外无物"，人的心性原本非内，现实物内在于人心，与人构成一体无间的关系。这是人能够与现实物达到高度协调的根本条件，亦即人在本性上是可以做到使现实物得到妥善安顿的。

① 钱德洪编《传习录》第264条，《王阳明全集》卷三，第119页。
② 陈荣捷编《传习录拾遗》第34条，《王阳明全集》卷三十二，第1297页。
③ 钱德洪编《年谱三》，《王阳明全集》卷三十五，第1424~1425页。
④ 〔日〕佐藤一斋注评《传习录栏外书》，黎业明点校，上海古籍出版社，2017，第51页。

不过以上所说只是潜在条件，现实条件则是既要有强大的意志力，不受私欲干扰，又要有长期实践锻炼，对有关的事物之理熟稔于心。亦即只有经过长期的工夫磨炼，人与万物的原初关联才能现实地建立起来。正如阳明所说："须是勇。用功久，自有勇。"[①] 李泽厚先生也指出："致良知就是要把观念变成直觉并与好恶情感融合，这可不容易，需要持久艰苦锻炼，这就靠意志力，变成一念生处，无往不善，如阳明所说'久则心中自然凝聚，犹道家所谓结圣胎也'（《传习录·上》）。"[②] 而在这之前则既要着实用意，也要精察克治，阳明强调面对私欲"只尔自知，须精细省察克治，惟恐此心有一毫偏倚"[③]。倪德卫先生指出，"王阳明的道德直觉说并没有拒斥我们通常称之为精心思考和推理的东西"[④]。

要言之，无论端正意念还是使万物得到妥善安顿，都涵盖了以勉然为主和以自然为主的两层工夫，而自然而然地端正意念，使万物得到妥善安顿则标志工夫迈上了较高阶次，达到了纯熟的程度。

本心的充分发用对于人能妥善处理纷繁的事务无疑是大有裨益的，牟宗三先生将这一点揭示得最为透彻："至于出处进退、辞与受让之际，生死呼吸之间，人禽几微之辨，若欲一皆依'敬以直内、义以方外'之原则以处之，则谈何容易哉？若非仁心恻怛，才动即觉，才觉即化，良知之明不爽毫厘，则诚未易至此也。"[⑤] 正因如此，工夫应该从后天勉强提升到先天自然，如此才是"充实光辉"的。当然，如果以此来否定后天勉强工夫的必要性和积极作用，则又未免矫枉过正了。

最后须说明，本心虽然可以充分发用，但是第二层还要为困勉保留一席之地，这与象山那里的情况是类似的。去欲或者说去恶的主要

---

①　钱德洪编《传习录》第216条，《王阳明全集》卷三，第107页。
②　李泽厚：《伦理学新说述要》，世界图书出版公司，2019，第157页。
③　钱德洪编《传习录》第218条，《王阳明全集》卷三，第107~108页。
④　〔美〕倪德卫：《儒家之道：中国哲学之探讨》，第300页。
⑤　牟宗三：《心体与性体》（中），第363页。

对象是气质、习俗和物欲的负面影响。正如晶莹剔透的镜子不须刮磨即能照物一样，圣人本身的气质不构成本心充分发用的障碍，所以没有刮磨的去欲工夫可做。不过正如在现实中灰尘也会落到镜上一样，圣人之心也会有受到物欲影响的危险，只是对其而言克除物欲并不困难而已。此外还应考虑习俗的影响。阳明说"人心自有知识以来，已为习俗所染"[①]。习俗介于气质与物欲之间，它和物欲一样生成于后天，而又和气质一样潜移默化地影响人，难以觉察。这是即便到了自然工夫阶段也不排除勉然工夫的主要原因。阳明提到克服习俗影响不能单纯凭借良知："夫旧习之溺人，虽已觉悔悟，而其克治之功，尚且其难若此，又况溺而不悟，日益以深者，亦将何所抵极乎！"[②]以阳明自己为例，他在工夫达到很高阶段以后仍然受到习气的困扰。在被问及平宁藩之役时，他说："只合如此做，但觉来尚有挥霍意。使今日处之，更别也。"[③]亦即从事后来看，当时就应该那样做，已经是良知很精明的状态了，很完美了，但站在时过境迁良知又开悟以后的角度来看，觉得当时的举措还是有问题。问题不在才能和知识方面，而在德性方面，所谓"挥霍"指的是仍然有使气任侠的成分，而不是完全依循良知而行。这是习焉不察的，需要通过精察才能发现，才能克治。

要言之，阳明工夫论的要义是发自先天与后天两种因素的并用，由此区别于基本上完全凭借先天因素的象山和主要凭借后天因素的朱子。可以说，阳明的主张既不同于朱子也不同于象山，加上注重静坐的陈白沙等人，四者在宋明儒学史上构成四足鼎立的格局。单纯将阳明归为象山的同调、朱子的反调，是不足以全面、准确理解阳明的主张的。当然这么说并不意味着否定阳明之学和象山之学一样同属心学，只是说两人思想学说属于不同类型的心学，不能将他们等同视之而已。

---

① 钱德洪编《年谱三》，《王阳明全集》卷三十五，第 1443 页。
② 王守仁：《寄邹谦之·四·丙戌》，《王阳明全集》卷六，第 229 页。
③ 陈荣捷编《传习录拾遗》第 13 条，《王阳明全集》卷三十二，第 1291 页。

二 龙溪与阳明的差异

前已述及，作为阳明最重要弟子之一的王龙溪，其主张与象山趋同而不同于阳明。他对阳明思想既有深刻、透彻的理解，但也在一定程度上影响了人们对阳明自身思想的正确理解。[1]分析龙溪与阳明的差异，有助于我们深化对阳明与象山的差异以及对心学内部的丰富、复杂性的理解。而无论龙溪与阳明的差异，还是象山与阳明的差异，都未受到学界的足够重视。龙溪与阳明的差异可以从以下三个角度来观察。

第一，何谓"第一义工夫"。阳明是从立志、诚意与致良知的角度提及"第一义工夫"的。他说："数年切磋，只得立志辩义利。若于此未有得力处，却是平日所讲尽成虚语，平日所见皆非实得，不可以不猛省也！经一蹶者长一智，今日之失，未必不为后日之得，但已落第二义。须从第一义上着力，一真一切真。"[2]又说："若'诚意'之说，自是圣门教人用功第一义。"[3]又说："'致良知'是学问大头脑，是圣人教人第一义。"[4]第一义即是依循本心以好善恶恶，依循本心而行既包括自然依循本心或说自然好善恶恶，也包含勉然依循本心或说勉然好善恶恶，而依循本心即是致知，好善恶恶即是诚意，并且勉然工夫的开端便是立志。由此，并非只有自然依循本心或者完全凭借本心的工夫才是第一义工夫。

龙溪认为从有所刻意、执着入手的勉然工夫"恐未是究竟话头"[5]，不足以称为第一义工夫。阳明后学主流对第一义工夫的主流意

---

[1]　如近来张新民先生的研究即揭示阳明二传弟子孙淮海的工夫论受到龙溪的影响，相关研究参张新民等《孙应鳌及其传世著述考论》，《孔学堂》2021年第1期，第42~70页。

[2]　王守仁:《寄薛尚谦·戊寅》，《王阳明全集》卷四，第190页。

[3]　钱德洪编《传习录》第130条，《王阳明全集》卷二，第46页。

[4]　钱德洪编《传习录》第168条，《王阳明全集》卷二，第80页。

[5]　钱德洪编《传习录》第315条，《王阳明全集》卷三，第133页。

见受到龙溪影响。其内容或可参考黄梨洲所说:"南都一时之论,谓'工夫只在心上用,才涉意,便已落第二义,故为善去恶工夫,非师门最上乘之教也'。"[1]与何善山并称"江有何、黄"的黄洛村(两人均来自江西,是阳明的重要弟子)即采取梨洲的观点:"自先师提揭良知,莫不知有良知之说,亦莫不以意念之善者为良知。以意念之善为良知,终非天然自有之良。知为有意之知,觉为有意之觉,胎骨未净,卒成凡体。"[2]很值得注意的是,与龙溪在良知是否现成的问题上展开激烈争论的聂双江,也持类似看法:"所贵乎本体之知,吾之动无不善也,动有不善而后知之,已落二义矣。"[3]这种对第一义工夫的理解,实际上是以象山、龙溪等人代表的工夫为标准,追求完全凭借先天本体的指引和推动,而否定后天努力的积极作用。从阳明的角度来说,这无疑窄化了第一义工夫的范围,实则只要围绕良知而非绕开良知展开,使良知得以落实的工夫,哪怕包含了后天的努力,也都可以称为第一义工夫。

阳明与阳明后学主流认为的第一义工夫之间的区别,未受到学者足够重视。林月惠先生以下所说实际上是将阳明所说的本体工夫与阳明后学主流认为的第一义工夫等同起来:"阳明之'本体功夫',即是阳明后学所言的'先天之学',笔者称之为'第一义工夫',彭国翔名之为'究竟工夫',也相当于牟宗三紧扣'逆觉体证'所言的'本质的工夫'(与'助缘的工夫'相对)。"[4]实则阳明这里本体工夫具有广狭二义,只有在狭义的意义上,本体工夫才等同于阳明后学主流所说的第一义工夫,而在广义的意义上则不能等同。广义的本体工夫等同于阳明所说的第一义工夫。

与如此理解第一义工夫的趋向相应,主张"不起意"的慈湖在16

---

① 黄宗羲:《明儒学案》卷十九,第 452 页。
② 黄宗羲:《明儒学案》卷十九,第 449 页。
③ 黄宗羲:《明儒学案》卷十七,第 372 页。
④ 林月惠:《诠释与工夫:宋明理学的超越蕲向与内在辩证》,(台北)"中研院"中国文哲研究所,2008,第 162 页。

世纪 20 年代以降伴随着阳明学尤其是阳明后学的兴起，而在沉寂几百年之后重新进入思想界的视野，赢得龙溪等人的高度评价。吴震先生以下所说是符合实情的："很显然，其思想得以流行的主要原因无疑与阳明学的思想风气有关，换种角度说，慈湖之所以遭遇批判，显然也是为了批判阳明心学特别是阳明后学。"① 龙溪在高度评价慈湖的前提下对其也不无批评，认为其存在"脱却主脑"的问题，实则并非如此。如果这样批评慈湖的话，那龙溪自身"无意"的主张同样也未揭示本体。吴先生以下概括的龙溪的观点，慈湖应该也完全能认可："就龙溪而言，他所主张的'无意'不是通过排斥意识，以回归寂然不动之心体，而是指在良知心体上不能有丝毫的思虑安排，换言之，不是意识安排下的有意作为，而是要求自然顺从心体而动，这才是真正的'无意'。"②

梨洲自身也采取阳明后学的主流看法，并且认为这一看法就是阳明的看法。早期师从阳明的王纯甫质疑阳明在意念上辨别善恶的工夫，认为这已经落入第二义。梨洲总结纯甫的看法："谓良知是情之动，于本然之体，已落第二义。"梨洲还为阳明辩护："夫阳明之所谓良知，不曰未发之中乎？以念头起处，辨其善恶者，此在门弟子之失，而以加之阳明，不受也。"③ 实则梨洲正好颠倒了阳明和后学主流的取向，并且阳明以良知为未发之中，不过是说不应在发用层面的良知之外去探寻未发之中。良知即发用而为本体，在意念上辨别善恶的工夫并非没有本体支撑，不能说已经落入第二义。

在以不落入后天努力为第一义工夫的风潮中，坚守阳明主张的有钱绪山等人。他充满忧虑地说："学者稍见本体，即好为径超顿悟之说，无复有省身克己之功。谓'一见本体，超圣可以跂足'，视师门

① 吴震：《阳明学时代何以"异端"纷呈？——以杨慈湖在明代的重新出场为例》，《浙江社会科学》2020 年第 1 期，第 111 页。
② 均见吴震《阳明学时代何以"异端"纷呈？——以杨慈湖在明代的重新出场为例》，《浙江社会科学》2020 年第 1 期，第 114 页。
③ 均见黄宗羲《明儒学案》卷四十二，第 1036 页。

诚意格物、为善去恶之旨，皆相鄙以为第二义。"① 此处的诚意包含了着实用意去好善恶恶，格物则是去欲的意思。绪山的主张无疑更接近阳明本旨。

第二，如何看待"转念"。本心具有直接性，是不虑而知，不学而能的。通过有心的方式使本心落实，则已不是直接意识，而具有了反思意识的性质。因此通过有心的方式落实本心，虽然符合了本心的准则，就此而言可以说是广义的本心，但无疑不是严格意义的本心。或者说这已经不是"初念"，而是"转念"。

阳明弟子龙溪肯定初念而否定转念。阳明通过有心来落实本心的主张也在他否定之列。从阳明的角度来看，龙溪对转念的理解过于狭隘，有心落实本心，对于初学阶段的人来说是具有积极作用而不应否定的。龙溪的观点为："今人乍见孺子入井，皆有怵惕恻隐之心，乃其最初无欲一念，所谓元也。转念则为纳交要誉、恶其声而然，流于欲矣。元者始也，亨通、利遂、贞正，皆本于最初一念，统天也。最初一念，即《易》之所谓复，'复，其见天地之心'，意、必、固、我有一焉，便与天地不相似。"② 龙溪只是认为一念恻隐才是善的，"纳交要誉、恶其声而然"之类转念都是恶的。这本来没有问题，然而转念并不仅限于"纳交要誉、恶其声而然"，坚持恻隐一念不滑落，使之不受干扰地最终得到落实的念头也是转念，但却是正面的。龙溪似未注意及此。

冯从吾以下则提及了初念与转念其实是各有可取之处的："如起一善念，即当为善，却又不肯为，是初念是，而转念非也。如起一恶念，复起一恶不当为之念，遂不为，是初念非，而转念是也。"③ 以下对话便体现了阳明肯定初学阶段转念、有心的积极作用：

① 钱德洪：《大学问跋》，《王阳明全集》卷二十六，第 1072 页。
② 王畿：《南雍诸友鸡鸣凭虚阁会语》，《王畿集》卷五，第 112 页。
③ 黄宗羲：《明儒学案》卷四十一，第 997 页。

问："近来妄念也觉少，亦觉不曾著想定要如何用功，不知此是工夫否？"先生曰："汝且去着实用功，便多这些着想也不妨，久久自会妥帖。若才下得些功，便说效验，何足为恃？"[1]

提问者处于无所着意的状态，阳明认为这一状态不适合他此时的阶段，故在回答中强调"多这些着想也不妨"。可见他认为对常人而言第一层工夫不可跳过，不能将第二层以自然为主的工夫扩展到初学阶段，初学阶段应该以勉然为主。这与象山、龙溪面对类似问题时强调宽平、自然形成鲜明反差。

值得注意的是，阳明后学的邹南皋的看法介于象山与阳明之间。面对学者反对"有所把捉"而认为应该追求纯任自然的观点，南皋表示应该区分不同阶段的学者："此可与透身贴体做功夫者商量，若是此学茫茫荡荡，且与说把捉做功夫不妨。"面对"善恶既动而后致力，则已晚"的观点，南皋也表达了同样的看法："此为老学者言，初学者既发后，肯致力亦佳。"[2]此一虽不推崇也不反对初学时着力用功的态度，与象山面对陷于执着的告子时比较消极的态度相比，要更为积极；但与阳明认为初学不可绕过着意的态度相比，则又比较消极。

第三，如何看待"无中生有"。阳明所说的无中生有是指以立志开启工夫。无中生有的工夫如果理解为在无所着意的"无"上立根的工夫，那就可能把勉然工夫排除在外。而事实上，因为就如树木出生之时容易抽繁枝一样，人在初学时也往往被各种外在的爱好牵累。此时唯有通过有所着意的工夫，才能实现本心对意念的主导。所以关键在本心对意念的主导，而非是否有所着意。但是从龙溪的角度来看，无中生有恰恰指的是从自然而入，"盖良知原是无中生有，无知而无不知；致良知工夫原为未悟者设，为有欲者设"[3]。龙溪所谓无中生有，

---

① 钱德洪编《传习录》第332条，《王阳明全集》卷三，第140页。

② 分别见黄宗羲《明儒学案》卷二十三，第541~542、539页。

③ 王畿：《滁阳会语》，《王畿集》卷二，第35页。

指的是在没有任何私欲干扰的条件下，凭借完全发用的良知自然应对万事万物。他说"无中生有"的"无"，指的是具有虚明特征的良知。如他说："只此一点虚明，便是入圣之机，时时保任此一点虚明，不为旦昼牿亡，便是致知。只此便是圣学，原是无中生有。"① 龙溪所谓无中生有，指的是凭借虚明的良知应对万事万物，良知自能在不同情况下发挥引导和推动的作用。对他来说，无中生有不是体现了以良知为中心的工夫的自足性，而是体现了工夫的自然性。这是他的主张不同于阳明之处。师徒双方虽然采用了相同的表述方式，但其内涵却是非常不同的。

吴震先生对龙溪在工夫上所说的无有一精当予以分析："龙溪之所以在工夫论上也强调'无'，其用意却不在于反工夫或将工夫虚无化，而在于强调工夫须从'先天心体上立根基'，排除一切'着意'的干扰，更容不得丝毫的'意识情尘''见解意思''差别景象''虚见思为''绳墨念虑'等，他认为这一切都足以导致'牵扰''昏弊''玩忽''疏脱'等病。"②

类似地，龙溪将着实用意的诚意称为后天之学，认为这是不可能成功的。不过，他又主张一种诚意工夫，彭国翔先生指出他主张的诚意工夫和一般而言的诚意工夫是不同的，本质上是先天工夫而非后天工夫："一念觉，便意味着此念回复到了良知心体，而念念觉，每一念的发动便始终以良知心体为根据。龙溪经常举颜子'才动即觉，才觉即化'的例子，也不外是指示这样一种在一念之微上作工夫的情形。由此看来，在念的意义上作诚意的工夫，就使得对后天经验意识的澄治更为深邃严密。而一念之微的诚意工夫，显然构成一般而言诚意工夫的深化。"③ 又说："意之所以能'诚'，仍然是依靠良知心体的力

---

① 王畿:《留都会纪》,《王畿集》卷四, 第 93 页。
② 吴震:《阳明后学研究》(增补本), 上海人民出版社, 2016, 第 119 页。
③ 彭国翔:《良知学的展开: 王龙溪与中晚明的阳明学》(增订版), 第 140 页。

量。"① 这也是阳明与龙溪之间同名异指的一例。

从我们的角度来说，牟宗三先生以"调适而上遂"概括龙溪观点之于心学的意义是非常准确的。其"上遂"之处实际上即是以否定后天努力的一层工夫取代了肯定后天努力的两层工夫。尽管阳明许可龙溪本人走高明一路，这条道路为去世前的阳明所首肯，但阳明又反复叮嘱他不可以此教人，更不会允许他以此取代另一条更具广泛适用性而又切实的道路。阳明身后，龙溪讲学总体上沿着高明一路进行，可以说他实际上是从阳明的思路切换到了象山的思路。由于牟先生自身对阳明两层工夫的思路缺乏足够了解，没有注意到陆王内部的差异，他对龙溪继承阳明的一面注意有余，而对其偏离阳明之处则观照不够。他说："王龙溪之颖悟并非无本，他大体是守着阳明底规范而发挥，他可以说是阳明底嫡系；只要去其荡越与疏忽不谛处，他所说的大体皆是阳明所本有；他比当时其他王门任何人较能精熟于阳明之思路，凡阳明所有的主张他皆遵守而不逾，而亦不另立新说，他专注于阳明而不掺杂以其他（此其他可只限于宋儒说）；他只在四无上把境界推至其究竟处，表现了他的颖悟，同时亦表现了他的疏阔，然若去其不谛与疏忽，这亦是良知教底调适而上遂，并非是错。"② 牟先生对龙溪继承阳明的一面注意有余，而对其偏离阳明之处则观照不够，而且他对龙溪工夫的评判也有偏失，龙溪的思路自有其合理处，不能仅仅因为他完全凭借本心，就认为是"疏阔"和"不谛"。

小 结

综合本章讨论可知，阳明工夫论以直接发自先天的本心与后天的努力为依托，以妥善安顿万物的一体之仁为根本指向，其基本道路则是从以勉然为主提升到以自然为主。随着工夫的推进，准则日益明

---

① 彭国翔：《良知学的展开：王龙溪与中晚明的阳明学》（增订版），第 142~143 页。
② 牟宗三：《从陆象山到刘蕺山》，第 179 页。

晰，动力日益强劲，这一点是阳明工夫论的一大特色。对本心之信也是在不断落实本心过程中不断增强而成为确信的。做工夫一开始能或多或少感受到本心的指引和推动，但很难说就能形成确信。除了尽管不够明晰与强劲的本心以外，最初支撑工夫的主要因素是必为圣人的志向以及由此而生的着实用意和精察克治。

从对待本心的不同态度，或进一步说从发自先天和后天的因素在工夫中的比重及其变化，可以看出朱子、象山和阳明不同的工夫论。他们工夫论的差异鲜明地反映在了他们对工夫阶次的理解上，他们在工夫阶次问题上呈现出八层工夫、一层工夫和两层工夫的区别。

在一般人的心目中，从勉然到自然理应是为学工夫演进的常态，看似卑之无甚高论，实则大有学问。这就有必要从工夫中的收放松紧问题来谈。无论注重收紧，还是注重放松，都各有理由。注重放松的理由在于，不放松则本心受到忽视或压抑，以至于不能充分发挥作用。不过随之而来的未必是本心，而可能是习焉不察的私欲。这又使收紧有了理由。只是，收紧固然可以避免私欲大行其道，却也难免伤及本心的力量。对此可以有不同的应对办法，或者诉诸着意与精察直接落实本心，或者另寻力量间接地激发和维系本心。朱陆王各异的工夫论正是在这样的框架中展开的。

一方面，注重收紧的勉然工夫可以有不同内涵。尽管朱子和阳明都同意勉然是工夫不可或缺的因素，不过他们对勉然工夫的理解又存在是否围绕本心展开的区别。围绕本心的阳明直接诉诸后天努力以使本心得以落实，而不围绕本心的朱子则主要诉诸居敬以及格物工夫以使本心落实。另一方面，虽然从勉然提升到自然确实具有广泛的适用性，不过也并非绝对如此。因为勉然工夫很可能意味着对人天然具有的可以自然呈现的本心的强大力量的轻视和压制。象山等人提出不同的主张，正是有鉴于此。对他们来说，闲居无事，无所用心固然谈不上工夫，但用心太紧，追求太切，却也欲速不达，并且无法持久。他们选择以无心的状态契入本心自有其合理性。按照他们的主张来做，看似不用力，实则完全契入了本心，以本心为几乎全部力量的来源。这是他们的工夫论不同于主张勉然的积极作用的朱王工夫论之处。对本心这一先天力量的高度重视、强烈信任和充分利用，是他们对儒学工夫论的主要贡献。

不过也应注意，象山等人主张的工夫固然有可能成功，却也很容易产生自以为契入本心实则认欲为理，并且一夕顿悟转眼又退回原状的问题。如朱子说："他们便说一日悟得'克己复礼'，想见天下归其仁；便是想象饮酒便能醉人，恰似说'如饮醇酎'意思。"又说："今其徒往往进时甚锐，然其退亦速。才到退时，便如坠千仞之渊！"① 这是其受到朱子批评的主要原因，也可以说是阳明不取此条道路的原因。阳明将工夫分为两层，虽然看似不够高明，但显然要更为平实、可靠得多。与基本上纯任本心的象山相比，阳明之学并非典型的心学，以至于唐君毅先生会把阳明视为朱与陆的"通邮"。只是他虽然主张凭借后天努力，但不忽视本心的作用，这是他不同于朱子之处。对本心的强调可以使阳明学区别于朱子学。对着实用意与精察克治的强调则是对心学其中一种可能路向的选择，并非只有纯任本心才是心学。就此而言，阳明的主张终究更接近象山而非朱子。

通过上述考察我们也可发现，宋明儒学中不同的工夫提升之路是殊途同归的关系。不同道路自有其合理的逻辑和成功的可能，也不乏内在的问题和可能的流弊。发掘各自的价值而加以熔铸、创新，或许才是我们今天研究宋明儒学时应采取的态度。

---

①　分别见黎靖德编《朱子语类》卷一百二十四，第 2982、2975 页。

第七章
工夫论的内在理路

　　牟宗三先生对心学有相当深入的见解，他认为陆王一系倡导的工夫的要点是"逆觉体证"。应该说这是极具慧识的一个洞察。因为逆觉体证的对象是良知或说本体，所以"逆觉体证"的说法实际上蕴含了作为心学工夫论核心的本体。蕴含本体是这一说法的第一个优越性。它的第二个优越性在于突出了工夫不是单纯凭借本体就可以的，还必须对本体做些什么，而所做的事情就可以用"逆觉体证"来表示。这样，原本牟先生这个说法可以揭示阳明工夫论的内在理路，即在本体之外还重视工夫，单纯本体不足以涵盖工夫，从而避免使人误以为阳明倡导的工夫是单纯凭借本体的。不过由于他对逆觉体证所凭借的力量的认识，以及对其性质的判定出现偏差，这一术语不仅无助于揭明阳明工夫论的内在理路，反而在一定程度上起到了遮蔽的反作用。

　　牟先生认为逆觉体证凭借的力量是良知本体，其在性质上属于先天工夫，而区别于伊川、朱子代表的后天工夫。他说："本质的工夫唯在逆觉体证，所依靠的本质的根据唯在良知本身之力量。此就道德实践说乃是必然的。以助缘为主力乃是本末颠倒。凡顺孟子下来者，如象山，如阳明，皆并非不知气质之病痛，亦并非不知教育、学问等之重要，但此等后天的工夫并非本质的。故就内圣之学之道德实践说，必从先天开工夫，而言逆觉体证也。"① 原本如果后天工夫仅仅包含这里说的教育、学问，那么牟先生解释的偏差还不会充分显露出来。问题是他不仅把伊川、朱子一系力推的教育、学问视为后天工夫，而且还把对为善去恶的刻意与执着也视为"有条件的""造作"而加以否定，而这其实是阳明能够认可并在一定条件下正面提倡的。牟先生说："'有心为善，虽善不赏；无心为恶，虽恶不罚。'造作就是有心为善，为善是当该的，但是一有心为善，就是私意，就是私。有心为善这个'有心'，正好是书经无有作好、无有作恶那个'作'。一有心，有私意，就是康德所说的有条件的，不是定然的（categorical）。这是很平常的一个道理，很容易懂。"②

象山的情况且待结语再论，就阳明来说，牟先生对心学工夫之凭借力量的认识和对心学工夫性质的判定都是有问题的。第一，在私欲的遮蔽之下，良知本身的动力和准则对工夫的推行而言是并不充分的。良知严格说来是直接发自本性而要不容已地实现出来的情，具有直接性，而要使良知能在私欲的阻碍和干扰之下得以推行，则必须诉诸着意和精察。而着意和精察都不是直接意识，严格说都不能划入具有直接性的良知的范围。因此逆觉体证不能仅仅凭借良知自身的力量。换句话说，在这种情况下单纯本体是不足以支撑工夫的。当然，因为着意、精察的目的是落实良知，两者是服务于良知的，是符合良知的要求的，所以可以划入广义的良知的力量范围之内，但不属于狭义的或说严格的，即直接发自本性的情的意义上的良知。第二，正因为借助了着意和精察这些良知之外的因素，所以不能单纯把逆觉体证判定为先天工夫。因为良知与着意、精察同时存在，所以工夫兼具先天和后天的双重性质。只有普通人工夫到了较高阶段或者所谓上根人可以单纯依凭良知而不必凭借着意和精察的场合，工夫才有可能达到纯粹的先天工夫。对占绝大多数的普通人来说，初学阶段的工夫不能

---

① 　牟宗三：《从陆象山到刘蕺山》，第147页。
② 　牟宗三：《中国哲学十九讲》，第127页。

判定为单纯先天工夫。当然，不是单纯的先天工夫并不妨碍他们的工夫是心学工夫。对他们来说着意和精察是必不可少的，是有助于本心的落实的，不能将其视为"有条件的""造作"而加以否定。

牟先生在其他地方提到了工夫的后天因素，例如以下关于四句教的说法便是如此，不过，他的说法仍然和逆觉体证一样，对后天之为后天的理解是片面的："四有句便不是彻底的渐教，亦不是彻底的后天之学。着眼于动意是后天，然其对治底根据是良知，则又是先天。其为渐是只因有所对治而为渐。这种渐是有超越的根据的，因而亦含有顿之可能之根据。"① 牟先生看到阳明弟子王龙溪贬低的工夫提升之路中的先天因素，是非常正确的，只是他对四有包含后天成分的原因的说明是不彻底的。有所着意工夫有后天因素不仅是因为其有后天产生的私欲所要对治，还因为它凭借的因素不仅有流行于后天但源自先天的良知，而且有源自后天的刻意、执着和精察克治。所依靠的因素包含后天成分，而不仅仅是立足后天以承接发自先天的本体，才是工夫拥有后天属性的主要原因。牟先生终究只是把良知这一先天因素作为工夫的根据，更准确地说是将其作为工夫的凭借。其实不只有先天因素作为凭借，后天因素也是不可或缺的凭借。

杨祖汉先生的说法便可凸显后天努力的必要性："陆王学由于肯定本心良知当下可以呈显，于是就可以有承体起用的工夫，即以完全相应于道德法则的意义的道德主体的呈现作为道德行为的产生的根源，于是工夫就用在如何显体上。这当然可以说是易简的工夫，但这是预设人当下可以呈现一与现实经验、或受感性欲求影响的生命主体为不同的道德心体，这在现实经验中也的确不容易认识或肯定。人的生命活动都在经验的领域中，而且受感性欲求所影响，要表现一纯粹的为法则所决定的意志，完全摆脱了经验感性的种种作用，而表现自我作主，而此作主处就是普遍的理性的法则的活动，这也是不容易，甚至

① 牟宗三：《从陆象山到刘蕺山》，第178页。

是不可思议的。"①

实际上，简易是在本心可以自然发用，从而指引和推动人的正确行动的意义上说的，是相对于不凭借本心的朱子学来说的。朱子不赞成凭借本心的工夫，但他对工夫怎样才能简易的理解是精到的："'乾以易知，坤以简能'，是甚意思？如何只容易说过了！乾子体健而不息，行而不难，故易；坤则顺其理而不为，故简。不是容易苟简也。"②本心原本如乾一样健动不已，人所要做的是如坤一样别无主张，单纯按照乾来行动，这样的工夫可以称为简易。陆王说的简易正是如此，而不是容易苟简。

只不过现实中本心往往不能充分发用流行，人要做到单纯按照本心来行动并不容易。怎样使本心充分发挥作用，是有难度的，这是象山学要解决的内在问题；怎样使不充分的本心得以落实，也是不容易的，这是阳明学要解决的内在问题。

在阳明这里存在大量说法，都同时强调先天因素和后天因素的重要性，并且其所谓后天不仅是立足后天以承接先天流溢的本体，而且也包含先天本体之外的后天的努力。阳明晚年特别强调"工夫只是要简易真切"，便把先天因素和后天因素两方面都包含在内了。由此这句话成为揭示阳明心学工夫论要义的一句话。

钱穆先生便不仅注意到简易真切在阳明众多指点语中的分量，在列举阳明主要指点语时提及它们，而且提出应在阳明早年以来的为学历程中来把握简易真切。这是非常有见地的。钱先生说："他（按：指阳明）说'立志'，说'诚意'，说'事上磨练'，说'知行合一'，说'易简'，说'真切'，凡他说的一切，我们要把他自己成学前的种种经历来为它下注释。"③

----

①　杨祖汉:《从主理的观点看朱子的哲学》，《当代儒学研究》2013 年第 15 期，第 120~121 页。

②　黎靖德编《朱子语类》卷一百二十四，第 2972 页。

③　钱穆:《阳明学述要》，第 45 页。

从简易真切的角度来看，牟先生只看到了阳明那里本体作用代表的简易以及立足后天承接发自先天的本体这一层的真切，而没有看到着实用意和精察克治代表的真切。后一意义上的真切所指的范围虽然不及前一意义上的真切所指的范围，是其子集，但是不可或缺和不容忽视的。牟先生的偏颇之处正在于完全以心学主张的工夫为先天工夫，虽然此先天工夫是在后天中做的。实则陆王二人中，只有象山主张的才接近于完全的先天工夫，阳明则并非如此。进一步地，对阳明来说，简易与真切不仅是相互需要的关系，而且可以相互促进，即"愈真切，愈简易；愈简易，愈真切"。无论从简易切入还是从真切切入，都可以使工夫达到既简易又真切的状态。总而言之，简易与真切具有互蕴关系，它们的互蕴关系构成了阳明心学工夫论的内在理路。完整、准确把握阳明工夫论的内在理路，正是本章所要论述的内容。

第一节　从早年经历看阳明工夫论的要义

除了从阳明的论述，我们还可以从他自身的经历中看出他工夫论的要义。他早年经历即已展现出他对简易与真切的追求。通过对朱子学的扬弃，他把握了工夫的简易；通过对佛道二教的扬弃，他把握了工夫的真切。两方面的反思汇集于龙场悟道，自那时起他确立了工夫既要简易又要真切的目标和要求。而这一要求在其晚年去世前获得了理论化的表述。

在去世前两年的嘉靖五年（1526），阳明致信弟子邹东廓说："某近来却见得良知两字日益真切简易。"[1] 在去世前一年的嘉靖六年（1527），他又致信江西安福惜阴会士人："凡工夫只是要简易真切。愈真切，愈简易；愈简易，愈真切。"[2] 同样的话他还亲口说过一遍。《年谱三》记载同年十月他出征广西途中"至吉安，大会士友螺川"，他

---

[1]　王守仁：《寄邹谦之·三·丙戌》，《王阳明全集》卷六，第228页。
[2]　王守仁：《寄安福诸同志·丁亥》，《王阳明全集》卷六，第248页。

"立谈不倦"，直至最后："临别嘱曰：'工夫只是简易真切，愈真切，愈简易；愈简易，愈真切。'"①

书信与面谈是不同的两件事情，不过从《年谱三》嘉靖五年（1526）十二月钱绪山为阳明《惜阴说》所加的按语"先生明年丁亥过吉安，寄安福诸同志书曰"②来看，他似乎认为此信是出征广西途中经过江西吉安时所写，面谈的内容即是书信的内容。不过阳明在信中说："在会诸同志，虽未及一一面见，固已神交于千里之外。相见时幸出此共勉之。"并且在"愈简易，愈真切"一句后面，他马上说："病咳中不能多及，亦不能一一备列姓字，幸以意亮之而已！"由此可见此时阳明尚未动身，仍在远离吉安的家乡浙江绍兴养病。出山以后，他主要是出于军旅匆匆而非疾病的原因在信中不能充分展开学术讨论，也不能详细列举弟子姓名。如他给钱绪山、王龙溪的信说："方入冗场，未能多及，千万心亮！绍兴书院及余姚各会同志诸贤，不能一一列名字，幸亮！"又说："人行匆匆，百不一及。诸同志不能尽列姓字，均致此意。"③他在江西广信以军务倥偬为理由未见弟子："先生发舟广信，沿途诸生徐樾、张士贤、桂轼等请见，先生俱谢以兵事未暇，许回途相见。"④这些都可反证《寄安福诸同志》并非出征途中经过吉安时所写。他在吉安时是在口头上再次强调简易真切，书信与《年谱》所载是两件事而非一件事。

虽然阳明仅是这两次专门提及"简易真切"，但表达类似意思的语句之多，在他的语录和文字中可以说甚至到了俯拾皆是的程度。而他对简易与真切的追求可以一直追溯到他早年的经历。以下一段话简要地反映了他早年的思想历程：

---

① 钱德洪编《年谱三》，《王阳明全集》卷三十五，第 1445 页。
② 钱德洪编《年谱三》，《王阳明全集》卷三十五，第 1439 页。
③ 分别见王守仁《与钱德洪王汝中·丁亥》《与钱德洪王汝中·二·戊子》，《王阳明全集》卷六，第 249、249~250 页。
④ 钱德洪编《年谱三》，《王阳明全集》卷三十五，第 1444~1445 页。

> 某十五六岁时，便有志圣人之道，但于先儒格致之说若无所入，一向姑放下了。一日寓书斋，对数筮竹，要去格他理之所以然，茫然无可得。遂深思数日，卒遇危疾，几至不起。乃疑圣人之道恐非吾分所及，且随时去学科举之业。既后心不自已，略要起思，旧病又发。于是又放情去学二氏，觉得二氏之学比之吾儒反觉径捷，遂欣然去究竟其说。后至龙场，又觉二氏之学未尽。履险处危，因心衡虑，又豁然见出这头脑来，真是痛快，不知手舞足蹈。此学数千百年，想是天机到此，也该发明出来了。此必非某之思虑所能及也。[①]

这段话记叙了阳明自十五六岁到三十七岁龙场悟道期间思想的大致演变历程，中间跨度长达二十余年。大致可以分为两个阶段。第一阶段是跟从儒学主流，钻研朱子学。在此期间，他一开始就苦于朱子学格物致知工夫无从入手，后来尝试"格竹"又遭失败。这使朱子学给他留下了极为繁难的印象，以至于让他觉得圣人高不可及，无从实现。在此"一向"的说法值得注意，表明从"若无所入"到"姑放下了"之间不是很短的时间。发生格竹事件的"一日"未必是"年十五六"时的一日。整段话一直讲到三十七岁的龙场悟道，时间跨度很长，不限于十五六岁时。如果那个时候就发生了格竹事件，那么弘治二年（1489）阳明十八岁拜谒娄谅时，必然会提及此事，并向娄谅请教何以化解由格竹失败造成的后遗症。然而有关拜谒娄谅时的记载强调的是阳明获得鼓舞，可见其思想仍延续十五六岁时的走向，而未发生转折。

《年谱》弘治二年条记载："是年先生始慕圣学。先生以诸夫人归，舟至广信，谒娄一斋谅，语宋儒格物之学，谓'圣人必可学而至'，

---

① 钱德洪编《遗言录》下第 49 条，《王阳明全集》（新编本）卷四十，第 1606 页。

遂深契之。"虽然阳明自己说"年十五六"便已仰慕圣人之学，而不是这里说的十八岁，《年谱》的记载似不确切，不过《年谱》反映了这个时期阳明对儒学的态度是积极的而不是沮丧的，这是其记载的可信之处。

弘治五年（1492）条记载："是年为宋儒格物之学。先生始侍龙山公于京师，遍求考亭遗书读之。一日思先儒谓'众物必有表里精粗，一草一木，皆涵至理'，官署中多竹，即取竹格之；沉思其理不得，遂遇疾。"[①] 阳明祖父弘治三年（1490）初去世，阳明随父在家守丧。按礼制其父守丧三年，实际是两年零三个月。因此其父弘治五年回京，阳明随行。以弘治五年阳明仍在故乡不在北京，而否定阳明格竹发生在弘治五年，似不能成立。[②]《年谱》将阳明格竹系于弘治五年，虽不中，亦不远矣。

第二阶段是醉心于佛道二教的阶段。"放情"的说法表明，阳明不是彻底放弃朱子学以后才开始学习佛道，而是才开始没有牵挂、没有负疚、痛痛快快、无所顾忌地学佛道。他应该在很小的时候便接触了佛道二教的思想理论和修行方法，以至于薛中离正德九年（1514）前后从学阳明时记录下来的语录中，有一段说："吾亦自幼笃志二氏，自谓既有所得，谓儒者为不足学。其后居夷三载，见得圣人之学若是其简易广大，始自叹悔错用了三十年气力。"[③] 其中"简易广大"稍后还会提到，在此如果以三十七岁龙场悟道为基点往前推三十年，阳明还是一个年仅七岁的幼童。很难说一个幼童能对佛道二教有什么深入的了解，只能说这一段记录反映了阳明自幼便接触佛道二教并留心其内容。只是在明白朱子学不能帮助其实现成圣理想之后，他才一头扎进佛道二教之中，酣畅淋漓地深入钻研进去。

---

① 分别见钱德洪编《年谱一》，《王阳明全集》卷三十三，第 1348、1348~1349 页。
② 邓国元有更为详细的分析，见邓国元《王阳明"格竹"考辨》，《阳明学刊》，巴蜀书社，2015，第 97~106 页。
③ 钱德洪编《传习》第 124 条，《王阳明全集》卷一，第 42 页。

原本佛道二教修习起来并不容易，不过与朱子学穷尽天下事物之理相比，明心见性、直指本源的佛道二教无疑要简易直截得多，由此便给阳明留下了"径捷"的印象。他工夫论简易真切的两条要旨在此已经出现了一条。朱子学因为繁难而不满足简易的要求，所以首先被他抛弃。相形之下佛道则要高明得多，以至于他终身保持了佛道高于朱子学特别是俗儒所习的朱子学的评价。如他说："居今之时而有学仁义，求性命，外记诵辞章而不为者，虽其陷于杨、墨、老、释之偏，吾犹且以为贤，彼其心犹求以自得也。夫求以自得，而后可与之言学圣人之道。"[①] 又说："世之儒者妄开窦径，蹈荆棘，堕坑堑，究其为说，反出二氏之下。"[②]

第二阶段的结束是以龙场悟道为标志的。其时阳明确立了工夫应该简易真切的基本目标和要求。他并非到了龙场悟道才开始意识到佛道二教的问题。按照《年谱》的记载，弘治十五年（1502），他便已经"渐悟仙、释二氏之非"："已而静久，思离世远去，惟祖母岑与龙山公在念，因循未决。久之，又忽悟曰：'此念生于孩提。此念可去，是断灭种性矣。'"[③] 人在孩提时期就已经有了爱亲敬长之念，这一念头出自真切不容已的本性，无法抛弃也不应抛弃，人应该在行动中真切地落实这些念头。可以说阳明此时已经明白佛道二教虽然简易但并不真切的问题。他此时之所以没有彻底抛弃佛道二教，只是因为尚未找到能够让他简易直接地实现本性的学问而已。

阳明真切地感到本性的要求，这种本性的要求不仅体现在亲情中，而且涵盖天下苍生社稷。弘治十四年（1501）他"奉命审录江北"之际便"录囚多所平反"，[④] 其后在《九华山赋》中表达了对苍生福祉和社稷安危的关切。苍生社稷也是他回归儒家的原因。他在赋中

---

① 王守仁：《别湛甘泉序·壬申》，《王阳明全集》卷七，第 257 页。
② 王守仁：《朱子晚年定论》序，《王阳明全集》卷三附录，第 144~145 页。
③ 钱德洪编《年谱一》，《王阳明全集》卷三十三，第 1351 页。
④ 钱德洪编《年谱一》，《王阳明全集》卷三十三，第 1350 页。

说："彼苍黎之缉缉，固吾生之同胞；苟颠连之能济，吾岂靳于一毛！矧狂胡之越獗，王师局而奔劳。吾宁不欲请长缨于阙下，快平生之郁陶？"①

贬谪龙场给了阳明无所依傍、直面本性的机会。龙场悟道的内容至少可以从两个相互关联的方面来理解。首先，不必绕到事物上去格物致知，本性自然就可以推动和引导人的行动，从而帮助人实现成圣的理想。《年谱》载龙场悟道的内容是："始知圣人之道，吾性自足，向之求理于事物者误也。"②因为本性对完成成圣工夫而言是充足的，所以圣人之学本来是简易而不繁难的。这就扫清了阳明回归儒学的主要障碍。原本他已经意识到本性不可泯灭，不过他并不确信这一点，担心由此陷入繁难之中。直到龙场悟道时彻悟本性充足，他才真正摆脱这一顾虑。他此时意识到不仅佛道是简易的，只要正视本性、依凭本性而不是埋没本性、绕开本性，儒学也可以是简易的。朱子学认为应该将精力放在去事物上穷理，至少是绕过本性、忽视本性。由此龙场悟道首先是对朱子学的扬弃。通过扬弃朱子学，他把握了工夫的简易。

更重要的是，龙场悟道还是对佛道二教的扬弃。通过扬弃佛道二教，阳明把握了工夫的真切。龙溪对阳明龙场之悟内容的描述提到了"不离伦物感应"，便揭示了这一点，所谓"及至居夷处困，动忍之余，恍然神悟，不离伦物感应，而是是非非天则自见"③。"不离伦物感应"实际上也构成了"吾性自足"的深层含义。即万物皆备于我，与我构成了一体同在的关系。阳明说："天下归仁，万物皆备于我也。"④仁即我之性，所以天下归仁即天下万物均为我之性所固有，故阳明可以用"万物皆备于我"来解释其内涵。我必须真切地倾听本性的呼

<hr />

① 　王守仁：《九华山赋·壬戌》，《王阳明全集》卷十九，第729页。
② 　钱德洪编《年谱一》，《王阳明全集》卷三十三，第1354页。
③ 　王畿：《滁阳会语》，《王畿集》卷二，第33页。
④ 　朱得之编《稽山承语》第7条，《王阳明全集》（新编本）卷四十，第1608页。

唤，而不能忽略他人与万物的存在；必须实现本性的要求，而不能漠视他人与万物的遭遇与苦难。儒学在简易之外还有"广大"之用，即它正视了应该落实人本性的要求，并建构起人与人、人与天地万物和谐相处的秩序。这一点构成了真切的工夫的根本内容，也是佛道二教所忽视的。阳明之所以最终放弃佛道二教而回归儒学，关键原因就在于佛道的简易不是内含真切的简易。不能真切面对本性，没有广大之用，这使佛道的简易失去了意义，而不成其为真正的简易。

且不论自了汉式的佛教，即便对世俗社会抱持伦理关切的佛教，也受到儒家的批评。其要点在于，慈悲只是被当成脱离苦海的手段而不是目的，不是理解为本性自然就有的要求。用阳明后来的观点来说，他对佛道二教的批评在于："仙家说虚，从养生上来；佛氏说无，从出离生死苦海上来：却于本体上加却这些子意思在，便不是他虚无的本色了，便于本体有障碍。圣人只是还他良知的本色，更不着些子意在。"① 唯有单纯、完全以本体主导人的意识而别无意念，才是真正的真切。

要言之，阳明最终追求的是既简易又真切的工夫，龙场悟道帮助他找到了一个平衡点。发自本性的意念是真切的，是值得肯定的，是应该被实现的，这使他避免了片面地、过度地追求简易，不至于为了简易连本性也否定。在此前提下又因为借助了本性的充足性，所以他又不至于陷入繁难中。由此他确立了简易真切的工夫要求。

本性是与工夫相对的本体。本体既为工夫提供了支撑，同时也向工夫提出了要求，其要求就是在现实中将本体实现出来。由此，简易之为简易的关键是本体自然对工夫具有支撑作用，真切之为真切的关键是意识指向本体、诉诸本体，真正发挥本体的作用，实现本体的要求。简言之，前者是本体自然具有的作用，后者是具体落实本体的作用和要求。如果本体的作用不能得到发挥，那么工夫将陷入繁难，所

---

① 钱德洪编《传习录》第 269 条，《王阳明全集》卷三，第 121 页。

以需要简易；如果意识不指向本体，让本体主导意识，那么本体也无法发挥应有作用，所以需要真切。简易代表工夫的先天因素，真切代表工夫的后天因素，两者相辅相成，缺一不可。简易真切构成了阳明工夫论的要义。其后他关于工夫的各种论述，便可放在简易真切的思路中加以理解。

第二节　简易与真切相互需要

阳明对工夫兼有简易和真切的要求，两者相互需要，缺一不可。这是"工夫只是要简易真切"所表达的意思。简易与真切在此是互为必要条件的关系。

第一，关于真切需要简易。工夫之所以需要简易，即简便易行，是因为不简易则工夫终究难以完成，即便看似真切也无济于事。工夫之所以能简易，则是因为本体自然对工夫具有支撑作用。阳明对简易的要求就体现在对本体作用的重视上。忽略本体作用因而难以完成身心修养工夫的情形，首要的是沿袭朱子学的思路，专心致志于经典的解读，以至于所作所为无关身心修养，工夫的完成遥遥无期。阳明曾批评其极为赏识的弟子陆元静："元静少年亦要解《五经》，志亦好博。但圣人教人，只怕人不简易，他说的皆是简易之规。以今人好博之心观之，却似圣人教人差了。"[1] 阳明当然不是反对解释经典，他只是认为读书最终追求的是明了自己本心，而不是为了理解文意和记住文字，更不是为了夸多斗靡或者追名逐利。注意力只是放在文字上，即便看起来再认真切实，也无助于身心修养工夫的完成。只有与简易结合的真切，才是真正的真切。"圣人教人，只怕人不简易"，就是说只怕人不能契入本心，不能使工夫达到简易。

除了沉溺于章句训诂，忽略简易的另一表现是在应对事务时单纯

---

[1]　钱德洪编《传习录》第258条，《王阳明全集》卷三，第118页。

凭借主观意志、后天努力，而忽略发挥本心的力量。如阳明弟子欧阳南野便是一例。他陈述自己遇到的困境："若事变之来，有事势不容不了，而精力虽衰，稍鼓舞亦能支持，则持志以帅气可矣。然言动终无气力，毕事则困惫已甚，不几于暴其气已乎？"[1] 南野在此实际上把身心修养工夫不凭借本体的弊端呈现出来了，其弊端就是应对事务力不从心、难以为继。在此情况下，"鼓舞支持"看似很真切，不过因为脱离了本体的支撑，工夫无法完成，所以实际上谈不上真切。凭借本体之简易是工夫真切的必要条件。只有与简易结合的真切，才是真正的真切。

无论专注于文字还是逞意志力之能，都是由于没有意识到本体对工夫不可或缺的作用，没有意识到脱离了简易的真切不是真正的真切。由此阳明特别强调应该发挥本体的作用，强调工夫原本可以是简易的。

第二，关于简易需要真切。本体既然可以支撑工夫，为什么又还要真切呢？原因在于真切是本体得以落实的必要条件。在现实中，本体并非现成的支配人的意识和行动的主体。人只有听从本体的声音，依循本体而行，使本体之念真正落实，本体才成为主体。真切正是呼唤人听从本体的声音，依循本体而行，使本体之念真正落实。

工夫不真切的情况，既包括喜静厌动，忽略应对事务，也包括因为良知简易而轻易疏忽。前者近似于阳明的沉溺佛道。如弟子刘君亮要在山中静坐，阳明提醒："汝若以厌外物之心去求之静，是反养成一个骄惰之气了。汝若不厌外物，复于静处涵养，却好。"[2] 可见晚年阳明也不反对静中涵养，关键是为何目的而涵养。为什么喜静厌动会带来骄惰的问题？惰即懒惰，这容易理解，关键是骄。其实也不难理解，不在纷繁的事务中委曲落实本体，不切实体验致良知的艰难，自然容易骄傲自满。骄惰是不含真切的简易，因而也称不上真正的简

---

① 　钱德洪编《传习录》第 170 条，《王阳明全集》卷二，第 82 页。

② 　钱德洪编《传习录》第 256 条，《王阳明全集》卷三，第 118 页。

易。懒惰在阳明提出致良知宗旨以后成为广泛存在于弟子中的突出问题。他所言其实正是事实而不是没来由的担心:"良知二字,自吾从万死一生中体悟出来,多少积累在。但恐学者见太容易,不肯实致其良知,反把黄金作顽铁用耳。"① 真切落实良知,则良知如同黄金;不真切落实良知,则良知如同顽铁。整句话的意思是说简易是内含真切的简易,而不是外在于真切的简易。没有真切,简易也不成其为简易,可见真切是简易的必要条件。

阳明以下几个说法便突出了真切是简易的必要条件。如面对"上智下愚如何不可移"的问题,他指出:"不是不可移,只是不肯移。"② 因为有本体,所以可以"移"。所谓"移"即是虽愚必明,虽柔必强,凡人也可成圣,此为简易。但单纯有本体是不够的,仍然有人浑浑噩噩终了一生,原因就在"不肯移",不肯移便是不真切。下愚之人"不可移"的说法容易给人留下对他们而言工夫不会获得本体支撑,因而不够简易的印象。不过实际情况不是因为下愚之人没有本体,而是因其不真切做工夫。圣人与凡人的区别不在于本体的有无,而在于是否真切落实本体。故阳明说:"耳原是聪,目原是明,心思原是睿智,圣人只是一能之尔。能处正是良知,众人不能,只是个不致知,何等明白简易!"③ 如果一个人不能真切用功,那么即便向其指出本体的作用,那也是枉然的。故阳明说良知:"是人人自有的,觉来甚不打紧一般。然与不用实功人说,亦甚轻忽可惜,彼此无益。与实用功而不得其要者提撕之,甚沛然得力。"④ "彼此无益"表明人只有切实做工夫,才能真正意识到本体的作用,在此基础上也才谈得上落实本体的作用。至于"甚沛然得力"则是说简易使工夫得以推进,使真切成其为真切,即简易是真切之为真切的必要条件。

---

① 王畿:《滁阳会语》,《王畿集》卷二,第34页。标点有修改。
② 钱德洪编《传习录》第109条,《王阳明全集》卷一,第36页。
③ 钱德洪编《传习录》第283条,《王阳明全集》卷三,第124页。
④ 钱德洪编《传习录》第212条,《王阳明全集》卷三,第106页。

阳明其他说法也表达了真切的重要性："学问也要点化，但不如自家解化者，自一了百当。不然，亦点化许多不得。"①"自家解化"就是基于真切做工夫而有所领悟，"解化"则是基于听讲而有所领悟，后者终究不如前者。

第三，关于简易与真切相互需要、不可或缺的其他说法。阳明的大量论述都可以放在要求工夫既简易又真切，简易与真切相互需要的脉络中来理解。代表他一生思想宗旨的"致良知"便是最典型的例子。"良知"即是本体。有良知的指引和推动，工夫可以简易。"致"则代表必须对良知做些什么，而不是单纯凭借良知就可以了的。所做的事情就是依循良知，使发自良知的意念主导意识和行动，从而落实良知。而这便是真切。

以下我们仅从《传习录》中摘抄一些语录，以见简易真切的要求广泛存在于阳明的论述中。之所以不厌繁复，大量举例，就是为了说明简易与真切相互需要的这一思路对理解阳明工夫论而言具有普遍意义。阳明说："须于心体上用功。"②脱离心体则不简易，不用功则不真切。这与"致良知"的结构是一样的。又说："只存得此心常见在，便是学。"③工夫因为此心而简易，因为存心而真切。又说"就自己良知上真切体认"④。良知之简易与工夫之真切均不可或缺。又说："虽有时而或放，其体实未尝不在也，存之而已耳；虽有时而或蔽，其体实未尝不明也，察之而已耳。"⑤本体的存在和明觉使工夫可以简易，存养和澄明本体则使工夫变得真切。又说："知来本无知，觉来本无觉，然不知则遂沦埋。"⑥"本无知无觉"，就是心体自能知能觉，而本不必刻意、执着。"不知"则是不肯致知、不去致知。前者讲简易，后者讲

① 钱德洪编《传习录》第298条，《王阳明全集》卷三，第129页。
② 钱德洪编《传习录》第31条，《王阳明全集》卷一，第17页。
③ 钱德洪编《传习录》第79条，《王阳明全集》卷一，第27页。
④ 钱德洪编《传习录》第146条，《王阳明全集》卷二，第66页。
⑤ 钱德洪编《传习录》第152条，《王阳明全集》卷二，第69页。
⑥ 钱德洪编《传习录》第213条，《王阳明全集》卷三，第106页。

真切。又说："'发愤忘食'是圣人之志，如此真无有已时；'乐以忘忧'，是圣人之道，如此真无有戚时。恐不必云得不得也。"① 前者说真切，后者说简易。如此便已足够，自然会有所得，因此不必问是否有所得。又说："良知头脑是当，去朴实用功，自会透彻。"② "良知头脑是当"则可简易，"去朴实用功"则是真切。又说："功夫不是透得这个真机，如何得他充实光辉？若能透得时，不由你聪明知解接得来。须胸中渣滓浑化，不使有毫发沾带，始得。"③ "胸中渣滓浑化"是说真切，即克服私欲而落实本体。整句话是说简易很重要，但只有真切才能真正做到简易。又说："良知本是明白，实落用功便是。"④ 前者是简易，后者是真切。"在良知上实用为善去恶功夫"⑤，简易和真切两方面都谈到了。

《传习录》第 288 条包含两段话，人们往往注意前一段："良知只是个是非之心，是非只是个好恶，只好恶就尽了是非，只是非就尽了万事万变。"后一段则较少受人注意："是非两字，是个大规矩，巧处则存乎其人。"⑥ 前后两段其实有着紧密的关联。是非只是人应该遵循的准则，怎样符合这个准则，却需要每个人妥善调节自己的好恶到适当的程度。"巧处则存乎其人"就是这个意思。这样，前后两段之间就是有关联的。前半部分强调了简易，良知就可以满足工夫的全部要求。后半部分强调了关键还在于人真切地做工夫，简易和真切两方面对完成工夫来说是缺一不可的。

以下涉及知行合一的问答，也可从简易与真切关系的角度来理解：

---

① 钱德洪编《传习录》第 224 条，《王阳明全集》卷三，第 109 页。
② 钱德洪编《传习录》第 263 条，《王阳明全集》卷三，第 119 页。
③ 钱德洪编《传习录》第 264 条，《王阳明全集》卷三，第 119 页。
④ 钱德洪编《传习录》第 280 条，《王阳明全集》卷三，第 123~124 页。
⑤ 钱德洪编《传习录》第 315 条，《王阳明全集》卷三，第 134 页。
⑥ 均见钱德洪编《传习录》第 288 条，《王阳明全集》卷三，第 126 页。

> 或疑知行不合一，以"知之匪艰"二句为问。先生曰："良
> 知自知，原是容易的。只是不能致那良知，便是'知之匪艰，行
> 之惟艰'。"①

良知自知是知行合一的前提。"原是容易的"，是说工夫原本简易。"不能致那良知"，是说不真切。因为本体自知，所以工夫可以简易；因为人们可以不听取本体的声音，所以工夫才会不真切。

阳明以源自《中庸》的不睹不闻解释良知，以戒慎恐惧解释致良知，不睹不闻和戒慎恐惧也可从简易与真切关系的角度来理解。他说："人之心神只在有睹有闻上驰骛，不在不睹不闻上着实用功。盖不睹不闻是良知本体。戒慎恐惧是致良知的功夫。学者时时刻刻常睹其所不睹，常闻其所不闻，工夫方有个实落处。久久成熟后，则不须着力，不待防检，而真性自不息矣。"②本体无形无影，人们日常生活往往留意于声色货利，忽略本体。戒慎恐惧即是把握无形无影的本体，是唯恐其被忽略，唯恐其被遮蔽的工夫。由此，不睹不闻代表简易，戒慎恐惧代表真切。"真性自不息矣"是工夫可以完全凭借本体而无须着意和精察的状态，此时工夫之简易到了极致。工夫看似只有简易，不过因为本体之念可以得到落实，所以实际情况是简易之中已经蕴含真切，而不是只有简易没有真切。

总之，在工夫的不同阶段，简易与真切都是相互需要、缺一不可的。阳明的各种论述都向我们透露了此消息。

第三节　简易与真切相互促进

除了从必要条件的角度论述简易与真切的关系，同样的意思，阳明还从充分条件的角度论述了一遍。真切中蕴含简易，简易中蕴含真

---

① 钱德洪编《传习录》第320条，《王阳明全集》卷三，第137页。
② 钱德洪编《传习录》第329条，《王阳明全集》卷三，第139页。

切，两者可以相互促进。这是"愈真切，愈简易；愈简易，愈真切"所表达的意思。在此简易与真切是互为充分条件的关系。

从形式逻辑的角度来说，简易是真切的必要条件，等价于真切是简易的充分条件；真切是简易的必要条件，等价于简易是真切的充分条件。单纯互为必要条件或充分条件，就已经是互蕴关系了，更何况简易与真切两种关系兼而有之，自然更是互蕴关系无疑了。

第一，关于真切促进简易。真切之所以能带来简易，是因为本体自然会知，自然有不容已的动力要将自身的准则实现出来。在此情况下，只要意识指向本体，由本体主导意识，便能发挥本体的这一作用，从而使工夫变得简易。正如阳明所说："志切，目视耳听皆在此，安有认不真的道理？'是非之心人皆有之'，不假外求。"[1]是非之心不仅是对善恶的静观，而且是好善恶恶的动力。志向真切便使是非之心不至于昏昧，而得以主导意识，并最终落实为为善去恶的行动。以下说法也表达了真切带来简易的意思："你真有圣人之志，良知上更无不尽。良知上留得些子别念挂带，便非必为圣人之志矣。"[2]真切立志可以使良知在工夫中充分发挥作用。问题不在于没有良知，而是不能立定志向、下定决心，真切按照良知来做。他关于下学与上达的说法也可以理解为只要真切便可带来简易："凡圣人所说，虽极精微，俱是'下学'。学者只从'下学'里用功，自然'上达'去，不必别寻个'上达'的工夫。"[3]

阳明又说："吾辈用功只求日减，不求日增。减得一分人欲，便是复得一分天理。何等轻快脱洒！何等简易！"[4]这里并没有提本体的指引和推动，原本谈不上简易，不过阳明仍然认为简易，这其实也不难理解，原因就在于真切地存理去欲中便蕴含着简易。正如阳明所说：

---

① 钱德洪编《传习录》第 96 条，《王阳明全集》卷一，第 30~31 页。

② 钱德洪编《传习录》第 260 条，《王阳明全集》卷三，第 119 页。

③ 钱德洪编《传习录》第 24 条，《王阳明全集》卷一，第 14~15 页。

④ 钱德洪编《传习录》第 99 条，《王阳明全集》卷一，第 32 页。

"省察克治之功，则无时而可间，如去盗贼，须有个扫除廓清之意。无事时，将好色、好货、好名等私欲逐一追究搜寻出来，定要拔去病根，永不复起，方始为快。常如猫之捕鼠，一眼看着，一耳听着，才有一念萌动，即与克去，斩钉截铁，不可姑容与他方便，不可窝藏，不可放他出路，方是真实用功，方能扫除廓清。到得无私可克，自有端拱时在。虽曰'何思何虑'，非初学时事。初学必须思，省察克治，即是思诚，只思一个天理，到得天理纯全，便是'何思何虑'矣。"①切实精察克治即是真切，阳明认为这是最重要的工夫。"自有端拱时在"意味着真切可以带来简易。"端拱"本意是正坐拱手，无为而治，在此则指本体充分呈露，工夫得以在自然的状态中完成。在这种状态中，人不必着实用意就可以做到依循本体而行。这就是"何思何虑"。其意思与上一节"真性自不息矣"同义，说的是所思所虑完全出于本体而不感到紧张和压力。这时人不必刻意追求真切而真切已经自然蕴含在其中，可以说这是工夫所能达到的最高境界了。

在阳明心目中，孔子器重的颜渊就通过真切工夫，达到了不必真切而真切自然已经在其中的最高境界，而颜渊之后这一学问已经后继无人，出现中断，以至于阳明认为"颜子没而圣学亡"。他说："见圣道之全者惟颜子。观'喟然一叹'可见，其谓'夫子循循然善诱人，博我以文，约我以礼'，是见破后如此说。博文约礼，如何是善诱人？学者须思之。道之全体，圣人亦难以语人，须是学者自修自悟。颜子'虽欲从之，末由也已'，即文王'望道未见'意。望道未见乃是真见。颜子没，而圣学之正派遂不尽传矣。"②约礼以及自修自悟就是返身向内，真切用功，意味着儒学思想不仅入脑而得到理解，而且入心而对情感有触动。正如阳明所说："'约礼'只是要此心纯是一个天理。"③可见"约礼"把入心的含义表达出来了。只有博文的话，就可

---

① 钱德洪编《传习录》第39条，《王阳明全集》卷一，第18页。
② 钱德洪编《传习录》第77条，《王阳明全集》卷一，第27页。
③ 钱德洪编《传习录》第9条，《王阳明全集》卷一，第7页。

能只是入脑而已。对"自"以及"约礼"的强调意味着，不仅别人替代不了自己的努力，而且即便口耳之间的学问也无济于事，真切用功是唯一可行的道路。其后提到的"末由也已"字面意思是无迹可寻，"望道未见"字面意思是求而不得。两者的意思是自然，是简易，是完全凭借心体，没有人为因素介入的余地。这是颜渊最终达到的境界。整段话前后逻辑说明，只要真切便可简易。简易真切均被颜渊所把握，这应当是阳明说他"见圣道之全"的原因之一。

阳明对颜子的推崇是值得关注的现象，这涉及他对道统的看法。自濂溪以来的宋明儒者虽然视颜子为大贤，不过总体而言仍如伊川那样将其置于尚且处在勉然的阶段，吾妻重二先生总结伊川《颜子所好何学论》的内容时便指出："圣人孔子与贤人颜回的差别在于'不思而得，不勉而中，从容中道'与'必思而后得，必勉而后中'之间。"①这与阳明及其后学将其视为已达自然阶段的典型人物不同。阳明对颜子的推崇一定程度上服务于其道统论。他对唐宋以来地位不断抬升从而跻身道统行列的孟子不乏批评，如说："孟子三自反后比安人为禽兽，此处似尚欠细。"②那么阳明是否仅仅承认颜子而否定孟子的道统地位呢？吴震先生指出并非如此："种种迹象表明，在阳明看来，似乎'孔颜之宗'与'孔孟之传'属于异词同义，两者并无根本差异，不仅颜子属'圣学之正派'，孟子亦属道统之正传。看来，问题不在于颜与孟而在于颜与曾的思想差异。"③一般认为曾子撰《大学》而朱子以《大学》为基本框架构建自己的思想体系。阳明对颜子的推崇既指向曾子未达一贯之旨，也指向朱子学定理观。吴先生引用的阳明晚年专门为表彰颜子而作的《博约说》一文指出了朱子学存在的这两个

---

① 〔日〕吾妻重二：《朱子学的新研究——近世士大夫思想的展开》，傅锡洪等译，商务印书馆，2017，第 102 页。
② 黄直编《遗言录》上第 44 条，《王阳明全集》（新编本）卷四十，第 1600 页。
③ 吴震：《心学道统论——以"颜子没而圣学亡"为中心》，《浙江大学学报》（人文社会科学版）2017 年第 3 期，第 63 页。

问题:"昔者颜子之始学于夫子也,盖亦未知道之无方体形像也,而以为有方体形像也;未知道之无穷尽止极也,而以为有穷尽止极也;是犹后儒之见事事物物皆有定理者也,是以求之仰钻瞻忽之间,而莫得其所谓。"阳明认为颜子最后获得的"真见"即是在心学基础上扭转上述两点看法。他说颜子:"及闻夫子博约之训,既竭吾才以求之,然后知天下之事虽千变万化,而皆不出于此心之一理;然后知殊途而同归,百虑而一致;然后知斯道之本无方体形像,而不可以方体形像求之也;本无穷尽止极,而不可以穷尽止极求之也。故曰:'虽欲从之,末由也已。'盖颜子至是而始有真实之见矣。"①吴先生在文中还讨论了龙溪基于自身先天之学对颜子之学不同于阳明的独特诠释,以及心学道统论所具有的普遍性、开放性、实践性以及独立性。其中普遍性和开放性尤其值得注意,心学道统论的这些特色有助于扭转宋代以来儒学可能具有的封闭性和排他性。吴先生的论述为,"由于圣人之道存在于人心之中,故道统的存在及意义是向每个人的内心敞开的,它是一个开放的传统,从而具有普遍性和开放性,有关道统的答案不必向外去求'见知'或'闻知',而只需向内追寻'自知'"②。向内追寻自知,实际上即是由真切而简易。

第二,关于简易促成真切。不仅真切可以带来简易,而且简易也可带来真切。阳明说:"七情有着,俱谓之欲,俱为良知之蔽;然才有着时,良知亦自会觉,觉即蔽去,复其体矣!"③又说:"人若知这良知诀窍,随他多少邪思枉念,这里一觉,都自消融。真个是灵丹一粒,点铁成金。"④前已述及,本体既包含准则,但又不仅仅是静态的准则而已,而是有力量的,有着将自己实现出来的倾向。而将本体实现出来即是真切,这就是简易可以带来真切的原因。简易可以带来真

① 分别见王守仁《博约说·乙酉》,《王阳明全集》卷七,第297~298、298页。
② 吴震:《心学道统论——以"颜子没而圣学亡"为中心》,《浙江大学学报》(人文社会科学版)2017年第3期,第69页。
③ 钱德洪编《传习录》第290条,《王阳明全集》卷三,第126页。
④ 钱德洪编《传习录》第209条,《王阳明全集》卷三,第106页。

切，集中表现在本体自然可以使人应对纷繁的事务和复杂的人伦而不感到烦扰。阳明说："只要良知真切，虽做举业，不为心累；总有累亦易觉，克之而已。且如读书时，良知知得强记之心不是，即克去之；有欲速之心不是，即克去之；有夸多斗靡之心不是，即克去之。如此，亦只是终日与圣贤印对，是个纯乎天理之心。任他读书，亦只是调摄此心而已，何累之有？"① 以及："吾儒有个父子，还他以仁；有个君臣，还他以义；有个夫妇，还他以别：何曾著父子、君臣、夫妇的相？"② 应对纷繁的事务和复杂的人伦，是真切，但因为凭借的是本体的支撑，所以虽然应对了却又跟没有应对一样，则是简易。简易中蕴含着真切，这是本体自然具有的功用。

第三，关于简易与真切相互促进的其他说法。阳明以下说法讨论的是工夫从简易和真切不同角度切入的不同状态，也反映了简易与真切的互蕴关系。他说："'先天而天弗违'，天即良知也；'后天而奉天时'，良知即天也。"③ "先天而天弗违"是在讨论完全出于本体的工夫，"天即良知"是说出于天之自然便可达到良知好善恶恶的要求。这是从简易切入的工夫，简易中蕴含着真切。"后天而奉天时"是在讨论部分出于本体，在良知之外借助了着意与精察的工夫，"良知即天"是说这一部分出于良知本体的工夫也符合天之自然，因为着意精察即是此种条件下的自然。这是从真切切入的工夫，真切中蕴含简易。由此可见简易与真切相互促进、相互蕴含的关系。

简易与真切是互蕴关系，那么是否会出现因为不简易所以不真切，进而因为不真切所以不简易的死循环呢？回答是不会。因为本体能自然呈露，所以上述死循环的前提"不简易"并不成立。本体自然呈露的特点使围绕本体开展工夫始终是可能的。由此简易真切的要求就不是强人所难，而有自然呈露的本体作为支撑。

---

① 钱德洪编《传习录》第241条，《王阳明全集》卷三，第114页。
② 钱德洪编《传习录》第236条，《王阳明全集》卷三，第112页。
③ 钱德洪编《传习录》第287条，《王阳明全集》卷三，第125页。

小 结

单纯简易或者真切都不足以揭示阳明工夫论的特质，只有两者的组合才体现了他工夫论的特质。一方面，从宋明儒学整体来看，心学倡导简易，朱子代表的理学则表示反对，其不主张直接凭借本体来做工夫而认为有待格物对本心的激发。另一方面，就心学内部而言，不能说象山工夫不真切，但是真切确实不是他强调的，他强调的是简易，是自然。

首先，与理学相比，简易是心学工夫论的一大特点。唐君毅先生说："依象山之教，自作主宰，即满心而发，无非是理，自然者即当然，此固为一最简易直截之顿教。"① 牟宗三先生在论述象山学的时候则提及："简易并不只陆象山一个人说，康德在说道德实践时，亦主张简易。"当然从牟先生的角度来看这是就自律与他律的区分来说的："假定一个人依据自律原则而行，何者当为，何者不当为，人人都知道，连愚夫愚妇也都清楚，这是坦然明白的；假定是依照他律原则，则必须依赖对于世界之有所认识，如此，何者当为，何者不当为，非但愚夫愚妇不能知，虽圣人也有所不能知。"康德的观点且不论，从心学的角度来说，牟先生这里只是讲到了准则方面的简易，这固然是不错的。但简易更主要的内涵应该在于本心的推动。善恶之准则是好恶出来的。或者说本体的动力可以自我调节，由此形成准则，因此准则只是内在于本体的动力之中而已，动力更为重要。牟先生还说："我们借着康德所说的话，可以进一步了解陆象山所说的简易，否则说得那么笼统，并不容易了解。"② 其意是说单纯说"简易"之类的词语不足以揭示工夫的特质。一些学者正是从这个角度出发质疑简易以及真切的重要性。实则我们可以简单解释，就把它们表示的本体作用以及

① 唐君毅：《中国哲学原论·原性篇》，第281页。
② 以上均见牟宗三《中国哲学十九讲》，第302页。

发挥本体作用的意思揭示出来。只要把简易与真切涉及的义理讲清楚，我们就不妨把它们视为具有提纲挈领作用的指点语。

不同于心学对简易的追求，朱子对简易则有严厉的批评。如他评论鹅湖之会上象山所作的诗说："鹅湖之会，渠作诗云：'易简工夫终久大。'彼所谓易简者，苟简容易尔，全看得不子细……易简有几多事在，岂容易苟简之云乎！"[1] 以下对话也是类似的意思：

> 问："欲求大本以总括天下万事。"曰："江西便有这个议论。须是穷得理多，然后有贯通处。今理会得一分，便得一分受用；理会得二分，便得二分受用。若'一以贯之'，尽未在。陆子静要尽扫去，从简易。某尝说，且如做饭：也须趁柴理会米，无道理合下便要简易。"[2]

争论的直接原因是双方对简易的理解不同。朱子认为心学是避难就易，心学则认为自己是凭借本心。朱子认为心学是忽略准则，心学则认为自己是在本心的动力中蕴含准则，而并未忽略准则。从简易与真切关系的角度来说，简易是包含真切的简易，是以真切为条件并且也可以带来真切的简易，而不是苟且的简易。

前引阳明对陆元静的批评也提到，契入本心，追求简易给人留下"教人差了"的印象。之所以如此，是因为人们误以为简易是苟且的简易，是不包含真切的简易。所谓苟且的简易，就是不包含真切，不能应对纷繁的事务的简易。但实际情况并非如此。简易的工夫如果不包含真切，不能应对纷繁的事务，阳明绝不会突出简易的重要地位。

理学和心学对简易的态度不同的深层原因是，朱子虽然承认人有本心，但又认为本心容易被遮蔽，所以他倡导居敬穷理的工夫，而并不凭借本心。而心学认为本心一反便得，值得凭借，由此其倡导的

---

[1]　黎靖德编《朱子语类》卷十六，第324页。
[2]　黎靖德编《朱子语类》卷一百一十五，第2784页。

工夫便是简易的。双方在简易问题上的分歧便源自对待本心的不同态度。主张不凭借本心的朱子，其工夫并不以简易为特点。

其次，虽然同样主张简易，但象山和阳明是有区别的，其工夫论不以真切为特征。牟先生以下说法实际上只是符合象山而不符合阳明："盖陆王讲学，脱落习染，直悟心体，以立其大。简易是其主征。但简易是就透悟心体以立大本而言。中有存主，心体流行，直而无曲，自是至简至易。"① 双方最重要的差异是象山总体上主张自然而反对勉然，阳明则赞同勉然。象山主张不仅以自然的方式彻悟心体，而且以自然的方式做身心修养工夫。阳明则并不诉诸工夫之初对心体的彻悟，而认可从勉然而入的工夫，认为对大多数人来说从勉然而入是唯一可行的道路，只能从勉然逐渐提升为自然。只有极少数天分很高的人才能直接从自然而入。

相比于牟先生，唐君毅先生的说法更接近事实："阳明之以格物致知为工夫，以上达于高明，实正同于朱子下学上达之旨；而不同于象山先重人之先立其大，求直下超拔于网罗障蔽之外，以先明道者。"② 从简易与真切关系的角度来说，象山主张由简易切入，简易中包含真切。阳明则主要倡导由真切切入，真切与简易并举。对阳明来说，并非只有彻悟心体以后的工夫才是简易的。即便尚未充分呈露的本体，其实也给工夫提供了动力和准则，使工夫相对于那些不凭借本体的工夫而言是简易的，只是其不足以单独支撑工夫的完成而已。

"简易"容易让人联想到《周易》，确实如引言提及的朱子语所示，简易真切可以放在《周易》的视野中来看。乾坤二卦分别代表健和顺，在阳明学中则对应本体和工夫。本体刚健有力，工夫则承接本体、顺应本体而使之得到落实，除此以外别无主张，两者是缺一不可的。阳明高足龙溪说法即可表达这样的意思："首出者，刚之体；无首

---

① 牟宗三：《宋明儒学的问题与发展》，第140页。
② 唐君毅：《中国哲学原论·原教篇》，第225页。

者，柔之用。"①

论述了简易真切足以标示阳明工夫论的特质以后，尚有两个问题有待说明。

第一，想要做到真切，是否就得如阳明一样把异端邪说都学一遍，才能做到真切？回答是否定的。因为如此提问是脱离简易谈真切，人当下就能意识到自然不容已的仁爱恻怛之心，就能了解异端邪说之非。阳明不是没有很早便意识到这一点，只是因为没有找到简易的学问方式，所以迟至龙场悟道才回归儒家而已。

第二，明末大儒刘蕺山对阳明后学的著名批评，也可以放在简易与真切互蕴的视角中来理解。蕺山说："今天下争言良知矣，及其弊也，猖狂者参之以情识，而一是皆良，超洁者荡之以玄虚，而夷良于贼，亦用知者之过也。"② 从体用关系角度来说，阳明工夫论可以概括为两句话：契入良知本体，并且契入良知本体是在发用中进行的。单纯强调第一点，可能带来脱离发用谈本体的问题，这就是蕺山批评的"荡之以玄虚"；单纯强调第二点，则可能带来误把各种发用均当作本体的问题，这就是蕺山批评的"参之以情识"。前者是离用求体，后者是混用为体。联系阳明"本体要虚，工夫要实"③的观点，可以说，蕺山批评的"参之以情识"，即是本体不虚造成的，本体不虚，所以情识得以渗入。"荡之以玄虚"，则是工夫不实造成的。"荡之以玄虚"是由克治欲望过度以至于本心也被否定所致，"参之以情识"是过度强调良知与见闻，心与事相即不离所致。从简易与真切关系的角度来说，"荡之以玄虚"是不真切之过，因为不真切，所以也不是真正的简易；"参之以情识"是不简易之过，因为不简易，所以也不是真正的真切。体不忘用，就可以简易而真切；用不忘体，就可以真切而简易。两个问题都内在于阳明学中，是阳明学不得不解决的问题。当

---

① 　王畿：《三山丽泽录》，《王畿集》卷一，第13页。
② 　黄宗羲：《明儒学案》卷六十二，第1575页。
③ 　朱得之编《稽山承语》第19条，《王阳明全集》（新编本）卷四十，第1610页。

然话又说回来，虽然阳明学可能内在地存在过度重视用而混用为体的问题，不过，正如蕺山所认为的，一定程度上上面所说其实都可能是运用不当所致的人病，而不是法病。可以说两个问题在阳明那里都有妥善解决的方案。而简易与真切的互蕴便是其中的关键，这一互蕴关系也足以反映他工夫论的内在理路。阳明后学的演变过程，尤其是阳明后学的流弊，更能反过来彰显从简易真切的角度总结阳明工夫论的意义。

最后须说明的是，在阳明后学中，王龙溪主张先天之学，但是认为先天工夫在后天上用。亦即在他这里后天所做的仍然是先天工夫，因此不能看到他先天与后天并提，就以为他也主张先天本体与后天努力并用。他说："夫寂者，未发之中，先天之学也。未发之功，却在发上用，先天之功，却在后天上用。明道云：'此是日用本领工夫，却于已发处观之。'康节《先天吟》云：'若说先天无个字，后天须用着工夫。'可谓得其旨矣！"其所谓在后天上用的先天工夫指的是："养于未发之豫，先天之学是矣。后天而奉时者，乘天时行，人力不得而与。"① 即凭借充分发用的本心而无所刻意、执着。其工夫与明道、象山可谓一脉相承。

此外，王塘南以"悟性研几"为工夫宗旨，兼顾了先天之性与后天之修，不过其工夫论跟龙溪一样，也不同于阳明。② 塘南说："性不假修，只可云悟。命则性之呈露，不无习气隐伏其中，此则有可修矣。修命者，尽性之功。"③ 悟性使性得以充分发挥作用，这是修命的基础。那么修命工夫是不是后天工夫呢？他在论述研几工夫时明确否定了是后天工夫："性无可致力，善学者惟研几。研几者，非于念头萌

---

① 均见王畿《致知议辩》，《王畿集》卷六，第133页。此处所引似非明道语，康节诗亦有出入，原作"若问先天一字无，后天方要着工夫"。见邵雍《先天吟》，《伊川击壤集》卷十七，《邵雍集》，中华书局，2010，第458页。

② 对塘南工夫论的精详分析，可参吴震《王时槐论》，《聂豹、罗洪先评传》附论，南京大学出版社，2001，第256~295页。

③ 黄宗羲：《明儒学案》卷二十，第474页。

动辨别邪正之谓也。此几生而无生，至微至密，非有非无，惟绵绵若存，退藏于密，庶其近之矣。"① 实际上研几是完全凭借悟性所得成果而实施的工夫。因为完全凭借先天之性，所以"非有"；因为可以使念虑符合性的要求，所以"非无"。以下表明塘南认为悟性是必要条件，否则修命工夫将陷于繁难而无法取得成功，从我们对阳明工夫论的论述来看，这可以视作对阳明工夫论的批评，尽管塘南自身并不这么理解阳明工夫论，他毋宁自认为是与阳明是一致的：

> 问："有谓性无可致力，惟于念上操存，事上修饬，则性自在。"曰："悟性矣，而操存于念，修饬于事可矣。性之未悟，而徒念与事之致力，所谓'可以为难矣，仁则吾不知也'。"②

不过对阳明来说，良知本是简易明白的，不必有类似悟性的工夫作为前提，念虑事为上做的工夫就已有良知的指引和推动，因而并无繁难之病。龙溪和塘南否定不以顿悟为前提的工夫，表明他们已与阳明的主张发生了偏离。

弟子中坚守阳明主张的不乏其人，除钱绪山、邹东廓等以外，还有较少受人注意的孙蒙泉。钱明先生总结他对阳明思想的理解说："经他解读后的阳明宗旨，被定位在了'见在良知'和'提醒良知'上。"③ 实际上，前者代表本体之简易，后者则代表工夫之真切，可以说蒙泉的观点是对阳明本旨的善解。

---

①　黄宗羲:《明儒学案》卷二十，第 487 页。
②　黄宗羲:《明儒学案》卷二十，第 484 页。
③　钱明:《被遗忘的王学中坚——明代思想家孙应奎》,《杭州师范大学学报》(社会科学版) 2010 年第 7 期，第 14 页。

第三编　体用

第八章
性

 阳明对性的问题有丰富而独到的论述。性在他思想中的含义与朱子一致，即人或物所禀受自天的即是性，"就其禀赋处说，便谓之性"①。此性是就人或物而言的，性尚未落在人或物身上而言则是理，因此，"以其理之凝聚而言，则谓之性"②。不过，与他对心和良知的论述相比，他的性论较少受到关注。

 在以往有代表性的研究中，牟宗三先生认为阳明主张心性合一，并且它们的合一关系从根本上来说是在超越层面即形而上层面的同一。即阳明是把心提升到与形而下世界相对的形而上领域，而性本来就属于形而上领域，由此同属形而上领域的心与性便有可能构成同一关系。牟先生认为这是包括阳明在内的宋明儒者的主流看法。他认为汉唐以后："宋明儒之大宗始真紧守孟子、《中庸》所开辟的'超越的心性'而着力前进的。"③ 当然，牟先生并不认为超越的心性与现实是隔绝的。仅就陆王一系来说，"它（按：指良知或说心性本体。）虽是超越的，亦时时不自觉地呈露"④，这里的呈露不是单纯就体上来说的，牟先生说："对于性体心体之体证，或性体心体本身之呈现，不

---

① 钱德洪编《传习录》第118条，《王阳明全集》卷一，第39页。
② 钱德洪编《传习录》第174条，《王阳明全集》卷二，第86页。
③ 牟宗三：《心体与性体》（上），第110页。
④ 牟宗三：《从陆象山到刘蕺山》，第146页。

只是隔绝一切经验而徒为抽象的光板的体证与呈现，而且还需要即在经验中而为具体的有内容的体证与呈现。"① 心性本体时时不自觉地呈露，使得心性合一不仅局限于形上领域，而且表现在现实世界之中，亦即人在当下的现实世界中也可以达到心性合一。由此，"发展至陆、王，则单自孟子之路入，无此心性对扬之心之形著义，直下即是心性是一，直下即是一心之沛然，直下即是心体之无外，即是性体之昭然"②。由此对阳明来说心性本体已然澄明，因此工夫只不过是"一心之沛然"于现实世界而已，从根本上来说不存在如何克服遮蔽从而落实心性的问题。

对比熊十力先生的说法可以看出，虽然都提"直下"，不过师徒二人的理解是有很大差别的，这一点是不太受人注意的。熊先生是说工夫，说要求，牟先生则是说结果，说状态。牟先生记述熊先生对冯友兰先生良知是假设的观点的反驳："你说良知是个假定。这怎么可以说是假定。良知是真真实实的，而且是个呈现，这须要直下自觉，直下肯定。"③ 当然，牟先生并非否认心学有逆觉体证的工夫，只是认为这仍然不出"一心之沛然"的范围。他说："本质的工夫唯在逆觉体证，所依靠的本质的根据唯在良知本身之力量。此就道德实践说乃是必然的。"④

陈来先生等也认为阳明并不着意于心性的分别，而采取了心性合一的主张。不过他们认为心性并非合一于与形而下世界相对的形而上领域，而是直接合一于形而下的现实世界之中。之所以直接跳过心灵世界说现实世界，是因为阳明主张身心意知物一体，因此心灵活动与身体不能区隔，而必然会在身体的视听言动上有所反映，而身体的视听言动无疑属现实世界。由此我们才说"心性合一于形而下的现实

---

① 牟宗三：《心体与性体》（上），第149页。
② 牟宗三：《心体与性体》（上），第474页。
③ 牟宗三：《五十自述》，《牟宗三先生全集》第32卷，第78页。
④ 牟宗三：《从陆象山到刘蕺山》，第147页。

世界之中"，而不单独从心灵世界的角度来谈。心或心之本体，以及性，都不过是现实世界中表现出来的心性而已。

陈来先生指出性在阳明处的意思不同于在朱子处的意思："当阳明说心之本体即是性的时候，并不表示他把心之本体理解为朱子哲学的性。比较合乎逻辑的是，他所说的'性'，就是心之本体，而不是古典的人性观念或宋儒的性理观念。"由此，心性关系在朱王那里呈现出不同面貌："在朱学中，'性是心之体'表明心性为二，而阳明哲学中虽然也称'性是心之体'，心性却不是二物，二者实际是同一的。"①吴震先生同样认为："若将朱、王两人之论心性作一比较则可这样概括：在朱学，性即理，理具于心，故性为心之体，此体为某种实体，构成人心之本质，然心性终为二物；在王学，性即理，心即理，故性为心之体，此体非实体义而是本然义，心体即是性体，心性不是二物，两者是同一的。"②须说明的是，朱子通常是以一而二、二而一来论述心性关系，陈、吴两先生此处只是强调了其中相异为二的一面。

另外，吴先生后来的论述似更强调性与现实相异而非同一的一面："对于上述阳明所谓的'气亦性也，性亦气也'或'气即是性，性即是气'的命题，我们绝不可误会为阳明主张性与气的直接同一、或性体之良知与实在之气质处于同一层次的存在；同样，我们也绝不能误会阳明的主张是：作为内含道德义和规范义的良知本体须有赖于气而存在——从而将气质翻转成为良知的存在论基础。"③从阳明的角度来说，单纯谈气则其未必合于性的要求，气并不构成良知之为良知的存在论前提，性与气的确不能无条件地混同，不过，性本身在现实中的呈露也是有限的，并且离了此有限的呈露以外别无性之实体，由此使得性与气又可以是同一的。只是在此同一体中，气突出了其现实性的

① 分别见陈来：《有无之境——王阳明哲学的精神》，第83、84~85页。
② 吴震：《〈传习录〉精读》，第200页。
③ 吴震：《心学与气学的思想异动》，《复旦学报》（社会科学版）2020年第1期，第117页。

一面，性突出了其规范性的一面。但两者并非异层异质的关系。

董平先生在心性合一的基础上进一步指出先天与后天、形下与形上在阳明这里是融合的："在阳明那里，他对心、性不加以严格区分。在'心即理'的意义上，人的本原存在就是即先天即后天的，就是即形下即形上的，我原本就是可以通过当下的实践来展开我的先天原在的价值的。"[①] 其说也是富有启发意义的。

总体而言，基于陈来、吴震、董平等先生的观点，可以发现，性的含义在阳明这里与在朱子那里相比发生了重大转变，即除了形而上的面貌以外还具有了形而下的维度。在朱子那里，性与情相对，性为体，情为用，性一旦在现实世界中发用，就已经是情而不是性了。朱子的弟子吴伯丰提出"有已发之性，有未发之性"的观点以请教朱子时，朱子给予了否定的回答："性才发，便是情。"[②] 而在阳明这里，性是体现于现实世界中的本体，除了在现实世界中的体现以外，别无与作用相对的性之实体。尽管并非凡现实都是性的充分、准确体现，不过性与现实世界却是交融而非对待的关系。这就是阳明即用是体的观点在性的问题上的表现。因此，尽管牟先生注意到了心性合一于现实世界的一面，但心性合一却并非如他所说的那样从根本上来说是合一于超越的领域或形而上的领域。

唐君毅先生以下所论象山与伊川的异同，放在阳明与朱子这里也是合适的，朱子重视性是未发的因而与现实相对，而阳明则突出性是能发的因而可以在现实中被把握："依此象山义，人能自明其本心，则心在是，性理亦在是。性理既形于心，心为已发，性理亦随心之发而俱发；便不得以'心为已发，性为未发；心为感而遂通，性理仍只为寂然不动'；而应视此心理二者，乃俱动而俱发者矣。故象山谓满心而发，无非此理也。依照象山义，即在此人之本心之自明，尚未能自

---

① 李承贵、朱汉民、蔡方鹿、董平、吴震：《新"鹅湖之会"高端会讲——朱子学与阳明学的现代交锋》，《贵阳学院学报》（社会科学版）2020年第1期，第10页。

② 黎靖德编《朱子语类》卷五，第90页。

充其量，以全体呈现时，其尚未充量呈现之本心之明，仍是能发，而此心之性理，亦是一能发，而不可只称为未发，更不可说其为永无所谓发，亦不可只以冲漠无朕，寂然不动说之者也。然伊川既谓'性之有形曰心'，性既形，形即发动，则其所谓性理寂然不动者，初当如原性篇所谓乃自此性理之为心之内容处说。自此性理之为心之内容处说，其是如此即如此，而自然其所然，当然其所然，即是不动。而所谓未发，亦可只指其未充量发而言，而仍实是一能发也。若然，则伊川与象山之言，亦未尝不可相通。唯伊川明言所及，又似'未发'即'无所谓发，寂然不动即不发，以为一超越而纯内在之性理'。在人有气质之昏蔽之情形下，看此性理，盖本当如此说。沿此而言工夫，即落在如何使现有之已发之心，与此未发性理，得遥相契合上。"[1] 伊川、朱子认为性虽能发而未发，象山、阳明认为性是能发而已发，未发则蕴含在已发中。

　　须注意的是，呈现于现实中的心性存在本来状态与非本来状态的区别，亦即本体存在被遮蔽的问题。因此心性不仅合一于现实中的本来状态，而且合一于现实中的非本来状态。与此同时，单纯以"一心之沛然"来定位阳明工夫论并不准确。阳明仍然面临由于本体被遮蔽而导致的如何在意识与行动中落实本体的问题。并且，特别重要的，单纯本体是不足以支撑工夫的，如何落实本体是一个并不能简单归结于本体的问题，而有必要诉诸本体之外的着实用意和精察克治。事实上，呈现与有待落实，或说现实性与规范性正构成阳明性论的两项要义。亦即性虽然呈现于现实世界，具有现实性的特征，但又会被遮蔽，并非凡现实都是性的充分、准确体现，性在现实性之外仍然具有规范性的特征，有待人的努力从而将其落实。他关于性的诸多命题，如"性无内外""吾性自足"等，均需放在上述视野中才能得到善解。也唯其如此，我们才能在宋至清的思想转型中为阳明性论做出准确定

---

① 唐君毅：《中国哲学原论·原性篇》，第355~356页。

位。本章即欲在宋至清学术转型的视野中，对阳明性论进行一番通盘考察。

第一节　心性合一于现实世界

心与性既可以合一于形上领域，也可以合一于现实世界。前者是把心理解为跟性一样与作用相对的形上实体、未发本源，后者是把性理解为跟心一样的，能直接展现在现实中的规范性力量。阳明采取的是后一主张。

阳明多处提到心之本体是性的观点。如《传习录》卷上所载中年时期他与弟子薛中离（字尚谦）的对话：

> 尚谦问："孟子之'不动心'，与告子异？"先生曰："告子是硬把捉着此心，要他不动；孟子却是集义到自然不动。"又曰："心之本体原自不动。心之本体即是性，性即是理，性元不动，理元不动。集义是复其心之本体。"①

"自然不动"是指自然循理的状态，亦即自然符合心之本体的准则的状态。在阳明处，"动静"有不同含义，需具体分析。其中一项含义是"从欲"和"循理"。②此处"自然不动"即是自然循理的意思。阳明认为，集义的目的是使心回复到合于性理的状态，而这种状态就是"不动"的状态。因而，他说的"不动"和告子强制使心不动（不产生好恶与分别等情感与意识），含义是完全不同的。

另外，在对告子强制使心不动的认识上，阳明不同于象山，象山只是认为告子的错误在于不自然，而不是说他连正确的方向也没有找到，阳明则从根本上就否定了告子强制其心的做法，认为其在方向上

---

① 钱德洪编《传习录》第81条，《王阳明全集》卷一，第28页。
② 王守仁：《答伦彦式》，《王阳明全集》卷五，第203~204页。

就出错了，而不仅仅是方向正确方式不对。象山的说法见于："告子之意：'不得于言，勿求于心'，是外面硬把捉的。要之亦是孔门别派，将来也会成，只是终不自然。"[1] 可见象山反对着意而不自然的为学方式。阳明认为告子压制好恶，使心不要有好恶，因而是根本上就错了。两人对告子强制其心的意思的理解不同，因而对告子之学的态度自然有别。

对阳明来说，自然循理实际上就已经达到了心的完善状态，而心的完善状态不过就是心的本来状态。心的完善状态或本来状态可以用"心之本体"来表示。因此阳明与中离所说的"心之本体"不是指与发用相对的心之形上实体、未发本源，而是指心的完善状态。

又如其在晚年的《大学问》中说："心之本体则性也。性无不善，则心之本体本无不正也。何从而用其正之之功乎？"[2] 此处所说"心之本体"也是指心的完善状态。基于此，阳明说心之本体是性时，其意是把心之本体的含义赋予性，使性具有心的完善状态的意思，而不是说性是心的实体、本源。如果说性是心的实体、本源，那么性就是形而上的，不在具体时空中的。而说性是心的完善状态，则意味着性是展现于形而下的现实世界中的。这是阳明论性与朱子最大的不同。对朱子而言，性一旦发用，一旦呈现在现实世界中，就已经是情而不是性了。对阳明来说，性恰恰是呈现在现实世界中的心的完善状态。

除了认为心之本体是性以外，阳明还认为心之体是性或性是心之体，如"性是心之体"[3] 和"心之体，性也"[4] 等。其与心之本体是性的意思是相同的。

阳明不只认为心之本体是性，而且直接认为心就是性。即他不仅赋予性以心的完善状态的含义，而且心的一般状态也可以称为性。如

① 陆九渊：《语录》下，《陆九渊集》卷三十五，第445页。
② 王守仁：《大学问》，《王阳明全集》卷二十六，第1070页。
③ 钱德洪编《传习录》第6条，《王阳明全集》卷一，第6页。
④ 钱德洪编《传习录》第133条，《王阳明全集》卷二，第48页。

面对"晦庵先生曰:'人之所以为学者,心与理而已。'此语如何"的问题,他回答:"心即性,性即理,下一'与'字,恐未免为二。此在学者善观之。"① 类似说法尚有:"所谓汝心,却是那能视听言动的,这个便是性,便是天理。"② 以及:"心,性也;性,天也。"③ 如果按照朱子对性与理的理解来看阳明在这里说的性与理,则阳明这里的说法是不通的。原因很显然,心活动于现实世界中,而无论性或理都只是形而上的实体、本源,虽然它们能在现实世界中发出作用,但一旦发出作用,则已经不是性理本身,所以它们都不具备活动于现实世界的特性,因此心与性、理是不可能同一的。那么,它们是同一的关系,是否只能有一种可能,即把心理解为抽离经验内容的本体,从而使双方在形而上的领域达到同一?事实并非如此。因为与其说阳明是在抽离心的经验内容的意义上主张心与性、理的同一,不如说他是将性、理下拉到经验世界从而使心与它们的同一变得可能。正如阳明并非只从形而上的角度来理解性一样,他也不只是从形而上的角度来理解理。理与性一样,都不是与发用相对的单纯实体,而与发用一体,兼具发用与本体的双重维度。如他说:"良知是天理之昭明灵觉处,故良知即是天理。"④ 这里便是以天理之昭明灵觉来解释良知,以发用状态的良知来解释天理。天理和良知一样,是发自心而呈现于现实世界的规范性力量。而心与性、理的同一,是在现实世界而非形上领域。如下说法也表达了类似意思:"盖良知只是一个天理自然明觉发见处,只是一个真诚恻怛,便是他本体。"⑤ 事实上,因为阳明也认同性即理的观点,所以当他把性放在现实世界中来理解的时候,他也必然把理放在现实世界中来理解。

性作为发自心而呈现于现实世界的规范性力量,也存在着和心一

①　钱德洪编《传习录》第 33 条,《王阳明全集》卷一,第 17 页。

②　钱德洪编《传习录》第 122 条,《王阳明全集》卷一,第 41 页。

③　王守仁:《谨斋说·乙亥》,《王阳明全集》卷七,第 293 页。

④　钱德洪编《传习录》第 169 条,《王阳明全集》卷二,第 81 页。

⑤　钱德洪编《传习录》第 189 条,《王阳明全集》卷二,第 95 页。

样被遮蔽的问题。并且，心性合一于现实世界的极致表现，正是"客气私欲"与"仁义礼智"并立而为性的不同表现。阳明说："性一而已，仁、义、礼、智，性之性也；聪、明、睿、知，性之质也；喜、怒、哀、乐，性之情也；私欲、客气，性之蔽也。"① 前三者并不难理解，最难理解的是阳明将"私欲、客气，性之蔽也"与前三者并列，让人颇感不类。

其中"客气"的含义需要解释，在宋明儒学中它与今天用法不同，客与主对，因此客气表达的是失去主宰性的状态。其基本含义可参朱子如下说法："为气血所使者，只是客气。"② 更具体说，客气是不甘居于人下的一种心态，阳明指出其根源在于："忠义之降，激而为气节；气节之弊，流而为客气。"③ 进一步地，私欲与客气的区别在于，私欲是已然，客气是将然。

无论如何，私欲客气都是负面的，怎能跟前三者并列呢？正因如此，陈来先生才质疑此条表述并不严格："私欲客气是蒙蔽本性的障碍，显然不能说它们也是性的一种表现。"其后还进一步指出："在《传习录》上对'性一而已'的使用，可能也是不严格的。事实上，阳明一般地是拒绝概念的细密分疏的，对他的上述讨论，我们只能以意逆志，不要预期他的讨论能像理性主义哲学家的表述那样可以较清晰地被理解。"④ 其实四者是从不同角度论展现于现实中的性。展现于现实中的性必定是多元多样的，而私欲、客气作为性的掩蔽状态，无疑也是作为表现的性的题中应有之义。

事实上，尽管朱子认为性展现于现实世界已是情而不再是性，在这一点上他的观点不同于阳明，但他的一些说法与阳明的表述又有异曲同工之妙："如春之生物，夏是生物之盛，秋是生意渐渐收敛，冬是

---

① 钱德洪编《传习录》第165条，《王阳明全集》卷二，第77页。
② 黎靖德编《朱子语类》卷十三，第239页。
③ 王守仁：《重修文山祠记·戊寅》，《王阳明全集》卷七，第275页。
④ 均见陈来《有无之境——王阳明哲学的精神》，第87页。

生意收藏。"① 私欲客气不也正是人所固有的生生不息之性的收藏吗？这种收藏状态只是说生生不息之性总体处在潜移默运的状态而未能充分呈露而已。

阳明还以太阳被云遮蔽来比喻良知或者说性被掩蔽的状态，而这也是展现于现实世界的性所难以避免的状态。他说："比如日光，亦不可指着方所；一隙通明，皆是日光所在；虽云雾四塞，太虚中色象可辨，亦是日光不灭处，不可以云能蔽日，教天不要生云。"② 性并不局限在某个特定场所，就像日光不局限在某个特定场所一样，这是在现实的表现中来谈性。云掩蔽阳光，阳光仍有"一隙通明"。性也是如此，虽被掩蔽而仍有呈露。这是被私欲、客气掩蔽的状态仍然可以与"性之性"等并立作为性的不同表现的直接原因。而根本原因在于，离开性在现实中的多元多样表现，也就无性可言了。就像离开阴晴晦明之类的不同天气，太阳也无从表现自己一样。仁义礼智、聪明睿智等也必须在现实中来谈，它们不是抽象的形上本体。故阳明持"仁、义、礼、智之名，因已发而有"以及"仁、义、礼、智也是表德"的主张。③

与之形成鲜明对照的是朱子的如下观点："仁之得名，只专在未发上。恻隐便是已发，却是相对言之。"④ 以及："盖孟子所谓四端，即程子所谓阳气发处，不当以是为性。而义之名，则自其未发之时固已立矣，羞恶之心，则其发见之端也。"⑤

通常情况下，是朱子而非阳明的观点接近程伊川，不过，在此问题上接近伊川的不是朱子，反而是阳明。伊川说："自性而行，皆

①　黎靖德编《朱子语类》卷六，第 113 页。
②　钱德洪编《传习录》第 290 条，《王阳明全集》卷三，第 126 页。
③　钱德洪编《传习录》第 38 条，《王阳明全集》卷一，第 17 页。
④　黎靖德编《朱子语类》卷五，第 94 页。
⑤　朱熹:《答方宾王》四,《晦庵先生朱文公文集》卷五十六,《朱子全书》第 23 册,第 2660 页。

善也，圣人因其善也，则为仁义礼智信以名之。"① 阳明"仁、义、礼、智之名，因已发而有"的观点，可谓正是从伊川的这一观点转手而来。

阳明说的"表德"值得注意。"表德"其实有两项含义，第一是指明某一事物的具体内涵或特征，陆原静问"恻隐、羞恶、辞让、是非，是性之表德耶"②，阳明给予肯定回复，即是说恻隐等把性的内涵表达出来了。在朱子处也有同样的用法："主一是敬表德，只是要收敛。处宗庙只是敬，处朝廷只是严，处闺门只是和，便是持敬。"③ 阳明接着又说："仁、义、礼、智也是表德。"这是说性不是恻隐之类的情之外另一物。这也是沿袭自朱子的看法，朱子以之来说太极：

> 或问太极。曰："太极只是个极好至善底道理。人人有一太极，物物有一太极。周子所谓太极，是天地人物万善至好底表德。"④

朱子之说法提示了为什么说太极是"表德"，原因是太极所指的对象本无其名：

> 曰："事事物物皆有个极，是道理之极至。"蒋元进曰："如君之仁，臣之敬，便是极。"曰："此是一事一物之极。总天地万物之理，便是太极。太极本无此名，只是个表德。"⑤

太极之所指之所以本无其名，是因为太极并非一个具体物，而只有具体物才有名字。虽非具体物，但是又要指称它，所以就只能以其内

---

① 程颢、程颐：《河南程氏遗书》卷二十五，《二程集》，第 318 页。
② 钱德洪编《传习录》第 38 条，《王阳明全集》卷一，第 17 页。
③ 黎靖德编《朱子语类》卷一百一十八，第 2854~2855 页。
④ 黎靖德编《朱子语类》卷九十四，第 2371 页。
⑤ 黎靖德编《朱子语类》卷九十四，第 2375 页。

涵、特征（至极）来指称它，而这就是表德而非名字。因此"表德"的第二项含义即是对抽象物的指称。关于太极并非一物，朱子说："太极非是别为一物，即阴阳而在阴阳，即五行而在五行，即万物而在万物，只是一个理而已。因其极至，故名曰太极。"[①] 在本体不离表现而别为一物这一点上，朱子和阳明是一致的，只是朱子强调区分，阳明强调融合。朱子的态度表现在如下说法的落脚点中："才说太极，便带着阴阳；才说性，便带着气。不带着阴阳与气，太极与性那里收附？然要得分明，又不可不拆开说。"[②] 这里也表明了后文会提及的朱子分而不离的立场，这与阳明合而不混的立场构成区别。

朱子因为认为体是体，用是用，两者有严格区分，所以他只能承认即用见体而不能承认即用是体，但阳明在即用见体（不离）的基础上进一步承认即用是体（合），所以他的主张是合而不混。

须强调的是，性展现于现实世界中，而不再是隔绝于现实的形而上本体，这不是剥夺了性的规范性意义。它仍然具有规范性的特征，阳明并非主张自然人性论。这集中地体现于礼，礼也是性在现实中的表现。阳明说："经礼三百，曲礼三千，无一而非仁也，无一而非性也。"[③] 性是在发用流行中自我调节，而体现出规范的含义的。

第二节　即用是性，离用无性

以上讨论了阳明有关心性关系的论述。阳明还有大量专门论性的观点。他专门论性的观点可以分为两类，第一类是阐明性呈现于现实世界，除在现实世界中的表现以外别无抽象的性。"性无定体""性无善无恶""性无内外"，以及"生之谓性"等命题均是如此。这些命题的工夫论意义是点出工夫不能脱离呈现于现实的性展开。

---

①　黎靖德编《朱子语类》卷九十四，第 2371 页。
②　黎靖德编《朱子语类》卷九十四，第 2371 页。
③　王守仁：《礼记纂言》序，《王阳明全集》卷七，第 271 页。

　　朱子虽然认为性会不容已地展现为情，性与情在此是本源与流行的关系。不过，他特别强调的不是性流行为情，而是性与情相对，两者是未发实体与已发表现的关系。阳明提出的"性无定体"的主张，可以说与朱子性为实体的主张针锋相对。他说："性无定体，论亦无定体，有自本体上说者，有自发用上说者，有自源头上说者，有自流弊处说者。总而言之，只是一个性，但所见有浅深尔。若执定一边，便不是了。"① 阳明并不因为把性理解为情的根据从而把性局限于未发实体，在他看来，性可以兼未发已发而言。就未发而言是形上实体、未发本源，就已发而言是性之流行、表现。在此须特别强调的是，阳明并非否定性可以就未发实体而言，只是说不能脱离已发作用单独来谈未发实体而已，这是容易被忽视的。性不仅是形上实体、未发本源，而且可以从体用源流的不同角度来讨论，这是"性无定体"的第一层含义。

　　在不同角度都可以论性的基础上，阳明认为从不同角度说性之善恶，可以得出不同的结论："性之本体原是无善无恶的，发用上也原是可以为善，可以为不善的，其流弊也原是一定善一定恶的。"②

　　此说可能受到了象山的启发，朱子便叙述象山有肯定告子、荀子性论的观点："陆子静说告子论性强孟子，又说荀子'性恶'之论甚好，使人警发，有缜密之功。"③ 阳明同样肯定了告子和荀子性论的合理成分，并基于自己的独特理解，将它们融入自己的思想体系中。"性之本体原是无善无恶"中的"无善无恶"不是性既非善也非恶，处于善恶之中间状态的意思，而是无善恶可言、无所谓善恶的意思。这句话是相对于其后"发用上也原是可以为善，可以为不善的"等来说的，说明唯有发用上才有善恶可言，本体上则无。换句话说，就未发而言性，善恶并未显露。只有就已发而言性，善恶才有显露。善恶

①　钱德洪编《传习录》第308条，《王阳明全集》卷三，第130页。
②　钱德洪编《传习录》第308条，《王阳明全集》卷三，第130~131页。
③　黎靖德编《朱子语类》卷一百二十四，第2971页。

未显露，自然谈不上善恶，只有显露了，才谈得上善恶。

阳明认为善是就心而言的："吾心之处事物，纯乎理而无人伪之杂，谓之善，非在事物有定所之可求也。"末尾虽然是强调善不在事物本身上，但从开头"吾心之处事物"来看，他也是强调离开心发动起来去处理事务，是无善可言的。正因为善是就"我"之心来说的，所以随着"我"的心的发用，善也随之而有不同的表现，因此阳明又说善无形体与方所："善即吾之性，无形体可指，无方所可定，夫岂自为一物，可从何处得来者乎？"①与发动相对的本体上无善恶可言，意味着不能脱离发用单独谈本体，只有借助发用，才能对本体有所言说。无疑这不意味着本体是不能言说的，只是必须借助发用来言说，而不能直接言说本体。并不存在脱离发用的性，性就在多元多样的发用中，这是"性无定体"的第二层含义。

性在多元多样的发用中，由此阳明在源头与流变的不同意义上肯定了性善论、性善恶混论以及性恶论。并且得出了性无异同可言的观点："今之论性者纷纷异同，皆是说性，非见性也。见性者无异同之可言矣。"②其意是说从不同角度来看性之善恶，可以得出不同的结论，这些结论都有其合理性，没有必要争是非短长。

正是基于不能直接谈论本体的主张，阳明对告子"性无善无不善"的观点做了重新诠释，在重新诠释的基础上给予这一命题肯定的评价。他说："性无善无不善，虽如此说，亦无大差。"他在这里认可的"性无善无不善"，就是指性之本体无善无不善。而其中的"无善无不善"不是说性是既非善也非恶，处于善恶的中间状态的，而是说无善恶可言。亦即从未发的实体来说，性是无善恶可言的。阳明非常重视性无善无不善的观点，认为："无善无不善，性原是如此，悟得及时，只此一句便尽了，更无有内外之间。"之所以只要性无善无不善一句话就已经足够，就是因为这句话意味着如果要讨论性的善恶，终

---

① 均见王守仁《答王纯甫·二·癸酉》，《王阳明全集》卷四，第175页。
② 钱德洪编《传习录》第325条，《王阳明全集》卷三，第139页。

究要在发用上来讨论。亦即性无善恶可言蕴含了应该在发用上来讨论性的善恶的意思。但在发用上讨论的善恶并非和在本体上的善恶相对而为另一物，因为离了发用不能再单独谈论本体的善恶。由此可见，阳明之所以重视性无善恶的观点，终究是为了强调本体与发用不能断为两截，一般人理解的内在之性，必然展现于现实之中而非别为一物。

在阳明看来，告子恰恰陷入了对无善无恶的执着，没有理解无善无恶之无善恶可言的本意，而把无善无恶错误地理解为既无善也无恶，以至于犯了把性区分为内外，把本体与其发用割裂开来的错误。他说："告子执定看了，便有个无善无不善的性在内。有善有恶又在物感上看，便有个物在外，却做两边看了，便会差……告子见一个性在内，见一个物在外，便见他于性有未透彻处。"①既然分内外是"未透彻处"，那么前面所引阳明"悟得及时"之语，就是无分内外。事实也的确如此，阳明在"悟得及时"后面，说的正是"无有内外之间"。他对出自告子的无善无不善的肯定，是以这句话意味着性无内外为前提的。而这无疑是他基于自己性在用中、离用无性的主张对告子原话的重新诠释。

黄梨洲援引阳明的观点评论阳明弟子、董罗石之子董石甫的观点说："其言'性无善恶'，阳明'无善无恶心之体'，以之言心，不以之言性也。"实则阳明的确认为性无善无恶，并非仅仅认为心无善无恶。性无善无恶是在性指与作用相对的本体时成立的。梨洲继续评论董石甫的观点说："又言'性之体虚而已，万有出焉，故气质之不美，性实为之。全体皆是性，无性则并无气质矣。'夫性既无善无恶，赋于人则有善有恶，将善恶皆无根柢欤？抑人生而静以上是一性，静以后又是一性乎？"②其实说性之体为虚或者性无善无恶恰恰否定了现实之性之外别有一性的观点，就现实而言的性是在气质中、与气质为一

① 均见钱德洪编《传习录》第273条，《王阳明全集》卷三，第122页。
② 分别见黄宗羲《明儒学案》卷十四，第289、289~290页。

体的，因此善恶全体都是性的表现形式。至于善也并非没有根柢，仁义礼智之性要不容已表现出来就是善的根柢，只是其表现不能与气质截然分开而已。

总之，阳明并非和朱子一样认为告子混淆善恶，以至于对告子性无善无恶的观点极为不满。朱子的观点是："惟告子'无善无不善'之说，最无状。他就此无善无恶之名，浑然无所分别，虽为恶为罪，总不妨也。与今世之不择善恶而颠倒是非称为本性者，何以异哉！"① 在阳明看来，告子强制其心，以为什么都不做，自然不会落在善恶的一边，自然可以处在善恶的中间状态。这就是告子主张的无善无恶。告子主张的是性无善也无恶，居于两者中间，而不是无善恶可言。如果告子主张的是无善恶可言，那也就不至于与有善有恶发生对立了。告子的病源是无善无恶，无善无恶的源头又是离物言性，分性与物为二。阳明最终要说明的是性无内外，离用无性，性无善无恶只是借用告子的话头而已。

实际上，将性之本体与其发用割裂开来的错误在阳明门下所在多有，如欧阳南野、陈明水等便都犯过这一错误。这是促使阳明特别重视性在用中、离用无性的直接原因。欧阳南野想要"宁不了事，且加休养"，即宁肯暂且放下事务，也要首先养性。阳明批评他："是以将了事自作一事，而培养又别作一事，此便有是内非外之意，便是自私用智，便是'义外'，便有'不得于心，勿求于气'之病，便不是致良知以求自慊之功矣。"② 陈明水（字惟濬）向阳明提问心不能应事，心事如何才能合一的问题："静坐用功，颇觉此心收敛，遇事又断了。旋起个念头，去事上省察。事过又寻旧功，还觉有内外，打不作一片。"阳明指出："心何尝有内外？即如惟濬，今在此讲论，又岂有一心在内照管？这听讲说时专敬，即是那静坐时心，功夫一贯，何须更起念头？人须在事上磨炼做功夫乃有益，若只好静，遇事便乱，

---

① 黎靖德编《朱子语类》卷五十九，第 1380 页。
② 钱德洪编《传习录》第 170 条，《王阳明全集》卷二，第 82~83 页。

终无长进。那静时功夫亦差，似收敛而实放溺也。"①阳明强调心无内外，事上见心，人终究应该在事上磨炼，使心事合一。专注于心而忽略事务看似清静，实则陷溺本性。阳明由此强调了在现实世界中将性充分、准确实现出来的必要性。实际上，也正是因为事上磨炼如此重要，以至于徐复观先生认为："在事上用工，是王学的真血脉，亦即是良知之教的归结处。"②

除了"性无定体"、"性无善无恶"和"性无内外"之外，阳明表达"性在用中、离用无性"观点的另一重要命题是"生之谓性"。告子主张生之谓性，其意是凡生而所具的食色等生理欲望表现都可称为性。阳明并非在这个意义上理解这一命题，他说："'生之谓性'，'生'字即是'气'字，犹言'气即是性'也。气即是性，'人生而静以上不容说'，才说'气即是性'，即已落在一边，不是性之本原矣。孟子'性善'，是从本原上说。然性善之端须在气上始见得，若无气亦无可见矣。恻隐、羞恶、辞让、是非即是气，程子谓：'论性不论气，不备；论气不论性，不明。'亦是为学者各认一边，只得如此说。若见得自性明白时，气即是性，性即是气，原无性气之可分也。"③因为"生"指的是生生不息的气，包括恻隐、羞恶、辞让、是非之心等，所以"生之谓性"的意思是气就已经是性了，而不是在气之外、之上另有所谓的性。即性与气构成了一体而不能分离的关系。"人生而静以上"就是人尚未赋气成形之前，此时无性可说。只有人赋气成形以后，才有性可说。不过，一旦人成形以后，性就表现在气中，已经无法与气分离了。要说性，就只能就气言性了。所以即便断定性善，也只能从其表现来断定，即从恻隐、羞恶、辞让和是非之情来确定。而这些无非是性在气中的表现，所以阳明说"恻隐、羞恶、辞让、是非即是气"。

---

① 　均见钱德洪编《传习录》第204条，《王阳明全集》卷三，第104页。
② 　徐复观：《中国思想史论集续篇》，九州出版社，2013，第575页。
③ 　钱德洪编《传习录》第150条，《王阳明全集》卷二，第68~69页。

二程"论性不论气，不备；论气不论性，不明"的说法，是否表明性气分离为二，可以各自为说？事实并非如此。这只是不得已补偏救弊的说法。准确说法是性即是气，气即是性，无性气之可分。不过，阳明补充了一个"若见得自性明白时"的条件。他在另一处也提出了同样的条件："气亦性也，性亦气也，但须认得头脑是当。"[①] 这不意味着性气分离为二，只是说既不能基于性善而否定气有不善，更不能基于气之不善而否定性善。性虽然是展现于现实世界中的力量，但终究仍然是规范性力量，是有着善的明确指向的，阳明并非持自然人性论主张。可以说性与气是合而不混的关系。不在现实世界中将性的善的指向实现出来，性就被埋没了，就称不上"见得自性明白"了。这也再次印证了通过工夫在现实中使性充分、准确实现出来的必要性。

当然，说"合"似乎仍以性与气为二为前提，实则两者只是对同一事物不同侧面的描述。阳明确实认为性与气以及其他概念是从不同角度描述同一事物："以其充塞氤氲而言谓之气，以其脉络分明而言谓之理，以其流行赋畀而言谓之命，以其禀受一定而言谓之性，以其物无不由而言谓之道，以其妙用不测而言谓之神，以其凝聚而言谓之精，以其主宰而言谓之心，以其无妄而言谓之诚，以其无所倚着而言谓之中，以其物无可加而言谓之极，以其屈伸消息往来而言谓之易，其实则一而已。"[②] 与之相反，朱子那里的性气关系或者理气关系可以理解为分而不离，他的取向是强调分，但分又以不离为限度，或者说在不离的前提下强调分。他经常说"不离不杂"，如他就太极与阴阳（实即理与气）的关系说："所谓太极者，不离乎阴阳而为言，亦不杂乎阴阳而为言。"[③] "分"是就理气或性气分属形上形下而言，此为不杂；"不离"是就理或性必然展现在气中而非别为一物而言。结合

① 钱德洪编《传习录》第 242 条，《王阳明全集》卷三，第 114 页。
② 朱得之编《稽山承语》第 10 条，《王阳明全集》（新编本）卷四十，第 1608 页。
③ 黎靖德编《朱子语类》卷四，第 67 页。

他的其他论述，分是他所强调的，但分又以不离为限度。朱子之所以强调分，是为了突出本体的规范性，与之不同，阳明突出合，则有助于突出本体就展现在现实中，从而可以直接为人正确行动提供动力和指引。

关于"生之谓性"的诠释，有必要补充几句。牟宗三先生指出："'生之谓性'一语，虽首始于告子，自此而言，明道是借用，但若依义理模式说，则是新创而不是借用。依此，吾人可说有两个义理模式下的'生之谓性'：一、本体宇宙论的直贯顺成模式下之'生之谓性'；二、经验主义或自然主义的描述模式下之'生之谓性'。前者是明道所创，后者是告子所说，而告子说此语是以'性者生也'一老传统（古训）为背景。明道之新创所依据之义理模式则较为后起。"①牟先生认为在程明道那里，"生之谓性"的含义是生生之气中有性，在此生与性是两层而不是一层。这实际上是误解，明道的理解与阳明是一致的。牟先生的解释实际上是朱子赞同的"生之谓性"，即把生生之气与性区别开来，重在区分而非融合，与明道、阳明的致思方向恰恰是相反的。

梁涛先生认为："如何理解'生'或在何种意义上理解'生'，往往又会影响到如何理解'性'。所以，'生之谓性'实际只是一个形式的命题，它只是表明'性'就是'生'；但'性'何以是'生'，或在何种意义上是'生'，对此还需要做进一步说明。"这一点很重要，阳明借用这一形式表达自己观点，正是以此形式性为前提。

且不论阳明，告子以及与之针锋相对的孟子的观点又如何呢？梁先生说："从告子的论述来看，他是从'食色'等自然生理欲望来理解性的。"孟子的性论与之构成了继承和发展的关系："孟子并非一概地否定'以生言性'传统，而毋宁说是超越、发展了'以生言性'传统。孟子虽然即心言性，从心之生来理解人之性，但在孟子那里，心

---

① 牟宗三：《心体与性体》（中），第125页。

与身并不是截然对立的，而是'大体'与'小体'的区别。"① 诚然，孟子是在"即心言性"的前提下来讨论性的。李旭先生对牟宗三先生的观点的批评，着眼的也是其未能充分注意现实与本体的连续："牟氏的辨析主要从明道的创论与告子原义之间的差异角度看，对明道以生生宇宙论吸纳提升告子'生之谓性'说的命意体贴不够。"②

第三节　性的直接性与充足性

阳明专门论性的第二类观点阐明的是性是呈现于现实世界，可以直接提取和运用的规范性力量，对完成工夫而言具有直接性与充足性。如"性无不善"以及作为龙场悟道核心内容的"吾性自足"便是如此。这些命题的工夫论意义是点出工夫有可能直接依凭呈现于现实中的性而展开。

由于性展现于现实世界中，故而它可以直接成为工夫的依凭。阳明说："人只要在性上用功，看得一性字分明，即万理灿然。"③ 可在其上用功的性，不是与作用相对的形上实体，而是直接展现于现实中可以引导和推动人正确行动的力量。由于这样的力量是直接呈现于人的意识中，呈现于人与世界的交互活动中的，因此便可以成为工夫的依凭。阳明的工夫论正是围绕这一直接呈现的规范性力量展开的，只不过他通常以心以及良知等来命名这一规范性力量，而较少采用性这一称呼。尽管事实上无论性还是心，在阳明看来不过是异名同指的关系。

阳明较少专门论及性的直接性。以下可以算作一例："心之发也，遇父便谓之孝，遇君便谓之忠，自此以往，名至于无穷，只一性而

---

① 分别见梁涛《"以生言性"的传统与孟子性善论》，《哲学研究》2007 年第 7 期，第 36、37、42 页。
② 李旭：《心之德业——阳明心学的本体学研究》，上海文艺出版社，2021，第 137 页。
③ 钱德洪编《传习录》第 38 条，《王阳明全集》卷一，第 18 页。

已。"① 人面对父母自然有孝心，由此而有"孝"之名。这是人之性在面对父母的场合自然有的表现，这就是性的直接性。

阳明通常是就心、良知等来谈本体的直接性，由此间接说明性的直接性。如以下虽是说良知的直接性，但实际上也同时说了性的直接性，并且直接提到了性："知是理之灵处。就其主宰处说，便谓之心；就其禀赋处说，便谓之性。孩提之童，无不知爱其亲，无不知敬其兄，只是这个灵，能不为私欲遮隔，充拓得尽，便完完是他本体，便与天地合德。"②

与直接性相比，阳明重点论说的是性的充足性。这典型地体现在他对龙场悟道的总结中。其所悟的内容为："始知圣人之道，吾性自足，向之求理于事物者误也。"③ 通常这句话被理解为本心自足，这无疑是正确的。只是意味深长的是，这里采取了"性"而非"心"的表达形式。前引"人只要在性上用功，也与之一脉相承，都着眼于性展开论述"，这与其说表明阳明停留在朱子学的框架中而没有完全消除朱子学的影响，不如说是其新见的一次充分表达。他的新见是天赋之性并非不值得依凭，以至于身心修养工夫必须另寻他途，需要借助居敬穷理之类的方式展开，实际上性就可以直接为工夫提供充分的支持，以至于仅凭性就已经足够。性的作用表现在两方面，它既是仁义礼智之类的原则，由此为人的行动提供准则，也是一种自然不容已的力量，由此为行动提供动力。这两点原本都为朱子所赞同，只是其对后者的强调是不够的，未充分发挥其应有的作用。

阳明"性无不善"的观点，也可放入论述性的充足性的脉络中来理解。前已述及，阳明主张性无善恶可言，这并不意味着他否定性善。在性无善无恶之外，如前引《大学问》所示，他还主张"性无不善"。既然性无善恶可言，又为什么能说性无不善？其实并不难理

---

① 钱德洪编《传习录》第38条，《王阳明全集》卷一，第18页。
② 钱德洪编《传习录》第118条，《王阳明全集》卷一，第39页。标点有改动。
③ 钱德洪编《年谱一》，《王阳明全集》卷三十三，第1354页。

解，说性无善恶可言时，是从性是未发实体的角度来说的；说性无不善时，是从性是心的完善状态的角度来说的。并且正如上节所示，只能基于已发之表现才能了解性是完善的。由此可见，"性无不善"与"性无善无恶"两个说法之间并不存在矛盾。他并没有放弃对性的本质规定，只是说这种本质上的善无法从气质中分离出来被单独谈论而已。杨国荣先生如下所说应该是符合阳明思想的："在晚年的四句教中，王阳明试图提升个体并确认其存在的多重向度，但又难以放弃普遍本质对人的预设；试图扬弃本体的超验向度，但又无法拒斥对本体先天性的承诺。这种理论上的张力，亦表现了心学在哲学上的转换特征，而从心学本身的历史演进看，以二重性为表现形式的内在紧张，又进一步引发了王门后学的分化。"[1] 事实上，这构成了杨先生阳明心学解释的核心思路。

除已经提到的《大学问》"性无不善"的观点，阳明还说："性无不善，故知无不良，良知即是未发之中，即是廓然大公，寂然不动之本体，人人之所同具者也。"[2] 所有人的性原本都是善的，由性善而推及心的本来状态本无不正以及本心之知本无不良。这些毫无疑问是工夫得以完成的充分条件。

至于并非直接论性而是单独论及良知充足性的例子，则可以说俯拾皆是，如阳明在给弟子邹东廓的信中自述确信良知自足："近来信得'致良知'三字，真圣门正法眼藏。往年尚疑未尽，今自多事以来，只此良知无不具足。譬之操舟得舵，平澜浅濑，无不如意，虽遇颠风逆浪，舵柄在手，可免没溺之患矣。"[3]

另外，一些看似与性的直接性和充足性无关的论述，其实也表达了性的直接性和充足性。如前述欧阳南野心事不合一的问题，阳明告诫他："'宁不了事，不可不加培养'之意，且与初学如此说，亦不为

---

① 杨国荣：《心学之思：王阳明哲学的阐释》，第14页。
② 钱德洪编《传习录》第155条，《王阳明全集》卷二，第71页。
③ 钱德洪编《年谱二》，《王阳明全集》卷三十四，第1411~1412页。

无益。但作两事看了，便有病痛。"[1] 从性论角度来看，南野认为应对事务之前有必要涵养性，只有性得到充分涵养，才可以应对事务。从阳明的角度来看这就同时否定了性之于应对事务的直接性和充足性。当然阳明也没有彻底否定南野的做法，就像他认为对初学者讲静坐亦无不可一样。因为在初学阶段人的性并未充分呈露，所以有必要借助静坐使思虑有所收敛，但终究这不是正道。正道是直接凭借性的指引和推动来做工夫。我们还可以借阳明对南野的告诫来反省阳明后学归寂派的主张。之所以说归寂派偏离了阳明学的基本主张，原因就在于他们固然注意到了本体的落实是一个有待解决的重大问题，但他们诉诸的方案却也不免在很大程度上忽略了性或说良知的直接性。

又如阳明说："无知无不知，本体原是如此。譬如日未尝有心照物，而自无物不照。无照无不照，原是日的本体。良知本无知，今却要有知；本无不知，今却疑有不知，只是信不及耳！"[2] 放在性论的视野中来看，两个怀疑分别是对性的直接性和充足性的怀疑。性原本可以自然发露，成为完成工夫的依凭。"却要有知"意思是诉诸有所刻意、执着，忽略了性可以直接呈露。"疑有不知"则忽略了性之于工夫的充足性。当然需要注意的是，"本体原是如此"是阳明此段论述的前提设定。如果已非本体原来的状态，亦即本体被私欲遮蔽的话，那就要有所刻意、执着了，初学阶段有所刻意、执着，与这里的"无知"代表的无所刻意、执着并不矛盾。

小　结

如果我们将阳明性论放在从宋到清的儒学思想整体中来看，可以说阳明性论介于朱子性体情用论与明清之际的自然人性论之间，从逻辑上来说可谓两者的过渡环节。从他对现实性的强调来看，他的主

---

① 钱德洪编《传习录》第 170 条，《王阳明全集》卷二，第 82 页。
② 钱德洪编《传习录》第 282 条，《王阳明全集》卷三，第 124 页。

张不同于朱子；从他对规范性的强调来看，他的主张又不同于自然人性论。如果过于强调性的规范性，那么就要排除现实中的恶，回到形上的领域，这样就回到了朱子的立场；如果过于强调性的现实性，凡现实状态都是性的合理表现，那就会否定其规范性，从而走向自然人性论。[①]

无疑，阳明将性拉回现实来理解，并非必然会导向自然人性论。王汎森先生便指出晚明思想界的一个分歧："十六至十七世纪的思想界产生了分歧。有一种倾向于进一步的解放，有一种仍然想在自然人性论的前提下，坚持住道德的标准，而且这种要求在明清改朝换代之后，随着知识分子深重的负疚感而更趋严格。"[②]

阳明关于性的具体论述略繁复，这与他所处的情境有关。他论性时面对的一大问题是受制于朱子对性的含义的界定，朱子的界定给后来者带来了语词的困境。即包括性在内的语词都是朱子等人使用过的，带了朱子学的痕迹，很难赋予它们完全不同的含义。与朱子同时的象山即已面临和阳明一样的困境。

不过，象山反对对心、性、情、才等进行区分，没有积极地对它们各自的含义以及相互之间的关系进行清晰界定。朱子弟子便曾说："陆子静不喜人说性。"朱子批评道："怕只是自理会不曾分晓，怕人问难。又长大了，不肯与人商量做，一截截断了。然学而不论性，不知所学何事？"[③]象山的确不太重视辨析心性区别之类的问题，只是他另有理由，而不是没有辨析清楚。如弟子向他提问："如何是尽心？性、才、心、情如何分别？"他回答："如吾友此言，又是枝叶。虽然，此非吾友之过，盖举世之弊。今之学者读书，只是解字，更不求血脉。

---

① 关于中晚明以降的自然人性论，近来的论述可参吴震《心学与气学的思想异动》，《复旦学报》（社会科学版）2020 年第 1 期，第 113~125 页；吴震《明清之际人性论述的思想转变及其反思》，《道德与文明》2022 年第 2 期，第 106~116 页。

② 王汎森：《晚明清初思想十论》，复旦大学出版社，2004，第 8~9 页。

③ 黎靖德编《朱子语类》卷一百二十四，第 2974 页。

且如情、性、心、才，都只是一般物事，言偶不同耳。"① 这使得象山的性论的面貌显得不够清晰，性论在他的思想体系中显得有些无足轻重。

相比之下，阳明的应对则要积极得多。性在阳明这里并非多余的概念，他从不同角度来说同一个本体。因为所指相同，所以不同概念似乎可以相互化约；因为是从不同角度进行刻画，所以又是不能相互化约的。性突出的是本体的规范性维度，并且其规范性是人所固有而必然发用流行出来的。朱子从未发与已发的角度严格区分性与情，并认为心是统摄性与情的。而阳明恰恰要打破未发与已发、心与性的严格区分，从而让人从形而下的现实世界中直接把握性。为此他不遗余力地采用了多样化的表述方式，甚至还借助了告子"性无善无不善""生之谓性"之类容易让人误解的表述方式。无疑他只是运用了这些表述的形式，其含义则与原意并不相同。他终究还是认为性善，终究认为性有规范性意义，这是不同于明清之际自然人性论的地方。只有充分理解了阳明的立说背景与问题意识，才能准确理解这些多样化表述背后的共同指向。

以上是阳明性论的主要内容和客观背景，内在于阳明性论的第一问题是：他为什么要强调从已发看未发？原因也并不复杂，因为他看到了没有一个离了现实世界的超越的形上世界，亦即离用无体这一重要事实。阳明这一洞见有着重要的意义。原本宋儒在气之上讲性，是为了以理性来润泽和护持我们的生命。牟宗三先生从历史哲学角度出发对此进行的论述最为透彻精当："生命乃服从强度原则的，强度量是抛物线，可以从一无所有而发展到最高峰，由此最高峰又落下至一无所有。大唐生命发展至唐末五代即一无所有……理学家就是看到自然生命的缺点而往上翻，念兹在兹以理性来调护也即润泽我们的生命，生命是需要理性来调节润泽的，否则一旦生命干枯就一无所有，就会

① 陆九渊:《语录》下，《陆九渊集》卷三十五，第444页。

爆炸。"① 但随着朱子学跻身官学而日益僵化，对性与气的分别的过度强调反而压制了人的生命。在这种情况下，强调性与气不离的关系就显得尤为必要。

换个视角，从性的善恶角度来提上述问题则是：阳明为什么一定要基于已发的善来说未发的善？从存在上来说，未发之善不是因为已发之善而有，恰恰相反，未发之善不受阻碍地发用出来，才有已发之善。既然如此，为什么要从已发来说未发？

按照理学"性即理也"的一般看法，不必等到已发才能说性无不善。性是天所赋予的理，天所赋予的理不可能有不善。所以不必借助恻隐之类已发之善就完全可以确定性是善的。正如朱子所说："性只是合如此底，只是理，非有个物事。若是有底物事，则既有善，亦必有恶。惟其无此物，只是理，故无不善。"② 而借助已发之善来说性善，不过是进一步确证而已。由此可以说，朱子的性论确实有基础主义的一面，黄勇先生以下对自己观点的辩护似乎没有注意到朱子直接断言的一面。他说："有国内学者不同意我对朱熹的形上学刻画，认为朱熹也是基础主义的。理由是朱熹认为仁、义、礼、智是四端的基础。这实际上是一种误解。仁义礼智当然是恻隐等四端的基础，但我们如何知道有仁义礼智？仁义礼智作为形而上者是我们无法感知，无法言说的，它们是我们在解释所感知到的四端的存在时推知的。如果朱熹认为我们应该先知道仁义礼智这个基础，然后才能知道四端或者才能判定四端的价值，那么朱熹的形而上学就是一种基础主义的形而上学。但朱熹明确指出，离开四端我们没办法对仁义礼智谈论任何东西。"③

---

① 牟宗三：《中西哲学之会通十四讲》，吉林出版集团有限责任公司，2010，第19~20 页。
② 黎靖德编《朱子语类》卷五，第93 页。
③ 黄勇、王振钰：《用哲学的方法研究中国哲学——黄勇教授访谈》，《学术月刊》2022 年第8 期，第212 页。

朱子不同于阳明之处在于，他在由情善证性善，亦即在由情说性之外，还有直接断言理善并以此说明性善亦即直接说性的一面。而从阳明的角度来看，天所赋的未必全善。因为气质也是天所赋予的，而本然之善又不能完全从气质中区隔出来。亦即天所赋予的性是善恶混杂的。既然天所赋予的性是善恶混杂的，那就不能仅仅因为是天所赋予的，就认为是善的。既然如此，那么从已发之善说未发之善，就不仅仅是对天赋善性的确证，而且是认识、了解未发之性无不善的唯一有效方式。综合起来即是李旭先生所说的："用康德的概念来讲，仁义礼智之性是恻隐、羞恶、辞让、是非之心的'存在理由'，四端之心的发动则是仁义礼智之性的'认知理由'。"[1]

阳明之所以一定要说只能基于已发之善说未发之善，原因就在于天赋之性是善恶混杂的，仅仅从天赋角度不足以论证性善。也正是因为天赋之性是善恶混杂的，所以他强调"善恶只是一物"，甚至也认同"恶亦不可不谓之性"[2]。这些观点放在性不是纯粹形而上的本质而是展现于现实世界的规范性力量的视角下，都能获得善解。

进一步地，正因为体是就用上来说的，所以尽管体自身是善的，然而仅仅从体上来说的此善其实不足凭借，真正重要的是发用上的善。强调体无善恶可言，实际上是把发用的意义充分凸显出来了。当然，凸显发用的意义不意味着在发用上离了本体做工夫，更不意味着阳明已经走向放弃性善主张的自然人性论。本体与工夫应该在发用上实现统一。所以某种意义上工夫的要求反而更高了，必须在有各种私欲牵累的发用上依循本体并进而实现本体。本体有必要在现实中被实现，这一点是理解阳明性论时极为重要但又容易被忽略的。

最后还有一个问题，之所以天赋之性善恶混杂却仍可说性善，之所以就用说体而体仍然是体，就是因为不仅没有私欲干扰时体会自然呈露，而且即便私欲干扰和摧残，也终究不能改变和毁灭体，由此才

---

① 李旭：《心之德业——阳明心学的本体学研究》，第119页。
② 钱德洪编《传习录》第206条，《王阳明全集》卷三，第110页。

可以判定性是善的，而就用所说之体仍然是理想之体、先天之体。这样，性善虽然确实有赖于经验观察，但是经验观察又需要排除现实的后天因素的干扰，从而达到现实中的理想、经验中的先天。由此阳明的性论呈现出融合理想与现实、先天与经验的双重面貌。

"现实中的理想"的说法取于耿宁先生，他在论述第三项良知的内涵时说："人们在这个'本原知识'概念这里说的是经验的一个'理想概念'，它在理想的行为中被经验到。然而在王阳明看来，这个完善的'本原知识'对于普通人来说并不仅仅是一个被想出来的和被追求的理想，不是一个仅仅由他们想出来的观念可能性，而且也是在他们之中始终现时的实在性，即使这种实在性没有在其完善性中被他们经验到。"他直接将这第三个良知标识为"超越的（超经验的）、理想—经验的和实在—普遍的（不只是名称上或概念上普遍的）概念"①。"经验中的先天"的说法则参考了郑泽绵的观点。②前述的规范性对应这里说的理想与先天，现实性对应这里说的现实与经验。

阳明一方面承认源自先天的性善，另一方面又认为不通过经验不足以了解性是善的。加之他对内与外的超越，可以说他恰恰要超越前后内外而拒绝使自己的思想落入或先天或经验、或内在或外在的单一维度中。这应该是阳明性论的特色所在，也是出彩之处。

---

① 分别见〔瑞士〕耿宁《人生第一等事：王阳明及其后学论"致良知"》，第272、273页。
② 郑泽绵：《王阳明良知学中的"先天"与"经验"》，《新亚学报》第37卷，新亚研究所，2020，第191~237页。

第九章
"良知"

在中国哲学史上，言意关系问题主要源自先秦时期的名实之争，其讨论在魏晋时期以言意之辩的形式达到高潮。[①]《老子》"道可道，非常道。名可名，非常名"，《庄子》"得言忘象，得意忘言"，以及《易传》"书不尽言，言不尽意"，均涉及言意关系，而三书恰是作为魏晋哲学基础的"三玄"。而后历代学者仍然或隐或显地延续了对此问题的讨论，由此这个主题成为中国哲学史上的重要问题。

本章并非探讨言意关系本身，只是认为从言意关系切入，可以看出其他众多有意义的问题，这在阳明思想研究中更是如此。如倪培民先生注意到后文会提及的"因药发病"问题，[②]叶云讨论了理性分析的言说之于心学的局限性以及必要性。[③]总体而言，阳明认为对包括经典以及他自己的论述在内的各种言说应该采取"以意逆志"和"会得宗旨"的态度，如果不能善加理解，各种言说作为医治疾病的"药"就难免会导致"因药发病"的问题。如他就知行关系说："今若知得宗旨时，即说两个亦不妨，亦只是一个。若不会宗旨，便说一个，亦济

① 冯友兰:《中国哲学史新编》,《三松堂全集》第 9 卷, 第 423~428 页。
② 倪培民:《良药也需遵医嘱——阳明学普及所需注意的倾向》,《孔学堂》2019 年第 1 期, 第 4~11 页。
③ 叶云:《语言与直觉——儒家心学中的言说问题》,《浙江社会科学》2020 年第 8 期, 第 88~94 页。

得甚事？"又总结性地说"凡观古人言语，在以意逆志而得其大旨"。又说："大抵治病虽无一定之方，而以去病为主，则是一定之法。若但知随病用药，而不知因药发病，其失一而已矣。"①

就他自己的思想创发而言，他也离不开言说，无论是口头形式的还是书面形式的言说。言说是否已经足以表达他的意旨，怎样才能充分、准确表达他的意旨，成为他念兹在兹的问题。这最集中地表现在"良知"一词的拈出上。

众所周知，阳明晚年以致良知概括自己一生讲学的宗旨："吾平生讲学，只是'致良知'三字。"②由此良知被视为阳明思想的核心概念和根本宗旨，阳明学又称良知学。以下说法也进一步印证了致良知足以穷尽他的思想宗旨："近有乡大夫请某讲学者云：'除却良知，还有甚么说得？'某答云：'除却良知，还有甚么说得！'"③尽管孟子已提出良知概念并被阳明提及，然而阳明以"良知"来表达自己的思想宗旨，并不是一件轻而易举、自然而然的事情，而是经历了漫长而艰苦的探索过程。他所要表达的宗旨和他所使用的言说之间长期存在紧张关系。他在正德十五年（1520）前后提出良知学说之后，回忆自己思想演进的历程时说："吾良知二字，自龙场以后，便已不出此意。只是点此二字不出。于学者言，费却多少辞说。"④"便已不出此意"表明在龙场悟道之后的时间里，不管是否正式提出"良知"以指点学者，阳明实际上都在围绕良知思想展开自己的论述。"良知"二字的提出远远滞后于对"此意"的领悟，可见在他这里言与意之间长期存在紧张关系。

在此至少有四个问题值得追问。第一，龙场即已悟到的，而最终

---

① 分别见钱德洪编《传习录》第5、157条；王守仁：《与刘元道·癸未》，《王阳明全集》卷一、卷二、卷五，第5、72、213页。

② 王守仁：《寄正宪男手墨二卷》，《王阳明全集》卷二十六，第1091页。

③ 王守仁：《寄邹谦之·三·丙戌》，《王阳明全集》卷六，第228页。

④ 陈荣捷编《传习录拾遗》第10条，《王阳明全集》卷三十二，第1290页。

由"良知"表达的"此意"是什么？第二，阳明是在怎样的机缘下实现了顿悟，其间经历了怎样的过程？第三，正式提出"良知"之前都费去了哪些"辞说"，它们具有哪些优点，又有哪些局限？第四，尽管阳明自身认为"学问头脑，至此已是说得十分下落"[①]，然而正式提出良知之后，难道就已万事大吉？言意难道不再具有紧张关系？他难道没有做进一步的探索？他的探索是否留下问题？

本章即欲通过主要讨论上述四个问题，试图把握阳明各种言说背后的宗旨。就结论而言，其宗旨可以从体用关系的角度加以概括。具体来说，"良知"透露了本体的发用即是本体亦即即用是体的信息，而这意味着工夫有可能直接凭借展现于现实世界中的本体亦即本心展开，而既不必像朱子主张的那样首先诉诸漫长而艰苦的格物致知工夫，也不必像程明道、陆象山、湛甘泉等主张的那样首先通过顿悟之类方式以充分契入本心。由此阳明创立了一套既不同于朱子，也不同于明道、象山、甘泉的心性学说和工夫主张。朱子学与程明道、陆象山、湛甘泉等人的学问，正是阳明思想形成过程中的重要对话者，两方面的思想学问都一度受他追捧而又最终被他扬弃。他在龙场悟道以后形成的思想体系以"知行合一""心即理""诚意格物"等为初步表达，以"良知"或"致良知"为成熟表达，以"四句教"和"真诚恻怛"为最终表达，经历了一个逐渐发展、完善的过程。不过尽管言与意的紧张关系在点出良知时一度大大缓和，但并未最终消除，原因是"良知"这一表述存在对情感和意志的维度有所忽略，以及偏向于用而体的意味有所不足等问题。并且，即便突出体的地位，也不应忽视用的一面，体与用的分量应该保持平衡。这些问题不仅成为他在拈出"良知"之后的主要课题，也深刻地影响了阳明后学的演化趋向，尤其阳明后学是朝着体用失衡的不同方向分化的。通过这样的考察可以发现，纵然"良知"极为重要，但也终究不过是阳明表达即用是体、

---

① 陈荣捷编《传习录拾遗》第10条，《王阳明全集》卷三十二，第1290页。

工夫可以直接凭借本体展开这一根本宗旨的一种言说。这一言说并非尽善尽美，不能将其绝对化。理解了这一点，我们才能更加深入、透彻地理解阳明学的特质及其在阳明生前身后的演化趋向。

第一节 "良知"意味着即用是体

"良"意味着其后的"知"是直接发自天赋之性（即本体），因而充分、准确地表达了本体的内容的。"充分"和"准确"表现在它自然能有力地推动人以正确的方式行动。充分、准确地表达了本体的内容，使"知"虽然是作用，但却具有了本体的意义。由此，"良知"透露了即用是体的信息。

一 即用是体与即用见体、用即是体

虽说良知是本体，但良知之"知"本是发用。在宋明儒学中，无论将"知"理解为见闻之类的知觉，还是四端之心中的是非之心，都是人心的作用、现象，而不是人心的本质亦即本体。朱子便把知视为发用。他说："知与意皆出于心。知是知觉处，意是发念处。"[1] 又说："致知、诚意、正心，知与意皆从心出来。知则主于别识，意则主于营为。知近性，近体；意近情，近用。"[2] 阳明讲的"良知"也是发用，唐君毅先生即已指出了这一点。他将阳明的"良知"与象山的"本心"进行对比说："知之一名，一般用以指心之用；而本心之一名，则一般用于以克指能自作主宰之心之自体。故象山之发明心即理之本心，重在教人自见其心体，以自立自树，而阳明之言良知之昭明灵觉，即重在此良知之对其所知而表现之运用。"[3] 陈来先生虽强调良知的本体义，但也注意到良知兼具体用两个面向。他说"良知既是

---

[1]　黎靖德编《朱子语类》卷十五，第300页。
[2]　黎靖德编《朱子语类》卷十五，第305页。
[3]　唐君毅：《中国哲学原论·原性篇》，第281页。

本体，也是发用"①。杨国荣先生如下说法也是如此："心体在总体上便表现为理性与非理性、先天形式与经验内容、普遍向度与个体之维的交融。"②

阳明是在知是发用的基础上，进一步认为"知是心之本体"和"意之本体便是知"③的。这实际上是说良知既是作用，也是本体，是即作用而为本体，本体与作用并非异质异层的关系。由此，在知的问题上，阳明就与朱子形成了差别。朱子虽也承认本心之知的存在，但除此以外他主要是把知理解为知觉，而不论知觉的含义的范围有多大，知觉都无疑是属于发用的。阳明的理解则与此不同，最大的不同是知的地位不只是属于发用，同时还可以属于本体，是即作用而为本体。阳明弟子欧阳南野如下说法深得阳明在作用之知上讲本体的本旨："本然之善，以知为体，不能离知而别有体。盖天性之真，明觉自然，随感而通，自有条理，是以谓之良知，亦谓之天理。天理者，良知之条理；良知者，天理之灵明，知觉不足以言之也。"④ 因为这里说的"知觉"并非定向在善，所以不足以涵盖良知的内涵，不能因此而进一步割裂良知与知觉，以至于认为良知在知觉之外、之上。

朱子认为知不是本体但接近本体，那么他为什么说知接近于本体呢？他说的"知则主于别识"，实际上是说知是能辨别善恶的本心之知。以下他在论述《大学》致知条目时直接点出了这一点："致知乃本心之知。"⑤ 因为仁义礼智之性中有是非之智，仁义礼智之性属于本体，而"知"与"智"相通，所以对是非加以分别的知就接近于作为体的智。如朱子注释"四书"时多处提到"知"为去声，即将其理解为"智"。如《中庸》有"知者过之，愚者不及也"，朱子注："知者之知，

---

① 陈来：《有无之境——王阳明哲学的精神》，第169页。
② 杨国荣：《心学之思：王阳明哲学的阐释》，第4页。
③ 均见钱德洪编《传习录》第7条，《王阳明全集》卷一，第6页。
④ 黄宗羲：《明儒学案》卷十七，第358页。
⑤ 黎靖德编《朱子语类》卷十五，第282页。

去声。"① 重要的是，朱子虽然认为能进行分别的知接近于体，但也仅此而已，他绝不会认为此分别之知就是本体。在他看来，本体是未发之性，与已发的分别之知有着不容混淆的界限，两者是异质异层的关系。而在阳明看来，是非之心不仅是发用，而且是本体，即用是体。朱子只同意即用见体，并不同意即用是体，他仍然坚持体与用有着本质与现象、根源与流行的区别。阳明则不仅主张即用见体，而且主张即用是体。

阳明并未直接提到"即用是体"四字。在他之前，象山批驳的"即身是道"虽是就身体而言，不过与"即用是体"是接近的。象山说："谓即身是道，则是有身者即为有道耶？"② 他将其理解为凡有身体的都是道，因而否定这一说法。实则他批评的是"身即是道"，而不是"即身是道"。从体用的角度来说，他批评的是"用即是体"，而不是"即用是体"。两者的区别我们后文还会详论。至于他自身的体用论，因为他这方面的论述很少，所以并不明确。大致而言，唐君毅先生的观点是值得参考的："象山虽罕言体用，然其所以罕言，正以其视体用无二事之故。"③

作为一个重要术语，"即用是体"在阳明身后的学界被不少学者提及。明末清初著名学者，对宋明理学有继承和批评的方以智说："即用是体，岂有离二之一乎？"④ 田智忠先生注意到了这一概念，但未直接展开论述。⑤

较早的用例则来自阳明二传弟子孙淮海。他的工夫论受到阳明高足王龙溪的影响。他解释《论语》"博我以文，约我以礼"说："文具于吾心，散于事而万殊者，夫子则博我以文，博则以吾心而著之物

---

① 朱熹：《中庸章句》，《四书章句集注》，第 19 页。
② 陆九渊：《与傅圣谟》，《陆九渊集》卷六，第 77 页。
③ 唐君毅：《中国哲学原论·原性篇》，第 402 页。
④ 方以智：《易余》目录，黄山书社，2019，第 25 页。
⑤ 田智忠：《一在二中与即用是体——方以智对理学的回应》，《中国哲学史》2020年第 2 期，第 121~128 页。

理，即体是用矣。礼具夫此理，根于内而一本者，夫子则约我以礼，约则以物理而归之吾心，即用是体矣。"①同为阳明二传弟子而属龙溪门人的查毅斋说："若吾人真性本自不已，无退也，何有于进？本自浑成，无坏也，何有于修？德至此，斯为至德。此则即体是用，即用是体。"②与毅斋大致同时的潘士藻、曹学佺解释《易传》"显诸仁，藏诸用"时说："仁言显，即用是体；用言藏，即体是用。此发明道之体用一原、显微无间，总是一阴一阳之妙。"③其中毅斋的说法最清楚地展示出，即体是用与即用是体指的是本性充分流行的情况下体即是用、用即是体，体用融合为一的状态。而后两人的说法则表明即体是用与即用是体不仅可以就人而言，也可以就天道而言。

比这些学者都早的聂双江，与阳明直接通信，在阳明去世后加入其门下。他所批评的"即用而为体"，实际上正是我们所说的即用是体。他说："今不求《易》于太极，而求生生以为心；不求神于藏密，而求知来以为体。是皆即用以为体，由是而有'心无定体'之说。"④生生不息的良知之念，可以使人根据不断到来的境遇、情形而有妥善的应对，这实际上就是即用是体。双江对此种观点的总结是非常正确的，只是他不赞同这样的观点而已，我们后文再来看他的批评。

现代学者中，牟宗三先生所说"全体是用""全用是体"与即体是用、即用是体的意思看起来极为类似。他以此描述儒家体用圆融的最高智慧。如："尧舜之德，是'全体是用，全理是事'之德，尧舜

① 孙应鳌：《四书近语》卷四，赵广升编校整理《孙应鳌全集》，贵州民族出版社，2016，第228~229页。

② 查铎：《毅斋查先生阐道集》卷五，《四库未收书辑刊》第7辑第16册，北京出版社，1997，第487页。

③ 分别见潘士藻《读易述》卷十一，《景印文渊阁四库全书》第33册，台湾商务印书馆，1986，第448页；曹学佺：《周易可说》卷五，《续修四库全书》第13册，上海古籍出版社，2002，第212页。

④ 聂豹：《答欧阳南野》，吴可为编校整理《聂豹集》卷八，凤凰出版社，2007，第247页。

之事是'全用是体，全事是理'之事。"① 不过正如第二章结语已指出
的那样，牟先生认为阳明的心即理与道即器属于两种不同类型，前者
单纯就体而言，后者是出体用相即不离，则是不符合事实的："悟者
或是悟那'天命於穆不已'之本身，悟此天命之体为即活动即存有
之实体，此是就天命自身永远不已地起作用言，此是分解地悟、反显
地悟；或是悟此'於穆不已'之实体之随事著见，全体是用，全用是
体，当下即是，只在眼前，此是体现上之圆顿地悟、诡谲地悟。'心
即理'是就前一种悟说，'道即器'是就后一种悟说。"② 牟先生之所以
要说"圆顿"和"诡谲"，是因为他认为道与器或说体与用是异层、
异质的关系，亦即他从根本上否认体可以是用、用可以是体。"圆顿"
和"诡谲"意味着体与用是相异的两者的合一而不是同一。廖晓炜以
"超越的分解与辩证的综和"概括牟先生形而上学思考的基本原则，
是非常准确的。③ 在他那里分解是第一位的，综合是在分解的前提下
展开的。

　　牟先生以下这段话也可以印证他的思路。为解释张横渠"虚空即
气"一语的意思，他提到了"全体是用"和"全用是体"，并直接表
达了"即"不是等同的意思："'虚空即气'，顺横渠之词语，当言虚
体即气，或清通之神即气。言'虚空'者，乃是想以一词顺通佛老而
辨别之也。虚体即气，即'全体是用'之义（整个虚体全部是用），
亦即'就用言，体在用'之义。既可言虚体即气，亦可言气即虚体。
气即虚体，即'全用是体'之义，亦即'就体言，用在体'之义。是
以此'即'字是圆融之'即'，不离之'即'，'通一无二'之'即'，
非等同之即，亦非谓词之即。显然神体不等同于气。就'不等同'
言，亦言神不即是气。此'不即'乃'不等'义。显然神亦非气之谓

---

① 牟宗三：《心体与性体》（中），第62页。
② 牟宗三：《心体与性体》（中），第109页。
③ 详细论述可参廖晓炜《超越的分解与辩证的综和：牟宗三形而上学思考的基本原则》，《康德、儒家与中西融通学术研讨会论文集》，中山大学哲学系、中山大学东西哲学与文明互鉴研究中心，2023年6月，第226~254页。

词（质性）。"① 所以，牟先生虽然也用"全体是用，全用是体"的表述，但终究他是以体与用的区分为前提，从而与阳明及其后学的义理有着原则性分别。顺便一提，他关于虚气关系的上述解释与横渠思想也是颇不契合的。在横渠那里，太虚就是无形之气，而不是超越于气之上的本体。

同样地，马一浮先生虽然提到了类似的"全气是理，全理是气"，甚至进一步提到了"即体是用"之类说法，但是他的观点也是以区分为前提的。如他基于易学来阐述理与气的区别："易有三义：一变易，二不易，三简易。学者当知气是变易，理是不易。全气是理，全理是气，即是简易。"② 以下所引其书信中内容更能反映出他观点的特色："须知知觉、运动、见闻皆气也。其所以为知觉、运动、见闻者，理也。理行乎气中，岂离知觉、见闻而别有理？但常人之知觉、见闻全是气之作用，理隐而不行耳。今足下所见之体及所谓当前境界收之舒之者，仍是一种知觉、见闻，仍是只在气边，未有理在。须知圣贤之学乃全气是理，全理即气，不能离理而言气，亦不能离气而言理。所以顺是理而率是气者，工夫唯在一'敬'字上，甚为简要，不似诸余外道之多所造作也。"③ 可见马先生的立足点在区分，进而在区分体用的基础上主张融合，其观点近于朱子而远于阳明。他是在解释《华严悬谈》卷五"体外无用，唯相即故；用外无体，唯相入故"中的"相即"和"相入"并无区别时提到"即体是用"的："'相即'明即体是用，'相入'是摄用归体，总显体用不二，非有别也。"④

陈来先生将其体用观与晚期熊十力的体用观进行对比说："马一浮仍然更强调摄用归体，而熊十力后期则提出'摄体归用'，在这一点

---

① 牟宗三：《心体与性体》（上），第396页。
② 马一浮：《形而上之意义》，吴光选编《中国近代思想家文库　马一浮卷》，中国人民大学出版社，2015，第24页。
③ 马一浮：《答徐君一》，《中国近代思想家文库　马一浮卷》，第227页。
④ 马一浮：《示王紫东》，《中国近代思想家文库　马一浮卷》，第278页。

上熊十力更具有突破性，马一浮在概念上虽达到了全体是用、全用是体，但熊十力的哲学才真正达到了'全体大用'。"① 从本章观点来看，之所以熊先生才真正达到了全体大用，实际上是因为只有他才承认用可以是体，而不仅仅认为用与体相即不离。当然，也应强调，即便承认用可以是体，他的表述也未直接提到"即用是体"，而主要说"摄体归用"，沿用前期"即体即用""体用不离"之类说法。

阳明自身虽未直接提到"即用是体"，不过却表达过即用是体的意思。即用是体是说符合体的用是体，体在用中，离用无体，而不是说但凡发用都是本体。朴炫贞认为阳明主张的是体即是用、用即是体的连续性体用观，其说法容易造成但凡发用都是本体的问题："阳明体用观不意味着体与用的单纯统合，而是在无区分而连续的观念上把握住良知的思考。"②

阳明是通过同时指出体在用中和用在体中，或同时指出体即是用、用即是用的方式来表达即用是体的意思，从而避免但凡用即是体的误解的。如他说："即体而言，用在体，即用而言，体在用：是谓'体用一源'。"③ 又说："夫体用一源也，知体之所以为用，则知用之所以为体者矣……君子之于学也，因用以求其体……动无不和，即静无不中。而所谓寂然不动之体，当自知之矣。"④ 分析而言，第二段引文三句话中第一句表达了即体是用、即用是体的意思，第二句表达了即用求体的意思，第三句表达了即用见体的意思。既然即体是用，那么原本阳明在第二、三句也可以说即体求用、即体见用，可他并没有这样说，这是因为体与用统一于用中，离用无体。既然离开作用无法单独谈本体，那也就谈不上即体求用或者即体见用了。这就是第二、三

---

① 　陈来：《仁学本体论》，第 379 页。
② 　〔韩〕朴炫贞：《朱熹与王阳明的体用与中和》，《中国哲学史》2022 年第 6 期，第 34 页。
③ 　钱德洪编《传习录》第 108 条，《王阳明全集》卷一，第 36 页。
④ 　王守仁：《答汪石潭内翰·辛未》，《王阳明全集》卷四，第 165 页。

句阳明不说即体求用和即体见用的原因。即用求体是工夫,指人感受和体认良知的发用流行,并使之主导人的意识和行动。即用见体又可说是即用显体,指本体本身无可名状,人无法单独谈论本体,本体只有在作用中才能显示自身。

阳明后学中的邹南皋较好地领悟了阳明的上述思路。他说:"余近来知体即用,用即体,离用无体,离情无性,离显无微,离已发无未发。"[1]应该说,"体即用,用即体",很容易被理解为体即是用、用即是体,而不是即体是用、即用是体,这是南皋此语不尽准确之处。不过,值得注意的是,此语前后结构与阳明上述论述的结构是完全一致的,即首先认为体用互融,其次认为离用无体。其其他言论也可以解释其为什么不说即体求用与即体见用:"离已发求未发,即孔子复生不能。子且观中节之和,即知未发之中,离和无中,离达道无大本。"[2]

阳明的确采取即用是体的主张,他的很多观点都表明了这一点,或者可以在此思路下得到善解。他说:"本体原是'不睹不闻'的,亦原是'戒慎恐惧'的。"[3]这实际上是说本体不仅是与表现相对的实体,而且与其作用融合为一,是即作用而为本体的。他"一节之知即全体之知,全体之知,即一节之知:总是一个本体"[4]的观点,不仅是在说分殊的、具体的良知就是整体的、普遍的良知,也是在说良知的具体作用就是良知的本体。

阳明还认为尧舜在除草方面也不过如平头百姓,不仅为其弟子提出满街圣人论铺平了道路,而且展现了普通人所做的事情可能达到足以作为众人标准的高度,就此而言将其称为体也是完全可以的。

　　　　王新建对人,每论人皆可以为尧舜。一日,令苍头辟草阶

---

① 黄宗羲:《明儒学案》卷二十三,第537页。
② 黄宗羲:《明儒学案》卷二十三,第545页。
③ 钱德洪编《传习录》第266条,《王阳明全集》卷三,第120页。
④ 钱德洪编《传习录》第222条,《王阳明全集》卷三,第109页。

> 前，有客问曰："此辟草者，亦可尧舜耶？"答曰："此辟草者纵非尧舜，使尧舜辟草，当不过此。"①

之所以除草的百姓不能如尧舜一般，是因为其并非事事都能做到如除草一样熟稔，但不能因此而说他在除草上逊于尧舜，实则于此事上完全可以作为典范，称为本体。

阳明"乐是心之本体"②以及"定者，心之本体"③之类说法在即用是体的思维框架中可以得到很好的理解。这些表述中的乐与定说的都是发用，不过阳明却将它们称为本体，就是因为本体自然发用时表露出来的就是乐与定之类的状态，而他本来就不是离了发用来说本体的。诚也可以作如是观，故他有"诚是心之本体"④之说。即便以至善为心之本体，也是在发用上说的。阳明说："至善者，心之本体。本体上才过当些子，便是恶了。"⑤至善与恶如果一在本体层一在作用层，则不可能说"过当"，只有在心之本体也是在说状态的意义上，才有所谓过当与否的问题。在发用上说本体是至善的，就是说本体既是准则也是动力，当下俱足，不假外求。阳明不是不说与作用相对的本体，不过也不是直接说此种本体，而是就其作用和表现来说。

阳明的观点为其弟子龙溪等继承，彭国翔先生分析龙溪有关心之本体的观点说："这里'体'的含义并非就存有论而言，而是指良知存在所呈现的一种本然状态。"⑥诚然这是说本然状态，但也不与所谓的存有论或说本体相排斥，在龙溪和阳明那里体和用是即用是体的关系。

---

① 郑仲夔：《玉尘新谈》卷二，转引自束景南《王阳明佚文辑考编年》（增订版），第1031~1032页。
② 钱德洪编《传习录》第166条，《王阳明全集》卷二，第79页。
③ 钱德洪编《传习录》第156条，《王阳明全集》卷二，第71页。
④ 钱德洪编《传习录》第121条，《王阳明全集》卷一，第40页。
⑤ 钱德洪编《传习录》第228条，《王阳明全集》卷一，第110页。
⑥ 彭国翔：《良知学的展开：王龙溪与中晚明的阳明学》（增订版），第34页。

二 良知具有直接性并即作用而为本体

阳明认为良知是即作用而为本体的。他往往先提及发用，而后点出发用即是本体（或即是作为本体的天理）。如："孩提之童，无不知爱其亲，无不知敬其兄，只是这个灵，能不为私欲遮隔，充拓得尽，便完完是他本体，便与天地合德。"[1] 又如："良知只是一个天理自然明觉发见处，只是一个真诚恻怛，便是他本体。"[2] 再如："良知是天理之昭明灵觉处，故良知即是天理。"[3] "良知是天理之昭明灵觉处"，反过来说"天理之昭明灵觉处是良知"也成立，直接表达的是即体是用的意思，与即用是体角度不同而内涵相同："夫心之本体，即天理也，天理之昭明灵觉，所谓良知也。"[4]

对阳明来说，知是本体的意思是说知直接发自天赋之性，充分而准确地表达了性的内容。"充分"和"准确"表现在它自然能有力地推动人以正确的方式行动。亦即本体包含两方面功能，即它是使人正确行动得以可能的动力和准则。"意之本体便是知"这句话意味着，知是意的发出者和调控者，发出代表动力，调控代表准则。由知所发出和调控的意念，是意念的本来状态，或说是没有其他因素干扰的本然状态的意念。

本然状态的意思也可以用"直接性"来表达。直接性的内涵有二。第一，自然本有，不假思虑与学习。第二，发自本体因而体现本体的要求。阳明在解释良知含义时特别突出了其不虑不学的特点："是非之心，不虑而知，不学而能，所谓良知也。"[5] 而体现本体的要求这一点，则是由"是非之心"一语表达出来的，亦即并非所有不虑不学

---

① 钱德洪编《传习录》第118条，《王阳明全集》卷一，第39页。标点有改动。
② 钱德洪编《传习录》第189条，《王阳明全集》卷二，第95页。
③ 钱德洪编《传习录》第169条，《王阳明全集》卷二，第81页。
④ 王守仁：《答舒国用·癸未》，《王阳明全集》卷五，第212页。
⑤ 钱德洪编《传习录》第179条，《王阳明全集》卷二，第90页。

的意念都是良知，在不虑不学的前提下仍然有是否为良知的分别。

在"良知"一语中，将直接性表达出来的是"良"字。除了表示不虑不学以外，"良"还意味着善的、好的。直接性包含的不学不虑与善两方面内涵是缺一不可的，仅仅提及不学不虑，则未必是善。晚明东林学派儒者顾泾阳即指出："谓之不思不勉，尚未必便是善。"① 日本德川时代的儒者中井履轩（1732~1817）也意识到了这一点，只是他认为"良"仅仅包含了不学不虑的意思，而不具有善的、好的的意思，其理解是不完整的："良，唯谓其出于天真，而未杂人为而已……夫儿之衔乳求食，知人之喜愠，亦皆良知良能矣，岂容皆指为本然之善哉？必如下文爱亲敬兄，乃可称善耳。"②

冈田武彦先生的一个说法，把"良"包含的直接发自本体（不虑不学）而充分、准确体现本体（善）这两方面的含义揭示出来了："所谓良知的良，不仅意味着先天性、自然性（不学不虑），同时也意味着道德性（理、善）。"③ 其实单纯"良"的双重含义并不难理解，在思想上与阳明同中有异而与阳明成为讲友的湛甘泉的说法也同时点到了"良"的双义，"所谓良者，善也，爱亲敬长之真切也，乃无所为而为，自然而然者，即天理也"④。这里甘泉虽然将良知归结为天理，体现了他的思想不同于阳明的落脚点，但是把良知两个方面的含义包含在内了。当然，甘泉所说的爱亲敬长，履轩所说的衔乳求食、知人喜愠原本也是良知的应有之义，有助于维护个体的生存以及人际关系的和谐，只有流于无节制的浪费以及刻意讨好或玩弄操纵人的感情，才背离了良知。

在此有必要一提的是，儒佛对不虑不学的先天本性的理解是不

---

① 黄宗羲：《明儒学案》卷五十八，第 1389 页。
② 〔日〕中井履轩：《孟子逢原》，关仪一郎编《日本名家四书注释全书》第 10 卷，（东京）凤出版，1973，第 400 页。
③ 〔日〕冈田武彦：《王阳明与明末儒学》，第 135 页。
④ 湛若水：《新泉问辨续录》，黄明同主编《湛若水全集》第 13 册，上海古籍出版社，2020，第 215 页。

同的，儒家认为是不容已的仁义礼智，佛教则认为是清净心等。耿宁先生指出了两者在表达上的相似性。"仅就概念表达而言，王阳明的'良知本体（本原知识的本己本质）'之说法便已与'本觉（本己的、基本的觉悟）'十分接近。"[1] 这种表述上的相似性源自两种本性都是不虑不学而先天本有的。对此，唯有通过强调爱亲敬长之类行动中表现出来的善的特征，才能将两者区分开来。

"良"的不虑不学与善的这两项含义构成了阳明将"知"提升为本体的关键。明末的刘蕺山虽未具体点明阳明在"知"上加一"良"字的目的，但他认为这不是漫无目的的："《大学》只说致知，如何先生定要说个致良知，多这良字？"[2] 蕺山提的问题对理解阳明思想来说确实是个至关重要的问题。这不仅是因为阳明在解释《大学》之"致知"时融入了《孟子》的"良知"，更重要的是，"良"意味着其后的"知"直接发自作为本体的本性，充分、准确体现了本体，因而"良"与"知"的结合便使作为发用的知具有了本体的意义。"良知"一语意味着，作为作用的知充分、准确体现了本体，由此这个词语透露了体之用即是体的信息，也即即用是体的信息。

当然严格说，"体之用即是体"和"即用是体"是有差别的。差别就在于并非直接发自体但符合体的用是否也包含在其中，前者不包含，后者则包含。

原本阳明只是以"良知"表示直接发自体的用也是体的意思，但是他扩大了良知的含义，落实良知的努力因为符合良知的要求所以也可以称为良知，由此其表示的含义就从体之用即是体，扩展到了即用是体。增加的部分是也可以称为体的符合本体要求的后天努力。正因如此，虽然准确说"良知"透露了体之用即是体的信息，不过由于良知含义的扩展，我们通常直接说"良知"透露了即用是体的信息。阳明的观点便对良知以及本体的含义做了扩展。如说："能戒慎恐惧者，

---

[1] 〔瑞士〕耿宁：《人生第一等事——王阳明及其后学论"致良知"》，第297页。

[2] 黄宗羲：《明儒学案》卷十，第218页。

是良知也。"① 又说："做工夫的，便是本体。"② 这都扩大了良知和本体的含义，原来良知指的是直接发自性而要不容已地实现出来的情，与良知同义的本体也是如此。现在则只要有助于性的实现的，都可以称为良知或本体。

这样的修改与阳明对工夫不能只凭先天因素的看法是一致的。也唯其如此理解，良知才是真正有助于克服气质与习俗这些习焉不察因素对良知可能的遮蔽的。良知如果只是直接发自性而要不容已地实现出来的情，可能未必能察觉气质与习俗中负面因素的渗入。当然，这已经不是狭义的亦即严格的良知或本体了，而是广义的良知或本体了。

另外，即便是突出后天努力的广义的良知中，直接发用的良知也或多或少发挥了作用，而不是全无先天因素的参与。由此广义的良知也可以说是即作用而为本体，而且并非与良知的直接性全无关系。相比之下，前述马一浮先生观点"常人之知觉、见闻全是气之作用，理隐而不行"，则未突出本体同时也在或多或少地发挥作用，由此更可进一步凸显其基本立场是理学而非心学。

如上理解的良知与直觉是部分重叠的关系。以往学者从直觉角度认识的良知是其严格的定义，而未涉及其广义。梁漱溟先生早年认为："及明代而阳明先生兴，始祛穷理于外之弊，而归本直觉——他叫良知。"③ 冯友兰先生也持类似观点："照王守仁的说法，良知对于善恶的辨别，是一种直觉的认识，并不是一种道德的判断，就是说，是一种直接的反应，并不是经过思考而得到的命题。简单地说，它是一种直觉，不是一种知识。"④ 一方面，一般所谓直觉并不都是良知，而可能

---

① 钱德洪编《传习录》第 159 条，《王阳明全集》卷二，第 74 页。

② 朱得之编《稽山承语》第 20 条，《王阳明全集》（新编本）卷四十，第 1610 页。

③ 梁漱溟：《孔子之宗教》，《东西文化及其哲学》，《梁漱溟全集》第 1 卷，山东人民出版社，1989，第 476 页。

④ 冯友兰：《中国哲学史新编》，《三松堂全集》第 10 卷，第 204 页。

是气质、习俗影响后的私欲；另一方面，良知也不必限定于直觉的范围内，省察而得的主意并将其着意落实也可以是良知。

阳明既承认直接发自本体的作用是本体，也承认后天努力落实本体的作用是本体，朱子连后者也不承认，更不用说前者，而龙溪等则仅仅承认前者。前引主张即用是体的阳明二传弟子，不是受到龙溪影响，就是直接出自龙溪门下，他们的观点近于龙溪而远于阳明。

关于朱子的观点，在此有必要稍做讨论。朱子在给友人吕子约的信中说"盖操之而存，则只此便是本体"以及"非操舍存亡之外，别有心之本体也"[1]，看起来表达了并非直接发自本体的用也是体的意思。不过，这里需要特别注意的是，朱子并非真正要把心的作用称为本体，因为"只……便是……"与"非……外别有……"的语意是 A 之外无 B，而不是 A 就是 B。这也可以从朱子自己的话中得到印证。他紧接着"非操舍存亡之外，别有心之本体也"一句说："然亦不须苦说到此，只到朱勾处，便可且住也。"其意是只要到了朱笔勾画的地方停止就可以了，而不必说心的作用是本体。[2] 仅从文字我们无法判定朱子在子约来信的何处用朱笔打了表示停止的勾，不过，不管朱笔到哪里结束，要而言之，他终究认为没有必要把心的作用称为本体。实际上在他看来，心的本体的最主要含义是性，是与发用流行相对的本

---

[1] 分别见朱熹《答吕子约》十三、十，《晦庵先生朱文公文集》卷四十七，《朱子全书》第 22 册，第 2189、2183 页。

[2] 在此录出吕子约与朱子书信中双方观点的全文。吕子约来信说："'出入无时，莫知其乡'，只是大概言人之心如是。甚言此心无时不感，而不可以不操也；不操，则感动于不善，而失其本心矣。虽曰失其本心，而感处即心也，故程子曰：'感乃心也。'而程子答'心有亡也'之问，又曰：'才主着事时，先生以目视地。便在这里；才过了，便不见。'又云：'心岂有出入，亦以操舍而言，盖寂然常感者，心之本体，惟其操舍之不常，故其出入之无止耳。'惟其常操而存，则动无不善，而瞬息顷刻之间，亦无不在也。颜氏之子'三月不违'，其余则日月至，政以此心之常感而易危故也。"朱子回答："'寂然常感'者，固心之本体也。然存者，此心之存也；亡者，此心之亡也；非操舍存亡之外，别有心之本体也。然亦不须苦说到此，只到朱勾处，便可且住也。"见朱熹《答吕子约》十，《晦庵先生朱文公文集》卷四十七，《朱子全书》第 22 册，第 2183 页。

质、本源，而不是在心的作用中能够使人正确行动的本体。

朱子有关道体的论述也容易让人误解他主张即用是体。弟子就程明道的话向他提问："'其体则谓之易'，体是如何？"朱子回答："体不是'体用'之'体'，恰似说'体质'之'体'，犹云'其质则谓之易'。"①朱子又说："'与道为体'之'体'，又说出那道之亲切底骨子。恐人说物自物，道自道，所以指物以见道。其实这许多物事凑合来，便都是道之体，便在这许多物上，只是水上较亲切易见。"②"亲切"是就可感可验来说的。"骨子"就是体段，就是指可感可验者。朱子所说的道体是"与道为体"，或者说为道之体，不是体用的体，因此不能从朱子的道体观念直接推出朱子也主张即用是体，他只是主张即物见体或即用见体。此一主张在此处也有体现，即"指物以见道"以及"水上较亲切易见"等。

阳明认为良知是本体，是在作用上谈本体，从朱子的角度来看这难免抹杀了体用的界限。实则阳明的主张只是即用是体，而非用即是体。强调这一点并非没有意义。不仅象山误以"即身是道"为"身即是道"，可见两者不易分别，而且宋代以来心学就面临朱子等人提出的"作用是性"的批评。这一批评可以做两解：其一，无论什么意义上的知觉作用都不足以称为本体，本体和发用有着形上和形下的严格界限；其二，已经偏离了本体要求的情感作用不足以称为本体，符合本体的情感作用则称为本体也无妨。如果做前一理解，则阳明应受这一批评，如果做后一理解，那么这一批评并不适合他。他确实将发用的情感作为本体，而这种情感是直接发自本体而没有偏离的情感。

至于朱子自身到底采取的是哪种观点，也不难看出。直接从他性体情用的观点以及下面的说法来看，应该是前者："说这形而下之器之中，便有那形而上之道。若便将形而下之器作形而上之道，则不

① 黎靖德编《朱子语类》卷五，第84页。
② 黎靖德编《朱子语类》卷三十六，第975页。

可。"① 他的如下说法则表明其主张可以是后者："只是合礼处，便是天理。"② 不过，总体上他相对突出的是体与用的区分而非合一，即便合一也是以区分为前提的。

至于阳明判定意念偏离与否的标准，并不是抽象的本体之理，而是内心的真切与否。比如诉诸"乍见"之类的情境，以排除私欲之类因素干扰。因为"乍见"之时，思虑营为尚未兴起，自然无私欲可言。在这种情境中，心体自然呈露。此时的念头，即是心体所发之念。因而此念即是心体（良知），即是天理。如果判定的标准是本体之理，那阳明就退回到了朱子的立场。

类似地，阳明也借助夜气来界定良知清明的状态："孟子说'夜气'，亦只是为失其良心之人指出个良心萌动处，使他从此培养将去。"③ 又说："良知在'夜气'发的，方是本体，以其无物欲之杂也。学者要使事物纷扰之时，常如'夜气'一般，就是'通乎昼夜之道而知'。"④

要言之，良知具有直接性，直接性意味着本体的发用是不假思虑、自然而然，未受气质、习俗、物欲之类因素干扰的。本体直接发用为相应的情，由此作为发用的情才有可能成为本体。可见即用是体的直接性是从不同角度说同一件事情。

三　良知即用是体的展开及反响

良知具有直接性，是即作用而为本体，这使阳明有可能在宋明儒学史上开辟一条不同以往的工夫提升之路。唯其如此，这个表达在他一生之中才最受他青睐。

本体的直接性（以及充足性）是龙场悟道的成果。龙场所悟的内

---

① 黎靖德编《朱子语类》卷六十二，第1496页。
② 黎靖德编《朱子语类》卷十五，第309页。
③ 钱德洪编《传习录》第162条，《王阳明全集》卷二，第75~76页。
④ 钱德洪编《传习录》第268条，《王阳明全集》卷三，第120页。

容首先是本体具有直接性，本体是见在良知。重要的是当下依循良知而行，而不必在意过去未来，不必在意个人的生死存亡。这意味着，从"吾性自足"[①]因而不必首先格物的角度，和从解决"得失荣辱皆能超脱，惟生死一念尚觉未化"[②]问题的角度来解释龙场悟道的内容，是一致而不是冲突的，是可以并存而不是非此即彼的。龙场悟道兼具悟格物和悟生死的内容。阳明后来的以下说法，即把龙场悟道既是悟生死，也是悟格物的双重内涵表达出来了，两者统一于当下见在的良知："良知无前后，只知得见在的几，便是一了百了。若有个'前知'的心，就是私心，就有趋避利害的意。"[③]前知的极致即是对死亡或者说生的结束的知，因此此段与生死问题具有紧密关联。

本体的直接性的重要性在于，人不必诉诸格物穷理就能真正做到诚意正心，甚至也不必首先诉诸顿悟之类方式以使本心可以充分发用，本心就可以直接在工夫中发挥指引和推动的作用。由此阳明建构了一套既不同于朱子，也不同于程明道、陆象山和湛甘泉的心性学说和工夫主张。唯其如此重要，所以表达本体直接性或即用是体信息的"良知"在阳明心目中才具有如此重要的地位。

黄梨洲便从良知的直接性切入评价阳明良知学说，指出其意义在于指点出人都可以凭借良知做工夫："自姚江指点出'良知人人现在，一反观而自得'，便人人有个作圣之路。故无姚江，则古来之学脉绝矣。"[④]他的这一评价可谓切中要害。

阳明之所以一定要强调良知是即作用而为本体，是为了突出工夫可以直接依凭当下呈现的良知而推行。这一主张的提出看似平常，但在宋明儒学史上却具有重大意义。在此之前，伊川、朱子和程明道、陆象山等主流学者虽然都认为为善去恶的工夫可以随时随地展开，人

---

① 钱德洪编《年谱一》，《王阳明全集》卷三十三，第 1354 页。
② 钱德洪编《年谱一》，《王阳明全集》卷三十三，第 1354 页。
③ 钱德洪编《传习录》第 281 条，《王阳明全集》卷三，第 124 页。
④ 黄宗羲:《明儒学案》卷十，第 178 页。

应该随时随地地做为善去恶的工夫,但在他们的心目中,工夫要臻于完善,有着难度极大甚至苛刻的前置条件。在伊川、朱子,条件是穷理,其目标是体认和确信理的必然性和迫切性。如伊川说:"须是今日格一件,明日又格一件,积习既多,然后脱然自有贯通处。"[1] 这一主张为朱子所继承。在明道和象山,条件则是识仁或发明本心。可以说,相比于当下开展工夫而言,穷理、识仁、发明本心在他们的思路中是更为关键和紧迫的,因为只有在这些工夫完成的情况下,工夫才能更为顺畅地展开。

朱子的名诗《观书有感》之二说:"昨夜江边春水生,蒙冲巨舰一毛轻。向来枉费推移力,此日中流自在行。"[2] 套用此诗,穷理和识仁、发明本心的工夫完成之前,做为善去恶的工夫就如同在春水涨起来之前去推动大船,可谓困难重重、寸步难行。这些工夫完成之后再做为善去恶的工夫,则如同在春水涨起来之后,无须太过费力,大船就可以自然而然漂向远方。在此情形下,人无疑应该首先设法提高江水的水位,而不只是徒然费力地先去推动大船。也就是说,穷理或识仁、发明本心才是当务之急。

阳明则提出当下发用的良知虽然微弱,不足以完全支持工夫,还须后天努力的辅助,但人只要做到真切,使意识指向良知,就能获得良知的支持。仅凭此一尚嫌微弱但却真切不容已的良知,人便可以而且应该启动为善去恶的工夫,并在做工夫的过程中不断精进,而无须先行诉诸穷理或识仁、发明本心之类工夫。良知也自然会在不断磨炼的过程中日渐精明,为人的为善去恶工夫提供日益强劲的动力和明晰的准则。

在此视野中,"良"从哪里来的问题也便不难理解了。良知从根本上来说契合天地生生之道,它是在天道运行并支配万物的背景下,

---

① 程颢、程颐:《河南程氏遗书》卷十八,《二程集》,第188页。

② 朱熹:《观书有感》之二,《晦庵朱文公先生文集》卷二,《朱子全书》第20册,第286页。

在人类代代实践积累的基础上形成的。它并非出自人的主观设计，但符合人类与天地万物生生不息的根本要求，因而终究而言它具有客观必然性。

良知的当下呈现无疑是有限的，人们往往会认为不应该信任如此有限的良知。然而这是静态看问题的方式，从动态的角度来看，通过不断磨炼，当下发用的有限良知完全可以发展为完善的良知。正如阳明所说："如人走路一般，走得一段，方认得一段；走到歧路处，有疑便问，问了又走，方渐能到得欲到之处。"① 可以说，阳明为人提供了一条小步快走、不断试错推进的道路。

这条道路更为重视人的现实条件的有限性，因而某种程度上也对人有更多的包容和鼓励。也就是说，无论良知发用多少，便坚持将其落实，就是在致良知了，这可以大大缓解人的紧张与压力。

原本，紧张和压力就是内在于工夫中的。仅就心学而言，不同于理学可以将评判善恶的标准交给看起来客观的理，心学让心承担起了自我评判的责任。尽管理学最终也要诉诸心来判断，但心学告诉人，责任无可辩驳地在自己身上，这是无论如何无法逃避的，由此杜绝了将责任推到理上的可能性。

在这种情形下，面向未来，人需要做出选择，可是无论怎么运筹帷幄，总存在有更优的选择的可能性；面向过去，人虽然已经做出了选择，但无论怎么殚精竭虑，总有不如意甚至出错的地方。而在良知学的语境中，人无疑需要为这些选择负责。如此则无疑前者会让人焦虑，后者会让人懊恼。也就是说，良知虽然是面向当下的，但一个又一个的当下实际上构成了人的过去和未来，良知对当下负责，实际上就同时是对过去和未来负责。这给人带来巨大的压力和紧张感，让人焦虑和懊恼。面对这种情形，人难免会诉诸超越性的力量，如此则既可以给人以希望，也可以给人以救赎，希望降低了焦虑，救赎缓解了

---

① 　钱德洪编《传习录》第65条，《王阳明全集》卷一，第23页。

懊恼。所以挺立良知，要求良知对人的意识和行动负责，本身就内在地蕴含了迅速走向其反面的可能性，这正是阳明学在晚明时期发生的实际动向，即宗教化转向。而如果强调每个人当下发用的良知是有限的，不足和错误则是在所难免的，人对自我以及他人应该抱持包容的态度，则可以大大缓解这种紧张和压力，诉诸超越性力量而走向宗教化的内在需求也就可以大大降低。

当然，良知的开悟有其限度，这一点有可能会被批评为不严格落实理的要求而放纵私欲，实则正如后文第十章第四节指出的那样，即便朱子也承认人对理的认识会经历不断深化的过程，这无疑是不能被理解为放纵私欲的。

阳明对自身主张渐进推进工夫可能遭遇放纵私欲的批评这一点应该是有自觉的。他不同意将自己的观点笔录成书应该有这方面的考虑，以此为背景，我们或可真正理解他在口授成《大学问》时的复杂心情："《大学或问》数条，非不顾共学之士尽闻斯义，顾恐借寇兵而赍盗粮，是以未欲轻出。"[1]

且不说与心学接近的学者，从朱子学者对他的批评甚至攻击、谩骂，即可看出他的担心并不是没有道理的。朱子学者张净峰（名岳）说："今之学者，差处正是认物为理，以人心为道心，以气质为天性，生心发事，纵横作用，而以'良知'二字饰之。此所以人欲横流，其祸不减于洪水猛兽者此也！"[2] 其批评不出以往理学对心学认欲为理、作用是性、用即是体的指摘的范围，可谓老调重弹。站在阳明思想自身逻辑来看，类似的这些批评可谓不着边际，完全没有进入心学自身逻辑。某种意义上，尽管理学和心学相互之间互有误解，但心学家对理学思想的理解，要超过理学家对心学思想的理解，理学思想家的批评少有能切中心学要害的。

抛开纯粹的批评者不论，在后世居于心学阵营或对心学抱持同情

---

① 钱德洪《大学问跋》，《王阳明全集》卷二十六，第 1072 页。

② 张岳：《答黄泰泉太史》，《小山类稿》卷六，福建人民出版社，2000，第 108 页。

与理解态度的学者中，良知是即作用而为本体这一点，既被一些学者理解，也受到一些学者误解或忽视。

龙溪虽在工夫上与阳明的一般主张不同，但他以下所说，则深得乃师良知即后天而为先天、即作用而为本体的意旨："若谓'良知只属后天，未能全体得力，须见得先天，方有张本'，却是头上安头，斯亦惑矣。吾人今日见在，岂敢便自以为无欲？然须信得万欲纭纭之中，反之一念独知，未尝不明，只此便是天之明命不容磨灭所在。"① 良知一反便得，可以时时发挥指引和推动作用，这是良知虽属后天而同时也是先天的原因。龙溪也区分了即用是体和用即是体，这是很精当的。

阳明二传弟子王塘南也注意到良知兼具了先天与后天两个面向，并且是在后天中的先天。他说："知者，先天之发窍也。谓之发窍，则已属后天矣。虽属后天，而形气不足以干之。故知之一字，内不倚于空寂，外不堕于形气，此孔门之所谓中也。"② 因为是"先天之发窍"，所以良知是作用，因为"形气不足以干之"，所以又是本体，综合而言便是即作用而为本体。"形气不足以干之"是说良知会不容已地发露、展现出来，不受气质之类因素干扰。良知如果不是后天的作用，那就会"倚于空寂"；如果不是先天的本体，那就会"堕于形气"。而良知恰恰虽为后天作用，但又是先天本体，兼具两个维度，因此既不会陷于空寂，也不会堕为形气。

正是因为将良知的特质相当充分、准确揭示出来了，所以黄梨洲才盛赞塘南的这一说法："言良知者未有如此谛当。"③ 当然严格说，塘南和梨洲其实都只是认为直接发自本体的才是良知，后天努力做到符合本体，则不能称为良知。在这一点上他们接近于龙溪而不同于阳明。

---

① 王畿：《答洪觉山》，《王畿集》卷十，第261页。
② 黄宗羲：《明儒学案》卷二十，第467页。
③ 黄宗羲：《明儒学案》卷二十，第467页。

东林学派的顾泾阳也有一段话将未发与已发、体与用两方面都涵盖了，因而同样可说是对阳明良知说的善解："阳明之于良知，有专言之者，无知无不知是也。有偏言之者，知善知恶是也。阳明生平之所最吃紧只是良知二字，安得遗未发而言？只缘就《大学》提宗，并举心意知物，自不得不以心为本体。既以心为本体，自不得不以无善无恶属心。既以无善无恶属心，自不得不以知善知恶属良知。参互观之，原自明白。"① 泾阳认为"无知"与"无善无恶"是就未发而言，"无不知"和"知善知恶"是就发用而言。"无知而无不知"涵盖已发未发，一言而足以表达良知的内涵，因而是专言；"知善知恶"则仅仅点出了良知的已发面向，因而只是偏言。未发为体，已发为用，虽未进一步指出体与用的关系，不过泾阳认为良知既是用也是体，并没有在用之外遗漏体，是符合阳明本旨的。

泾阳立足四端的如下说法也准确反映了阳明所说良知既是用也是体："夫良知一也，在恻隐为仁，在羞恶为义，在辞让为礼，在分别为智，非可定以何德名之也。只因知字与智字通，故认知为用者，既专以分别属之；认知为体者，又专以智属之。恐亦不免各堕边见矣。性体也，情用也，曰知曰能才也，体用之间也。是故性无为而才有为，情有专属而才无专属。惟有为，则仁义礼智，一切凭其发挥，有似乎用，所以说者谓之用也。惟无专属，则恻隐、羞恶、辞让、是非，一切归其统率，有似乎体，所以说者谓之体也。阳明先生揭致知，特点出一个良字，又曰'性无不善，故知无不良'，其言殊有斟酌。"②

吴震先生提出的"良知实体化"的表述，某种意义上也可以视为指出了良知是即作用而为本体。他认为阳明："其试图通过'良知即天理''天理即良知'等命题，将良知心体提升为普遍客观的超越性实体；而良知实体化也同时意味着天理心性化与心性天理化的双重转

---

① 黄宗羲:《明儒学案》卷五十八，第1390页。
② 黄宗羲:《明儒学案》卷五十八，第1380~1381页。

化。"① 吴先生以下所说也是如此:"依阳明,圣人之心、良知本体可谓'随感而应,无物不照',亦与'随时即应、应机即现'之说相通,阳明又打通心性论域的未发已发问题,强调'未扣时原是惊天动地,既扣时也只是寂天寞地',讲的正是'体用一源''应机即现'或'即用显体'的深刻哲理。"②

阳明即用是体的思路,在其后学中也存在被误认为是用即是体而遭到反对的情况。如塘南以下对阳明的质疑就是基于对阳明的错误理解而提出的:"《传习续录》言'心无体,以人情事物之感应为体',此语未善。夫事者心之影也,心固无声臭,而事则心之变化,岂有实体也!如水与波然,谓水无体,以波为体,其可乎?为此语者,盖欲破执心之失,而不知复起执事之病。"③《传习续录》即今《传习录》卷下。阳明之意不过是说即用是体而已。仔细推敲可以发现,他的原话"心无体,以天地万物感应之是非为体"④,不是仅以事为体,而是以感应之是非为体,感应是本体固有的功能,是非也源自本体,因而可以称为本体。因此其表述是准确的。这也是即用是体的一种表述。塘南将其归结为以事为体,则并不恰当。陈来先生解释此句为:"人心如镜,未有已往之形尚在、未照之形先具者,此即是'心无体'之意。"⑤ 陈先生讨论的是心的当下活动与过去、未来的活动的关系,而不是说心之体与用的关系。事实上,即便心中有过去或未来的意念存留,也不足以构成心之体。

良知即作用而为本体这一点确实不容易被了解,学者往往在与作用相对的本体的意义上来理解阳明所说的良知。牟宗三先生即是这么做的,其他不少学者也是如此。我们以阳明的一段话为例再来举例说明。他说:"良知不由见闻而有,而见闻莫非良知之用,故良知不滞于

① 吴震、刘昊:《论阳明学的良知实体化》,《学术月刊》2019 年第 10 期,第 14 页。
② 吴震:《阳明学再读》,商务印书馆,2024,第 293 页。
③ 黄宗羲:《明儒学案》卷二十,第 483 页。
④ 钱德洪编《传习录》第 277 条,《王阳明全集》卷三,第 123 页。
⑤ 陈来:《王阳明晚年思想的感应论》,《深圳社会科学》2020 年第 2 期,第 46 页。

见闻，而亦不离于见闻……盖日用之间，见闻酬酢，虽千头万绪，莫非良知之发用流行，除却见闻酬酢，亦无良知可致矣。"① 阳明在此不仅讲了良知与见闻知觉的差别，而且讲了两者的融合，而其后学则未必能兼顾两者。如龙溪如下所说便只强调了前者，而未能顾及后者："夫良知之与知识，争若毫厘，究实千里。同一知也，良知者，不由学虑而得，德性之知，求诸己也；知识者，由学虑而得，闻见之知，资诸外也。"② 龙溪如此做法是他特别重视追求完全发自先天的纯粹良知的取向使然。

陈来先生认为，"'良知不滞于见闻'指良知不受见闻的局限，这是指良知本身。而'亦不离于见闻'是指致良知。良知本身是不依赖见闻经验的先验知识，但致良知必须通过种种经验活动来'致'"③。陈先生从"良知不滞于见闻"出发，将良知归属于先验知识而认为其与经验相对，如此则可能脱离致良知活动而别有良知本身。实则"良知不滞于见闻"只是说良知在发用的过程中具有主宰性，自有一定的动力和方向，不为经验的见闻所拘束、所决定而已。

陈先生又说："按照阳明学的内在逻辑，良知为心之本体，即是未发之中，不睹不闻时良知未尝不在，在这个意义上不能说良知不离于见闻。正因为兼工夫而言，故强调'除却见闻酬酢，亦无良知可致矣'。可见，'不离于见闻'不是指离开见闻良知就不存在，而是说良知的体现和作用须要通过见闻，致良知必须在具体的实际活动中来实现。"④ 实则正如前引阳明的话"心无体，以天地万物感应之是非为体"显示的，离开了良知的感应作用，并无良知本体。实际上，心体除了体现于发用以外，别处更无心体。亦即不仅良知的作用离不开见闻，并且良知本体也是离不开见闻的。

---

① 钱德洪编《传习录》第168条，《王阳明全集》卷二，第80~81页。
② 王畿：《书婺源同志会约》，《王畿集》卷二，第39页。
③ 陈来：《有无之境——王阳明哲学的精神》，第184~185页。
④ 陈来：《有无之境——王阳明哲学的精神》，第185页。

当然这里的见闻应该宽泛地理解为知觉，其运作是贯穿昼夜的。即便人处在睡眠状态中，知觉也未能停息。如果不宽泛地理解为知觉，则睡眠状态似乎无见闻，那离不开见闻的良知就不存在了，这显然是不合理的。阳明面对"人睡熟时，良知亦不知了"的说法反问道："不知何以一叫便应？"① 如此则知觉和良知都是在运作的。

郑泽绵也认为："此处良知'不离于见闻'与'见闻莫非良知之用'两句不是事实陈述句（'良知离不开见闻'），而是表达应然的语句（'良知应当在见闻酬酢的实践中展开'）。一方面，良知本体不依赖于经验而存在；另一方面，'除却见闻酬酢，亦无良知可致矣'。"② 事实上，应然的要求必定建立在事实或者可能性的基础上。良知之所以必须在见闻酬酢的实践中展开，无非是因为除了见闻酬酢别无良知而已，亦即良知离不开见闻酬酢的事实，构成了必须在见闻酬酢中展开良知的前提。

良知是即作用而为本体，这使本体在阳明这里获得了新的含义，亦即本体在他这里具有两项含义。耿宁先生已经指出了本体的两项含义："我在'本体'和'体'这两个表达上所遇到的困难恰恰就是：这两者有时意味着相对于作用而言的单纯实体，有时意味着一个事物本身的完全本质。"③ 前一含义是与作用相对的，常为朱子所使用而被阳明继承，后一含义包含了作用，融作用与本体为一炉，是阳明的特色，"完全本质"更准确说是完善状态，虽为作用，但充分、准确体现本体，因而同时也是本体。耿宁先生只是平铺着叙述本体的两种含义，我们可以根据阳明"心无体，以天地万物感应之是非为体"的说法进一步说，第二种含义才是阳明更为重视的，才是最具阳明心学特色的。

---

① 钱德洪编《传习录》第 267 条，《王阳明全集》卷三，第 120 页。
② 郑泽绵：《王阳明良知学中的"先天"与"经验"》，《新亚学报》第 37 卷，2020，第 207 页。
③ 〔瑞士〕耿宁：《心的现象——耿宁心性现象学研究文集》，第 478 页。

刘蕺山提到了阳明是在发用上指点良知，并认为这是良工苦心："良知常发而常敛，便是独体真消息。若一向在发用处求良知，便入情识窠臼去。然先生指点人处，都在发用上说，只要人知是知非上转个为善去恶路头，正是良工苦心。"① 蕺山对良知是有自己独特的理解的，他强调的是收敛而不是发散。基于这一点，他在肯定阳明观点的同时，认为在发用上指点良知也有流入情识的危险。他认为在发用上指点良知而不流入情识，关键靠的是虽发散而能收敛，唯其如此才能符合良知的要求，才是良知。这未免是按照他自己的思路来理解良知，不过无论如何，他认为阳明是在发用上讲良知，是非常恰切的。

蕺山对阳明学还有一个评论，也包含了类似的担心："先生盖曰'吾学以存天理而遏人欲'云尔，故又曰'良知即天理'。其于学者直下顶门处，可为深切著明……则先生之言，固孔、孟之言，程、朱之言也。而一时株守旧闻者，骤诋之曰'禅'。"② 此处叙述的"一时株守旧闻者"的观点值得关注，他们从朱子学的立场出发，以为讲良知的阳明学是禅学。这当然是不准确的，而蕺山为了使阳明免于近禅的误解，却又不免将其塞回朱子学的框架中去，从而将阳明讲成了朱子，这同样也是不准确的。阳明选择的是第三条道路。也就是说，在禅学与朱子学之间还有广大的区域，而阳明学乃至整个心学正好位于其中。即阳明虽然讲天理，但其所谓天理实即良知，"天理"一语突出了良知的本体的维度和准则的维度。蕺山的潜在意思似乎是，阳明如果只讲良知不讲天理，他的学问就只能是禅学，良知不包含本体的维度和准则的维度，只讲良知难免堕入情欲的泥淖中去，但阳明讲了天理，所以并非禅学。蕺山重新诠释良知，点出其本质上是天理，其用意无疑在于纠正阳明后学误以情欲为良知的弊病。这一点且不论，重要的是，蕺山虽然不同意固守朱子学者视阳明学为禅学的观点，但

① 黄宗羲:《明儒学案》卷十，第212页。
② 刘宗周:《重刻王守仁先生传习录序》，吴光主编《刘宗周全集》，浙江古籍出版社，2012，第五册，第523页。

在判定何以为禅的标准上，他和这些学者又共享了同样的潜意识。

相比之下，塘南的观点更为接近阳明自身思路："朱子以知觉运动为形而下之气，仁义礼智为形而上之理，以此辟佛氏，既未可为定论，整庵罗公遂援此以辟良知之说。不知所谓良知者，正指仁义礼智之知，而非知觉运动之知，是性灵而非情识也。故良知即是天理，原无二也。医书以手足痿痹为不仁。夫手足痿痹是不知也，而曰不仁，盖仁知非二也。圣人与天地万物为一体，痛痒相关，俱立俱达，是谓致知，亦谓任仁。礼者，本心生生之条理也。心之条理，必达于视听言动，举视听言动，则万事万物尽于是矣。"① 塘南对朱子以及整庵的观点的评析是很准确的。从前半部分来看，他的观点与蕺山并无差异，不过从后半部分来看，他对仁知关系的论述则透露了更丰富的信息。原本仁为本体，知为作用，塘南却认为仁知不二，其原因实际上就是他后面说的天理必然发用流行出来，而不仅仅是抽象的标准。在此意义上，良知即天理，天理即良知，塘南坚守了阳明在作用层谈本体的立场，而没有单纯将良知收束到天理上。

事实上，不自觉地认为只有讲天理才能为心学正名，而良知则无法达到同样的目标，这样的潜意识不仅是对阳明学，而且是对整个心学的巨大误解。实则良知不仅是作用而且是本体，对行动而言不仅是动力而且是准则，不能单纯以情欲视之。良知的动力可以自我调节到妥当的程度，当然这是以态度真切为前提的。像理学一样诉诸客观的准则并不是使意念与行动合理的唯一道路。我们今天揭示良知是即作用而为本体，最终的意义正在于揭示良知自我调节这一条道路的可能性，从而为心学的合法性正名。

这条道路既是充满希望的，也蕴含着潜在的危险。因为它强调凡是符合体的用都可以称为体，所以从中可以体会到心学对人积极顺应本心而行动，充分发挥每个人多元的潜能的鼓励。当然如果不慎加运

① 王时槐：《三益轩会语·甲申》，《友庆堂合稿》卷四，钱明、程海霞编校《王时槐集》，上海古籍出版社，2015，第491页。

用，没有意识到自我调节是内在于本心之中而为其固有属性的话，这一思想的规范性的制约则会变得相对较弱，容易滑向凡用都是体的危险，以至于陷入理想性的狂热和个体性的执迷中。只不过，阳明特别强调良知本心以及真诚恻怛，而这是一种直面本心最直接的感受的取向，是一种发自本心不容自已的对人和物的爱，这些又能一定程度上使人避免陷入狂热或执迷。

放眼整个中国哲学史，即用是体思想具有重要意义。它意味着心学扭转了以朱子为代表的理学强调体与用的区分的趋向，这种扭转一定程度上还可以视为对先秦儒学的复归。这一点我们在第二章的结语中已经谈过，在此就不赘述了。

第二节　阳明对朱子学及明道、象山、甘泉之学的扬弃

阳明是在与朱子学以及明道、象山、甘泉的思想学问的对话过程中形成自己的良知学说及工夫理论的。

现代研究者一般认为，虽然阳明与象山的主张并称为陆王心学，不过，阳明是在与朱子进行跨时空思想对话的过程中形成自己的心学的。如陈来先生便持此种观点，以下引文中其所说的"宋儒"主要指的就是朱子："如果说龙场以后的阳明思想主要致力于在儒家的立场上融合仙佛，那么，龙场之前阳明思想的主要课题就是如何扬弃宋儒格物之学以重建心学。终阳明一生，他的思想的主要课题始终是批判宋学的支离与吸收佛道的智慧两者，而他对宋学的不满正是基于他自己青年时代'为宋儒格物之学'的实践。"[1] 至于象山心学，直到他龙场悟道形成自己思想后才真正成为他关注的对象，在他思想形成过程中则并未发生多大作用。如杜维明先生就认为："虽然在大悟之后阳

---

[1]　陈来:《有无之境——王阳明哲学的精神》，第321页。

明思想所表现的形态使人们想起象山，但在阳明的成长年代，象山对阳明思想成熟过程的影响是非常有限的。就我们所知，阳明在早期著作中很少提到象山。《年谱》第一次提到象山是在1509年，那时阳明三十八岁，是提学使席书提出了阳明与象山的比较问题。即使在这个时候，阳明也显示出对这个问题没有什么兴趣。"①李承贵先生以下讲的象山学之于阳明学的贡献，实际上着眼的是龙场悟道以后的情形，并且更多突出的是阳明对象山的评价，而非象山对阳明的影响："通过对阳明'朱陆异同观'的考察，阳明强调'尊德性'优于'道问学'的趋向、致力'陆学非禅'的申辩、对'太极之辩'中象山'未晓于文义'的默识，表明阳明对象山心学圣人之学性质的肯定，确认象山心学在大本大原处的奠基作用，此即象山对于阳明心学的积极性贡献。"②另外，陈来先生注意到了阳明早年受到明道及其老师周濂溪自得之学的影响，但未指出阳明与他们的主张的不同以及龙场悟道具有的反省他们主张的意义。陈先生说："'自得'的身心之学虽使他在濂洛传统中发现了新的精神资源，但格物问题只是暂时'悬置'，他还没有找到自己的一套关于本体与工夫的理论并以此与朱子哲学抗衡。"③

阳明主要在与朱子学的对话中形成自己思想，这样的观点在很大程度上是符合事实的，即阳明确实经历了推崇并钻研朱子学而遭受挫折的过程，不过，象山之学以及与之近似的学问，如程明道、湛甘泉的学问在他思想形成过程中的作用也不应低估。他一度追捧他们的学问而又最终扬弃了他们的学问。通过梳理阳明与朱子以及明道、象山、甘泉学问的关系，可以更全面、准确地理解阳明的学问的要义及他对工夫提升之路的选择。

---

① 〔美〕杜维明：《青年王阳明：1472—1509：行动中的儒家思想》，朱志方译，生活·读书·新知三联书店，2017，第204页。
② 李承贵：《陆象山对阳明心学形成的双重意义——基于王阳明的视角》，《学术研究》2020年第1期，第41页。
③ 陈来：《有无之境——王阳明哲学的精神》，第325页。

一　对朱子学的扬弃

因为本心自然呈现，所以阳明认为不必首先诉诸格物致知，人便可以直接切入为善去恶的工夫。在他看来，格物致知不仅难以完成，而且没有必要。

阳明少年时代即已熟悉朱子学并在很长时间里对之深信不疑。甚至于他还按照朱子所说格物进行格竹，即便失败也只是怀疑自己力量不足，而不是否定朱子学。他准确把握了格物致知在朱子以《大学》为基本框架的工夫论中具有首要地位。如果扩展至其工夫论整体来说，则还应该考虑到居敬同样具有首要地位，居敬与穷理构成朱子工夫论的二元基础。格物致知的首要地位如果从知行关系角度来说，即是知相对于行具有首要地位。尽管朱子的本意是，并非只有完成了格物致知以后才能开始诚意以下工夫，在完成格物致知之前，就应该凭借刻意、执着开始诚意以下工夫，但现实情况确实是如阳明描述的那样："今人却就将知行分作两件去做，以为必先知了然后能行。我如今且去讲习讨论做知的工夫，待知得真了方去做行的工夫，故遂终身不行，亦遂终身不知。"① 为什么先去做知的工夫就会导致"终身不行"的后果呢？主要原因是要达到真知并不容易，也就是说格物致知必须经历漫长而艰苦的过程。阳明说："天下事物无穷，不知何时求讨得？"② 穷尽天下事物之理并无期限，自然也就没有时间回过头来修身。又说："先儒解格物为格天下之物，天下之物如何格得？且谓一草一木亦皆有理，今如何去格？"③ 不仅天下事物如此之多，以至于无从下手，而且即便是如草木之理的一物之理，也无法穷格。前者他根本就不敢奢望，后者则是格竹留给他的惨痛教训。基于这两点可知，格物致知不仅是漫长而艰苦的，甚至可以说是永无完成期限的。

---

① 钱德洪编《传习录》第 5 条，《王阳明全集》卷一，第 5 页。
② 钱德洪编《遗言录》下第 8 条，《王阳明全集》（新编本）卷四十，第 1604 页。
③ 钱德洪编《传习录》第 317 条，《王阳明全集》卷三，第 135 页。

当然，阳明观点包含了对朱子工夫论的诸多误解，如朱子并不主张只有穷尽天下所有事物之理以后才能达到真知。此点且不论，因为这也无法改变格物致知是漫长而艰苦的这一事实。重要的是，龙场悟道使他明白了良知具有直接性，不必经过漫长而艰苦的格物致知，工夫便有可能推进。唐君毅先生便注意到了良知的直接性及其对朱子思想的突破意义："今专自良知之应物现形方面说，则阳明之言良知，又一重要之义，亦为缘朱子之义而更进者，即为良知之应物现形，乃当下之机之义。在朱子之意，人欲求应物而当，宜先有读书格物穷理之工夫，故疑象山之学不读书，临事鉴空杜撰；并谓'闲时不思量义理，到临事而思已无及，须先理会知得，方能行得。'朱子之所以必言知先行后，皆要在言人之平时当有学问思辨之工夫，使见得义理明白，临事方能行也。此即朱子之于大学八条目，必须将致知格物与诚意正心以下之工夫，加以一一分开之真实理由所在。"①

阳明自己说："及在夷中三年，颇见得此意思，乃知天下之物本无可格者。其格物之功，只在身心上做，决然以圣人为人人可到，便自有担当了。"②在身心上做格物工夫，就是直接端正意念，即工夫可以绕过格物致知直接从诚意切入。之所以可以直接做端正意念的诚意工夫，是因为"吾性自足"③。天赋的本性可以以本心的形式直接发用，为人端正意念并进而做出正确的行动提供动力和指引。本心直接发用而可成为工夫的凭借，便是阳明在龙场领悟的"此意思"的真实含义。阳明后来是用"良知"一语来表达"此意思"，亦即可以凭借良知直接开始为善去恶的格物工夫。

实际上，朱子并非不知道本心的存在，也并不否认本心的直接性，他只是认为即便如此，人也不一定会按照本心来行动。他强调的格物致知的最终目标，本就不是对理的内容的理解，尽管这也在格

---

① 唐君毅：《中国哲学原论·原教篇》，第214页。
② 钱德洪编《传习录》第318条，《王阳明全集》卷三，第136页。
③ 钱德洪编《年谱一》，《王阳明全集》卷三十三，第1354页。

物致知的总体目标中，而是对理之不可易和不容已的性质的体认和确信。最终目标之所以不是理的内容，是因为理解理的内容本身无法导出相应的行动，况且理的内容究竟是什么这一点已经在一定程度上由本心以及家庭、社会的教育等途径提供；之所以是对理的不可易和不容已的体认和确信，是因为只有有了这一体认和确信，人才会真正按照本心之理来行动。可以说朱子工夫论自有其理论效力，阳明的反驳不足以将其否定。只是，因为有直接凭借本心的一条道路可走，所以阳明确实可以证成工夫未必非要从格物致知切入。但由于他并没有真正理解格物致知的目的与途径，所以他并不足以彻底否定朱子从格物致知切入的道路的有效性。

至于阳明将面临的人虽有本心但不遵循本心而行的问题，则除了借助于本心自然有的不容已的动力以外，主要是通过立志以及由此带来的刻意、执着来解决。阳明对立志以及有所刻意、执着的强调，和朱子对立志、居敬等的强调一样，都是对后天努力因素的重视。在这一点上，可以说阳明对朱子工夫论不是全盘否定，而是有所继承的。

二 对明道、象山、甘泉的学问的扬弃

因为本心自然呈现，所以阳明认为人不必首先诉诸对本心的顿悟，便可以直接切入为善去恶工夫。在他看来，出于本心的充分发用而否定后天的着意与精察，反而可能导致工夫不够细密的问题。

阳明的主张不同于朱子这一点已是众所周知的事实，很少被人注意的是，他的主张与明道、象山、甘泉等人也有很大区别。这一区别直接体现在，尽管阳明自己是在贵州龙场以顿悟的方式悟道，不过他却并不以顿悟来指导和要求学者。

与其老师周濂溪一样修养极深的明道在宋明儒学史上地位极高，很少受到批评，阳明也自觉不自觉引用他的观点而没有凸显自己与他的区别。阳明对濂溪、明道以后的儒者则不无批评。

这样的态度早在龙场悟道以前就已形成，正德二年（1507）阳明

被贬为龙场驿丞，他在酬答甘泉等友人赠别诗的《八咏》中说："洙泗流浸微，伊洛仅如线；后来三四公，瑕瑜未相掩。"[1] 这里说的瑕瑜互见的"三四公"既包括朱子，也包括象山，他并非在龙场悟道以后才对象山产生兴趣。他对象山虽加推崇，但也不无批评，如他后来说："濂溪、明道之后，还是象山，只是粗些。"[2] 所谓"粗些"，主要指的是象山对私欲的防检与穷索未免有些疏漏。唐君毅先生即是从这一角度进行分析的："后之阳明于此朱陆所言之知行并进，皆不谓然，而合知行为一，其立义乃兼不同于朱陆。而阳明合知行、通心之虚灵明觉与天理之义，皆由朱子所言格物致知、已发未发、中和、体用、动静、存养、省察、戒惧之义而转出。此则阳明之不同于象山之重明道辨志，以发明本心，而次中和戒惧等工夫之教，盖正为阳明之所以言象山之言'细看有粗处'之故。是见阳明之学正为由朱入陆，以通朱陆之学者。"[3] 朱子对象山学派有类似批评，他认为象山的主张意味着："只我胸中流出底是天理，全不着得些工夫。"[4] "只"是只要的意思。这就是指象山直任本心、不假修为的主张。

与象山相反，阳明在注重本心的作用之外特别注意私欲的防检与穷索。他说："人不用功，莫不自以为已知为学，只循而行之是矣。殊不知私欲日生，如地上尘，一日不扫，便又有一层。着实用功，便见道无终穷，愈探愈深，必使精白无一毫不彻方可。"[5] 又说："天理人欲，其精微必时时用力省察克治，方日渐有见。如今一说话之间，虽只讲天理，不知心中倏忽之间已有多少私欲。盖有窃发而不知者，虽

---

① 王守仁：《八咏》其三，《王阳明全集》卷十九，第750页。
② 钱德洪编《传习录》第205条，《王阳明全集》卷三，第104页。
③ 唐君毅：《中国哲学原论·原教篇》，第186页。此外还可参考东方朔《王阳明对象山之学的评判及牟宗三的诠释》，《思想与文化》第五辑，2005，第231~232页；陈立胜《入圣之机：王阳明致良知工夫论研究》，第371~378页；吴震《朱子学与阳明学——宋明理学纲要》，第110、118~119页。
④ 黎靖德编《朱子语类》卷一百二十四，第2977页。
⑤ 钱德洪编《传习录》第64条，《王阳明全集》卷一，第23页。

用力察之，尚不易见，况徒口讲而可得尽知乎？"[1]可见对身心修养来说，单纯凭借本心是不够的，本心只是工夫中的先天因素，工夫还需要着实用功和用力精察克治这些后天的人为努力。

固然象山不是仅仅停留在口耳之间，而是有切实的践履，不过，他的工夫的关键是自始便通过顿悟确立本心的主导作用，从而可以完全凭借直接发自先天之性的本心。他对后天人为因素的积极作用不仅注意不够，甚至还以其为负面因素而加以排斥。他对"自然"、"无心"、"适意"、"正坐拱手"以及"何须把捉"等的强调，本意是要排除后天中各种不利于本心发用的因素，不过也有意无意地排除了着实用功与精察克治之类可能起到积极作用的后天因素。这是他招致阳明"只是粗些"批评的根本原因。而"只是粗些"的批评也反映了阳明对象山顿悟本心进而完全凭借本心以为善去恶的道路的疑虑。

而"不须防检，不须穷索"[2]也是明道工夫论的重要主张。明道之所以认为无须防检与穷索，是因为有"识仁"作为前提。人通过体认人所固有的仁义本性，获得了不容已的为善去恶的力量。在此情形下，各种私欲自然无处躲藏，因此无须防检与穷索。从无须防检与穷索也可以反过来推断本心主导了人的意识和行动。之所以能主导，则是因为在识仁的过程中经历了一旦恍然有悟、私欲涣然冰释的飞跃。而阳明强调的精察克治与着实用功，则恰恰与之相反。

明道的这一主张可谓象山的主张的前导。象山的"先立其大"即是明道的"识仁"，象山的"自然"等即是明道的"不须防检，不须穷索"。徐复观先生即指出了象山与明道在此处的一致："他对程明道则略无间然。明道谓学者当先识仁，不须防检，不须穷索，其与象山思想之相贴切，更远在横浦（按：即张九成）之上。"[3]尽管象山与明道也并不是没有差别，不过归根结底，不同意象山的主张，便也同时

---

① 钱德洪编《传习录》第84条，《王阳明全集》卷一，第28页。

② 程颢、程颐：《河南程氏遗书》卷二上，《二程集》，第16~17页。

③ 徐复观：《中国思想史论集》，第5页。

是不同意明道的主张。

关于象山与明道的差别，可参唐君毅先生的如下说法："在明道此一处处浑融贯通而说之圆教中，心之一名尚无一凸显之意义。此中之识仁之道，在直观己之生意与万物之生意之相通，直观天地之生物气象，或直观天地万物之为莫非己体。此尚是横面的'自去己私，以合此内外，即以充扩其内'之工夫；而不同于象山之言，重在'自明本心，而自作主宰，以奋发植立者'之为一纵面的自立工夫者也。"[①]

三　从了解濂溪、明道到与甘泉交游

事实上，阳明在研习朱子学受挫之后，有机会了解明道的思想。一个重要的契机是，弘治十四年（1501）他三十岁游九华山时相当虔诚地前往地藏洞拜访"异人"，其人提示他"周濂溪、程明道是儒家两个好秀才"，并且以之为"最上乘"[②]。大概就在这以后，阳明"始乃沿周、程之说求之，而若有得焉"[③]。这里的"程"应主要是指明道，而非统括二程兄弟。伊川是朱子的先导，在工夫问题上的观点与明道有很大不同。

在研习了濂溪、明道的主张之后，阳明虽恍若有得，对心学有颇多认同，但并没有因此而悟道。悟道直到七年以后的龙场才发生。这不排除是阳明虽已接受他们的思想，但没有最终确信的可能。但考虑到阳明此后与湛甘泉交往的一些事实，可以确认情况并非如此。真实的情况应该是阳明在整体方向上固然认同濂溪、明道的思想，他们的思想的确影响了阳明，以至于阳明终身保持了对他们的推崇，但阳明并没有完全接受他们的主张。这从前引阳明对继承了他们思想的象山不无批评的态度就已经可以窥见一斑，而从阳明对同属这一系的甘泉

---

① 唐君毅：《中国哲学原论·原性篇》，第 353 页。
② 钱德洪编《年谱一》，《王阳明全集》卷三十三，第 1351 页。甘泉所记两人订交则在次年，此不赘述。
③ 王守仁：《别湛甘泉序·壬申》，《王阳明全集》卷七，第 257 页。

的观点求同存异的态度则可以得到进一步确证。

值得一提的是,甘泉说阳明:"正德丙寅(按:即 1506 年),始归正于圣贤之学。"[1]这实际上是突出了甘泉自身在阳明思想形成过程中的作用,因为那段时间正是阳明与甘泉开始交往论学的时间。不过,这和见"异人"一样,不能理解为阳明已经悟道或者其学问已经定型。

关于阳明与甘泉的交往,《年谱》弘治十八年(1505)条载阳明在北京开始讲学时:"惟甘泉湛先生若水时为翰林庶吉士,一见定交,共以倡明圣学为事。"[2]两人一起论学的时间并不长。次年(1506)阳明便因为上书言事而下狱,并被贬为贵州龙场驿丞,离开北京南下。如果采信甘泉的记录,即两人 1506 年始订交,则两人共学的时间更短。

甘泉之学后来的发展且不论,至少当时与明道、象山是如出一辙的。他的观点从他给阳明的赠别诗《九章》中可以看出。其中第七首表达了自然无为、勿忘勿助的观点:"皇天常无私,日月常盈亏。圣人常无为,万物常往来。何名为无为,自然无安排。勿忘与勿助,此中有天机。"第八首表达了不必穷索,完全依靠虚明本体,而虚明本体可以在默默体认中被把握的观点:"穷索不穷索,穷索终役役。若惟不穷索,是物为我隔。大明无遗照,虚室亦生白。至哉虚明体,君子成诸默。"第九首最后一句所说"崇德性"即是推崇天赋的本心:"愿言崇明德,浩浩同无涯。"[3]这些应是甘泉与阳明两人论学时甘泉即已提到的观点。不过阳明也没有因这些观点而悟道。

从阳明的酬答诗可以看出,他基本认同甘泉的观点,但也有自己的主张。他认同"心即理"以及"万物一体"等心学的基本观点,说:

---

① 湛若水:《阳明先生墓志铭》,《王阳明全集》卷三十八,第 1539 页。
② 钱德洪编《年谱一》,《王阳明全集》卷三十三,第 1352 页。
③ 以上见湛若水《九章赠别》其七、其八、其九,《湛甘泉先生文集》卷二十六,广西师范大学出版社,2014,第 1560 页。

"此心还此理，宁论己与人！千古一嘘吸，谁为叹离群？浩浩天地内，何物非同春！"他也认同人有作为本体的未发之中，并且凭借本体可以勿忘勿助而自然："静虚非虚寂，中有未发中。中有亦何有？无之即成空。无欲见真体，忘助皆非功。"不过，他认为更值得强调的应该是下学之有为而不是上达之无为，说："孔圣欲无言，下学从泛应。君子勤小物，蕴蓄乃成行。"[①]工夫的重点在广泛应对具体事务，从中磨炼心性，积累久了才能收到自然无为的效果。明道有言："克勤小物最难。"[②]阳明所说"君子勤小物"当来源于此，由此单从此句并不足以看出阳明与明道以及甘泉等人的区别。

不过，考虑到朱子对象山的如下批评，我们或可说阳明此处从"下学"切入的工夫主张与象山、明道以及甘泉是有距离的。朱子痛批象山："他之说，却是使人先见得这一个物事了，方下来做工夫，却是上达而下学，与圣人'下学上达'都不相似。"[③]

阳明在龙场悟道几年以后回到北京，正德七年（1512）春与甘泉论学。甘泉后来在祭奠阳明的文章中回忆这一段的交往说："我云圣学，体认天理；天理问何，曰廓然尔。兄时心领，不曰非是。"[④]甘泉以"廓然"解释天理，实际上化用了明道"廓然而大公"的说法，强调私欲涣然冰释的顿悟工夫，与其此前的思想可谓一脉相承而一以贯之。由"兄时心领，不曰非是"的说法可见，阳明对甘泉所讲的内容虽如甘泉所说没有表示反对，但可以推测出也没有表示赞同，否则甘泉会直接说阳明的态度是赞同而不是没有反对。

阳明晚年直接对甘泉"随处体认天理"主张提出了批评："'随处体认天理'之说，大约未尝不是，只要根究下落，即未免捕风捉影，纵令鞭辟向里，亦与圣门致良知之功尚隔一尘。若复失之毫厘，便有

① 分别见王守仁《八咏》其四、其六、其五，《王阳明全集》卷十九，第750、751、751页。
② 程颢、程颐：《河南程氏遗书》卷十一，《二程集》，第119页。
③ 黎靖德编《朱子语类》卷一百二十四，第2982页。
④ 湛若水：《奠王阳明先生文》，《湛甘泉先生文集》卷三十，第1784页。

千里之谬矣。"①"只要根究下落"以及"鞭辟向里"突出了甘泉此种工夫直趋本源，从根本上、整体上契入本心并使之充分发挥作用的特点。阳明晚年在给聂双江的信中也直接批评了勿忘勿助工夫："今却不去'必有事'上用工，而乃悬空守著一个'勿忘勿助'，此正如烧锅煮饭，锅内不曾渍水下米，而乃专去添柴放火，不知毕竟煮出个甚么物来。吾恐火候未及调停，而锅已先破裂矣。近日一种专在'勿忘勿助'上用工者，其病正是如此。"②这实际上是直接对甘泉展开批评了。

顾泾阳有一段问答提及阳明对"勿忘勿助"的批评，以为阳明不过是"平地生波"：

> 问："本朝之学，惟白沙、阳明为透悟，阳明不及见白沙，而与其高弟张东所、湛甘泉相往复，白沙静中养出端倪，阳明居夷处困，悟出良知，良知似即端倪，何以他日又辟其勿忘勿助？"曰："阳明目空千古，直是不数白沙，故生平并无一语及之。至勿忘勿助之辟，乃是平地生波。白沙曷尝丢却有事，只言勿忘勿助？非惟白沙，从来亦无此等呆议论也。"③

确实，孟子说的"必有事焉"与"勿忘勿助"本就不是矛盾的，白沙以及甘泉等人无疑也不是要以勿忘勿助来否定有所作为的工夫，他们只是认为只有以自然的方式才能真正有所作为。从表述来看，阳明确实给人留下他的观点是只要主张勿忘勿助就必然会否定有所作为的印象。抛开这一点表述的问题不论，阳明批评勿忘勿助的根本原因在于他认为，完全抛开后天努力而单纯凭借自然，是无法真正落实本心的，是无法达成为善去恶的工夫目标的。或许正是出于这一对白沙工夫论不认同的态度，他平生才并不提及白沙的观点，而不是出于"目

---

① 王守仁：《寄邹谦之·丙戌》，《王阳明全集》卷六，第 224 页。
② 钱德洪编《传习录》第 186 条，《王阳明全集》卷二，第 94 页。
③ 黄宗羲：《明儒学案》卷五十八，第 1391 页。

空千古"的意气用事。他对甘泉继承自白沙的勿忘勿助工夫的批评也并非"平地生波"的无事生非，而确实是工夫取径不同所致。

当然也应看到，虽然同样主张勿忘勿助，甘泉"随处体认天理"的主张与白沙静中体认端倪的主张之间还是有距离的。弟子质疑甘泉的教法不同于白沙："先生以静坐为言，而今以随处体认为教，不知行者之到家，果孰先而孰后乎？"甘泉回答："虚见与实见不同，静坐久隐然见吾心之体者，盖先生为初学言之，其实何有动静之间！心熟后虽终日酬酢万变，朝廷百官万象，金革百万之众，造次颠沛，而吾心之本体澄然无一物，何往而不呈露耶？盖不待静坐而后见也……随处体认天理，自初学以上皆然，不分先后。居处恭、执事敬、与人忠，即随处体认之功，连静坐亦在内矣。"①

王光松先生分析道："在甘泉看来，静坐对初学者来说是必要的，因为静坐有助于学者体见、涵养汩没已久的本心，而这又是一切工夫的基础。但他进而强调，静坐并非心体呈露的唯一途径（心体'不待静坐而后见'），而且静坐所见心体乃是一种'虚见'，相较而言，'随处体认天理'是涵摄静坐教法的更为完备无弊的工夫法门。"即便甘泉晚年对静坐有更多认可，也与白沙存在重要差别。王光松先生指出："甘泉悟道静坐与白沙悟道静坐存在不少差异。首先，二者在各自工夫体系中的地位不同，在甘泉这里，悟道静坐从未取得过在白沙那里所具有的作为体道根本途径的地位，即便在甘泉高度重视静坐的第四阶段，悟道静坐仍然是从属性的、第二位的。其次，二者在操作技术上也存在诸多差异，如在坐法方面，白沙取跏趺坐姿，甘泉取兀坐坐姿；白沙取调息呼吸法，甘泉取息存呼吸法。在观法方面，白沙取坐忘法，甘泉则强调'坐忘不忘之间'；白沙以真息或先天之气为观想对象，甘泉则以呼吸之气为观想对象。这些差异表明，甘泉晚年对白沙式静坐的回归是一种表面上的回归。"②王先生的这一看法非常重要，

---

① 湛若水：《湛甘泉先生文集》卷八，第413~415页。

② 分别见王光松《从静坐涵养到随处体认——试论湛甘泉的静坐观演变》，《学术研究》2017年第7期，第36、37页。

可以印证我们将甘泉与白沙分属不同工夫形态是有根据的。

现代学者注意到了在勿忘勿助问题上体现出的阳明与甘泉工夫的差异,不过未上升到两人所主张的工夫提升之路之差异的高度加以把握。如张学智先生指出:"湛若水之勿忘勿助与王阳明的勿忘勿助的区别是,湛若水的勿忘勿助是体认天理之功夫所要求的,而王阳明的勿忘勿助是良知的内在属性,只要去除私欲对良知的遮蔽,良知本体呈现,则它自然勿忘勿助,无须另强调勿忘勿助。……王阳明将功夫内蕴于本体中,认为良知自然包含勿忘勿助,故另立一勿忘勿助是将它孤悬起来。"① 确实,经过长期磨炼,良知可以自然发用,达到勿忘勿助的状态,不过仅仅从良知内蕴勿忘勿助的角度,不足以体现阳明对单纯强调勿忘勿助之自然的负面评价。无米下锅而锅先破裂的比喻表明了阳明认为这条工夫提升之路将终归失败。

顺便一提,明道也正是借由孟子的"勿忘勿助"来阐发其完全凭借本体的主张。他解释孟子"必有事焉而勿正,心勿忘,勿助长"(《孟子·公孙丑上》)时说"事则不无,拟心则差"以及"若反身未诚,则犹是二物有对,以己合彼,终未有之……未尝致纤毫之力,此其存之之道"。前者表示后天着意不能带来为善去恶工夫的成功,后者表示后天着意不能把握本体。② 因此阳明上述对甘泉主张的"勿忘勿助"的批评,实际上也是对明道的主张的批评。

颇为有趣的是,甘泉后来得知了阳明的观点,并提出了反驳:"惟求必有事焉,阳明近有此说,而以勿助勿忘为虚。阳明近有此说,见于与聂文蔚侍御之书。而不知勿正、勿忘、勿助,乃有所事之工夫也。求方圆者必于规矩,舍规矩则无方圆。舍勿忘、勿助,则无所有事,而天理灭矣。下文'无若宋人然',非徒无益,而又害之可见也。不意此公聪明,未知此要妙,未见此光景,不能无遗憾,可惜!可

---

① 张学智:《中国儒学史》(明代卷),北京大学出版社,2011,第142页。
② 分别见程颢、程颐《河南程氏遗书》卷一、卷二上,《二程集》,第11、17页。

惜！勿忘、勿助之间，与物同体之理见矣，至虚至实，须自见得。"①
其最后对阳明无法领悟自己工夫主张的妙处表达了深深的惋惜。"舍
勿忘、勿助，则无所有事"，是说工夫必须从勿忘勿助切入才有可能
推进。"勿忘、勿助之间，与物同体之理见矣"，则是指出勿忘勿助工
夫可以达到的效果。我们从中可以看出他坚持以自然为天理呈露的条
件，其前后主张具有一贯性。

从阳明龙场悟道前后态度的一贯性来看，他的观点确实与甘泉
等人存在差异，在他思想演变过程中起到关键作用的，的确是龙场悟
道而非与甘泉的相遇。阳明或其门人并不是为了张大门户，刻意渲染
与甘泉等人的差异而人为地压低与甘泉相遇在他思想形成过程中的作
用，反而拔高龙场悟道的作用。他在龙场所悟的内容超越了明道、象
山、甘泉。他认为不必通过识仁、发明本心或者体认天理以充分契入
本心，就可以直接入手做端正意念的工夫。

龙场悟道所悟的内容同时反对明道、象山、甘泉以及朱子，但是
从后来整个思想界理学强而心学弱的状况出发，阳明很大程度上淡化
了自己的主张不同于明道、象山、甘泉的一面。所以我们今天看龙场
悟道，就不太容易看到其反对明道、象山、甘泉的一面，而只是看到
其反对朱子的一面，尽管他的观点与前者的距离其实也要小于后者。
从我们今天的观点来看，他与朱子属于儒学内部心学与理学的差异，
明道的学派归属且不论，与象山、甘泉则仅仅是心学内部的差异。

不过也应注意，在与甘泉的早期交往中，阳明虽未借由与甘泉的
讨论而悟道，但他还是汲取了其心学思想重视本心作用的一面，并且
也坚定了自己从事圣人之学的志向，与甘泉的交往对他思想的发展仍
有重要的意义。他说的"道逢同心人，秉节倡予敢"②，即是说与自己
相知的甘泉鼓舞了自己的勇气。他后来也回忆说："晚得友于甘泉湛
子，而后吾之志益坚，毅然若不可遏，则予之资于甘泉多矣。"他赞

---

① 湛若水：《湛甘泉先生文集》卷八，第 412 页。
② 王守仁：《八咏》其三，《王阳明全集》卷十九，第 750 页。

赏甘泉之学为自得之学，说："甘泉之学，务求自得者也。"① 只是他在具体观点上对其采取了求同存异的态度。他后来在给甘泉的信中直接表达了这种态度："其间所见，时或不能无小异，然吾兄既不屑屑于仆，而仆亦不以汲汲于兄者。正以志向既同，如两人同适京都，虽所由之途间有迂直，知其异日之归终同耳。"②

要言之，阳明对甘泉的主张有所保留，两人思想终究是儒家心学内部殊途而同归的关系。阳明与明道、象山、甘泉等人的区别是，他并不追求自始便顿悟本心，进而凭借本心的充分发用以做为善去恶的工夫，而主张在本心当下的有限发用中做为善去恶工夫。两者既存在是否认可后天人为因素的积极作用的区别，也存在主要诉诸本心的直接性还是充足性的区别。他们都承认本心既具直接性也具充足性。不过阳明首先诉诸的是本心的直接性，认为不必追求本心的充分发用，其在当下的有限发用就可以指引和推动工夫。本心不足以提供工夫所需的全部动力与定力，不过可以通过着实用功与精察克治来弥补。而明道等人固然也不否认本心的直接性，但他们追求的是本心能充分发用以至于完全主导意识，并在此前提下自然地做为善去恶工夫。

牟宗三先生认为象山、阳明之别在是否采取分解的方式以立言："阳明之学是重新分解以立义，即，就《大学》重新分解，提出致良知以对治朱子之顺取的格物穷理说。此仍归于孟子学，然有所立也。吾人亦可说道至是而又一明也。此'明'是分解地明之。（在王学发展中，复有一非分解的形态，即罗近溪所表现者是……）"③ 诚然，罗近溪的形态接近于象山而有别于阳明，此点姑置不论。分解与否确实是非常重要的问题，本心或良知具有直接性，所以诉诸知解，诉诸分析性的语言，会有很大的局限。完全凭借直接发用的本心的象山，相应地自然采取非分解的言说方式。而在初学阶段诉诸良知之外后天力

---

① 分别见王守仁《别湛甘泉序·壬申》，《王阳明全集》卷七，第257、258页。
② 王守仁：《答甘泉·己卯》，《王阳明全集》卷四，第194~195页。
③ 牟宗三：《从陆象山到刘蕺山》，第15页。

量的阳明，则不得不采取分解的方式以立说。就此而言，牟先生关于陆王差异的说法仍是不究竟的。追根究底，他们的差异在于是不是基本上完全凭借本心。象山主张以自然的方式完全契入本心并基本上完全凭借本心以为善去恶，所以不必对工夫如何实施的问题另行理性分析。阳明则与之不同，他在本心之外还诉诸着实用功和精察克治。工夫涉及先天和后天两种力量的配合，因而他需要对工夫如何实施加以理性分析。由此，牟先生所说的分解不分解，并不是陆王的根本差异所在。

值得注意的是，不仅后起的罗近溪，亲炙阳明的王龙溪的工夫论也是接近明道、象山而不同于阳明的。这从他以下说法可以看出："良知是天然之灵窍，时时从天机运转，变化云为，自见天则。不须防检，不须穷索，何尝照管得？又何尝不照管得？"①"不须防检"，是因为本心主导意识而无私欲需要防备和搜检；"不须穷索"，则是因为本心自然呈现而无穷理之必要。两者直接继承自明道。"何尝照管得"即是无为，对应于无所刻意、执着；"又何尝不照管得"即是无不为，对应于天机运转，完全凭借本心以好善恶恶而为善去恶。可以对比阳明的观点，他只是在工夫熟后谈自然，而不以之为入手处："戒慎恐惧是致良知的功夫。学者时时刻刻常睹其所不睹，常闻其所不闻，工夫方有个实落处。久久成熟后，则不须着力，不待防检，而真性自不息矣。"②顺便一提，龙溪说的"天机"和"天则"分别构成良知的两个侧面，前者代表动力，后者代表准则。

至于甘泉后学对甘泉的继承，则可从如下例子中窥见一斑。有门人问何思何虑是圣人地步，非初学者"初入路头"，洪觉山答曰："《系辞》本旨只要除去闲思杂虑，惟顺理感应自然，此正切要功夫。圣人与学者原只一样。"③

---

① 王畿：《过丰城答问》，《王畿集》卷四，第79页
② 钱德洪编《传习录》第329条，《王阳明全集》卷三，第139页。
③ 洪垣：《觉山先生绪言》卷二，《续修四库全书》第一一二四册，上海古籍出版社，2002，第87页。

四 阳明对理学与心学两派的综合

综上可见，在主张凭借本心这一点上，阳明不同于朱子；在诉诸本心的直接性这一点上，他又不同于明道、象山和甘泉。他开创了一条不同于此前主要儒者的道路。工夫可以直接凭借本心展开，这是即用是体的真意，也是包括"良知"在内各个说法力图揭示的阳明思想的宗旨。

黄梨洲以下两段话为我们大致勾勒出阳明所处时代的学术风气。一是在《姚江学案》开头所说："有明学术，从前习熟先儒之成说，未尝反身理会，推见至隐，所谓'此亦一述朱，彼亦一述朱'耳。"[①]这是说学者沿袭朱子学而无所创新，没有自得之见。这一点已为学界所熟知，很少受到注意的是，梨洲在评论明代前期学者、较早于阳明的庄定山时所说："先生以无言自得为宗，受用于浴沂之趣，山峙川流之妙，鸢飞鱼跃之机，略见源头，打成一片，而于所谓文理密察者，竟不加功。盖功未入细，而受用太早。慈湖之后，流传多是此种学问。"[②]白沙、甘泉的学问正是在这一脉络下发展起来的。如果不考虑佛道二教与世俗功利之学，那么陈陈相因的朱子学与主要诉诸自然的心学可以说构成了阳明的主要思想背景和资源，也是他最终挑战并消化吸收的两大儒学流派。我们不仅要从阳明对朱子学的批评中理解其学说的意义，而且要从他对倡导顿悟的心学流派的批评中理解其意义。

"受用太早"的说法也见于梨洲之师蕺山对陈白沙的评论中。蕺山说："今考先生证学诸语，大都说一段自然工夫，高妙处不容凑泊，终是精魂作弄处。盖先生识趣近濂溪而穷理不逮，学术类康节而受用太早，质之圣门，难免欲速见小之病者也。似禅非禅，不必论矣。"[③]

---

① 黄宗羲:《明儒学案》卷十，第178页。
② 黄宗羲:《明儒学案》卷四十五，第1078页。
③ 黄宗羲:《明儒学案》师说，第5页。

近代学者刘鉴泉先生虽推崇阳明的学问，不过也援引梨洲"受用太早"的说法对其提出了批评。他说："夫心性之辨盖难言矣。如实论之，阳明、心斋之所主者，本皆不足恃，彼以为去彼起之安排，即可以得本体，而不知其体夙已有清浊纯驳之殊。有生以来，染习相积，不可分解，而得于天地父母者，更在最先矣。得之骤悟而遽持之，诚如梨洲所谓'受用太早'，则若新发于硎，其性较为发扬。直径行之，其过必多。"[1] 鉴泉先生似未意识到"受用太早"的批评主要针对的是否定后天精察与着意的积极作用的学者，而用在对此持肯定态度的阳明身上是不尽合适的。

总结而言，阳明的主张可以说是"先天渐教"。刘蕺山即已注意到阳明思想中的渐教因素。他在《传信录》中抄录了阳明《传习录》第 225 条："我辈致知，只是各随分量所及，今日良知见在如此，则随今日所知扩充到底，明日良知又有开悟，便随明日所知扩充到底，如此，方是精一工夫。"他随后评论道："此是先生渐教，顿不废渐。"[2] 准确说阳明并非如蕺山所说是以顿教为主而不废渐教，因为本心具有直接性，所以他并不需要诉诸顿悟。

牟宗三先生也没有意识到阳明主张的工夫可以不必以顿悟为前提。他在 1952 年出版的《王阳明致良知教》中完全否定阳明立足于后天努力的工夫："至若所谓'中根以下者，未悟本体，未免在有善有恶上立根基，须用为善去恶工夫，以渐复其本体。'此尤非是。盖此几忘其所言之致良知教矣，良知即本体，故云'致吾心良知之天理于事事物物。'若未悟本体，则何从而致其良知？何从而能为善去恶？不悟本体，而从善恶上立根基，则工夫适成外在的，而善恶亦漫无定准，随境而转矣。此则渐固渐矣，然远离其自己所执持之良知教矣。"[3] 牟先生没有注意到良知本体具有直接性，可以当下为工夫提供

---

① 刘咸炘：《泰州学旨述》，《推十书》（增补全本）甲辑第 1 册，上海科学技术文献出版社，2009，第 220 页。
② 黄宗羲：《明儒学案》卷十，第 209 页。
③ 牟宗三：《王阳明致良知教》，《牟宗三先生全集》第 8 卷，第 78 页。

指引和推动力，由此就没有认识到即便是没有经历顿悟的渐修工夫其实也可以是致良知工夫。

后来牟先生观点有所调整，但不足以改变我们对他的观点的看法，从中反而可以进一步看出他强调的是良知这一先天动力。他在1978年首版的《从陆象山到刘蕺山》中说："四有句便不是彻底的渐教，亦不是彻底的后天之学。着眼于动意是后天，然其对治底根据是良知，则又是先天。其为渐是只因有所对治而为渐。这种渐是有超越的根据的，因而亦含有顿之可能之根据。"[1] 牟先生看到有善有恶工夫中的先天因素，是非常正确的。只是他对其包含后天成分的原因的说明是不彻底的。有所着意工夫有后天因素的原因不仅仅是其有后天产生的私欲要对治，还因为它凭借的因素不仅有流行于后天但却源自先天的良知，而且有源自后天的刻意、执着和精察克治。所依靠的因素包含后天成分，这是有所着意的工夫在先天之外拥有后天属性的主要原因。牟先生终究只是把良知这一先天因素作为根据或者更准确地说作为凭借，其实不只有先天因素作为凭借，后天因素也是不可或缺的凭借。

且不论晚年天泉证道开辟的由顿悟而入的工夫提升之路，就阳明一生的主要论述来看，因为他主张的工夫不以顿悟为前提，所以我们说"先天渐教"的意思不是指他主张由顿悟而渐修，而是主张渐修之中包含先天因素，亦即在良知的推动和指引之下渐修。这其实是对明道、象山、甘泉与朱子的改造与综合，是对先天与后天的折中。阳明生在心学和理学都得到了充分发展之后的时代，采取这样的主张某种程度上来说也是形势使然。因为只有这样，才能后出转精，兼得两长而避免两失。后天工夫因本心作用的引入而简易，先天工夫因后天因素的引入而严密，由此形成的工夫不妨可说是"先天渐教"。当然，如果深究的话，应该说阳明工夫中的先天因素并非借由顿悟才得以发

---

① 牟宗三:《从陆象山到刘蕺山》，第178页。

挥作用，后天因素也非朱子式的不凭借本心的居敬穷理。

阳明有调和朱陆的言论。他在龙场悟道以后曾表达"朱陆异同，各有得失，无事辩诘，求之吾性本自明也"[1]的观点。而其调和朱陆的代表作无疑是给徐成之的两封信，尤其是第一封信。因为他在第二封信中还说了"仆尝欲冒天下之讥，以为象山一暴其说，虽以此得罪，无恨"[2]之类为陆学鸣不平的话，相对而言更加偏向陆学一些。阳明曾表达自己写这两封信的动机："天下是朱非陆，论定既久，一旦反之为难。二书姑为调停两可之说，使人自思得之。"[3]据此，阳明发出调和之论，甚至是陆而非朱，只是朱学强盛背景下的权宜之计而已。如果我们基于先天渐教的视野来看阳明调和朱陆的这些言论，则会发现，在朱陆之间保持微妙平衡，确实不能说没有在朱强陆弱情形下的虚与委蛇，但也不能不说这反映了他朱陆各有是非的真实想法。

以下出自嘉靖五年（1526）的说法可以视为阳明对朱陆异同的真实看法，从中也可以看出他求真务实，不盲从先贤的态度："吾于象山之学有同者，非是苟同；其异者，自不掩其为异也。吾于晦庵之论有异者，非是求异；其同者，自不害其为同也。"[4]套用二程关于性气关系的论述，我们或许可以说，在阳明心中，朱子重后天而不重先天，未免失之不透彻；象山重先天而不重后天，未免失之不完备。在重视先天的意义上，他是立足于陆学的；在承认后天的积极作用的意义上，他又是赞同朱学而对陆学做了改造的。总体而言或可这样概括王学与朱陆之学的关系，即王学更接近于陆学，两者同为重视发挥本心作用的心学，不过也融入了朱学重视后天努力的因素，尽管他们所说的后天努力存在是否直接发挥本心作用的差异，不过不论如何，他的主张不同于认为后天着意不仅无益而且还有负面作用的陆学。

---

① 钱德洪编《年谱一》，《王阳明全集》卷三十三，第 1355 页。
② 王守仁：《答徐成之·二·壬午》，《王阳明全集》卷二十一，第 891 页。
③ 钱德洪编《传习录·中·钱德洪序》，《王阳明全集》卷二，第 45 页。
④ 王守仁：《答友人问·丙戌》，《王阳明全集》卷六，第 233 页。

第三节 "良知"之前的言说及其局限

阳明曾有过很多言说来表达龙场所悟的内容，如"知行合一"、"心即理"、"诚意"、"收敛"、"立志"和"动静合一"等。这些表达都不同程度地满足了他的需要，但和良知比，又有差距，关键差距就在于这些说法都没有直接表达出即用是体的意涵。

陈来先生对阳明中年时期所提诸多命题有一评价，虽未提及即用是体，不过也非常精当："知行合一虽为工夫切要，但未及心体。心外无理虽论心体，但非功夫。格物为正念头虽为反身功夫，终是缺却本体一截，而'致良知'本体工夫一齐收摄，无怪阳明多次称之为'圣门之正法眼藏'。"①

首先，关于"知行合一"。龙场悟道以后，阳明的首个重要命题是正德四年（1509）在贵阳提出的知行合一。此说虽然起到了指点作用，不过从事后的追忆来看，也引起了纷争。离开贵州到达庐陵后的正德五年（1510），阳明说："悔昔在贵阳举知行合一之教，纷纷异同，罔知所入。"②纷争的原因大致有二。第一，其时士人学习的朱子学在知行关系上的一个重要主张是"知先行后"，阳明的说法从形式上来看直接与之冲突。这方面的争议发生在士人中间，而不发生在普通人中间。阳明后来回忆这段时间的经历说："吾居龙场时，夷人言语不通，所可与言者中土亡命之流。与论知行之说，更无扞格。久之，并夷人亦欣欣相向。及出与士夫言，反多纷纷同异，扞格不入。学问最怕有意见的人，只患闻见不多。良知闻见益多，覆蔽益重。反不曾读书的人，更容易与他说得。"③"良知闻见益多，覆蔽益重"须善解，其意思是良知在闻见越多的情况下越容易被掩蔽。更易于理解的表达是

---

① 陈来：《有无之境——王阳明哲学的精神》，第 161 页。
② 钱德洪编《年谱一》，《王阳明全集》卷三十三，第 1357 页。
③ 陈荣捷编《传习录拾遗》第 17 条，《王阳明全集》卷三十二，第 1292 页。

"闻见益多，良知覆蔽益重"。象山也有类似看法："此道与溺于利欲之人言犹易，与溺于意见之人言却难。"①意见与利欲构成心学尤其是象山这里所要克服的两大障碍。第二，就一般人的感受而言，明明知道应该如此行动但不如此行动的例子比比皆是，知行合一的提法不符合经验事实。如后来徐曰仁听闻知行合一的教诲而不能理解时，首先就举出生活中知而不行的反例："如今人尽有知得父当孝、兄当弟者，却不能孝、不能弟，便是知与行分明是两件。"②

其实知行合一之"知"是本体之知，是本然好恶、痛切感受，必然能导出正确的行动而禁止错误的行动。也就是说，"知"其实是表达了知的直接性和充足性的。正是出于这个原因，虽然这一说法容易引起纷争，但阳明仍然一直使用这一指点语，即便到了晚年也没有放弃。如嘉靖四年（1525）前后给顾东桥的信中便对知行合一有很多论述。在他那里，知行合一甚至还可以称得上是他的"立言宗旨"。如中年与徐曰仁（名爱）问答，谈到知与行究竟是一还是二的问题时，他强调："若不知立言宗旨，只管说一个两个，亦有甚用？"③立言宗旨即是知必然能导出行，从而与行构成一体无间的关系。如果不能理解这一点，那么即便在言辞上说知行是一不是二也无济于事，两者也并未真正统一。反过来，如果理解了这一点，即便说知行是二也没有关系，因为知代表动机，行代表对动机的落实，两者在含义上确实具有分别。尽管有分别，但因为知必然能导出行，所以又不妨碍两者的统一。

晚年面对关于知行合一的提问，阳明也提及了"立言宗旨"："此须识我立言宗旨。今人学问，只因知行分作两件，故有一念发动，虽是不善，然却未曾行，便不去禁止。我今说个'知行合一'，正要人晓得一念发动处，便即是行了。发动处有不善，就将这不善的念克

---

① 陆九渊：《语录》上，《陆九渊集》卷三十四，第398页。
② 钱德洪编《传习录》第5条，《王阳明全集》卷一，第4页。
③ 钱德洪编《传习录》第5条，《王阳明全集》卷一，第5页。

倒了。须要彻根彻底，不使那一念不善潜伏在胸中。此是我立言宗旨。"[1] "彻根彻底"之所以关乎他的"立言宗旨"，并不难理解。其意是说好的就顺着喜欢去做，不好的就顺着厌恶不去做，坚决果断，不要拖泥带水、三心二意。好与不好的判断即出自作为本然好恶、痛切感受的"知"。本然好恶、痛切感受是行动的动力，善与恶则代表行动的准则。因此整段话是强调作为本体的知包含动力和准则，具有直接性和充足性，人可以直接在发用中依循本体而行。基于此，阳明认为知行合一是自己的立言宗旨。

不过，尽管知行合一可以指点本体的作用，然而它并没有在字面上表达出即用是体的意思来，在即用是体的前提下，才谈得上本体作用的具体发挥。并且"知"也不足以与知识以及知觉等其他概念很好地区分开来。人们难以直接从字面上理解其是本体之知。这些是它不如"良知"的地方，这也限制了它在阳明思想中地位的提升。

其次，关于"心即理"。继提出知行合一之后，阳明提出的另一重要命题是心即理。心即理由于常常被视为阳明学的第一命题，所以其受重视程度有时甚至超过知行合一。就现有资料来看，阳明在正德七年（1512）南归舟中与徐曰仁论学时提出心即理。其意思简而言之是不必如朱子指点的那样到事物上寻找所当依循的理，只要在自己的心中就可以发现所当依循的理，心并非像朱子所说的那样是单纯的知觉，而同时包含了理。从前述好恶与善恶的关系来看，心代表本然好恶，理代表准则，因而心即理说的是善恶的准则出自心的本然好恶。从心是好恶的角度来说，它是发用；从心的好恶出自本然的角度来说，它又可以称为本体。由此心即理暗含了在发用上可以把握本体的意思，因而可以直接凭借心来做工夫。阳明正是在这个意义上认为心即理表达了自己的立言宗旨："诸君要识得我立言宗旨。我如今说个心即理是如何，只为世人分心与理为二，故便有许多病痛……分心与

理为二，其流至于伯道之伪而不自知。故我说个心即理，要使知心理是一个，便来心上做工夫，不去袭义于外，便是王道之真。此我立言宗旨。"①

"来心上做工夫"主要是针对朱子以格物致知为先而提出来的。朱子认为想要正确行动，关键在于获得对事物之理的不可易和不容已的体认和确信，这构成了穷理的最终目标。尽管阳明未能准确把握朱子穷理的最终目标，不过他认为朱子将工夫的着眼点放在事物之理上，点出格物在其工夫论中的重要地位，则是符合实情的。阳明自身则认为理不在事物而在心，如果将着眼点放在事物之理上，那么即便行为正确也只不过是表面文章而非发自本心。"来心上做工夫"之所以被他称为立言宗旨，是因为这说明心很重要，工夫可以在这里做，也应该在这里做。这一点表面看来和朱子没有区别，因为朱子也明确说"心是做工夫处"。不过，关于来心上做工夫的含义以及为什么要来心上做工夫的理由，两人都持不同看法。

首先，阳明认为心可以成为工夫的凭借而朱子并不这么认为。朱子所说的在心上做工夫的主要含义不是凭借本心的推动与指引以为善去恶，而是保持心不被私欲所昏昧的状态，由此可以为从事格物等活动准备良好的心理状态。

其次，朱子的理由在于心是贯穿形上之性与形下之情的枢纽："心者，主乎性而行乎情。"②仁义礼智之性能否发用成为恻隐、羞恶、辞让、是非之情，取决于心，简言之，心主宰了人的行动。阳明的理由则在于心直接提供了正确行动所需的动力和准则，因此可以成为工夫的凭借。而朱子则因为心往往渗入了私欲，已经不是本心而是现实心，或说本心的发用时断时续，并不稳定而可靠，所以不认为具有动力和准则的心足以成为工夫的凭借。"心是做工夫处"的表达某种程

---

① 钱德洪编《传习录》第321条，《王阳明全集》卷三，第137~138页。
② 均见黎靖德编《朱子语类》卷五，第94页。

度上正是对心是本心的否定。[1] 他对象山心即理主张的批评，即反映了在他看来人心的状态已非本心因而不足凭借："近世一种学问，虽说心与理一，而不察乎气禀物欲之私，故其发亦不合理，却与释氏同病，不可不察。"[2]

原本，佛典即已有心即理的表述，象山、阳明采取这一表述固然与佛典有关，但思想内容则是儒家的。牟宗三先生说："王阳明之言良知乃自始即是道德的，故必然是孟子学，与圭峰宗密有何关系？"[3] 心即理和知行合一一样继续出现在阳明晚年思想中，具体例子包括给顾东桥的信等，这反映了它在阳明思想中有着重要地位。晚年仍然采取这一说法，说明阳明对这一术语的运用并非不得已的权宜之计。从最终提出更完善的说法的角度来说，这个表达确实不能说尽善尽美；但阳明毕竟采用了这个说法并将其提至宗旨的高度，这个说法深深地契入了他的关怀，得到他高度认可。

心即理可以理解为在朱子所谓发用之心中就包含着其所谓本体之理，就此而言也可以把它视为即用是体的表达，不过它更多地表达了准则内在于动力的意思，是对本体内涵的描述，揭示本体包含的动力与准则两个面向的关系。也就是说，这一命题不如"良知"那样直接表达即用是体的意思。并且，心在此主要是指本心，尽管是直接呈现的本心，可是单单一个"心"字并不足以表达本心的意思，而难以与可能已经渗入私欲的现实心区别开来。上引朱子对象山心学一派的批评，也完全可以用在阳明这里。尽管阳明可以从义理上回应朱子可能的批评，不过，表述形式上的不完备却是不可否认的事实。这无疑限制了这一命题在他思想中地位的进一步提升。

再次，关于"诚意"。知行合一和心即理都或隐或显地点出了本

---

[1] 吴震：《"心是做工夫处"——关于朱熹心论的几个问题》，吴震主编《宋代新儒学的精神世界——以朱子学为中心》，第112~138页。

[2] 黎靖德编《朱子语类》卷一百二十六，第3016页。

[3] 牟宗三：《从陆象山到刘蕺山》，第141页。

体，阳明在正式拈出"良知"之前，还有众多并未提到本体的指点语。他经常提及的一种表达方式是"……是……的工夫"。徐曰仁对此有比较全面的总结，"格物是诚意的工夫，明善是诚身的工夫，穷理是尽性的工夫，道问学是尊德性的工夫，博文是约礼的工夫，惟精是惟一的工夫"[①]。这些指点语都是为了纠正朱子学的支离，使修养身心成为工夫的中心。其中诚意与格物尤为重要，格物是诚意的工夫，意思是说格物是诚意的具体下手处，通过格物以落实诚意。这么说仍是针对朱子先格物而后诚意的工夫论。先格物而后诚意，则格物和诚意有各自的内涵，前者为知，后者为行，前者指对理的把握，后者指基于此而端正自己的意念。对阳明来说，因为本体的直接性，人本来就可以直接做到端正自己的意念，即直接做到诚意，而不必事先做穷尽事物之理的工夫。事先做穷理的工夫，反而就成了支离。支离的意思是偏离主干，忽略重点。因此工夫的要点是诚意，突出诚意就是为了防止工夫的支离。在此情况下，格物又意味着什么呢？格物意味着具体落实端正意念的工夫。诚意作为要领，其主要作用是从根本上规定格物的方向，使其含义不再是朱子理解的穷尽事物之理，而是直接入手开始身心修养。格物则将作为身心修养具体内涵的端正意念表达出来。故阳明将格物解释为："正其不正，以归于正也。"[②]

在上述思路中，固然直接做诚意工夫的前提是本体的直接性，不过无论诚意、格物，还是其他众多同类指点语，都没有点出本体的直接性这一点，使本体直接性得以可能的即用是体就更不用说了。这一方面反映了阳明的言说未能表达其领悟，另一方面也反映了他这一阶段工夫论的重点在通过强调工夫的切要，从而克服朱子工夫论的支离倾向。

最后，关于"收敛"、"立志"和"动静合一"等。阳明在拈出"良知"之前尚有诸多工夫指点语，这些指点语在一段时间内都有其

---

① 钱德洪编《传习录》第 14 条，《王阳明全集》卷一，第 12 页。

② 钱德洪编《传习录》第 85 条，《王阳明全集》卷一，第 28 页。

重要性，但都没有明显点出本体，更没有表达出即用是体的意思。

"收敛"既可指无事时的静养，也可指收敛过度的情绪从而循理而行。前者往往表现为静坐的形式，后者则可涵盖无事和有事的所有时间。收敛的第二个含义，阳明弟子龙溪等人阐发得较多。如他说："盖常体不易，即所以为收敛，寂而感也；应变无穷，即所以为发散，感而寂也。恒寂恒感，造化之所以恒久而不已。"[1] 在此发散与收敛的含义即是动与静，龙溪说的即是后文将提及的动静合一的状态。前已述及阳明在庐陵一度后悔以知行合一提点学者，那时他便以静坐来指点学者。《年谱》载："兹来乃与诸生静坐僧寺，使自悟性体，顾恍恍若有可即者。""使自悟性体"的说法表明收敛工夫的目的在于使性体呈露并进而主导人的行动。至于收敛工夫本身是否受到本体支撑，阳明并未提及。考虑到指点静坐主要是"欲以此补小学收放心一段功夫耳"[2]，即主要针对那些尚处于初学阶段，思虑纷扰而不能平静的学者，因此其受到本体的推动和指引尽管不是没有，但无疑是相对较弱的。与其说收敛强调的是先天本体因素的作用，不如说是后天人为努力的作用。并且正是有赖于后天的努力，先天本体的作用才能充分发挥出来。

值得注意的是，以收敛教学者，虽然着眼于本体的呈露并进而主导意识，但并非在用上求体。这在很大程度上已经偏离了阳明龙场悟道以来即用是体的基本思路，不过阳明也很快意识到了由此带来的弊病，一方面他提出动静合一加以补救，另一方面又从理论上对静坐的作用加以限定。前者且待后述，后者则体现在如下说法中："教人为学，不可执一偏。初学时心猿意马，拴缚不定，其所思虑多是人欲一边，故且教之静坐、息思虑。久之，俟其心意稍定，只悬空静守，如槁木死灰，亦无用，须教他省察克治。"[3] 由此也可看出静坐只是教人

① 王畿:《周潭汪子晤言》,《王畿集》卷三，第58页。
② 均见钱德洪编《年谱一》,《王阳明全集》卷三十三，第1357页。
③ 钱德洪编《传习录》第39条,《王阳明全集》卷一，第18页。

的权法而已。这与明道教学者"且静坐"的思路可谓如出一辙，重在一"且"字。①

在加以限定的条件下，即便到了晚年，阳明也并不完全阻止学者采取静坐的方式展开身心修养的工夫。限定条件有二。第一，从目的来说是为了息思虑、涵养本心而非厌恶、排拒所应处理的事务。如面对想要在山中静坐的弟子，阳明告诫："汝若以厌外物之心去求之静，是反养成一个骄惰之气了。汝若不厌外物，复于静处涵养，却好。"②第二，只是辅助工夫而非主要工夫，主要工夫无疑是致良知，并且静坐也可视为无事时致良知的一种形式。

与收敛类似，阳明说的"立志"，主要强调的也是通过后天人为努力以发挥先天本体的作用。他认为在本体完全主导人的意识和行动之前，尚需立志以及收敛等后天努力的参与。只是，单纯"立志"的表述也没有指点出其是旨在发挥本体作用的工夫。

"动静合一"的提出，便正是为了提醒人们注意发挥本体的作用。有事无事时的心只是一个心，此心即是本体。本体的作用可以贯穿于有事无事的所有时间，工夫可以凭借本体从而成为本体工夫。阳明说："吾昔居滁时，见学者为口耳同异之辩，无益于得，且教之静坐。一时学者亦若有悟，但久之渐有喜静厌动、流入枯槁之病，故迩来只指破致良知工夫。学者真见得良知本体，昭明洞彻，是是非非，莫非天则，不论有事无事，精察克治，俱归一路，方是格致实功，不落却一边，故较来无出致良知。话头无病，何也？良知原无间动静也。"③

阳明讲友兼弟子黄宗贤说阳明："甲戌，升南京鸿胪寺卿，始专以良知之旨训学者。"④甲戌年即正德九年（1514）。宗贤这一说法是不确切的，因为阳明直至正德十五年前后才正式开始以良知指点学者。之所以他会认为阳明在南京期间即已拈出"良知"的一个可能的原因，

---

① 程颢、程颐：《河南程氏外书》卷十二，《二程集》，第 432 页。
② 钱德洪编《传习录》第 256 条，《王阳明全集》卷三，第 118 页。
③ 陈荣捷编《传习录拾遗》第 38 条，《王阳明全集》卷三十二，第 1298 页。
④ 黄绾：《阳明先生行状》，《王阳明全集》卷三十八，第 1559 页。

就是在此条引文中阳明直接从以收敛教人过渡到以良知教人。类似的例子还有:"予自鸿胪以前,学者用功尚多拘局。自吾揭示良知头脑,渐觉见得此意者多,可与裁矣!"[1] 另一个可能的原因是,阳明这一时期以动静合一教人,动静合一以发挥本体作用为前提,本体地位确实被凸显,而本体无疑就是良知,由此黄宗贤才误以为此时阳明已拈出"良知"。

无论如何,阳明确实强调发挥本体作用以纠正学者的喜静厌动倾向,并且本体实即良知,不过,致良知的正式拈出还在多年以后。这一时期应对喜静厌动弊病的是动静合一。王龙溪对阳明思想和教法演变的总结便提到了动静合一:"自滁、留以后,乃为动静合一、工夫本体之说以救之。"[2] 阳明正德八年(1513)十月开始居滁,次年(1514)五月到南京。在滁州停留期间他仍然以静坐教人,只是在这一阶段喜静厌动的弊病便已出现,因而他在这一阶段开始调整教学策略。虽然从实质内容来说动静合一强调发挥本体的作用,不过其字面上并未点出本体,这就限制了它在阳明工夫指点语中地位的提升。

综合本节讨论可知,知行合一和心即理直接点出了本体的作用,动静合一也指向发挥本体的作用。而诚意、收敛、立志等虽然也承诺了发挥本体的作用,不过更多突出的是后天努力的重要性。所有这些指点语无疑都以本体在工夫中能直接发挥作用为前提,但基本上都没有论及使这一点成为可能的即用是体。而这正是"良知"所要完成的工作,这些指点语分量不及良知的原因正在于此。

第四节 "良知"本身的局限及阳明后学的分化

"良知"并非完美无缺,阳明在拈出"良知"以后进行了多方解

---

[1] 陈荣捷编《传习录拾遗》第39条,《王阳明全集》卷三十二,第1299页。标点有改动。

[2] 王畿:《滁阳会语》,《王畿集》卷二,第33页。

释，以期进行弥补和完善。而阳明后学的分化也正和不同学者着重从体和用的不同角度理解良知有关。

一 "良知"的局限及其应对

尽管阳明极力称赞致良知"话头无病"，不过拈出"良知"这一表述以后并非万事大吉，这一表述也并非没有缺陷，言与意的张力并没有因为拈出"良知"而彻底消除。正式拈出"良知"以后，阳明还做了很多工作。主要是督促学者正确看待良知并切实落实良知。这也涉及言意关系。在言意关系方面，他所做的工作主要包括突出用中的情感和意志因素；揭示"良知"的本体向度；保持体与用的微妙平衡，尤其是在着力突出良知之发用的维度时，也努力避免凡用皆为体的倾向。

首先，突出用之中的情感和意志因素。从知情意三分的角度出发，"良知"从字面来看主要突出的是知的侧面，即知善知恶或知是知非，而对情感和意志的维度有所忽略，这构成了这个表述的一大局限。因为只突出了知的维度，人们容易误以为良知只是对善恶的分别，误以为良知只是静观而不能导出正确的行动。而事实上知情意三个维度都是包含在良知之中的。[①]原本知情意可说是一个后设的、外在的框架，并非阳明自身提出的框架，不过对理解良知的内涵不无帮助，故不妨采用。

阳明有必要通过对良知内涵的阐发，揭示情与意方面的内涵。关于情，他主要从良知是一体之仁和真诚恻怛的角度来论述。在著名的《拔本塞源论》中，他把"天地万物一体之仁"理解为"心体之同然"[②]。心体即良知，因而他是以一体之仁来解释良知。他也直接说良知"只是一个真诚恻怛"[③]。包含"真诚恻怛"的书信完成于阳明去世

---

① 陈立胜：《入圣之机：王阳明致良知工夫论研究》，第203~246页。
② 钱德洪编《传习录》第142条，《王阳明全集》卷二，第61~62页。
③ 钱德洪编《传习录》第189条，《王阳明全集》卷二，第95页。

前数月，因为这一表述非常重要，所以耿宁先生称此信为阳明的"哲学遗言"。关于意，他主要从良知是好恶的角度来论述，即"良知只是个是非之心，是非只是个好恶"①。四句教虽然着眼于勉然与自然两层工夫，但因为两者都以好善恶恶为核心内容，所以也可以说是对意志的维度的强调。

当然需说明的是，情与意的维度不是只有拈出致良知宗旨以后才提出来的。在徐曰仁记录的语录中，阳明虽尚未正式以良知为宗旨教人，不过却已从恻隐之情的角度来理解良知："若良知之发，更无私意障碍，即所谓'充其恻隐之心，而仁不可胜用矣'。"而他说"良知自然会……"的时候，无疑也包含了良知是意志的意味。他说："心自然会知：见父自然知孝，见兄自然知弟，见孺子入井自然知恻隐，此便是良知，不假外求。"②

其次，揭示出"良知"的本体向度。"良知"从表述来看落脚在"知"而不是"良"，因为知是本然好恶、痛切感受，是发用而非本体，所以整个概念落脚在发用上，由此容易让人误以为良知仅仅是发用。阳明二传弟子李见罗便指出在阳明这里良知是用而非体："阳明先生曰：'良知即是未发之中，即是寂然不动，廓然而大公的本体。'尽力推向体边，其实良知毕竟是用，岂可移易？"③说良知是用无疑是正确的，不过，因为是用便认为不能是体，则并不确切。良知是即发用而为本体。不过，见罗的误解也反映出，某种程度上"良知"的表述偏向于用而体的意味有所不足，这成为这个表述的最大不足。尽管事实上一个表述或偏向于用，或偏向于体，其实是无法避免的。由此阳明变得有必要阐述出其本体方面的内涵。当然其本体方面的内涵不是脱离发用，与发用相对，两者不是分属形上形下，泾渭分明，而就在发用之中，是即发用而为本体。

---

① 钱德洪编《传习录》第288条，《王阳明全集》卷三，第126页。
② 均见钱德洪编《传习录》第8条，《王阳明全集》卷一，第7页。
③ 黄宗羲：《明儒学案》卷三十一，第676页。

"良知"本身落脚在知上，阳明往往直接就着良知阐发其本体义。如他说："良知即是天理。"① 又说"良知即是未发之中，即是廓然大公，寂然不动之本体"②。颠倒过来说也表示良知的本体义，亦即本体只不过是良知，除了良知以外别无本体。如"天理即是良知"③。以及："'未发之中'即良知也，无前后内外而浑然一体者也。"④ 原本天理和未发之中都属形上，但阳明在此指出不是脱离良知而有所谓形上。如果脱离良知而有所谓形上，就陷入了前后内外的区隔之中。真实的情况是，天理是即发用的良知而为天理，未发之中是即发用的良知而为未发之中。

此外，阳明也经常在阐述良知是发用的时候，扣回本体来讲，从而强调其本体的意涵。如前引"良知是天理之昭明灵觉处，故良知即是天理"便是一例。又如在"良知只是一个天理自然明觉发见处，只是一个真诚恻怛"之后，他又马上指出"便是他本体"⑤。

最后，保持体与用的微妙平衡。即便体与用两方面的内涵都充分挖掘出来以后，也不是万事大吉了，仍然有后续的问题需要解决，那就是体与用的平衡。也就是说，即便突出了体的地位，也不能因此忽视良知之用的一面。质言之，良知既是用也是体，体用合一，这两个方面很难保持平衡。套用刘蕺山的说法，过于注重"良"则难免出现"荡之以玄虚"的问题，过于重视"知"则难免出现"参之以情识"的问题。⑥ 蕺山归纳的阳明后学的这两种倾向，确实是阳明学不得不面临的问题。

吴震先生是以良知的先天性与显在性来表示良知既是体也是用，他十分强调这两个特点对良知来说是缺一不可的："良知的先天性与显

---

① 王守仁:《与马子莘·丁亥》,《王阳明全集》卷六，第 243 页。
② 钱德洪编《传习录》第 155 条,《王阳明全集》卷二，第 71 页。
③ 钱德洪编《传习录》第 284 条,《王阳明全集》卷三，第 125 页。
④ 钱德洪编《传习录》第 157 条,《王阳明全集》卷二，第 72 页。
⑤ 钱德洪编《传习录》第 189 条,《王阳明全集》卷二，第 95 页。
⑥ 黄宗羲:《明儒学案》卷六十二，第 1575 页。

在性是不可分割、密切相关的。只强调良知的先天性，则良知仅是抽象化的观念存在，停留于寂然未分的世界之中，由此便有可能抹杀良知的生命力——一种生生不已、周流六虚的生命力。阳明后学中的归寂派的学说就有这一思想倾向。反之，如果只强调良知的显在性，没有先天性作为其自身的制约——即良知本体对行为的主导和制约，则有可能任由发用而动，不免堕入一种媚世逐物的俗态之中，甚至导致'认欲为理'的严重结果。在归寂派的思想人物看来，阳明后学中的现成派所推崇的良知自然论就有这一倾向。"① 关于阳明后学的分化，我们稍后再论。

"良知"突出的是用而不是体，有可能造成凡用皆体的问题。阳明对此"下拉"可能造成的偏差并非毫无防范。如他有批评仁者、智者和百姓的偏颇，提醒人们注意良知是否果真充分、准确反映了本性："'一阴一阳之谓道'，但仁者见之便谓之仁，知者见之便谓之智，百姓又日用而不知，故君子之道鲜矣。仁、智岂可不谓之道？但见得偏了，便有弊病。"② 他强调良知在现实发用中的变动不居，因而不可执着："良知即是《易》，'其为道也屡迁，变动不居，周流六虚，上下无常，刚柔相易，不可为典要，惟变所适'。此知如何捉摸得？"③ 这些都在一定程度上意味着精察克治的必要性。他指出道无往而不在是有前提的："夫道固不外于人伦日用，然必先志于道而以道为主，则人伦日用自无非道。"④ 他以下说法点出了良知的重要性，要求人不要混淆现实与应当："喜、怒、哀、惧、爱、恶、欲，谓之七情。七者俱是人心合有的，但要认得良知明白。"⑤ 从性气关系的角度来说，他认为"才说'气即是性'，即已落在一边"，即他并非无条件承认气即是性，性即是气。只有在"见得自性明白"的条件下，才谈得上"气即

---

① 吴震：《阳明后学研究》（增订本），第34~35页。
② 钱德洪编《传习录》第49条，《王阳明全集》卷一，第21页。
③ 钱德洪编《传习录》第340条，《王阳明全集》卷三，第142页。
④ 黄直编《遗言录》上第55条，《王阳明全集》（新编本）卷四十，第1602页。
⑤ 钱德洪编《传习录》第290条，《王阳明全集》卷三，第126页。

是性，性即是气，原无性气之可分也"①。或者说："气亦性也，性亦气也，但须认得头脑是当。"②他反对认为但凡发用层面的爱都是本体的观点："然爱之本体固可谓之仁，但亦有爱得是与不是者，须爱得是方是爱之本体，方可谓之仁。"③

阳明还通过指出良知具有无限深度和广度来督促学者保持提升。弟子认为："先生致知之旨，发尽精蕴，看来这里再去不得。"阳明回答："何言之易也！再用功半年看如何？又用功一年看如何？功夫愈久，愈觉不同，此难口说。"④可见良知固然可以直接发用，不同阶段的用都可称为本体，不过它们仍然有高下和深浅的区别。

无论如何，阳明并没有返回以性为体、以情为用的老路，而是在新的地平线上解决面临的问题。新的地平线就是体在用中、即用是体、离用无体，解决方法就是在发用上而不是离了发用强调本体。

总之，良知的内涵有待深入挖掘和充分展现，体与用的微妙平衡有待小心维持。这是阳明拈出"良知"以后面临的重大课题。由此也可看出，良知具有的丰富内涵纵然可以为"良知"一语所统摄，但显然也需要更多概念术语来加以阐述，从而有助于全面、准确揭示以良知为中心的心性学说和工夫主张的内涵，并回应不同人在不同情境中面临的问题。阳明说："'学问之道无他，求其放心而已'，盖一言而足。至其功夫节目，则愈讲而愈无穷者。"⑤仅仅由"良知"一语来承担过于丰富的内涵，难免出现过载的问题。这是为什么阳明即便在拈出"良知"并以之为宗旨之后，仍然要借助不同概念术语，从包括四句教与真诚恻怛在内的各个角度对其加以阐发的一个重要原因。

只是，阳明也有必要考虑如何不因为引入这些概念而重新产生支

---

① 钱德洪编《传习录》第150条，《王阳明全集》卷二，第69页。
② 钱德洪编《传习录》第242条，《王阳明全集》卷三，第114页。
③ 王守仁：《与黄勉之·二·甲申》，《王阳明全集》卷五，第217页。
④ 钱德洪编《传习录》第210条，《王阳明全集》卷三，第106页。
⑤ 王守仁：《寄希渊·三·癸酉》，《王阳明全集》卷四，第178页。

离繁复的问题。见罗便注意到这一问题:"昔之支离者,不过支离于训解,今之支离者,乃至支离于心体。夫支离于训解,昔贤犹且忧之,而况支离于心体乎?"①至于见罗批评的"支离于心体"究竟是哪些学者的观点,在此就不能详论了。冯从吾则从诚意的角度指出提揭心体本身是不至于陷入支离的:"至于如恶恶臭,如好好色,则万念总归于一念,而其念不纷,末念止,还其初念,而其念不转。无为其所不为,无欲其所不欲,为其所为,欲其所欲,又何不自慊之有?如此则心本一而意亦复还于一,又何至于支离而去哉?"②

二 阳明后学的分化

阳明后学诸多人物突出真诚恻怛的重要性,着重地讲不容已,这些都是对良知所具有的情与意的维度的弥补,阳明学的分化主要不从这些地方开始。导致阳明后学分化的关键因素,是体与用的失衡。

由前可知,阳明的整体思路是:第一,要谈本体;第二,本体是在发用中谈的。在这两者中,重点是后者,甚至可以说他似乎对用的地位的提揭不免有些过度,以至于他的后学中虽然有学者沿着这一方向继续推进,但也有不少学者反过来对作为体的用的筛选更加严格,甚至完全否定后天之用可以是体。因为在阳明这里重点在用而不在体,所以从阳明的角度来说,由重视发用倒向凡是发用都是本体是主要危险,而不会出现过度强调本体的问题。由此,蕺山揭示的两种弊病中,"参之以情识"确实源自阳明着力的主要方向,因而一定程度上是法病;"荡之以玄虚"则可能主要是人病,是纠正阳明偏差以至于矫枉过正所致。

就与阳明本旨的远近这一点来说,刘蕺山如下所说是比较接近事实的:"王门有心斋、龙溪,学皆尊悟,世称二王。心斋言悟虽超旷,不离师门宗旨;至龙溪,直把良知作佛性看,悬空期个悟,终成玩弄

① 黄宗羲:《明儒学案》卷三十一,第 677 页。
② 黄宗羲:《明儒学案》卷四十一,第 997 页。

光景，虽谓之操戈入室可也。"[1] 心斋并非尊悟，其重视在日用常行中契入良知并发挥其作用，这是符合阳明本旨的，此点且不论。陈来先生则认为："就刘宗周所指陈的二溪的弊病而言，所谓龙溪的'荡之以虚玄'，也就是其四无之说，本来源自阳明。只是龙溪将此提揭过重，流传影响所及，不免有所偏。而所说泰州的'参之以情识'，则是指以感性情欲为良知，这就无论如何也不能归入阳明学正统了。"[2] 应该说，是龙溪首先在天泉证道前夕明确提出四无而受到阳明肯定，并且阳明生前警告龙溪四无之说只可用以自修，不可用以教人，所以阳明的取向与龙溪是有一定距离的。至于以感性情欲为良知，则的确不是阳明本意，而是心斋及其门下过度重视用而对体的重视不足所致。

不论如何，体用的平衡难以保持，以至于阳明后学分别朝着过度重视用以至于认为凡用皆体以及过度提揭体以至于离用言体两个方向分化。

首先，过度重视用以至于认为凡用皆体。泰州王门的王东崖对良知即用而为体这一点有深切领会。对此可参有关晚明讲会的记述：

> 会中有言"良知非究竟宗旨，更有向上一着，无声无臭是也。"叟矍然起立，抗声曰："良知曾有声有臭耶？"[3]

东崖的这一反问点出了良知具有的未发本体的维度，延续了阳明学见在良知就是究竟宗旨的总体方向。

不过，一般认为泰州王门流弊最深。他们的观点一方面深得阳明良知可以自然发用，即作用而为本体这一精髓；另一方面却又不免误认情识为良知。如东崖之说法总体而言无疑没有问题，只是其前半部

① 黄宗羲：《明儒学案》师说，第9页。
② 陈来：《序》，彭国翔：《良知学的展开：王龙溪与中晚明的阳明学》（增订版），第7页。
③ 黄宗羲：《明儒学案》卷三十二，第721页。

分容易让人误解，以为凡饮食日用都是合理的："鸟啼花落，山峙川流，饥食渴饮，夏葛冬裘，至道无余蕴矣。充拓得开，则天地变化，草木蕃；充拓不去，则天地闭，贤人隐。"从阳明的角度来看，东崖以下未免容易滋长认为凡是作用皆为良知的弊病："性之灵明曰良知，良知自能应感，自能约心思而酬酢万变。知之为知之，不知为不知，一毫不劳勉强扭捏，而用智者自多事也。"以下所引之言也有同样的弊病："才提起一个学字，却似便要起几层意思，不知原无一物，原自现成，顺明觉自然之应而已。自朝至暮，动作施为，何者非道？更要如何，便是与蛇画足。"①

关于阳明后学"参之以情识"或凡用皆体这一弊病，再举两个例子。其一是魏药湖认为："理无定在，心之所安，即是理。"②无疑如此则非所安而安的情况也被认为是合理的。其二是杨复所反对朱子"气禀所拘，人欲所蔽"的说法，认为："凡吾人终日举心动念，无一而非欲也，皆明德之呈露显发也，何蔽之有？吾人一身视听言动，无一而非气禀也，皆明德之洋溢充满也，何拘之有？"③实则"气禀所拘，人欲所蔽"的情况的存在是不容否认的。

过度重视用以至于对体的强调有所不足的问题，在阳明那里已然存在。如他说："事即道，道即事。"④他的本意只是指出道事不离，体在用中，不过表达上却未免有混所有事为道的嫌疑。拈出"良知"之后，他有些说法容易让人误以为他的观点是不管是否发自本体，自然生发的情都是善的。如前引"良知只是个是非之心，是非只是个好恶"，他是说好恶即可穷尽良知的内涵。在此，"好恶"似乎是包含所有好恶，实则只是本然好恶。又如为其所认可的弟子"满街人都是圣人"⑤的观点，实际上只是说满街人都有良知而良知可以直接发用，

① 分别见黄宗羲《明儒学案》卷32，第722、721、721页。
② 黄宗羲：《明儒学案》卷十九，第464页。
③ 杨起元：《笔记》，《证学编》卷一，上海古籍出版社，2016，第29页。
④ 钱德洪编《传习录》第13条，《王阳明全集》卷一，第11页。
⑤ 钱德洪编《传习录》第313条，《王阳明全集》卷三，第132页。

而不是说满街人的行为都已经完全合乎良知。又说："与愚夫愚妇同的，是谓同德。与愚夫愚妇异的，是谓异端。"①本意是说成贤成圣非关知识才能，普通人的良知便已足够，字面上则未免与"满街人都是圣人"同病。可见纵然"满街人都是圣人"并非直接出自阳明之口，而首先出自门人王心斋之口，但在阳明这一愚夫愚妇论中却已呼之欲出了。

以下他把愚夫愚妇的行为提高到大公顺应的高度，也容易滋生误解：

> 阳明先生一日与门人讲大公顺应，不悟。忽同门人游田间，见耕者之妻送饭，其夫受之食，食毕与之持去。先生曰："这便是大公顺应。"门人疑之，先生曰："他却是日用不知的。若有事恼起来，便失这心体。"②

正如阳明已指出的"若有事恼起来，便失这心体"，愚夫愚妇所达到的绝不是最高境界。他已经点出了这种状态是不稳定、不可靠的。他只是借愚夫愚妇的状态指点大公顺应就在日常生活中，就在合宜的举手投足中，而不是以为这就是最高的境界了。对常人来说，习气隐伏于日用不知之中，应该努力克服。

阳明以下关于张仪、苏秦之类权谋家也有良知妙用的激进说法引发晚明学者激烈批评，如梨洲便说："按秦、仪一段，系记者之误，故刘先生将此删去。"③刘先生即其师蕺山。阳明说："仪、秦学术善揣摸人情，无一些不中人肯綮，故其说不能穷。仪、秦亦是窥见得良知妙用处，但用之于不善尔。"④其实他的本意并不难理解。他只是想说良

---

① 钱德洪编《传习录》第271条，《王阳明全集》卷三，第121页。
② 黄宗羲：《明儒学案》卷十六，第352页。
③ 黄宗羲：《明儒学案》卷五十八，第1388页。
④ 钱德洪编《传习录》第306条，《王阳明全集》卷三，第130页。

知为虚，能使人摆脱主观好恶的干扰，对不同的情况体贴入微，客观地应对无穷的情况而已。张仪、苏秦之流善于根据不同情况做出应对，故阳明才说他们"亦是窥见得良知妙用处"。他的说法对所谓"小道"虽有肯定，但更多是从本体角度加以批评，因而没有那么激进："虽小道必有可观。如虚无、权谋、术数、技能之学，非不可超脱世情。若能于本体上得所悟入，俱可通入精妙。但其意有所着，欲以之治天下国家，便不能通，故君子不用。"[1] 他形成自己思想之前经历了多个阶段，早期研习兵法、辞章等阶段给他留下的印象是，必须虚心而不渗入主观情感，才能对这些世俗之学充分领悟和灵活运用。而良知也具有虚的特征，在这一点上，良知大道和这些小道是相通的，因而虽小道也有可观。重要的是，要以本体来统率这些小道，使之用于正确的地方。

根据他在其他地方的论述可以推知，正确的用法或许包括：既然知道情感更能决定人们的行动，就应该以戏剧之类能够真切触动人们情感的方式施加教化，化民成俗，而不是利用人们的贪婪与恐惧之类强烈的情感驱使人们趋利避害。如其谈论发挥戏剧的教化作用说："只取忠臣孝子故事，使愚俗百姓人人易晓，无意中感激他良知起来，却于风化有益。"[2]

上述在发用中谈本体的一些说法来自《传习录》卷下。阳明弟子顾惟贤正是对其中的一些说法有异议，所以认为卷下的记载有偏颇，不可信。梨洲说顾惟贤："阳明殁，先生见《传习续录》，门人问答多有未当于心者，作《传习录疑》。"[3] 实则上述观点是阳明自身的想法，而不是记录者的偏差所致。只是他的表述没有那么严密而已。

阳明无往而非道之类的观点，更多的是一种在任何时候都可以做工夫的指点，而指点之所以可能的前提正是良知的直接性。如他说：

---

① 陈荣捷编《传习录拾遗》第 36 条，《王阳明全集》卷三十二，第 1297 页。
② 钱德洪编《传习录》第 297 条，《王阳明全集》卷三，第 128 页。
③ 黄宗羲：《明儒学案》卷十四，第 296 页。

"孟子三自反后比妄人为禽兽，此处似尚欠细。盖横逆之来，自谤讪怒骂以至于不道之甚，无非是我实受用得力处，初不见其可憎。所谓'山河大地尽是黄金，满世界皆药物'者也。"[①] 这里便揭示无入而不自得的境界，任何一个具体情境都是道实现的机会与场合。由此可见阳明就用说体的表述只是突出本体的直接性，而并非意味着凡用皆体，他并未因为强调即用是体而走向用即是体。事实上他的思想的意义也恰恰表现在良知的直接性上。

其次，过度提揭体以至于离用言体。阳明从发用的角度来讲良知，他的不少后学则反其道而行之，力图对其加以纠正，认为已发之知不是良知，良知是未发之中，是性，是天理，这和凡用皆体的观点一样都是对阳明思想的偏离。

例如，龙溪便同意阳明二传弟子邓定宇认为从分别是非的角度来讲良知属于权法，实际上是说只有与发用相对的性才是本体。邓定宇认为："良知浑然虚明，无知而无不知。知是知非者，良知自然之用，亦是权法，执以是非为知，失其本矣。"龙溪回答："然哉！是非亦是分别相，良知本无知，不起分别之意，方是真是真非。譬之明镜之鉴物，镜体本虚，物之妍媸，鉴而不纳，过而不留，乃其所照之影。以照为明，奚啻千里？"[②] 原本如果"不起分别之意"只是理解为让良知自然发用，而无所刻意、执着，则龙溪的主张自有其合理性。不过他并不止步于此，而是进一步认为"是非亦是分别相"以及"以照为明，奚啻千里"，这未免否定了本体本是即发用而为本体。龙溪之所以会有如此主张，其实也不难理解，他追求的是本体的充分、准确发用，为此他非常严格地区别良知与知觉，由此滑向在本原上谈良知，所以他和邓定宇会有如此这般的谈话。

虽属泰州学派但深受江右学风影响的王一庵也认为："今人只以知是知非为良知，此犹未悟。良知自是人心寂然不动、不虑而知之灵

---

① 黄直编《遗言录》上第44条，《王阳明全集》（新编本）卷四十，第1600页。

② 均见王畿《龙南山居会语》，《王畿集》卷七，第167页。

体，其知是知非，则其生化于感通者耳。"① 这未免割裂了良知既是本体也是发用的内在联系。

龙溪通常被视为阳明后学中的现成派，更准确说应该是尊悟派，以下再说归寂派及受其影响者。尊悟派和归寂派在良知是现成还是须经归寂而得的问题上看似针锋相对，实则两极相通，而均偏离阳明本旨。聂双江、罗念庵和李见罗认为知不可靠，不足以称为本体，应该返回形上的根源处寻求真正的良知。如双江说："良知本寂，感于物而后有知，知其发也，不可遂以知发为良知，而忘其发之所自也。心主乎内，应于外而后有外，外其影也，不可以其外应者为心，而遂求心于外也。"② 又批评即用是体的观点说："谓心不在内也，百体皆心也，万感皆心也。亦尝以是说而求之，譬之追风逐电，瞬息万变，茫然无所措手，徒以乱吾之衷也。"③ 念庵说："知善知恶之知，随出随泯，特一时之发见焉耳。一时之发见，未可尽指为本体，则自然之明觉，固当反求其根源。"④ 朱子也是因为本心不过是"随出随泯，特一时之发见焉耳"，所以认为工夫无法凭借本心进行。不过念庵"反求其根源"的诉求，则与朱子诉诸居敬穷理不同。两人在对本心的看法上有着共同的出发点，但是走向的则是不同的工夫论。他们的观点都不同于承认良知直接发用而可成为工夫的依凭的阳明。

见罗观点与念庵接近："知之所以良者，自于不虑，则学之在我者，亦当反之于不虑，而后可以致。知之必良，乃直于知上立家，用上磨擦，分别上求讨，是欲以求不虑之名，而先求之以有虑之实也，而可乎？"⑤ 见罗还曾断言"从古立教，未有以知为体者"⑥。

塘南如下说法也存在同样的问题："夫所谓良知者，即本心不虑之

---

① 黄宗羲:《明儒学案》卷三十二，第733页。
② 聂豹:《答欧阳南野太史》三,《聂豹集》卷六，第240~241页。
③ 聂豹:《答欧阳南野》,《聂豹集》卷八，第247页。
④ 黄宗羲:《明儒学案》卷十八，第414页。
⑤ 黄宗羲:《明儒学案》卷三十一，第672页。
⑥ 黄宗羲:《明儒学案》卷三十一，第673页。

真明，原自寂然，不属分别者也。此外岂更有未发耶？”①"不属分别"即表明了塘南完全排斥后天的思路。

上述诸人分属阳明后学的不同流派。尽管他们之间围绕对良知的理解还存在辩论和驳难，不过，在追求良知的充分发用、否定后天的分别心的意义上，他们又是高度一致的。

事实上，质疑以发用为本体的声音在阳明生前已存在于弟子中。如陆原静就提问："夫常知、常存、常主于理，明是动也，已发也，何以谓之静？何以谓之本体？"②又问："良知，心之本体也；照心，人所用功，乃戒慎恐惧之心也，犹思也。而遂以戒慎恐惧为良知，何欤？"③

阳明对离用言体、体用分离这一倾向始终保持警觉。其中一个重要表现就是否定心有所谓与作用相对的本体，而认为良知就已经是未发之中，未发之中就已经是良知，良知就已经是天理。这些论述前已提及，在此不赘述。他还一直将从顿悟入手的道路秘而不宣，因为这条道路存在脱离发用谈本体的危险。天泉证道前龙溪得悟，他才宣布这一条道路有其合理性。其时他极力防止从顿悟而入会流入虚寂，亦即流入脱离发用谈本体的错误之中。他说："利根之人，世亦难遇，本体功夫，一悟尽透。此颜子、明道所不敢承当，岂可轻易望人！人有习心，不教他在良知上实用为善去恶功夫，只去悬空想个本体，一切事为俱不着实，不过养成一个虚寂。此个病痛不是小小，不可不早说破。"④可见，重体轻用的确不是阳明自身的倾向，而是后学矫枉过正所致。

阳明有关《乾》《坤》二卦以及良知、见闻的关系的论述，可以用以总结他在平衡体与用关系上的努力。他在阐述《乾》《坤》二卦

---

① 黄宗羲:《明儒学案》卷二十，第482页。
② 钱德洪编《传习录》第156条，《王阳明全集》卷二，第71页。
③ 钱德洪编《传习录》第159条，《王阳明全集》卷二，第73页。
④ 钱德洪编《传习录》第315条，《王阳明全集》卷三，第133~134页。

的内涵时说:"本体要虚,工夫要实。"[①]虚是《乾》卦的原则,代表本体的发散和渗透;实是《坤》卦的原则,代表工夫的凝聚和落实。本体之所以要虚,是为了因应不同情况而有不同但却合宜的应对。其针对的是黏滞在具体事物上,拥有固定不移的主张。主张一旦固定不移,就会造成刻舟求剑的后果。因此本体要虚,就等于"良知不滞于见闻"。与此相对,工夫要实就相当于"良知不离于见闻",能具体落实在事事物物上。体虚用实、不离不滞,可以完整展现阳明在处理体用关系方面的根本态度。

小 结

以上,我们探讨了阳明"良知"背后的意旨及其领悟这一意旨的机缘和过程,并从言意关系的紧张及其化解、再紧张、再化解等动态的过程,讨论了阳明思想及其后学的整体演化趋向。其中的一大关节便是阳明拈出"良知"而以之为主要指点语。在此之前,可以说是朝着这一方向的推进;在此之后,可以说是解决由此带来的新问题。而阳明后学的分化,关键就在于不同学者对"良知"所包含的体与用两方面因素的轻重的不同把握。

对阳明来说,要用言语准确表达自己的宗旨,是很困难的。这种困难的一个重要原因是他思想整体的归一取向。吕思勉先生便点出了阳明思想的这一取向:"阳明之学,于一元之论,可谓发挥尽致矣。"[②]言语为了分别,宗旨却要归一。这是深刻的矛盾。归一的关键是体与用的统一,体直接呈现于用中,即用就是体。尽管在倡导静坐等工夫的时候,阳明对即用是体的主张也难免有所偏离,不过那只是一段时间内的辅助性的教法而已。

正是因为即用就是体,所以我们说的"指点语"并不预设被指点

---

① 朱得之编《稽山承语》第 19 条,《王阳明全集》(新编本)卷四十,第 1610 页。

② 吕思勉:《理学纲要》,第 149 页。

的对象是抽象的、与现象相对的本体。牟宗三先生区分了"指点语"和"实述语",这典型地体现在他对"妙万物而为言"的"神"的理解中:"由造化之'忽然在这里,又忽然在那里'以及由手足之知痛知痒而指点之,视此为指点语则可。若视为实述语,认此即是神,则非是。"[1]牟先生看待神的思路是就体言神,因此一切可感的现象、作用都不是神本身,而只是对作为本体的神的指点。因此,指点意味着用以指点的对象(用)与被指点的对象(体)之间的分别。实述则意味着可感的现象、作用就是神,这是就用言神,与牟先生就体言神的思路不符,因此他强调现象、作用只能指点神,而不能实述神。我们采用"指点语",不仅不预设用以指点的对象与被指点的对象的分离,反而认为两者是同一的。如以孝亲敬长指点良知,则孝亲敬长就是良知,而不是在此活动之外另有抽象的、作为本体的良知。阳明与弟子、友人论学的言说均可视作指点语,因为这些说法都跟人如何行动的问题有关,所以可以视为指点语。

今天我们理解阳明学的关键,不是着眼于对若干关键命题的理解,而是抓住他的宗旨。那些命题基本上只是对其宗旨的指点,虽然是有作用的指点,但又是有局限的,即便是"良知"这样极受阳明重视的指点语也不例外。这么说不意味着我们要否定这一指点语,因为无论什么指点语,都有或大或小的作用,以及这样那样的问题。重要的是以意逆志而得其宗旨。阳明以下说法便表达了这样的意思:"'书不尽言,言不尽意',学者善观之可也。若泥文着句,拘拘解释,定要求个执定的道理,恐多不通。盖古人之言,惟示人知所向求而已。至于因所向求而有未明,当自体会方可,譬犹昔人不识月者,问月何在?有人以指向上示之,其人却不会月在天上,就执指以为月在是矣。及见人有捧笛吹者,却又曰月在是也。今人拘泥认理何以异?是故狮子啮人,狂狗逐块,最善喻。"[2]狮子扑向将石头扔向自己的人,

---

① 牟宗三:《心体与性体》(下),第414页。

② 钱德洪编《遗言录》下第28条,《王阳明全集》(新编本)卷四十,第1605页。

狂狗则扑向扔向自己的石块。这个比喻的用意是说明人应该像狮子一样抓住要领，得月忘指，得鱼忘筌，而不是像狂狗一样忽略了作为根本的人，反而拘泥于作为中间环节向自己飞来的石块。

从作用来谈本体，不是否定本体的存在，只是说本体并非存在于作用之外。无论阳明把良知理解为知爱知敬之知，还是知是知非之知，我们首先可以确定的是良知是发用，但他又强调良知是本体，这就表明他是在发用上说本体。在发用上说本体，不是否定阳明有本体论，而是强调本体不是发用之外别为一物。在这个前提下，阳明对本体的内涵有很多阐发，比如它既是人行动的准则，又是不容已的动力，它会被私欲遮蔽，尽管会被私欲遮蔽，但又会时时表现出来等。在这些方面，阳明说的良知与朱子说的仁义礼智之性是极为相近的，差别主要在于朱子在与情相对的意义上理解性，认为性与情存在体与用的差异，而阳明则认为良知是用，并且即用而为体。

龙场悟道以后，阳明的思想具有很强的连续性。虽然不同指点语的提出时间有先后之别，但是他对不同指点语的使用在时间上又往往是重叠的，很难以其指点语为依据区分他的思想阶段。比如即便他一度对"知行合一""静坐"等指点语的使用有悔意，但后来仍然继续使用。即便"良知"，也不是等到正德十五年才开始使用，而在这之前也有提及。因此，从指点语来看，阳明的思想具有很强的连续性。不过，其间也不是没有变化，最大的变化便是拈出"良知"而以之为主要指点语，而其拈出与否的实质在于是不是直接点出即用是体。

第十章
未发已发

　　"未发"与"已发"的说法源自《中庸》"喜怒哀乐未发谓之中，发而皆中节谓之和"。喜怒哀乐并非仅仅是个人情绪感受那么简单，而关乎人对各种事务的应对。人在应对各种事务包括政治事务之际，不仅受到理性影响，更受到情感影响。

　　情感对人的行动的影响已经受到现代科学和哲学的重视。[①] 阳明即已指出了喜怒哀乐之类的情感对人应事无往不在而又深入骨髓的影响："天下事虽万变，吾所以应之，不出乎喜怒哀乐四者。此为学之要，而为政亦在其中矣。"[②] 如果影响只是无往不在而非深入骨髓，阳明不会说为学和为政的要领是处理好喜怒哀乐的问题。正因影响如此深广，与喜怒哀乐有关的未发已发问题才受到包括阳明在内的众多儒者的重视。良知所要处理的问题无非喜怒哀乐的问题，所以他才说"良知不外喜怒哀乐"和"除却喜怒哀乐，何以见良知"[③]。

　　喜怒哀乐可以进一步凝练为好恶，阳明说："只好恶就尽了是非，只是非就尽了万事万变。"[④] 其高足王龙溪也从好恶的角度表达了类似

① 　相关研究可参见〔美〕安东尼奥·R.达马西奥《笛卡尔的错误：情绪、推理和人脑》，毛彩凤译，教育科学出版社，2007。
② 　王守仁：《与王纯甫·壬申》，《王阳明全集》卷四，第174页。
③ 　钱德洪编《遗言录》下第16条，《王阳明全集》（新编本）卷四十，第1604~1605页。
④ 　钱德洪编《传习录》第288条，《王阳明全集》卷三，第126页。

的意思:"君子之学,好恶而已矣。赏所以饰好也,罚所以饰恶也。是非者,好恶之公也。良知不学不虑,百姓之日用同于圣人之成能,是非之则也。良知致,则好恶公而刑罚当,学也而政在其中矣。《大学》之道,自诚意以至于平天下,好恶尽之矣。"① 从好恶角度讨论已发未发问题,也凸显了这一有关情感的问题与阳明良知论的内在关联。

　　值得玩味的是,蒙古王府本以及戚蓼生序本《石头记》第四十八回后一涉及贾赦爱石呆子的扇子而致使其坑家败业评语印证好恶问题的重大干系:"一扇之微,而害人如此其毒,藏之者故自无味,构求者更觉可笑。多少没天理处,全不自觉。可见好爱之端,断不可生,求古董于古坟,争盆景而荡产,势所必至。可不慎诸!"② 当然此处的解决方案似是说不应有喜好,则又不免于矫枉过正了。果真不产生喜好,那就是第八章述及的阳明批评的告子的观点了。

　　钱穆先生注意到阳明晚年《拔本塞源论》的社会政治意义,认为这是阳明心物不离主张的必然向度。这是无疑义的,只是他如下所说则又无意间将喜怒哀乐仅仅局限于个人范围,与阳明看待喜怒哀乐的宏阔视野未免存在差异,其实政治社会事务都与喜怒哀乐密切相关。他说:"我想治王学者,应该把《拔本塞源论》作为从事'事上磨炼'之主要题目,那便不致把王学偏陷在个人的喜怒哀乐方寸之地,而仅求其无过,像南宋理学大盛时叶水心诸人之所讥了。"③

　　陈来先生、陈立胜先生等学者对阳明未发已发论进行了讨论,指出阳明对未发与已发做了融合。④ 基于这些讨论可以看出,耿宁先生把从朱子到阳明对未发已发问题的看法的转变,单纯理解为从未发阶段与已发阶段的区分,转变为未发实体与已发作用的区分是不无问题

---

①　王畿:《政学合一之说》,《王畿集》卷八,第195~196页。

②　周汝昌校批《周汝昌校订批点本石头记》,第626页。

③　钱穆:《阳明学述要》,第88页。

④　参陈来《有无之境——王阳明哲学的精神》,第65~73页;陈立胜《入圣之机:王阳明致良知工夫论研究》,第266~278页。

的。耿宁先生说："第一章中的几个论断已经被朱熹理解为对沉思修行的指示。王阳明在对这第一章的理解上也偏离开朱熹的诠释。朱熹认为在这里有伦理学习〔修道〕的两个时间不同的组成部分：首先是在感受与思考产生前的时间里的沉思性的凝神关注，而后是在这些感受与思考产生后的时间里的检验与认识，而王阳明则不把'感受产生之前'〔未发〕理解为一个时间性的心理状态，而是理解为始终现存的心（精神）的'根本实在'〔体〕，并拒绝对学习做一种时间性的划分。可以说，对《大学》与《中庸》第一章的不同理解表明了朱熹与王阳明的观点差异。"① 实则朱子那里也有未发实体与已发作用的区分，阳明也承认未发阶段与已发阶段的区分。当然两人也并非没有区别，阳明认为致良知的工夫贯穿未发已发阶段，而未发实体也不能脱离已发作用来谈。因此朱子既强调未发实体与已发作用、未发阶段与已发阶段的合，也强调它们的分。与此不同，阳明的特色则在于强调它们的合。

基于上述看法，我们也可以将牟宗三先生论述良知是呈现的观点置于未发已发论的视角中来理解。他说："性体心体不只是在实践的体证中呈现，亦不只是在此体证中而可被理解，而且其本身即在此体证的呈现与被理解中起作用，起革故生新的创造的作用，此即是道德的性体心体之创造。"② 性体与心体即是良知。牟先生认为心体与性体本是与呈现、作用相对的形上实体、未发本源，此处则强调它们体现于实践作用中。尽管牟先生看法的前提仍然是体与用的分别，但他强调呈现、作用仍然是有意义而值得肯定的。"革故生新的创造的作用"即是凭借良知使人与物各得其所、生生不息。良知之所以有此作用，正是基于它本身就是一种体现于现实的生生不息的力量。牟先生从呈现的角度讲良知，对我们来说实即从已发的角度讲良知，意味着良知并非隔绝于已发之外而为单纯的形上实体、未发本源。实际上，未发

---

① 〔瑞士〕耿宁：《人生第一等事：王阳明及其后学论"致良知"》，第38页。
② 牟宗三：《心体与性体》（上），第156页。

之性就在已发之情中，离了已发之情别无未发之性。而这正构成了阳明未发已发论述的基本立场。

阳明的未发已发论有怎样的潜在的思想资源作为支撑，针对朱子的什么观点而提出，其要旨是什么，又具体分哪几个层次展开，面临什么挑战而他又如何回应，这些问题正是本章所要讨论的主要问题。须说明的是，在龙场悟道以后阳明涉及未发已发的观点并无实质性变化，故不对其观点做分期。

本章在论述中将着重指出一条从胡五峰、张南轩到朱子、阳明的思想演进线索，并指出牟宗三等学者从超越的角度理解良知的思路，是偏离了阳明从即已发而为未发的角度理解良知的思路的。

关于思想线索在此略加说明，南轩一度启发了朱子的中和旧说，而对五峰和南轩代表的湖湘学派工夫论的批评，构成了朱子回归伊川居敬穷理工夫路线以及着重从两个层次区分未发与已发的一大动因。由此，朱子批评五峰和南轩，阳明批评朱子，而五峰、南轩和阳明的工夫又都围绕本心展开，朱子则与此相反。这样，四人的主张就构成了一条相对比较完整的思想线索，从五峰和南轩到朱子、阳明，就是否定之否定，而五峰、南轩之于阳明，就构成潜在的思想资源，而阳明之于五峰和南轩，虽无直接联系，但具有了修正和完善的意义。

第一节　作为潜在思想资源的五峰、南轩的主张

五峰和南轩工夫论的核心是先察识而后涵养。察识的对象是发露的本心，涵养的目的则是使此本心能主导人的意识和行动。涵养包含了后天意识甚至后天努力。意识和努力的区别在于：单纯谈论意识，是自觉应该这样做便去这样做，并不感到有阻力需要克服；同时谈及努力，则虽然自觉应该这样做，但感到有阻力需要克服。对普通人来说通常是不仅需要意识的自觉，而且需要努力。努力可以归入意识的范围，意识包含了努力。五峰和南轩的工夫论呈现出发自先天与后天

两种因素并用的特点，后来的阳明与此是一致的。他们的工夫论受到朱子批评，朱子认为其存在基础不牢与烦扰两大问题。

一　五峰和南轩先察识而后涵养的工夫

在人的意识之流中存在着各种各样的意念，这些意念固然是人的意识产生的，然而一旦产生，则又反过来试图主导人的意识，或者说都试图说服人，使人按照它们来行动。而在这些意念中，有些直接发自本性而未受后天思虑干扰，此即本心或说本心之念。最典型的例子便是孟子所举的乍见孺子入井而有怵惕恻隐之心，此怵惕恻隐之心便是本心。孟子对恻隐之心的指点也被宋明儒者继承下来，一个典型的例子是程明道对谢上蔡的指点，而上蔡恰是湖湘学派的先驱：

> 明道见谢子记问甚博，曰："贤却记得许多。"谢子不觉身汗面赤，先生曰："只此便是恻隐之心。"①

当然此处"恻隐之心"首先指代的是羞恶之心，并进而具有了本心之全体的意义。察识便要将这些意念辨别出来，使其不在纷纭的意念中淹没。

只是，仅仅察识是不够的，这些意念的力量可能并不足够有力，以至于无法说服人，因而也就无法主导人的意识和行动。故而，如何设法使这些意念能够主导人的意识和行动，便是必要的，而涵养便是服务于这一目的的。

涵养不仅是将注意力投向直接发自本性的意念，而且是感受它们，体认到依循它们来行动是善，是自己自然而然、不容改易、不容自已的选择。如此则这些意念才有可能在众多意念中脱颖而出，以至于人接受它们并不困难，不至于不愿意接受它们主导人的意识和

---

① 　程颢、程颐：《河南程氏外书》卷十二，《二程集》，第 427 页。

行动。

涵养的一个方法是静坐，再以二程对上蔡等门人的指点为例，明道以下所说的心口不一的问题，即是虽然知道本心，但不能按照本心来行动：

> 谢显道习举业，已知名。往扶沟见明道先生受学，志甚笃。明道一日谓之曰："尔辈在此相从，只是学某言语，故其学心口不相应。盍若行之？"请问焉。曰："且静坐。"伊川每见人静坐，便叹其善学。①

当然，"且"字表明静坐有权宜之计的意味，并非正途，故不仅明道、伊川并不主要以此指点学者，上蔡之后的湖湘学者也往往强调动中体认本心，而非静中体认本心，这突出地反映在他们察识和涵养的主张中。

五峰以下所说便强调在本心的发动中对其加以察识和涵养："齐王见牛而不忍杀，此良心之苗裔，因利欲之间而见者也。一有见焉，操而存之，存而养之，养而充之，以至于大，大而不已，与天地同矣。此心在人，其发见之端不同，要在识之而已。"②五峰先察识而后涵养的主张在此展露无遗。本心在利欲的间隙中呈露，正表明其短暂而微弱。如果不察识本心，本心就会淹没在众多私欲之中。之所以需要察识本心，是因为本心可以成为工夫的凭借，工夫应该围绕本心展开。操存、培养、扩充，即是在各种事务中努力护持本心、落实本心。之所以需要操存、培养、扩充，正是因为本心的呈露是较弱的。此外，五峰也提居敬和格物，只是这些工夫也可放到涵养本心，使本心主导人的意识和行动的框架中来理解。

南轩继承五峰之学，同样主张在作用中觉察、体认本心："尝试察

---

① 程颢、程颐：《河南程氏外书》卷十二，《二程集》，第432页。
② 朱熹：《胡子知言疑义》，《胡宏集》附录一，第335页。

吾终日事亲从兄、应物处事，是端也，其或发见，亦知其所以然乎？诚能默识而存之，扩充而达之，生生之妙油然于中，则仁之大体岂不可得乎？"① "端"表明本心比较微弱，"油然"则表明人的意识和行动已由本心主导，人不再拒斥本心，而这正是操存、培养、扩充达到的效果。

基于本心发动而做的察识、涵养工夫不仅不同于静坐涵养，也不同于明道的识仁。唐君毅先生指出："胡五峰言察识，正上承明道、龟山、上蔡、重识仁之旨而来，而其言又更为精切。如以识仁之一问题而论，明道龟山之以识得我与天地万物同体之义为言，或可谓对一般学者为太高，无捉摸处而不切。然五峰于此，则有指点人如何反省以从事此察识，而切合学者之当下工夫之论。"② 牟宗三先生也着眼于五峰与明道之异，说察识工夫："是从逆觉体证而充尽之上彰显仁心之本来如此其'与天地万物为一体'与'体物而不可遗'也。彰显之，则为'仁者'，为'大人'矣。如是，其所言之'先识仁之体'似比明道所言'学者须先识仁，仁者浑然与物同体'为更亲切也。盖明道只就'仁者浑然与物同体'识仁，未合之以逆觉，此若非大根器之顿悟，或已至'仁者'或'大人'之境，则其所识之'仁理'（所谓'识得此理，以诚敬存之'）或'仁体'必显得抽象而笼统，此即只宏大而不亲切。"③ 明道的识仁具有顿悟的特征，是追求本心在当下便能自然充分发用，从而轻松主导人的意识和行动。其追求的是当下自然地体认本心的充分发用，而这是在万物的生机的激发之类条件下实现的，如果没有类似激发，那就很可能流于想象，以至于出现牟先生描述的"抽象而笼统"以及"只宏大而不亲切"的问题。与之不同，五峰的察识与涵养则并不追求本心当下就达到充分发用，而在操存、培养、扩充的过程中经历了本心力量不断增强，准则不断明晰的

---

① 张栻:《岳麓书院记》,《张栻全集》, 长春出版社, 1999, 第694页。
② 唐君毅:《中国哲学原论·原性篇》, 第375页。
③ 牟宗三:《心体与性体》(中), 第395~396页。

提升过程。

　　五峰倡导的工夫不仅不同于同样围绕本心展开但是借助静坐顿悟或当下顿悟的明道的工夫，而且自然不同于伊川、朱子倡导的并不围绕本心展开的工夫。由此他倡导的工夫在整个宋明儒学史上具有相当特别的意义，这实际上是上承横渠而下启阳明的重要的工夫主张。

　　此一主张的要义是在应对具体事务的过程中体察哪怕是尚且微弱的本心，而借助后天的努力使之不断壮大，从而主导人的意识和行动。五峰涉及有为与无为的说法便可放入是否依靠后天努力的框架中来理解："有毁人败物之心者，小人也。操爱人成物之心者，义士也。油然乎物各得其分而无为者，君子也。"① "有毁人败物之心"，是工夫尚未开启；"操爱人成物之心"，则是工夫已经开启而尚且处于有为阶段；"油然乎物各得其分而无为"，则是工夫已经进入无为阶段。最后的无为阶段，工夫完全出于人所固有的本体，在此之前则有必要依赖后天努力。可见五峰注意到了人的工夫存在从尚未开启到开启，从需要依赖后天努力到无须后天努力的转变和提升。

　　牟先生以"以心著性"概括五峰的特色，是说性本身不足以完成工夫，工夫的完成终究有待于心的作用。这无疑忽视了性所具有的指引和推动工夫的作用，此点且不论，重要的是牟先生此说一定程度上指出了后天意识甚至后天努力的必要性，至少我们可以借助他的这个说法，表达后天意识乃至后天努力的必要性。他评论以心著性这一主张的特点及其先导："此非五峰之特别，亦非其特有之聪明，只要实心历过，很易见出。张横渠即已盛言'继善成性'矣，又言：'心能尽性，人能弘道也，性不知检其心，非道弘人也。'又言：'天之不御莫大于太虚，故心知廓之，莫知其极也。'而邵尧夫亦言：'心者，性之郛廓。'明道亦言能推不能推，此皆'以心著性'义也。故言此义

---

　　①　胡宏：《知言》，《胡宏集》，第3页。

并非五峰特有之聪明。此盖亦甚显明而必应引出之义也。"① 当然，康节、明道本意如何，即便本意是五峰意义上的以心著性，其在他们工夫论中的分量如何，都是需要进一步讨论的问题，至于五峰对横渠的继承，则是很显然的。

并且，如果进一步分析牟先生的观点的话，则会发现他把心单纯理解为超越的本心，排除了气的因素，这无疑是误解。他说："张横渠云：'心能尽性，人能弘道也。性不知检其心，非道弘人也。'前句正是主观性原则（实现原则），故重心；后一句正是客观性原则，但不必能呈现，故'不知检其心'，亦是'非道弘人'之意也，此正是康德之境界，所以视'道德法则何以能悦我心'为不可理解也。他若真能正视'兴趣是决定意志的一个原因'，而进到重视主观性原则，则'理义悦心'即得解矣，'理性如何能实践'亦得解矣。此正是孟子、象山、阳明之所着力者。将心（兴趣、情感）上提而为超越的本心，不是其实然层面才性气性中之心，摄理归心，心即是理。如是，心亦即是'道德判断之标准'，同时是标准，同时是呈现，此为主客观性之统一。"② 结合牟先生本心是创造原则的说法，可以说心既是准则，又是动力。呈现则表明心的直接性。这样说是完整的，但这不构成对心之体相是气的排斥。他将理气对立起来了，仿佛心是理就不能是气，但其实并非如此。牟先生给予气心以负面评价，实则气心可以认可本心而追随本心，从而成为后天努力的力量源泉，而不是只能在气质的善恶中打滚以至于不能自拔。当然，抛开心的上提这一点不论，牟先生以心著性的观点还是有助于我们揭示五峰以及阳明等人工夫论的要义的。

向世陵先生明确指出了在五峰这里，工夫既凭借由性之发用流行而来的本心，也需要后天的勉然努力："心虽然是能动的，心实现性也带有本心自悟的意味，但这种实现首先是性自身的活动和作用，它是

---

① 牟宗三：《心体与性体》（中），第418页。
② 牟宗三：《心体与性体》（上），第144~145页。

以性的存在而不是心的活动为最后根据的。也正因为如此，察良心之苗裔或发端，只能是在日常生活实践当中，而操存扩充更是一长期努力的勉而勿舍的过程。"①

在承认和接受本心的发露存在由弱到强的提升过程这一点上，后来的阳明和五峰是一致的。与他们构成区别的是自始便追求以自然的方式充分契入本心，直接使本心主导人的意识和行动的明道和象山等人。牟先生则将阳明划归象山一路，而认为其区别于五峰、蕺山一路："发展至陆、王，则单自孟子之路入，无此心性对扬之心之形著义，直下即是心性是一，直下即是一心之沛然，直下即是心体之无外，即是性体之昭然。"② 实际上，阳明接近于五峰，而区别于明道、象山，区别之处是着眼于本心的直接发用还是充分发用。

须强调的是，无论"见牛"，还是"事亲从兄、应物处事"，都表明五峰和南轩的工夫主张都是在发用层面做的。五峰认为："未发只可言性，已发乃可言心。"在他这里，未发指的是性而不是心的平静阶段，由此自然也就并没有什么未发阶段的工夫，工夫都是在作为性的发用流行的本心上做的。而朱子对他和南轩工夫论的质疑正是从这里切入的。

五峰以下所说虽然提到了"未发之时"，但其含义也只是形上本质、本源而未落到形下的现实世界，而不能指心的平静阶段："未发之时，圣人与众同一性。"当然，五峰紧接着说的内容虽未直接提到"未发"而只提到了"已发"，但实际上"无思无为，寂然不动"和"感而遂通天下之故"却又可以分别理解为未发阶段和已发阶段的状态："已发，则无思无为，寂然不动，感而遂通天下之故，圣人之所独。"③ 这里的已发是相对于性而就心的整个状态来说的，而不仅仅是就其未发阶段来说的。可以说，如果不论具体表述形式的话，五峰这

① 向世陵：《善恶之上：胡宏·性学·理学》，中国广播电视出版社，2000，第51页。
② 牟宗三：《心体与性体》（上），第474页。
③ 均见胡宏《与僧吉甫书三首》，《胡宏集》，第115页。

里事实上已经打开了未发之性与已发之情、未发之静与已发之动的双重空间，为后来的朱子指引了方向。

二　朱子对五峰和南轩工夫论的双重批评

朱子认为南轩以及五峰主张的工夫存在不胜烦扰和基础不牢两大问题，前者意味着人难以契入本心，后者意味着难以保持本心。而他自己建立的以居敬穷理为核心的工夫论则可以避免这两个问题。而居敬穷理是以已发未发的双重区分为依据的。

朱子区分了未发以及已发的两层含义，指出未发不仅可以像五峰说的那样指性，这区别于心所处的状态，而且可以指心的相对平静的阶段，这区别于心的作用显著的阶段。未发的两种含义为朱子工夫论的展开撑开了足够的理论空间。

具体而言，第一，未发可以表示性，而性成为衡量心的状态中节与否的标准，格物致知的工夫正是为了使人真正理解和落实这一标准，而五峰和南轩在朱子看来则忽视了这一工夫。第二，未发还可以表示心的平静阶段，在此平静阶段也是有工夫可做的，即静中涵养的工夫，而在朱子看来五峰和南轩恰恰忽略了这一阶段的工夫。更何况，即便是他们对已发阶段的涵养工夫的理解也是不全面的，即仅注意了已发阶段本心发用时的工夫，而忽略了私欲泛滥而本心却未发用时的涵养工夫。朱子认为，因为存在这些缺失，他们的工夫难免陷入由于不胜烦扰而无法契入本心，以及由于基础不牢而无法保持本心的困境中。

朱子的主要批评从他给南轩的信中可以看出。他说："若曰于事物纷至之时，精察此心之所起，则是似更于应事之外别起一念，以察此心。以心察心，烦扰益甚，且又不见事物未至时用力之要，此熹所以不能亡疑也。"[1]朱子将南轩的主张概括为"以心察心"，并且指出其存

---

[1]　朱熹：《答张钦夫》二，《晦庵先生朱文公文集》卷三十，《朱子全书》第21册，第1313页。

在不胜烦扰和忽略未发阶段涵养工夫以至于基础不牢两大问题。他随后的论述实际上正是围绕这两大问题展开的。当然，除此以外即便已发阶段的工夫五峰和南轩之说也未能完全覆盖，即他们未涉及私欲泛滥而本心未发用状态的工夫。朱子说："今于已放之心不可操而复存者置不复问，乃俟异时见其发于他处，而后从而操之。则夫未见之间，此心遂成间断，无复有用功处。"[①]此点相对而言较为次要，暂且不论，以下主要讨论前述两点主要批评。

首先关于"烦扰益甚"。之所以会出现这一问题，是因为"更于应事之外别起一念，以察此心"。亦即要在应事的同时另外以一心求得本心，并以求得的本心来应事，这些都要在瞬间完成，其结果便如后述"施为运用处求之，正禅家所谓石火电光底消息也"，不仅难以成功，而且还会带来烦扰。

为什么瞬间不能完成这些活动，在此还须提及一个关键原因，即朱子在别处提到本心受到私欲干扰，往往是不能呈现出来的："人之有是身也，则必有是心；有是心也，则必有是理。若仁、义、礼、智之为体，恻隐、羞恶、恭敬、是非之为用，是则人皆有之，而非由外铄我也。然圣人之所以教，不使学者收视反听，一以反求诸心为事，而必曰'兴于诗，立于礼，成于乐'，又曰博学，审问，谨思，明辩，而力行之，何哉？盖理虽在我，而或蔽于气禀物欲之私，则不能以自见。学虽在外，然皆所以讲乎此理之实，及其浃洽贯通而自得之，则又初无内外精粗之间也。"[②]朱子在此突出了本心很多时候无法呈现出来的特点。

以心求心行不通，朱子在给南轩的信中接着提出自身穷理的主张，认为只有通过穷理才能真正获得行动的准则："儒者之学，大要以穷理为先，盖凡一物有一理，须先明此，然后心之所发，轻重长

---

①　朱熹：《胡子知言疑义》，《胡宏集》附录一，第335页。标点有改动。

②　朱熹：《鄂州州学稽古阁记》，《晦庵先生朱文公文集》卷八十，《朱子全书》第24册，第3800页。

短，各有准则。书所谓'天叙'、'天秩'、'天命'、'天讨'，孟子所谓'物皆然，心为甚'者，皆谓此也。若不于此先致其知，但见其所以为心者如此，识其所以为心者如此，泛然而无所准则，则其所存所发，亦何自而中于理乎？"其意是只有通过穷理才能获得行动所需的准则，单纯凭借心是不能获得的。强调识心的佛教便忽略了理，因而不能达致圣人之境："且如释氏擎拳竖拂、运水般柴之说，岂不见此心？岂不识此心？而卒不可与入尧舜之道者，正为不见天理，而专认此心以为主宰，故不免流于自私耳。前辈有言，圣人本天，释氏本心，盖谓此也。"① 以天为根本实际上正是以理为根本，佛教产生偏差的根源正在于对理的忽视。而忽视理的原因则在于以为可以从心中把握到理。要言之，站在朱子的立场上来看，应事之际从心中是否能把握到理，求理于心是否会面临"烦扰益甚"的问题，其实也是南轩以及五峰无法回避的问题。

其次，关于基础不牢。朱子说："今也必曰动处求之，则是有意求免乎静之一偏，而不知其反倚乎动之一偏也。"这是说且不论在已发之动的阶段是否能契入本心，即便能够，那也是不够的。原因是忽略了未发之静阶段的涵养工夫。即便一时契入了本心，本心也可能忽明忽灭，其呈现时断时续，以至于不能主导人的意识和行动。而涵养的作用正在于使本心不容易昏昧，从而牢牢主导人的意识和行动。朱子接着便提到了保持本心是不容易的，并非一旦契入了本心就万事大吉了："然能常操而存者，亦是颜子地位以上人方可言此。今又曰识得便能守得，则仆亦恐其言之易也。"以下则指出了涵养的必要性："明道先生曰，既能体之而乐，则亦不患不能守。须如此而言，方是颠扑不破、绝渗漏、无病败耳。高明之意，大抵在于施为运用处求之，正禅家所谓石火电光底消息也，而于优游涵泳之功，似未甚留意。是以求之太迫而得之若惊，资之不深而发之太露，易所谓宽以居之者，正为

---

① 均见朱熹《答张钦夫》二，《晦庵先生朱文公集》卷三十，《朱子全书》第21册，第1314页。

不欲其如此耳。"①

要言之，朱子对南轩的批评概括起来即因为忽略穷理工夫和居敬工夫（尤其是静中涵养工夫），所以单纯在发用中察识本心是难以契入和保持本心的。而他自身基于未发已发的双重区分的居敬穷理工夫则可以避免上述问题。当然，从阳明的角度来说，五峰、南轩面临的问题，也是他要面对的问题。

第二节　主要针对朱子的两层区分而来

阳明的未发已发论主要针对朱子重视区分未发之性与已发之情，以及未发之静阶段的工夫与已发之动阶段的工夫。其基本立场是未发之性就在已发之情中，离了已发之情别无未发之性。在此基础上，无论未发阶段还是已发阶段的工夫，都可得到体现在已发之情中的未发之性的引导和推动。

一　朱子对未发已发的两重区分及其对工夫的影响

在朱子那里，未发与已发既可指性与情，也可指心所处的不同状态。指性与情时，未发是喜怒哀乐背后形而上的实体、本源，已发是形而下世界中展现出来的喜怒哀乐的情感。指心所处的状态时，未发是心未有喜怒哀乐之类显著作用时或作用得自然中节时的阶段，已发是心所处的有喜怒哀乐之类显著作用时的阶段。②须说明的是，因为朱子并非不承认心始终都在运作，人始终都有知觉，甚至情感，所以不能用心的运作与否来区分已发与未发。并且，原本《中庸》是说情感的发动与否，而朱子以及宋明儒者则往往将思虑也纳入进来，而

---

① 分别见朱熹《答张钦夫》二，《晦庵先生朱文公文集》卷三十，《朱子全书》第 21 册，第 1314、1314、1314~1315 页。
② 朱子未发已发论的思路及其问题，可参傅锡洪《朱子论"未发"的若干问题辨析——就心性、动静、善恶与工夫而谈》，《朱子学研究》2021 年第 2 辑，第 1~20 页。

以应事与否以及思虑、情感作用是否显著来区分已发未发。我们以显著与否来区别已发与未发，看起来是从量的角度而非质的角度进行区分。不过即便如此，也不能抹杀两者的区别。

首先，未发与已发分别指性与情，两者有着严格区分。朱子说："未发时便是性。"[1] 在回答"未发之前心性之别"的问题时，他说"未发之前是心之体"[2]。此处"心之体"即是性。"未发时"和"未发之前"虽然表述不同，不过实际上是同一个意思，意思是仍然还在形上领域，尚未落到形下世界。落到形下世界便是情，朱子说："恻隐、羞恶、是非、辞逊是情之发，仁义礼智是性之体。性中只有仁义礼智，发之为恻隐、辞逊、是非，乃性之情也。"[3] 未发与已发在表示性与情时，未发在逻辑上是在先的，已发在逻辑上是在后的。前者为先天实体、本源，后者为后天表现、流行。有未发之性才有已发之情，而不是相反。朱子既批驳了友人混淆未发与已发的观点，此点稍后再论，也批驳了其未发因已发而有的观点，由此可见未发在逻辑上是在先的："仁、义、礼、智，性也，体也；恻隐、羞恶、辞逊、是非，情也，用也；统性情、该体用者，心也。今曰流动发生之端即所谓生之性，又曰万事之理莫不具于流动发生之端，此义之名所以立而体用所以兼备，似未安也。盖孟子所谓四端，即程子所谓阳气发处，不当以是为性。而义之名，则自其未发之时固已立矣，羞恶之心，则其发见之端也。"[4]

朱子严格区分未发之性与已发之情，在他这里两者是不容混淆的。当弟子向他提出"有已发之性，有未发之性"的观点时，他给予了否定的回答："性才发，便是情。情有善恶，性则全善。心又是一

---

[1]　黎靖德编《朱子语类》卷一百零一，第2583页。
[2]　黎靖德编《朱子语类》卷五，第90页。
[3]　黎靖德编《朱子语类》卷五，第92页。
[4]　朱熹：《答方宾王》四，《晦庵先生朱文公文集》卷五十六，《朱子全书》第23册，第2660页。

个包总性情底。大抵言性，便须见得是元受命于天，其所禀赋自有本根，非若心可以一概言也。"①其意是只有心才是可以横跨已发未发而言的，性则只是属于未发，是天命的实体、本源。性一旦发用出来，就成为情，而不再是性了。在此朱子对五峰之说既有继承，也有改造，继承之处在于同样认为性是未发，改造之处在于认为已发是情，而心统性情，由此区别于五峰仅仅认为心是已发的看法。朱子在此也解释了不能混淆性与情，必须严格区分未发与已发的原因。其原因就是性是纯善无恶的，而情则是有善有恶的。现实的情感作用确实有偏离性之本体的地方，亦即相对于性而言有中节不中节的区别，因而需要用本体来规范和引导。例如看见孺子入井的时候升起的意念，即便是想要救助孺子的心，也不完全是恻隐之心，而可能是想要结交孩子的父母，贪图乡人的夸赞，厌恶不去营救而背负的恶评等。这些情况下的情感就完全没有充分、准确反映本体的要求。因此，对未发与已发的严格区分，有助于用未发之性来规范、调节已发之情。在此，情是有待性的监督和约束的。朱子的做法对于避免认欲为理，发现发用中偏离本体的因素无疑是有积极作用的。这实际上为穷理工夫的出场铺平了道路，因为通过穷理以把握理的最终目的正是激发人所本有的性的作用，使人的行动符合性的要求。

其次，未发与已发指的是心所处的不同阶段，不同阶段的工夫是有显著区别的。在此意义上的已发未发实即动静："未发时便是那静，已发时便是那动。"②朱子认为："已发未发，只是说心有已发时，有未发时。方其未有事时，便是未发；才有所感，便是已发，却不要泥着。""不要泥着"的意思是未发与已发阶段不是截然二分的关系，两者随时转化，即"只管夹杂相滚。若以为截然有一时是未发时，一时是已发时，亦不成道理"③。尽管如此，未发与已发阶段的区分还是必

---

①　黎靖德编《朱子语类》卷五，第90页。
②　黎靖德编《朱子语类》卷一百一十六，第2796页。
③　均见黎靖德编《朱子语类》卷六十二，第1509页。

要的。这为未发阶段工夫的出场铺平了道路，使得工夫不仅有已发阶段的察识与涵养，还有未发阶段的涵养。

不同阶段的工夫是有显著区别的。其区别表现在两个方面。第一，虽然可以统称为居敬或说持敬、主敬，不过具体而言未发阶段工夫是戒惧，已发阶段则是慎独。未发阶段的戒惧工夫是："常存敬畏，虽不见闻，亦不敢忽，所以存天理之本然，而不使离于须臾之顷也。"已发阶段的慎独工夫则是："既常戒惧，而于此尤加谨焉，所以遏人欲于将萌，而不使其滋长于隐微之中，以至离道之远也。"①戒惧重在涵养性理，慎独重在省察私欲。第二，已发阶段除慎独之外还有穷理或说格物致知工夫，这是未发阶段所没有的。

朱子为何主张上述这些工夫？无论戒惧、慎独，还是穷理，实际上都跟他严格区分未发之性与已发之情有关。前述心未必依循性来活动，因此心所发的情有正有不正，便是这种区分的体现。那么怎样才能使心依循性来活动呢？直接的做法是通过后天努力，既涵养心所具有的性，又省察私欲从而保持心不被私欲昏昧的状态，此即居敬工夫。不过朱子认为仅此是不够的，必须从根本上使心意识到按照性来活动具有必然性和迫切性，从而真正做到依循性来活动。而这正是他赋予穷理的根本目标。

未发之性与已发之情的严格区分不仅使居敬穷理的工夫成为必要，同时也意味着这些工夫只能主要依靠后天的努力，而不能依靠先天之性。朱子并非认为性没有能动性，认为性不能发露而为本心。他只是认为本心的发露是时断时续、不足凭借的。真正可以凭借的首先是省察与涵养。这从他如下说法中可以看出："今人非无恻隐、羞恶、是非、辞逊发见处，只是不省察了。若于日用间试省察此四端者，分明迸趱出来，就此便操存涵养将去，便是下手处。只为从前不省察了，此端才见，又被物欲汩了。所以秉彝不可磨灭处虽在，

---

① 均见朱熹《中庸章句》，《四书章句集注》，第17~18页。

而终不能光明正大，如其本然。"①正是因为主要凭借后天努力，所以无论"居敬"或说"持敬""主敬"，还是用来界定居敬的主要用语"主一"亦即保持意念专一，都没有体现出来自先天之性的指引和推动。

可以说，朱子区分未发之性与已发之情的做法固然有助于防止已发之情中私欲的渗入，不过他这样做无疑也付出了代价，其代价可以从性和情两个方面来说，两个方面所说实际上是同一件事情。其一，单纯从发用的角度讲情，忽略了情感中包含的自我调控、自我规范的因素，亦即忽略了情包含着性的一面，易于走向对情的片面否定和过度压制。其二，单纯从未发的角度来讲性，忽略了性本来就呈现于现实的一面，亦即忽略了性本来就已经是情而不是单纯的实体与本源，忽略了性本来可以直接成为工夫的依凭的一面。

二　阳明对未发已发的双重整合

阳明之所以必欲打破朱子对未发已发的严格区分，正是出于性在工夫中的作用没有得到充分体现。他的思路是，作为本体的未发之性就在已发之情中，可以指引和推动工夫。正因为工夫可以得到本体的指引和推动，所以无论在未发之静的阶段，还是在已发之动的阶段，工夫都可以凭借本体展开，而没有必要特别区分出涵养与省察，也没有必要在本体的指引和推动之外另外采取穷理的工夫。亦即阳明统一了朱子那里着重区分的未发之性与已发之情、未发之静与已发之动。而这两层统一的前提，是未发之性不在已发之情外，而就在已发之情中。唐君毅先生实已注意到了朱王的这一差异："在朱子，虽不只如程子之以性为未发，且以心有其未发之一面，并以涵养之工夫为与此心之未发一面相应者；然于省察，则纯视为已发。若在阳明，则省察虽为已发，然省察乃依良知或心体为对照，亦此

---

① 　黎靖德编《朱子语类》卷一百一十八，第 2846 页。

心体之用。此心体在省察时，即自呈于此省察之用之中，故省察虽为已发而不离未发，已发同时是未发。故在阳明之省察中，亦有未发之存养在。而自另一面看，一般所谓未发，不过指吾人之心暂未有感物之事而言。然在此心体良知未感物时，其能善善恶恶，而是是非非之明自在，亦恒自戒慎恐惧；则未发而亦未尝不发。此未发中之戒慎恐惧，恒自戒慎其善恶之念之发，自恐惧其所发之陷于非是，此即无异一事先之省察，或超越的内在之省察，而非只是一静态的涵养之事。凡此等等，固皆缘于阳明之能将心之动与静、已发与未发通而观之之故。"①

阳明认为未发就在已发中，两者不是相对的关系。也就是说，性就在情中，离了情，别无性。面对关于"未发已发"的提问，他断然指出并无未发已发的区别："只缘后儒将未发已发分说了，只得劈头说个无未发已发，使人自思得之。若说有个已发未发，听者依旧落在后儒见解。若真见得无未发已发，说个有未发已发，原不妨，原有个未发已发在。"② 将未发已发分说的"后儒"代表无疑是朱子。需要明确的是，这里所说的未发与已发不是指静与动，而是指性与情。其表达的是性与情并非相对的关系。他在另一处也表达了同样的意思："未发在已发之中，而已发之中未尝别有未发者在；已发在未发之中，而未发之中未尝别有已发者存。"③ 前者意味着性就在情中，离了情便别无性。后者意味着性必然表现为情，情不过是性的表现而已。两者不是分属形上与形下，相对的关系，而是未发属于已发，已发属于未发的重叠关系。

既然阳明旨在打破性与情的二分，可为什么后面又说"原有个未发已发在"呢？这其实也不难理解，他在融合性与情的同时，并没有完全抹杀两者的区别。他对性与情采取的是合而不混的态度。唐君毅

---

① 唐君毅：《中国哲学原论·原性篇》，第 282 页。
② 钱德洪编《传习录》第 307 条，《王阳明全集》卷三，第 130 页。
③ 钱德洪编《传习录》第 157 条，《王阳明全集》卷二，第 72 页。

先生便注意到了阳明并未抹杀心性情意知等的界限，他引用阳明的话以后说："盖此皆不过谓心、性、情、意、知在存在上互相关联以为一体，亦初不能将朱子所言之诸名所指之分别义界，加以抹杀。"①"原有个未发已发在"，便表明了性与情是不能混同的。尽管性体现于情中，对情起到引导和推动的作用，然而并非凡是情都充分而准确地反映了性。也就是说，阳明终究认为体用关系是"即用是体"，而不是"用即是体"。基于阳明打破性与情的二分，便认为他犯了认欲为理、作用是性的错误，是不能成立的。

经过一轮问答，提问者基本理解了阳明的意思，这从他接下来陈述的观点中可以看出："未发未尝不和，已发未尝不中；譬如钟声，未扣不可谓无，既扣不可谓有，毕竟有个扣与不扣，何如？"②除了"毕竟有个扣与不扣"的提问，其他内容都是符合阳明前述观点的，或者有可能甚至就是对阳明观点的直接复述。关于"中"与"和"的问题我们稍后还会详论，在此要讨论的是"未扣不可谓无，既扣不可谓有"。这是以钟声为例说明性本可有相应的作用，已发的作用不过是性的题中应有之义，由此融合了性与情。

当提问者提问"毕竟有个扣与不扣，何如"时，其意思是他固然可以从理智上理解性与情的融合，但从经验上来讲，性与情毕竟分属形上与形下，还是有着不容抹杀的区别。阳明融合性与情的观点无法顺利通过他经验这一关的审查。阳明意识到他的这一提问有可能从根本上推翻自己有关性与情融合的观点，因此断然指出："未扣时原是惊天动地，扣时也只是寂天寞地。"③原本阳明并不是不认同性与情仍是可以做区分的，他之所以断然否定提问者的观点，是因为若非如此，提问者就会退回到性与情二分的老路上去。通过"未扣时原是惊天动地，扣时也只是寂天寞地"这种禅宗机锋式的回答，他力图从人的理

---

①　唐君毅：《中国哲学原论·原性篇》，第283页。

②　钱德洪编《传习录》第307条，《王阳明全集》卷三，第130页。

③　钱德洪编《传习录》第307条，《王阳明全集》卷三，第130页。

智领域切入经验领域，从根本上彻底扭转提问者的习见。他的用心在于，如果在此区分了未发已发，就好像有一个寂然不动的实体、本源，有一个震天动地的已发，就仍然会落入后儒的见解之中。但实际上寂然不动的实体、本源或者说这个世界的最后的真实就在可感可触的现实世界之中，不必再在这之后去找一个实体、本源。现实世界从一个角度来讲是可感可触的现象、作用，从另一个角度来讲是无形象声嗅可言的实体、本源，两者是统一的。

与颠倒未发与已发做法类似的，是颠倒本体与工夫，阳明的意图无非是强调本体体现于现实之中，可以直接在工夫中起到指引和推动的作用。如面对"'不睹不闻'是说本体，'戒慎恐惧'是说功夫否"的提问，阳明说："此处须信得本体原是'不睹不闻'的，亦原是'戒慎恐惧'的。'戒慎恐惧'不曾在'不睹不闻'上加得些子。见得真时，便谓'戒慎恐惧'是本体，'不睹不闻'是功夫亦得。"①这里的"不睹不闻"不是无所睹闻，没有事情需要处理，心情平静的意思，而是无形象声嗅可言的意思，形容的是不在时空之中的形上实体、本源。原本本体确实是无形象声嗅可言的，无法通过视听等感官把握的，而工夫也确实是战战兢兢，唯恐违背了本体的。提问者的观点本没有错，阳明之所以认为颠倒过来说也可以，就是为了防止人们将本体与工夫断为两截，一为不在时空之中的形上实体、本源，一为在时空之中的人的意识和行动。事实上戒慎恐惧的工夫就是不睹不闻的本体的内在要求，不睹不闻的本体必然表现为戒慎恐惧的工夫。从戒慎恐惧中就可以把握不睹不闻的本体，而不是在此之外另有不睹不闻的本体。阳明由此突出了本体不与现实隔绝，而展现于现实并指引和推动工夫的一面。最后一句之所以要强调"见得真时"的条件，则是要避免本体与发用的混淆，避免因为本体展现于现实而误以为凡现实都是本体充分、准确的反映，他的观点终究是合而不混，而不是混

---

① 钱德洪编《传习录》第266条，《王阳明全集》卷三，第120页。

而无别。

蔡仁厚先生对阳明观点的解读则突出了不睹不闻的本体与其作用、表现的分别，与阳明就工夫来理解本体的思路存在差异："'睹、闻、思、为'一于理，而实未尝有所睹、闻，有所思、为；必须落在事上才有所睹、闻，有所思、为。反之，'不睹不闻、无思无为'，亦并非槁木死灰之谓；而是《周子通书》所谓'动而无动，静而无静'之意。但动而无动，静而无静，却不是真不动不静，只是没有动静之相；必须落在事上才有动相或静相，理之本身是无相可见的。良知之天理（良知心体）永恒贞定，故'动亦定，静亦定'。"① 很显然，这继承了牟宗三先生以区分为前提的观点。

阳明以下所说看似是强调先体后用，体用隔绝，实则不然：

> 国英问："曾子'三省'虽切，恐是未闻'一贯'时工夫。"先生曰："'一贯'是夫子见曾子未得用功之要，故告之。学者果能忠恕上用功，岂不是'一贯'？一如树之根本，贯如树之枝叶，未种根，何枝叶之可得？'体用一源'，体未立，用安从生？谓'曾子于其用处，盖已随事精察而力行之，但未知其体之一'。此恐未尽。"②

阳明依据的正是体在用中，由用知体的思路。与之相对，朱子的问题是用外有体，用外说体。

要言之，阳明的未发已发论直接针对朱子而来。朱子重视从性与情、动与静两个层次对未发与已发进行区分。阳明则指出性就在情中，离了已发作用并无未发实体、本源，以此扭转朱子的两层区分之说。

---

① 蔡仁厚：《王阳明哲学》，第67页。
② 钱德洪编《传习录》第112条，《王阳明全集》卷一，第37页。

第三节 良知即已发而为未发

阳明未发已发论的要旨在于，作为生生不息的戒惧之念的良知既是情又是性，是即已发而为未发。

前已述及，阳明之所以必欲打破朱子对性与情、静与动的二分，目的在于要发挥性在现实中推动和指引人达到情感皆中节的作用。而性不容已地直接呈现于现实，即便被遮蔽也能对人的意识和行动起到监督、调控作用，此即是良知。打破性与情的二分，正可为良知的出场扫清障碍。因为良知恰恰是体现在发用中的本体，是即已发而为未发。良知将未发和已发贯通为一。

从良知是不容已地直接呈现于现实的性的角度来说，它是发用之情，并且是发而皆中节的情；从它是性的不容已的直接呈现的角度来说，又不妨说它是性。换个角度来说，良知是直接发自本体的好恶，因其可以自我调节和自我规范，所以其好恶是好善恶恶。从它是好恶的角度来说，它是发用；从它好恶的内容是具有普遍性的善恶标准的角度来说，又不妨称它为本体。当然，就其是直接发自本体的好恶的角度而言，称其为本体也是可以的，而善恶则是好恶自我调节的结果，因而可以称之为作用。无论如何，良知都兼具了体与用两个面向。

怎样理解良知是即发用而为本体？阳明提到的"戒惧之念"不失为一个合适的角度。如导论已经指出的那样，阳明也从"真诚恻怛"等角度讨论良知，其中恻怛也是就已发作用而谈。甚至于"良知"本身就是就痛切之知而谈的，因而也是作用。原本这些术语和就作用层的念头而言的"戒惧之念"一样，都可以揭示良知是即已发而为未发。只是，阳明在为数不多的几次论述戒惧之念时，都提及其活泼泼的特点，指出其是人的不息的天机，这些都最为鲜明地展现出其属于作用层而非超越层，故我们从戒惧之念切入讨论。

"戒惧"字面上具有戒备、警惕、惧怕、担心等意思，表示对负面情况、不利因素保持密切关注，并随时做出迅速而有力的反应。由此出发可知，"戒惧"是指意识所处的敏锐和有力的状态。针对什么敏锐而有力呢，即私欲和克除私欲。在这种状态中，私欲不容易产生，即便产生，也容易被觉察，并且容易被克除。这种状态即是一种敬畏的状态。而戒惧工夫熟后，就是一种既敬畏又和乐的状态。从戒惧意味着意识所处的敏锐而有力的状态这一点上看，阳明和朱子的观点是一致的。其差异则在于两点。

第一，朱子将戒惧规定为未发之静阶段的工夫。阳明说的戒惧之念则不能简单理解为未发之静阶段的念头，它具有持续性，是贯穿未发之静和已发之动阶段的，是人在任何时候都有的念头。他说："静未尝不动，动未尝不静。戒谨恐惧即是念，何分动静？"[1]当然，因为朱子所说的慎独是有所加紧的戒惧，从这个角度来说慎独也是戒惧，所以戒惧在他这里具有广狭二义，狭义的戒惧是指未发阶段的居敬，广义的戒惧则是指涵盖未发已发阶段的居敬。就广义的戒惧而言，朱子和阳明的理解并无差别，都涵盖所有时间。不过即便就广义的戒惧而言，它们也仍然有下面这个差别。

第二，朱子固然不否认先天本体的存在，但他所说的戒惧工夫主要凭借的是后天努力，阳明则突出戒惧之念是具有自发性、普遍性和恒常性的本体，它并不依赖于后天的工夫才存在。他说："戒惧之念是活泼泼地，此是天机不息处，所谓'维天之命，於穆不已'，一息便是死。非本体之念，即是私念。"[2]又说："戒惧亦是念。戒惧之念，无时可息。若戒惧之心稍有不存，不是昏聩，便已流入恶念。自朝至暮，自少至老，若要无念，即是己不知，此除是昏睡，除是槁木死灰。"[3]阳明也直接就良知强调了其时时都在运作，不依赖于人主观努力的特点："良知者，心之本体，即前所谓恒照者也。心之本体，无起

---

① 钱德洪编《传习录》第202条，《王阳明全集》卷三，第103页。
② 钱德洪编《传习录》第202条，《王阳明全集》卷三，第104页。
③ 钱德洪编《传习录》第120条，《王阳明全集》卷一，第40页。

无不起，虽妄念之发，而良知未尝不在，但人不知存，则有时而或放耳。虽昏塞之极，而良知未尝不明，但人不知察，则有时而或蔽耳。虽有时而或放，其体实未尝不在也，存之而已耳；虽有时而或蔽，其体实未尝不明也，察之而已耳。若谓良知亦有起处，则是有时而不在也，非其本体之谓矣。"①

戒惧之念或说良知的功能是引导和推动人的情感达到皆中节的状态，问题只在于人们是否清晰、准确地感受到了它。人们感受到了它，并以它来主导自己的意识和行动，它就不仅仅是本体，而且可以成为主体。"戒惧之念"侧重于指出其即使没有被人注意到也时时都在运作，并使人处在对私欲敏锐而有力的状态；"良知"则侧重于指出其是人所本具的直接的痛切感受。人们清晰、准确地感受到了它，就是良知澄明的状态；人们没有清晰、准确地感受到它，它虽有如无，则是良知昏昧的状态。人们清晰、准确感受到戒惧之念，戒惧之念完全主导人的意识和行动的状态，就是人们依循良知而行的状态，这种状态实际上就是情感发而皆中节的状态或已发之和的状态。由此，已发之和实际上就是良知发用的状态。

阳明也表达了良知始终运作的意思："照心为照，妄心为妄，是犹有妄有照也。有妄有照则犹贰也，贰则息矣。无妄无照则不贰，不贰则不息矣。"②最后所说"不贰则不息矣"可能让人误以为本体运作不息是有条件的。实际上，这里不是说心没有照与妄的截然划分是本心运作不息的原因，应该说本心运作不息才是心没有照与妄的截然划分的原因。阳明这里是说既然心都没有照与妄的截然划分，那本心肯定是运作不息的了，前者是结果，后者是原因。与之形成对照的是："有妄有照则犹贰也。贰则息矣。"即心如果有照和妄的截然划分，那本心就不是持续运作的而有停歇了，前者是原因，后者是结果。如果从逻辑学的角度来说，前者是肯定后件式推理，后者是肯定前件式

① 钱德洪编《传习录》第 152 条，《王阳明全集》卷二，第 69 页。
② 钱德洪编《传习录》第 160 条，《王阳明全集》卷二，第 74 页。

推理。

基于戒惧之念的自发性、持续性、普遍性和恒常性，我们可以理解阳明如下说法的真实含义："性无不善，故知无不良，良知即是未发之中，即是廓然大公，寂然不动之本体，人人之所同具者也。但不能不昏蔽于物欲，故须学以去其昏蔽，然于良知之本体，初不能有加损于毫末也。知无不良，而中、寂、大公未能全者，是昏蔽之未尽去，而存之未纯耳。体即良知之体，用即良知之用，宁复有超然于体用之外者乎？"①

对这段话的一种理解是，作为与作用、表现相对的未发实体、本源的良知本体不在时空中，无所谓增损。除蔡仁厚先生的前述观点，林月惠先生也认为："首先，阳明确认'未发之中'即是'良知'，而依《中庸》首章'中也者，天下之大本也'的解释，良知即是超越的本体。因而阳明也说：'良知即是未发之中，即是廓然大公，寂然不动之本体，人人之所同具者也。'当然，此超越的本体，在阳明心性论的系统里，也尝以'心之体'、'心体'、'心之本体'称之，指的是道德实践之所以可能的超越根据。其次，良知既是超越的本体（心体），它便不受经验法则的限制与决定，故'有事无事可以言动静，而良知无分于有事无事也……动静者所遇之时，心之本体固无分于动静也。'而且，良知也不在时间序列与空间范围内，因而良知是'无前后内外而浑然一体者也'。"②

不过，这种理解把良知视为超越的实体、本源，与阳明在发用中契入良知的思路不符。应该用戒惧之念的持续不息来解释这里的不增不减。整句话是说良知的作用是始终存在的。这里所谓"本体"不是隔绝于作用之外的形上实体、未发本源，而是即发用而为本体。良知不是超然于现实之外的实体、本源，阳明以下说法是最好的证明："此道之在人心，皎如白日，虽阴晴晦明千态万状，而白日之光未尝增减

---

① 钱德洪编《传习录》第 155 条，《王阳明全集》卷二，第 71 页。
② 林月惠：《良知学的转折：聂双江与罗念庵思想之研究》，第 421 页。

变动。"① 不增不减并不意味着本体是脱离了发用的。这里已经说得很明白，太阳始终在发光，阳明以此比喻良知，日光是即作用而为本体，对应于戒惧之念。阳明是在生生不息的戒惧之念上谈本体，谈本体的不增不减、无起无灭。

本体不在发用之外，由此，"良知即是未发之中"的说法并不是要赋予发用层面的良知以本体的地位（在此，"未发之中"表示的是作为本体的性）。这么说的原因在于，良知之"良"本身已经保证了良知直接发自本体，是本体的充分而准确的体现，因而已经可以称为本体。当阳明并提"良知"与"未发之中"时，他想要做的主要是确定"未发之中"的含义和定位，而不是确定"良知"的含义和定位。这句话是说发用层面的良知就已经是形上实体、未发本源了，不是在良知之外另有形上实体、未发本源。这样的意思，在他"'未发之中'即良知也，无前后内外而浑然一体者也"② 的说法中也可以得到印证。这是说未发之中不是别的什么，而就是即已发而为未发的良知。以下所说的未发之中也是良知的意思："圣人到位天地，育万物，也只从喜怒哀乐未发之中上养来。"③

林月惠先生介绍的龙溪等人代表的阳明后学的观点，是得阳明本旨的："王门诸子则直接以阳明对未发、已发的新思路来了解'良知是未发之中'的含义。依阳明的思路，未发与已发俱缩摄于心体上而言其体用关系。未发言良知之体，已发指良知之用，未发与已发俱不以'时'言，此即王门诸子所强调的'已发、未发非有二候'。据此，良知即是未发之中，即是发而中节之和，良知本体本自中和，不可离析为二。尤有进者，王门诸子与双江论辩时，更强调良知无时不发，良知无未发之时，喜怒哀乐无未发之时。故《中庸》'喜怒哀乐之未发谓之中'，其文意转化为'即喜怒哀乐之发而有未发者在'，此即是

① 王守仁：《与戚秀夫·丁亥》，《王阳明全集》卷六，第 246 页。
② 钱德洪编《传习录》第 157 条，《王阳明全集》卷二，第 72 页。
③ 钱德洪编《传习录》第 30 条，《王阳明全集》卷一，第 16 页。

王门诸子所了解的'良知是未发之中'的主要含义。以此而言，良知是'发而未尝发'、'发而不发'，所凸显的正是良知的'发用义'。"①林先生这里揭示阳明首先是就已发来谈良知，这一点非常重要，基于此可以进一步说良知是即已发而为未发。此外，阳明的好友湛甘泉也准确地理解了阳明的主张，只是甘泉对良知即已发而为未发持批评态度而已。②在此，林先生提及的"即喜怒哀乐之发而有未发者在"，已经接近我们说的"即已发而为未发"，不过如果深究的话，仍然有重要区别。因为在已发之中的未发仍然有可能是超越的本体，它虽然必定发用流行为已发的作用，但毕竟不同于已发的作用。

前面已经述及林先生从超越的本体的角度理解阳明的良知，以下所引说法则表明她也从这一角度理解龙溪等人的良知："王门诸子不能同意双江把'发而中节之和'只当成效验，而自良知本体上脱落。如此一来，良知明觉感通之'用'就被吞没掉，良知时时发用的活动义也难以彰显，而道德实践的根源性动力自然也就减弱了。"③如果林先生是从发用的角度理解良知，那么这里应该批评双江的做法将会导致良知不成其为良知，而不仅仅是减弱其动力义，尽管动力这一点对于理解良知而言是至关重要的，单纯"根据"是不足以概括良知的完整内涵的。与此相关的体用模式也是不同的，阳明及龙溪等人采取的是即用是体模式，而林先生采取的则是即用见体模式。前者比后者更进一步，承认即用是体，也可以承认即用见体，阳明便是如此；承认即用见体，则未必承认即用是体，因为体有可能仍然是超越的本体。

林先生的观点从如下说法中可以看出："'未发之中'（良知之'体'）是由'发而皆中节之和'（良知之'用'）来印证体认的。这种'即用见体'的工夫入路是本于阳明'君子之学，因用以求其体'而

---

① 林月惠：《良知学的转折：聂双江与罗念庵思想之研究》，第434~435页。
② 可参陈立胜《湛甘泉"独体"意识的形成及其历史效应》，《贵州大学学报》（社会科学版）2022年第1期，第1~8页。
③ 林月惠：《良知学的转折：聂双江与罗念庵思想之研究》，第423~424页。

来的，最能显现致良知教'即动即静'、'即工夫即本体'的实践动力与特色。"①

已发之和是良知发用的状态，良知又是未发之中。这样，以作为戒惧之念的良知为中介，未发之中和已发之和就被贯通为一，可以说已发之和就是未发之中。而这是阳明以良知为基础的未发已发论逻辑的第一层展开。其第二层展开，则是未发之静和已发之动的合一。因为两个阶段的工夫都受到良知的引导和推动，所以可以合一。仅从未发的含义来看，刘荣茂观点是很精当的："作为心体的'未发之中'，在阳明处有两义：一指良知'本体'，人人皆有；二指工夫浑熟后全体廓然大公、纯是天理之'气象'。"②

第四节　从两个层次展开

以良知为基础，阳明的未发已发论主要从和即是中以及动静合一两个层次展开。

首先，和即是中，或说已发之和即是未发之中。阳明以下"动无不和，即静无不中"的说法，正是这个意思："动无不和，即静无不中。而所谓寂然不动之体，当自知之矣。"③情感的表现都是和谐的，就是未发之中，就是本体。之所以可以称为未发，是因为达到完全和谐的状态是完全凭借本体的，而不是凭借后天努力。因为没有付出后天努力，所以情感的发动又好像没有发动一样，以至于可以称为未发。至于为什么可以称为本体，则是因为这是本体的必然要求和充分、准确体现，除了表现于现实之外别无所谓本体。如此则刘荣茂概括的未发的两项含义也是可以统一的。本体实际上是以痛切感受的形

---

① 林月惠：《良知学的转折：聂双江与罗念庵思想之研究》，第435~436页。
② 刘荣茂：《心体与工夫：论王阳明之"未发—已发"》，《鹅湖月刊》第39卷第5期，2013，第21页。
③ 王守仁：《答汪石潭内翰·辛未》，《王阳明全集》卷四，第165页。

式表现出来的，如此则安，不如此则不安，由此对人的行为起到引导和推动的作用。当然，在现实中，本体对不同人或在不同时间内对同一人，其引导和推动作用有强弱的区别。相应于引导和推动作用的不同，工夫呈现出有不和与无不和的区别。

牟宗三先生如下说法虽然本意是要强调未发已发没有分别，但仍然把中与和归属于超越与作用两个不同层次："若在良知本身说发与未发，这也是即发即未发而无分于发与未发的，是即中即和而亦可说是无分于中与和的。中是就其自体说，和是就感应说。我们可以抽象地单思那中体自己，把那感应暂时撇开，但良知中体本身却不能停在那抽象地思之之状态中，它是分析地必然地要在感应中。故它本身既无分于有事无事，亦无分于寂感，更无分于动静。"① 牟先生在这里仍然是在良知的作用中区分出良知自体，认为自体是自体，作用是作用，两者实际上是相即的关系。当然这里的"分析"的说法很值得注意，其实是说没有借助后天努力。② 因为没有借助后天努力，所以感应是良知的自然呈现，呈现是良知内在的结果，所以说是分析。不能因为他在这里说了分析，所以就认为他已经放弃了良知自体是超越的观点。良知自体是超越的，这是他的一贯思路。这从他如下说法中可以得到印证："独知之知即是良知，即是常明之明觉，即是寂体，即是主宰，何可此外更求主宰？知善知恶之知即是良知，即是主宰，即是即寂即感之寂体，常明之明觉，它不是随逐的不足为准的知觉，它是驾临于善恶念之上的越超标准，善恶念在下，可说交杂，而此知在上只是纯一，何可言交杂？它即是主，更何可再为之求主？既有此为主之知，则自可依此知而行以成己成物，此即所谓致知以格物（正物）也。"③ 独知之知是"寂体"的观点，可以说是他众多说法中最明确表达良知是即已发而为未发的，牟先生对这一义理并非没有领悟。只是

---

① 牟宗三：《从陆象山到刘蕺山》，第 192 页。
② 具体论述可参牟宗三《从陆象山到刘蕺山》，第 217 页。
③ 牟宗三：《从陆象山到刘蕺山》，第 195 页。

他本段的重点不是突出良知即已发而为未发，而是良知是超越的标准，这也是他坚守的立场。

牟先生说法看起来是直接以良知的作用为良知："依阳明，独知是良知，知善知恶是良知，良知随时有表现，即就其表现当下肯认而致之，故眼前呈现之良知与良知自体本质上无二无别，因此有王龙溪之'以见在为具足'。"① 当然，深究的话，则可以说感应与本体无二无别的观点，仍然是以区分为前提，而不是径直以良知之感应为本体。

已发之和就是未发之中的说法不仅改变了"未发之中"的含义，而且可以推出我们在第一节提到的"未发未尝不和，已发未尝不中"的观点。从朱子的角度来看，在《中庸》"喜怒哀乐未发谓之中"里，"中"形容的是与情相对的作为实体、本源的性。之所以不直接说性而说"中"，是因为它还没有发用出来，还没有落在恻隐、羞恶、辞让、是非等情感中的一种或多种中，因而无所偏倚。正如朱子所说："喜、怒、哀、乐，情也。其未发，则性也，无所偏倚，故谓之中。"② 不过当阳明说"已发未尝不中"时，"中"的含义已经发生了改变，因为它在此是就已发而言的，已经落到恻隐等情感中的一种或多种中，显然不能再解释为尚未落到恻隐等情感中的一种或多种中意义上的无所偏倚。实际上其含义就是"皆中节"。而根据《中庸》原文，"皆中节"可以用"和"来指称，因此"中"的意思就是"和"。原本与"中"相对的"和"，本身就包含了和谐的意思，它在《中庸》"发而皆中节谓之和"里又被用来指称"发而皆中节"的状态，因而又具有了合理的意思。当阳明说"未发未尝不和"的时候，他是就已发来说未发，就已发的合理而又和谐的状态来说性本来就可以达到的样子，是性的题中应有之义。

总结而言，从性与情相对而言的角度来说，未发为中，已发为和，在此"中"是无所偏倚的意思，与发用层面上谈的"和"是不能

---

① 牟宗三:《从陆象山到刘蕺山》，第193页。
② 朱熹:《中庸章句》，《四书章句集注》，第18页。

替换的。这是朱子的观点。阳明之所以倒过来说"未发未尝不和，已发未尝不中"，是因为性就在情中，不是在未发之中之外另有已发之和，已发之和也不是在未发之中之外，而就是未发之中的另一种表述。在此"中"是"皆中节"的意思，与"和"是可以替换的。

阳明以各种方式表达已发之和是未发之中的观点，其意图不过是说未发之中不是别的什么，而就是已发之和。如他说："诚意只是循天理。虽是循天理，亦着不得一分意，故有所忿懥好乐则不得其正，须是廓然大公，方是心之本体。知此即知未发之中。"[1] 循天理而不着一分意实即发而皆中节之和，阳明在此将其称为未发之中。而正心不过是循天理而不着一分意，故正心也可说是未发之中："正心只是诚意工夫里面体当自家心体，常要鉴空衡平，这便是未发之中。"[2] 以下所说"明莹无滞"实际上就是正心："人心本体原是明莹无滞的，原是个未发之中。"[3] 这里涉及了本体和未发之中的关系。首先说本体是明莹无滞的，这是从发用说本体。接着以明莹无滞规定了未发之中的内涵。未发之中不再是与用相对的实体的意思，而明莹无滞就是未发之中。又说："君子有修道之功。戒慎乎其所不睹，恐惧乎其所不闻，微之显，诚之不可掩也。修道之功若是其无间，诚之也夫！然后喜怒哀乐之未发谓之中，发而皆中节谓之和，道修而性复矣。"[4] 在此，未发之中和发而皆中节之和都是就发用而言的。如果不是的话，不必工夫到了极致的状态，才能谈得上未发之中和发而皆中节之和。无疑未发之中也不是单纯说未发阶段的状态。又说："'常知、常存、常主于理'，即'不睹不闻、无思无为'之谓也。'不睹不闻、无思无为'，非槁木死灰之谓也。睹、闻、思、为一于理，而未尝有所睹、闻、思、为，

---

① 　钱德洪编《传习录》第101条，《王阳明全集》卷一，第34页。
② 　钱德洪编《传习录》第119条，《王阳明全集》卷一，第39页。
③ 　钱德洪编《传习录》第315条，《王阳明全集》卷三，第133页。
④ 　王守仁:《修道说·戊寅》，《王阳明全集》卷七，第295页。

即是动而未尝动也。所谓'动亦定，静亦定'、'体用一原'者也。"①
与未发之中含义近似的"不睹不闻""无思无为"不过是"睹、闻、
思、为一于理"的意思，因此事实上也不过是已发之和而已。

由"和即是中"必然引出"致和即是致中"的观点。弟子与阳明
的如下问答便落脚在这一点上：

> 直问："戒慎恐惧是致知，还是致中？"先生曰："是和上用
> 功。"曰：《中庸》言致中和，如何不致中，却来和上用功？"先
> 生曰："中和一也。内无所偏倚，少间发出，便自无乖戾。本体上
> 如何用功？必就他发处，才着得力。致和便是致中。万物育，便
> 是天地位。"直未能释然。先生曰："不消去文义上泥。中和是离
> 不得底。如面前火之本体是中，火之照物处便是和。举着火，其
> 光便自照物。火与照如何离得？故中和一也。近儒亦有以戒惧即
> 是慎独，非两事者。然不知此以致和即便以致中也。"②

正因为除了表现于现实之外别无所谓本体，所以阳明指出在本体上无
工夫可用，其意是说在与现实相对而言的形上本体上无法用功。这是
从体在用中、离用无体自然可以引申出的结论。此处"体"与"用"
之所指是明确的，即形上实体与其作用，而非但凡在先的、基础的为
体，在后的、派生的为用。

刘蕺山对阳明的观点有如下推演："即用求体，将必欲诚其意者
先修其身，欲修其身者先齐其家，又先之治国平天下，种种都该倒说
也。"③蕺山此处是扩大了体用的含义，以在先的、基础的为体，在后
的、派生的为用，与阳明本意不符。每个人才能、条件有限定，当然
不必等到治国平天下了才称得上诚意。

---

① 钱德洪编《传习录》第 156 条，《王阳明全集》卷二，第 71 页。
② 陈荣捷编《传习录拾遗》第 24 条，《王阳明全集》卷三十二，第 1294~1295 页。
③ 吴光主编《刘宗周全集》第三册，第 381 页。

阳明所说的"内无所偏倚"并非沿袭朱子的思路，朱子认为无所偏倚是形容形上实体的。阳明理解的"无所偏倚"，已经落到现实之中，指没有偏离本体的状态。"致和便是致中"，以"致和"重新解释了"致中"，赋予了"致中"以"致和"的意义。此处的"中"便是合理而又和谐的意思，是就发用而言的本体，而不是与发用相对而言的本体。

"戒惧即是慎独"即是说未发阶段的戒惧工夫和已发阶段的慎独工夫不是两种不同工夫，应该打通两者。这究竟是谁的观点且不论，重要的是，阳明认为仅仅认识到这一点是不够的。这一点只是统一了心的不同状态下的工夫，仅仅完成了未发与已发的第二层统一，而没有统一心的作用与其本体，而这是未发与已发的第一层统一。只有认识到"致和"就已经是"致中"，除了"致和"之外别无"致中"，才是彻底统一了未发与已发。第一层统一才是根本，而第二层统一以第一层统一为前提。因为第一层统一意味着不论心处在情感尚未显著作用的阶段，还是已经显著作用的阶段，本体都可以直接在工夫中发挥指引和推动作用。在本体都可以直接发挥指引和推动作用的意义上，未发阶段和已发阶段的工夫并无本质区别，因此两者才可以统一起来，而这正是第二层统一的内容。

其次，动静合一。已发与未发的第一层含义是性与情，第二层含义则是静与动。后一层含义在阳明这里容易被忽视，如前引耿宁先生的看法即是一例，他把从朱子到阳明对未发已发问题的看法的转变，单纯理解为从未发阶段与已发阶段的区分，转变为未发本体与已发作用的区分是颇成问题的。

静的阶段并非毫无意识，只是情感没有显著发用而已，在这一点上朱子和阳明的看法是一致的。我们下文马上要提到的阳明友人"自朝至暮，未尝有寂然不动之时"的观点，实际上也是朱子中和旧说的观点。朱子说："凡感之而通，触之而觉，盖有浑然全体应物而不穷者。是乃天命流行、生生不已之机，虽一日之间万起万灭，而其寂然之本体则未尝不寂然也。所谓未发，如是而已，夫岂别有一物，限于一时，拘于一处，而可以谓之中哉？"① 这一观点意味着未发阶段不是真正的未发，只是并无显著的情感而已。人们通常理解的未发和已发阶段都应该叫做已发，都是有知觉的。朱子后来放弃了中和旧说，认为旧说只赋予了心以已发的地位，这是不准确的。在中和新说中，他认为性属未发，情属已发，心统性情。不过值得注意的是，虽然他认为心所处的阶段有未发与已发的分别，但他延续了旧说的观点，认为未发并非无知觉，已发阶段与未发阶段不是截然二分的关系。

事实上，严格说，不仅知觉，连情感也是有的，只是不显著，而不是没有。就未发已发阶段都有情感而言，动静并没有根本的区别。不过阳明所说的动静合一不仅仅是说这个意思，而是主要说良知本体贯穿动静，在不同阶段对为善去恶的工夫都能起到引导和推动作用。

阳明反对朱子对动静不同阶段工夫的过度区分："夫谓'自朝至暮，未尝有寂然不动之时'者，是见其用而不得其所谓体也。君子之于学也，因用以求其体。凡程子所谓'既思即是已发，既有知觉，即是动'者，皆为求中于喜怒哀乐未发之时者言也，非谓其无未发者也。朱子于未发之说，其始亦尝疑之，今其集中所与南轩论难辩析者，盖往复数十而后决，其说则今之《中庸注疏》是也，其于此亦非苟矣。独其所谓'自戒惧而约之，以至于至静之中；自谨独而精之，以至于应物之处'者，亦若过于剖析。而后之读者遂以分为两节，而疑其别有寂然不动、静而存养之时，不知常存戒慎恐惧之心，则其工夫未始有一息之间，非必自其不睹不闻而存养也。"②

《中庸注疏》即《中庸章句》。原本"自朝至暮，未尝有寂然不动之时"本没有错，因为即便是情感尚未显著作用的时候，人也处在活动之中，至少知觉始终都在运作而没有停息，通常理解的未发只是知

---

① 朱熹:《与张钦夫》三,《晦庵先生朱文公文集》卷三十,《朱子全书》第21册,第1315页。
② 王守仁:《答汪石潭内翰·辛未》,《王阳明全集》卷四,第165页。

觉、情感的作用比较微弱，不容易觉察到而已。既然人每时每刻都处在活动的已发状态中，那么与之相对的未发之中岂不是无所指了吗？事实并非如此。情感的表现和谐而又合理，就是未发之中，就是本体。所谓"因用以求其体"，正是要人在发用中感受到本体的引导和推动作用。而本体的指引和推动作用，是不分动静都可以感受到的。

　　工夫的关键正在于发挥本体的指引和推动作用。阳明说："良知无动静。动静者，所遇之时也。不论有事无事，专以致吾之良知为念，此学者最要紧处。"①可见他虽然承认动静或未发已发的分别，但又认为不应强调它们的分别，因为两个阶段都可以受到良知的指引和推动。阳明被问及"中何以能为天下之大本"的问题时，以扇子比喻本体，便表明了本体之于工夫的充足作用。他说："如将此扇去扇人、扇尘、扇蝇、扇蚊等用，是此扇足为诸用之本矣。有此扇，方有此用。如无此扇而代之以手，则不能为用矣。汝且体认汝心未发之中气象何似，则于天下之大本当自知之矣。"②《中庸》以"中"指称未发的本体，并称其可以为"天下之大本"。本体本来并非时空之中的具体物，人们对其本身都难以理解，就更不用说它具有如此重大的作用了。故阳明有必要用现实物来比喻本体，形象地说明其作用。扇子是时空之中的一物，怎么能比喻不是一物的形上本体呢？扇子在被人使用，带来凉风或者驱走蚊虫时，才成其为扇子。当人们放下扇子时，扇子的功能没有显现出来，就好像没有扇子一样。阳明正是以此没有显现其作用的扇子来比喻作为形上本质的本体。扇子之为扇子的本质是扇风驱虫，单纯的手或者类似物体难以有效发挥这样的作用。阳明以此比喻本体之于工夫不可替代的作用。最后说的"未发之中气象"是指尚未应事、心中情感未起的状态。只有此种状态是毫无私欲的状态，良知才能自然发用，才能达到已发之和的状态。这里的"未发之中"并

---

① 朱得之编《稽山承语》第9条，《王阳明全集》（新编本）卷四十，第1608页。
② 钱德洪编《阳明先生遗言录下》第27条，《王阳明全集》（新编本）卷四十，第1605页。

不是隔绝于作用的形上本质、抽象实体。

既然工夫可以受到良知的指引和推动，那就没有必要另外再去做格物致知的工夫。如果以"尊德性"表示由良知引导和推动工夫，以"道问学"表示格物致知，那么就需要重新理解它们的含义。以下阳明不仅触及了尊德性与道问学的统一，而且触及了动静两个阶段工夫的统一。阳明弟子南逢吉说：

> 尝见一友问云："朱子以存心致知为二事。今以道问学为尊德性之功，作一事如何？"先生曰："天命于我谓之性，我得此性谓之德。今要尊我之德性，须是道问学。如要尊孝之德性，便须学问个孝；尊弟之德性，便须学问个弟。学问个孝，便是尊孝之德性；学问个弟，便是尊弟之德性。不是尊德性之外，别有道问学之功；道问学之外，别有尊德性之事也。心之明觉处谓之知，知之存主处谓之心，原非有二物。存心便是致知，致知便是存心，亦非有二事。"曰："存心恐是静养意，与道问学不同。"曰："就是静中存养，还谓之学否？若亦谓之学，亦即是道问学矣。观者宜以此意求之。"①

阳明沿袭象山的观点，主张在"人情事变"上做工夫。变化复杂的事情可以说是发用，而需要对之谨慎，唯恐违背和偏离它，需要让它主导工夫的"独"则是本体。在两者之间起沟通作用的则是情感。

> 澄尝问象山在人情事变上做工夫之说。先生曰："除了人情事变，则无事矣。喜怒哀乐非人情乎？自视听言动，以至富贵、贫贱、患难、死生，皆事变也。事变亦只在人情里。其要只在'致中和'，'致中和'只在'谨独'。"②

---

① 陈荣捷编《传习录拾遗》第5条，《王阳明全集》卷三十二，第1288页。
② 钱德洪编《传习录》第37条，《王阳明全集》卷一，第17页。

这里指出了工夫的三层要点。第一，工夫在复杂的事变中做；第二，应对事变的是情感，应该使之达到合理而和谐的状态；第三，能使情感达到合理而和谐的是本体，工夫应该紧紧围绕本体展开。

那么只是在复杂的事变上做工夫，是否忽略了静中工夫呢？阳明所说复杂的事变实际上包含无事的阶段。这从以下对话可以看出：

> 问："格物于动处用功否？"先生曰："格物无间动静，静亦物也。孟子谓'必有事焉'，是动静皆有事。"①

从朱子的角度来说，动处省察，静处存养。阳明则认为两者并无实质区别："省察是有事时存养，存养是无事时省察。"②之所以并无实质区别，原因在于两者都受到良知的指引和推动。

致良知可以收拾动静或未发已发不同阶段的工夫。分了的话，难免导致静中流于空、动中流于妄的偏失。以下问答便体现了阳明这两方面的关切：

> 问："伊川谓'不当于喜怒哀乐未发之前求中'，延平却教学者'看未发之前气象'，何如？"先生曰："皆是也。伊川恐人于未发前讨个中，把中做一物看，如吾向所谓认气定时做中，故令只于涵养省察上用功。延平恐人未便有下手处，故令人时时刻刻求未发前气象，使人正目而视惟此，倾耳而听惟此，即是'戒慎不睹，恐惧不闻'的工夫。皆古人不得已诱人之言也。"③

之所以不能以气息安定为中之本体，是因为仅仅定气并未获得本体的指引和推动。阳明通过援引伊川"不当于喜怒哀乐未发之前求中"的

---

① 钱德洪编《传习录》第 87 条，《王阳明全集》卷一，第 28~29 页。
② 钱德洪编《传习录》第 36 条，《王阳明全集》卷一，第 17 页。
③ 钱德洪编《传习录》第 75 条，《王阳明全集》卷一，第 26 页。

说法，破除了未发阶段有不同于已发阶段工夫的观点，工夫可以说都是已发阶段的工夫，都受到本体的指引和推动。"时时刻刻求未发前气象"便是说在已发层面的工夫并非脱离未发本体而进行，而应该把握直接呈现于已发的本体展开。通过分析伊川和延平的说法，阳明同时统一了动静和体用意义上的未发与已发。

须说明的是，无论是伊川还是延平的工夫论，阳明都是根据自己的需要进行解释，其本意并非要客观了解他们的工夫论。伊川认为"不当于喜怒哀乐未发之前求中"，意在说明未发之前只能涵养。其要点是保持整齐严肃，意识高度集中。阳明则认为这一工夫缺乏本体指引和推动。他自己主张的未发工夫则和已发工夫一样，仍然是保持良知的敏锐状态，即便私欲在心中升起也能及时予以克除。这并不会陷入伊川批评的"于喜怒哀乐未发之前求中"，因为良知具有直接性，可以直接呈现于意识之中。延平教人"看未发之前气象"，本意是让人于静中体认本体，通过充分把握本体，使工夫可以完全依凭本体展开。

阳明看似对延平的工夫有较为体贴的了解，实则他在两个方面跟延平拉开了距离。第一，体认本体并不仅限于静中，任何时候都可以。第二，并不追求充分把握本体，而是凭借当下发露的本体，努力使之得以落实。原本延平所说的"未发"指的是与动相对的静，阳明则将其转化为可以时时呈现于现实中的本体。总之，阳明虽然援引了伊川和延平的观点，但他们之间的差异是不容忽视的。

蔡仁厚先生以下所说对延平和朱子均有透彻了解，只是似未能注意到阳明与延平之异："延平在讲论之余，'危坐终日'，'默坐澄心'，决不是泛泛的静坐，决不是朱子所谓'只是且收敛在此，胜似奔驰'；而根本是一种本体论的体证，借此以见体，以清澈自己之生命；由此而以中导和，发而中节，然后乃有真正的道德行为之引生，以成就道德创造。延平此义，朱子有隔膜，而阳明却能相知，所以对'伊川'

与'延平'之说，两成许可，这正是阳明之通达处。"① 蔡先生对延平静中体认本体工夫的论述是非常恰当的。

阳明高足王龙溪准确理解并从不同角度阐发了阳明上述两方面的关切，值得参考。

首先，他从良知既是未发之中又是已发之和的角度说："良知即是未发之中，即是发而中节之和，此是千圣斩关第一义，所谓无前后内外、浑然一体者也。若良知之前别求未发，即是二乘沉空之学；良知之外别求已发，即是世儒依识之学。或摄感以归寂，或缘寂以起感，受症虽若不同，其为未得良知之宗，则一而已。"② 龙溪把握了良知直接发用的特征，从而区别于归寂派以及佛道二教；也守住了依凭良知的主张，从而区别于朱子学不凭借良知本心的主张。

其次，他还从不睹不闻和戒慎恐惧的角度来说："先师尝谓人曰：'戒慎恐惧是本体，不睹不闻是工夫。'戒慎恐惧若非本体，于本体上便生障碍；不睹不闻若非工夫，于一切处尽成支离。"③ 就龙溪的阐发来说，第一句的意思是，本来在作用中就可以直接契入本体，没有障碍，如果抛开作用去寻找本体，那就必然遇到障碍，就会对何谓本体产生迷惑，以至于造成本体与工夫的两歧，亦即终究不能理解本体周流于工夫之中，别寻本体必然遇到障碍。第二句的意思是，没有本体参与的工夫，必然陷于支离，亦即本体参与是保证工夫切要的关键。尽管用外求体主要批评的不是朱子，而是佛道二教，不过朱子也存在用外求体的问题。前引阳明批评朱子有关一以贯之问题的注释，即可表明这一点。

关于动静合一需要补充说明的是，未发阶段和已发阶段一样面临偏离本体的问题，亦即未发也有不中的可能。其弟子绪山在天泉证道

---

① 蔡仁厚：《王阳明哲学》，第73页。
② 王畿：《致知议略》，《王畿集》卷六，第130页。
③ 王畿：《冲元会纪》，《王畿集》卷一，第3页。

之前与龙溪论学时说的"今习染既久，觉心体上见有善恶在"①，表达的就是未发阶段即已有不中的问题。阳明非常重视未发阶段已有不中的问题。他说："不可谓'未发之中'常人俱有。盖'体用一源'，有是体即有是用，有'未发之中'，即有'发而皆中节之和'。今人未能有'发而皆中节之和'，须知是他'未发之中'亦未能全得。"② 这里是从已发阶段情感的不和推断未发阶段就已经开始出现不中的情况。之所以说"未能全得"而不是"未能得"，是因为良知始终存在，人在为恶的时候只是不断摧残人所禀受的性或者说良知，但它终究不会彻底泯灭。既然良知始终存在，那就只能说良知"未能全得"，而不能说"未能得"。又如以下对话所示：

> 曰："偏倚是有所染着。如着在好色、好利、好名等项上，方见得偏倚；若未发时，美色名利皆未相着，何以便知其有所偏倚？"曰："虽未相着，然平日好色、好利、好名之心，原未尝无；既未尝无，即谓之有；既谓之有，则亦不可谓无偏倚。譬之病疟之人，虽有时不发，而病根原不曾除，则亦不得谓之无病之人矣。须是平日好色、好利、好名等项一应私心，扫除荡涤，无复纤毫留滞，而此心全体廓然，纯是天理，方可谓之喜怒哀乐'未发之中'，方是天下之'大本'。"③

陆原静之所以认为喜怒哀乐未发的阶段是无所偏倚的，是因为他错误地把未发理解为与发用相对的实体了。从未发是与发用相对的实体的角度来说，确实是无所偏倚的。但阳明所要讨论的则是未发的阶段而不是未发的实体。情感并非到了已发阶段才出现偏差，偏差已经在未发阶段潜伏了。人们之所以没有发现，不过是因为它在未发阶段尚未

---

① 钱德洪编《年谱》三,《王阳明全集》卷三十五，第 1442 页。
② 钱德洪编《传习录》第 45 条,《王阳明全集》卷一，第 20 页。
③ 钱德洪编《传习录》第 76 条,《王阳明全集》卷一，第 27 页。

表现出来而已。这也凸显了工夫不能只是等到情感已经发动，偏差已经出现之后再做。所以阳明说："病疟之人，疟虽未发，而病根自在，则亦安可以其疟之未发而遂忘其服药调理之功乎？若必待疟发而后服药调理，则既晚矣。致知之功无间于有事无事，而岂论于病之已发、未发邪？"①

阳明在此突出了未发阶段工夫的优先性，从中可以看出其重要性甚至超过了已发阶段的工夫。他以下说法也突出了未发状态的基础性："颜子不迁怒，不贰过，亦是有未发之中始能。"②未发之中指的是未发阶段没有私欲的状态。当然由于他担心单纯强调未发阶段的工夫会产生"喜静厌动"③的弊病，所以一方面经常强调"事上磨炼"④，以求得两个阶段工夫的平衡；另一方面也指出初学阶段固然可以用"静坐、息思虑"的静中工夫，但静中工夫的理想形态应该是："无事时，将好色、好货、好名等私欲逐一追究搜寻出来，定要拔去病根，永不复起，方始为快。"唯其如此才能避免"只悬空静守，如槁木死灰，亦无用"的弊病。⑤质言之，"无间于有事无事"的致良知工夫才是一以贯之而无弊病的工夫。

前已述及阳明对"求中于喜怒哀乐未发之时"采取反对的态度。之所以如此，不仅因为伊川说的"既思即是已发，既有知觉，即是动"，更因为这一工夫仍然是脱离本体指引和推动的。按伊川所说，在未发时求中是不可能的，因为求的意向已经是已发了。阳明则说："今人存心，只定得气。当其宁静时，亦只是气宁静，不可以为'未发之中'……若靠那宁静，不惟渐有喜静厌动之弊，中间许多病痛，只是潜伏在，终不能绝去，遇事依旧滋长。以循理为主，何尝不宁静；

① 钱德洪编《传习录》第167条，《王阳明全集》卷二，第79页。
② 钱德洪编《传习录》第114条，《王阳明全集》卷一，第37页。
③ 钱德洪编《传习录》第28条，《王阳明全集》卷一，第15页。
④ 钱德洪编《传习录》第204条，《王阳明全集》卷三，第104页。
⑤ 均见钱德洪编《传习录》第39条，《王阳明全集》卷一，第18页。

以宁静为主，未必能循理。"①按阳明的说法，即便静中可以做涵养的工夫，最好的结果也不过是使气息平静而已，但并没有彻底消除私欲的病根。而消除私欲病根的有效方法只能是循理。因为理直接呈现为良知，所以有效的方法是依循良知。依循良知的工夫不过是"常常保守着这个真己的本体，戒慎不睹，恐惧不闻，惟恐亏损了他一些，才有一毫非礼萌动，便如刀割，如针刺，忍耐不过，必须去了刀，拔了针"而已②。

总结本节的讨论，阳明以良知是生生不息的戒惧之念为基础，统一了体用与动静意义上的未发已发。

第五节　两种可能质疑及其回应

阳明的未发已发论面临的主要问题是，人难以在发用中契入良知和维持良知。对此他主要通过强调良知本体的直接性以及后天的着实用意、精察克治加以解决。

如前所述，朱子认为南轩察识本心的主张存在难以契入本心和维持本心的问题，并通过对未发已发的两层区分以消除其问题。阳明反驳朱子的观点，固然不是回到南轩的主张上来，但是通过分析朱子对南轩的批评，却有可能帮助我们看到阳明的主张的内在问题。因为如何在发用中契入本心和保持本心，也是强调在发用中契入本心并凭借本心做为善去恶工夫的阳明必须面对的问题。

这是从学理的角度来说，若从历史的角度来说，且不论来自朱子学者的批评，即便是在阳明后学中，阳明的观点事实上也受到现成派和归寂派的质疑。他们分别倾向于通过顿悟或静坐之类方式充分契入本心，而认为如果没有顿悟或静坐作为前提的话，人是无法直接在发用中契入本心的，维持本心就更无从谈起了。龙溪"拟议即乖，趋向

---

① 钱德洪编《传习录》第 28 条，《王阳明全集》卷一，第 15~16 页。
② 钱德洪编《传习录》第 122 条，《王阳明全集》卷一，第 41 页。

转背"①以及双江"譬之追风逐电，瞬息万变，茫然无所措手，徒以乱吾之衷也"②的说法，即代表了他们的看法。这些看法无疑不是直接针对阳明而发，但也可以归入无法契入本心一类的批评中，因而可以涵摄在朱子可能的批评中。因而通过回应朱子可能的批评，也就回应了阳明后学事实上的批评。某种意义上，也正因为从阳明事实上遭受的来自后学的批评出发难以充分彰显维持本心的问题，所以我们才有必要借助朱子的视角来审视他的主张。那么阳明对可能来自朱子的批评又可以如何回应呢？

首先，关于契入本心。阳明认为本心直接呈现，可以当机根据不同事情做出相应的反应。即便本心处于遮蔽的状态，也可以一反便得，并不存在朱子担心的"烦扰益甚"的问题。

关于一念自反即得本心，正如阳明谈到本体之乐时所说："虽在忧苦迷弃之中，而此乐又未尝不存。但一念开明，反身而诚，则即此而在矣。"③前已论及，阳明认为本心是时时都在运作的戒惧之念。之所以能一念自反即得本心，直接原因便是本心时时运作，本心时时运作的真实意义就在于本心随时可以呈现于人的意识中，促使人做出正确的行动，亦即为行动提供动力和准则。

不过问题在于，本心固然直接呈现，但怎样识别本心却仍然是不容忽视的问题。耿宁先生作《我对阳明心学及其后学的理解困难：两个例子》一文，坦承自己对中国心学存在的理解困难，其中之一便是龙溪常说的"一念自反，即得本心"究竟何以可能的问题。④一念自反，怎么可能证明即得本心？难道直接呈现的都是本心吗？回答显然是否定的，因为正如前述，本体习染既久，可能已经渗入私欲，所以直接呈现的未必是本心，对其有必要加以甄别。

① 王畿：《留都会纪》，《王畿集》卷四，第90页。
② 聂豹：《答欧阳南野太史》三，《聂豹集》卷六，第247页。
③ 钱德洪编《传习录》第166条，《王阳明全集》卷二，第79页。
④ 可参〔瑞士〕耿宁《心的现象——耿宁心性现象学研究文集》，第473页。

正如第二章第二节已指出的，阳明思想中似乎存在一个循环论证，即只有界定了本心，才能界定私欲。阳明也不否认这一思路，如他说："本体上才过当些子，便是恶了。"① 不过值得注意的是，他又屡屡反过来从私欲界定本心，认为排除了私欲便是本心或者天理。如面对"何者为天理"的问题，他回答："去得人欲，便识天理。"② 他又说"此心无私欲之蔽，即是天理"③，又说："'无私心'即是'当理'，未'当理'便是私心。"④ 又说："汝若于货色名利等心，一切皆如不做劫盗之心一般，都消灭了，光光只是心之本体，看有甚闲思虑？此便是'寂然不动'，便是'未发之中'，便是'廓然大公'。自然'感而遂通'，自然'发而中节'，自然'物来顺应'。"⑤ 这些都是非常典型的从排除私欲的角度讲本心的例证。可前提是只有界定了本心才能界定私欲。阳明似乎陷入了循环论证之中。

如果从形式逻辑的角度来讲，阳明的确是陷入了困境，但如果从现实的人的角度来讲，则有些人对理更敏感，有些人对私欲更敏感，针对不同人的情况，从不同角度加以指点和引导，则完全可以并行不悖。

进一步地，阳明寻找到的一个没有私欲的状态是孟子所说的夜气，即经过好好休息的一个晚上之后，神清气爽，自然愿意与人为善的状态。这种状态是无私欲而符合本体的："良知在'夜气'发的，方是本体，以其无物欲之杂也。学者要使事物纷扰之时，常如'夜气'一般，就是'通乎昼夜之道而知'。"⑥

夜气仅仅是感受本心的一个较为理想的途径，如果放松要求，那么虽然是本心的呈现，不过未必是那么清晰、那么有力的呈现，在生

---

① 钱德洪编《传习录》第 228 条，《王阳明全集》卷三，第 110 页。
② 钱德洪编《传习录》第 76 条，《王阳明全集》卷一，第 26~27 页。
③ 钱德洪编《传习录》第 3 条，《王阳明全集》卷一，第 3 页。
④ 钱德洪编《传习录》第 94 条，《王阳明全集》卷一，第 30 页。
⑤ 钱德洪编《传习录》第 72 条，《王阳明全集》卷一，第 25 页。
⑥ 钱德洪编《传习录》第 268 条，《王阳明全集》卷三，第 120 页。

活中应该是很常见的，而且也是很容易识别出来的。这就可以成为契入本心的起点。比如不当为劫盗，这是一般人都能了解和接受的。工夫就可以从这里切入。阳明提及："汝心中决知是无有做劫盗的思虑，何也？以汝元无是心也。"工夫便要如前述"汝若于货色名利等心，一切皆如不做劫盗之心一般，都消灭了"①。要言之，重视已发的阳明反对仅仅从抽象的角度谈论本心，本心的呈现是具体的。具体呈现的本心并非自始便是尽善尽美的，而有一个从不够清晰到非常清晰，不够有力到非常有力的演变过程。这就需要人的后天努力。这一点稍后再论，重要的是，作为开端的不够清晰和有力的本心，则并不难感受到，工夫可以由此出发。由此，郑泽绵提出的如下问题，对阳明而言是可以解决的："他又将良知之'思'与私意之'思'的甄别方法简单化为心理效验上的简易与纷扰，而无法从'思'的内容上给出判定的方法。"②

实际上朱子那里也并非认为人在一开始就可以充分、准确认识天理，因而并不排除从不断改进的角度认识天理。正如以下对话所示：

> 因说克己，或曰："若是人欲则易见。但恐自说是天理处，却是人欲，所以为难。"曰："固是如此。且从易见底克去，又却理会难见底。如剥百合，须去了一重，方始去那第二重。今且将'义利'两字分个界限，紧紧走从这边来。其间细碎工夫，又一面理会。如做屋柱一般，且去了一重粗皮，又慢慢出细。今人不曾做得第一重，便要做第二重工夫去。如《中庸》说'戒慎乎其所不睹，恐惧乎其所不闻。莫见乎隐，莫显乎微，故君子慎其独'。此是寻常工夫都做了，故又说出向上一层工夫，以见义理之无穷耳。不成'十目所视，十手所指'处不慎，便只去慎独！

---

① 均见钱德洪编《传习录》第 72 条，《王阳明全集》卷一，第 25 页。
② 郑泽绵：《从王阳明的戒慎恐惧工夫看良知学的形成》，《人文论丛》第 2 辑，武汉大学出版社，2017，第 125 页。

无此理也。"①

阳明以下说法虽然实际上立足的是发自本心的对理欲的分别，而非格物所获得的对理欲的分别，不过和朱子上述说法有着异曲同工之妙：

> 问："知至然后可以言诚意。今天理人欲，知之未尽，如何用得克己工夫？"先生曰："人若真实切己用功不已，则于此心天理之精微日见一日，私欲之细微亦日见一日。若不用克己工夫，终日只是说话而已，天理终不自见，私欲亦终不自见。如人走路一般，走得一段，方认得一段；走到歧路处，有疑便问，问了又走，方渐能到得欲到之处。今人于已知之天理不肯存，已知之人欲不肯去，且只管愁不能尽知。只管闲讲，何益之有？且待克得自己无私可克，方愁不能尽知，亦未迟在。"②

并且，即便一个人自称把握了天理，也未必真的就把握了天理，而仅仅是把握了其所认为的天理。因而不能因为一个人提出的是天理，就认为其自然就把握了善恶的标准。与现实相对而言的天理，与就现实而言的良知所面临的考验是一样的，都有待于人的省察、验证。阳明要求人保持良知精明的状态，不断省察、验证，在任何情况下都是有积极作用的。

其次，关于保持本心。上引阳明"真实切己用功不已"，正是保持本心的主要方法。阳明并非认为普通人可以自然消除私欲，达到本心主导的程度。这一主张在龙场悟道之前便已形成。他在跟湛甘泉等人的唱和诗中便说："静虚非虚寂，中有未发中。中有亦何有？无之即成空。无欲见真体，忘助皆非功。至哉玄化机，非子孰与穷！"③他认

---

① 黎靖德编《朱子语类》卷四十一，第1043页。
② 钱德洪编《传习录》第65条，《王阳明全集》卷一，第23~24页。
③ 王守仁：《八咏》之六，《王阳明全集》卷十九，第751页。

为人即便在未发阶段，也是有本体的。这个本体就是未发之中。未发之中不是别的什么，就是使事务得到妥善处理的本体。重要的是，消除私欲而达到真体呈露，才能谈得上以勿忘勿助的方式做工夫，勿忘勿助之自然本身不是达到无欲的工夫。

前已述及本体的充足性，不过阳明在具体发用层面谈良知的充足性是有条件的。因为只有良知稳定呈现，才能谈得上其对工夫的充分作用。而要达到稳定呈现，就要依靠后天努力。阳明非常重视后天努力的作用。前述郑泽绵论文已提出了这一点，并对阳明的看法给予了积极评价："阳明的'良知愈思愈精明'的思想使之有别于简单的极端直觉主义……阳明认为'能戒慎恐惧者'是良知，并将'不睹不闻'理解为良知本体，是思想的一大突破。"①

阳明特别强调"尽着自己力量"是现实中良知俱足的前提条件："若除去了比较分两的心，各人尽着自己力量精神，只在此心纯天理上用功，即人人自有，个个圆成，便能大以成大，小以成小，不假外慕，无不具足。此便是实实落落明善诚身的事。"②以下则是针对已经达到较高境界，良知可以稳定呈现的人来说："良知只是一个，随他发见流行处，当下具足，更无去求，不须假借。"③这里说的假借，只是本心遮蔽较轻阶段的问题，因而可说是已经达到较高阶段的人的问题。在初学阶段后天努力是不可或缺的。实际上，正是在注重后天努力的意义上，唐君毅先生才会有阳明接近朱子而异于象山之感。

总之，阳明不仅对人何以能契入本心的问题有解释，而且对如何维持本心的问题也有一套应对方案。

①　郑泽绵：《从王阳明的戒慎恐惧工夫看良知学的形成》，第115页。
②　钱德洪编《传习录》第107条，《王阳明全集》卷一，第35~36页。
③　钱德洪编《传习录》第189条，《王阳明全集》卷二，第96页。

小　结

　　应该说，无论五峰还是南轩，无疑都认识到本心可以自然呈现，只是他们的论述重心不在于此。而阳明通过对良知的论述，将本心具有的不虑而知、不学而能的直接性充分揭示出来了，由此便可回应朱子在应事之际契入本心会陷入纷纭杂扰的批评。

　　进一步地，五峰虽然注意到工夫中涉及的先天因素与后天因素的问题，但是他终究倾向于私欲未起时完全凭借本体以克治私欲的思路。他说："情一流则难遏，气一动则难平。流而后遏，动而后平，是以难也。察而养之于未流，则不至于用遏矣。察而养之于未动，则不至于用平矣。是故察之有素，则虽婴于物而不惑；养之有素，则虽激于物而不悖。"[①]这一思路与明道、象山通过识仁、发明本心以使本心充分发用是接近的。由此，陷入情欲已经较为炽烈的境地时，需要借助后天努力的助力的工夫某种程度上就不受重视。南轩也和朱子一样强调敬之工夫，这固然能突出后天努力的作用，但和朱子的居敬工夫无法区分，特别是他所说的居敬工夫与本心的结合并不紧密。这从他以下说法可以看出："必待识仁之体而后可以为仁，不知如何而可以识也。学者致为仁之功，则仁之体可得而见，识其体矣，则其为益有所施而亡穷矣。然则答为仁之问，宜莫若敬而已矣。"[②]如南轩所说，则本心在工夫中变得不甚紧要。与过于强调本心作用的五峰相比，南轩滑向了单独强调后天努力的另一极端。正因为无法平衡发自先天的本体与后天的努力，所以五峰和南轩的工夫论不能完全应对朱子无法契入和保持本心的质疑也就并不奇怪了。

　　与五峰和南轩不同，后来的阳明则较好地结合了发自先天的本心与后天的努力两者。不仅如此，他还从良知的直接性和后天努力的积极作用两方面分别解决了如何契入和保持本心的问题，回应了朱子可

---

①　胡宏：《知言》，《胡宏集》卷一，第28页。
②　朱熹：《胡子知言疑义》，《胡宏集》附录一，第335页。

能的挑战。可以说，经过了朱子的质疑和阳明的改造与回应，一条既凭借发自先天的本心，又凭借后天的努力的工夫提升之路臻于成熟。这条工夫提升之路的特点是既简易而又严密。

而从五峰和南轩到朱子、阳明，便构成我们理解宋明儒学思想演进的一条重要线索。在五峰和南轩那里并未充分凸显的本心的直接性以及后天努力的积极作用，是阳明论述的重点，而对这两点的揭示，构成了他的工夫不仅区别于伊川、朱子，而且区别于明道、象山之处，这也成为他的工夫论对儒学工夫论尤其是心学工夫论的重要贡献。

如果放在更广的学术背景中来看，阳明的做法实际上意味着慧能开启的以顿悟为核心的禅宗南宗教法在儒学思想中影响的大幅消退。如第六章所论，与他大致相近时代的王浚川以及贺医间等儒者都持类似看法，可以在一定程度上看出时代风潮的转移。因为无论明道、象山的识仁、发明本心，还是朱子由格物而豁然贯通，都以某种形式的顿悟为工夫获得突破的关键，而阳明虽也不排斥长期修养之后的顿悟，但不以此为工夫获得突破的关键。尽管禅宗南宗教法影响消退的迹象在朱子强调后天努力的积极作用中已经显现，不过他仍然需要通过豁然贯通来使工夫获得突破，这在方式上与禅宗的顿悟仍有相似之处。五峰、南轩之所以难以充分揭示后天努力的积极作用，一定程度上也是受制于当时禅宗的巨大影响，摆脱其影响需要一个逐步推进的过程。伊川、朱子虽有突破，但也有局限，可谓处在过渡和转折的环节，直到阳明才比较彻底地摆脱禅宗顿悟的影响。尽管他自己经历了顿悟，不过他的确不以顿悟来指导和期许学者。以朱子为代表的宋儒从思想内容上否定了禅宗的出世取向，而阳明则进一步在工夫上抛弃了禅宗化的入道形式。牟宗三先生以朱子为"渐教"，以陆王为"圆顿之教"，[①] 这对象山而言是准确的，对朱王而言则不够准确。

---

① 牟宗三：《心体与性体》（中），第419页。

在此须说明的是，我们说朱子的豁然贯通受到了禅宗的影响，不意味着将两者混为一谈。正如吾妻重二先生所说的那样："朱熹的穷理论含有与禅的觉悟完全异质的成分。'豁然贯通'确实是禅宗的常用词，但'豁然'一词所表现的心理状态并不是禅宗的专利。"[①] 实际上，两者只是具有相近的形式。

曾亦先生认为五峰"只是主张直接在良心发见处去体证了本体，即下学即上达，即上达即下学"[②]。曾先生认为这种融下学与上达为一的道路区别于朱子、阳明等人的自下学而上达的道路。他的说法点出了五峰工夫论是直接围绕本心展开的，不过未区别此种主张内部究竟是着眼于本心的直接发用（五峰、阳明）、充分发用（明道、象山）还是静中表现（杨龟山、陈白沙）的区别。

杜保瑞先生则对牟宗三先生用以心著性概括五峰的观点表示质疑，"'以心著性'说即是一极为普通的'本体工夫论'的命题，不断地发生在论孟、易庸、周张二程、及朱陆各家系统之中，并无特别的义理殊胜之处"[③]。应该说，作为本体的性如何主导人的意识和行动从而成为主体，或说作为主体的心如何使作为本体的性的作用得以落实，是宋明时代各派儒者都不得不面临的问题。在这个意义上，宽泛地说各派终究都是以心著性或本体工夫似也无妨。但明道、象山实际上是直接追求性的流行无碍亦即本心的充分发用，伊川和朱子则强调通过格物来间接激发本心或性的作用，从这个角度来讲，五峰以及阳明又是特别的。他们直接围绕作为性的发用流行的本心展开工夫，这一点不同于借助穷理间接激发本心的伊川、朱子；他们肯定后天努力的积极作用，这一点又不同于直接使性流行无碍而无须后天努力的明道、象山。由此用以心著性来总结五峰乃至阳明的工夫论又是有一定

---

① 〔日〕吾妻重二：《朱子学的新研究——近世士大夫思想的展开》，第215页。
② 曾亦：《本体与工夫：湖湘学派研究》，上海人民出版社，2007，第237页。
③ 杜保瑞：《对胡五峰哲学的当代诠释之反省》，《船山学刊》2016年第3期，第27页。

道理的，这么说的时候很大程度上遮蔽了性本身可以自然发用流行的一面，就如横渠的说法一定程度上也忽略了性不容已发用流行出来的一面一样："心能尽性，'人能弘道'也；性不知检其心，'非道弘人'也。"① 而这一面正是阳明所着重强调的。

　　学者一般不会认为五峰和阳明是一系，如唐君毅先生认为阳明接近朱子而区别于明道、象山，五峰虽不尽同于明道但总体上接近明道。曾亦先生继承其认为五峰接近明道的一面，直接将五峰划归明道、象山一系。牟宗三先生则继承其认为五峰不尽同于明道的一面，但又认为阳明与象山是一系。他将宋明儒学工夫划为五峰、蕺山，象山、阳明，伊川、朱子三系。我们总体上取唐先生对阳明的定位而去其对五峰的定位，取牟先生对五峰的定位而去其对阳明的定位，认为五峰以及南轩近于阳明，他们兼用发自先天与后天的两种力量，而既不同于主要依靠后天力量的伊川、朱子，也不同于基本依靠直接发自先天的力量的明道、象山，在宋明儒学史上有着独特地位和价值。如此则宋明儒学工夫特征较为鲜明的儒者可以划分为伊川、朱子，五峰、阳明，明道、象山、甘泉、蕺山，龟山、白沙等四派。濂溪与横渠则综合了多种工夫形态，不能划入某个具体类型中。

　　如所周知，阳明有一句名诗："不离日用常行内，直造先天未画前。"② 这两句要强调的正是先天未画的精微本体就在日用伦常的显著作用中，本体不离感应，即感应便是本体。他不仅将本体拉回现实之中，而且把现实的感应提升到本体的高度。阳明之前，象山高足杨慈湖即已表达类似意思，而遭到朱子批评。朱子的弟子拿着慈湖的诗向朱子提问："'有时父召急趋前，不觉不知造渊奥。'此意如何"？朱子回答："如此却二了：有个父召急趋底心，又有个造渊奥底心。才二，便生出无限病痛。盖这个物事，知得是恁地便行将去，岂可更帖着一个意思在那上！某旧见张子韶有个文字论仁义之实云：'当其事亲之

――――――

①　张载：《正蒙·诚明》，《张载集》，第22页。
②　王守仁：《别诸生》，《王阳明全集》卷二十，第872页。

时，有以见其温然如春之意，便是仁；当其从兄之际，有以见其肃然如秋之意，便是义。'某尝对其说，古人固有习而不察，如今却是略略地习，却加意去察；古人固有由之而不知，如今却是略略地由，却加意去知。"[1] 实则精微本体自然呈现在作用中，相应的境界是自然随顺工夫而达到，不是另外用心追求，如此才是即作用而为本体，即已发而为未发。这就像在朱子自身思想中，致知随顺格物而实现，并非了解事物之理之外另有了解心性之理的工夫一样。

从体用关系的角度来说，即用是体的体怎么能称得上是体？或者反过来问，是否只有离了用仍然能自如存在的体才是体？离了用仍然自如存在是体之为体的内在规定性吗？事实上，体之为体在于具有普遍必然性，而不在于离了用仍然能自如存在。就阳明而言，持续运作的戒惧之念就具有普遍必然性，并非只有退回到超越的层面，才能谈普遍必然性。对他来说，离了用仍然能自如存在，不是体之为体的必要条件。

以上所说是阳明未发已发论的哲学意义。此外值得注意的是，他的观点除了以湖湘学为潜在的思想资源以外，也有其他来源，因而是对先秦以降的儒学传统的继承和发展。朱子以下提到的周濂溪的说法可以提示我们，阳明以已发之和说未发之中的思路，在理学史上是有渊源的："周子言'中'，而以'和'字释之，又曰'中节'，又曰'达道'，彼非不识字者，而其言显与《中庸》相戾，则亦必有说矣。盖此'中'字是就气禀发用而言其无过不及处耳，非直指本体未发，无所偏倚者而言也。"[2] 濂溪之说见其《通书》。朱子还提到了其他人不这么说，周子之说的根据则是来自《中庸》的"君子而时中"："周子云：'中也者，和也，天下之达道也。'别人也不敢恁地说。'君子而时

---

① 黎靖德编《朱子语类》卷一百二十四，第2984~2985页。
② 朱熹：《答陆子静》六，《晦庵先生朱文公文集》卷三十六，《朱子全书》第21册，第1573页。

中'，便是恁地看。"① 由此可见，阳明以和释中，以及从发用中把握本体的思路也是有着《中庸》等儒家经典作为依据的。

此外，邵康节的思想应该也是阳明未发已发论的一个来源。且不论"体用"具体指的是什么，邵雍的如下观点应当也是阳明体用观的来源之一。他认为："体无定用，惟变是用。用无定体，惟化是体。体用交而人物之道于是乎备矣。"他以下说法正体现了以用为体，以体为用的主张："声色气味者，万物之体也。目耳口鼻者，万人之用也。"② 可以说，阳明从即已发而为未发的角度谈良知，把儒家传统中包含的就和论中的思路做了充分的发挥，这在儒学思想史上具有重要地位和深远影响。

关于影响，如熊十力先生即从发用谈本心，并认为本心虽为发用却是本体，其思路与阳明是一致的。这一点我们在第二章第二节已经讨论过了。

---

① 　黎靖德编《朱子语类》卷六十二，第 1516 页。
② 　均见邵雍《观物内篇》第二篇，《邵雍集》，第 6 页。

第十一章
动静合一

　　"动静"问题是中国哲学史上的重要问题，自孔子、老子以降，历代不少思想家对动静问题都有过重要论述，阳明也不例外。他有关动静问题的论述，尤其是"动静合一"的主张受到不少学者的重视。

　　如冯友兰先生晚年在《中国哲学史新编》第五十五章讨论陆王心学的内容中，列有题为"'良知'与'动静合一'"的一节，便突出了动静合一的重要性。耿宁先生在其"生命之作"《人生第一等事——王阳明及其后学论"致良知"》中，则不仅设有题为"'良知本体'是动与静的统一或动中有静"的专节，并且强调："'人性'与动静合一在王阳明那里是'本原知识'的两个最重要的本质特征。"[①] 其所谓"人性"就是真诚恻隐，"本原知识"则是良知。

　　动静合一的含义究竟为何？冯先生在正文并未直接阐述其具体内涵。大致而言，他所理解的动静合一应该是这一节开头所说的"一循于理"，或者"'一循良知'之自然"[②]。自然循理或说自然依循良知无疑是动静合一的含义。陈来先生则认为："阳明指出'睹闻思为一于理，而未尝有所睹闻思为，即是动而未尝动也'，'一于理'即是循理，'未尝有所睹闻思为'是无'有心之私'、没有'将迎意必'。这

　　① 〔瑞士〕耿宁：《人生第一等事——王阳明及其后学论"致良知"》，第310页。
　　② 冯友兰：《中国哲学史新编》，《三松堂全集》第10卷，第208页。

就叫'动中有静'，'动而无动'，用阳明的话来说，也叫'动静合一'。"①且不论"睹闻思为一于理，而未尝有所睹闻思为"的含义，确实，不仅自然循理，而且泛泛而谈的循理也是动静合一的意思。事实上，如果要通盘理解阳明动静合一的主张，就有必要对他所说的"动静"的含义准确地理解。

陈立胜先生便概括出阳明处动静的不同含义："如果我们把有事、感通之'动'称为'动Ⅰ'，把良知之活动、运作之'动'称为'动Ⅱ'，把无事、寂然之'静'称为'静Ⅰ'，把良知之贞定自如、静定之'静'称为'静Ⅱ'，把'理无动者也，动即为欲'中的'动'称为'动Ⅲ'，则阳明看似令人眼花缭乱的动静用法自是脉络分明。"②

在上述研究的基础上，我们可以发现，在阳明处，动静确实有着多层次的含义。其第一层含义是人有事或无事需要应对。第二、三层含义则均直接与本体有关。违背本体（从欲），或以勉强、着意的方式依循本体均可称为动。凡依循本体（循理），或更具体地，以自然的方式依循本体均可称为静。阳明倡导的是从从欲提升至循理，从着意循理提升至自然循理的两层工夫。相应地，虽然应事但不胡乱应事，而能循理，虽然循理但不感到紧张和压力，而能做到自然，就是第二、三层次上的动静合一。并且，阳明不仅在第二、三层讲动静合一，而且在第一层讲动静合一。其意图是强调动时和静时的心是一个心，心无内外，工夫不离本体，本体不离工夫，工夫应该时时围绕本体展开。由此可见，阳明有关动静的论述实际上是在其一元两层本体工夫的思路中展开的。只有在一元两层本体工夫的视野中，我们才能对动静问题尤其是动静合一的含义获得更加准确、深入的理解。本章即欲在这一视野中梳理阳明有关动静问题的论述，尤其是探讨其动静合一的三层含义。

---

① 陈来：《有无之境——王阳明哲学的精神》，第 314 页。
② 陈立胜：《入圣之机：王阳明致良知工夫论研究》，第 273 页。

第一节　动静合一的第一层含义

动静的第一层含义是就"所遇之时"而言的，两者分别指有事无事。阳明在这个层次上说的动静合一，强调的是无事时的心非内，有事时的心非外，心可以直接应事并达到合理。其工夫论意义是本体与工夫不离，应该时时凭借本体做工夫，实现本体与工夫的合一。

阳明认为动静是人所处的不同阶段，其区别是是否有事需要应对。这构成了动静的第一层含义。如他说："动静，时也。"又说："动静所遇之时也。"又说："有事无事，可以言动静。"①

不过值得注意的是，第一层含义的动静在阳明这里并不重要，关键原因是心体（或说良知、本体等）的引入。因为心体无时无刻不在发挥作用，所以相对于心体而言，有事无事的分别就变得无关紧要。在以下一段话中，阳明就表达了这个意思。须说明的是，在这段话中，虽然阳明主要围绕源自《孟子》的"出入"展开讨论，不过因为他最后点出"出入亦只是动静"，所以这段话也是在阐述动静问题。因为"出入亦只是动静"，所以"出入无时，莫知其乡"，实际上就是"动静无端，岂有乡邪"（按："乡"通"向"）。那么"出入无时，莫知其乡"是什么意思呢？阳明不只是如常人一样单纯在意念层面来理解这句话，而且用这句话来描述心体的运行方式。

> 澄问"操存舍亡"章。曰："'出入无时，莫知其乡'。此虽就常人心说，学者亦须是知得心之本体亦元是如此，则操存功夫，始没病痛。不可便谓出为亡，入为存。若论本体，元是无出入的。若论出入，则其思虑运用是出。然主宰常昭昭在此，何出之有？既无所出，何入之有？程子所谓腔子，亦只是天理而已。

---

① 分别见钱德洪编《传习录》第108、41、157条，《王阳明全集》卷一第36、19页，卷二第72页。

虽终日应酬而不出天理，即是在腔子里。若出天理，斯谓之放，斯谓之亡。"又曰："出入亦只是动静，动静无端，岂有乡邪？"①

阳明认为"出入无时，莫知其乡"不仅是对普通人的意念纷扰无序的批评，更是描述心体运作的方式。

当然阳明的观点并不新鲜，实际上朱子也表达过类似观点："此四句，但言本心神明不测，不存即亡，不出即入，本无定所。如今处处常要操存，安得有定所！"② 他们的意思是，本心按照当下好善恶恶的念头运作，不能事先加以限定。亦即本心在时间之流的每个当下都会发出相应的好善恶恶的意念，而每个当下都是变动不居的，因此无法对下一个意念加以预测和控制。而这是本心本来的样子。对阳明来说，唯其原来如此，所以按照"出入无时，莫知其乡"的方式来做工夫，就能充分发挥心体的作用，就不会产生弊病。这里揭示了一个非常重要的信息，即心体可以成为工夫的依凭。因为心体始终在运作，能当下做出善恶判断并好善恶恶，既有准则，也有动力，而这两点是做工夫所不可或缺的。正是心体始终运作这一点，使应事未应事这样的区分变得无足轻重。因为无论是否需要应事，心体都能引导和推动人正确的行动，所以动静的区分才变得无关紧要。这是"主宰常昭昭在此，何出之有？既无所出，何入之有"所要表达的意思。在此，"动静"并不是违背天理或依循天理的意思，其意思就是应事与否，即动静的第一层含义。

套用阳明弟子王龙溪的话来说，"出入"以及"动静"可以理解为发散与收敛。良知本体自能发散，自能收敛，当发散则发散，当收敛则收敛，如此则发散收敛都符合心体，因而也符合天理。发散时就在发散中实现天理，收敛时就在收敛中实现天理，随物赋形，没有定规。龙溪说："此知自能收敛，不须更主于收敛；此知自能发散，不

① 钱德洪编《传习录》第48条，《王阳明全集》卷一，第20页。
② 黎靖德编《朱子语类》卷五十九，第1402页。

须更期于发散。收敛者，感之体，静而动也；发散者，寂之用，动而静也。"① 这就是"动静无端，岂有乡邪"的含义。如果强调有事无事的区别，反而会掩盖心体在时间之流中作用的普遍性。仿佛只有无事时心体才存在，有事时就亡佚了一样。不少人便以为"出为亡，入为存"，也就是说心出去了，便走丢了，保守着，才存在。告子就持有类似的观点，所以主张保守己心、不使之活动的"不动心"。

阳明的观点则与之不同，他认为"不可便谓出为亡，入为存"。他说如果认为"其思虑运用是出"，那么没有思虑运用就是与之相对的"入"。可是因为良知自知自觉，所以无论是否有思虑运用，心体都在，这些思虑运用都没有超出心体的明觉与主宰。在没有超出心体明觉与主宰的意义上，可以说无出入可言。既然无出入，自然也无存亡。也就是说，心体是始终存在的。这样我们也解释了为什么阳明说"若论本体，元是无出入的"，因为本体始终发挥作用。可是尽管如此，人的思虑运用仍然可能违背心体，在违背心体的意义上可以说是出，遵循心体则可称为入。这就重新界定了出入的含义。违背心体就是出，就是放失，就是亡。但是这也只是心体的遮蔽，心体本身并没有消失，只是意识偏离了心体的好恶而已。

不仅陆原静，其他弟子也有动静方面的疑问。有弟子以为无事时心无所表现，和佛教所说的静坐息思虑没有差别，而没有意识到此时心体仍在运作，也没有意识到即便无思虑营为，人心的状态仍有符合心体与否的问题。

> 问："儒者到三更时分，扫荡胸中思虑，空空静静，与释氏之静只一般，两下皆不用，此时何所分别？"先生曰："动静只是一个。那三更时分，空空静静的，只是存天理，即是如今应事接物的心。如今应事接物的心，亦是循此天理，便是那三更时分空

---

① 王畿：《滁阳会语》，《王畿集》卷二，第33~34页。

空静静的心。故动静只是一个，分别不得。知得动静合一，释氏
毫厘差处亦自莫掩矣。"①

阳明指出儒家所讲的无事时的心并非空空如也，并非仅仅用息思虑就
可以概括，仍然有依循天理与否的问题。实际上这是说此时心的状态
尽管无思虑营为，但仍然受到心体的主导。心体在此时仍然发挥主导
作用，一如它在有事时对心的状态起到主导作用一样。他在此特别强
调"动静只是一个"和"动静合一"，是说无论有事无事，都只是同
一个心体在运作，心体是贯穿动静的。

朱子也主张动静之心只是一个心意义上的动静合一，不过实质上
他的观点与阳明并不相同。朱子如此评论四端之心："盖是四者未发
时，那怵惕恻隐与孩提爱亲之心，皆在里面了。少间发出来，即是未
发底物事。静也只是这物事，动也只是这物事……盖动时见得是这物
事，即是静时所养底物事。静时若存守得这物事，则日用流行即是这
物事。而今学者且要识得动静只是一个物事。"②朱子强调的是未发之
性发出成为已发之情，两者不是二物，由此已发阶段的运用并非与未
发存养工夫截然二分。这与通过强调动静合一表达时时都要依凭心体
做工夫主张的阳明是非常不同的。

阳明在上述对话中没有提到对朱子的评论，而提到对佛教的批
评。援引前述阳明与原静的对话来说，佛教的问题就在于"便谓出为
亡，入为存"。即认为只有静时才能存心，动时便不能存心，心体在
动时的运作，以及对动静不同阶段工夫的主导作用就被忽视了。佛教
自身观点究竟如何且不论，对阳明来说，强调动静合一正是为了使人
认识到心体时时发用，无论有事无事，都应该依凭心体而行。③他的
主张并非否定动静的区别，吕巾石的批评实际上并不适用于他：《易》

---

① 钱德洪编《传习录》第231条，《王阳明全集》卷三，第111页。
② 黎靖德编《朱子语类》卷五十五，第1308页。
③ 黎靖德编《朱子语类》卷五十五，第1308页。

言直内方外，《通书》言静虚动直，皆兼举互言，毕竟是有内有外，有静有动，欲一之不能。"① 阳明只是以良知贯穿动静不同阶段的工夫而已。

第二节　背离第一层动静合一的两种问题

动静合一提醒人们注意心体贯穿动静，由此避免脱离心体做工夫的问题。脱离心体做工夫的问题有两种典型表现形式：第一，无事时只是"定气"，"似收敛而实放溺"；第二，有事时"心事不合一"。

首先来谈无事时的情况。上述提问"儒者到三更时分"的弟子便没有意识到心体在静时的运作，如此可能导致的结果是静时只是定气，由此出现偏差。其偏差正如以下对话所示：

> 问："宁静存心时，可为'未发之中'否？"先生曰："今人存心，只定得气。当其宁静时，亦只是气宁静，不可以为'未发之中'。"曰："'未'便是'中'，莫亦是求'中'功夫？"曰："只要去人欲、存天理，方是功夫。静时念念去人欲、存天理，动时念念去人欲、存天理，不管宁静不宁静。若靠那宁静，不惟渐有喜静厌动之弊，中间许多病痛，只是潜伏在，终不能绝去，遇事依旧滋长。以循理为主，何尝不宁静；以宁静为主，未必能循理。"②

刘蕺山对阳明此处以去欲存理为内容的"念念"的解释是："此所谓念，是无念之念，莫错会。不然，才起一念，已是欲也，故曰：'凡有所向便是欲。'然先生之教，自是真切。"③ 实则，无念之念是蕺山自

---

①　黄宗羲：《明儒学案》卷三十八，第915页。
②　钱德洪编《传习录》第28条，《王阳明全集》卷一，第15~16页。
③　黄宗羲：《明儒学案》卷十，第203页。

己的观点，阳明此处则并未限定在无念之自然的范围内，阳明在意的是循理与否，而不是自然循理与否。此外，按照蕺山的思路，即便完全诉诸无念之自然的观点，也是可以讲真切的，只是这不是其最显著的特征而已，其最显著的特征是简易。

阳明认为，常人虽说宁静存心，似乎是在做静时工夫，不过因为没有考虑到依循心体，所以实际上只是定气，只是做到了气宁静而已。这实际上是说只是做到了暂时回避纷繁的事务，暂时压制了纷扰的念虑，使之不再升起。由于暂时回避了纷繁的事务，人无疑会感到轻松，这就会使人逐渐滋长"喜静厌动"的问题。并且因为强制压下去的念虑的根并未拔除，所以一旦有机会，这些念虑仍然会从心中升起，由此阳明才说"中间许多病痛，只是潜伏在，终不能绝去"。这些弊病用阳明在另一处的说法来说就是："若只好静，遇事便乱，终无长进。那静时功夫亦差，似收敛而实放溺也。"①

若要真正拔除这些念虑之根，就要发挥心体的作用。在心体的照察下，这些念虑呈现出不合理性，呈现出虚妄性，从而消失。这才是真正的治本之策。正如阳明所说："无事时，将好色、好货、好名等私欲逐一追究搜寻出来，定要拔去病根，永不复起，方始为快。"②

单纯求静的取向不仅不为阳明所取，也不为其他儒者所取。程朱等儒者均赞同求静之心不是静的观点，如朱子说："程子谓：'心自是活底物事，如何窒定教他不思？只是不可胡乱思。'才着个要静底意思，便是添了多少思虑。且不要恁地拘迫他，须自有宁息时。"③

其次来谈有事时的情况。学者听闻阳明有关心体的论述以后，往往并不相信心可以直接应事，并使事情处理得合理中节，因而无法做到凭借心体应事，反而感到心与事的匹配是困难的。有事时面临的情况又可以具体分为两种：第一，沿袭朱子学的思路，以为准则在事物

① 钱德洪编《传习录》第204条，《王阳明全集》卷三，第104页。
② 钱德洪编《传习录》第39条，《王阳明全集》卷一，第18页。
③ 黎靖德编《朱子语类》卷一百一十八，第2857页。

之上，而没有意识到心本身蕴含应对事务的准则，以至于感到纷扰；第二，没有意识到心可以直接应事，以为心在内而事在外，两者并不能自然匹配。

第一，没有意识到心本身蕴含应事的准则，以至于感到纷扰。王纯甫曾致信阳明请教"不知何者谓之善？原从何处得来？今在何处"的问题。王纯甫虽然意识到了应该围绕心来做工夫，但没有认识到心能够提供善的准则。阳明在回信中批评他拘泥于朱子学的思路，已经陷入"支离外驰而不觉"的错误中。他说："反覆此语，则纯甫近来得力处在此，其受病处亦在此矣。纯甫平日徒知存心之说，而未尝实加克治之功，故未能动静合一，而遇事辄有纷扰之患。今乃能推究若此，必以渐悟往日之堕空虚矣。故曰纯甫近来用功得力处在此。然已失之支离外驰而不觉矣。夫心主于身，性具于心，善原于性，孟子之言性善是也。善即吾之性，无形体可指，无方所可定，夫岂自为一物，可从何处得来者乎？故曰受病处亦在此。纯甫之意，盖未察夫圣门之实学，而尚狃于后世之训诂，以为事事物物，各有至善，必须从事事物物求个至善，而后谓之明善，故有'原从何处得来，今在何处'之语……夫在物为理，处物为义，在性为善，因所指而异其名，实皆吾之心也。"①

"事事物物，各有至善"即是朱子学的观点。如朱子说："事事皆有至善处。"②在阳明看来这是分心与理为二。"从事事物物求个至善"，则是"支离外驰"，忽略了心本有的善的准则。实则心与理并非外在的认识关系，理就是心之理，只是展现于物而已。"在物为理，处物为义，在性为善"，三者只不过是从不同角度讲心的作用或性质而已。纯甫感到纷扰的根本原因，就在于忽略了心本身能为人的行动提供准则这一点。只有凭借心所提供的准则，才能做到合理应事，而不感到烦扰。

---

① 王守仁:《与王纯甫·二·癸酉》,《王阳明全集》卷四，第 174~175 页。
② 黎靖德编《朱子语类》卷十四，第 270 页。

按黄梨洲的总结，此即王纯甫对阳明的两大质疑之一："谓致知之说，局于方寸；学问思辨之功，一切弃却。"梨洲还从阳明自身为学历程以及心体涵盖事为两个角度为阳明做了辩护："夫阳明之所以致知者，由学问思辨以致之，其万死一问思辨也。先生既知心体之大，而以事心者为局心，其亦自相矛盾乎？"①梨洲所言甚是。不过阳明虽反复解说，但最终纯甫仍与其分道扬镳。据刘勇先生的研究，王纯甫自身思想经历了追随阳明、力主朱子学以及独立探索三个阶段，后两个阶段保持了对阳明学的批评，此不赘述。②

第二，以为心在内而事在外，没有意识到心可以直接应事。阳明要求学者围绕本心做工夫，弟子往往以为这是要求人同时契入本心以及所要应对的事情。在他们看来，既照顾到事情的曲折，又听从良知的呼唤，是并不容易办到的。他们往往在心与事之间左支右绌。

如一位弟子便请教阳明："功夫欲得此知时时接续，一切应感处反觉照管不及。若去事上周旋，又觉不见了。如何则可？"③另一弟子陈明水提出同样的问题："静坐用功，颇觉此心收敛，遇事又断了。旋起个念头，去事上省察。事过又寻旧功，还觉有内外，打不作一片。"④可见在工夫之初，人们往往不能同时兼顾心与事。明水经过持久练习以后，心与事无法配合的情况才有所改善："往时操持常不得个恰好处，此乃是恰好处。"⑤"恰好"是指心与事的融合无间，不至于顾及事情但无法调动本心，或者调动本心无法顾及事情。

根据前述阳明与陆原静的对话以及回复王纯甫的信可知，心可以直接应事，心事合一原本并不成其为问题。只是因为人们以为未应事

① 均见黄宗羲《明儒学案》卷四十二，第1036页。
② 其过程及原因可参刘勇《从门人到批判者：明儒王道与阳明学之疏离》，《台大文史哲学报》2008年总第90期，第77~114页。
③ 钱德洪编《传习录》第263条，《王阳明全集》卷三，第119页。
④ 钱德洪编《传习录》第204条，《王阳明全集》卷三，第104页。
⑤ 钱德洪编《传习录》第211条，《王阳明全集》卷三，第106页。

的心在内，应事的心在外，应事时心由内而外地发出来，由此才使心与事出现难以匹配的问题。故阳明特别强调心无内外，他如此解答陈明水的问题："心何尝有内外？即如惟濬，今在此讲论，又岂有一心在内照管？这听讲说时专敬，即是那静坐时心，功夫一贯，何须更起念头，人须在事上磨炼做功夫，乃有益。"[①] 心有内外之分才有出入的问题，而根据前述"出入亦只是动静"的观点，阳明此处说的"心何尝有内外"，意思也可以理解为"心何尝有动静"。他确实也是这样说的："心，无动静者也。"[②] 相应地，阳明所说"功夫一贯"，既是贯穿内外，同时也是贯穿动静，静时的心即是动时的心。心不仅无内外，而且无动静。无内外和无动静其实是一个意思。"何须更起念头"点出了重要的是直接凭借心体应事，而不是在应事之外另寻本心。"事上磨炼"不是脱离了心的应事，而就是在事上对心的磨炼。

阳明针对第一位弟子提问的回答，也强调了打破心在内而事在外的前见的重要性。他说："此只认良知未真，尚有内外之间。我这里功夫，不由人急心认得。良知头脑是当，去朴实用功，自会透彻。到此便是内外两忘，又何心事不合一？"[③] 这里虽提到了"良知头脑"，但不是在应事之外另寻良知，直接凭借良知应事就是正确发挥良知作用的方式。除了直接应事以外，别无所谓良知。正如阳明所说："盖日用之间，见闻酬酢，虽千头万绪，莫非良知之发用流行，除却见闻酬酢，亦无良知可致矣。"[④]

因为心体时时都在运作，所以可以说人时时都处在应事之动的状态中。如果换用《大学》的语言来说，那就是时时处在格物的状态中，格物无分动静，动静都有事。正如以下对话所示：

---

①　钱德洪编《传习录》第 204 条，《王阳明全集》卷三，第 104 页。

②　王守仁：《答伦彦式·辛巳》，《王阳明全集》卷五，第 203 页。

③　钱德洪编《传习录》第 263 条，《王阳明全集》卷三，第 119 页。

④　钱德洪编《传习录》第 168 条，《王阳明全集》卷二，第 81 页。

问："格物于动处用功否？"先生曰："格物无间动静，静亦物也。孟子谓'必有事焉'，是动静皆有事。"[1]

"动静皆有事"，意味着无事之静不过也是有事之动的一种特殊状态而已。两者不是相对的关系，而是动包含静的关系。这是阳明在第一层意义上所要特别强调的观点，这已经对事与物的含义做了扩充，不再是与静中涵养相对的事上磨炼的事与物了。

如此则阳明自然可以应对刘蕺山的如下质疑："以心之所发言意，意之所在言物，则心有未发之时，却如何格物耶？"[2] 未发阶段只是意念比较微妙不显著而已，仍然有可能潜藏病根，可以而且应该施加格物的工夫。

阳明以正心和修身分别表示未发与已发阶段的工夫："修身是已发边，正心是未发边。"[3] 这看起来失之支离，因而受到蕺山质疑："心是未发，身又是已发。先生每讥宋学支离而躬自蹈之。千载而下，每欲起先生于九原质之而无从也。"[4] 阳明虽然以本体贯穿未发与已发阶段工夫，但并未否定存在有事无事的未发、已发的区别，因此说不上支离。

因为不论人是否有事情需要应对，心体无时无刻不在起作用，所以工夫的关键便是紧紧依靠心体。阳明说："不论有事无事，专以致吾之良知为念，此学者最要紧处。"[5] 仅有致良知一事的工夫是一元工夫。因为良知为本体，所以专以致良知为念的工夫又是本体工夫。陈立胜先生便注意到了动静合一的工夫必然是有本体支持的工夫。他说："要之，动静、未发已发、有事无事之一贯的工夫必预设一恒照恒察的

---

[1]　钱德洪编《传习录》第87条，《王阳明全集》卷一，第28~29页。

[2]　黄宗羲:《明儒学案》卷十，第200页。

[3]　钱德洪编《传习录》第88条，《王阳明全集》卷一，第29页。

[4]　黄宗羲:《明儒学案》卷十，第205页。

[5]　朱得之编《稽山承语》第9条，《王阳明全集》（新编本）卷四十，第1608页。

'知体'向度。这一'知体'最重要的含义不再是见父知孝、见兄知悌、见孺子入井知恻隐一类感通、感应能力，而是对善恶意念进行辨别与判断的能力。"① 当然此处对良知两种能力似有区分太过之嫌，实则两者是统一的。阳明点出了打破动静内外之分的意义就在于使本体工夫变得可能。他说："功夫不离本体；本体原无内外。只为后来做功夫的分了内外，失其本体了。如今正要讲明功夫不要有内外，乃是本体功夫。"②

总之，只有打破动静的二分，认识到本体贯穿动静，才能使学者做到本体工夫合一，从而真正落实本体。这是阳明特别重视动静问题的一个原因。动静问题在阳明学中的重要性在此已经呈现出来。通过强调第一层意义上的动静合一，阳明督促学者认识到心无内外，本体不离工夫，工夫不离本体，从而时时依凭本体，努力做到本体工夫合一。

第三节　动静合一的第二层含义

动静的第二层含义不是指有事与无事，而是指从欲与循理。在此意义上的动静合一是指"动中有静"。其含义是虽应事，但因为正确应事或说循理所以心安，虽动犹静。

前已述及，心体当下做出善恶判断并发出好善恶恶之念，从而可以直接推动和引导人正确应事。这里包含了善恶的准则与好恶的动力两个维度。如果以善为善，以恶为恶，那就做到了循理。这是相对容易的，因为即便心体并未完全澄明，在心体之外同时借助刻意、执着，也可以做到循理。较之更难的，是完全出于心体的动力而无所刻意、执着地好善恶恶，那就是自然循理了。只有心体澄明，无私欲阻碍，才能做到无所刻意、执着地好善恶恶。从着意循理提升为自然

---

① 陈立胜：《入圣之机：王阳明致良知工夫论研究》，第 209 页。
② 钱德洪编《传习录》第 204 条，《王阳明全集》卷三，第 104 页。

循理，这就是阳明倡导的两层工夫。两层工夫的主张反映在动静问题上，就是静既可以专指自然（循理），也可以泛指循理。与之相对的动，则分别指从欲与着意。

前引阳明语"以循理为主，何尝不宁静；以宁静为主，未必能循理"，已经表现出以循理来界定"静"的倾向。这里仍然是停留在强调循理是宁静的充分条件这一点上。宁静仍然是其本来含义，而以下阳明说"循理之谓静"，就已经是用循理来对静的含义进行重新界定了。他说："循理之谓静，从欲之谓动。欲也者，非必声色货利外诱也，有心之私皆欲也。故循理焉，虽酬酢万变，皆静也……从欲焉，虽心斋坐忘，亦动也。"[1] 阳明的意思是循理就已经是静了，从欲就已经是动了。这是对动静的含义进行了重新界定，动静在此不是指有事与无事，而是指循理与从欲。

阳明在此表达的"有心之私皆欲也"的观点之所本，应是程明道"只有所向便是欲"的观点。[2] 但两者又有微妙区别。明道认为意念只要有所定向，亦即有所着意都是私欲，阳明则并不这么看。对阳明来说，"有心"代表的着意不一定是私欲，在心体尚未完全澄明的阶段，凭借心体的动力以外诉诸着意，是有助于做到循理的。在此情况下，有心的作用就是正面的，有心就不是私欲，就不是动。只有到了心体诚明，单纯凭借心体就可以做到好善恶恶时，再诉诸有心之着意，有心的作用才是负面的，有心才成为私欲，才是动。因为此时着意阻碍了心体的自然发用。有心既可以是静，也可以是动，主要就看其所处的为学阶段。不论私欲的内涵究竟为何，总之分别动静的标准是理与欲，而不是着意与否。只要循理便是静，即便着意循理也是静；只要从欲便是动，即便自然从欲也是动。这是动静的第二层含义。

为什么循理就已经是静了呢？我们可以从阳明有关"定"的说法中找到答案。定即是心里安定、平静的状态，意思与静接近。他说：

①　王守仁：《答伦彦式·辛巳》，《王阳明全集》卷五，第204页。
②　程颢、程颐：《河南程氏遗书》卷十五，《二程集》，第145页。

"定者心之本体，天理也。"① 达到合于天理或说循理的状态，就是心的安定、平静状态。由此阳明才将循理与安定、平静联系起来，认为循理就已经是静了。阳明也曾直接点出心安即是静之不动："此心安处即是乐也，本体未尝有动。"②

至于从欲为什么是动，这是因为动的意思是偏离。这从阳明以下说法可以看出："理无动者也，动即为欲。"③ 前半句是说人循理则为静。后半句的"动"则是偏离的意思，是说人偏离理就是动。因为偏离理即是从欲，所以说从欲就已经是动了。类似地，阳明以"妄心"和"照心"标示出了动静的偏离与否的意思："妄心亦照者，以其本体明觉之自然者，未尝不存于其中，但有所动耳。无所动即照矣。"④

阳明在一些地方用了动静的循理与否的含义。如他说："心之本体原是不动的，只为所行有不合义，便动了。孟子不论心之动与不动，只是'集义'，所行无不是义，此心自然无可动处。"⑤ 从"只为所行有不合义，便动了"的说法来看，阳明在这里是以合不合义为分别动不动的标准。也就是说，标准不在于是否着意。"心之本体原是不动的"，是说不受私欲等因素影响，心之本体自然发用，是合义的，因而是不动的。这是用了动静的循理与否的含义。

又如阳明解释濂溪"无极而太极"和"定之以中正仁义而主静"思想说："按濂溪自注'主静'，云'无欲故静'，而于《通书》云：'无欲则静虚动直'，是主静之说，实兼动静。'定之以中正仁义'，即所谓'太极'。而'主静'者，即所谓'无极'矣。"⑥ 又说："濂溪

---

① 钱德洪编《传习录》第41条，《王阳明全集》卷一，第19页。
② 钱德洪编《传习录》第292条，《王阳明全集》卷三，第127页。
③ 钱德洪编《传习录》第157条，《王阳明全集》卷二，第72页。
④ 钱德洪编《传习录》第160条，《王阳明全集》卷二，第74页。
⑤ 钱德洪编《传习录》第272条，《王阳明全集》卷三，第121页。
⑥ 吴光、钱明、董平、姚延福编《语录四条》第4条，《王阳明全集》卷三十二，第1305页。

所谓'主静',无欲之谓也,是谓集义者也。"① "实兼动静"是说包含了有事无事的不同情况。他实际上认为"主静"即无欲,"定之以中正仁义而主静"就是循理而无欲。调换一下顺序变成无欲而循理,就是"无极而太极"。这也是运用了动静的循理与否的含义。

在这个层面上的动静合一,含义很简单,即做到了正确应事或说循理,则虽然应事但不感到烦扰,即虽动犹静。阳明说:"循理则虽酬酢万变而未尝动也;从欲则虽槁心一念而未尝静也。'动中有静,静中有动',又何疑乎?"② "酬酢万变"之有事为第一层含义的动,循理为第二层含义的静,因而两者结合便是"动中有静";"槁心一念"之无事为第一层含义的静,从欲为第二层含义的动,因而两者结合便是"静中有动"。前者值得肯定,后者应该否定。做到了虽然应事但循理的话,就是做到了第二层意义上的动静合一。因为无事需要应对也是动的一种情况,所以这个意义上的动静合一能够涵盖包括有事无事的所有情况。

动静合一的第二层含义与朱子的理解接近。朱子说:"动时也有静,顺理而应,则虽动亦静也。"③ 之所以顺理以应事是静,是因为心定在理上便不会感到烦扰不安,朱子解释《大学》的"定而后能静"说:"定是理,静在心。既定于理,心便会静。若不定于理,则此心只是东去西走。"④

第四节　动静合一的第三层含义

静的第三层含义是自然,动的第三层含义则是着意。在这一层上说的动静合一是自然循理。这是完全凭借本体的状态。凭借本体恒常

---

① 王守仁:《答伦彦式·辛巳》,《王阳明全集》卷六,第204页。
② 钱德洪编《传习录》第157条,《王阳明全集》卷二,第72页。
③ 黎靖德编《朱子语类》卷十二,第218页。
④ 黎靖德编《朱子语类》卷十四,第274页。

不变的准则，因而循理；凭借本体妙用不息的动力，才能自然。自然循理从循理一面来说是静，从自然一面来说是动。之所以从循理来说是静，是因为理是恒常不变之体；之所以从自然来说是动，是因为自然的背后是本体妙用不息的动力。这个层次上的动静合一，既是个体良知的极致状态，也是天道的特点。

从前引"所行无不是义，此心自然无可动处"可以看出，集义或说循理到一定程度便可以达到自然循理。自然（循理）就构成了静（亦即不动）的第三层含义。

当然，并非但凡出现"自然"，都属于动静的第三层含义。如阳明说："'照心非动'者，以其发于本体明觉之自然，而未尝有所动也。有所动即妄矣。'妄心亦照'者，以其本体明觉之自然者，未尝不在于其中，但有所动耳。"显然，此处的"自然"形容的不是人的意识和行动，而是形容本体。这里的动与不动指的是从欲和循理。相反不出现"自然"，也未必就不可以表达动静的第三层含义。如："无妄无照则不贰，不贰则不息矣。"①"无妄无照"即无动无静，指的是意念谈不上善恶或动静与否，这当然不是没有善恶或动静的分别，只是说很自然，所以是第三层意义上的动静。又如"恒动恒静"也可以表示自然循理的意思："恒照则恒动恒静，天地之所以恒久而不已也。"之所以这种状态是自然循理，是因为如果"有刻暂停则息矣，非至诚无息之学矣"②，可见这显然是完全出于本体才能达到的状态。

与自然循理相对的是着意循理，此着意即是动的第三层含义。阳明说："无善无恶者理之静，有善有恶者气之动。不动于气，即无善无恶，是谓至善。"③"气之动"即是着意，"理之静"则是自然。"不动于气，即无善无恶"是说从着意循理提升到自然循理，就是无善无恶了。由此可见，无善无恶的意思是自然循理，或者更准确说是自然好

---

① 均见钱德洪编《传习录》第160条，《王阳明全集》卷二，第74页。
② 钱德洪编《传习录》第151条，《王阳明全集》卷二，第69页。
③ 钱德洪编《传习录》第101条，《王阳明全集》卷一，第33页。

善恶恶。与之相对的有善有恶则是着意循理或者更准确说是着意好善恶恶。这样，在第三层上动静的区别就是着意与自然，而不是从欲与循理了。无善无恶之所以是至善，在此以上无善可言，就是因为它不仅从内容上来说做到了正确，而且在方式上做到了自然，无疑这已经是最高境界了，因此可以称为至善。

　　第三层的动静合一是自然循理，用阳明的话来说是"一循于理"。弟子自陈"喜在静上用功"的偏好，这无疑是第一层意义上的静。阳明在回答中提出第三层的静，将其视为工夫的理想形态。这一形态与天地之化是同构的。他说："静上用功固好，但终自有弊。人心自是不息。虽在睡梦，此心亦是流动。如天地之化，本无一息之停。然其化生万物，各得其所，却亦自静也。此心虽是流行不息，然其一循天理，却亦自静也。若专在静上用功，恐有喜静恶动之弊。动静一也。"[1] "一循于理"的"一"的意思是完全、只是，"一"排除了循理时的着意。排除了着意，那就是自然。之所以自然却还能循理，是因为意念完全出于心体。这从阳明对"自然"的含义的说明中可以看出："出乎心体，非有所为而为之者，自然之谓也。"[2] 在阳明看来，"自然"指的就是意念完全出于心体的状态。正是因为意念完全出于心体，所以虽然自然却可以做到循理。在此，"其化生万物，各得其所，却亦自静也"和"然其一循天理，却亦自静也"中的静，分别用的是第二层和第三层的含义。

　　前已论及，本体包含准则和动力两个维度。就人而言，本体是良知；就天地而言，本体是天道或说太极。阳明认为两者是同一的。他从太极的角度，论述了本体恒常不变和妙用不息的特点。恒常不变与妙用不息分别代表了准则和动力。两者可以分别用静与动来表示。他说："太极生生之理，妙用无息，而常体不易。太极之生生，即阴阳之生生。就其生生之中，指其妙用无息者而谓之动，谓之阳之生，非谓

---

① 　陈荣捷编《传习录拾遗》第 23 条，《王阳明全集》卷三十二，第 1294 页。

② 　王守仁：《答舒国用·癸未》，《王阳明全集》卷六，第 213 页。

动而后生阳也。就其生生之中，指其常体不易者而谓之静，谓之阴之生，非谓静而从生阴也。"①准则是恒常不变的，动力则是妙用不息的。凭借本体恒常不变的准则，因而循理；凭借本体妙用不息的动力，才能自然。自然循理从循理一面来说是静，从自然一面来说是动。之所以从循理来说是静，是因为理是恒常不变之体；之所以从自然来说是动，是因为自然的背后是本体妙用不息的动力。"太极之生生，即阴阳之生生"，实际上体现了阳明体用不离的体用观，太极正是展现于阴阳之中，离了阴阳无所谓太极。由此，准则与动力既是对本体的特点的刻画，也是对发用的特点的刻画。

阳明恒常不变之静与妙用不息之动的观点来自明道。明道说："'寂然不动，感而遂通'者，天理具备，元无欠少，不为尧存，不为桀亡。父子君臣，常理不易，何曾动来？因不动，故言'寂然'；虽不动，感便通，感非自外也。"②明道不是把寂与感解释为人所处的无事与有事的不同阶段，也不是解释为形上本质与形下发用，而是解释为同一状态的不同侧面，即常理之不易与妙用之不息。此恒常之理自然有不息之妙用，所以说"感非自外也"。阳明的思路正是继承自明道。

与此不同，朱子则认为"程子所谓'常理不易'者，是说未感时理之定体如此耳"③。其说似非明道本意。"常理不易"不是说未感物时的形上本质，而是说感物而不受烦扰的状态。

基于常体不易与妙用不息，我们可以理解阳明关于动静的不少论述。这些论述以不同的形式表达了动静合一的第三层含义。他说的"静，其体也"以及"其静也者，以言其体也"，是说良知之常体不易；

①　钱德洪编《传习录》第157条，《王阳明全集》卷二，第72页。
②　程颢、程颐：《河南程氏遗书》卷二上，《二程集》，第43页。寂感实即动静。
③　朱熹：《答胡广仲》五，《晦庵先生朱文公文集》卷四十二，《朱子全书》第22册，第1901页。

"动，其用也" 以及 "其动也者，以言其用也"①，是说良知之妙用不息。《传习录》有阳明语 "心不可以动静为体用"②，则是说心不可以动静之时为体用。在此不可以动静为体用的动静是指心所处的有事无事状态，而不是说妙用不息和常体不易意义上的动静。妙用不息和常体不易意义上的动静当然可以称体用。

阳明以下说法与明道语如出一辙，也可以从常体不易与妙用不息的角度来理解。他说："有事而感通，固可以言动，然而寂然者未尝有增也。无事而寂然，固可以言静，然而感通者未尝有减也。动而无动，静而无静，又何疑乎？"③说 "寂然者未尝有增也"，是因为不息之妙用源自不易之常体，而本为不易之常体所涵有；之所以说 "感通者未尝有减也"，是因为不论是否具体发用出来，不易之常体都本就有不息之妙用。

陈立胜先生对此的分析也可参考："有事、感通，此时是动，但良知（'寂然者'）并未因此 '动' 而有所改变（增），良知（'寂然者'）如如而在，良知这种在 '动' 中仍然静定、贞定的能力即是 '无动'，是谓 '动而无动'；无事、寂然，此时是 '静'，但良知（'感通者'）在 '静' 中仍然在起作用、在运作，良知这种在 '静' 中默默运作的能力即是 '无静'，是谓 '静而无静'。"④

在天道层面，阳明以 "常动常静""动静一机" 等来表示动静合一的意思。动静合一在天道上的表现，也和在个体良知上的表现一样。动与静分别表示 "妙用不息" 的动力和 "常体不易" 的准则。他说："天地之化是个常动常静的，何也？盖天地之化自始至终，自春至冬，流行不已者，常动常静。天地亘古亘今，不迟不速，未尝一息之违者，常动常静也。自其常静而言之，谓之体，自其常动而言之，谓

① 王守仁：《答伦彦式·辛巳》，《王阳明全集》卷六，第203~204页。
② 钱德洪编《传习录》第108条，《王阳明全集》卷一，第36页。
③ 钱德洪编《传习录》第157条，《王阳明全集》卷二，第72页。
④ 陈立胜：《入圣之机：王阳明致良知工夫论研究》，第273页。

之用。动中有静，静中有动；体中有用，用中有体。故曰：'动静一机，体用一源。'推之事物莫不皆然。"①"流行不已"侧重于常动，"不迟不速"则侧重于常静。动是从生生不息的角度来说，静是从恒定不变的角度来说，两者只是从不同角度描述本体及其表现而已。

总之，在第三层上，动静合一是本体自然发用而循理的状态。无论就人而言，还是就天地而言，都莫非如此。就人而言，第三层意义上的动静合一（自然循理），是第二层意义上的动静合一（循理）的特殊情况，两者是包含关系。

小　结

阳明有关动静问题的论述的内在脉络在于：从动静的第一层含义可以看出，无论有事还是无事实质上都是动。如此则没有静了吗？人就不可能做到动静合一了吗？回答是否定的。且不论有事无事的相对差异仍然存在，因为不仅动得循理可以叫作静或者动静合一，进一步地，动得自然循理更是静或者动静合一。前者是第一层目标，后者是第二层目标。而妙用不息和常体不易正好把动和静两方面的意思表达出来了。可见虽然阳明强调动静都有事，看似取消了静的存在，不过他却通过循理与自然循理重新引入了静，并使动静合一的含义更加饱满。即它不仅表示心体贯穿有事无事的不同阶段的意思，而且表示循理以及自然循理的意思。而只有做到自然循理，心体的妙用不息与常体不易才在人身上充分体现出来。

王龙溪在叙述阳明一生思想转变时，提到阳明在滁州、南京停留期间（正德八到十年，1513~1515），有一个主张"动静合一"的阶段。②阳明在此期间通过强调动静合一，来纠正学者喜在静处做工夫的倾向，动静合一是这一时期阳明特别重视的思想，这无疑是事实。

---

① 　钱德洪：《遗言录》下，《王阳明全集》（新编本）卷四十，第1603~1604页。
② 　王畿：《滁阳会语》，《王畿集》卷二，第33页。

不过，单独划分出一个主张动静合一的时期，则似乎没有必要，也不够准确。因为在此前后阳明并非不谈动静合一，证据有三。第一，阳明早在正德六年（1511）已有动静合一的思想。如他说："动无不和，即静无不中。而所谓寂然不动之体，当自知之矣。"[1] 其意是说动中有静，动之和就是静之中，或说动之循理就是静。这是第二层意义上的动静合一。第二，阳明此后也谈动静合一，如出现"动静合一"的"儒者到三更时分"一段话，便出现在主要记载阳明晚年思想的《传习录》下卷中。第三，本章所举并未直接提"动静合一"但表达动静合一思想的其他文句更是出现在不同时期。应该说动静合一是贯穿龙场悟道以后阳明思想的一项重要主张。此外，滁州、南京时期，阳明尚有其他重要思想，如非常重要的"无善无恶"便首次出现在这一时期记录下来的"去花间草"章。因此动静合一也不足以全面反映这一时期阳明的思想面貌。

对阳明来说，动静及动静合一问题之所以重要，是因其关乎当时做工夫的人广泛存在的问题，关乎他的主张与佛教、朱子学等的异同，关乎他一元两层本体工夫的工夫论要旨。通过动静合一命题，阳明突出了心体可以时时在工夫中发挥作用，这使他工夫论区别于离动求静的佛教，由此实现动静皆得合理。他认为工夫可以依凭心体展开，这使他工夫论区别于不凭借心体的朱子。朱子也能承认第二层的动静合一，但关乎心体作用的第三层动静合一，他并不赞同。他强调本体虽不离于发用，却与发用存在形上与形下的明确界限，这使他不能同意即发用而言的第三层动静合一。在动静合一的第三层含义上，阳明与明道观点一致，不过与阳明主张两层工夫不同，认为"只有所向便是欲"的明道则并不主张两层工夫。总之，动静合一的不同含义凸显了阳明工夫论不同侧面的特色。反过来，也只有从阳明工夫论的整体出发，才能完整、准确把握动静合一的丰富含义。

---

① 王守仁：《答汪石潭内翰·辛未》，《王阳明全集》卷四，第 165 页。

最后还有一个问题，动静合一不仅涉及人的工夫问题，而且涉及天道，从工夫论切入，似乎不足以全面反映动静合一的丰富内涵。不过事实并非如此。动静合一涉及天道领域，不足以否定工夫论的视角。因为如果仅仅从天道切入，将无法完整看到动静合一的三层含义。天道的动静合一局限在第三层上，无法直接从中看到前两层的动静合一。更重要的是，天道的动静合一即便是客观实在，那也有赖于人的体证，而体证依靠的是工夫。就此而言，工夫视角也具有优先性和合理性。

第四编　四句教

第十二章
无善无恶

　　阳明倡导的"无善无恶"思想，是引发中晚明思想界热烈讨论甚至激烈争论的一个重大问题。[①] 这一问题因其重要性和复杂性，长期受到学界关注。无善无恶对理解晚明思想极具重要性，更关乎对阳明思想的理解。从无善无恶切入，可以对阳明体用论、工夫论以及境界论获得深入的把握。只不过，只有充分理解无善无恶的丰富含义，避免诸多的理解误区，才有可能达成这一目标。

　　目前已有学者搜集、整理历来研究者的解释，并将现代研究者的思路主要归纳为七种解释取向，不过作者并未介绍后文会重点提及的吴震先生的研究。[②] 近年丁纪先生对阳明无善无恶思想进行了深入研究，他站在理学的立场上对阳明表达了颇为严厉的批评，提出了不少值得思考的问题。[③] 在吸收和回应这些研究成果的基础上，澄清阳明无善无恶以及有善有恶的含义、得名原因和适用范围，并进而阐述阳

---

① 近年关于阳明无善无恶思想以及晚明思想界对无善无恶的讨论，仅举两例：杨海文：《阳明"四句教"出处辑考》，《深圳大学学报》（人文社会科学版）2014年第2期，第146~155页；秦峰：《〈明儒学案〉对"四句教"的诠释和批评》，《哲学动态》2014年第11期，第39~48页。

② 贾庆军、李靖：《阳明四句教古今诠释评析》，《江汉学术》2016年第4期，第97~102页。

③ 丁纪：《鹅湖诗与四句教》，收入曾海军主编《切磋七集：四川大学哲学系儒家哲学合集》，华夏出版社，2018，第113~185页。

明有关体用、工夫和境界问题的主张，就显得十分必要。

以往对阳明无善无恶思想的研究聚焦在其去世前一年的天泉证道上。天泉证道的重要性固然毋庸置疑，只不过并非到了天泉证道的时候，阳明才提出无善无恶的主张。从已有的资料来看，他最早是围绕"去花间草"问题阐述无善无恶思想的。对话者穷追不舍地反复提问，提问总计超过了十次，字数多达千余字，这些都使得相比于其他提及无善无恶的言论，他在这里的阐述是最为全面而又深入的。对这些问答的研究，有助于我们从根本上把握阳明有关无善无恶的观点。

在已有的众多研究中，吴震先生在探讨阳明无善无恶思想时，便尤其重视《传习录》卷上"去花间草"章表达的丰富观点。通过对阳明涉及无善无恶的诸多观点进行严密的综合研究，吴先生虽未对无善无恶直接下定义，不过事实上却已获得了对无善无恶主要含义的确切理解。他指出："良知的'发用'在特征上是'自然'的，然在本性上则是一种'好善恶恶'的能力；'好恶'能力虽是一种道德情感，但它取决于良知本体，是决定'良知本无知'之所以能转向'无知无不知'的依据。"[①]虽然吴先生并未展开具体论述，不过无善无恶主要含义的两个方面"自然"以及"好善恶恶"在此却均被点出，而且两者的地位也被清晰定位，即好善恶恶是根本，而自然则是显著特征。好善恶恶之所以是根本，是因为有此好善恶恶的能力，人自然不必感到紧张和压力。在没有私欲干扰的情况下，人自然可以做到好善恶恶，因而没有必要刻意、执着。

天泉证道时阳明与其弟子没有直接从好恶角度对无善无恶和有善有恶展开论述。师徒三人更多是直接使用"无善无恶"以及"有善有恶"等术语，而未对它们的含义加以解释。通过仔细的文本阅读，我们仍然完全可以确认阳明师徒对无善无恶和有善有恶的理解并没有脱离阳明的一贯理解。与此不同，"去花间草"章则明确提及了好恶，

---

① 吴震：《〈传习录〉精读》，第 196 页。

并在此基础上涉及了无善无恶的两种不同含义，奠定了阳明此后讨论无善无恶问题的基本思路。事实上，无论阳明平日教人所用的四句教，还是天泉证道时作为教人定本的四句教，都是有渊源的。在平日四句教中，无善无恶指无善恶可言；在定本四句教中，无善无恶则用以描述那些完全出于良知的意念。而这两种意思都不出阳明在"去花间草"章中所说无善无恶的含义的范围。当然这不是说天泉证道是没有新意的，其新意将在文末再论。若单纯从天泉证道切入，就有可能忽略无善无恶的字面意思即无所好恶，从而在出发点上就偏离无善无恶的含义。吴先生之所以能对无善无恶做出准确解读和定位，一大原因就在于他对"去花间草"章的充分重视和深入解读。

本章即欲通过进一步深入挖掘"去花间草"章以及阳明其他众多说法中蕴含的丰富思想，阐明在阳明那里无善无恶具有两项含义。其一，表示无善恶可言；其二，描述那些完全出于良知的意念。在两项含义中，第二项含义是无善无恶的主要含义。"去花间草"章中"无善无恶者理之静"和天泉证道提到的四句教中"无善无恶是心之体"中的无善无恶，都是第二项含义。须强调的是，阳明是在"去花间草"章表达了无善无恶的两项含义，即无善恶可言和自然好善恶恶，而不是说"无善无恶者心之体"这一句中的"无善无恶"包含两项含义，这一句中的"无善无恶"只是自然好善恶恶的意思。

把握上述两项含义各有三个要点。把握第一项含义的三个要点是：第一，无所谓善恶是谈不上善恶，而不是既非善也非恶的中间态；第二，无所谓善恶描述的不是心所处的未发阶段，因为未发阶段仍然可以谈善恶；第三，无所谓善恶不是超越善恶的至善，那样把本体与其作用、表现割裂开来了。而把握第二项含义的三个要点是：第一，阳明是在好恶上谈善恶，由好恶而有善恶；第二，无善无恶包含好善恶恶的意思，而不单纯是指无所刻意、执着的心理状态；第三，并非所有人都适用无善无恶的工夫，只有已经达到道德境界的学者或者所谓上根人才能适用无善无恶的工夫。唯有把握上述两项含义和六个要点，我们才能对阳明涉及无善无恶的各种论述做出恰当理解，并进而对无善无恶涉及的体用论、工夫论和境界论获得全面、准确的把握。

第一节 无善恶可言与离用无体的体用论

在很多人的印象中，阳明有关无善无恶问题的论述出现在正德十六年（1521）居越讲学以后。不过，值得注意的是，在正德十三年（1518）刊刻的《传习录》（即今本《传习录》卷上）里，已经出现了他与弟子关于无善无恶问题的全面、深入讨论。记录这一讨论的便是"去花间草"章。虽然此章在学界并非少有人知，但在有关无善无恶问题的研究中，此章所受到的关注与重视却远远不及天泉证道。此章由薛中离记录，参与讨论的弟子还有孟伯生，两人正德九年（1514）在南京从学于阳明，此章的讨论便发生在这期间。事实上，阳明晚年在四句教前两句"无善无恶是心之体，有善有恶是意之动"[①]等处表达的思想，在此时已经基本成型，其前后观点具有很强的连续性。

"去花间草"章记录下来的问答多达 10 余回合。即使将此章放到《传习录》342 条语录中来看，也是非常罕见的。正因为弟子穷追不舍地提问，所以阳明对自身思想的阐发也才相当全面而深入。不过也正因为问答既长且曲折，所以我们理解起来也就并不容易。为此，我们首先有必要基于整段对话的大意，对开头几个回合的问答进行细致的文本分析，并由此概括出可以用来分析全章思想的总体思路。

薛中离在对话伊始时说的"善难培，恶难去"，某种意义上预示了整段对话是围绕如何培善去恶这一主题展开的。至于他之所以会发出"天地间何善难培，恶难去"的感慨，则是因为他把花当作善的，而花需要精心养护，把草当作恶的，而草是难以除去的。阳明之所以回答"未培未去"，正是因为中离这般地把关注焦点放在花草上，并

---

① 　钱德洪编《传习录》第 315 条，《王阳明全集》卷三，第 133 页。

认为善恶在花草等物上，而没有意识到善恶在自身好恶的意念上，因而也就根本没有反省自身好恶的意念是善是恶的问题，自然也便尚未就其反省去培养对善的喜好以及对恶的厌恶。正因为中离未培养好善恶恶的态度，所以阳明接着才会断言"此等看善恶，皆从躯壳起念，便会错"①。所谓"从躯壳起念"，就是从基于自私之我的意见和偏好，亦即私念或恶念出发来考虑，所以阳明断言其结果必然会出错。

由阳明的上述引导可以看出，因为认为物之善恶是由心的评价而来，因此他试图把对善恶问题的关注视角从物上引导回做出善恶评价的心上来，进而指出如何才能达到理想之好恶状态的道路。这一转向，可以进一步从全章后半部分他对朱子学格物观的批评中看出。他认为，朱子学在格物问题上的错误在于"舍心逐物"。在他看来，中离和朱子学者的见解一样，将善恶只是归之于物，而不是归之于自己好恶的意念。其结果只能是："终日驰求于外，只做得个义袭而取，终身行不著，习不察。"②"行不著，习不察"是说与身心全无关涉。对此可参王龙溪的解释，"著是《中庸》形著之著，察是《中庸》察乎天地之察，乃身心真实受用"③。由此，与"行著习察"相反的"行不著，习不察"便是未有身心上的真实受用，引申为与身心修养全无干涉。

接下来，阳明所说"此等善恶，皆由汝心好恶所生，故知是错"④中的好恶，原本既包括合于良知准则的好恶，也包括不合于良知准则的好恶。不过，好恶在这里是特指后者，其含义等同于前述的"从躯壳起念"。不如此解释，就无法说明阳明何以仅仅根据"由汝心好恶所生"，就进而推出"故知是错"的结论。从段末阳明对伯生"缘何又是躯壳起念"之追问的回答，也可以确认其含义是特指不合于良知准则因而错误的好恶。其对伯生的回答是："此须汝心自体当。汝要去

---

① 均见钱德洪编《传习录》第101条，《王阳明全集》卷一，第33页。

② 钱德洪编《传习录》第101条，《王阳明全集》卷一，第34页。

③ 王畿：《南游会纪》，《王畿集》卷七，第152页。

④ 钱德洪编《传习录》第101条，《王阳明全集》卷一，第33页。

草，是甚么心？周茂叔窗前草不除，是甚么心？"①

正因为阳明笼统地说人心所生的好恶是错误的，所以中离才误以为凡是好恶都是错误的，于是便追问"然则无善无恶乎"②。这里的善恶实际上是好恶，无善无恶即泯除好恶的意念。中离的意思是，与好恶相反的泯除好恶的意念是否才是对的。

从中离关心的问题可以看出，他们讨论的焦点确实是如何培善去恶这一工夫领域的问题。阳明既然已经将视角从物之善恶转向心之好恶，那么，培善去恶的关键就应当是围绕心之好恶展开的。由此可推断，阳明接下来回答中的"无善无恶者理之静，有善有恶者气之动"③，就是从好恶角度指出做到培善去恶的两种不同方式。无善无恶和有善有恶作为培善去恶的两种不同方式，既是我们接下来讨论的前提，更是在讨论中将得到印证并进而深化的结论。

中离说的无善无恶指的是心取消对物的好恶，回到不对物施以善恶评价的状态。阳明说的无善无恶则是指完全出于良知对物施以好恶，由此产生善恶评价的意念。在阳明看来，正因为完全出于良知之自然，而毫无刻意、执着，所以就跟不曾好恶过一样。他所说的无善无恶不过是比喻而已，和中离所说确实不对物做出善恶评价是完全不同的两种状态。

通过以上分析可以看出，对阳明来说，谈论善恶至少涉及两个层面的问题。第一，由心对物的好恶所产生的对物善恶的评价。第二，心对这些好恶的意念做出的有善有恶或无善无恶之类的判定，至于其判定依据的问题，则主要有二，一是好恶的意念合于良知心体与否，二是在合于良知的前提下好恶的意念完全出于良知与否。在上述两个层面中，第一层面关注的是对物的好恶，第二层面关注的则是做出善恶评价的好恶本身。至于物本身是否有善恶的问题，则并非阳明学自

---

① 钱德洪编《传习录》第101条，《王阳明全集》卷一，第34页。
② 钱德洪编《传习录》第101条，《王阳明全集》卷一，第33页。
③ 钱德洪编《传习录》第101条，《王阳明全集》卷一，第33页。

身关注的问题。基于这样的认识，我们便可正式进入对无善无恶第一项含义的探讨。

众所周知，阳明主要是在与朱子思想进行批判性对话的过程中形成自己思想的。朱子认为，物不依赖于人心的好恶便自有善恶、是非之分。其格物观便是建立在这一观点基础上的。朱子说："事事物物上各有个是，有个非，是底自家心里定道是，非底自家心里定道非。就事物上看，是底定是是，非底定是非。到得所以是之，所以非之，却只在自家。"① 又说："为有善恶，故有好恶。'善恶'字重，'好恶'字轻。"② 阳明则认为物本无善恶之分。他说："天地生意，花草一般，何曾有善恶之分？"③ 亦即就物之本身来说是没有善恶可言的。如中离总结的那样，阳明的观点是"善恶全不在物"以及"毕竟物无善恶"。④这一点实即中离反问阳明的"然则无善无恶乎"的含义。无善恶可言便是无善无恶的第一项含义，理解此项含义有三个要点，其中第一个要点是物无善恶可言并不能等同于物是既无善也无恶的。因为说物是既无善也无恶的，是说物是处于善恶的中间状态。这就已经是有所言、有所肯定了，而不是无可言、无所肯定了。按照阳明学自身的逻辑，物本身的善恶问题本就不成为问题。只是为了回应朱子学以及世人的意见，阳明学才涉及了这一问题，并且得出了物本无善恶可言的结论，由此取消在这一问题上有所肯定的言说的正当性。

阳明之所以说物本无善恶可言，是因为相对于物而言，能对物做出善恶评价的心并未发动。在此情况下，不仅物无善恶可言，而且心本身也无善恶可言。如他说："心之本体未发时，何尝见得善恶？"这句话是回答"先生尝云'心无善恶者也'。如何解'止至善'，又谓

---

① 黎靖德编《朱子语类》卷十五，第285页。
② 黎靖德编《朱子语类》卷一百零一，第2591页。
③ 钱德洪《传习录》第101条，《王阳明全集》卷一，第33页。
④ 均见钱德洪编《传习录》第101条，《王阳明全集》卷一，第34页。

是心之本体"① 这一问题的，所以"何尝见有善恶"直接说的是心体的善恶，而不是说心体对物做出的善恶评价。当然两者并非没有关联。说心体的善恶与否，最终得看心体对物的评价是否符合自身的准则以及是否完全出于自身的动力。这里既然说无法对心体之善恶做出评价，那就说明心体未对物做出善恶评价。因此这句话同时包含了心体未对物做出善恶评价的意思。套用他在南镇观花时说的一句话，此时的状态就如同"你未看此花时，此花与汝心同归于寂"② 的状态一样。既然花没有进入心的意向之中，那么，与对花的印象并起的对其施以好恶从而做出善恶的评价，也就无从谈起了，尽管与意向并起的善恶评价在大量情况下其实并未为人所自觉地意识到。与此同时，既然心尚未做出评价，那么心的评价是否符合良知的准则以及是否完全出于良知的动力，当然也是无从谈起的。由此，无善无恶的第一项含义其实涉及心体和物两个方面，其说的是心体未发的情况下，心体与物皆无善恶可言，或者更准确说，与作用相对的本体以及物本身均无善恶可言。阳明"无善无不善，性原是如此"，"性之本体原是无善无恶的"③，以及"无善无恶者心也，有善有恶者意也，知善知恶者良知也，为善去恶者格物也"④ 中的第一句等说法，说的都是如果直接言说本体则本体无善恶可言。可以说，无善无恶的这一用法持续存在于阳明的思想中。

阳明"未发时"的表述无法准确表达与表现相对的实体的意思，而可能让人误以为是心所处的情感、思虑尚未显著发动的阶段。与表现相对的实体是无善恶可言的，而未发阶段的心是有善恶可言的，只是善恶不显著而已。不是指未发阶段的心，这是理解无善无恶第一项

① 均见钱德洪编《遗言录》下第16条，《王阳明全集》（新编本），第1604页。
② 钱德洪编《传习录》第275条，《王阳明全集》卷三，第122页。
③ 分别见钱德洪编《传习录》第273、308条，《王阳明全集》卷三，第122、130页。
④ 朱得之编《稽山承语》第25条，《王阳明全集》（新编本）卷四十，第1611页。此四句即阳明平日四句教的一种表述形式。

含义的第二个要点。与阳明大致同时的王济之（名鏊）提到了一般人未发阶段善尚未成形或说未显著表现出来，这是准确的，但因此说这一阶段是无恶的，则并不恰当，恶同样只是尚未显著地表现出来而已，但已经存在于一般人的意识中，就像疟疾潜隐未发一样。他说："欲知性之善乎，盍反而内观乎？寂然不动之中，而有至虚至灵者存焉。湛兮其非有也，窅兮其非无也；不堕于中边，不杂于声臭。当是时也，善且未形，而恶有所谓恶者哉？恶有所谓善恶混者哉？恶有所谓三品者哉？"[1]

杨泽波先生对无善无恶的理解也正是从未发阶段的角度立论，他认为无善无恶是指良知："其本质是一种潜意识，未遇事接物时处于隐默状态，不显现自身，既无善相，也无恶相，只是在遇事接物后才会显露自己，进而有善有恶，知善知恶，为善去恶。"[2]一般人意识中善恶杂陈，即便未发阶段也不能说无善无恶。如果未发阶段良知昭昭灵灵，意识中只有善无恶的话，则可以说有善相而无恶相，而不能说既无善相也无恶相。

杨先生引用的陆象山的话，有一"似"字，极为关键，表明虽不与事物相接，但良知精明，此状态可以称为善，而不能称为无善，只是好像无善而已。象山说："我无事时，只似一个全无知无能底人。及事至方出来，又却似个无所不知，无所不能之人。"[3]很显然，如果无事时就已经意念纷纭杂扰，自然不可能在临事时无所不知、无所不能地周全应对，因此象山描述的无事时的状态是有善无恶的状态，尽管善没有显著表现出来。事实上，此种状态可以归入无善无恶第二项含义自然好善恶恶中，是自然好善恶恶在无事时的一种表现。

理解无善无恶第一项含义的第三个也是最重要的，是不能将其理

---

① 王守仁：《太傅王文恪公传·丁亥》，《王阳明全集》卷二十五，第 1042 页。

② 杨泽波：《"隐默说"："无善无恶心之体"新解读》，《中国哲学史》2022 年第 2 期，第 61 页。

③ 陆九渊：《语录》下，《陆九渊集》卷三十五，第 455 页。

解为与作用相对的超越的至善。

两宋之际的胡五峰对性有一个观点："性也者，天地鬼神之奥也，善不足以言之，况恶乎哉？"①此说的关键在"不足以"三字上，其意是作为本体的性已经超越了善恶的区别，善恶这一对形容词已经不足以描述性。他还有一个得自其父胡文定的观点："先君子曰：孟子道性善云者，叹美之辞也，不与恶对。"②一般认为，胡氏父子的意思是说性善之善为本然之善而不与恶对。与恶相对的是善，不与恶相对的善是至善，两者分属经验与超越的不同层面。

胡氏父子观点的来源可能是横渠。横渠《正蒙》卷二有"天所以参，一太极两仪而象之，性也"的观点，其内涵如何且不论，至少其太极与两仪相对举而为三的表述容易让人以为太极外在于阴阳而别为一物。由此，清儒李光地以下所说并非完全没有事实根据："此张子之学微与周程间隔处也。盖太极虽不杂乎阴阳，而实不离乎阴阳，安得与之对而为三哉？其后胡氏之学有所谓'无对之善'及'与恶对之善'，'无对之静'及'与动对之静'，朱子以为如此则是三角底太极者，意其源流于此也。"③其涉及横渠、五峰、朱子等人的思想评论和历史梳理，都是很值得参考的。

如果以上述不与恶对而为至善的思路解释阳明无善无恶的思想，那就违背了阳明本体本身并无善恶可言的思路。唐君毅先生以下解释五峰的观点，提到了心的作用尚未发动而无所谓善，如果采取如此解释，那么五峰与阳明是大致一致的："此所成之性，自其未为心所成时言，原为一未发，而不与恶为相对，亦无所谓善，是一超善恶之性。故五峰又谓孟子言性善，乃赞叹之辞，实则此未发之性，乃超于恶亦超于善之上；一般所谓善，唯是心之自体之发其主宰之用，以成性以后之事耳。此心之主宰'性'，在性成之先，则固当在善之先，而此

---

① 朱熹：《知言疑义》，《胡宏集》，第333页。
② 朱熹：《知言疑义》，《胡宏集》附录一，第333页。
③ 均见李光地《注解正蒙》，中华书局，2020，第43页。

心之性亦在善之先也。"① 实际上，既然心未发动，则不仅无所谓善，而且也无所谓恶。当然五峰本意应该并非无所谓善恶，其本意应该是唐先生所说"超善恶之性"，这也是唐先生解释的重心，此一表达为以不与恶对的绝对至善来解释性这一思路留下了余地，因而与阳明构成差异。

向世陵先生如下解释重点则放在了阳明性无善恶的含义与湖湘学派相似的一面："王守仁的性无善恶说，从最简单的意义讲，就是性本体无善恶而其发用流行有善恶。这与湖湘性学的善恶不足以言性和因其发用正邪而有善恶的观点，在总体上具有一定的相容性。"相容之处在于："王守仁关于性本体无善恶、发用流行上有善恶的观点，如果换一种表达方式，就是不能以发动流行态的善恶去规定原初态的性本体。王守仁如此的阐释与胡宏当年反对以善恶言性颇有些相似。"② 其实双方的差异是大于相似之处的。

在对阳明思想的阐释中，牟宗三先生便非常典型地从超越善恶的至善这一角度解释阳明无善无恶的含义："善恶既只是表现上的事，则性体自己自是粹然至善而无善恶相对之相……即到阳明说本心之体或良知本体无善无恶亦只是此义。此皆非告子'无善无不善'之中性义也。"③ 这就是说，心体是超越善恶对待的至善，既然心体是超越善恶对待的，那就可以说心体是无善无恶的，无善无恶不是既非善也非恶，处于善恶之中间状态的意思。确实，阳明论述心体时说的无善无恶不是既非善也非恶的意思，因为说既非善也非恶仍然是已经有所言，有所肯定了，并且也确实只有在心体发用的情况下才能谈得上善恶，以及心体也可以说是至善的。但阳明的思路并不是因为心体是超越善恶对待的，是判定善恶的标准，所以就认为心体是至善的。他恰

---

① 唐君毅:《中国哲学原论·原性篇》，第359页。
② 分别见向世陵《理气性心之间——宋明理学的分系与四系》，人民出版社，2008，第350、352页。
③ 牟宗三:《心体与性体》（中），第142页。

是基于心体的发用所能达到的境界反过来判定心体是至善的，牟先生自身也注意到了这一点（对此容后详论），而离开了发用则只能说心体是无善恶可言的。牟先生既然认识到"善恶既只是表现上的事"，那么无表现自然就无所谓善恶。而心体正与其表现相反，所以就是无善恶可言的。唯有如此理解，才符合阳明的原意，也才能与牟先生自身注意到的阳明是基于发用而谈至善的观点协调一致。

牟先生注意到了心体至善是从其发用的角度来说的。他说："'至善是心之本体'是虚说，即笼综地先一提，而由良知之超越的照临之用反而形着（引者按：当为"著"）其为至善，则是实说，即具体地决定其定然如此。"① 牟先生指出这一点是极具睿识的，能帮助我们破除从超善恶的角度解释无善无恶含义的迷雾。而从超善恶的角度解释无善无恶的含义或许正是晚明思想界理解无善无恶的主要思路之一。这样的理解在思想史上的意义且不论，至少从阳明自身立场来看，无疑是对他体在用中、即用是体、离用无体思路的背离。

阳明自身对"至善是心之本体"的论述，便可印证牟先生的观点。因为阳明对这一句的解释是："只是'明明德'到'至精至一'处便是。"② 可见，心体的至善正是从工夫所能达到的境界的角度来说的。亦即之所以说心体至善，正是因为其发用可以达到至善的状态。反过来，离开心体的发用，是无法对心体是善是恶做出判定的，是只能说心体是无善恶可言的。

阳明又说："至善者性也，性元无一毫之恶，故曰'至善'。止之，是复其本然而已。"③ 从"复其本然"的说法来看，"恶"是在发用上来说的。而无恶是推出至善的根据，可见阳明确实采取在用上说体的思路。另外，虽然阳明认为纯善无恶所以至善，但对他来说并不是因为

---

① 牟宗三：《从陆象山到刘蕺山》，第151页。"形著"是固定搭配，源自《中庸》第二十二章的"形则著"，表示显著地表现出来的意思。
② 钱德洪《传习录》第2条，《王阳明全集》卷一，第2页。
③ 钱德洪《传习录》第91条，《王阳明全集》卷一，第29页。

纯善无恶超越了善恶对待，所以才是至善的。纯善无恶之所以是至善，是因为在这种状态中，性本身不仅是准则，而且也提供了足够的动力，使人可以不必借由刻意、执着就达到这一准则，相比于需要借助刻意、执着才能达到准则的情形而言，可谓善之善者。要言之，至善首先是从工夫所能达到的境界而非与用相对的本质或说实体的角度来说的。用后文的话来说，至善实即天地境界。

阳明的重要弟子，号称"浙有钱王"的钱绪山和王龙溪就已经直接认为本体是至善的，而不是就作用来谈本体的至善。耿宁先生注意到了这一点："钱德洪和王畿便是将四句教首句中的'无善无恶'理解为绝对善意义上的'至善'。"① 绪山说："人之心体一也，指名曰善可也，曰至善无恶亦可也，曰无善无恶亦可也。曰善、曰至善，人皆信而无疑矣，又为无善无恶之说者，何也？至善之体，恶固非其所有，善亦不得而有也。"② 龙溪说："性无不善，故知无不良。善与恶，相对待之义，无善无恶是谓至善，至善者心之本体也。性有所感，善恶始分，本体之知未尝不知也。"③ 绪山的出发点是"至善之体"，龙溪说"性有所感，善恶始分"，就是说本体是无恶的，其意思等同于绪山所说的"恶固非其所有"，两者都是对本体的直接言说，而不是通过发用来言说本体。他们的观点接近于五峰而异于阳明。阳明在作用上谈至善，他们在与作用相对的意义上谈至善。其差异可以进一步归结为对存在理由与认知理由的不同侧重，五峰重视善的存在理由，阳明则重视善的认知理由。绪山与龙溪的观点也异于朱子，因为朱子认为没有必要区分善与至善。

耿宁先生对绪山与龙溪的观点做了解释，只是他的解释涉及了发用，从可能的善的作用来反推本体是善的根源，但因为本体非恶，不与恶对，所以本体之善只能称为至善，这样的解释并不符合他们直接

---

① 〔瑞士〕耿宁：《心的现象——耿宁心性现象学研究文集》，第478页。
② 黄宗羲：《明儒学案》卷十一，第235页。
③ 王畿：《与阳和张子问答》，《王畿集》卷五，第123页。

谈论本体的原意:"即使单纯的心体被看作是未起作用的,并因此而不可能是完全的,但它仍然是对它的意向而言的充分条件或原因。这个单纯的实体仅仅是善的意向、而不是恶的意向的充分条件或原因。因为恶的意向的原因并不在心体本身之中,而是被某种处在这个实体之外的东西所引起的,即被'私欲'所引起……如果不考虑其作用,那么单纯的心体就是可能的至善,但不是现实的至善。"[①]绪山和龙溪直接谈论本体的思路与阳明就发用来谈本体的观点是有距离的,这应该是阳明无善无恶意旨在他身后迅速隐晦的重要原因。

阳明二传弟子张元忭有一个观点:"本体本无可说,凡可说者皆工夫也。"[②]此说的具体意图且不论,若从阳明的立场来看,阳明并非认为不能言说本体,他只是认为不能直接言说本体而已,对本体的发用的言说同时也是在言说本体。直接言说本体则本体无善恶可言,经由发用言说本体,则可以说本体是至善的,两者是可以并存的。

心体无善恶可言表明了阳明体在用中、即用是体的主张。事实上,心体之所以无善恶可言,根本原因在于体必展现于用,我们无法直接言说本体。也就是说,正因为用只在体中,离用无体,所以单独谈论体时,便只能说体是无善恶可言的。故阳明说:"心无体,以天地万物感应之是非为体。"[③]由此可知,心体除了体现于发用以外,别处更无心体。

在晚明学者中,属湛甘泉一系的冯从吾对阳明在发用上谈善恶,由发用之善来讲本体之善的思路有深入的体察。这从他的相关说法中可以看出:"善字就是太虚,非太虚为无善之善也。'乃若其情,则可以为善矣。乃所谓善也。'由可以为善之善,才见得乃所谓善之善。两个善字,原只是一个,岂有可以为善之善,乃与恶对之善,乃所

---

① 〔瑞士〕耿宁:《心的现象——耿宁心性现象学研究文集》,第479页。
② 黄宗羲:《明儒学案》卷十五,第326页。
③ 钱德洪编《传习录》第277条,《王阳明全集》卷三,第123页。

谓善之善，乃无善之善之理哉？"① 从吾反对有两种善，认为只有一种善，即就发用而言的善，就本体而言的善也不外是就发用而言的善。从阳明的观点来看，其说是确切的。

当然从吾似只是从有善无恶的角度理解本体，而未进一步注意到有善无恶与无善无恶是可以并行不悖的。其言曰："义原非外，性原是善，心之本体原是有善无恶的，可见必有喻义为善之心，而后为合本体也。今欲一切总归于无心，安在其为合本体耶？"② 又说："若论本体，则全说不得无矣。……而曰本体无善无恶，异端无心之说，专指本体而言，误矣。"③ 实际上，既然本体上的善要从发用上来说，那么本体自身就是无善恶可言的，因而可以说是无善无恶。由此有善无恶和无善无恶就是可以并行不悖的。从吾没有虑及这一层，以至于认为两者是冲突的。并且，他对吾心为善也持否定态度，而在阳明这里吾心为善就是自然好善恶恶，是行得通的。

本体只是存在于发用之中，由此体用呈现为即用是体、体用不离的关系。这一体用关系落实到心物关系中，就形成了阳明离心无物、离物无心的主张。其中的离心无物从前述南镇观花的例子中便可看出。以下说法则体现了阳明"心物不离"主张的完整内涵："天地鬼神万物离却我的灵明，便没有天地鬼神万物了。我的灵明离却天地鬼神万物，亦没有我的灵明。"④ 另外从他有关"物理"与"吾心"关系的说法中，其实也可以推论出他心物不离的主张。他说："夫物理不外于吾心，外吾心而求物理，无物理矣；遗物理而求吾心，吾心又何物邪？"⑤

心与物总是在特定的事中发生关联而构成一体的关系。事正是与

---

① 黄宗羲:《明儒学案》卷四十一，第984页。
② 黄宗羲:《明儒学案》卷四十一，第983页。
③ 黄宗羲:《明儒学案》卷四十一，第984页。
④ 钱德洪编《传习录》第336条，《王阳明全集》卷三，第141页。
⑤ 钱德洪编《传习录》第133条，《王阳明全集》卷二，第48页。

体相对的用。阳明认为，心所发出的"意未有悬空的，必着事物"①。心之应对万物的活动即为事，事与物总是一起出现，并且一般人所理解的物，是在事中成为心的意向对象的，故阳明"事物"连言。在事中，因为心对不同的物有或好或恶的态度，所以不同的物才被赋予了或善或恶的不同评价。并且，在不同的事中，同一物可能被予以或好或恶的不同态度，因而被赋予或善或恶的不同评价。就具体例子而言，阳明说："子欲观花，则以花为善，以草为恶；如欲用草时，复以草为善矣。"②就一般的情况而言，他说："在心如此，在物亦然。"③亦即心若无好恶，物便无善恶可言；正因为在心有好恶，所以在物才有善恶。物之善恶是由心好恶出来的，阳明还曾直接将这层意思点出来："好字原是好字，恶字原是恶字。"④前一个好与恶指的是物的善恶，是形容词以及由形容词衍生而来的名词，后一个好与恶指的是好恶的态度，是动词。⑤既然物之善恶源自心之好恶，别无其他原因，且在不考虑心的反身性自我判定或说心的自反意识的情况下，心之好恶也必然指向物，不外乎是对物的好恶，那么，心之好恶和物之善恶就是一一对应的关系。好恶与善恶的紧密关系，也正可从心物不离的见解中推导出来。

要言之，无善无恶的第一项含义是无善恶可言。心体若未发，不仅物无善恶可言，心体自身也无善恶可言。善恶只能在发用上说。这反映了阳明体在用中、即用是体、离用无体的主张。这一体用论规定了阳明在用上说体的思路。事实上，无论是意念完全出于良知的无善无恶工夫，还是部分出于良知的有善有恶工夫，都是在用上说体的表

---

① 钱德洪编《传习录》第 201 条，《王阳明全集》卷三，第 103 页。
② 钱德洪编《传习录》第 101 条，《王阳明全集》卷一，第 33 页。
③ 钱德洪编《传习录》第 101 条，《王阳明全集》卷一，第 34 页。
④ 黄宗羲：《明儒学案》卷二十五，第 585 页。
⑤ 关于阳明好恶论在孔孟儒学中的渊源以及对晚明和清代思想的影响，可参刘增光《"可欲之谓善"——阳明后学对欲之合理性的论证及其思想意义》，《孔学堂》2019 年第 4 期，第 57~65 页。

现。因为直接能言说的是发用，所以，无善无恶的第一项含义固然构成了前提，但阳明论说的重心无疑在其第二项含义上，因而第二项含义才构成了其主要含义。

第二节　自然以及勉然好善恶恶的工夫

在第二层面上，阳明提及的有善有恶和无善无恶，是对心之好恶合于良知与否，以及在合于良知的前提下完全出于良知与否进行判定之所得。在这个层面上，阳明的核心关注点乃是如何培善去恶的问题，即工夫问题以及作为其目标的境界的问题。

在"去花间草"章中，阳明提出无善无恶的观点之后，有两处对其含义进行了解释。第一处是："圣人无善无恶，只是'无有作好'，'无有作恶'，不动于气。然'遵王之道'，'会其有极'，便自'一循天理'，便有个'裁成辅相'。"①

我们首先来看若干关键词的含义。"无有作好"和"无有作恶"可以概括为"不作好恶"。毫无疑问，这里的"好恶"不是指物之善恶或是非，而是指人心所发的好恶之意念。阳明无善无恶的提法引发争论和质疑的首要原因，就是大多数人都没有注意到这里的善恶指的是好恶，而是如其字面意思地理解为没有善恶，或者不着意于善恶分别，甚至由此进一步认为阳明否定善恶分别，否定儒家性善主张。对此我们稍后再举例加以说明。实际上，在阳明处，善恶问题是就发用层面上的好恶的意念来谈的。阳明借由无善无恶一语，谈论的是好恶的意念怎样才能达到理想状态的问题，而不是谈论事物的善恶、是非，更不是直接否认与事物相关的善恶、是非之别。

"一循天理"中的"一"，是单一、完全的意思，与"只是"之意相同。"天理"即是"无善无恶者理之静"中的"理"，指的是准则。

---

① 钱德洪编《传习录》第101条，《王阳明全集》卷一，第33页。

因为天理即是理，所以其后阳明又用"一循于理"的表述。而在阳明处，理或天理实际上指的就是良知。他将天理归结为良知。如他说："天理即是良知。"[1] 又如他日谓门人曰："何谓天理？"门人请问，曰："心之良知是也。"[2]

刘蕺山肯定"去花间草"的记录而质疑天泉证道的记录，评论前者说："先生之言自是端的，与天泉证道之说迥异。"又说，"《录》中言'天理'二字，不一而足，有时说'无善无恶者理之静'，亦未尝径说'无善无恶是心体'"。[3]《录》即《传习录》。因为天理即良知心体，所以上述两个说法在本质上是一样的，不能肯定一个记录而否定另一个。

冯友兰先生的一个说法是完全正确的："'一循于理'就是'一循良知'之自然。"[4] 由此，无论是就天理还是良知说无善无恶，都是可以的。

因为"一"与"只是"之意同，"理"又是指"良知"，"依"与"循"的意思也相同，所以"一循于理"的说法，就和阳明论述生知安行者的工夫时说的"只是依此良知"[5]，在结构和内容上都完全一致。"只是"排除的是学知利行者或困知勉行者所需的刻意、执着。由此，"只是依此良知"便是说，生知安行者因为不受私欲等因素阻碍，所以不必刻意、执着就能依照良知的准则而行。虽然在此并非指生知安行者的工夫，但"一循于理"却同样是指依照理的准则而行但无所刻意、执着。其含义包括合于理和无所刻意、执着两个方面。

接着我们来看阳明在第一处解释中表达的总体意思。这一解释被"然"字分割为前后转折的两部分。"然"字前的内容直接解释无善无

---

① 钱德洪编《传习录》第284条，《王阳明全集》卷三，第125页。

② 黄宗羲：《明儒学案》卷二十五，第589页。

③ 分别见黄宗羲《明儒学案》卷十、卷十六，第206、332页。

④ 冯友兰：《中国哲学史新编》，《三松堂全集》第10卷，第208页。

⑤ 钱德洪编《传习录》第291条，《王阳明全集》卷三，第126页。

恶的含义，他以"不动于气"来解释不作好恶，以"不作好恶"来解释无善无恶，即无善无恶就是好恶不为气所动。好恶不为气所动，即是他后来说的"不去又着一分意思"，亦即无所刻意、执着。无所刻意、执着是阳明眼中无善无恶含义的要点，但不是全部。在上述解释中，"然"字后的内容，便对不动于气做了补充和限定。亦即阳明所说的"不动于气"，乃是做到了好恶一循于理的不动于气。根据前述分析，"一循于理"的含义既包含合于理，也包含无所刻意、执着。由于"不动于气"本身就意味着无所刻意、执着，因此"一循于理"对"不动于气"含义的补充和限定，主要体现在合于理的方面。

照一般的理解，"不动于气"并不包含合于理的意思。因为当人闲居无事、无所用心的时候，往往也是处于无所刻意、执着的状态，但显然这种状态未必合于理。"不动于气"是指合于理前提下的不动于气，是阳明做出的独特规定。他认为，只有好恶既合于理，同时又不为气所动，才是无善无恶。

阳明对无善无恶的第二处解释，是通过对不作好恶的解释表达出来的。他说："谓之不作者，只是好恶一循于理，不去又着一分意思。"[1] 从这一解释来看，阳明确实认为不作好恶是以"一循于理"表示的合于理为前提的。原本，"一循于理"本已包含无所刻意、执着的意思，阳明还要单独提出"不去又着一分意思"，可见他对其所表示的无所刻意、执着含义的强调。

从上述两处解释可以看出，阳明使用的语词的字面意思并不足以涵盖其实质含义。如在"不作好恶"一词中，并没有相应的成分来表达合于理的意思。也就是说，我们单从"不作好恶"的字面意思出发，只能解读出无所刻意地好恶的意思，而不能解读出好恶合于理的意思。这说明"不作好恶"在阳明处的使用，与其字面意思之间确实存在差异。与此相同，"无善无恶"在阳明处的使用也是独特的，不

---

[1]　钱德洪编《传习录》第101条，《王阳明全集》卷一，第33页。

能仅从字面意思来理解。因为从字面意思来看，无善无恶即便不解释为没有善恶分别，最多也只表示不做出善恶评价的意思，不仅没有阳明赋予它的好恶合于理之意，甚至也不表示无所刻意、执着的意思。总之，唯有跳出这些用语的字面意思，我们才能真正理解其实质含义。

综合上述两条解释，阳明说的"无善无恶"，就是"不作好恶"，就是"好恶一循于理，不去又着一分意思"。亦即无善无恶就是好恶合于理但无所刻意、执着。根据理即良知的观点，上述对无善无恶的解释可以改成，无善无恶就是好恶合于良知但无所刻意、执着。当然，良知在阳明学中又是心之本体或说心体，所以也可说，无善无恶即是好恶合于心体但无所刻意、执着。因为合于心体的好恶不过就是好善恶恶，所以也可说，无善无恶就是好善恶恶但无所刻意、执着。而无所刻意、执着即是自然，所以也可说无善无恶即是自然好善恶恶。以上所说便是无善无恶的第二项含义，这也正是吴震先生业已揭示的。"无善无恶者理之静"以及天泉证道时"无善无恶是心之体"中的无善无恶用的都是这个意思。

钱穆先生注意到了在阳明这里善恶源自好恶，不过他将好恶与善恶分别归属先天之良知和后天之社会，由此又不免割裂了两者的内在联系。他说："阳明明明从此心好恶上指点出良知，从好恶才分了是非，从是非再定了善恶。而良知的好恶则是先天的，人间的善恶是后起的。如此说来，要说心是无善无恶的，似乎也并无不可。"[1]

牟宗三先生注意到了无善无恶包含的"不作好恶"的意思，不过在下面的论述中，他却混淆了无善无恶的两项含义："'无善无恶心之体'是就'至善者心之本体'而说。无善无恶是谓至善。然则无善无恶者是'无有作好无有作恶'之意。善恶相对的谓词俱用不上，只是一自然之灵昭明觉停停当当地自持其自己，此即为心之自体实相。至

---

[1]　钱穆：《阳明学述要》，第108页。

善是心之本体，犹言是心之自体实相，简言之，就是心之当体自己也。此心须当下即认为是超越之本心，不是中性的气之灵之心也。心之自体是如此，然其发动不能不受私欲气质之阻隔或影响因而被歪曲，因此'有善有恶意之动'。"①

首先要确定的是，牟先生此处所说"心之自体实相"或"心之当体自己"是不是指心的完全本质或说心的完善状态呢？如果是的话，那这些表述确实可以用来指不作好恶的心，但是这样的心并非不能加以善恶判断，这样的心当然是善的，而且是善之善者，亦即至善。即不仅做到了好善恶恶，而且是以自然的方式做到了好善恶恶，因此是善之善者。由此就不能说它"善恶相对的谓词俱用不上"。不过从牟先生"心之自体是如此，然其发动不能不受私欲气质之阻隔或影响"的表述来看，他所说的"心之自体实相"等不能理解为心的完全本质或者完善状态，只能理解为与作用相对的实体。原本"无有作好无有作恶"是就作用而谈，在阳明这里指的是好善恶恶但无所刻意、执着的意思。不过牟先生却认为这是就"心之自体实相"亦即与作用相对的实体而谈，与作用相对的实体是无所谓善恶的，因此牟先生说"善恶相对的谓词俱用不上"。而这就滑转到了无善无恶的另一项含义无所谓善恶上了，就不再是"无有作好无有作恶"所表达的好善恶恶但无所刻意、执着的意思了。

牟先生在另一处从作用层谈到无善无恶时也有这样的滑转："无善无恶是说本心自体表现的状态，无善相、无恶相，王阳明自己说得很清楚，无善无恶是至善，是绝对的善，和与恶相对的那个善不同。绝对的善就是没有善相，恶相当然更没有了。"② 当然如前所述，阳明也不是因为本体至善而认为其是无善恶可言的。

黄梨洲误以为无善无恶指的是没有善恶的意念。他解释四句教第三句"知善知恶是良知"的时候说："所谓知善知恶者，非意动于

---

① 牟宗三:《从陆象山到刘蕺山》，第 151 页。
② 牟宗三:《中国哲学十九讲》，第 133 页。

善恶，从而分别之为知，知亦只是诚意中之好恶，好必于善，恶必于恶，孰是孰非而不容已者，虚灵不昧之性体也。"① 他认为良知、性体是好善恶恶而不容已的力量，这是完全符合阳明本意的，也是对阳明学非常深刻的洞见。事实上，好善恶恶而不容已也完全可以用来解释无善无恶的含义，只是梨洲并未意识到无善无恶是就好恶而谈，因而并没有以之来解释无善无恶，由此错失了对此句做出确切解释的机会。他认为："其实无善无恶者，无善念恶念耳，非谓性无善无恶也。"② 阳明四句教第一句确实没有否定性善，只不过他也不是要否定或排除善念，回到善恶之念未起的状态，只是认为不应刻意、执着于好善恶恶之善念而已。梨洲所言并无定本四句教和平日四句教的区别，他实际上是就天泉证道的四句教而言。其实即便是平日四句教的第一句，也不是无善念恶念的意思，就更不用说定本四句教了。因为照梨洲的解释，第一句说的是未发的阶段，而第一句实际上说的则是未发的实体、本质。

东林学派的顾泾阳则提到一种认为无善无恶是不着意于善恶的观点。他批驳了这种观点，但并没有意识到其准确含义是不着意于好善恶恶。他说："又有解之者曰：'所谓无善，非果无善也，惟是不着意于善云耳。'审如是，即所谓无恶，亦可知也，惟是不着意于恶云耳。"③ 泾阳所批评的实际上是周海门的观点。海门认为："无善者，无执善之心，善则非虚。"④ 海门从无所执着的角度解释无善，并且认为无所执着于善并不是对善的否定，是符合阳明本旨的。而泾阳恰恰以为无善无恶是对善的否定。对海门而言，问题则在于，第一，无所执着之外尚有无所刻意。第二，更重要的，善恶应该理解为好恶，所以

---

① 黄宗羲：《明儒学案》卷十，第178~179页。
② 黄宗羲：《明儒学案》卷十，第178页。
③ 管志道：《问辨牍》，《四库全书存目丛书》子部第87册，齐鲁书社，1997，第732~733页。
④ 周汝登：《周海门先生文录》卷五，《周汝登集》，浙江古籍出版社，2015，第145页。

准确说无善的意思是无所刻意、执着地好善。相应地，无恶应该理解为无所刻意、执着地恶恶。唯有如此，海门才不至于被泾阳追问"不着意于恶"的问题。泾阳认为这显然是很荒唐的，难道无所执着于为恶，那恶就不存在了吗？如果理解为无所刻意、执着于恶恶，那就没有问题了。因为无论是好善，还是恶恶，都是善。无所刻意、执着于好善恶恶，普通人在达到较高阶段以后无疑是适用这一为善的方式的。

认为阳明的无善无恶与性善相冲突的，最著名的则莫过于高景逸。他的一项重要主张就是以性善来纠正阳明的无善无恶。他说："道性善者，以无声无臭为善之体。阳明以无善无恶为心之体。一以善即性也，一以善为意也，故曰：'有善有恶者意之动。'佛氏亦曰：'不思善，不思恶。'以善为善事，以恶为恶事也。以善为意，以善为事者，不可曰明善。"[1]景逸认为阳明把善理解为意念之善，佛教把善理解为事情之善，都不是把善理解为性之善，都没有真正明了善。景逸注意到阳明"有善有恶是意之动"的说法乃是就意念而谈，这是符合阳明意旨的。不过，他并没有注意到这里说的是有所刻意、执着于好善恶恶，而是按照其字面意思理解为有善恶意念的分别，因而对有善有恶的解释仍然是不确切的。进一步地，他认为阳明在意念上说善恶，就代表了阳明关于善的全部论断，在意念上说善恶以外就不能再说性善，这是不确切的。因为阳明仍可主张性善，并且也确实主张性善。只是如前引"性无善无不善"显示的，阳明认为应该在发用上来谈性善，性与发用不是隔绝的而已。

与无善无恶相对，有善有恶就是作好作恶，就是有所刻意、执着地好善恶恶，就是勉然好善恶恶。和无善无恶一样，"作好作恶"和"有善有恶"都没有在字面上表示出好善恶恶的意思，最多只表示出有所刻意、执着地好恶的意思。在此须指出的是，有善有恶在阳明处

---

[1]　黄宗羲:《明儒学案》卷五十八，第1406页。

只是有所刻意、执着地好善恶恶的意思，而非完全刻意、执着。如此说的理由见下一节。总而言之，有善有恶和无善无恶一样，在阳明处的使用是独特的。

有所刻意、执着地好善恶恶而为善去恶即勉然为善，或者有意为善。在儒学史上尤其是在阳明学的流衍过程中，有意为善通常被视为负面的而加以排斥，即便不是负面的，也被视为次一等的即第二义。冯从吾通过对"有意为善"的含义的厘清，指出不应该以此来否定勉然为善，试图扭转这一倾向。他说："有意为善，有所为而为，如以为利之心为善，为名之心为善，以以善服人之心为善之类，非以安而行之为无意，为无所为。利而行之，勉强而行之，为有意，为有所为也。今人见人孳孳为善，而概曰有意，曰有所为，则阻人为善之路矣。"① 有善有恶在并非为名为利的意义上，是无所为而为的；如果一定要说它是有所为而为的，那也不过是在有所刻意、执着的意义上来说的，与为名为利意义上的有所为而为是不可同日而语的。有所刻意、执着地好善恶恶总体上是值得肯定的，为名为利而为善去恶总体上是负面的。

如此理解的无善无恶和有善有恶，接近于《论语》说的"安仁"和"利仁"。朱子解释说："仁者心便是仁，早是多了一'安'字。'知者利仁'，未能无私意，只是知得私意不是着脚所在，又知得无私意处是好，所以在这里千方百计要克去个私意，这便是利仁。"当然，如此理解则将困知勉行也包含进来了。他还明确区分了"利仁"不同于为名为利意义上的"有所为而为"。弟子问："所谓利仁者，莫是南轩所谓'有所为而为者'否？"朱子回答："'有所为而为'不是好底心，与利仁不同。'仁者安仁'，恰似如今要做一事，信手做将去，自是合道理，更不待逐旋安排。如孟子说：'动容周旋中礼者，盛德之至也。哭死而哀，非为生者也；经德不回，非以干禄也；言语必信，非

___
① 黄宗羲：《明儒学案》卷四十一，第985页。

以正行也。'这只顺道理合做处便做，更不待安排布置。待得'君子行法以俟命而已'，便与上不同。"又说："有为而为之，正是说'五霸假之也'之类。"①

无善无恶之名是从其好善恶恶出于自然而无所刻意、执着这一方面得来的。正因为出于自然而无所刻意、执着，所以就像不曾好恶过一样，相应地事物也就像没有善恶之分了一样。故阳明说："如此，即是不曾好恶一般。"当然，作为比喻，无善无恶毕竟只是看起来未对事物施以好恶而已，实际上是对事物施以好恶了的，这一点是毋庸赘言的。正如阳明对用来解释无善无恶的"不作好恶"所做的说明一样："不作好恶，非是全无好恶，却是无知觉的人。"②

最后，我们拿除草的例子来说明构成无善无恶的合于理和无所刻意、执着这两个方面的具体内涵。阳明说的"草有妨碍，理亦宜去"③便主要体现了无善无恶之合于理的方面。不过，仅仅合于理并不足以称为无善无恶。即便除草合于理，也还要对其无所刻意、执着，才能称为无善无恶。

在这里，无所刻意主要是就好恶的意念指向的行为发生之前或发生之时而言。正如"不作好恶"字面意思说的，应该做到无所刻意于对某一行为的喜好或厌恶，而使其出于自然。在除草的例子中，无所刻意的表现就是，在"理亦宜去"的情况下，采取"去之而已"④的态度。无所执着主要就好恶之意念指向的行为结束以后，或相应的行为未能如愿实现时而言。其所指的是，在行为结束以后或未能实现时，相应的好恶的意念不再滞留于意识中，因而无所牵挂。在除草的例子中，阳明提及的无所执着的表现，就是"偶未即去，亦不累心"⑤。亦即应当除草而偶然未能完成除草时，心里也不受到影响，不会产生诸

① 分别见黎靖德编《朱子语类》卷二十六，第642、643页。
② 均见钱德洪编《传习录》第101条，《王阳明全集》卷一，第33页。
③ 钱德洪编《传习录》第101条，《王阳明全集》卷一，第33页。
④ 钱德洪编《传习录》第101条，《王阳明全集》卷一，第33页。
⑤ 钱德洪编《传习录》第101条，《王阳明全集》卷一，第33页。

如后悔、自责或烦躁之类的情绪。若产生了这类情绪，那就已经是有所执着因而动气了。正如阳明所说："若着了一分意思，即心体便有贻累，便有许多动气处。"①

当然，无所刻意和无所执着不仅可以分别从事前、事中和事后、事未发生的角度来理解，也可以分别从无苟且轻忽和无怠惰放松的角度来理解。这样理解的时候，两者分别对应于准则和动力。

值得注意的是，阳明这里说的"着了一分意思"，是指对当除草而除之这一合于理的善念有所执着。亦即有所执着，因而仍然是动气，然而毕竟是有所执着于善念，是以善念为前提的。类似地，中离经常悔悟，这本来可以帮助他发现缺点，但是悔悟存留在胸中的话，却并非好事。阳明便对他说："悔悟是去病之药，然以改之为贵。若留滞于中，则又因药发病。"② 在此，能去病的悔悟便是善念。阳明以下也直接指出了对执着的否定包含了对执着于善念的否定，他说："这一念不但是私念，便好的念头，亦着不得些子。"③ 只是须指出，正如后文所论，这是针对已经达到道德境界的学者或上根人来说的。

重要的是，作为此处动气的反面的不动于气，正如前述，仅仅是否定了刻意、执着，而没有否定合于理。正因如此，当阳明说"不动于气，即无善无恶"④ 的时候，其意是说，在合于理的基础上，只要再能做到无所刻意、执着，那就达到无善无恶的理想状态了。阳明之所以强调无所刻意、执着，原因就在合于理只是基础，事实上通过有所刻意、执着的有善有恶工夫便可以做到合于理。从有善有恶转化为无善无恶的关键，就在于做到无所刻意、执着。好恶合于理或好善恶恶但无所刻意、执着的状态，之所以仅仅从无所刻意、执着的角度被命名为无善无恶，原因就在于无所刻意、执着是从有善有恶转化为无善

---

① 均见钱德洪编《传习录》第101条，《王阳明全集》卷一，第33页。
② 钱德洪编《传习录》第106条，《王阳明全集》卷一，第35页。
③ 钱德洪编《传习录》第335条，《王阳明全集》卷三，第140页。
④ 钱德洪编《传习录》第101条，《王阳明全集》卷一，第33页。

无恶的关键，是无善无恶区别于有善有恶的显著特征。相应地，仅仅用不作好恶也就足以指点出无善无恶区别于有善有恶的特征。不过这样一来，无论在"无善无恶"，还是在"不作好恶"的字面上，就都没有相应的成分来表示好善恶恶的意思。无善无恶的说法引发误解和争议的一个重要原因，正在于其字面意思中不包含好善恶恶的含义。实则无善无恶是好善恶恶之道德境界与无所刻意、执着之心理状态的统一。

牟宗三先生注意到了在阳明这里存在好恶和不作好恶两个维度，他以实有层和作用层来概括这两个维度。他说："道德实践就是做'好善恶恶'的事，所以好、恶必须肯定。这一层肯定是属于实有层上。这是儒家的通义，上下三四千年这样通贯下来，没人能反对。但是《书经》说'无有作好'、'无有作恶'、'王道荡荡'、'王道平平'，这些话说得很美，一般人也喜欢引用。这个就是在实有层好恶之上，又提到一个无有作好、无有作恶。这就成为作用层上的话头。"[1] 诚然如牟先生所说的那样，在包括无善无恶在内的一些说法中，无并不构成对有的否定，只是以无的方式将有呈现出来而已。不过他主要是从不作好恶的角度解释无善无恶。实际上，既然无善无恶是以自然的方式将好善恶恶呈现出来，那么好善恶恶也是无善无恶的含义不可或缺的组成部分。单纯以不作好恶、自然来解释无善无恶，是不全面、不准确的。陈来先生也认为："所谓'无善无恶心之体'所讨论的问题与伦理的善恶无关，根本上是强调心所本来具有的无滞性。"[2]

牟先生在上述说法中将好恶与不作好恶分属实有层和作用层，他在另外一处解释程明道"天地之常，以其心普万物而无心"[3]时，则又将代表好恶的"普万物"划入作用层。这本来是更为准确的，因为好善恶恶无疑也是作用而非实体。如此则在作用层既有"有"的一

---

①　牟宗三：《中国哲学十九讲》，第 121 页。
②　陈来：《有无之境——王阳明哲学的精神》，第 204 页。
③　程颢：《答横渠张子厚先生书》，《河南程氏文集》卷二，《二程集》，第 460 页。

面，即好善恶恶，也有"无"的一面，即无所刻意、执着。不过他又在此自然好善恶恶的作用之外单独提出属于实有层的心，如此则有可能带来脱离发用来谈本体的问题。他说："'天地之常'，天地的常度，'以其心'，肯定心，这是实有层，并不是没有心。'普万物而无心'，这就是作用层，'而无心'之无就是'无有作好、无有作恶'那个'无'。"[1] 牟先生这一思路的问题在于脱离了普万物而无心的作用来谈实有，明道所说的"普万物"与"无心"其实都属于作用层，而作为实有或本体的心则不能离开这两者来谈。

唐君毅先生虽然也提到了"不动矜持之气而只'循理'"，这可以说是对无善无恶比较确切的解释，不过他终究是在完成、结果的意义上而非过程、方式的意义上来解释无善无恶的含义。他说："此中所谓无善无恶之心之体或理之静，初乃由人之既能知善知恶，而有为善去恶之工夫之后，所反证而得者；略如吾人前论禅宗时之所说。盖人既知恶而去恶之后，则恶固不存；知善而为善之后，亦不当有'自以为善之念'。"[2] 以下则把无善无恶是结果而非过程的意思说得更清楚："此则为'人欲即净尽，而不见此人欲之净尽；天理既流行，亦不见有此天理之流行；至善而不见有善，乃只有此无善无恶之良知心体之明，如万古一日'之境界。"[3] 实际上即便从结果来讲，也只能说善不显著，好像没有行善，但不能说不见善。并且阳明本意也不是从客观效验、外在评价的角度来讲无善无恶，而是从主观状态、工夫实感来讲。无善无恶意为虽然好善恶恶但无所刻意、执着。

第三节　道德境界与天地境界

勉然好善恶恶所能达到的是道德境界，自然好善恶恶达到的则是

---

①　牟宗三:《中国哲学十九讲》，第 133 页。
②　均见唐君毅《中国哲学原论·原性篇》，第 284 页。
③　唐君毅:《中国哲学原论·原性篇》，第 292 页。

天地境界。阳明倡导的工夫是两层工夫，境界是两层境界。

在无善无恶两个方面的含义中，合于理是就准则而谈，指好恶合于良知的准则。无所刻意、执着是就动力而谈。其作为否定性表述，虽然未正面点出好恶的动力来源于何处，但实际上动力就是来源于良知。正是因为良知具有动力，所以才能使人做到自然而无所刻意、执着。前引梨洲以"好必于善，恶必于恶，孰是孰非而不容已"解释良知，便可看出良知的动力义。梨洲此说可谓深得阳明本旨。

如第三章已经指出的，阳明认为良知即是天道："天道之运，无一息之或停；吾心良知之运，亦无一息之或停。良知即天道，谓之'亦'，则犹二之矣。"[①] 完全出于良知之动力的意念，实即戒惧之念。良知作为天道，具有生生不息的性质，正是这一性质赋予了戒惧之念以"活泼泼"的特征。阳明说："戒惧之念是活泼泼地，此是天机不息处，所谓'维天之命，於穆不已'，一息便是死。"[②] 因为良知即天道，所以好恶完全出于良知的动力，即是完全出于天道的动力。由此可说，无善无恶不仅是合于良知之准则的道德境界，而且也已达到完全出于天道自然的天地境界。

这里我们套用了冯友兰先生的人生四境界说。郑家栋先生认为冯先生的观点未必与传统儒学是一致的："在某种意义上可以说，无论是相对于先秦儒家道体论，还是宋明儒家的超越心性论，预设了主客对立和知性'觉解'的'天地境界'说都与其说是继承，不如说是断裂。"[③] 实际上，冯先生的观点并非如此，其重视的觉解并非仅仅局限于知性的范围，而是超越了主客对立，尤其是天地境界更是如此。当然这并不是说儒学完全否定主客区别与知性理解。就阳明学来说，万物与人当然有区别，人也需要运用知性去了解事物与道理，只不过，

① 王守仁：《惜阴说》，《王阳明全集》卷七，第 298 页。
② 钱德洪编《传习录》第 202 条，《王阳明全集》卷三，第 104 页。
③ 郑家栋：《为什么是牟宗三？——〈"中国哲学"的牟宗三时代〉导论》，《中国文哲研究通讯》2021 年第 2 期，第 86 页。

万物原本内在于人，人与万物原本为一体，以至于乍见孺子入井而人皆有怵惕恻隐之心，亦即良知的发用具有直接性，这些是超越了主客对立和知性觉解层次的，是人为善去恶不应忽视的条件。阳明在天泉证道时，也讲到了无善无恶境界中的物我关系或说内外关系，即"物我内外，一齐尽透"①。由此，无善无恶代表的至善境界既包含完全凭借"天机不息"的良知的内涵，也包含物我内外一体，因而可以无所刻意、执着的内涵。

正因为工夫完全出于天道的动力，是善之善者，在此以上更无善可言，所以阳明才说"无善无恶，是谓至善"②。也就是说，原本做到好善恶恶就已经是善了，但这还不是善的极致状态，只有以自然无为的方式做到好善恶恶，才足以称得上是善的极致状态。由此，至善即包含了好善恶恶和自然两方面的内涵。

彭国翔先生认为："阳明与龙溪的'无善无恶'包括两层含义。一是存有论意义上的至善；一是境界论意义上的无执不滞。前者是本质内容，后者是作用形式。"③事实上，至善即已包含好善恶恶和无所刻意、执着两方面的意思。并且，至善首先是指心体自然发用所能达到的境界，以此为前提才可以进一步指能达此至善境界的心体本身，而不是首先指存有论意义上的心体。刘梁剑先生即从本体与境界对应的角度质疑："心体至善与无执不滞，前者体后者用，如果持体用不二的立场，那么，无论心体至善还是无执不滞，都兼有存在义与境界义。"④事实的确如此。相应于至善境界的双重内涵，能使人做到自然好善恶恶的良知本体无疑也可以称为至善。阳明说："知者，良知也，天然自有，即至善也。"⑤境界与本体都有自然好善恶恶的双重内涵。

---

① 钱德洪编《年谱三》，《王阳明全集》卷三十五，第 1443 页。
② 钱德洪编《传习录》第 101 条，《王阳明全集》卷一，第 33 页。
③ 彭国翔：《良知学的展开：王龙溪与中晚明的阳明学》（增订版），第 410 页。
④ 刘梁剑：《"无善无恶心之体"：船山与阳明关于心学的智性对话》，《贵阳学院学报》（社会科学版）2015 年第 6 期，第 6 页。
⑤ 钱德洪编《遗言录》下第 55 条，《王阳明全集》（新编本）卷四十，第 1606 页。

如果说此处就作用来谈本体这一点还不够明显的话，那么以下讲到良知是至善之处，则强调了不能脱离作用来谈本体："至善是良知本体，犹贞是天之本体。除却喜怒哀乐，何以见良知？除了元亨利贞，何以见天道？"[①]

联系先秦以来的儒家传统，自然好善恶恶即孔子经过一生努力最终体证到的"从心所欲不逾矩"（《论语·为政》）的状态。自然对应于"从心所欲"，好善恶恶对应于"不逾矩"。《大学》之所以必欲在"明明德"和"亲民"之后加上"止于至善"，不是说明明德和亲民应该做到极致，如此方可称为至善，因为明明德和亲民做到极致是题中应有之义，不必专门提及，那是说做到极致固然是善，但还不足以称为至善，只有以自然的方式做到明明德和亲民，才是善之上的至善。

当然，并非只有毫无私欲的"从心所欲不逾矩"状态才能称为无善无恶，虽有私欲但可以敏锐地意识到并轻松克服的状态，如颜子所达到的"有不善未尝不知，知之未尝复行"（《易传·系辞下》）的状态也可以称为无善无恶。

有善有恶和无善无恶精练地概括了为学的历程，孔子从"志于学"到"从心所欲不逾矩"的为学历程，即是阳明提出此一思想的一大渊源。而《孟子》《中庸》等经典中关于两层工夫的论述，也为阳明的理论提供了来自儒家经典的更加直接的依据。

无善无恶在表述形式和内容上都受佛教的启发，此不必讳言，陈来先生总括阳明思想的发展脉络时，即提到这一点："在阳明的整个思想中一直有两条线索：一条是从诚意格物到致良知的强化儒家伦理主体性的路线，另一条是如何把佛道的境界与智慧吸收进来，以充实生存的主体性的路线，而这两条线索最后都在'良知'上归宗。"[②] 这两个方面分别直接对应于好善恶恶和自然，陈先生非常准确地概括了阳明思想聚焦的两个方面。之所以与良知有关，是因为良知包含了行动

---

① 钱德洪编《遗言录》下第16条，《王阳明全集》（新编本）卷四十，第1605页。
② 陈来：《有无之境——王阳明哲学的精神》，第222页。

所需的动力和准则，可以使人自然好善恶恶而为善去恶。

除了与中离对话时提到的佛教也主张无善无恶以外，《传习录》卷中也出现了禅宗"不思善不思恶时认本来面目"①的说法。这些都是阳明可以利用的思想资源，同时也是推动他提出儒家版无善无恶的诱因。在佛教等思想的影响下，阳明重新激活了儒家固有的资源，由此使各方在自然而无所刻意、执着方面呈现出共性。

牟宗三先生重点强调了自然而无所刻意、执着是儒释道三教的"共法"，他进而认为并不存在谁学习谁的问题："当吾人一旦归于朴实之途，进一步想把这'本心即理'之本心如如地呈现之，而不起一毫作意与执着之时，这便有禅之风格之出现。实事实理之如如地呈现，即自然地流行（所谓天理流行），即涵蕴着这种风格之必然地可出现。此即禅家所谓'无心为道'是也。此'无心为道'之无心是作用义的无心，不是存有义的无心。此作用义之无心既可通于道家之玄智，亦可通于佛家之般若与禅……且即使到言本心之如如地呈现时可函有此境，或甚至如明道阳明等已说至此境，这亦是任何人任何家皆可自发地发之者，而不必是谁来自谁，亦不因此而即丧失或歪曲或背离其教义之本质。此亦可说是佛家所谓'共法'，而不能同一于任何特定教义者。故既可通于道家之玄智，亦可通于佛家之般若。儒家岂不能独自发之，而必谓其来自禅耶？此岂是佛家之专利品乎？如必谓来自禅，则亦可说佛家来自道家，此可乎？"②

尽管认为儒家自有相关的思想资源这一点不必然排斥来自佛教方面的思想内容和表述方式的启发，不过儒家确实自有以自然的方式达到善的传统，而且阳明也努力区别自己所说的无善无恶与佛教所说的无善无恶。如他说："佛氏着在无善无恶上，便一切都不管，不可以治天下。"佛教这种态度归结而言是："全无好恶，却是无知觉的人。"③

① 钱德洪编《传习录》第 162 条，《王阳明全集》卷二，第 75 页。
② 牟宗三：《从陆象山到刘蕺山》，第 10~11 页。
③ 均见钱德洪编《传习录》第 101 条，《王阳明全集》卷一，第 33 页。

因此，我们在注意三教交涉的同时也应该充分注意阳明所说无善无恶与佛教所说无善无恶两者之间的距离。

梁漱溟先生就着孔子"毋意、毋必、毋固、毋我"而谈的儒佛异同，与阳明的观点相近，值得参考："儒家所谓'四毋'既无俱生执、分别执之深浅两层，似只在其分别意识上不落执着，或少所执着而已。在生活上儒者一如常人，所取、能取宛然现前，不改其故。盖于俱生我执固任其自然而不破也。"①

好恶合于良知的准则，未必完全出于良知的动力。因为有所刻意、执着的有善有恶，也可以使好恶合于良知的准则。然而好恶完全出于良知的动力，必能合于良知的准则。简单来说，其原因是良知自能调停适中，使好恶达到恰如其分的状态，亦即达到好善恶恶的状态。从根本上来说，其原因则是，良知的准则内在于完全出于良知之动力的好恶中。

阳明说："天理本体自有分限，不可过也。人但要识得心体，自然增减分毫不得。"② 良知心体的分限即是其准则。它虽然是不容增减的，但不是外在于好恶的客观存在。因为完全出于良知之动力的好恶，本身就构成良知用以评价意念之善恶的准则。也就是说，良知的准则内在于完全出于良知之动力的好恶中。之所以说完全出于良知之动力的好恶必能合于良知的准则，根本原因便在于此。好恶之所以能做到合于良知的准则却不必刻意、执着，就是因为此处的好恶正是完全出于良知之动力的好恶。基于此，我们也可说，无善无恶就是指完全出于良知之动力的好恶，或说完全出于良知的好恶。在"去花间草"章中，阳明之所以说"动气便是恶"③，亦即对有善有恶采取否定态度，原因就在于它干扰了良知动力的自然发用。

---

① 梁漱溟:《儒佛异同论》,《梁漱溟全集》第7卷，山东人民出版社，1993，第159页。
② 钱德洪编《传习录》第44条,《王阳明全集》卷一，第20页。
③ 钱德洪编《传习录》第101条,《王阳明全集》卷一，第34页。

　　不过，阳明对有善有恶采取否定态度，针对的是中离这类在工夫上已达到较高阶段的学者。单从提问来看，中离对义理的理解尚有待提升，不过这不妨碍他工夫已经达到较高阶段，处在此阶段的他应该摆脱着意做工夫的方式。这两者应该是不矛盾的。事实上，对初学阶段的学者来说，有善有恶是有效且不可或缺的为学工夫。只是对已达到较高阶段的学者来说，有善有恶才变得不再适用，反而会产生消极的影响。

　　有善有恶在不同为学阶段的不同作用，正如中离所录阳明另一段话所示："为学工夫有浅深。初时若不着实用意去好善恶恶，如何能为善去恶？这着实用意便是诚意。然不知心之本体原无一物，一向着意去好善恶恶，便又多了这分意思，便不是廓然大公。《书》所谓'无有作好作恶'，方是本体。"①陈来先生对此段分析道："阳明认为，好善恶恶实用其力即是诚意，初学者必须用此工夫。但学问并非到此为止，在好善恶恶的基础上还要了解'心之本体原无一物'，在意向上自觉地做到'不着意思'，这也就是天泉证道所说的'从有入于无'。"②其说甚是。实际上由此进一步引申，便可得出阳明主张由有善有恶进到无善无恶的两层工夫，而中间转换的关键便是心体能自然做到好善恶恶。

　　在"去花间草"章中，阳明主要表达了与这一段后半部分相同的观点："诚意只是循天理。虽是循天理，亦着不得一分意，故有所忿懥好乐则不得其正，须是廓然大公，方是心之本体。"③这里的"着不得一分意"，乃是针对已经达到较高阶段的学者而言的。

　　"心之本体原无一物"中的物，除了包含一般理解的私欲以外，还包含刻意、执着之念，亦即其后所说"一向着意去好善恶恶"之念。之所以心体原本没有这些刻意、执着之念，是因为心体在不受遮

---

①　钱德洪编《传习录》第119条，《王阳明全集》卷一，第39页。

②　陈来：《有无之境——王阳明哲学的精神》，第210页。

③　钱德洪编《传习录》第101条，《王阳明全集》卷一，第34页。

蔽的本然状态中自能好善恶恶，不必借助人为的刻意、执着。"一向"即是一直、总是，意味着学者未能根据进学阶段的精进而相应地改变为学工夫。着意去好善恶恶即有善有恶，其在初学阶段是必要且适合的，然而在达到了较高阶段以后，这一为学工夫就变成了"又多了这分意思"，亦即变成了刻意、执着好善恶恶的私念。

之所以说在初学阶段有善有恶是必要且适合的，是因为在这一阶段，私欲等因素对心体构成遮蔽。心体虽然由于本为生生不息的天道，故不至于因私欲遮蔽而完全中断运作，但也不足以完全支撑培善去恶的工夫，不足以给予其充分的动力与定力。顺便说一句，之所以说有善有恶不是完全刻意、执着，而只是有所刻意、执着地好善恶恶，就是因为心体作为动力和准则，始终在意识中发挥某种程度的作用，因而刻意、执着不足以构成工夫的全部支撑。在本体不足以完全支撑工夫的情况下，除非诉诸刻意、执着，否则不能排除私欲的干扰，意念自然也就无法做到合于心体的准则。换句话说，无所刻意、执着不适合用作初学阶段的为学工夫。

当然，凡事过犹不及，即便是在初学阶段必须有所刻意、执着，但也不应过于急迫。正如阳明所说："先儒所谓'志道恳切，固是诚意；然急迫求之，则反为私己'，不可不察也。"[①]

之所以说在较高阶段，有善有恶却转而成了私念，不再适合作为为学工夫，是因为在这一阶段，私欲对心体的干扰大大减少，心体本就可以自然地发挥作用。如果仍然有所刻意、执着地好善恶恶，那就反而会起到干扰甚至阻碍心体自然发用的负面作用。因而此时必须否定有善有恶之刻意、执着，才能使心体所发之念充实于意识，使意念完全成为本体的体现。这就是阳明说《书》所谓'无有作好作恶'，方是本体"的原因。值得注意的是，因为"无有作好作恶"可以用来解释无善无恶，而本体即是心之体，所以《书》所谓'无有作好作

---

① 王守仁：《答徐成之》，《王阳明全集》卷五，第163页。

恶’，方是本体”，应该是《传习录》卷上里最接近四句教中"无善无恶是心之体"的一个表述。

综上，有善有恶仅是初学阶段的为学工夫，而无善无恶则仅是较高阶段的为学工夫。阳明之所以提出有善有恶和无善无恶，正是为了给学者指点出适用于不同阶段的学者的为学工夫。在为学的不同阶段，合于良知的准则都是学者追求的目标。做到合于良知的准则，便达到了一般所谓培善去恶的目标。不过，在较高阶段，为了实现这一培善去恶的目标，不得不否定刻意、执着，使意念完全出于良知的动力。由完全出于良知的动力而达到合于良知的准则，乃是完全出于自然而无人为，如此便可谓达到了终极意义上的善。在这个意义上，善恶的分别，不再是意念是否合于良知的准则，而是是否完全出于良知的动力。由此可见，阳明提出了不同于一般理解的善恶之标准，相应地培善去恶的目标也由单层变成两层。第一层是意念合于良知的准则，此即道德境界；第二层是完全出于良知的动力，此即天地境界。阳明对无善无恶的强调，适用于已经达到道德境界这一较高阶段的学者，而不适用于尚未达到道德境界的初学者。而是否达到道德境界，便是区分较高阶段和初学阶段的标志。归根结底，阳明提出有善有恶和无善无恶，主要目的是为学者分别指点出达到道德境界和天地境界的工夫提升之路。

不注意无善无恶的适用范围，直接默认阳明用无善无恶指点所有学者，是对无善无恶的又一误解。如作为天泉证道当事人的钱绪山对阳明为何提出四句教首句有如下解释："先师曰'无善无恶者心之体'，是对后世格物穷理之学先有乎善者立言也。因时设法，不得已之辞焉耳。"[1] 绪山并未意识到在阳明那里存在两种四句教，而他在这里的着眼点是四句教对后世的影响，而对后世有着深广影响的是天泉证道确立的四句教，因此从我们的区分来看，他针对的无疑是定本四句教而

---

① 黄宗羲:《明儒学案》卷十一，第234~235页。

非平日四句教。且不论他是否出于挽救无善无恶的流弊而有此追溯阳明本意的议论，其对阳明定本四句教首句的本意的理解本身无疑是不确切的。诚然阳明反对朱子的格物之学，而主张事物的善恶由心之好恶产生，但定本四句教本身并非讨论这一问题。倘若绪山能确切理解四句教中的无善无恶只是适用于已经达到道德境界的学者或上根人，则阳明之语自然并无根本弊病可言，这样他也就不必通过追溯阳明本意在于批评朱子学的方式来为阳明辩护了。

小　结

甘泉对无善无恶的理解大致不误，可以借用其说以总结本章内容。有人问他："有善有恶为二，无善无恶为不二法门，如何？"甘泉答曰："谓不着有善恶之见则可。既云'继之者善'，无善无恶终是寂相。吾儒自有不二法门，正以其能善善而恶恶耳。"无善无恶既应理解为不着善恶之见而保持自然，又应理解为形容与作用相对的未发实体，儒家的核心是善善恶恶，这几点都很精到。前两点指出了无善无恶的两个意思，后一点则揭示这两个意思都不应该违背善善恶恶的儒家本旨。①

综合本章讨论可知，阳明倡导的工夫是包含勉然和自然的两层工夫，境界是包含道德境界与天地境界的两层境界。而无论工夫还是境界，都是谈论本体的具体场域。亦即对发用的谈论同时也是对本体的谈论，体与用不是对峙的关系，而是交融的关系。离开发用，是无法直接谈论本体的。这是我们探讨无善无恶所能获得的对阳明工夫论、境界论以及体用论的新了解。其中两层工夫和两层境界很少为学界所注意，而无善无恶展现出阳明离用无体主张这一点也没有被意识到。可以说，从阳明亲炙弟子开始，各种各样的误解就已经产生，因此相

---

① 湛若水：《天关语录通》，《湛甘泉先生文集》卷二十三，1416 页。

关的清理工作不得不从阳明后学着手，通过深入、细致地寻绎阳明诸多说法的本意的方式展开。

最后，考虑到天泉证道在阳明思想中的重要性，我们简要分析"去花间草"章的"无善无恶者理之静，有善有恶者气之动"是如何转化为后来天泉证道的四句教前两句的。由此也可以看出无善无恶的第二层含义一以贯之地存在于阳明中晚年的思想中。

既然无善无恶是指不仅合于心体之准则（对应于理），而且完全出于心体之动力（可以说对应于静或者静和理）的意念，那么，无善无恶就完全并且只是体现了心体。另外，基于阳明"心无体，以天地万物感应之是非为体"的观点可知，心体除了体现于发用以外，别处更无心体。从上述两个方面的观点出发，"无善无恶者理之静"，便可顺当地转变为"无善无恶是心之体"。另外，用以说明有善有恶特征的"气之动"，不过就是指有所刻意、执着或说有所着意而已。因此，"有善有恶者气之动"也可以顺当地转变为"有善有恶是意之动"。阳明在天泉证道时提出的四句教，其前两句和"去花间草"章的"无善无恶者理之静，有善有恶者气之动"的含义基本上是一致的。由此可见，阳明定本四句教前两句表达的思想，在不迟于讨论"去花间草"问题的正德九年（1514）便已基本成型。只不过，阳明原本从不同阶段的为学工夫来论述有善有恶和无善无恶，从天泉证道也从不同根器之人的工夫入路来论述他们。天泉证道中阳明所说"今既已说破，亦是天机该发泄时，岂容复秘"[1]，指的就是无善无恶不仅是普通人达到道德境界以后才可以采用的工夫，而且是上根人在为学之初便可采用的工夫。当然，阳明还强调上根人有必要兼修有善有恶的工夫，由此不同根器人的为学工夫就是交叉、重叠的关系。

---

[1]　王畿：《天泉证道纪》，《王畿集》卷一，第2页。

阳明主要围绕《大学》来展开自己的思想论述，而"正心"是《大学》的一个重要条目，他对正心有相当重要的论述。以对正心的不同论述为中心，可以看出他诠释《大学》的两种不同思路。天泉证道是阳明晚年思想的重要事件，其确立的四句教对后世影响深远，是我们了解他晚年思想乃至全部思想的一大关键。而阳明的《大学》诠释与四句教之间又有相当明显的对应关系，其对应关系的一大枢纽就是正心与无善无恶的对应关系。因此分别厘清阳明对《大学》的诠释以及四句教的思想，并在此基础上梳理它们之间的对应关系和差别，就堪称为阳明思想研究中的重要课题。本章即欲指出在阳明那里，存在两种《大学》诠释和两种四句教，并且它们在存在区别的同时，也具有一一对应关系。

有关阳明对《大学》修身工夫条目的诠释，研究者主要关注的是诚意、致知和格物，正心则一般被略带提及。在为数不多的研究中，研究者从不同角度对"正心"做了论述。陈来先生根据《传习录》第317条，指出阳明把正心理解为一个虚设的环节。他说："在'正心'这一条目上，阳明的解释值得研究。他认为心之本体有善无恶，无所谓不正，因而'正'所表示的规范性道德实践对于心之本体而言是无意义的。'正'只能用于纠正人的各种经验的意识、情感，而经验的、现象的意识在阳明哲学统称为'意'，而不是'心'……阳明在这里等于否认'正心'有独立的实践意义，等于把正心视为一个虚设的环节。"[1] 陈立胜先生则基于《传习录》第119条，指出正心工夫的含义及其与诚意工夫的异同。他说："诚意工夫重在'着实用意'，正心工夫则是在诚意工夫基础上'不着意'。诚意工夫是要呈现好善恶恶的善良意志，正心工夫则是要确保这个好善恶恶的善良意志自然而然，无一毫做作，无一毫期必，是谓'无有作好''无有作恶'。"[2] 由上可见，阳明有关正心的两种诠释显然存在巨大张力。其张力就体现在到底能不能做正心工夫。因为阳明一般以心之本体（或心体）解释这里的"心"的含义，所以上述张力就体现为到底可不可以在心之本体上做工夫。随着对正心的不同理解，诚意以及格物、致知等条目的含义也变得不同。因此有关正心的诠释张力，同时也是《大学》诠释的张力。而迄今为止这一张力尚未受到研究者足够重视，因而在阳明那里为什么会出现如此张力，阳明又怎样对待这一张力，这些问题都尚未得到很好的解释。

两种《大学》诠释如果不能厘清，不仅会影响我们对阳明《大学》诠释的深入理解，而且还会影响我们对阳明"四句教"的理解。这是因为四句教与包括正心在内的《大学》工夫条目存在显著关联。很多学者已经注意到阳明"四句教"与其《大学》诠释之间的对应关系。如陈来先生在研究了四句教表述上存在的问题之后指出："也许阳明的四句教应改为'知善知恶是良知，好善恶恶是诚意，无善无恶是正心，为善去恶是格物'，庶几不背阳明之意，而无轻于指点之弊。"[3] 除首句提到的良知与致知虽然不同但有联系以外，其他三句均直接提到《大学》的工夫条目，由此四句教与《大学》就被关联起来。不过，因为正心的含义存在两种不同解释，那么这里的"无善无恶是正心"究竟应该采取哪种理解，就不可避免地成为问题。

---

① 陈来：《有无之境——王阳明哲学的精神》，第155页。
② 陈立胜：《入圣之机：王阳明致良知工夫论研究》，第268页。
③ 陈来：《有无之境——王阳明哲学的精神》，第229页。

　　另一位将四句教与《大学》诠释对应起来的学者耿宁先生，明确提出四句教第一句说的是在心之本体上是无法做工夫的。他将四句教与《大学》关联起来，说："可是我猜想，按照王阳明的意向，在四句教首句中的'无善无恶'不能在此意义上理解为'至善'。这个四句教是对他的《大学·经章》（第一章）注释的浓缩。它们正好与《大学·经章》（第一章）的四个思想步骤相符合：正心、诚意、致知、格物。"具体而言，耿宁先生认为四句教第一句"无善无恶是心之体"中的心之体指的是与发用相对的实体。他说："现在，王阳明的著名四句教的首句'无善无恶是心之体'又是什么意思呢？如所周知，它的第二句是'有善有恶是意之动'。在这个第二句中的'动'可以被理解为'发动'或'发用'。因此我猜想，在第一句中的'体'不能被理解为'心之本色'或'心之完全本质'，而应被理解为与'用'相对立的'体'。"那么整句话的意思又如何呢？"我尝试这样来理解四句教首句中的'无善无恶'：如果我们谈的是单纯的心体，即在作用与意念之前存在的实体，那么我们是无法谈论善恶的，因为这个区别仅仅出现在意念的阶段。或者易言之，如果我们谈的是'未发'角度上的'心'，即'意念之未发'的'心'，那么善恶的区别就还没有形成（善恶之分别未发）。因此我们在心的单纯实体这里必须说'无善无恶'。但这个'无善无恶'的含义，在我看来不同于'至善'的'无善无恶'。因为，'至善'的'无善无恶'是心的绝对完善，它也包括心的作用，首先是包括'亲民'。这个'至善'，我只能从完全的'心之本体'方面，而不能从没有起作用的、单纯的'体'的方面来理解。"①应该说，耿宁先生将阳明说的心之本体或心之体区分为与用相对的未发实体以及心的完全本质是一种洞见。尽管后者更准确说是完善状态的心或心的完善状态，因为完全本质还是有可能遗漏现象层面的发用。李旭先生认为"体段"更能表达类似"完全本色""完

①　分别见〔瑞士〕耿宁《心的现象——耿宁心性现象学研究文集》，第476~477、476、477页。

全本质"要表达的意思，并且从整全实现的角度阐发了"体段"的含义："Substanz 我们一般译作'实体'，Wesen 一般译作'本质'，但就其与'体'对应而言不妨译作'体段'。当阳明讲复'知行本体'、复'心体'、复'良知本体'时，他既有回到知行的本来根据、回到心之实体的意思，也有完复良知整全体段的意思。实体之体（相当于'本'）对应的是良知的先天义、根据义，体段之体对应的则是良知的整全实现义。"① 其说是准确的。抛开表述的问题，耿宁先生的区分对我们梳理阳明的相关概念无疑是大有裨益的。

不过耿宁先生以未发实体来解释四句教首句中的心之体，以无善恶可言解释四句教首句中的无善无恶，则必须加以限定才能成立。即如此理解的四句教不是耿宁先生认为的天泉证道时提出的四句教，而是天泉证道之前阳明平时教人所用的四句教。在阳明那里，其实存在两种不同的四句教，这是此前学界尚未注意到的。

从耿宁先生的论述可以看出，尽管他也非常清楚对天泉证道的四句教存在采取另一种理解的可能性，即把第一句中的心之体理解为心的完善状态或者说至善，不过他还是不采取这种理解，直接原因是他对"有善有恶意之动"中的"动"的理解出现偏差，没有意识到动既可以像他说的那样指发动，另外还可以表达着意等不同意思。而把动理解为着意，是与把心之体理解为心的完善状态相对应的。即无善无恶是在工夫中单纯凭借完善状态的心，而有善有恶则是不单纯凭借完善状态的心，而仍然有所着意，前者即是正心工夫，后者则是诚意工夫。因此，耿宁先生理解出现偏差的根本原因，或许可以说就在于他没有意识到即便四句教和《大学》有关联，意之动可以理解为意念的发动，然而因为《大学》正心存在两种不同解释，动也存在至少两种不同解释，所以也不必然地要采取他最终选择的这种理解方式。

耿宁先生的观点或许受到了其曾经跟从学习过的牟宗三先生的影响。牟先生便认为四句教中的无善无恶是无善相无恶相的意思，亦即

---

① 李旭：《心之德业——阳明心学的本体学研究》，第 7 页。

无善恶可言的意思，这并不符合天泉证道所说的四句教的含义。牟先生还认为心体因为是本源的原始的绝对所以是至善的，这一点是离用言体，也不符合阳明即用言体的思路。尽管他在别处有论述阳明的这一思路，他并非不理解阳明的这一思路。他说："先抽象地离地只陈述一潜隐自存之体：无善无恶心之体。此言无善无恶即是潜隐地纯粹至善，未经过分化彰著而重归于充分实现的那本源的原始的绝对：无善相亦无恶相。然这不是说其内在的本质亦如自然现象之是其所是，为中性的无记。因为它是德性之体、价值之源，而不是自然之'事'也。故虽无善相，无恶相，然其本性乃纯粹至善，即'理之静'之绝对（阳明亦说'无善无恶理之静，有善有恶气之动'）。"[1] 耿宁先生的著作在国内出版后引起热烈反响，学界围绕耿宁先生的著作展开了深入的讨论。其中也有略带提及无善无恶问题的，[2] 不过对耿宁先生这部分思想却未有专题的研究。本章在一定程度上便可视为对他无善无恶解释的一个反省。

要言之，固然阳明的四句教与其《大学》诠释存在对应关系，但其间的对应关系并非单一的对应关系，而是两两对应的关系。亦即阳明对《大学》中的正心有两种诠释，而四句教在他那里也有两种不同含义。他平时教人所用的四句教对应于以心之未发实体解释心的《大学》诠释，而天泉证道时确立的作为定本的四句教则对应于以心的完善状态解释心的《大学》诠释。这样的对应关系是不能调换的，因而是一一对应的关系。除此之外，定本四句教与《大学》诠释存在一个重要差别，即四句教承认无善无恶代表的正心工夫可以是所谓上根人的工夫入路，而不仅仅是一般人达到道德境界以后的工夫。只有理解这样的一一对应关系以及差别，我们才能对阳明的《大学》正心诠释以及四句教获得全面、准确的理解。

---

① 　牟宗三：《宋明儒学的问题与发展》，第 136 页。
② 　如林月惠：《耿宁对阳明后学的诠释与评价》，《广西大学学报》（哲学社会科学版）2015 年第 3 期，第 7~23 页。

第一节　可以实施的正心工夫

到底可不可以实施正心工夫，阳明有看起来相反的表述。造成这种状况的原因是他对"心"的含义的不同理解。当他说可以做正心工夫时，他所说的心是指心的完善状态；当他说无法做正心工夫时，他所说的心则是指与心之用相对的心之本体。因为采用了即用言体的思路，所以阳明在解释《大学》时，心的这两种含义是并存的，相应地两种不同的正心工夫也是并存的。

我们首先来看阳明对可以实施的正心工夫的理解。无论在他中年还是晚年的工夫论中，都是包含正心工夫的。他中年认为正心是无所刻意、执着地好善恶恶，晚年则认为是无所刻意、执着地致良知。当然两种说法实质上是相同的。他中年时说："为学工夫有浅深。初时若不着实用意去好善恶恶，如何能为善去恶？这着实用意便是诚意……正心只是诚意工夫里面体当自家心体，常要鉴空衡平，这便是未发之中。"[1] 他晚年时说："随时就事上致其良知，便是'格物'；着实去致良知，便是'诚意'；着实致其良知而无一毫意必固我，便是'正心'。"[2] 无论"正心只是诚意工夫里面体当自家心体"，还是"着实致其良知而无一毫意必固我"，都意味着正心只是诚意的一种特殊形式而已。

阳明的观点与朱子颇为相似，朱子也把正心视为诚意的一种特殊形式，即"鉴之空，衡之平"而"我无与焉"的状态。他说："惟诚其意，真个如鉴之空，如衡之平，妍媸高下，随物定形，而我无与焉，这便是正心。"[3] 两人的差异不在于诚意与正心的内涵及其关系有所不同，而在于如何做到诚意与正心，朱子认为关键在于格物致知，阳明

① 钱德洪编《传习录》第119条，《王阳明全集》卷一，第39页。
② 钱德洪编《传习录》第187条，《王阳明全集》卷二，第94页。
③ 黎靖德编《朱子语类》卷十六，第346页。

认为关键在于契入心体的直接发用。

"体当自家心体"即是体认和凭借心体，这里的心体指的是完善状态的心。"致良知"中的良知的意思也是一样的，也指完善状态的心。其展现就是好善恶恶之念。

正心不是心有不正而正之，而是体认和凭借心体以自然好善恶恶。阳明与朱子在这一点上也是相似的，朱子对正心的含义也有所辨析："正心，却不是将此心去正那心。但存得此心在这里，所谓忿懥、恐惧、好乐、忧患自来不得。"①

在整个为学进程中，随着工夫的日益娴熟，私欲对心体的干扰日渐减少。原本需要诉诸着实用意，才能落实心体所发之念。后来心体所发之念则因为不受私欲干扰，所以可以自然落实，而无须刻意与执着。阳明以下说法可以说简要描述了这种转变："必存之既久，不待于存而自无不存。"②"存"的工夫不是把本体视为一物，脱离现实生活而保存之，在现实生活中落实良知就是存的工夫。"存之既久"仍然是有所着意的，而"不待于存而自无不存"则已经是无所着意的了。由此为学工夫区分为两层，即从有所着意地好善恶恶提升为无所着意地好善恶恶。有所着意地好善恶恶是狭义的诚意，无所着意地好善恶恶是正心，两者均是好善恶恶，两者加起来构成广义的诚意。

在私欲对心体发用的干扰日渐减少，工夫达到道德境界以后，工夫由有所着意转向无所着意，不仅是有可能的，而且是有必要的。原因就在于，在心体能够自然发用时，如果仍然有所着意，那就会干扰心体的自然发用。正如阳明所说："一向着意去好善恶恶，便又多了这分意思，便不是廓然大公。"③"便不是廓然大公"表明在达到道德境界以后的有所着意反而成了私意。这句话不能说明正心所能达到的境界就只是廓然大公，而是说连廓然大公都不是，更不用说物来顺应了。

---

① 黎靖德编《朱子语类》卷十六，第 346 页。
② 钱德洪编《传习录》第 134 条，《王阳明全集》卷二，第 49 页。
③ 钱德洪编《传习录》第 119 条，《王阳明全集》卷一，第 39 页。

在阳明的两层工夫论中，廓然大公是狭义的诚意便可达到的道德境界的目标，就更不用说正心也能达到了，物来顺应是只有正心才能达到的天地境界的目标。天地境界以道德境界为基础，而又有新的提升，是廓然大公和物来顺应的统一。

"廓然大公"等语出自程明道，不过阳明工夫论与明道存在差异。廓然大公与物来顺应代表的境界在明道那里是一齐实现的，而在阳明平时的论述中则是分阶段实现的。当然，天泉证道提出的从无善无恶入手的工夫，以及龙溪"以自然为宗"的工夫，则与明道是一致的。

总之，正心工夫有其对应的为学阶段，它以达到道德境界为前提，以达到天地境界为目标，在这一阶段采用正心工夫，不仅是可能的，而且是必要的。

正心工夫的特点在于，它是无所着意与好善恶恶，是无为与有为的统一。

在阳明之前其实已经有儒者意识到了这个阶段工夫的特点。如二程描述颜子"三月不违仁"的状态时说："到这些地位，工夫尤难，直是峻绝，又大段着力不得。"[1] 阳明以下对《大学》有关正心的内容的解释，也揭示了正心工夫的特点："'心不在焉'句，谓正心之功不可滞于有，亦不可堕于无。"[2] "不可滞于有"是无所刻意、执着，即自然无为；"不可堕于无"是本心发用，即有所作为。此句很好地说明了正心工夫在有为与无为之间，用前引阳明的话来说就是"不待于存而自无不存"。阳明高弟王龙溪的一个说法也可以借用来表达同样的意思，那就是"不着纤毫力中大着力"[3]。不待存、不着力是就无为而言，无不存、大着力是就有为而言。无为就是无工夫可言，但这不能等同于在心之未发实体上不能做工夫，因为无为基于的是完善状态的心，而不是尚未发动的心。无为之外尚且还有有为，因此终究正心还是属于

---

① 程颢、程颐:《二程外书》卷五,《二程集》,第 376 页。
② 黄直编《遗言录》上第 26 条,《王阳明全集》(新编本)卷四十,第 1598 页。
③ 王畿:《留都会纪》,《王畿集》卷四,第 90 页。

工夫，而不能将其视为工夫的取消。

正因为正心是无为与有为的统一，而在指点工夫时单纯有为是容易描述的，既要有为又要无为却是难以描述的，所以正心工夫还具有难以描述的特征。阳明说："用功到精处，愈着不得言语，说理愈难。若着意在精微上，全体功夫反蔽泥了。"[1] 这句话就是阳明自道做正心工夫的感受。"着意在精微上"，忽略无为，其实是助长。阳明唯因有此感受，所以才非常强调在这个阶段必须完全依循本心，而不能有丝毫着意。但是完全依循本心，可以说是无工夫可言了。在做工夫和无工夫之间，或者说在有为和无为之间，究竟应该如何把握，这是难以用语言来说明的。只能说"运用之妙，存乎一心"了。

第二节　两种正心诠释的交织

我们再来看无法实施的正心工夫。阳明在主张可以实施正心工夫的同时，却又认为在心体上无法做工夫。其言曰："本体上如何用功？必就他发处，才着得力。"[2] 显然这里的"本体"指的是与用相对的体，而不是心的完善状态。因为本体上无法着力，不代表不能凭借本体的发用或说发用的本体来做工夫。实际上，本体当下呈现，即便受到私欲干扰和牵累，本体也有所呈露。前述有所着意地好善恶恶和无所着意地好善恶恶都受到本体的引导和推动，其差别不是有无本体的指引和推动，而是在本体的指引和推动之外，是否还借助了着实用意以及精察克治的力量。

这一既能凭借本体做工夫，又不能在本体上做工夫的思路，在阳明的不同时期的《大学》诠释中都有体现。他并没有严格区别与用相对的心之本体和作为心的完善状态的心之本体，将两者沟通起来的是即用言体的思路。

---

[1]　钱德洪编《传习录》第 309 条，《王阳明全集》卷三，第 131 页。
[2]　陈荣捷编《传习录拾遗》第 24 条，《王阳明全集》卷三十二，第 1294 页。

首先，阳明在正德十三年（1518）完成的《大学古本》初本的序言中说："至善也者，心之本体也。动而后有不善。意者，其动也；物者，其事也。格物以诚其意，复其不善之动而已矣！不善复而体正，体正而无不善之动矣！是之谓止至善。"[1]

其次，他在嘉靖二年（1523）完成的《大学古本》改本的序言中延续了初本的观点，只不过增加了本体之知的说法，突出了致知的作用，从而使工夫的凭借变得更加明确。他说："至善也者，心之本体也。动而后有不善，而本体之知，未尝不知也。意者，其动也。物者，其事也。至其本体之知，而动无不善。"[2]"至善也者，心之本体也"，可以理解为至善是心之本体，以及心之本体是至善的。那么被认为至善的心之本体是什么含义呢？对阳明来说，只有在发用上才可以评价至善与否，在与用相对的未发实体的意义上是无善恶可言的，因而也谈不上至善。他明确说过："心之本体未发时，何尝见有善恶？"[3]这里的"心之本体"指的是完善状态的心。因为如果指的是与用相对的体的话，后面就不能加上"未发"，因为既然已经是与用相对的体了，自然就已经是未发了，自然不能再加"未发"。只有完善状态的心，才谈得上已发未发的问题。"心之本体"与"未发"连用，两个词共同表示了与用相对的体的意思。也就是说，如果心之本体未发的话，或者如果心之本体只是解释为心之未发实体的话，是无法确定其为至善的。因此被称为至善的心之本体是心的完善状态。"动而后有不善"中的"动"应该解释为发动，而不应该解释为从欲。如果解释为从欲的话，那逻辑是不通的。因为从欲则必然不善，而不只是"有不善"。"有不善"的意思是说既有善也有不善，而不是必然不善。那么是什么发动呢？即是前面的"心之本体"。在此，心之本体指的是与用相对的未发实体。

---

① 王守仁：《大学古本原序》，《王阳明全集》卷三十二，第1320页。
② 王守仁：《大学古本序》，《王阳明全集》卷七，第271页。
③ 钱德洪编《遗言录》下第16条，《王阳明全集》（新编本）卷四十，第1604页。

这样一来，同一个"心之本体"就先后表达了心的完善状态和与发动相对应的未发实体的意思。而这只有在心的完善状态是与发动相对应的未发实体的条件下才成立。但心的完善状态涵盖体用，而心的未发实体则与发用相对，两者显然不可能是等同的。不过阳明又确凿地让"心之本体"承载了上述两项含义，这应该怎样解释呢？

其实也并不难理解，心之未发实体不在时空之中，我们无法直接对其加以言说。如果要对它有所言说的话，我们只能就着其发用进行间接的言说。这就是即用言体的思路。因为心的完善状态是心之未发实体的充分而准确的表现，所以我们可以就此完善状态来间接言说心之未发实体。"至善也者，心之本体也"，便可以视为这种间接的言说。既然"至善也者，心之本体也"可以被视为对心之未发实体的言说，那么阳明紧接着一句"动而后有不善"是说心之未发实体的发动，就顺理成章了。总之，正因为采取了即用言体的思路，"心之本体"一词才能同时承载两种不同含义，并将它们融合为一。

尽管因为即用言体思路的运用，心之完善状态和与用相对的心之未发两个意思可以由同一个词语表达，然而阳明在相连的两个句子中，没有交代地切换了同一个词语的意思，不能不说容易造成理解的混乱。这只是一个典型的例子而已，其他地方也存在类似情况。这也就无怪乎长于概念辨析的耿宁先生，在面对"本体"以及"体"之类说法的时候，会感到理解的困难了。他说："我在'本体'和'体'这两个表达上所遇到的困难恰恰就是：这两者有时意味着相对于作用而言的单纯实体，有时意味着一个事物本身的完全本质。"[1] 这句话出自耿宁先生《我对阳明心学及其后学的理解困难：两个例子》一文，本体或体究竟何所指，就是两个例子中的第一个例子。

再次，《传习录》卷下有一段出自阳明晚年的话，对《大学》格致诚正修的关系做了论述，其中有关正心的说法比《大学古本》两

---

① 〔瑞士〕耿宁：《心的现象——耿宁心性现象学研究文集》，第478页。

序的说法更为清楚。他说："欲修身在于体当自家心体，常令廓然大公，无有些子不正处。主宰一正，则发窍于目，自无非礼之视；发窍于耳，自无非礼之听；发窍于口与四肢，自无非礼之言动：此便是修身在正其心。然至善者，心之本体也。心之本体，那有不善？如今要正心，本体上何处用得功？必就心之发动处才可着力也。"①心体指的是心的完善状态，此无疑义。问题在于心之本体，它既指心的完善状态，又指与其作用相对的未发实体。不过相比于《大学古本》两序，阳明在此做了更多解释，因而表述更为清楚。"心之本体，那有不善"，是对为什么说"至善者，心之本体也"的解释。"如今要正心，本体上何处用得功"，则是对"必就心之发动处才可着力也"的原因的解释。无疑前面说的是心的完善状态，后面说的是与用相对的心之未发实体。就结论而言，阳明此处虽然旨在论证做不得正心工夫，工夫只能从诚意入手，但实际上只是论证了工夫不能在与用相对的心之未发实体上做，亦即不存在在未发实体上做的正心工夫，而不能论证不存在凭借心的完善状态做的工夫。他在这里说的"体当自家心体"，就是他所认可的凭借心的完善状态来做的正心工夫。

最后，阳明在晚年用以授徒讲学的教材《大学问》中提及了性的问题，这是不同于《大学古本》的，搁置这一点且不论，他总体上在《大学问》中延续了《大学古本》的思路。他说："心之本体则性也。性无不善，则心之本体本无不正也。何从而用其正之之功乎？盖心之本体本无不正，自其意念发动而后有不正。故欲正其心者，必就其意念之所发而正之。"这里也出现了"心之本体"含义的滑转。第一处"心之本体本无不正"是说心的完善状态不会不端正，因此无须用使心端正的工夫。第二处"心之本体本无不正"说的是与发用相对的本体不存在不端正的问题，因此无法在未发实体上做正心工夫。不过他在前面的段落中却又明确表示："格、致、诚、正、修者，是其条

---

① 钱德洪编《传习录》第317条，《王阳明全集》卷三，第135页。

理所用之工夫，虽亦皆有其名，而其实只是一事。"① 如此则正心应当和诚意、致知以及格物一样，是可以切实实施的工夫。其含义是体认并完全凭借完善状态的心以好善恶恶。须说明的是，格致诚正修是一个工夫，是从这些指点语不过是从不同角度指点致良知工夫的角度来说的，不是说这些指点语没有自身独特的含义和适用的范围。

总之，抛开语义滑转不论，无法实施的正心工夫和可以实施的正心工夫所指并不相同，因而阳明在《大学》诠释中同时提及它们是并不矛盾的。

刘蕺山在评论阳明相关思想时以一种心意知物的关系来否定另一种心意知物的关系，是不符合阳明本意的。他依据阳明"心意知物只是一事"的观点，说："先生他日有言曰：'心意知物只是一事。'此是定论。既是一事，决不是一事皆无。"② 蕺山以此为依据试图修改阳明四句教首句的无善无恶。从本章的观点来看，他的前提是《大学》条目关系只能有一种理解，并且四句教与《大学》诠释只有一种对应关系，这些都是不成立的。对阳明而言，当然可以说"一事皆无"，只是其含义与蕺山理解的不同。其含义是自然，而不是泯灭善恶分别。除了把心意知物理解为含义有别但所指相同以外，还存在另一种理解，即心意知物是体用相对的关系而非体用一致的关系。在此情形下，无善无恶是无善恶可言，与之相对的是有善恶分别。两种理解在阳明这里都是成立的。

第三节　平日四句教

从正心角度讨论完阳明的两种《大学》诠释，我们再来看他的两种四句教。对他来说，四句教既可指平时教人所用的四句教，也可指天泉证道时作为教人定本、学问宗旨的四句教，两者的内涵并不相

---

① 　分别见王守仁《大学问》，《王阳明全集》卷二十六，第 1070、1069 页。
② 　黄宗羲：《明儒学案》卷十，第 218 页。

同。其关键差别在于，平日四句教中的心或说心之体是与心之用相对意义上的心之未发实体，而定本四句教中的心之体则是完善状态意义上的心。

众所周知，阳明在天泉证道时提出了四句教。天泉证道发生在嘉靖六年（1527）九月。事实上，阳明并非在此时才首次提出四句教。此前他确实也以四句教法的形式教人，按照龙溪的说法，其语句与天泉证道正式确立为教人定本的四句教并无不同，因此当然也可以称为四句教。

记载龙溪说法的是他的《天泉证道纪》。关于龙溪此文的记录是否可信的问题，在此须略做说明。此文记载了阳明对龙溪的告诫："但吾人凡心未了，虽已得悟，不妨随时用渐修工夫。不如此，不足以超凡入圣，所谓上乘兼修中下也。"[①] 这是关于天泉证道的三种主要记录中唯一具体而清晰地指出"汝中须用德洪功夫"的内涵究竟是什么的文句，非常珍贵。龙溪叙述阳明对自己的这一要求而毫无隐瞒。假如龙溪是以己意来重构天泉证道，那么很难想象他会如此直截了当地保留阳明对他上述告诫的具体内容，以至于平时跟门人讲述，并被门人记录下来整理成《天泉证道纪》。由此可说，尽管这篇文字直接出自龙溪门人之手而称龙溪为先生，不过我们很难有什么理由来怀疑这篇文字记录的真实性。

《天泉证道纪》载龙溪语："阳明夫子之学，以良知为宗，每与门人论学，提四句为教法：'无善无恶心之体，有善有恶意之动，知善知恶是良知，为善去恶是格物。'学者循此用功，各有所得。"[②] 如果说这只是龙溪的一面之词的话，那么出现在《传习录》的记载，就是受到包括钱绪山等同门弟子认可的说法了。龙溪在天泉证道前与绪山论学时，提到了阳明平时以四句教教人。《传习录》载德洪与汝中论学。汝中举先生教言曰："无善无恶是心之体，有善有恶是意之动，知善知

---

① 王畿:《天泉证道纪》,《王畿集》卷一, 第 2 页。
② 王畿:《天泉证道纪》,《王畿集》卷一, 第 1 页。

恶是良知，为善去恶是格物。"① 关于天泉证道的另一重要记载为阳明的《年谱》。

> 是月初八日，德洪与畿访张元冲舟中，因论为学宗旨。畿曰："先生说知善知恶是良知，为善去恶是格物，此恐未是究竟话头。"德洪曰："何如？"畿曰："心体既是无善无恶，意亦是无善无恶，知亦是无善无恶，物亦是无善无恶。若说意有善有恶，毕竟心亦未是无善无恶。"②

这里龙溪一开始只是举了四句教的后两句，好像不存在完整的四句教一样。但从他后来论述自己观点时提到的正反两方面的根据来看，其实是存在前两句的。支持他观点的正面的根据是"心体既是无善无恶"，反对他观点因而受到他批驳的反面的根据是"若说意有善有恶"。实际上这就是四句教的前两句。由此可见阳明教人之语并非只有四句教的后两句，而同时有前两句，只是《年谱》对龙溪一开始的话的记载比较简略而已。

无论如何，龙溪和绪山两人的争论就是由对四句教的不同理解而起，如果阳明本人没有相关说法，他们为什么能发生争论，就将变得完全无法解释。关于天泉证道的主要几种记载本身，提到了阳明在天泉证道之前便有四句教，这是证明阳明在天泉证道之前便有四句教的最重要证据。

阳明平时就说过四句教，还有其他证据。他以下答语虽然不及龙溪所引用的那样严密和工整，但也可看作四句教的雏形：

> 杨文澄问："意有善恶，诚之将何稽？"师曰："无善无恶者心也，有善有恶者意也，知善知恶者良知也，为善去恶者格物

---

① 钱德洪编《传习录》第 315 条，《王阳明全集》卷三，第 133 页。
② 钱德洪编《年谱三》，《王阳明全集》卷三十五，第 1442 页。

也。"曰："意固有善恶乎？"曰："意者心之发，本自有善而无恶，惟动于私欲而后有恶也。惟良知自知之，故学问之要曰致良知。"①

　　阳明平时教人所用的四句教是什么意思呢？他对杨文澄的回答的意思比较容易确定，因为他自身有进一步的解释。这里无善无恶的心，指的是与用相对的心之未发实体，在其上是无法做工夫的。无善无恶则是无善恶可言的意思。与之相对，意念则不是本体，而是发用。意念如果直接发自心体而不受私欲牵累，那就是有善无恶的；如果受到私欲牵累，那就是恶的。因此总体而言意念是有善有恶的。良知是知道意念的善与恶的，由此阳明回答了杨文澄"诚之将何稽"的问题，可以凭借来稽查意念善恶的就是良知。至于格物，则是使意念真诚的行动，由此使意念都成为符合心体的意念。

　　答杨文澄语中的"心"和"意"分别是指本体和发用，阳明在平日四句教中以"心之体"来替代"心"，以"意之动"来替代"意"，更加明确了自己的意思，而不是对自己的意思做了修改。因此可以说，阳明平日四句教的含义与他对杨文澄的答语的意思是一致的。阳明平日四句教着眼的问题是，善恶分别的产生以及恶的稽查与克服。

　　绪山在与龙溪论学时的相关说法，和阳明针对杨文澄的回答是一致的。他说："心体是天命之性，原是无善无恶的。但人有习心，意念上见有善恶在，格、致、诚、正、修，此正是复那性体功夫。"②

　　刘蕺山对阳明四句教有一个质疑："若心体果是无善无恶，则有善有恶之意又从何处来？知善知恶之知又从何处来？为善去恶之功又从何处起？无乃语语断流绝港乎！快哉，四无之论！先生当于何处作答？"③此一质疑本是针对天泉证道所说的四句教而来，不过因为天泉

---

　　①　朱得之编《稽山承语》第25条，《王阳明全集》（新编本）卷四十，第1611页。
　　②　钱德洪编《传习录》第315条，《王阳明全集》卷三，第133页。
　　③　黄宗羲：《明儒学案》卷十，第218页。

证道首句中的无善无恶是自然好善恶恶的意思，与蕺山质疑的问题不相应，故将其质疑放在平日四句教中来讨论。平日四句教开头的无善无恶本是指无善恶可言，而不是真的不是善以至于不足以成为意念之善的来源，只是说本体之善需要借由发用之善来说明而已。

王船山也没有注意到阳明无善无恶表示的一个意思是无所谓善恶。刘梁剑先生在研究船山时指出："'无善无恶'也是'无所谓'善恶，即，我们不能把实质意义上的'善''恶'作为谓语施之于心体。"① 所言甚是。

阳明回答杨文澄的四句话已经解释了善恶的来源，即有好恶就有善恶，善恶是好恶出来的，但是没有解释人为什么会偏离良知的好恶。包括阳明在内的宋明儒者主要是从气质、习俗、物欲的角度解释恶或者说私欲的来源。当然，从明道、象山和阳明等人的角度来说，引发偏离本体的因素除了私欲，还有用智或意见、妄见，不过，两者既可以是并列的关系，后者也可以为前者所统摄，在此不赘述。

天泉证道时阳明所说的四句教，则已经不同于平日四句教。龙溪独到的理解和证悟，促使阳明在天泉证道时有了信心并下定决心确立将四句教作为自己的教人定本、为学宗旨。他此时确立的已经不再是平日四句教。他对绪山和龙溪说："我年来立教，亦更几番，今始立此四句。"② "今始立此四句"不能理解为仅仅是确立和追认已有的东西，而应该理解为建立一个以往没有的东西。他对"立"的含义是有明确解释的，"'立'者，创立之立，如立德、立言、立功、立名之类。凡言'立'者，皆是昔未尝有而今始建立之谓"③。那么天泉证道时建立了什么新的东西呢？

且不论龙溪对平日四句教的重新解读以及阳明在新的脉络中对四

---

① 　刘梁剑：《"无善无恶心之体"：船山与阳明关于心学的智性对话》，《贵阳学院学报》（社会科学版）2015 年第 6 期，第 5 页。

② 　钱德洪编《年谱三》，《王阳明全集》卷三十五，第 1443 页。

③ 　钱德洪编《传习录》第 134 条，《王阳明全集》卷二，第 50 页。

句教内涵的全面阐述，阳明明确提到"此四句中人上下无不接着"①，而此前的四句教并非明确针对所有人而提出的两条工夫提升之路。从平日四句教到定本四句教，中间发生了巨大的转变。

第四节　定本四句教

最后我们来详细讨论天泉证道定下的四句教。天泉证道确定下来的四句教与平日四句教，无论在内涵还是地位方面都发生了根本性的变化。而促成这一变化发生的关键人物就是龙溪。

天泉证道当天与绪山论学时，龙溪一开始就偏离了阳明平日四句教的理解思路。其偏离集中体现在三点。

第一，试图从根本上推翻平日四句教蕴含的为学工夫。在他看来，"知善知恶是良知，为善去恶是格物"表明意念中已经有了善念和恶念，而良知可以分别善念和恶念，最终需要发扬善念和克服恶念。这样一来，已经落入只能去恶而为善的后手，因而并非工夫的最上一机。他要探寻出一条不必落入善恶对治的工夫提升之路。换句话说，他追求的不是怎样才能保持在没有善的状态，而是怎样保持在恶尚未产生，即只有善没有恶的状态。接下来的探寻皆因他对阳明平日四句教所蕴含的工夫的不满而起。

第二，扭转了心之体（即心体）的含义。在龙溪那里，心体不再是与用相对的心之实体，而是心的完善状态。如果按照阳明平日四句教的思路，心与意属于体用关系，心体无善恶可言，意念则纯善无恶或者有善有恶。那么，由心是无善无恶是推不出意是无善无恶的结论的。而龙溪恰恰从中推出了这样的结论。可见他没有采取这种体用的模式来理解心意关系，而是采取了心与意（以及知、物）为一体，即体即用、体用一致的思路。这一点也可以从《天泉证道纪》的记载中

---

① 钱德洪编《年谱三》，《王阳明全集》卷三十五，第1443页。

得到印证。他对心体的理解为："天命之性，粹然至善，神感神应，其机自不容已。"①"神感神应，其机自不容已"，是说心体自然能当下做出好善恶恶的判断并付诸行动。"性"标示了心体之体的一面，"神感神应"则标示了其用的一面。因此这样的心体是体用兼备的，显然这已经不是与用相对的心之未发实体，而是心的完善状态了。

第三，扭转了无善无恶的含义。承接对心体的不同理解，龙溪也没有从无善恶可言的角度来讲无善无恶的意思。如果把"无善无恶"理解为无善恶可言，那么他就不可能说意也是无善无恶的，因为说心是无善无恶的，意思是说与用相对的心之未发实体是无善恶可言的，而意念是发用，当然是有善恶可言的。因此，如果他把"无善无恶"理解为无善恶可言，那就根本无法从心是无善无恶的推出意是无善无恶的这一结论。所以可以肯定，他没有把"无善无恶"理解为无善恶可言的意思，由此他便偏离了阳明平日四句教的思路。他事实上是从无所着意地好善恶恶的角度来讲无善无恶。这从前引"神感神应，其机自不容已"可以看出。无善无恶确实具有这两种含义。阳明平日四句教用的是第一种含义，中年在与中离论学时所说"无善无恶者理之静，有善有恶者气之动"②，用的则是第二种含义。心体如果能不受私欲牵累而充分流行，自然可以贯穿心意知物而为一，不必诉诸有所着意。如果可以由此入手做工夫，那么龙溪也就能达到他对最上一乘工夫的追求了。陈来先生抓住了四无代表的工夫无所执着的含义："如果能真正体悟'心体是无善无恶'的，即心体是无执著的，那么他的意念和知觉活动也就达到无执著了，而外部事物对他来说也就不存在什么根本的差别、不需要去进行什么计较了。"③

龙溪上述思路遭到绪山的反对，两人因此向阳明请教，由此而有

---

① 王畿：《天泉证道纪》，《王畿集》卷一，第1页。
② 钱德洪编《传习录》第101条，《王阳明全集》卷一，第33页。
③ 陈来：《序》，彭国翔：《良知学的展开：王龙溪与中晚明的阳明学》（增订版），第6页。

天泉证道。阳明固然采取了折中龙溪与绪山的立场，不过换个角度来说，他实际上也是改造了平日四句教，使它同时容纳了龙溪主张的和反对的两种不同入路的工夫，并在此基础上将它提升至教人定本、为学宗旨的地位。由此可说四句教面貌焕然一新，已是定本四句教而非平日四句教。

要言之，定本四句教与平日四句教的根本差别有二。

第一，四句教的内涵发生了巨大变化。前两句原本是说本体之心与发用之意的关系，现在则说不同根器人不同的工夫入路，上根人可以从无善无恶入手，中根以下之人则只能从有善有恶入手。

第二，四句教的地位发生了质的飞跃。阳明之前以四句教教人，但天泉证道之前他没有将其确立为宗旨。所谓宗旨，必须具有纲领性，而不是一般的指点语。天泉证道之前，阳明只是把四句教作为一般的指点语，而没有将其上升到宗旨的高度。只有到了天泉证道，由于龙溪证悟到此，阳明才有了将适合上根人的工夫入路揭示出来，并将改造过的四句教视为宗旨的信心和决心。

关于四句教内涵的变化，我们主要来看天泉证道时阳明对心体和无善无恶的论述。他所说的心体是指心的完善状态而非与用相对的心之未发实体；无善无恶不是无善恶可言，而是心体自然发出好善恶恶之念，因为发用得很自然，所以发用了跟没发用一样，因而得名。如他针对绪山说："有只是你自有，良知本体原来无有，本体只是太虚。太虚之中，日月星辰，风雨露雷，阴霾馆气，何物不有？而又何一物得为太虚之障？人心本体亦复如是。太虚无形，一过而化，亦何费纤毫气力？德洪功夫须要如此，便是合得本体功夫。"[1] 本体发用原本具有自然而不费力、不黏滞的特点。阳明不是要绪山透彻地了解那个无善恶可言的本体，而是可以自然发用的本体。本体自然发用，与之相关的物、事、意等也处于自然的状态。这种自然的状态，从物的角度

---

① 　钱德洪编《年谱三》，《王阳明全集》卷三十五，第 1442~1443 页。

来说是有而无有，从事的角度来说是为而无为，从意的角度来说是发而未发。在这里，心意知物是一体的关系，工夫不脱离四者，而又无所谓其中何者是第一义、何者是第二义的分别。几个方面浑融无间，与平日四句教仔细区分体用形成鲜明对照。

因为只是好似无有、无为、未发，而不是真的无有、无为和未发，发自本体的好善恶恶之念仍然对意识和行动发挥主导作用，所以这种状态与当时士人心目中的佛道二教存在本质区别。因此，如此理解的四句教不存在与佛道混同的问题。当然，过分强调自然无为可能会带来流于虚寂的弊病。对此无论阳明去世前数月提出的真诚恻怛，还是龙溪主张的"从生机而入"[①]，都可以对治这一流弊。

阳明还针对龙溪说："汝中见得此意，只好默默自修，不可执以接人。上根之人，世亦难遇。一悟本体，即见功夫，物我内外，一齐尽透，此颜子、明道不敢承当，岂可轻易望人？"[②] 其对龙溪所说，也不是无善恶可言的未发之心，而是完善状态的心。正因为是说完善状态的心，所以才有可能"物我内外，一齐尽透"。这正是那个能够自然好善恶恶的本体。在此，本体即是工夫，工夫即是本体，两者是合而为一的关系。

如此理解的无善无恶工夫，不仅是工夫已经达到道德境界的人采用的工夫，而且也确实像龙溪期待的那样，可以成为工夫的入路。阳明承认这是适合上根人的工夫。尽管他同时强调因为上根人极其少见，所以不能轻易以此指点他人，不过至少他同意龙溪可以以此方法自修。这是定本四句教不同于"去花间草"章二句的关键之处。后者只是说了不同阶段的不同工夫，而没有说不同人不同的工夫入路。而前者则两方面都说到了，并且其突破就在于点出无善无恶可以是上根人的工夫入路。"无善无恶心之体"一句放在四句教之首，表明认可和宣布无所着意地好善恶恶作为工夫的最上一机，这是天泉证道的主

---

① 　王畿：《冲元会纪》，《王畿集》卷一，第 4 页。
② 　钱德洪编《年谱三》，《王阳明全集》卷三十五，第 1443 页。

要成果，是阳明教法的关键突破。诚如吴震先生指出的："德洪所见基本上是重复阳明之意，而王畿的'四无说'才是这场'天泉证道'的主要问题。阳明对此问题的最终判定以及王畿有关四无说的阐发，正是'天泉证道'的思想意义之所在。"① 当然，如龙溪所揭示的，阳明此前并非没有体认到从这一角度切入工夫的可能性，他只是没有将其揭示出来而已。

在揭示上根人的工夫入路之外，阳明也没有忽略普通人的工夫。正是因为能够容纳不同人的不同工夫提升之路，所以阳明才最终将四句教提升至自己教人定本、为学宗旨的高度，而要求绪山与龙溪恪守不渝。由此四句教无论在内涵方面，还是在地位方面，都已今非昔比，面目一新了。

而从阳明致良知宗旨的角度来看，定本四句教仍然是落在致良知的框架中来讲的，无善无恶和有善有恶代表的工夫分别是自然致知和勉然致知，因而可以说是对致良知思想的丰富和发展。而其丰富和发展之处，正在于点出自然致知可以是一小部分天分极高的人的工夫入路。

小　结

综上可知，在阳明那里，不仅存在两种《大学》诠释，而且还存在两种四句教，并且四句教与《大学》诠释之间虽然存在差别，不过总体而言具有一一对应关系，其对应关系不容错位。如果不能理解两种四句教和两种《大学》诠释的存在及其一一对应关系与差别，那就会产生很多误解。在阳明那里，既有平时教人所用的四句教，也有天泉证道时作为教人定本、学问宗旨的四句教；既有无法做正心工夫的《大学》诠释，也有可以做正心工夫的《大学》诠释；而前一种四句

---

① 吴震:《〈传习录〉精读》，第189页。

教对应于前一种《大学》诠释，后一种四句教对应于后一种《大学》诠释。研究者的很多误解，即缘于未能注意到这种一一对应关系的存在。

定本四句教与可以实施正心工夫的《大学》诠释的差别，也正是其与平日四句教的差别。定本四句教包含了不同阶段和不同人都可适用的工夫，而阳明在《大学》诠释中则仅仅揭示了一条适合初学者或普通人的工夫入路。而定本四句教中适合上根人的工夫提升之路的揭示，是天泉证道的"天机发泄"。阳明说："汝中所见，我久欲发，恐人信不及，徒增躐等之病，故含蓄到今。此是传心秘藏，颜子、明道所不敢言者。今既已说破，亦是天机该发泄时，岂容复秘？"[1]这里明确说龙溪所见才是阳明所谓"天机"。也就是说，不是作为整体的四句教是天机，而是其中的一部分，即龙溪首次提出的四无，才是天机。从《大学》的角度来说，就是"体当自家心体"的正心可以成为工夫入路。此一天机发泄，使定本四句教不仅有别于平日四句教，也区别于《大学》诠释。

值得注意的是，阳明在此透露了早就想要揭示这条道路的意思，这不应该被视为龙溪的一面之词，因为在钱绪山编的《传习录》以及更多门人参与编撰的《年谱》中，阳明也表达了类似的心情。如前者记载："我今将行，正要你们来讲破此意。"[2]后者记载："先生喜曰：'正要二君有此一问！我今将行，朋友中更无有论证及此者……'"[3]甚至于根据其他说法，他平时可能早已多少有透露此条道路的可行性，只要并不因此而否定更具广泛适应性的另一条道路即可。从这个角度来说，天泉证道固然是由龙溪与绪山论学而引起，但也可以视为阳明思想自身发展的内在趋向，两位弟子的论学只是推动了这一可能性变成现实。

① 王畿：《天泉证道纪》，《王畿集》卷一，第2页。
② 钱德洪编《传习录》第315条，《王阳明全集》卷三，第133页。
③ 钱德洪编《年谱三》，《王阳明全集》卷三十五，第1442页。

既然阳明在天泉证道时说四句教是自己的定论,不可更改,那么今天我们探讨阳明的四句教,便应该以天泉证道确定下来的内涵为主,而不应该以平时所说的内涵为主,并且,我们也应该在其整个思想尤其是工夫论演进的过程中,在与"去花间草"章二句、平日四句教以及《大学》诠释等的对比中,来充分认识定本四句教的意义。

龙溪后来主要以天泉证道所开辟的新的道路教人,一方面延续了阳明对此条道路的探索,可谓继承了阳明的未酬壮志;另一方面则偏离了阳明两条道路并行的取向而更偏向于原有道路的整体方向,这应该并非阳明所希望的,但这条道路本身的可行性则是阳明已经首肯的,是他思想不可或缺的组成部分。

须指出的是,阳明一方面强调与用相对的心之未发实体无善恶可言,另一方面又根据本体充分发用反过来说心之未发本源至善,这并不矛盾。而沟通两者的关键,则是即用言体思路。这一思路的内涵主要有三层。第一,因为用是具体的,而体是普遍的,所以即用言体意味着具体和普遍不是截然隔离的,说具体的时候同时也在说普遍,因为普遍就在具体中呈现出来,并且普遍之体的存在也只能在具体之用中把握和确证。第二,对恶的克治不能诉诸与用相对的本体,而只能诉诸此本体在现实中的发用以及着实用意和精察克治。因为本体不仅可以直接呈现于现实中,而且在不受私欲牵累的情况下还可以充分呈现,所以现实之恶仍然是可以得到克治的。第三,进一步地,克治私欲而又无所着意,就是本体的完全展现,而且也只是本体的展现。在此情况下,用即是体,体即是用,两者是完全一致的。这些就是即用言体思路的主要意涵。

天泉证道时阳明说无善无恶,这虽然是在说发用,但同样是在说本体。只不过他是以说发用的方式来说本体,而不是直接说本体而已。即用言体思路的运用,也使阳明在对心、正心以及四句教的不同解释中自由转换而游刃有余。两种《大学》诠释可以融合为一,天泉证道时,定本四句教被提出,而平日四句教也无须废除。总之,心、正心与四句教虽然可以有不同解释，这些解释的分量也并不完全相同，但不同解释在他那里却都可以并行不悖，构成一个有机的整体。

在上述三点中，因为朱子也主张即情言性，亦即他也承认即用言体，所以这并非他与阳明的差异所在。是否承认即用是体，以及是否直接凭借发用的本体做工夫，才是阳明学的一大特色，并构成阳明学与朱子学的主要分歧。

最后有必要强调的是，定本四句教中无善无恶的意思是自然好善恶恶，这只是说好善恶恶得很自然，而不是没有善恶或说是非分别，没有施加好恶。耿宁先生对四句教乃至良知的整体理解奠基于以下观点，而以下观点实际上是一个误解。他认为："王阳明的'良知'不必然是一个是非、好恶之心。如果心的本体自然流行、自然发用，如果没有任何私欲、物欲去妨碍它、遮蔽它、牵扯它，那么这个心理活动的自知也就没有什么是非、好恶。王阳明说：'七情（喜怒哀惧爱恶欲）顺其自然之流行，皆是良知之用，不可分别善恶'（《传习录》下卷，编号290）。从这里可以了解王畿（龙溪）的四无句：如果意志是至善的，是诚的，就没有善和恶的对立，那良知也不是是非，也不是好恶。这一点证明，良知之不可排除的中心（即本质），并不是是非，不是道德判断，而是自知。"①

事实上《传习录》的这条记录有误。因为很显然，七情发用，良知无不自知。而所谓自知，不过是对七情是否符合良知以及是否完全出于良知的自知。既然自知，那就不可能不可以分别善恶，亦即必然可以分别善恶。实际上，"不可分别善恶"表达的意思应该是"就像没有善恶可分一样"。这么说的理由在于，在阳明看来，顺其自然而发用的七情，无非就是完全出于良知的好恶。而好恶若是完全出于良知，那就没有掺入人为的刻意与执着，那就跟不曾好恶过一样。既然跟不曾好恶过一样，那自然就跟没有善恶可分一样。因此，"不可分

---

① 〔瑞士〕耿宁：《心的现象——耿宁心性现象学研究文集》，第132页。

别善恶"，表达的无非是不曾好恶一样、没有善恶可分一样的意思。阳明说的不是果真不可区分善恶，而是跟不可区分善恶的状态类似。亦即此句是比喻性说法而非实指。这条记录有误，是导致耿宁先生的解释出现偏差的主要原因。他由此证明自知才是良知的本质特征，在原始文献方面的证据是不足的。

当然也须指出，有善恶之分和自知并不矛盾。并非只有否定了善恶分别，才能导出自知是良知的根本特征。自知的根本内容实际上就是对善恶的自知，两者事实上是可以并存的。

吴震先生对此段采取了另一理解，基于其理解，也可以得出如上结论。他认为："阳明承认情感本身是人心'合有'的，没有了情感也就无所谓人心了，因此对于人的基本情感，我们不能用一般的善恶概念去加以抽象的规定，例如认为'喜'是善的，'怒'是恶的，'爱'是善的，'欲'是恶的，然后加以分别对待，这样就从根本上抹杀了人情的正当性。其实，怒或欲等等容易被认定为不好的情感，只要是顺应良知本体的发用，那么也是正当合理的。"[①]基于此解读，虽然不应简单地以喜乐为善、以哀怒为恶，但仍然可以根据是否顺应良知来评价情感，从而与前述解释在整体上保持一致。

---

① 吴震解读《中华传统文化百部经典·传习录》，第458页。

第十四章
天泉四句

嘉靖六年（1527）九月，即将出征思、田（今广西）的阳明，在越城（今绍兴）天泉桥上与弟子王龙溪、钱绪山进行了一场著名对话，史称"天泉证道"。这场对话之所以著名，主要是因为它围绕引人瞩目的"四句教"展开。四句教内容为："无善无恶是心之体，有善有恶是意之动，知善知恶是良知，为善去恶是格物。"此四句即是"天泉四句"，习称"四句教"。据《传习录》和阳明的《年谱》记载，阳明给予了四句教极高的评价，认为："只依我这话头随人指点，自没病痛，此原是彻上彻下功夫"[①]；"以此自修，直跻圣位；以此接人，更无差失"[②]。

然而，与阳明对四句教的自信形成强烈反差的是，四句教在后世引发了广泛的质疑和批评。质疑者如刘蕺山，他怀疑四句教并非出自阳明，而是出自龙溪："愚按四句教法，考之《阳明集》中，并不经见，其说乃出于龙溪。"[③]批评者如顾泾阳，他认为无善无恶和为善去恶是矛盾的："夫既无善无恶矣，且得为善去恶乎？夫既为善去恶矣，且得无善无恶乎？"[④]并认为，主张无善无恶，必然导致颠倒是非、混

---

①　钱德洪编《传习录》第 315 条，《王阳明全集》卷三，第 133 页。

②　钱德洪编《年谱三》，《王阳明全集》卷三十五，第 1443 页。

③　黄宗羲：《明儒学案》师说，第 8 页。

④　顾宪成：《东林会约》，《顾端文公遗书》，清光绪三年泾里顾氏宗祠刻本，第 8 页。

泯善恶的严重后果。他将其后果概括为"夷善为恶，销有为无"[1]以及"何善非恶？……何恶非善"[2]。

阳明何以对四句教如此充满信心，其与龙溪在四句教问题上的观点有何异同，无善无恶和为善去恶是否果真构成矛盾，"有"所代表的工夫提升之路是否果真被"无"所代表的本体或工夫提升之路所吞没？归根结底，阳明何以保证四句教既具普遍性且无弊病？通过对这些问题的分析，我们或可全面、准确理解四句教的义理结构。

学界一般认为，《传习录》第315条、《年谱》嘉靖六年"九月壬午发越中"条和《王畿集》卷一《天泉证道纪》是了解四句教的基本材料。另外，原本阳明自身的说法是"四句宗旨"[3]，本章为接续既有讨论的脉络，沿用"四句教"的习称。

第一节　好善恶恶的两条工夫提升之路

对阳明来说，无善无恶与为善去恶并不矛盾。为善去恶基于好善恶恶，而无善无恶的含义中恰恰包含了好善恶恶，并以其为根本。无善无恶与有善有恶分别是人心本体不受私欲和受到私欲牵累条件下达致好善恶恶的道路。

阳明以"人心本体原是明莹无滞的"[4]来解释无善无恶的含义。那么，"明莹无滞"又是什么意思呢？这就涉及他以镜比喻心之本体或说心体的思路。以下一段话正可解释明莹无滞的含义："'无所住而生其心'，佛氏曾有是言，未为非也。明镜之应物，妍者妍，媸者媸，一照而皆真，即是生其心处。妍者妍，媸者媸，一过而不留，即是无

---

① 顾宪成：《小心斋札记》卷十一，《顾端文公遗书》，清光绪三年泾里顾氏宗祠刻本，第 7 页。

② 黄宗羲：《明儒学案》卷五十八，第 1391 页。

③ 钱德洪编《年谱三》，《王阳明全集》卷三十五，第 1442 页。

④ 钱德洪编《传习录》第 315 条，《王阳明全集》卷三，第 133 页。

所住处。"①

"一照而皆真",是说事物一旦映入镜中,镜就能将事物的美丑毫不失真地展现出来。阳明以此比喻心体能对事物加以恰如其分的好恶,对其做出恰如其分的善恶评价。此处所谓"恰如其分",不过是说心体发出的好恶是好善恶恶的而已。所谓"明莹",就是指心时刻都处于使所发之意念均是好善恶恶之念的状态。

这里涉及"明"与"照"的关系。绪山曾引用阳明的一个说法:"未发之中,譬若镜体之明,岂有镜体既明而又有照物不当者乎?"绪山评论道:"此言未为不确,然实未尝使学者先求未发之中而养之也。未发之中,竟从何处觅耶?离已发而求未发,必不可得,久之则养成一种枯寂之病,认虚景为实得,拟知见为性真,诚可慨也。"②绪山所说是精切的。在此,诚然明属于本体,照属于发用,两者看似分属两层,实则阳明认为无法脱离照之作用来谈心体之明,两者实际上是一致的。对此我们第二节还会详论。

"一过而不留",是说事物一旦从镜中消失,就不会留滞在镜中,以至于影响镜对其后事物的准确呈现。阳明以此比喻心体无所执着于过去的念头,能当机对事物做出恰如其分的善恶评价。所谓"无滞",就是指心不受前一阶段意念影响,能当机发出好善恶恶之念的状态。

阳明以镜喻心的做法在思想史上渊源有自,然须指出的是,镜喻其实不足以准确表达他所欲表达的思想。这是因为镜本身不仅对呈现于镜中之物的美丑无裁断,做出裁断的是作为观察者的人,而且对何物呈现于镜中也不能宰制,因为但凡置于其前的物体都可以呈现于其中,这些特征都与心体大相径庭。阳明弟子季彭山便指出镜存在"无所裁制"③的问题,其说极为精确。

心体之所以能好善恶恶,关键在于好善恶恶是心体本身固有的能

① 钱德洪编《传习录》第167条,《王阳明全集》卷二,第79页。
② 分别见黄宗羲《明儒学案》卷十一,第235、235~236页。
③ 黄宗羲:《明儒学案》卷十三,第272页。

力，是心体的本质特征。也正是因为好善恶恶是心体本具的能力，所以，只要心体在不断感应事物的过程中做到明莹，也就必定做到了无滞，无滞不过是这种好善恶恶能力的题中之义而已。换句话说，如果心有所留滞，那就不能做到时时明莹了；既然心能做到时时明莹，就说明已经做到了无滞。同样地，也正因为心体本具好善恶恶的能力，所以在心体不受遮蔽的本然状态中，意念自然能够依循心体而动，而不必借助人的刻意努力。如阳明说："无知无不知，本体原是如此。譬如日未尝有心照物，而自无物不照。无照无不照，原是日的本体。良知本无知，今却要有知；本无不知，今却疑有不知，只是信不及耳！"①"无知"即是"未尝有心"，即无所刻意。阳明常引的《尚书·洪范》"无有作好""无有作恶"所表示的正是无所刻意地好恶的意思。之所以能够且必须做到无所刻意，是因为良知作为心体，自有动力去知是知非亦即好善恶恶，若非私欲的牵累，本不必借助人的刻意努力。"却要有知"，即是诉诸刻意努力而非完全出于良知的动力。刻意努力是不相信良知自然能好善恶恶的表现，且会阻碍良知这一能力的发挥，因而是需要避免或克服的。"无不知"即是良知在各种情况下自能好善恶恶。"疑有不知"，即是怀疑良知的这一固有能力。

由上可知，无善无恶指的是完全出于良知地好善恶恶，或说好善恶恶却无所刻意、执着。阳明后学中周海门"为善去恶而无迹"②的理解最为接近这样的理解。他的"九解"对无善无恶含义还有拓展，此不赘述。重要的是，构成其语义的好善恶恶和无所刻意、执着这两个方面的分量并不等同。尽管无善无恶在表述上突出的是无所刻意、执着，并且无所刻意、执着确实构成其显著特征，然而唯有在意念已经能完全出于良知之动力以好善恶恶的情况下，才可以强调无所刻意、执着。如果意念尚且受到私欲牵累，必须有所刻意、执着才能做到好善恶恶，那此时就不能强调无所刻意、执着。由此说明，相比于无所

---

① 钱德洪编《传习录》第282条，《王阳明全集》卷三，第124页。
② 黄宗羲：《明儒学案》卷三十六，第861页。

刻意、执着，意念根据良知以好善恶恶，才是无善无恶语义的重点。吴震先生之所以认为良知在本性上是好善恶恶的能力，而其在发用上的特征则是自然的（见第十二章引言所引），其原因便在于此。

在天泉证道中，阳明说的"有善有恶"，是指好善恶恶却又不免有所刻意、执着。之所以只是"有所"，原因就在于良知虽然没有提供工夫的全部动力，但由于良知自知、自觉，因此良知无论如何都对工夫提供了一定程度的指引和推动。

和无善无恶一样，有善有恶本是达致好善恶恶的一种道路，就如阳明所明确表示的："我这里接人原有此二种。"[1] 不过，这是在心体受到私欲牵累条件下的道路。阳明认为应该摆脱私欲的牵累，超越有善有恶而达致无善无恶的阶段。他对尚且停留在有善有恶阶段的绪山提出了批评："有只是你自有，良知上原来无有。"[2] 此处的"有"，即指有善有恶，意思是有所刻意、执着。"良知上原来无有"，不是说良知本体是空无一物，亦即全无好恶能力的，而是说良知自然有好善恶恶的能力，因而本无须借助刻意、执着。阳明其后说"一过而化"[3]，强调的是良知无所留滞，亦即无所执着的特点。至于无所刻意的特点，则是由后一句"亦何费纤毫气力"[4] 所表达。由于工夫完全出于良知的动力，因而不必刻意，所以说不费丝毫气力。阳明将这种工夫称为"合得本体功夫"[5]。更细致地说，这已经是完全出于本体之动力，且符合本体之准则（即好善恶恶）的工夫，亦即实现了本体与工夫的完全合一，而不仅仅是合于本体之准则的工夫。

事实上，有善有恶的工夫便已是合于本体之准则，并且部分出于本体之动力的工夫。因而无善无恶是严格意义上的本体工夫，而有善有恶则可说是广义的本体工夫。

---

① 钱德洪编《传习录》第315条，《王阳明全集》卷三，第133页。
② 钱德洪编《年谱三》，《王阳明全集》卷三十五，第1442页。
③ 钱德洪编《年谱三》，《王阳明全集》卷三十五，第1442页。
④ 钱德洪编《年谱三》，《王阳明全集》卷三十五，第1442页。
⑤ 钱德洪编《年谱三》，《王阳明全集》卷三十五，第1443页。

　　须指出，在阳明直接针对良知的论述中，"有"除了表示有所刻意、执着以外，还有另一个意思，即表示良知发用时无法离开的见闻，扩展而言包含所有知觉以及情感、思维或意识等。此"有"是良知发用时所必然有的。阳明曾说："见闻酬酢，虽千头万绪，莫非良知之发用流行。"反过来，因为意念必然有见闻之类因素作为其"所在"或"所着"，并且离了发用无本体可言，所以可以说，不唯良知之发用，而且良知之本体也"不离于见闻"。①

　　不过，尽管良知离不开见闻，良知必体现于见闻之中，然而见闻不能留滞良知，良知本可超越见闻之牵绊，当机发出新的好善恶恶的意念。阳明将具备这一能力的良知和太虚（即天道）相提并论。良知运用见闻，犹如太虚运化万物。良知不受见闻的留滞，能当机发出好善恶恶的念头，就像太虚不受万物的阻碍，能自然、恰当地让万物生息。就太虚的这一特点，以及良知与其的同构性，阳明说："太虚之中……何物不有？而又何物得为太虚之障？人心本体亦复如是。"②此处的"有"，指太虚中的万物。正因为良知不受见闻留滞，所以阳明说："何尝又有一物超于良知之外，能作得障碍？"③这句话等同于良知"不滞于见闻"④。

　　总之，在阳明直接针对良知的论述中，"有"具有两个不同的意思，应该加以辨别。良知在其中发用的见闻意义上的"有"，在他看来是不可无的。有善有恶之有所刻意、执着意义上的"有"，在他看来则是不可有的，当然这是针对上根人或达到较高阶段的学者来说的。之所以不可有刻意、执着，不过是因为刻意、执着会妨碍良知本有的不断好善恶恶能力的发挥而已。

　　由上可知，无善无恶和有善有恶不过就是自然致知和勉然致知。阳明如此提及这两种类型的致知，"自然而致之者，圣人也；勉然而

① 分别见钱德洪编《传习录》第168条，《王阳明全集》卷二，第81、80页。
② 钱德洪编《年谱三》，《王阳明全集》卷三十五，第1442页。
③ 钱德洪编《传习录》第268条，《王阳明全集》卷三，第121页。
④ 钱德洪编《传习录》第168条，《王阳明全集》卷二，第80页。

致之者，贤人也"①。而其后阳明说的"愚不肖者，虽其蔽昧之极，良知又未尝不存也"②，则是我们说有善有恶工夫一定程度受到良知指引和推动的根据。另外，因为"着实去致良知，便是诚意；着实致其良知而无一毫意必固我，便是正心"③，所以又可说有善有恶就是不包含正心的诚意，而无善无恶则是正心。由于天泉证道对阳明思想具有定论性意义，"诚意"和"致知"又分别是阳明中年和晚年最重要的工夫指点语，故可说，上述对工夫的两层区分在阳明思想中具有普遍意义。也正因为与致知、诚意和正心表达的思想一致，所以说无善无恶和有善有恶是内在于阳明工夫论中，符合其一贯主张的。而无论哪个指点语，都强调由好善恶恶做到为善去恶，这又体现了知行合一的精神。

第二节　只能在用上说体

一般认为，四句教中，"无善无恶心之体"是就本体而谈，"有善有恶意之动"是就发用而谈。然而事实并非如此。因为无善无恶也是对已发意识状态的描述，所以无善无恶和有善有恶并不是体与用的关系，而是并列关系。有所代表的工夫提升之路不仅谈不上被无代表的本体所否定的问题，当然也不存在被无代表的工夫提升之路所吞没的问题。

在发用上说本体、离发用则无本体，是阳明学的基本立场。如阳明曾说："心无体，以天地万物感应之是非为体。"④与阳明的这一思路一致，明莹无滞虽然是对心体的状态的描述，但不是直接在心体上说的，而是在其不断发出的对事物好恶的意念上说的。唯有明确这一点，我们才能准确理解在"人心本体原是明莹无滞的"之后，阳明马

---

① 王守仁：《书魏师孟卷·乙酉》，《王阳明全集》卷八，第312页。
② 王守仁：《书魏师孟卷·乙酉》，《王阳明全集》卷八，第312页。
③ 钱德洪编《传习录》第187条，《王阳明全集》卷二，第95页。
④ 钱德洪编《传习录》第277条，《王阳明全集》卷三，第123页。

上又说"原是个未发之中"①的含义。根据阳明在用上说体的思路，此处说的"未发之中"，正是就发而皆中节之和来说的，亦即就明莹无滞代表的好恶完全出于良知、不作好恶来说的。基于此发而皆中节之和，可以进而推断其对应的是未发之中。亦即此已发，乃是没有被私欲隔断的本体所发之念。

"明莹无滞"解释的是无善无恶，"明莹无滞"之后的"未发之中"解释的则是"无善无恶是心之体"中的"心之体"。我们对未发之中的分析，完全适用于心之体的情形。即虽然阳明直接说的是"心之体"，但实际上是指好恶完全出于心之体而不作好恶的意念。由此，"心之体"和下一句"有善有恶是意之动"中的"意之动"，就不是体与用的关系，而是好恶是否完全出于良知的并列关系。并列关系是就两者同属发用层面，而非分属体用的不同层面来说的。

陈来先生区分体用的如下说法仅适用于平日四句教而非定本四句教。他说，"四句教首句'无善无恶心之体'是指本体而言，其余三句是指工夫而言"②。将定本四句教第一句和后三句分属体用的观点除了受平日四句教的影响以外，还受到王龙溪的影响，他说："知是知非者，应用之迹；无是无非者，良知之体也。"③"是非"即善恶。龙溪并非不了解阳明的体用观，他所说的无是无非也不是在知是知非的作用之外的本体，不过他的上述表述确实可能给人带来误解。按照阳明的观点，无是无非和知是知非是同一个层次上的，两者皆可直接就用来说，也皆可间接就体来说，唯独如果分属体用来说，则难免给人造成误解，仿佛两者属于不同层次，除非补充说无是无非是用，知是知非是体，从而消除可能的误解。

在无善无恶和有善有恶都是在说作用的基础上，就学者为学次第而言，则可进一步说两者是进阶关系。当然，作为不同根器之人的工

---

① 钱德洪编《传习录》第315条，《王阳明全集》卷三，第133页。
② 陈来：《有无之境——王阳明哲学的精神》，第203页。
③ 王畿：《艮止精一之旨》，《王畿集》卷八，第184页。

夫提升之路，两者都受到本体指引和推动，都能成功，因而并无高下之分。心之体、意之动的并列关系，与《传习录》卷上"去花间草"章所载"无善无恶者理之静，有善有恶者气之动"①的并列关系，是完全一致的。天泉证道时，阳明对两种工夫提升之路平等视之，而在"侃去花间草"章中，阳明之所以对有善有恶的工夫提升之路采取否定态度，原因是作为其主要对话者的薛中离已达到较高阶段，不再适用初学阶段有善有恶的为学工夫。

无善无恶和有善有恶都处于已发的层面，是对人心好恶如何做到好善恶恶的道路的分类。前者完全出于本体之自然，后者则包含了人为的刻意和执着。在这个意义上，阳明高足、素有"江有何、黄"之称的黄洛村所言正是从有善有恶到无善无恶的工夫进阶："太古无为，中古无私；太古至道，中古至德。吾将与子由至德而观至道，由无私而游无为乎？"②洛村的观点源自阳明。面对"世道日降，太古时气象如何复见得？"的问题，阳明回答："一日便是一元。人平旦时起坐，未与物接，此心清明景象，便如在伏羲时游一般。"③另外顺带一提，未与事物接触时，"此心清明景象"，可以作为人固有良知的一个论据。无私而有为即是有善有恶阶段便可达致的中古至德境界，无私而无为则是无善无恶阶段才能达致的太古至道境界。前一境界即是道德境界，后一境界则是天地境界。

由此也可确证，儒家对道德境界和天地境界并非没有明确区分。只不过，两者的差异不仅在于是否有为。阳明说："人若真实切己用功不已，则于此心天理之精微日见一日，私欲之细微亦日见一日。"④天地境界不仅在方式上做到了无为，而且在内容上也对道德境界进行了拓展和深化。如果放在心与气关系的角度来看，达到道德境界是在意识层面做到了心和，达到天地境界则进一步在无意识层面达到了气

① 钱德洪编《传习录》第 101 条，《王阳明全集》卷一，第 33 页。
② 黄宗羲：《明儒学案》卷十九，第 451 页。
③ 钱德洪编《传习录》第 69 条，《王阳明全集》卷一，第 25 页。
④ 钱德洪编《传习录》第 65 条，《王阳明全集》卷一，第 23 页。

和。当然修德终究是一个日进无疆的过程，故阳明认为即便被孔子称为尽善尽美的周文王，也是望道而未见："使善有尽时，文王何以'望道而未之见'？"①

阳明后学中的一些学者在解释无善无恶之际，对阳明在发用上说无善无恶的思路有明确的认识。如北方王门的杨晋庵便认为阳明提出的无善无恶指的是已发之感应上的善："文成所云'无善无恶'者，正指感动之善而言。"②晋庵看到了阳明所说无善无恶是指"感动之善"，这一点在晚明时代学者纷纷从未发之性或本体角度理解四句教之无善无恶的氛围中可谓别具一格。

综观晋庵对无善无恶的诸多诠释，可知他对阳明的意旨不乏深入的体贴。然而如果追问晋庵所谓"感动之善"究竟何指的话，则会发现他的主张和阳明并不相同。他不仅以发善念、行善事等为"感动之善"，而且认为这些善念善行足以遮蔽心体。就阳明的立场来说，晋庵未免忽略了心体具有的时时好善恶恶的能力，夸大了善念留滞心体、障蔽心体的负面作用，以至于否定了善念本身。实际上，阳明试图借助无善无恶一语中的"无"表达的，不是连善念也一并否定，而是否定对好善恶恶的刻意、执着。之所以有可能和有必要否定对好善恶恶的刻意、执着，都是因为心体固有好善恶恶的能力。当然，"无善无恶"一语未能直观地表达出其真正反对的不是善念，而是以刻意、执着的方式达到善念。这一表述形式上的弊病，在对阳明意旨多有善解的晋庵的误解中直接显露出来。

又如素有"江有何、黄"之称的另一人何善山，也是从已发之感应角度解释四句教前两句内涵的。他说："师称无善无恶者，指心之应感无迹，过而不留，天然至善之体也。心之应感谓之意，有善有恶，物而不化，着于有矣，故曰'意之动'。"③善山对无善无恶和有善有

---

① 钱德洪编《传习录》第22条，《王阳明全集》卷一，第14页。
② 黄宗羲：《明儒学案》卷二十九，第652页。
③ 黄宗羲：《明儒学案》卷十九，第452页。

恶的解释，都立足于心的感应作用来谈，并进而认为"应感无迹，过而不留"，就是"天然至善之体"，亦即心体。

须指出的是，在善山对"无善无恶是心之体"的解释中，尽管前半句"心之应感无迹，过而不留"体现了后半句"天然至善之体"的特征，然而两者并非对等关系。如前所述，心体除了此处所说"一过而不留"的特征以外，不仅有"何费纤毫气力"的特征，还有"一照而皆真"的特征。与此类似，"无善无恶，是谓至善"①，仅从无善无恶字面上可能解读出的无所刻意、执着地好恶的意思来说，无善无恶是在说至善（即心体）的特征，但只是说了心体的一个特征而已。心体的另一个特征则是好善恶恶。虽然好善恶恶的含义在无善无恶的字面意思中是不存在的，是阳明赋予它的，但如第一节所论，这一含义却是无善无恶的根本含义，是不容忽视的。

无善无恶的字面意思中没有包含作为其根本含义的好善恶恶，这是无善无恶之意旨被误解，进而受到质疑和批评的重要原因。事实上，阳明的另一个说法"无是无非"，也同样容易引发误解。通过澄清阳明有关无是无非论述的意旨，有助于我们进一步确认他所说的无善无恶不仅不在好善恶恶之外，而且也并未对好善恶恶构成否定。要言之，无善无恶终究是发用层面的自然好善恶恶。主要的误解都是把无善无恶拉向体的方向，而忽略其是在发用层面上谈的。

龙溪曾提及，天泉证道之后，阳明在严滩问答之际说过："良知知是知非，其实无是无非。"②龙溪自己也多次说过类似的话，如："良知知是知非，原只无是无非。"③阳明以是非解释良知，是众所周知的事实，此处所说难道对以是非解释良知的既有思路做出了否定吗？从字面意思来看，阳明确实是以无是无非来否定知是知非，知是知非的含义已经被无是无非的含义取代。

---

① 钱德洪编《传习录》第 101 条，《王阳明全集》卷一，第 33 页。
② 王畿：《书先师过钓台遗墨》，《王畿集》卷十六，第 470 页。
③ 王畿：《别曾见台漫语摘略》，《王畿集》卷十六，第 464 页。

诚然，阳明的表述是不够准确的，他这句话引起误解的原因是，无是无非和无善无恶一样，字面意思不能涵盖其实质含义。他不过是为了指出知是知非不是刻意、执着为之的结果，而是完全出于良知固有的能力。因为完全出于良知固有的能力，所以不必刻意、执着。因为不必刻意、执着，所以虽有是非取向却似无是非取向，因而称为无是无非。阳明这一说法强调的，不过是良知本有知是知非的能力而已。原本，唯其本有知是知非的能力，所以在意念上才不必刻意、执着。然而，其所谓无是无非字面上却仅仅突出无所刻意、执着之无这一衍生含义，反而把知是知非这一根本含义遗漏了。这一表述引发知是知非为无是无非所否定的误解，也就不奇怪了。

龙溪的一个解释可以帮助我们了解阳明的意旨。他说："良知知是知非，原是无是无非，正发真是真非之义，非以为从无是无非中来。以标末视之，使天下胥至于惛惛懂懂也……譬诸日月之往来，自然往来，即是无往无来，若谓有个无往无来之体，则日月有停轮，非往来生明之旨矣。"[①]

既然日月的自然往来就已经是无往无来，而非在自然往来之外另有无往无来，那么同样，人的自然是非就已经是无是无非，而不是在自然是非之外另有无是无非。亦即无是无非就是指无所刻意、执着而自然能知是知非。龙溪正是在发用上理解无是无非，而不是将其理解为离开发用的本体。他在此主要反驳的是，以离用求体的思维来理解阳明之语前后两部分的做法。他认为不能把无是无非视为根本，把知是知非视为末节，因为这种理解割裂了它们的内在联系。事实上，无是无非就在知是知非当中而不在其外，是对知是知非的限定而非否定，从而使其成为一种特殊形式的知是知非，亦即并无刻意、执着的知是知非。

由以上讨论可以推知，是非的含义等同于善恶，无是无非的含义等同于无善无恶。事实上，主要是出于取自《孟子》"是非之心"等

---

① 王畿：《答耿楚侗》，《王畿集》卷十，第242页。

的缘故，阳明在解释良知时才频繁使用"是非"的说法，而相对较少使用"善恶"的说法。此外，阳明和龙溪说的知是知非，不仅仅是对是非的判断，而且必然会在行动中是其所是，非其所非，所以"是是非非"或许更能表达其完整内涵。

综合上述两节，我们可以得出两个重要结论。第一，无善无恶是指心体自然好善恶恶的状态，之所以说"无"，是因为没有也不必掺入人的刻意和执着，以至于像"不曾好恶一般"[1]。第二，阳明对心体的论述，是就其感应之发用来说的，无善无恶和有善有恶都是就已发之意念而谈，都是引导人进学的工夫。

就目前的讨论而言，龙溪很好地把握了阳明的主张。不过，在四句教问题上，他也有自己独立的看法。考察龙溪看法与阳明的异同，一方面有助于我们全面反观阳明的主张，尤其是就现有材料来看，四句教中蕴含的"四有"和"四无"两条工夫提升之路，首先是由龙溪在与绪山论学时揭示出来的；另一方面，也有助于我们了解阳明意旨在其后学中是如何发生偏离的。

第三节　龙溪与阳明的离合

天泉证道之前，龙溪在和绪山论学之际，表明了自己对无善无恶和有善有恶等关键概念的理解。这些理解保存在《天泉证道纪》中，但不见于《传习录》和阳明的《年谱》。《传习录》与王阳明的《年谱》均以记录阳明的言行为目的，且两书也记录了龙溪对"有"与"无"关系的理解，因龙溪的基本主张已得到表达，故两书不再详细记录他对自身主张的论证，应当是符合情理的。龙溪对无善无恶、有善有恶内涵的理解，和同时也见于《传习录》和《年谱》的他对有与无关系的理解一起，对我们完整、准确把握四句教的内涵，以及龙溪与阳明观点的异同，具有重要意义。

---

① 　钱德洪编《传习录》第101条，《王阳明全集》卷一，第33页。

关于无善无恶，龙溪说："天命之性，粹然至善，神感神应，其机自不容已，无善可名。恶固本无，善亦不可得而有也。是谓无善无恶。"[1] 天命之性（实即良知本体）至善的主张，符合阳明的见解。天命之性至善，乃是"神感神应，其机自不容已"的原因。"神感神应，其机自不容已"，是龙溪对无善无恶内涵的解释。"神感神应"是说孩提知孝及长知悌之类的良知之发用，乃是完全出于良知本体的好善恶恶。"其机自不容已"是说不必刻意、执着，由良知本体主导的意念便自然能持续不断地好善恶恶。龙溪对无善无恶之内涵的理解，与阳明以完全出于良知以好善恶恶来解释无善无恶的思路是一致的。

"无善可名"，是龙溪解释将完全出于良知以好善恶恶称为无善无恶的直接原因。这一解释是龙溪自己的理解，而与阳明"不曾好恶一般"的解释未免有所偏离。"无善可名"是承接"其机自不容已"而来，意思是意念尽管好善恶恶了，却因为并不是人为的刻意、执着所致，所以也称不上是善。这个解释着眼于已发之感应，和阳明"不曾好恶一般"的着眼点是一致的。不过，阳明明确表示"循理便是善"[2]，由于无善无恶也是循理的，因而无善无恶并非无善可名。在这一点上，龙溪与阳明的理解之间出现了分歧。两人的分歧在于，阳明的意思只是好像无善可名，好像谈不上善恶，而龙溪把它坐实了，认为真的无善可名，谈不上善恶，这就与阳明的比喻不同了。龙溪在这里存在语义的滑转。与之相似的是第十二章第二节所引牟宗三先生语，也是把好像没有发出好恶意念一样的意思滑转为谈不上善恶。

接下来龙溪说的"恶固本无，善亦不可得而有也"，是进一步以未发本体之无善，来解释已发感应之所以无善的根本原因。其思路是，因为本体粹然至善，所以毫无疑问是没有恶的，既然没有恶，那么也就没有与之相对的善。既然本体是无善的，那么已发之感应上也应该是无善的，因为体与用无疑是相互对应的关系。

---

[1]　王畿:《天泉证道纪》,《王畿集》卷一，第 1 页。
[2]　钱德洪编《传习录》第 101 条,《王阳明全集》卷一，第 34 页。

　　然而，如前所述，龙溪对无善无恶之内涵的解释，虽然以未发之本体为依据，却又是落在已发之感应上来谈的。而在已发之感应上，当然有善恶可言，心既可以对事物施以好恶而做出善恶的评价，也可以对自身好恶是否循理或说合于本体做出善恶的判定。根据阳明体用一致、用上说体的思路，恰恰应该以感应之善来印证本体之善，而不是像龙溪一样，由本体之至善推出无善，并反过来用本体上的无善支撑感应上的无善。因此，固然龙溪对无善无恶内涵的解释符合阳明之意，然而他对无善无恶何以得名的原因的解释，却未免出于己见，且他把无善无恶之所以得名的根本原因放在未发之本体上，这便与无善无恶乃由已发之感应而得名产生了龃龉。

　　从"天命之性粹然至善"是前提还是结论这一问题可以看出龙溪和阳明思想的异同。他们都认同这一观点，只是究竟是否把它作为论证的起点，两人的态度则大不相同。阳明并不以天命至善为论证的起点，而龙溪以之为起点。阳明说，"所谓心者，非今一团血肉之具也，乃指其至灵至明、能作能知者也。此所谓良知也。然而无声无臭，无方无体，此所谓'道心惟微'也"[1]。他对本体之至善，仍然是以"道心惟微"的方式做了虚化的处理。由此可以确证，在阳明处，天命至善必须经由发用才能得到证明，而不是论证的起点。

　　关于有善有恶，龙溪说："若有善有恶，则意动于物，非自然之流行，着于有矣。"[2]"意动于物"指人心为私欲所动的状态。在龙溪看来，因为人心为私欲所动，所以必须刻意、执着才能做到好善恶恶，这样一来，好善恶恶就不是出于本体之自然了，亦即是"非自然之流行"了。"着于有矣"的说法表明，龙溪理解的有善有恶，正是刻意、执着地好善恶恶。

　　龙溪对有善有恶内涵的理解，与阳明存在差异。如前所述，有善

---

① 朱得之编《稽山承语》第 10 条，《王阳明全集》（新编本）卷四十，第 1608~1609 页。

② 王畿:《天泉证道纪》,《王畿集》卷一，第 1 页。

有恶工夫不仅遵循了本体的准则，而且获得了本体的推动，只是来自本体的指引和推动不构成工夫的全部支撑而已。亦即在阳明看来，初学阶段（亦即尚未达到道德境界的阶段）的有善有恶工夫，可以说并非完全的"自然之流行"，而不是像龙溪那样直接说成"非自然之流行"。龙溪之所以认为有善有恶只是权法，主要原因便在于他认为有善有恶作为工夫是没有本体指引和推动的，亦即完全不是本体工夫。

龙溪"自性流行者，动而无动；着于有者，动而动也"[1]的说法，是将有与无分别归结为动与静。无论有无还是动静，区别都在刻意、执着与否。"动而无动"指本体不受阻碍自然发用，没有也不必掺杂人的刻意、执着。"无"是就没有刻意、执着而言的；"有"则指的是刻意、执着地让意念符合本体之准则的状态。因为是刻意、执着，所以称为"动而动也"。

龙溪将有无归结为动静的思路，也与阳明不同。阳明认为："循理之谓静，从欲之谓动。欲也者，非必声色货利外诱也，有心之私皆欲也。"[2]静与动的一个区别在于是否合于本体的准则。有与无的区别则在于是否包含刻意、执着。阳明认为有善有恶是"有心之私"，因而属于动，是针对已达致道德境界之后，心体可以自然发用的较高阶段而言的。在初学阶段，有善有恶却是必要且有效的工夫，因而属于静。龙溪将有善有恶完全归入动的范围，表明他没有看到其在初学阶段具有的积极作用。

我们继续来看龙溪对无与有关系的理解。他说："体用显微，只是一机；心意知物，只是一事。"[3]他认为心与意、知与物是体用或微显的关系，并且是内在一致的。接着这句话，他进而做出两个重要判断，第一可说是以体之无推断用之无："若悟得心是无善无恶之心，意即是无善无恶之意，知即是无善无恶之知，物即是无善无恶之物。"[4]

---

① 王畿：《天泉证道纪》，《王畿集》卷一，第1页。
② 王守仁：《答伦彦式》，《王阳明全集》卷五，第202页。
③ 王畿：《天泉证道纪》，《王畿集》卷一，第1页。
④ 王畿：《天泉证道纪》，《王畿集》卷一，第1页。

第二可说是以用之有推断体之有："意是心之所发，若是有善有恶之意，则知与物一齐皆有，心亦不可谓之无矣。"①这两个判断同时见于《传习录》和《年谱》，体现了他的基本思路。第一个判断，正是他自己所主张的"四无"；第二个判断则是说，发用上为有的四句教，终究而言只是"四有"。他之所以断言四句教"谓之权法，未可执定"②，前提便在于他认为四句教最终只能归结为四有。他认为四无和四有是两种不同的工夫提升之路，不能合而为一。

四句教中存在两条不同的工夫提升之路，龙溪敏锐地把握到了这一点，这是符合阳明意旨的。《天泉证道纪》对四句教"学者循此用功，各有所得"③的评论便暗示，阳明门下的学者根据各自的情况，从四句教中各取所需，或四无，或四有，加以实践，并且各有所得。当然事实上选择四无的人可能并不多，主要是龙溪自己。此处的记载也表明，阳明在天泉证道前应该的确偶有提及从无而入的工夫提升之路。其中一个例子可能是《传习录》卷下所载的如下说法："'先天而天弗违'，天即良知也；'后天而奉天时'，良知即天也。"④前者可以解释为从自然之无切入的工夫之路，后者可以解释为从勉然之有切入的工夫之路。

龙溪认为如果按照绪山所说，那就只能把握到其中四有的一条道路，而忽略了四无的另一条道路。他试图做的，正是通过把四句教中蕴含的两条工夫提升之路指示出来，从而提醒绪山不该忽视四无的道路，并进一步主张只有四无的道路才是究竟，而绪山所理解的道路不过是方便而已。

然而，在四句教是否最终只能落在四有上讲，以及两种道路是否有究竟与否的分别这两个问题上，阳明的观点与龙溪是不同的。阳明认为四句教包含了两种道路，这一点我们在第一节已经提及。更重要

---

① 王畿：《天泉证道纪》，《王畿集》卷一，第1页。
② 王畿：《天泉证道纪》，《王畿集》卷一，第1页。
③ 王畿：《天泉证道纪》，《王畿集》卷一，第1页。
④ 钱德洪编《传习录》第287条，《王阳明全集》卷三，第125页。

的是，在他看来，不仅四句教中的两条工夫提升之路可以并行不悖，而且两条工夫提升之路并无高下之分，龙溪认为并非究竟的道路也可以达到究竟，他认为的究竟道路也可能因为不能兼修中下，以至于不能真切做格物工夫而流入虚无。对此我们将在下一节详加讨论。

综上，龙溪在对无善无恶内涵的理解上和阳明是一致的。他无善无恶不能称为善的观点，则直接违背了阳明将无善无恶称为善的观点。在无善无恶何以得名这一问题上，他的解释也与阳明不同。这一差异反映出他虽然赞同并宣扬阳明在发用上谈本体、离发用无本体的主张，但他有关工夫之无的一些表述却不免落在未发之本体上讲，与阳明在已发之意念上讲的观点发生偏离。另外，他虽然敏锐注意到四句教中蕴含两条工夫提升之路，但又认为唯有其中的四无才是究竟。至于初学阶段有善有恶工夫的本体支撑和积极作用，他都没有看到。他对四无的推崇和对四有的贬低，以及在一定程度上将无善无恶引向本体上讲的倾向，都影响了后世对阳明四句教意旨的准确理解。龙溪之所以会与阳明出现一定的偏离，其主观原因是他采取"学须自证自悟，不从人脚跟转"[1]的为学态度。

第四节　彻上彻下的四句教

对四句教，阳明认为"此是彻上彻下语"[2]。其意思不是说第一句仅仅针对上根人，后三句仅仅针对中根以下人，四句加起来涵盖了所有人的情形，满足了所有人的需要。陈来先生似即持此观点，他在前述"四句教首句'无善无恶心之体'是指本体而言，其余三句是指工夫而言"之后便说，"因而无论对于上根或下根之人，只有四句教才是'彻上彻下'工夫"[3]。而是说，四句既适合上根之人，也适合中下

---

① 王畿：《天泉证道纪》，《王畿集》卷一，第 1 页。
② 钱德洪编《年谱三》，《王阳明全集》卷三十五，第 1443 页。
③ 陈来：《有无之境——王阳明哲学的精神》，第 203 页。

根之人，四句都具有普遍适用性。以无善无恶为核心的四无之道路，不仅没有否定以有善有恶为核心的四有之道路，而且作为无善无恶根本含义的好善恶恶，也保证了其和四有的道路一样，可以免于落入工夫的虚无。

和前两句分别意味着自然好善恶恶、勉然好善恶恶相对应，后两句虽然字面上没有直接表示出两条工夫提升之路，但也可以说存在自然与勉然的对应，尽管终极而言两条道路的区分只是相对的，但仍然可以贯通。"知善知恶是良知"对应的是上根人的工夫，"为善去恶是格物"对应的是中根以下之人的工夫。阳明解释前者说"即本体便是工夫，易简直截，更无剩欠"，解释后者说"须用为善去恶工夫，随处对治"。① 阳明认为两条工夫提升之路各有适用对象："四无之说，为上根人立教；四有之说，为中根以下人立教。"② 因为各自适合不同根器的人或不同为学阶段的情况，所以两条工夫提升之路本可并行不悖。不过阳明又要求龙溪和绪山："汝中须用德洪功夫，德洪须透汝中本体。"③ 这一要求蕴含深意。

首先，就阳明对绪山的告诫来说，中下根之人应该努力达到不必刻意、执着而能完全依靠本体之指引和推动的阶段。重要的是，阳明断言这一目标是可以实现的，他指出两种不同工夫提升之路，"及其成功一也"④。由此可见两种道路没有高下之分。阳明最后将上根与中下根之人的区分归结为不同性格，如龙溪之"明朗"和绪山之"沉毅"之别。⑤ 这正说明上根与中下的分别不是高下之分，而是各有所长，也各有所短。正因为各有长短，所以才有必要相互取益。"上乘兼修中下"，中下"进此一格"⑥，无非是相互取益的具体实施方法。相

---

① 均见王畿《天泉证道纪》，《王畿集》卷一，第 2 页。
② 王畿：《天泉证道纪》，《王畿集》卷一，第 2 页。
③ 钱德洪编《年谱三》，《王阳明全集》卷三十五，第 1442 页。
④ 王畿：《天泉证道纪》，《王畿集》卷一，第 2 页。
⑤ 王畿：《天泉证道纪》，《王畿集》卷一，第 2 页。
⑥ 王畿：《天泉证道纪》，《王畿集》卷一，第 2 页。

互取益的必要，也正表现了两种工夫提升之路并无高下之分。

其次，阳明对龙溪的告诫才是重点。四句教第二、四句所说的有所刻意、执着的工夫，不仅适用于中下，而且也可为上根所用。亦即阳明要求上根兼用中下的工夫。阳明的这一主张包含两层意思。

第一，一般人认为，就上根来说，"从本源上悟入"①，便已经足以"一了百当"②。然而，阳明认为这还不是完整工夫。"一悟本体即是工夫"，是说此悟道是工夫，虽然其所悟之内容已是究竟，但不是说工夫也已是究竟，仅此便已足够。阳明说上根之人"一悟本体"之后，"人己内外一齐俱透了"③。其意是说，此时上根之人已经可以突破人己之分、内外之别，不受有我之私（"自私"）和事上刻意（"用智"）这两个工夫主要障碍的牵绊，能够完全出于良知本体之动力以好善恶恶并为善去恶。可见，尽管工夫的动力源自对本体的彻悟而无刻意、执着，然而无论如何，"一悟本体"之后，上根之人仍然有必要做好善恶恶、为善去恶的工夫。这一要求也回应了绪山的担忧。他在与龙溪论辩的过程中，表达了这样的担忧："若见得本体如此，只说无功夫可用，恐只是见耳。"④

其实，阳明平时也明确指出过，为善去恶的格物工夫是通贯上下的普遍工夫。如他说："格物者，《大学》之实下手处，彻首彻尾，自始学至圣人，只此工夫而已。非但入门之际有此一段也。"⑤另外，他还说过："自圣人以下，不能无蔽，故须格物以致其知。"⑥这里看似圣人不必做格物工夫，圣人以下才有必要，但显然这里格物的意思是指努力去除私欲之蔽，而不是说圣人不必为善去恶。如前所述，四句教第四句中的"为善去恶"也可以解释为努力去蔽的意思，尽管这样的

---

① 钱德洪编《传习录》第315条，《王阳明全集》卷三，第133页。
② 王畿：《天泉证道纪》，《王畿集》卷一，第2页。
③ 均见钱德洪编《传习录》第315条，《王阳明全集》卷三，第133页。
④ 钱德洪编《年谱三》，《王阳明全集》卷三十五，第1442页。
⑤ 钱德洪编《传习录》第147条，《王阳明全集》卷二，第86页。
⑥ 钱德洪编《传习录》第118条，《王阳明全集》卷一，第39页。

意思在字面上无法直接表示出来。实际上，阳明出于钱、王两位弟子对工夫提升之路的不同看法而阐述四句教，由此突出两条工夫提升之路的差异。在这种情况下，第一、三句对应，第二、四句对应。然而他又强调双方必须相互取益，由此第三、四句分别提及的良知和格物成为双方都无法回避的工夫要素。在此情况下，第一、二句突出差异，第三、四句则突出共性。要言之，异与同两个方面都是不可忽视的。

第二，进一步说，此好善恶恶、为善去恶的工夫，虽从理论上说可以完全依靠本体之自然，但在实践中却也不排除刻意、执着。这一点才是阳明告诫龙溪的关键。原本，对上根人来说，好善恶恶的工夫因为完全出于本体之动力，所以不必刻意、执着。既然不必刻意、执着，那就完全可以说并无工夫可言，因为已经是超越人力之化境了。然而，阳明的看法并非如此。他对上根强调的恰恰是在一悟本体之后，由于"吾人凡心未了，虽已得悟，不妨随时用渐修工夫，不如此不足以超凡入圣，所谓上乘兼修中下也"[1]。"吾人凡心未了"，是使有所刻意、执着不至于造成干扰或阻碍本体自然发用之弊的原因。

在此可举阳明自己的例子来说明凡心是无法轻易消磨掉的。龙溪说："先师在留都时，曾有人传谤书，见之不觉心动，移时始化，因谓：'终是名根消煞未尽。譬之浊水澄清，终有浊在。'"[2] 他又说："虽至圣人，穷究无尽。尧舜精一工夫，亦只如此。"[3] 便是用古代的圣人为例，印证上乘兼修中下的必要性。

圣人也用兼修中下的工夫，从主观的心情来说，其缘由是："圣人虽是生知安行，然其心不敢自是，肯做困知勉行的功夫。"[4] 在出征思、田的途中，几乎无暇讲学的阳明，念念不忘地告诫弟子："尧、舜生知安行的圣人，犹兢兢业业，用困勉的工夫。吾侪以困勉的资质，而悠

---

① 　王畿:《天泉证道纪》,《王畿集》卷一，第2页。
② 　王畿:《滁阳会语》,《王畿集》卷二，第34页。
③ 　钱德洪编《年谱三》,《王阳明全集》卷三十五，第1443页。
④ 　钱德洪编《传习录》第291条,《王阳明全集》卷三，第126~127页。

悠荡荡，坐享生知安行的成功，岂不误己误人？"①

有趣的是，朱子也说："今之学者，本是困知、勉行底资质，却要学他生知、安行底工夫。便是生知、安行底资质，亦用下困知、勉行工夫，况是困知、勉行底资质！"②阳明口吻与朱子如出一辙，加上前文所引诸多相似之处，可见虽然在本体、工夫及其关系问题上朱王存在重大分歧，但双方在诸多次要问题上存在共同看法，阳明对朱子观点也是多有吸收的。

由阳明的说法亦可见，上根之人不仅需要做好善恶恶的工夫，而且其工夫也并非单纯诉诸本体之指引和推动，而也不免有所刻意、执着。这样一来，其工夫和中下根之人的工夫虽有生熟程度的不同，却没有质的区别。

既然不同人的工夫并无本质区别，那阳明就完全可以回应蕺山的如下质疑："却又有'上根下根'之说，谓'教上根人只在心上用工夫，下根人只在意上用工夫'，又岂《大学》八目一贯之旨？"③更何况，即便不同人的工夫存在差异，也不妨碍所有人的工夫都涉及八个条目，而不是可以绕开其中的某些环节。此外，按照朱子等人的解释，也可区分出勉然和自然的不同层次，而这并不妨碍他沿着八条目层层推进的工夫，由此可见分层与八条目是未必矛盾的。

此外，后世单纯从本体和工夫、悟和修的角度区分不同人的工夫，是不够全面的。陈来先生的如下说法概括了后世的一般理解："王阳明在天泉证道的谈话表明，王学认为学问之道有两种方式，一种是从'本体'入手，一种是从'功夫'入手。'本体'这里是指心之本体，从本体入手是指对心之本体要有所'悟'。'功夫'指具体的修养努力，在意念上保养善念，克除恶念。这是'本体—功夫'之辨的基

---

① 钱德洪编《年谱三》，《王阳明全集》卷三十五，第1445页。
② 黎靖德编《朱子语类》卷八，第135~136页。
③ 黄宗羲：《明儒学案》卷十，第218页。蕺山的弟子梨洲也有同样的质疑，在此不赘述。

本分野。"① 从本书的观点来看，修的工夫是有本体参与的，悟也不排除为善去恶的具体实践甚至是勉然为之的努力。当然，陈先生此处对工夫的理解包含"努力"的维度，是非常准确的。此为"工夫"一语的严格定义，广义的工夫则包含自然为之的行动。

在龙溪后来的论述中，我们除了看到他延续与绪山论学时的观点外，也可以看到他特别强调困勉工夫重要性的文字，这不是没有缘由的。如他曾说："论工夫，圣人亦须困勉，方是小心缉熙。论本体，众人亦是生知安行，方是真机直达。"② 他又说："虽尧舜之生知安行，其焦劳怨慕，未尝不加困勉之功，但自然分数多，故谓之生安。愚夫愚妇其感触神应亦是生安之本体，但勉然分数多，故谓之困勉。"③ 龙溪不否认圣人也用困勉工夫，只是说圣人毕竟自然的成分多一些而已。他强调困勉工夫的重要性，一方面是因为经过与同门的辩论，观点变得更为平正；另一方面也是因为困勉工夫本就蕴含在其师阳明提出的上根之人的工夫之中。

综上，中下根之人面临的是第二句所说的必须有所刻意、执着好善恶恶的条件，因而首先依照最后两句指示的良知本体和格物工夫刻意、执着地循序实践，亦即根据良知以好善恶恶，最终可以达到第一句所说的彻悟和确信。其所悟所信之事，乃是良知自然就有的时时处处达到好善恶恶的能力。上根之人则首先依照第一句彻悟并坚信本体，而后依照最后两句指示的良知本体和格物工夫实践。尽管上根原本不必刻意、执着，便能达到为善去恶的要求，然而他们却也应当不排除刻意、执着。总之，四句教中的四句话对所有人都是有效的。正所谓"此四句，中人上下无不接着"④。不同人的主要差别，在入手处不同，而不在于各自依照的是完全不同的工夫。两者所用的工夫是交

① 陈来：《序》，彭国翔：《良知学的展开：王龙溪与中晚明的阳明学》（增订版），第6页。
② 王畿：《水西经舍会语》，《王畿集》卷三，第61页。
③ 王畿：《致知难易解》，《王畿集》卷八，第191页。
④ 钱德洪编《年谱三》，《王阳明全集》卷三十五，第1443页。

叉、重叠的关系。

就此而言，束景南先生"阳明在天泉证道会上乃是阐发'王门八句教'（'四无教'与'四有教'）"①的观点，虽然看到了阳明确实有以四无和四有为核心的两种教法，不过也割裂了这两种教法相互渗透的内在联系。实际上唯其两种教法是相互渗透的，阳明才仍然以四句而非八句的形式来表达自己的看法。果真如束先生所说，则阳明难免蕺山的前述质疑。实则上根和中下都既有自然也有勉然，只是比例不一样而已，并不存在蕺山所说的不同根器的人所用的工夫不同因而不一贯的问题。

从上根人不应排斥刻意、执着地做工夫，可以进一步确认，好善恶恶才是上根人所用的无善无恶工夫的根本含义之所在。好善恶恶是无善无恶含义的根本，这也是保证无善无恶代表的工夫提升之路，乃至整个四句教揭示的为学工夫无弊病的关键。后世对四句教意旨理解的偏离，一个重要原因就在于未能认识到唯有好善恶恶，而非无所刻意、执着，才是无善无恶乃至整个四句教的根本。

唐君毅先生基于四句教后三句否认阳明有基于顿悟的教法，而认为只有一种教法。他说："即阳明果有此二种教法，亦应自一根本意旨而开出。而由此四句教之一贯说来，应可见其根本意旨之所在。则吾人仍不可单提此中之首句为说，应连下三句，以见其根本意旨之所在。此下三句，固皆未尝教人以悟此无善无恶之心体为事，而唯是教人以知善知恶，而为善去恶之致知格物工夫；则其根本意旨，固明与禅宗之直下教人不思善不思恶者，不同其路数也。唯四句中下三句，既教人以知善知恶、为善去恶之工夫；而只由'无善无恶心之体'之言，又明不能导引一知善知恶、为善去恶之工夫。"②确实阳明所说上根人的工夫不同于禅宗的工夫，而且他们也有必要为善去恶，甚至不排除有所刻意、执着地为善去恶，不过因此而否认阳明有直接从顿悟切入的工夫提升之路，则是不符合实情的。

---

① 束景南：《王阳明年谱长编》，上海古籍出版社，2017，第8页。
② 唐君毅：《中国哲学原论·原性篇》，第284页。

小　结

阳明提出天泉四句，其四无的部分与象山的思路实际上是一致的，差异则在于阳明严格限定这条道路的适用范围，仅仅允许龙溪可以以此方法自修。不过值得注意的是，他并不认为自己回到了象山的道路上，在他的视野中，象山反而是靠积累而成的。龙溪有一段话表达了这个意思，并提到这是来自阳明的观点："盖象山之学得力处全在积累。因诵'涓流积至沧溟水，拳石崇成太华岑'，先师曰：'此只说得象山自家所见。须知涓流即是沧海，拳石即是泰山。'此是最上一机，所谓无翼而飞，无足而至，不由积累而成者也。"① 阳明何时说了此语，龙溪未明说，如果是在天泉证道之后最后告别之际说的，或许他会点出这一特殊的时间。而他并未点出是这一时间，或许可以推测阳明此语出自平时。果真如此的话，这也可以作为阳明平时的确如龙溪所说，使用过四无一类高明的方法来指点学者的一个证明。

无善无恶以及整个四句教是理解阳明思想的一大关键。历史上对其有诸多误解。造成误解的原因至少有以下两点值得思考。第一，阳明使用的无善无恶一语，未能在字面上表达出其好善恶恶的根本含义，导致其语意重点落在无所刻意、执着这一衍生的次要含义上。第二，解读者将无善无恶引向未发之本体。这两种偏差，都有可能导致后人否定已发之好善恶恶及其工夫。前一原因，虽然是解释者未能细心体究使然，但是阳明自己在言辞表达方面恐怕也有责任；后一原因，虽可能由语言歧义引起，如四句教第一句直接说"无善无恶是心之体"，但主要还是由包括阳明门人在内的学者在解读过程中的偏差造成的。龙溪作为天泉证道的当事人和阳明晚年门下首屈一指的高足，其对四句教的理解已经在离合之间。后世理解的偏离，乃至阳明意旨的隐晦、流弊的丛生，由此也就不难想见了。

---

① 　王畿：《抚州拟岘台会语》，《王畿集》卷一，第27页。

第十五章
严滩四句

在天泉证道后，阳明与其弟子王龙溪、钱绪山进行了一场严滩问答。在这场问答中，阳明提出了著名的"严滩四句"。由于这四句话涉及"有心"与"无心"以及"本体工夫"等重要问题，且这些问题与天泉证道所讨论的问题存在连续性，因而受到历来阳明学研究者的重视。

根据龙溪的记载，阳明提出严滩四句的本意在于"复申前说，二人正好互相为用，弗失吾宗"，亦即重申天泉证道时强调的两人必须相互取益的立场。阳明指点王、钱二人的两条工夫提升之路虽然分别从无所刻意、执着地好善恶恶工夫和有所刻意、执着地好善恶恶工夫入手，但又包含而非排斥相反的工夫。故而如果不能上升到工夫提升之路的层面，就根本无法理解阳明提出的严滩四句的本意。而以往的研究虽然对严滩四句的含义已有一定程度的揭示，不过基本上是从特定工夫的层面理解严滩四句，而没有上升到将不同工夫包含于其中的工夫提升之路的层面。如耿宁先生将严滩四句翻译为："有意图便一切真实，无意图便一切不真实。无意图便一切真实，有意图便一切不真实。"他认为前后两句分别代表龙溪和绪山偏好的伦理实践方式。① 在将两种工夫容纳进对严滩四句的解释的意义上，耿宁先生的观点在所

---

① 〔瑞士〕耿宁：《人生第一等事：王阳明及其后学论"致良知"》，第605页。

有先行研究中与本章所表达内容是最为接近的。不过，他仍然只是停留在工夫的层面，而没有上升到工夫提升之路的层面。他的解读首先面临的一个困难是，在阳明认可的龙溪的解释中，严滩四句是"究极之说"，而他的解释显然不符合这一点，因为按他的观点，后两句显然不是最上一乘的究极之说。

局限于工夫层面何以不足以全面、准确理解阳明提出严滩四句的本意，为何说严滩四句包含两条工夫提升之路并且它们无优劣之分，我们又怎样才能充分把握两条工夫提升之路无优劣之分这一点，这些正是本章所要探讨的主要问题。

第一节　龙溪揭示的无心工夫

关于严滩问答的始末，绪山在一年多后撰写的《讣告同门》中有简要的记述。严滩问答是紧接着天泉证道发生的："前年秋，夫子将有广行，宽、畿各以所见未一，惧远离之无正也，因夜侍天泉桥而请质焉。夫子两是之，且进之以相益之义。冬初，追送于严滩请教，夫子又为究极之说。"①

关于严滩问答的具体内容，则主要见于绪山等编的《传习录》和龙溪所撰的《绪山行状》。其一为：

> 先生起行征思、田，德洪与汝中追送严滩，汝中举佛家实相幻相之说。先生曰："有心俱是实，无心俱是幻；无心俱是实，有心俱是幻。"汝中曰："有心俱是实，无心俱是幻，是本体上说工夫。无心俱是实，有心俱是幻，是工夫上说本体。"先生然其言。洪于是时尚未了达，数年用功，始信本体工夫合一。但先生是时

---

① 钱德洪：《讣告同门》，《王阳明全集》卷三十八，第 1599 页。"宽"为钱绪山本名。

因问偶谈，若吾儒指点人处，不必借此立言耳！①

从"德洪"称名而"汝中"（龙溪）则是称字来看，这条资料至"然其言"为止的内容当是绪山所录。其后的内容则应该是他编订《传习录》时所加的按语。②

另一条出自龙溪的记录乃是：

夫子赴两广，予与君送至严滩。夫子复申前说，二人正好互相为用，弗失吾宗。因举"有心是实相，无心是幻相；有心是幻相，无心是实相"为问，君拟议未及答，予曰："前所举是即本体证功夫，后所举是用功夫合本体。有无之间，不可以致诘。"夫子莞尔笑曰："可哉！此是究极之说，汝辈既已见得，正好更相切劘，默默保任，弗轻漏泄也。"二人唯唯而别。③

通过对比两条资料可知，虽然龙溪的记载比绪山的更为详细，但两人所述严滩问答的过程则是基本一致的：阳明先提出严滩四句，接着龙溪对此做了解读，最后阳明对龙溪的解读表示赞许。

《传习录》的记载在问答之后还增加了绪山自述的心路历程以及对严滩四句的评论。与对严滩四句的内容持肯定态度相反，他因为这四句话包含了源自佛教的术语，所以对其表述形式表示出不以为然的态度。

不过，尽管"实相""幻相"源自佛教，而非儒家原有术语，然而阳明借此表达的无非是真实、正确与否的意思，并无特别的深意。值得注意的是，关于心之"虚实"的问题，程朱就已经有非常深入的

① 钱德洪编《传习录》第337条，《王阳明全集》卷三，第141页。
② 相关情况也可参吴震《〈传习录〉精读》，第210页。
③ 王畿：《刑部陕西司员外郎特诏进阶朝列大夫致仕绪山钱君行状》，《王畿集》卷二十，第586页。

讨论了。如朱子与弟子的如下对话所示：

> 先生良久举伊川说曰："'人心有主则实，无主则虚。'又一说却曰：'有主则虚，无主则实。'公且说看是如何？"广云："有主则实，谓人具此实然之理，故实；无主则实，谓人心无主，私欲为主，故实。"先生曰："心虚则理实，心实则理虚。'有主则实'，此'实'字是好，盖指理而言也；'无主则实'，此'实'字是不好，盖指私欲而言也。"①

此处的讨论不仅在形式上，而且在内容上都与严滩四句颇有几分相似。此点且不论，至于"有心""无心"也非专属佛教，阳明以及宋儒程伊川便曾论及有关有心与无心的问题。且他们对有心与无心的使用与其字面意思存在差异，以下阳明对伊川语的引用以及自己的阐释就表明了这一点："程子常言：'人言无心，只可言无私心，不可言无心。'戒慎不睹，恐惧不闻，是心不可无也。有所恐惧，有所忧患，是私心不可有也。"②"不可言无心"，即是主张有心，即人自有良知，良知自能分别善恶而好善恶恶，此为有心。如果否定人本有此良知，那就落入了阳明批评的以为无心的错误中。"有所恐惧，有所忧患"则不是出于本体的念头，而是出于私欲的计较，因而陷入有私心的错误中而必须加以反对。

　　阳明在另一处对私欲的含义做了细致的分疏，指出在工夫中有所刻意、执着也可能是私欲。他说："欲也者，非必声色货利外诱也，有心之私皆欲也。"③"有心"指的是在工夫中有所刻意、执着。"有心"未必是欲，只有"有心之私"才是欲。亦即原本有所刻意、执着未必都是私欲，因为在初学阶段，唯有有所刻意、执着地做工夫，才能克

---

① 黎靖德编《朱子语类》卷一百一十三，第 2745~2746 页。
② 王守仁：《答舒国用》，《王阳明全集》卷五，第 212 页。
③ 王守仁：《答伦彦式》，《王阳明全集》卷五，第 202 页。

除私欲等阻碍因素而做到好善恶恶，有心在此过程中发挥了积极作用。然而在工夫已经达到较成熟阶段，心体可以自然发用以后，如果仍然有所刻意、执着，那就会妨碍本体自然好善恶恶能力的发挥。在这种情况下，有心便成为和声色货利一样应该被克去的私欲。严滩四句中，"有心是幻相"的一种理解方式便是，在工夫已经达到较高阶段以后，本不应该有所刻意、执着却仍然有所刻意、执着，因而是错误的。

阳明还说："无知无不知，本体原是如此。譬如日未尝有心照物，而自无物不照。无照无不照，原是日的本体。"[1]"未尝有心"就是无心，即无所刻意、执着。"无物不照"比喻本体无所不知，即是有心，即人自有在各种情况下都能做到好善恶恶的良知。良知在不受私欲等因素干扰的本然状态中可以自然发用，而不必借助人为的刻意与执着。此处好善恶恶之有心和无所刻意、执着之无心，正是严滩四句中"俱是实"意义上的有心与无心的一种理解方式。根据这种理解，严滩四句可做如下解释。

首先，阳明说"有心俱是实，无心俱是幻"，其意思是说，人自有好善恶恶的良知，此为有心。主张有心是正确的。若以为人本无好善恶恶的良知，即主张无心，那就是不正确的。其次，阳明说"无心俱是实，有心俱是幻"，其意思是说，完全依循良知之好恶，而别无包括刻意、执着在内的私念，此为无心，这一无心的主张是正确的。若不依循良知之好恶，而别有包括刻意、执着在内的私念，即为有心，而主张有心是不正确的。

事实上，牟宗三、陈来和吴震等先生便是以这样的思路来解释严滩四句内涵的。牟先生说："'有心俱是实，无心俱是幻'，这是从实有层上讲。有心即肯定良知，良知是心，有良知的地方都是实的，没有良知的地方，则都是虚幻的……"但他又说："'有心俱是幻，无心

---

[1]　钱德洪编《传习录》第282条，《王阳明全集》卷三，第124页。

俱是实'，这是作用层次上的话。有造作之心，有意之心，都不是从良知发的，所以你讲的都是假的，这叫做'有心俱是幻'。对于'有心俱是幻'，那么你最好是无心，这个无心并不是实有层次上对心的否定。这个无心就是无有作好、无有作恶那个'无'，就是'以其心普万物而无心'那个'无'。"①

陈来先生解释说："这里的'有心'是指承认善恶及其分别为实有，故依知善知恶之良知，诚之以好善恶恶之意，实为为善去恶之事，这就是'有心俱是实'。如果把善恶的分别看成虚假的对立，认为善恶的分别是无意义的，这种看法就是'无心'，是错误的，所以是'幻'，这就是'无心俱是幻'。这是从儒家'有'的基本立场立论。下二句'无心俱是实，有心俱是幻'则是用'无'的智慧对'有'的立场作一种补充。在这两句中的'无心'与'有心'与前二句中的'无心'、'有心'意义不同，这后二句中的'无心'是指无心而顺有、情顺万物而无情，指'不着意思'，即对事物不要有偏执或执著，否则便会引起种种心理障碍，而这里的'有心'是指计较、执著之心。"②

吴震先生则说："首先，阳明从正面论'有心'，肯定作为道德意识之'有'是落实为善去恶之工夫所必要的，故称'有心俱是实'；相反，如果以道德意识为虚妄，认为一切善恶分别均无意义，是谓'无心俱是幻'。后两句则从反面论'有心'，认为对任何善恶意识的执著都是有害的，这个'有心'是指工夫上的'着意'；相反，如果能做到破除执著，便可达到'无心'境界，这个'无心'是指'不着意思'。"③

龙溪在当场的解读虽然主要着眼于本体与工夫关系问题，但与上述理解是一致的。故我们也可说上述理解乃是源自龙溪。他认为前两

---

① 牟宗三:《中国哲学十九讲》，第 134 页。
② 陈来:《有无之境——王阳明哲学的精神》，第 230~231 页。
③ 吴震解读《中华传统文化百部经典·传习录》，第 519 页。

句是"本体上说工夫",后两句则是"工夫上说本体"。对良知本有好善恶恶能力的彻悟,即是"本体上说工夫"。以无所刻意、执着之态度做工夫,使良知之好恶充分发用流行,则是"工夫上说本体"。对良知固有好善恶恶能力的彻悟,是谈本体不离工夫;以无所刻意、执着的态度做工夫从而使本体得以发用流行,则是谈工夫不离本体。两者都体现出本体与工夫的合一。龙溪并不是在前两句讲工夫,在后两句讲本体,以至于割裂了本体与工夫的联系,也不是忽略了有无合一在本体和工夫两个角度都有体现。

以上对严滩四句内容的分析,从《传习录》和《绪山行状》的记载中都可以得到印证。不过,相比于《传习录》,《绪山行状》对龙溪的解读和阳明的回应做了更详细的记录。其中,龙溪所说"有无之间,不可以致诘"表明,在龙溪看来,严滩四句是即有即无,不能以有无使之理屈词穷的。或说,不能批评严滩四句落在或有或无的"边见"上。因为它既包含了有的一面,又包含了无的一面。之所以说它包含了有的一面,是因为它主张有心,即认为人本有好善恶恶的良知;之所以说它包含了无的一面,是因为它主张无心,即反对刻意、执着,而主张让好善恶恶的良知自然发用出来。

阳明以"究极之说"评论龙溪的解读,意思是说其揭示的是最上乘的工夫。具体来说,龙溪所揭示的工夫是以处于充分呈露状态的良知本体为基础,并最大限度发挥这一本体作用的工夫。正因为最大限度发挥了充分呈露的本体的作用,所以这一工夫就是用力最小,见效最大且最快的工夫,亦即最上一乘的工夫。由此阳明才认为龙溪的回答可谓究极之说,这种情况下的工夫,正如第二章所引横渠之说,"无心之妙非有心所及也"。如此解读的严滩四句,讲的无疑是适合上根之人或较高阶段的工夫,而非适合中下或初学阶段的工夫。如果讲的是适合中下或初学阶段的工夫,阳明不会要求龙溪"默默保任,弗轻漏泄也"。

以上我们从有心之本体和无心之工夫相统一的角度,对严滩四句

进行了解读。根据天泉证道的思路，无心工夫主要适应上根之人或达
到较高阶段的学者。那么，对严滩四句的上述解读，是否就是唯一合
理的解读？是否充分准确反映了阳明自身的问题意识？此前的研究并
未仔细讨论的这些问题，正是我们下一节所要讨论的主题。

第二节　严滩四句的本意

根据《绪山行状》的记载，阳明提出严滩四句的本意是："夫子
复申前说，二人正好互相为用，弗失吾宗。""前说"指的是天泉证道
时，阳明反复告诫王、钱二人必须相互取益而不能各执一偏。天泉证
道时阳明的这一告诫，《讣告同门》中也有明确提及："夫子两是之，
且进之以相益之义。"既然天泉证道时阳明的态度是一方面肯定两位
弟子各自主张的特定工夫，另一方面又要求他们相互取益，那么他的
视角就不局限于两位弟子各自特定的工夫。因为他们各自特定的工夫
受到阳明肯定而不必改变，所以在各自特定工夫的层面上是谈不上相
互取益的。只有完整的工夫提升之路才能包含不同工夫，从而使相互
取益成为可能。

其时绪山主张"四有"，龙溪则主张"四无"。所谓相互取益就
是说，绪山应该努力从当时所处的有所刻意、执着地好善恶恶的工夫
阶次提升到无所刻意、执着地好善恶恶的工夫阶次。正如阳明所说：
"德洪却须进此一格，始为玄通。"龙溪虽然本可做到无所刻意、执着
地好善恶恶，却因为"凡心未了"，所以也不应排斥有所刻意、执着
地好善恶恶。唯有如此，才能消化习气，达到行持纯熟。正如阳明所
说："吾人凡心未了，虽已得悟，不妨随时用渐修工夫。不如此，不足
以超凡入圣，所谓上乘兼修中下也。"[1] 唯有在坚持自身主张的工夫之
外接纳对方主张的工夫，两人各自坚持的工夫才能突破各自的局限，

---

① 　均见王畿《天泉证道纪》，《王畿集》卷一，第 2 页。

达到工夫的最高目标，从而成为完整而有效的工夫提升之路。

既然阳明提出严滩四句的意图也是告诫两位弟子必须相互取益，那么这四句话谈论的就不仅是特定工夫层面的问题，而且是将不同工夫包含在内的完整工夫提升之路层面的问题。并且，这四句话理应包含两条工夫提升之路，一条从无所刻意、执着的工夫入手，一条从有所刻意、执着的工夫入手。也就是说，为了达成促使两位弟子相互取益的目的，严滩四句就不能不是同时包含两条工夫提升之路的。如果只包含一条从无所刻意、执着入手的道路，那就只有绪山向龙溪之无所刻意、执着取益的必要，而无龙溪向绪山之有所刻意、执着取益的必要。这样一来，阳明就不能达成促使两位弟子相互取益的目的了。因此，严滩四句必定不只局限于特定工夫的层面，并且必定不只包含一条从无所刻意、执着入手的工夫提升之路，这四句必可作不同于龙溪的另外的解读，从而可以容纳两条不同的工夫提升之路。

不过还须补充说明的是，严滩四句的主旨是告诫两位弟子相互取益的观点，必须和现有记录保持逻辑一致才能成立。《传习录》以"汝中举佛家实相幻相之说"引出阳明的严滩四句，给人的印象是严滩问答并非由阳明"复申前说"引起，而是由龙溪挑起。耿宁先生便注意到，在龙溪和绪山的记载中，严滩问答的起因是有所不同的。他在引述了龙溪的记载后说："这段描述的特点在于：王畿让老师在这里是出于自己的主动、而非通过弟子问题的引发来提出这个暗示此神秘宗教实践的谜题。"① 对此的合理解释是，阳明在"复申前说"的过程中，龙溪提起了"佛家实相幻相"的话头，阳明顺势提出了严滩四句。龙溪"实相幻相"的话头只是影响了严滩四句的具体表述形式，而不能改变阳明提出严滩四句的意图在于告诫两位弟子必须相互取益的事实。

阳明的初衷是否在整个谈话中得以贯彻到底呢？从整个过程来看，阳明提出严滩四句之后，龙溪着重从本体和工夫关系的角度提出

---

① 〔瑞士〕耿宁：《人生第一等事：王阳明及其后学论"致良知"》，第607~608页。

了自己的解读，并赢得了阳明的赞同。根据上文的分析，龙溪在此仍然延续了天泉证道时无所刻意、执着的工夫主张。绪山虽然在天泉证道时申述了自己的主张，然而在严滩问答时并未发表看法。这与天泉证道时两人各持己见、相持不下形成了鲜明的对比。于是，严滩问答中就没有出现与龙溪对立的观点。龙溪单方面的解读和绪山的沉默，影响了整场问答的走向，以至于使阳明意旨未能得到很好贯彻。龙溪的解读尚且停留在特定工夫的层面，而未上升到将不同工夫包含在内的工夫提升之路层面。这样一来，在王、钱二人各自主张的工夫基础上容纳对方主张的工夫，形成两条不同的工夫提升之路，从而达成相互取益的目的，这些自然都是无从谈起的了。

阳明意旨未能得到很好贯彻这一点，从绪山事后两个记录的取向可以得到进一步印证。

其一，按照《讣告同门》"夫子又为究极之说"的回忆，严滩问答讨论的主旨似乎成了最上一乘工夫的问题。他之所以说严滩问答讨论的主旨是最上一乘工夫的问题，不过是因为阳明点出龙溪的解读"是究极之说"，并以"然其言"的方式对此解读表示了赞同。因此，严滩问答的主旨在于揭示究极之说，从根本上来说是以龙溪的解读为依据做出的判断，这一判断掩盖了阳明告诫两人相互取益的初衷，而告诫两人相互取益，才是这场问答原本的主旨。

并且不无吊诡的是，尽管龙溪根据自己的为学取向对严滩四句做了解读，这一解读很大程度上使后世理解与阳明本意出现偏离，然而他自身始终明白阳明的本意在于告诫两人相互取益。正因如此，他才会记录下阳明"二人正好互相为用，弗失吾宗"的要求。他的这一记录如此重要，以至于成为我们今天重探阳明严滩四句本意的最关键资料。当然，何以龙溪在明知阳明意图的情况下却仍然根据自己的立场来解读阳明的观点，这一问题其实并不难回答。天泉证道时龙溪就明确表达了自己"学须自证自悟，不从人脚跟转"[1]的为学态度。他在严

---

① 王畿:《天泉证道纪》,《王畿集》卷一, 第 1 页。

滩看似吊诡的行为，不过是这种为学态度的表现而已。

从龙溪对自身为学取向的定位也可看出，在他这里，"学"包含了证悟，不存在学和证悟的对立。进一步地，工夫固然可以划分为为学工夫和践履工夫，如此则两者是并列关系；但为学工夫也可以统摄践履，反过来践履工夫也可以统摄为学，如此则每个术语都可以涵盖整体。

事实上，既然存在究极之说亦即适合上根之人或较高阶段的工夫，就应该存在并非究极之说亦即适合中下根人或初学的工夫与之相对。只是因为适合中下根人或初学的工夫至为明显，同时也不易引起误解，并且此前已经反复强调过是题中之义，所以在龙溪的解读之后，阳明并未就这一工夫展开进一步论述。阳明并未进一步展开论述，不代表严滩四句中不存在这一工夫以及从其入手的工夫提升之路。

其二，根据《传习录》"洪于是时尚未了达，数年用功，始信本体工夫合一"的记载可见，绪山认为"本体工夫合一"才是严滩问答讨论的中心问题。尽管本体工夫问题确实内在于严滩四句之中，并且这一问题也是此前的天泉证道时三人便已讨论过的重要问题，是我们理解严滩四句以及天泉四句内涵的重要视角，然而毫无疑问，绪山得出如此看法的直接原因，是龙溪着重从本体与工夫关系角度对严滩四句所做的解读。由此可见，绪山主要是从龙溪的解读而非阳明的初衷出发，来理解严滩问答的中心问题的。这表明阳明告诫两人相互取益的初衷并未得到充分贯彻，龙溪的解读尽管点出了本体工夫这一重要问题，却也很大程度上误导了人们对严滩问答主旨的理解。

而且如果我们仔细推究的话会发现，绪山所悟的本体工夫合一，并不是有所刻意、执着的工夫和无所刻意、执着的工夫一样，两者都符合本体工夫合一的要求，而是唯有龙溪宣扬的无所刻意、执着的工夫才体现了本体与工夫的合一。而从此前的讨论可知，这是对阳明本体工夫论的重大误解。

　　总而言之，在王、钱二人言行的共同影响下，人们难免会像绪山一样，认为严滩问答的主旨是揭示上根之人或较高阶段的为学工夫，并且唯有上根之人或较高阶段的工夫才是本体工夫，中下根人或初学的工夫则不仅不是严滩问答谈论的问题，也不足以称为本体工夫。这样一来，严滩四句强调两人必须相互取益的意图就彻底落空，阳明在本体工夫问题上的主张也没有得到全面、准确理解。

　　综合本节讨论可知，龙溪的解读不仅不能反映严滩四句的完整、准确内涵，也不足以反映阳明提出严滩四句的本意。阳明提出严滩四句的本意，在于重申王、钱两人必须相互取益，只不过他的这一本意无论在当时还是在他身后，都并未得到充分理解和贯彻。今天我们若要充分理解严滩四句的本意，就有必要首先在龙溪揭示的从无心工夫入手的工夫提升之路之外，挖掘出另一条隐没的工夫提升之路，并进而同样将其中的有心工夫视为本体工夫加以把握。

第三节　另一条隐含的工夫提升之路

　　严滩四句适用于上根人和已经达到较高阶段的学者，在这种情况下，作为实相的无心和有心分别指无所刻意、执着地好善恶恶和有所刻意、执着地好善恶恶，其中有所刻意、执着的理由是凡心未了。严滩四句也适用于所谓中根以下人或尚处于初学阶段的学者。在这种适用于中下根人或初学阶段的解释思路中，前两句中的有心指的是努力克服私欲等阻碍因素的影响，有所刻意、执着地好善恶恶，无心则是无所刻意、执着。因为中下根人或初学阶段的学者难免于私欲等阻碍因素的影响，所以唯有有所刻意、执着地做工夫才是正确的，而无所刻意、执着则是不正确的。后两句所说，则是经过长期有心做工夫以后所能达到的成果。由于工夫已经达到较为成熟的阶段，因而若在这个阶段上继续有所刻意、执着地好善恶恶，就会阻碍本体自然发挥好善恶恶的作用。因此说，在这个阶段上无所刻意、执着的无心，亦即由本体完全主导意念，从而好善恶恶，才是正确的；而有所刻意、执着的有心反而是不正确的。

如果套用龙溪有关本体与工夫的说法而稍加修改，那么上述从中下根人或初学角度的解读中前两句是"工夫上说本体"，后两句是"本体上说工夫"。前两句所说虽然是有所刻意、执着地做工夫，但却符合本体好善恶恶的要求，因而是"工夫上说本体"；后两句则说让本体自然发挥作用，从而完成好善恶恶的工夫，因而是"本体上说工夫"。由此，这两点和龙溪的解读思路一样，也都体现了"本体工夫合一"。对上根人或较高阶段的学者也可作如是观。可以说，"本体工夫合一"是适应于不同根器、不同阶段的学者而具有普遍有效性的。

关于本体工夫合一，在此略赘几句。阳明曾说"本体要虚，工夫要实"[1]，如此则本体和工夫恰成对反，出现了断裂，实际上双方是相通的。本体唯有虚才能呈现于事事物物之中，而成为工夫的依凭；工夫唯有实才能充分落实本体，发挥本体的作用。本体要虚，是因为不虚就滞了；工夫要实，是因为不实就荡了。放在阳明良知与见闻关系的框架中来看，则本体要虚，大致相当于"良知不滞于见闻"，能超拔于情识；与此相应，工夫要实则大致相当于良知"不离于见闻"，能具体落实在事事物物上。[2]

不过龙溪无法接受上述从中下和初学角度出发的理解。天泉证道时他便以"非自然之流行"[3]来批评有心工夫，这就表明他把有心理解为完全刻意、执着而非有所刻意、执着，而完全刻意、执着就意味着这一工夫并无本体指引和推动，因而并非本体工夫。故他后来将这一工夫称为"后天诚意"。在他看来，后天诚意工夫是无法取得成功的，如其所谓"虽极力扫除，终无廓清之期"[4]。可以说，正是因为不是本

---

[1]　朱得之编《稽山承语》第19条，《王阳明全集》（新编本）卷四十，第1610页。
[2]　均见钱德洪编《传习录》第168条，《王阳明全集》卷二，第80页。
[3]　王畿：《天泉证道纪》，《王畿集》卷一，第1页。
[4]　王畿：《留都会纪》，《王畿集》卷四，第97页。

体工夫，所以才不能成功。并且，有心工夫也是无法把握本体的。即所谓"拟议即乖，趋向转背"。①后天诚意工夫不能成功，而本体又只能以无心的方式被把握，故他终身力主先天正心的工夫，而否弃后天诚意的工夫。

龙溪先天正心工夫的根本特点有二：以无心的方式把握本体，进而基于本体以无心的方式为善去恶。此即其常说的"以自然为宗"②的双重含义。除了明道、象山、甘泉以外，与龙溪近似的还有蕺山。他对后天之学的批评与龙溪如出一辙，如他说："只教人在念起念灭时，用为善去恶之力，终非究竟一着。"③其意是诉诸后天着意以为善去恶的工夫终究不能成功。又批评阳明四句教："又曰：'其次且教在意念上着实用为善去恶工夫，久之心体自明。'蒙谓才着念时，便非本体，人若只在念起念灭上用工夫，一世合不上本体，所谓南辕而北辙也。"④其意是后天着意是无法把握本体的。蕺山与龙溪所主张的工夫可谓若合符节。

如果把有心解释为完全刻意、执着地做工夫，而不是解释为有所刻意、执着地做工夫的话，那就诚如龙溪所理解的那样不能把有心工夫称为本体工夫。然而从阳明的立场来看，因为主观的刻意、执着仅仅为工夫提供了一部分而非全部支撑，所以有心工夫只能解释为有所刻意、执着，而不能像龙溪那样解释为完全刻意、执着。换句话说，龙溪认为没有本体指引和推动的有心工夫，虽然是有所刻意、执着的，但有本体的指引和推动，只是单纯凭借本体的直接发用不足以保证工夫的完成而已。

阳明说："圣人之知如青天之日，贤人如浮云天日，愚人如阴霾天日，虽有昏明不同，其能辨黑白则一。虽昏黑夜里，亦影影见得黑

①　王畿：《留都会纪》，《王畿集》卷四，第90页。
②　王畿：《与阳和张子问答》，《王畿集》卷五，第125页。
③　黄宗羲：《明儒学案》卷六十二，第1563页。
④　黄宗羲：《明儒学案》卷十，第218页。

白，就是日之余光未尽处；困学功夫，亦只从这点明处精察去耳！"①即便私欲遮蔽，良知仍然能够辨别善恶。当然，良知不仅是对善恶的辨别，更是对善恶的好恶，亦即良知不仅能做出道德判断，而且是包含动力的道德意志。正因为同时是包含动力的道德意志，所以良知为工夫提供指引的同时，也提供了动力。"困学功夫，亦只从这点明处精察去耳"，说明困学工夫虽然有所刻意、执着，却也受到本体的指引和推动。

阳明如下说法，也反映了有心和无心工夫一样是本体工夫，其差别只是生熟程度的不同。他说："这良知人人皆有，圣人只是保全，无些障蔽，兢兢业业，亹亹翼翼，自然不息，便也是学；只是生的分数多，所以谓之'生知安行'。众人自孩提之童，莫不完具此知，只是障蔽多，然本体之知自难泯息，虽问学克治也只凭他；只是学的分数多，所以谓之'学知利行'。"②"众人亦是'生知'"和"虽问学克治也只凭他"，说明问学克治的有心工夫也是受到本体指引和推动的工夫。这种工夫与生知安行的无心工夫只有生熟程度的不同，而没有是否为本体工夫的本质区别。

阳明还说："一节之知即全体之知，全体之知，即一节之知：总是一个本体。"③由一节之知指引和推动的工夫，无疑也是本体工夫，只是这种情况下单凭良知的直接发用不足以完成工夫，而必须同时诉诸人为的刻意、执着而已。

正是在同为本体工夫的意义上，两种工夫并无优劣之分。阳明非常强调不同程度和阶次的工夫无优劣之分。他说："《乾卦》通六爻，作一人看，只是有显晦，无优劣；作六人看，亦只有贵贱，无优劣。在自己工夫上体验，有生熟少壮强老之异，亦不可以优劣论也。"④

① 钱德洪编《传习录》第289条，《王阳明全集》卷三，第126页。
② 钱德洪编《传习录》第221条，《王阳明全集》卷三，第108页。
③ 钱德洪编《传习录》第222条，《王阳明全集》卷三，第109页。
④ 吴光、钱明、董平、姚延福编《语录四条》第3条，《王阳明全集》卷三十二，第1305页。

综上，被龙溪视为后天诚意的有心工夫，在阳明看来却有本体指引和推动。与完全出于本体的无心工夫一样，两者都是本体工夫。只不过，无心工夫因为完全出于本体，所以可以称为严格的或说狭义的本体工夫；而有心工夫则因为并非完全出于本体而同时包含了刻意、执着，所以只能称为广义的本体工夫。无论如何，两者同为本体工夫，分别从两者入手的工夫提升之路能适应不同人的要求并达到工夫的最高境界，基于此，我们可以说两条工夫提升之路是无优劣之分的。而唯有两条工夫提升之路无优劣之分，才能真正促成两人的相互取益。概括言之，阳明指点王、钱二人的工夫提升之路在阳明看来只有心学内部偏于自然还是勉然的不同。理学和心学工夫的根本差异则在于是否直接凭借本心以做为善去恶工夫。①

小　结

综合本章讨论可知，促使龙溪和绪山相互取益，而非谈论本体工夫或者最上一乘工夫，才是阳明提出严滩四句的本意。而只有把握以下三个要点，才能真正把握这一本意：一、严滩四句不仅局限于工夫层面，而且触及了工夫提升之路的层面；二、严滩四句蕴含两条工夫提升之路，并且两条工夫提升之路无优劣之分；三、唯其有心工夫也是本体工夫，两条工夫提升之路才真正是无优劣之分的。

龙溪的解读是阳明严滩四句丰富内涵中的一部分，就此而言其解读具有合理性。不过他的解读却无法体现阳明提出严滩四句的本意。他的解读的问题有二：第一，忽略有心工夫也是本体工夫，也能取得成功；第二，忽略"上乘兼修中下"的必要性。事实上，也正是因为他忽略"上乘兼修中下"的必要性，所以他对严滩四句的理解就仅仅局限在工夫的层面，而没有上升到将不同工夫容纳于一身的工夫提

---

① 对此可详参傅锡洪《朱王工夫论的结构差异——兼谈朱陆之争》，《学术研究》2022 年第 1 期，第 41~47 页。

升之路的层面。本章之所以非在工夫提升之路的高度来谈严滩四句不可，原因就在于非如此则不能摆脱龙溪提供的解释框架。

龙溪认为阳明的四句教最终只是"四有"，并且认为从有心工夫入手的工夫提升之路无法达到目标。这违背了阳明平等对待两条工夫提升之路的主张，因此他在天泉证道和严滩问答时有必要强调不同道路无优劣之分。他是通过明确强调两条工夫提升之路均能达到目标的方式，来说明两者无优劣之分的。其言曰："及其成功，一也。"① 若不纠正龙溪的观点，那么从有心工夫入手的工夫就将被贬低和忽视，学者们就会趋之若鹜地"只去悬空想个本体"，其结果自然是"一切事为俱不着实，不过养成一个虚寂，此个病痛不是小小"。阳明正是看到了这一危险，所以才急切地表明了"不可不早说破"②的态度，并且在最后告别之际以严滩四句的形式重申这一告诫。本章之所以必欲强调严滩四句包含两条工夫提升之路并且它们无优劣之分的观点，原因正在于此。

进一步地，仅仅局限在均可达到目标的意义上谈两条工夫提升之路无优劣之分是不充分的。因为主张两条工夫提升之路有优劣之分的龙溪不仅仅谈了从有心入手的道路不能成功，而且从有心工夫不是本体工夫的角度来谈其不能成功。而从阳明的一贯主张来看，龙溪认为不是本体工夫的工夫其实是有本体指引和推动的。如果不说明有心工夫也是本体工夫，那就不足以让龙溪信服这一工夫也能达到目标。本章最后之所以必欲指出对阳明来说有心工夫也是本体工夫，其因正在于此。

---

① 王畿:《天泉证道纪》,《王畿集》卷一, 第 2 页。
② 钱德洪编《传习录》第 315 条,《王阳明全集》卷三, 第 134 页。

第五编　真诚恻怛

第十六章
真诚恻怛之工夫

　　阳明去世前夕突然谈起了"真诚恻怛"①，虽然谈得不多，但引发了很大的理论效应，这是很值得探讨的问题。

　　"真诚恻怛"一语主要出现在《传习录》卷中所收阳明《答聂文蔚》第二书中。《年谱》将此信系于嘉靖七年（1528）十月，②束景南先生考订认为《年谱》有误，认为此信应当写作于嘉靖七年七月。因为后来有一闰月，因此距他十一月去世不过五月而已。束先生说："阳明此书云：'今却幸已平定，已具本乞回养病。'阳明养病疏上在七月十日，则阳明此与聂豹书当作在七月十日以后不久，盖不出七月也。"③养病书的时间在《年谱》中即已出错。束先生指出："阳明此乞恩暂容回籍就医养病疏题下原注'七年十月初十日'作，后人遂以为阳明上养病疏请告在十月初十日，钱德洪阳明先生年谱谓：'十月，疏请告。先生以疾剧，上疏请告。'乃大误。因此一误，钱德洪年谱于此谱叙全错，几可谓一片混乱，五百年来竟无一人以发其误者。今按阳明七月初十日所上八寨断藤峡捷音疏分明云：'但恨身婴危疾，自后任劳颇难，已具本告回养病，乞赐俯允。'可见阳明乞恩暂容回籍就

----

① 钱德洪编《传习录》第 189 条，《王阳明全集》卷二，第 95 页。
② 钱德洪编《年谱三》"嘉靖七年十月"条，《王阳明全集》卷三十五，第 1460 页。
③ 束景南：《王阳明年谱长编》，第 2013 页。

医养病疏与八寨断藤峡捷音疏上在同一天，'十月初十日'必是七月初十日形误。世宗不准辞命诏下在九月甲戌（五日），仅此亦足证阳明上养病疏在七月，断不可能在十月。"①

与真诚恻怛相近，包含"诚"与"恻怛"两个要素的相关说法，也主要在他去世前几年才出现。如"仁爱恻怛之诚"②出自他所著《亲民堂记》以及他口授而成的《大学问》，"诚爱恻怛之心"③出自他的家书《寄正宪男手墨二卷》。其中《亲民堂记》写于嘉靖四年（1525），后两篇文章则分别完成于嘉靖六年（1527）九月阳明出征广西的前后。由于以上说法均由诚和恻怛这两个要素构成，其中真诚恻怛一语最为简洁，为叙述方便，我们一般采用这一说法以概其余。

真诚恻怛之类说法虽然数量不多，但阳明提及它们时，却采用了"只是"或"无……，亦无……"之类带有强烈语气的表述，表明这些说法承载的概念，与良知本体和致良知工夫之间存在极为密切甚至相互等同的关系。如就本体而言，他认为良知"只是一个真诚恻怛，便是它本体"④，就工夫而言，他认为"无诚爱恻怛之心，亦无良知可致矣"⑤。

看到真诚恻怛在阳明处有如此重要的地位和作用，人们不免会产生如下疑问。第一，真诚恻怛果真如此重要而不可或缺吗？其仅散见于阳明去世前的若干文本中，不就足以说明其并非阳明持续而密切关注的问题了吗？第二，真诚恻怛何以成为致良知的关键，如果其本身就表达了某些工夫内涵的话，那么这些内涵究竟是什么，其与阳明不同阶段重视的诚意、致良知工夫有何异同，通过真诚恻怛，我们又能对阳明工夫论有何新的理解？第三，即便真诚恻怛在阳明学中有其重

① 束景南：《王阳明年谱长编》，第 1996~1997 页。
② 分别见王守仁《亲民堂记》《大学问》，《王阳明全集》卷七、二十六，第 280、1068 页。
③ 王守仁：《寄正宪男手墨二卷》，《王阳明全集》卷二十六，第 1091 页。
④ 钱德洪编《传习录》第 189 条，《王阳明全集》卷二，第 95 页。
⑤ 王守仁：《寄正宪男手墨二卷》，《王阳明全集》卷二十六，第 1091 页。

要性，可是当今社会与阳明所处的社会已大不相同，那么，其对今人来说，又能有什么启发呢？本章即尝试对这些问题进行探讨。

第一节　真诚恻怛的思想渊源

阳明之前的思想家已有类似真诚恻怛的说法，只是这些说法在他们的思想体系中都不似在阳明的思想体系中具有如此重要的地位，也不如在阳明这里拥有如此丰富而深刻的内涵。当然不是说这些说法对阳明是没有启发的。应该说启发不仅是存在的，而且并非单一的，亦即不仅体现在表述形式上，而且表现在思想内容上。

首先来看阳明之前的学者的相关论述。真诚恻怛在中国思想史上是渊源有自的。其中"恻怛"最早出自《礼记·问丧》："恻怛之心，痛疾之意，悲哀志懑、气盛，故袒而踊之，所以动体、安心、下气也。"[①] 其后两汉学者在论丧之际经常提到"恻怛之心"。此外学者也使用"恻怛忧民之心""恻怛发心"（《论衡》）之类提法。宋代时，李觏最早提出了"诚心恻怛"[②] 的说法。此外，学者也使用"至诚恻怛之心""诚意恻怛""诚实恻怛""忠诚恻怛"之类说法。

其中，朱子用的较多的是"至诚恻怛"，或者与之类似的"至诚恳切"。如他对《论语》"殷有三仁焉"做了这样的解释："三人之行不同，而同出于至诚恻怛之意，故不咈乎爱之理，而有以全其心之德也。"[③] 此说是对谢上蔡之说的继承，朱子言及："谢子说'三仁'云：'三子之行，同出于至诚恻怛之意。'此说甚好。"[④] 而他解释"笃志"的含义的时候则提到了"至诚恳切"，其含义与"至诚恻怛"是相同的："笃志，只是至诚恳切以求之，不是理会不得又掉了。若只管泛

---

① 孙希旦：《礼记集解》卷五十四，中华书局，1989，第1350页。
② 黄宗羲著，全祖望补修《宋元学案》卷三，第164页。
③ 朱熹：《论语集注》卷九，《四书章句集注》，第183页。
④ 黎靖德编《朱子语类》卷四十四，第1128页。

泛地外面去博学，更无恳切之志，反看这里，便成放不知求底心，便成顽麻不仁底死汉了，那得仁！"①他要求学者立志不能停留在见解层次，而必须达到至诚恳恻的程度。他说："'志于道'，不是只守个空底见解。须是至诚恳恻，念念不忘。"②他以下对"恻隐"的含义的解释，实际上也可看作对"恻怛"的解释："恻隐是伤痛之切。盖仁，本只有慈爱，缘见孺子入井，所以伤痛之切。"③由此，"至诚恻怛"之类说法的意思即是至诚痛切，实际上就是发自内心的对他者的不容已的同感。与之相反的是"硬心肠"，朱子便以"硬心肠"为"至诚恻怛"的反面："试自看一个物坚硬如顽石，成其物事！此便是不仁。试自看温和柔软时如何，此所以'孝悌为仁之本'。若如顽石，更下种不得。俗说'硬心肠'，可以见。硬心肠，如何可以与他说话！"④

其次来看阳明本人正式提出真诚恻怛之前的论述。他去世前提出真诚恻怛正是以上述说法尤其是朱子的说法为思想资源，而又在自身良知学说的框架中对其含义做了独特而深入的阐释，由此"真诚恻怛"构成其思想不可或缺的内在环节。

通过对阳明晚年之前思想的梳理，我们发现在他正式提出真诚恻怛概念之前，这一概念在他思想中不仅已有初步的萌芽，而且无论是单独对真诚或恻怛，还是对真诚恻怛的具体表现形式，他都已有论及。这些或初步、或部分、或具体的论述，都反映出真诚恻怛在他思想中是有渊源可循的，他提出这一思想绝非出于一时的突发奇想。

阳明的这些论述，都跟如何做工夫的问题有关。讨论工夫问题，除了为善而成圣的目标之外，必然涉及工夫所要对治或克除的因素是什么，以及推动或保证工夫完成的因素是什么这两个基本问题。阳明一直把私欲视作工夫所要对治或克除的主要因素。另外需要克除的用

---

① 黎靖德编《朱子语类》卷四十九，第 1204 页。
② 黎靖德编《朱子语类》卷三十四，第 863 页。
③ 黎靖德编《朱子语类》卷十七，第 383 页。
④ 黎靖德编《朱子语类》卷六，第 115 页。

智这一因素，因为立足个体之我的计较，所以终究也可以归入私欲的范围。私欲由作为背景的气质、习俗与作为前景的物欲等因素相互作用而形成。原本这三者不必然是私欲，只有有所偏失才构成私欲。除了对自我生生之德的损害，所谓偏失主要就是指背离一体之仁。气质、习俗分别形成于先天和后天，它们对人的影响是潜移默化的。物欲则是具体情境中意念的牵引，其影响是直接的、显著的。三者相互作用，共同构成私欲。事实上私欲同时也是阻碍工夫施行的主要因素。至于推动和保证工夫完成的因素，自龙场悟道以后，除了意识到成圣之意志的不可或缺以外，阳明对天所赋予每个人的本性或说本体已有基本的自觉和自信。问题只在于如何揭示这一本体的内涵，以及如何使其在工夫中发挥实际作用而已。最为人所熟知的是，他以心（或心体、心之本体）和良知来阐述本体的内涵，而用诚意和致良知（或致知）来指点发挥本体、成就本体的工夫。其中使用尤多的良知与致良知，在阳明学中甚至可以作为本体与工夫的代名词。

正是以长期关心工夫问题，尤其是其推动因素的问题为背景，并在自身工夫修养臻于极致的基础上，阳明才最终提出了颇具特色的真诚恻怛概念。以下，我们首先来看这一概念在他思想中的渊源。

第一，"真切"等词便已包含真诚恻怛概念的萌芽。阳明常用真切一词是众所周知的事实。他常提及的"知之真切笃实处"便是一个显例。最早刊刻于 1518 年的《传习录》卷上载阳明语："但恐为学之志不真切耳。"[1] 又载："吾辈今日用功，只是要为善之心真切。此心真切，见善即迁，有过即改，方是真切工夫。如此则人欲日消，天理日明。"[2] 此外，他也常用恳切、恳恻、实切、诚切等词。如仅在记录嘉靖四年前后朱得之所闻语录的《稽山承语》中，便出现了"恳切""实切"等词。[3] 真切等词的基本意思是认真、切实。反复强调这

---

① 钱德洪编《传习录》第 103 条，《王阳明全集》卷一，第 34 页。
② 钱德洪编《传习录》第 97 条，《王阳明全集》卷一，第 31 页。
③ 分别见朱得之编《稽山承语》第 37、40 条，《王阳明全集》（新编本）卷四十，第 1613、1614 页。

些词，体现了阳明督促学者认真、切实做工夫的用心。

不过，真切一词本身并未明确点出使工夫做到真切需要克服的阻力和借助的动力究竟何在，因而其含义不免单薄。然而，尽管如此，从某种意义上来说，真诚恻怛一词的源头，也可以追溯至真切之类的词语。因为真切并非只能解释为认真、切实，而原本就可以解释或展开为真诚痛切，亦即真诚恻怛。如此展开，真切一词的工夫之指向和动力之来源，就被明确揭示出来了。

具体而言，在真诚恻怛一词前后两部分中，真诚既指刻意努力去除私欲之蔽（即去恶），使本体得以展现于意识的工夫，当然在阳明学中去除私欲之蔽是通过努力落实本体的力量而得以实现的，也指由此去恶工夫所达到的意识与本体一致的状态。在这种状态中，本体主导意识，并促使人为善。当然事实上为善与去恶是不能截然分开的。例如去除骄傲之心和做到谦虚就是一体之两面的关系。之所以用真诚一词，就是因为其表里如一的字面意思，正可用以比喻意识与本体一致的状态。

须强调的是，在用来说本体和意识关系的时候，"真诚"应理解为意识与本体的一致，亦即"不自欺"，而不能简单理解为表里如一的意思，亦即"不欺人"。因为在阳明看来，本体非内（里），工夫非外（表），他强烈要求学者认识到本体与工夫不可分为内外（表里）。[①]

之所以有必要强调刻意努力，则是因为在一般人开始做工夫之际，若非刻意努力，则难以克服私欲对意识的影响，因而也难以使发于本体的意念主导意识。也正因为刻意努力有如此正面而不可或缺的作用，因而在初学阶段对其的强调就是合理的。

阳明弟子罗念庵《冬游记》中有一段追述阳明的话，可以说明执着并非是完全负面的，而是有其积极作用的。并且阳明生前就有人质疑这一点，而不仅仅是后来的人才有质疑。念庵说："当初有人嫌《传

---

①　至于中国近世诚观念的兴起，可参看杨朗《"诚"：中唐舆论环境下兴起的一种道德观念》，《文史哲》2015 年第 2 期。

习录》中'持志如心痛'一段太执着，阳明先生曰：'且勿如此论，放此药在，有用得时耳。'"① 对阳明而言，尽管不应过度刻意、执着，但有所刻意、执着在初学阶段确实是不可或缺的。

之所以能做到刻意努力，是因为成圣的意志。至于真诚何以能表达刻意努力的意思，则可参考《中庸》所说"诚者，天之道也；诚之者，人之道也"。前者指自然而然地做到诚，后者则指经由刻意努力而做到诚。实际上，后文所引阳明"这着实用意便是诚意"，说的正是经由刻意努力而做到诚。

恻怛是发自良知本体的对他人不能自已的同感，是推动为善工夫的强大动力。由于私欲的遮蔽，恻怛往往需要真诚工夫才能呈露并主导意识，才能推动为善的工夫。不过，真诚呈露恻怛的同时，恻怛也使去除私欲之蔽变得不那么困难，亦即增强去恶所需的动力。而一旦达到恻怛之本体可以自然发用主导意识的较高阶段，那就不必再诉诸刻意努力，相反刻意努力会阻碍本体的发用。

实际上，阳明工夫论的一个特点就是，刻意努力在初学阶段是正面的，而在较高阶段则是负面的。阳明对刻意努力的否定，应该限定在较高阶段，也就是本体可以自然发用并主导意识的阶段。对不同阶段真诚恻怛的不同含义以及工夫实施方法的差异，我们将在下两节加以详论。

由上可知，仅仅真诚恻怛一个词，便同时明确揭示了工夫所要达到的目标（去恶与为善）和所能依靠的力量（成圣意志与良知本体）。唯其如此，比起真切或其他很多用语，真诚恻怛才更能满足阳明指点学者认真、切实做工夫的需要。而从真切推演为真诚恻怛，便是从普通词汇向表达特定内涵的重要概念的提升。

第二，阳明曾单独论及真诚或恻怛，其中关于诚的论述尤多。载于《传习录》卷上的"须是有个深爱做根"② 以及"持志如心痛，一心

---

① 徐儒宗编校整理《罗洪先集》卷三，凤凰出版社，2007，第60页。
② 钱德洪编《传习录》第3条，《王阳明全集》卷一，第3页。

在痛上"等，便已涉及恻怛之含义，对后者我们在第三节还会详论。

如何达到诚的状态，则是阳明很长时间里特别关注的问题。他在正德八年（1513）给友人黄宗贤的信中说："仆近时与朋友论学，惟说立诚二字。杀人须就咽喉上着刀，吾人为学，当从心髓入微处用力，自然笃实光辉，虽私欲之萌，真是洪炉点雪，天下之大本立矣。"[1]"心髓入微处"当指心体亦即本体。前已述及，在阳明看来，立诚并不是一种单纯诉诸刻意努力以克治私欲，从而达到意识与本体一致的工夫。因为刻意努力在这里既是指向克除私欲，同时也是指向澄明本体。因为本心可以直接呈现，所以两者不过是同一过程的不同侧面。要言之，立诚是一种直抵本体，充分发挥本体积极作用的工夫。阳明在经过长期刻意努力之后，已经达到所谓"立天下之大本"的境界。这一境界即本体完全不受遮蔽或放失的状态，亦即私欲一旦萌生，就能随即不费力地被克除的状态。

立诚工夫之所以能达到"洪炉点雪"般不必费力的状态，是因本体的力量已经可以不受私欲干扰而充分发用。正是本体为立诚工夫提供了直接而又巨大的动力。按阳明后来的表述，本体既可说是良知，也可说是一体之仁，还可说是真诚恻怛。只不过，此时的阳明虽然对依靠本体之力做工夫已有明确的自觉意识，但对怎样论述这一动力源泉，尚未进到将其命名为良知、一体之仁或真诚恻怛的阶段，因而这一动力来源何以具有简易明白、切身有力的特点及原因，就还未被真正揭示出来。

第三，阳明讨论了作为真诚恻怛具体表现形式的"诚孝的心"。正是在强调立诚工夫期间，阳明提出了通常被称为阳明学第一命题的"心即理"。值得注意的是，他在具体论证这一命题时，特别强调了心之真诚状态的重要性。他在正德七年（1512）底南归舟中与徐曰仁论学时说："此心若无人欲，纯是天理，是个诚于孝亲的心，冬时自然

---

[1] 王守仁:《与黄宗贤五》,《王阳明全集》卷四, 第171页。

思量父母的寒，便自要去求个温的道理；夏时自然思量父母的热，便自要去求个清的道理，这都是那诚孝的心发出来的条件。却是有这诚孝的心，然后有这条件发出来。"① 人欲或说私欲是使孝亲之心被遮蔽的主要原因，一旦摆脱了私欲的羁绊，就能使孝亲之心由内而外地表现出来，则自然就会考虑使父母冬暖夏凉、身心舒适的具体办法。这些办法居于从属地位，起主导作用的是真诚的孝亲之心，阳明称之为"诚孝的心"。有诚孝的心便是有深爱，便有了想出孝亲的具体办法的根基。

根据阳明晚年"致此良知之真诚恻怛以事亲便是孝"②的说法，可知孝是事亲领域的致其良知或致其真诚恻怛的工夫。由此，诚孝的心不过是良知或真诚恻怛这一本体在孝亲领域的具体表现而已。从阳明晚年思想来看，一旦把握了良知或真诚恻怛这一本体，则其必定能发用于孝亲等具体领域中。

而正德七年前后的阳明，虽然也重视诚的因素，但这主要体现在他对心即理命题的论证过程中。他格外强调诚孝的心的作用，因为有诚孝的心，便自然有孝之理，以此为基础便可论证心即理命题。然而，在心即理这一完成论证以后的正式命题中，诚的因素却并未直接体现出来。此时阳明以心为本体。然而心既可指本心，也可指现实心。现实心难免混杂私欲，阳明只有突出诚对心的限定，才能确保其所说的心是本心。而单独说心是本体，便难免产生误以现实心为本心的弊病。晚年阳明以良知或真诚恻怛为本体，将遮蔽本体进而阻碍工夫的因素排除出去，由此便可避免上述弊病。

综上可见，真诚恻怛是阳明不断探索本体与工夫问题所得的一项重要成果。这一概念所要表达的思想早已为他所关注和重视，只是这些思想很长时间里没有获得充分的展开和成熟的表达而已。阳明晚年强调真诚恻怛，体现了其思想的推进和深化，而并非突发奇想，而是

---

① 钱德洪编《传习录》第 3 条，《王阳明全集》卷一，第 2 页。
② 钱德洪编《传习录》第 189 条，《王阳明全集》卷二，第 95 页。

有相当深厚的思想渊源作为根基。因此，真诚恻怛观念的提出，并不意味着阳明思想的发展过程出现了断裂。

这一点与正德十五年（1520）前后阳明明确提出致良知宗旨的情形是一致的。他在回顾正德三年（1508）龙场悟道以来的思想历程时曾说："吾'良知'二字，自龙场以后，便已不出此意。只是点此二字不出。"[①] 这句话说明，正德十五年前的思想，仍可用良知理论加以诠释。阳明思想在这前后虽有转折，却更有连续。我们或许也可以基于阳明很早便意识到"真切"、"须是有个深爱做根"、"立诚"和"诚孝的心"等的重要性，而套用上述说法，认为阳明龙场以后已不出此意，只是点此"真诚恻怛"四字不出。正是基于这种思想的连续性，我们便可借助真诚恻怛的概念，来诠释提出这一概念之前阳明的某些论述。此外，从真诚恻怛与致良知关系的角度，我们也可进一步看出阳明思想的连续性。从他"无诚爱恻怛之心，亦无良知可致矣""致此良知之真诚恻怛以事亲便是孝"等说法，可以看出真诚恻怛之说仍是在致良知的框架中谈论，是对致良知学说的丰富和深化，而非否定或颠覆。

第二节　借助真诚工夫以呈露恻怛之仁

如前所论，真诚恻怛确实具有明确的工夫指向。在这一概念中，真诚指的是刻意努力去除私欲之蔽，使本体得以展现的工夫，及其达到的意识与本体合一的状态，恻怛指的是发自本体的对他人不能自已的同感。两部分合而为一，构成对一个工夫的完整描述。从阳明有关真诚恻怛的论述来看，真诚恻怛是具有普遍有效性的工夫指点语。也就是说，无论本体处于什么状况，也无论是面对私欲的哪种表现形式，真诚恻怛工夫都能发挥积极的作用。其能发挥积极作用的主要原

---

① 　陈荣捷编《传习录拾遗》，《王阳明全集》卷三十二，第1290页。

因，便在于其相对明确地揭示了为善去恶之目标指向和成圣意志及良知本体之动力保证。以下，我们主要根据本体受蔽或重或轻，亦即本体呈露并主导意识或难或易的不同情况，分别论述相应的真诚恻怛之工夫。

既然阻碍工夫实施的主要因素是私欲，那首先就有必要了解如何界定私欲，其根源在哪里，具体表现形式是什么，又如何遮蔽本体或阻碍工夫的实施等问题。在《大学问》中，阳明在论述了何谓一体之仁以后指出："及其动于欲，蔽于私，而利害相攻，忿怒相激，则将戕物圮类，无所不为，其甚至有骨肉相残者，而一体之仁亡矣。"① 凡是引发破坏一体之仁或说生生之仁的行为的意念，都可以称为私与欲，或统称私欲。面对私欲的问题，一方面，阳明对私欲的根源究竟何在，以及人们何以去除不了私欲，以至于不能真切做工夫的问题，进行了深入的思考；另一方面，他又从本体受蔽轻重的不同情况以及理智、情感的不同角度入手，对私欲的表现形式进行了具体的剖析。

私欲的病根，不在具体的非分的欲望，而在使非分欲望赖以产生的自私之我。正是对"我"的执着，戕害了作为人心固有而根本存在方式的一体之仁，由此便形成了自私之我。阳明将这种自私之我称为"傲"。他将傲看作人生的根本问题："人生大病，只是一傲字。为子而傲必不孝，为臣而傲必不忠，为父而傲必不慈，为友而傲必不信……古先圣人许多好处，也只是无我而已，无我自能谦。谦者众善之基，傲者众恶之魁。"② 他又将这种自私之我称为"胜心"。他认为胜心是一切恶行的根源："谦虚之功，与胜心正相反。人有胜心，为子则不能孝，为臣则不能敬，为弟则不能恭，与朋友则不能相信相下，至于为君亦未仁，为父亦未慈，为兄亦不能友。人之恶行，虽有大小，皆由胜心生出。胜心一坚，则不复有改过徙义之心矣。"③

---

① 　王守仁：《大学问》，《王阳明全集》卷二十六，第 1066 页。
② 　钱德洪编《传习录》第 339 条，《王阳明全集》卷三，第 142 页。
③ 　朱得之编《稽山承语》第 4 条，《王阳明全集》（新编本）卷四十，第 1607 页。

在本体受蔽较重的情况下，私欲主要有因胜心而计较和不当用情而用情两种主要表现形式。而在这两种主要表现形式中，客气和愤怒又分别是典型。

首先，从理智角度来看，胜心的一种虽然典型，但不易为人觉察的表现形式，是基于利害算计（即《大学问》所说"利害相攻"）的客气。阳明所谓"客气"，与今天日常用语中客气的含义并不相同。《稽山承语》载阳明语："客与主对。让尽所对之宾，而安心居于卑末，又能尽心尽力供养诸宾；宾有失错，又能包容，此主气也。惟恐人加于吾之上，惟恐人怠慢我，此是客气。"[①] 胜心驱使人们不肯位居人下，斤斤计较于他人地位的变化以及对自己的态度，唯恐他人因为超越自己或怠慢自己，而对自己造成不利，此即客气。他在《答陆原静书》中则强调客气和私欲是"一病两痛，非二物也"[②]，即客气看似不同于私欲，但实则无异，两者终归而言是一个病根，两种发作形式。之所以说客气也是私欲，是因为内心唯恐他人超越或怠慢自己，已经明显包含了对自我的执着，包含了对利害的计较，这样就难免引发各种打压或操控他人的恶行。这一心理作为病根不及时拔除，便一定会在某些时刻爆发出来。因而尽管客气的危害不是当下发生的，然而阳明仍要将其与私欲同等视之，并提醒人们对其保持警惕而克除之。

其次，从情感角度来看，胜心的另一种典型表现形式就是愤怒（即《大学问》所说"忿怒相激"）。阳明如此论及涉及愤怒之类情感的工夫："居常无所见，惟当利害、经变故、遭屈辱，平时愤怒者到此能不愤怒，忧惶失措者到此能不忧惶失措，始是能有得力处，亦便是用力处。"[③]"用力处"是说此处是问题之所在，须于此处做工夫。之所以说此处是问题所在，无非是因为本体易受这些情感蒙蔽，以至于失去对人们意念及其伴随的具体行动的主导和监督能力。"得力处"是

---

① 朱得之编《稽山承语》第29条，《王阳明全集》（新编本）卷四十，第1612页。
② 钱德洪编《传习录》第165条，《王阳明全集》卷二，第77页。
③ 王守仁：《与王纯甫》，《王阳明全集》卷四，第173~174页。

说由于这些情感或突发、或持久，强烈影响人们，难以克除，因而一旦能于此处有所突破，有所成就，则工夫将大有长进。两者都在说明，愤怒之类的情感与对利害的计较一样，乃是工夫之重点与难点。

胜心生出的利害之计较与愤怒之冲动，使一体之仁被戕害。在利害与愤怒紧紧抓住人的心灵之际，如何才能恢复一体之仁，实施为善的工夫呢？这个时候虽知道是非对错，只是不能按照评判是非对错的本心来行动而已。用朱子的话来说，人在昧于利害和激于愤怒之际，心肠是硬的，这也就是阳明所说的"胜心一坚"。在这个时候所做的事情，是本人在时过境迁、心平气和之后，都无法想象和追悔莫及的。此时从旁人的角度来说，不仅应当晓之以理，更应当动之以情。而从当事人来说，则应当如《大学问》所说的那样，努力诉诸"仁爱恻怛之诚"，[①] 经由怵动、伤痛而警醒，由此便有一股不能自已的力量要去克服利害之计较与愤怒之冲动，从而真正完成为善去恶的工夫。

无论是不知自己私念已经萌动，还是虽然已经知道却又感觉无力克制，实际上都是良知本体被遮蔽而麻木的状态，也是不能真诚面对自己的状态。真诚的工夫，正是要使人刻意地从这种麻木和失真的状态中醒悟过来，让自己恻怛之仁的本体展现出来，真诚面对自己，让私欲不再有容身之所。在真诚引导人们回到恻怛之心充分展现的本然状态的同时，恻怛又赋予了人的行动以一体之仁的根本目标和方向，并成为人们为善和去恶的根本动力。

尽管阳明并不处在本体受到私欲严重遮蔽的状态，不过我们仍然可以借用他自身的例子，来说明这种触动、伤痛和警醒的状态。《明儒学案》载阳明再传弟子周顺之的纪文："阳明一日早起看天，欲有事，即自觉曰：'人方望雨，我乃欲天晴。'其自省如此。"[②] 渴望下雨的他人，是否为困苦的农人，其数量有多少，愿望又有多强烈，在此

---

①　　王守仁：《大学问》，《王阳明全集》卷二十六，第 1068 页。

②　　黄宗羲：《明儒学案》卷二十五，第 591 页。

不必深究。因为问题本就不在于寻找一个外在的标准去衡量阳明的反省既是必要的，又不至于太过矫情，从而可以将其树立为众人的典范。重要的是阳明出于自己内心的良知，对他人的要求做出的反应。对他来说，想要做事而希望天晴的"我"，因为与他人渴望下雨的要求冲突，构成对一体之仁的破坏，所以是自私之我。本来被自私之我遮蔽的本体，因为他人的要求而受到触动，为他人感到伤痛的同时，也对自己痛加自责，并警醒自己不要继续犯错。这种自省的状态就是真诚恻怛的状态，也就是良知由遮蔽而朗现的状态。在这种状态中，由于私欲已被融化，所以由其引发的知而不行之类的各种问题，都将迎刃而解。常人与阳明的不同之处，不过在于常人可能要更多诉诸刻意努力，才能呈露良知并使之主导意识而已。

第三节　借助恻怛之力以维护真诚状态

以上我们讨论了在私欲遮蔽本体较为严重的情况下，应当如何做工夫的问题。那么，经过持续地做工夫，一旦本体变得容易呈露并主导意识，工夫也变得较为熟练，就没有工夫可做了吗？回答当然是否定的。且不论为善亦即本体在事事物物上的落实仍是漫长的工夫，即便已经变得容易呈现的本体，也会因为各种私欲的干扰，而在发用上出现过与不及的偏差，甚至重新退回被其严重蒙蔽而不易呈现的状态。因此，这一阶段并非没有工夫可做，只不过工夫的具体实施方法与此前相比有所不同而已。

正如《答聂文蔚》第二书所示，阳明之所以强调真诚恻怛的一个原因，便在于提醒那些已经达到本体易现、工夫较熟阶段的学者，本体"若可得增减，若须假借，即已非其真诚恻怛之本体矣"[1]。反过来说，真诚恻怛的本体，必不可也无须假借或增减。阳明之所以提及假

---

① 　钱德洪编《传习录》第189条，《王阳明全集》卷二，第96页。

借和增减，并不是毫无理由的。私欲的表现形式非常多样，不仅有如前所述的因胜心而计较和不当用情而用情两种，至少还有因本体而计较（可对应于假借）和当用情而过之（可对应于增减）两种。

因为本体受蔽或重或轻，工夫或生或熟的不同，所以相应的工夫也有差异。针对本体受蔽较重、工夫较生的情况，主要强调借助真诚工夫以呈露恻怛之仁；而针对本体受蔽较轻、工夫较熟的情况，则主要强调借助恻怛之力以维护真诚状态。两种处理方式的出发点和落脚点存在微妙差别。

出发点指的是工夫下手处，落脚点指的是目标。初学阶段借助真诚工夫以呈露恻怛之仁，出发点在真诚，落脚点在恻怛；较高阶段借助恻怛之力以维护真诚状态，出发点在恻怛，落脚点在真诚。从出发点来看，初学阶段以真诚之工夫为重，较高阶段以恻怛之本体为重；从落脚点来看，初学阶段以恻怛之仁为重，较高阶段以真诚之状态为重。真诚的含义在借助真诚工夫以呈露恻怛之仁的场合，主要是指工夫过程；在借助恻怛之力以维护真诚状态的场合，则是指工夫所要维护的状态。在以真诚工夫呈露恻怛之仁的场合，恻怛尚未发挥作用而是工夫所要寻求的本体支撑；在以恻怛之力维护真诚状态的场合，恻怛则可以直接发挥作用，因而是工夫。概括言之，本体受蔽较重、工夫较生的初学阶段所做的工夫是以真诚工夫呈露恻怛之仁，这一工夫可以说是在工夫上说本体，其中真诚是工夫，恻怛是本体；本体受蔽较轻、工夫较熟的较高阶段所做的工夫是以恻怛之力维护真诚状态，这一工夫是在本体上说工夫，其中真诚是本体，恻怛是工夫。

薛中离曾向阳明提问"持志如心痛，一心在痛上"[1]如何。阳明确实向门人提到过此语，而为陆原静所记录，至今仍可在一些版本的《传习录》第24条内容后看到。据吴震先生的考证，陆原静确实有记录此内容。[2]薛、陆两人的记录是不同的两件事情，是不能合并为

---

[1]　钱德洪编《传习录》第24条，《王阳明全集》卷一，第15页。

[2]　吴震解读《中华传统文化百部经典·传习录》，第81页。

一的。

薛中离或间接、或直接从阳明处听闻了这一指点。从对他的回答中可以看出，阳明认为这作为初学工夫是必要的，然而大概是考虑到中离已经达到了初学以上的更高阶段，所以阳明又提醒他注意心的状态应该是"出入无时，莫知其乡"的，因为"心之神明，原是如此，工夫方有着落"①。"持志如心痛，一心在痛上"对应于恻怛，而"出入无时，莫知其乡"因为是指良知本体自然呈露，不受支配和干扰的状态，故对应于真诚。从落脚点来看，恻怛是初学阶段的重点。因为唯有强调恻怛之痛提供的巨大动力，才足以克除这一阶段根深蒂固的私欲。正因如此，前述触动、伤痛和警醒的真诚工夫，诉诸的也是恻怛之痛。这也更具体地解释了我们说初学阶段的真诚工夫乃是在工夫上谈本体的原因。

仍从落脚点来看，与恻怛是初学阶段工夫的重点相对，真诚则是更高级阶段的重点。因为这一阶段私欲对本体的干预已经大为减少，所以不仅可以，而且也应该让本体自然发用，亦即强调真诚的优先性。在这个阶段，真诚对恻怛做了限定，即并非执定于恻怛，而须让其自然呈现，以免人为的刻意与造作。倘若在恻怛之仁本身都尚未呈露之时，就特别强调此处说的真诚之状态，亦即自然、不刻意、不造作等，那就难免让私欲冒充本体大行其道了。正因为工夫的内涵是让本体不受干扰地自然呈露，所以说这一较高阶段的工夫，是在本体上说工夫。

当然，阳明对中离的提示，只是从落脚点来说的，事实上，基于刚才的论述，我们也完全可以从出发点来说，真诚工夫是初学阶段的重点，而恻怛之仁是较高阶段的重点。从不同角度所见重点的倒置，反映的是在阳明处本体与工夫总是相互为用的关系。由上可见，阳明对陆原静所说是基础，薛中离是在此基础上进一步提问，引出了阳明

---

① 钱德洪编《传习录》第95条，《王阳明全集》卷一，第30页。

论述从有所刻意、执着到无所刻意、执着提升的道路。

上一节已经具体讨论了在工夫上说本体的两种情况，以下分别讨论在本体上说工夫的两种情况。

首先，关于因本体而计较。这种情况是围绕本体如何呈现才最为恰当的问题而展开的理智之谋划。亦即认为仅依靠本体自身是不够的，还须假借理智之谋划，才能使工夫达到最好状态。与前述因胜心而计较的恶行不同，因本体而计较则未必称得上是恶行，而一般可以称为过失。因其是在本体易现、工夫较熟的情况下，只是对本体具体应当如何呈露才最为恰当的问题所做的谋划而已。至于应对之策，因为易于呈露的本体自能调停适中，所以这种情况应借助恻怛之力以对治之。

我们还是以阳明自身的例子来说明怎样才是不因本体而计较，并进而说明如何克服因本体而计较的问题。阳明高足王龙溪曾与门人后学有如下问答：

> 子充曰："阳明夫子居丧，有时客未至恸哭，有时客至不哭。阳和终以不哭为疑，敢请。"先生曰："凶事无诏，哀哭贵于由衷，不以客至不至为加减也。"[1]

子充即裴沛，阳和即张元忭，两人都曾问学于龙溪。"由衷"的意思正是真诚，指意念出于本体而无理智之谋划。阳明在居丧期间因恻怛而痛哭，且其痛哭是真诚的，不以客人来与不来为转移。张元忭当然赞同居丧应该痛哭，问题只不过在于，他认为应当同时根据客人来与不来的不同场合，以损益痛哭的行为。他尤其认为当有客人前来吊丧的时候应该痛哭，亦即让本体在其时有所表露，而不管当时内心真实的状态究竟如何。这种考虑便可称为因本体而计较，即在本体呈露之

---

[1]　王畿：《天柱山房会语·与张阳和、周继实、裴子充问答》，《王畿集》卷五，第120页。

外，仍借助理智之谋划，认为非如此不足以使本体达到最好的表现。阳明对此不以为然，并强调真诚的重要性以告诫之。若从真诚与恻怛的关系来看阳明的行为，则会发现，伤痛之情必须真诚。当然，真诚是结果，不需要有意为之或借助别的什么力量，只需让良知本体自身不受干扰地发用，便已足够。

其次，关于当用情而过之。这种情况指的是虽然本体易于呈露，但本体的动力却同时被私欲裹挟，以至于出现情感发用过度的问题。如应当发怒但过分发怒，应当哀痛但过分哀痛，或在时过境迁之后仍受这些情感支配等便属这种情况。对此应以收敛工夫对治，即剥落附着在本体上的私欲，使意识仅由出于本体的念头支配。收敛是相对于过度而言的，其所剥落的是私欲，保留的是出于本体的念头。至于出于胜心的计较和用情，则与此属于不同的情况，应经由收敛进而最终完全克除之，而不能仅仅停留在收敛阶段。

在阳明看来，"大抵七情所感，多只是过，少不及者。才过便非心之本体，必须调停适中始得。就如父母之丧，人子岂不欲一哭便死，方快于心？然却曰'毁不灭性'，非圣人强制之也，天理本体自有分限，不可过也。人但要识得心体，自然增减分毫不得"①。恻怛之爱虽然出自本体，但是也不能过度，而自有中和适当之处。"调停适中"不是凭借理智之计较而达到，而是深切地体认到良知本体自有如此条理和分寸，增减不得，经由长久的实践，自然能做到恰到好处。

恰到好处作为良知的内在规定，正可用以界定义、理、智、信的含义。阳明说："《大学》所谓厚薄，是良知上自然的条理，不可逾越，此便谓之义；顺这个条理，便谓之礼；知此条理，便谓之智；终始是这条理，便谓之信。"② 由此可见，仁义礼智信都是良知固有而内在的规定。

正因为"七情所感，多只是过"，所以在有关"增减"的问题上，

---

① 钱德洪编《传习录》第44条，《王阳明全集》卷一，第19~20页。
② 钱德洪编《传习录》第276条，《王阳明全集》卷三，第123页。

阳明主要关心的是如何才能减损过度的方面。他的解决之道不过就是："大率收敛为主，发散是不得已。"① 收敛并非对本体的减损，只不过是克除导致情感发用过度的私欲而已，这一点应当是毋庸赘言的。

正因为良知是由仁义礼智信构成的不可分割的整体，所以工夫应摆脱各个部分的局限，而着眼于良知整体，以良知为准绳。良知自有条理、分寸，厚薄轻重都增减不得。若以无原则的爱来行仁，那就不再是仁，而难免为愚所蔽了。仁和愚的差别，只在于是否遵循了良知固有的条理。单纯的仁会缺乏节制而导向愚的弊病，不足以体现良知的内涵。当然，单纯的智尽管可以表现为是非之心，但如果不加以落实，就会沦为残贼，一样不足以体现良知的含义。对是非对错、轻重厚薄这些良知条理的认识必须落实到行动之中，才足以称得上是良知。所以阳明才说"仁、智岂可不谓之道？但见得偏了，便有弊病"②。亦即作为良知不同侧面的仁与智，不能全面展示良知的内涵，不同侧面只有相互补充和制约，才能构成良知整体。而在恻怛之仁易于呈露的背景下，强调对良知本体固有条理的体认，以免恻怛之仁过度发用，就显得格外重要了。

第四节　真诚恻怛与诚意、致良知的关系

综上，《大学问》中的仁爱恻怛之诚和《答聂文蔚》第二书中的真诚恻怛虽然意思相同，但其所在的具体语境却有不同，侧重点分别在本体受蔽轻重或说工夫生熟的不同阶段。阳明中年时期将本体受蔽或轻或重的不同阶段的工夫统称为诚意工夫，本体受蔽较重阶段的工夫也可称为诚意，本体受蔽较轻阶段的工夫则称为正心。这一点前文已多次提及。从本章的角度来说，就较浅或较生阶段的工夫而言，是借助真诚工夫以呈露恻怛之仁；就较深或较熟阶段的工夫而言，是借

① 钱德洪编《传习录》第54条，《王阳明全集》卷一，第22页。
② 钱德洪编《传习录》第49条，《王阳明全集》卷一，第21页。

助恻怛之力以维护真诚状态。前者称为诚意，后者称为正心，两者统称为诚意。亦即两者均是好善恶恶并为善去恶，只不过存在着包含刻意与否的区别而已。当然，对绝大多数人来说，都只能从有所刻意的诚意下手做工夫，正心则不过是最终可以达到的状态而已，而并非可以作为工夫的下手处。根据前述，至少正德八年前后的阳明便已经达到这里说的正心的阶段。

从另一角度来说，尽管可以从本体受蔽轻重以及理智、情感之分等维度区分不同类型的私欲及其相应的工夫，然而无论哪种情况，都不出阳明所谓致良知的范围。克治私欲的工夫是致良知工夫，这一点可以从阳明以下说法中得到印证："若良知之发，更无私意障碍，即所谓'充其恻隐之心，而仁不可胜用矣'。然在常人不能无私意障碍，所以须用致知格物之功。胜私复理，即心之良知更无障碍，得以充塞流行，便是致其知。知致则意诚。"[1]这段话出自《传习录》卷上，为徐曰仁所录。这段话不是徐曰仁与阳明正德七年底南归舟中所论，因为徐曰仁正德十二年（1517）便去世，所以此条语录时间也不会晚于正德十二年。这是正德十五年前后明确揭示致良知宗旨之前，阳明提及良知的重要语录。由此也可佐证我们以良知观念诠释他正德十五年以前的思想，是有坚实文本根据的。他在此只是一般性地提及了私欲，而未明确提到假借或增减之类本体受蔽较轻阶段的私欲。但对我们来说，仅此便足以说明，克服私欲是致良知工夫，这一点应当是毫无疑义的。而根据是否有私欲障蔽，就可以把致知区分为勉然致知和自然致知。两者分别对应于不包含正心的诚意和与之相对的正心，同时也对应于借助真诚工夫以呈露恻怛之仁和借助恻怛之力以维护真诚状态。

既然是致良知工夫，那么问题的关键就在于充分发挥良知的作用，由良知来主导工夫过程。如阳明所说："会得时，横说竖说，工夫总是一般。若泥文逐句，不识本领，即支离决裂，工夫都无下

---

① 钱德洪编《传习录》第8条，《王阳明全集》卷一，第7页。

落。"①"本领"即可指良知，其意是说各种名目所指的工夫都应紧扣良知来推行。无论是面对哪种私欲，其工夫终究而言都是一致的。

小　结

总体而言，真诚是刻意努力去除私欲而使意念合于本体，从而达到并维持意念与本体合一的状态；作为良知固有的动力，恻怛之仁则不仅是为善的根本动力，另外也增强了克除私欲的真诚工夫的动力。真诚恻怛作为指点工夫的概念，其特色就在于，将工夫所能依靠的力量和所要达成的目标，都包含在内。以此指点学者做工夫，动力与目标都是清晰的。尤其是在动力方面强调的恻怛，具有切身有力的特征，这一点显示出其相对于其他众多工夫指点语的优越性。由此我们也就不难理解真诚恻怛在阳明工夫论中不可或缺的地位，以及阳明去世前几年何以一定要提出这一概念并予以特别重视的原因了。

而经由对真诚恻怛的探讨，我们也注意到，在阳明那里，工夫的动力不仅来自出于成圣意志的刻意努力，更来自天赋的良知。从阳明对良知本体之动力在工夫各个阶段都发挥重要作用的主张可见，他的工夫论可以称为本体工夫论。因为工夫始终只有致良知一事，而非如朱子工夫论一样存在居敬穷理两轮并进的格局，所以我们也可说其工夫论是一元工夫论。从真诚恻怛在为学不同阶段的不同表现则可看出，阳明采取了两层工夫论的主张。他认为在初学阶段必须辅以成圣意志，良知本体才能充分发挥作用，而在较高阶段则应主要诉诸良知本体的动力。总体而言，我们确实可以将阳明倡导的工夫概括为一元两层本体工夫。

最后须指出，真诚恻怛观念既有助于我们深化对阳明学的认识并用以指导个人的工夫实践，也有助于我们思考今天中国面临的诸多问

---

① 钱德洪编《传习录》第117条，《王阳明全集》卷一，第38页。

题，例如个人与社会、权利与责任的关系问题。

真诚要求情感和言行必须发自个人主体自身，不可诉诸外力之强制。就此而言，真诚是一个专属于个人的内在性领域，要求相应的个人权利作为其外在保护。由此，对真诚的强调，意味着对不受强制的个体性的尊重和维护。更重要而根本的是，恻怛又使这种权利主体不是内在封闭的，而是超越内外之分的社会主体。这种社会主体能有一股内在的力量去体察和回应他人的需要，并参与和维护社会共同体的生活。由此，权利主体又能将责任视为自我内在的要求，而非一种强制和负担。

就个人而言，不受真诚导引的恻怛，是矫揉造作，必将流于虚伪；不受恻怛制约的真诚，是任性恣意，必将流于骄横。就社会而言，若真诚不受尊重和保护，则个体性将消弭于社会操控，个人将感到压迫，在这种情况下，道德感化不免蜕变成道德审判或道德绑架；若人皆知推崇真诚而不重恻怛，则个人责任无从落实，社会将趋于冲突，在这种情况下，个体不免成为"熊孩子"，国家不免成为"巨婴国"。甚至，只讲真诚和抽象的爱，而不讲具体的恻怛，认为自己的行动出于真诚的本心、出于对人类的挚爱，而对具体的人的苦难毫无怜悯之心，还可能给社会带来巨大灾难。

无论缺乏的是真诚还是恻怛，都恰好接近于阳明视野中的告子之学。前者导致道德标准的"外铄"，亦即阳明终身与之对抗的义外之学；后者则是阳明对之有所保留的"生之谓性"。义外之学自不必说，关于"生之谓性"，在阳明看来即是不受恻怛之良知本体制约的真诚。他说："凡人信口说，任意行，皆说'此是依我心性出来'，此是所谓'生之谓性'，然却要有过差。若晓得头脑，依吾良知上说出来，行将去，便自是停当。"[1] 总之，真诚恻怛观念若经一番现代诠释，或可成为我们今天构建和谐社会关系的一项有益资源。

---

[1]　钱德洪编《传习录》第 242 条，《王阳明全集》卷三，第 114 页。

第十七章
真诚恻怛之本体

"真诚恻怛"的表述若仅就数量而言在阳明思想中恐怕很难称得上有何重要性，不过却意外地在其弟子中产生了很大的影响。最早注意到真诚恻怛这类说法在阳明学中重要性的，应当是阳明弟子陈明水。《寄正宪男手墨二卷》记载其对阳明家书中"无诚爱恻怛之心，亦无良知可致矣"的评论："云'诚爱恻怛之心即是致良知'，此晚年所以告门人者，仅见一二于全集中，至为紧要。"①

明水的这一判断也得到了欧阳南野、邹东廓等同门的呼应。据笔者不完全统计，《欧阳德集》和《邹守益集》至少分别有 13 篇和 16 篇文章提及真诚恻怛。对聂双江而言，阳明对他的这一提点，也确实使他得到启发。这从他以下说法中可以得到印证："所贵乎良知者，诚以其无所不知而谓之良哉？亦以其知之至诚恻怛，莫非天理之著见者而后谓之良也？"②在双江看来，良知之所以为良，首先在于其发于至诚恻怛。

从地域来看，以上所述诸人均属江右王门，不过真诚恻怛的影响不止于此。浙中王门的王龙溪在总结阳明思想演变轨迹时，提到"真切是本体"③，而真切可以展开为真诚痛切，因而可以视为真诚恻怛的

① 王守仁:《寄正宪男手墨二卷》，《王阳明全集》卷二十六，第 1094 页。
② 聂豹:《答董明建》，《聂豹集》卷十一，第 418 页。
③ 王畿:《滁阳会语》，《王畿集》卷二，第 34 页。

简化形式以及初步表达。泰州学派的王一庵也指出："今人知格物反己之学，而犹不免于动气责人者，只为修身主意不诚。如果真诚恳恻，凡有逆境，惟知责己而不知责人，是于感应不息上用工。不然，断港绝河，弃交息游，而非圣人运世之学矣。"①

由于真诚恻怛这一概念出自阳明生前思想最为成熟之际，且其不仅体现了他对诚与恻怛之仁等重要概念的融合，还体现了他对良知本体内涵以及本体与工夫关系的重要主张，因而值得我们深入研究。以下，我们便在阳明思想演进的整体视野中，来考察阳明将真诚恻怛提至本体高度意味着什么，真诚恻怛作为本体对人们做工夫有何作用，何以有此作用，又如何发挥如此作用等四个主要问题，最后再衡定真诚恻怛在阳明整个思想演进过程中的意义。

第一节　真诚恻怛是工夫的动力和准则

阳明认为真诚恻怛等同于良知，且同样既是体又是用。真诚恻怛作为本体，意味着其是使工夫得以完成的动力和准则。

就词义而言，"真诚"的意思是表里如一，意味感情、态度是由内而外发出来的，外在的言行有着内心的支撑。在阳明学中，真诚既可指人心的现实与本体合一的状态，或说人心的现实完全出于本体并从而体现本体的状态，也可指使人心的现实达到与本体合一状态的工夫。"恻怛"与恻隐之义相同，字面意思是伤痛之深切。这种伤痛一般指由他人的危险处境或痛苦遭遇所引起的伤痛，当然对一些具有深刻修养的人而言，他人的快乐，尤其是儿童的快乐，也能引发其恻怛之感。故归结而言，恻怛的深层含义是指对他人不能自已的同感。因此，恻怛不仅具有生理学层面的意义，更具有伦理学层面的意涵。

在阳明处，真诚恻怛并非一个普通概念，而是被用作诠释本体的

---

① 　黄宗羲:《明儒学案》卷三十二，第 742 页。

重要概念。《答聂文蔚》第二书载："盖良知只是一个天理自然明觉发见处，只是一个真诚恻怛，便是他本体。故致此良知之真诚恻怛以事亲便是孝，致此良知之真诚恻怛以从兄便是弟，致此良知之真诚恻怛以事君便是忠。只是一个良知，一个真诚恻怛。"[1] 概而言之，在此，阳明将真诚恻怛作为界定良知含义的充足概念，这也意味着他认为真诚恻怛与良知处于同一层次，且同样既是体也是用。

对阳明用意的具体分析，可从第一句中的"只是"入手。阳明在别处谈及心体时，更多使用"……是心之本体"这一表达方式，仅是单纯对本体及其状态做出描述。相较而言，阳明在其规定良知概念的关键命题——"良知只是个是非之心，是非只是个好恶"[2] 中，则采取了"只是"这一形式。"只是"这一独特表述，是在对良知本体作出界定。同样地，此处阳明也是用真诚恻怛界定而非描述良知本体。就语义而言，"只是"意为"不是……以外的东西"，亦即由"只是"所引出的表语穷尽了主语的内涵。"他本体"是指良知本体。由此这句话应该理解为：良知不是天理自然明觉发见处或真诚恻怛以外的东西，天理自然明觉发见处或真诚恻怛，便是良知本体。

这一界定可分为两部分，分别涉及发用与本体两个层面的问题。在前半部分，由于天理自然明觉发见处无疑是就发用来谈的，有关本体层面的判断直到后半部分才出现，我们可以合理地认为，前半部分的另两个概念，即良知和真诚恻怛也都是在发用层面上来说的。就句意而言，前半部分说的乃是良知之发用所指涉的范围不大于天理自然明觉发见处或真诚恻怛的范围，后半部分则是说天理自然明觉发见处或真诚恻怛所指涉的范围不大于良知本体的范围。事实上良知之发用与其本体是一而二、二而一的关系，对此我们后文还会提及。重要的是由此可推知：第一，天理自然明觉发见处或真诚恻怛不仅与良知之发用，而且与良知本体是等同的；第二，正因为与良知本体等同，所

---

① 钱德洪编《传习录》第 189 条，《王阳明全集》卷二，第 95 页。
② 钱德洪编《传习录》第 288 条，《王阳明全集》卷三，第 126 页。

以天理自然明觉发见处或真诚恻怛，就不仅具有发用的意涵，还具有本体的意涵。亦即和良知一样，天理自然明觉发见处或真诚恻怛，都既是用也是体。

天理自然明觉发见处、真诚恻怛与良知及其本体的一致性关系，实际上反映了阳明的两点主张：第一，从纵向的体用关系来看，体之用即是体，即用是体；第二，从横向的概念关系来看，天理自然明觉发见处、真诚恻怛与良知是同质同层的，彼此之间是相互蕴含或相互诠释的关系。这三个概念间的互诠关系，也表明在上述引文的后几句话中，无论"良知之真诚恻怛"，还是"只是一个良知，一个真诚恻怛"，都是一种同义反复的表述形式。

在阳明处，本体是工夫得以完成的动力和准则。良知在阳明看来当然是工夫得以完成的动力和准则，因而可以称为本体。他又将真诚恻怛称为本体，其意无非是说，和良知一样，真诚恻怛也是工夫得以完成的动力和准则。可以说，阳明提出真诚恻怛概念并将其提至本体高度，意味着在他看来，真诚恻怛乃是工夫得以完成的动力和准则。至于他针对什么问题而要强调真诚恻怛的如上地位和作用，则是我们下一节所要讨论的问题。

第二节　真诚恻怛是针对克除私欲的问题而来

在《答聂文蔚》第二书、《亲民堂记》和《大学问》中，阳明都是为解决克除私欲的问题而谈及真诚恻怛。只不过给聂双江的回信，是针对他已在工夫上达到相对成熟的较高阶段而谈，后两者则是在《大学》的语境中，针对尚未开始做工夫，或者工夫尚且生疏的初学阶段而谈。较高阶段的私欲主要表现为"假借"和"增减"，而尚未开始做工夫或初学阶段的私欲，则主要表现为"权谋智术"。

首先，关于尚未开始做工夫以及初学阶段私欲的问题。由于《亲民堂记》的文字与《大学问》相近，我们且看较晚出的《大学问》：

"固有欲亲其民者矣，然惟不知止于至善，而溺其私心于卑琐，是以失之权谋智术，而无有乎仁爱恻怛之诚，则五伯功利之徒是矣。"① 此处阳明批评的陷溺于功利之中的权谋智术，无疑是私欲之大者。其提出的"仁爱恻怛之诚"，无疑正是为了对治这一严重的私欲而来。由于《大学问》的内容主要是阳明晚年教育初学阶段门人的教材，其对真诚恻怛的强调，无疑有助于指点处于初学阶段学者的工夫。

其次，关于较高阶段私欲的问题。双江在信中表示，自己在孝亲和从兄的具体实践中做致良知的工夫，并且在如是的具体工夫中对如何致良知有所把握。对此，阳明一方面肯定了双江用功之笃实，另一方面又认为其说仅可用以自修，而不足以教人。亦即阳明认为双江所说不具有普遍的指导意义，原因在于其说只把握了末节，而未把握本源。在未把握本源的情况下所做的工夫即便符合良知的准则，也难免陷入"假借"与"增减"之类错误中。

在阳明看来，致良知工夫的践行，需依靠良知本体。有了良知本体，便自能发出孝亲、从兄等行为，本体才是做工夫的动力，而不是将目光聚焦在由本体发出的具体行为上以寻找动力。关于阳明工夫论中的动力问题，可参吴震先生关于《传习录》第 5 条的如下简明扼要的评论："这里所强调的'好'（hào）和'恶'（wù），喻指良知的判断能力，同时也是指良知的道德动力。在阳明看来，良知就是一种直接的源自本心的道德动力，而不是一种静态的有关是非善恶的知识而已。"② 而作为致良知之根本动力来源的良知本体，在阳明看来，便只是一个真诚恻怛。他说："若是从兄的良知不能致其真诚恻怛，即是事亲的良知不能致其真诚恻怛矣，事君的良知不能致其真诚恻怛，即是从兄的良知不能致其真诚恻怛矣。故致得事君的良知，便是致却从兄的良知；致得从兄的良知，便是致却事亲的良知。不是事君的良知不能致，却须又从事亲的良知上去扩充将来，如此又是脱却本原，着在

① 　王守仁:《大学问》,《王阳明全集》卷二十六，第 1068 页。
② 　吴震解读《中华传统文化百部经典·传习录》，第 43 页。

支节上求了。"① 在阳明看来，本就不必辗转于孝亲、从兄或事君等具体枝节、细目之间以寻找做工夫的动力，因为那样做无非是遗忘了良知本体自是真诚恻怛，自是可以发出孝亲、从兄和事君之类行为的本体的表现。由上可见，阳明提出真诚恻怛并将其称为本体，主要目的是揭示本体的普遍有效性，强调工夫应该紧扣本体来做，才是富有力量的。

阳明强调将关注点从孝亲、从兄之类具体实践提升到具有普遍性的本体层面，是否就意味着对特殊性的忽视呢？事实并非如此。因为本体不仅提供了做工夫的动力，还提供了在不同情境中可以遵循的准则，体现出普遍性和特殊性的统一。阳明说："良知只是一个，随他发见流行处，当下具足，更无去求，不须假借。然其发见流行处，却自有轻重厚薄，毫发不容增减者，所谓'天然自有之中'也。虽则轻重厚薄毫发不容增减，而原又只是一个；虽则只是一个，而其间轻重厚薄又毫发不容增减，若可得增减，若须假借，即已非其真诚恻怛之本体矣。"② 提供适应具体情境的准则，意味着真诚恻怛之本体的动力能自我限定和调节，从而避免在实践中出现过与不及的偏差。避免过与不及的偏差，在工夫修养达到较高境界以后是非常重要的。因为在这个阶段面临的主要问题，就不再是因本体受蔽而动力不足的问题，而是阳明说的"增减"和"假借"等因素对本体发用的干扰。

"假借"即是前述未能意识到本体本可提供足够动力，反而辗转于不同的工夫细目中寻求动力，或者借助理智的计算来调节本体动力的发用。"增减"则是意念虽然出于本体的动力，但仍然裹挟部分私欲，以至于情感发用出现过与不及的偏差。两者实际上不出阳明所说私欲的范围。对两者的克服方式，无非是让本可自我调节和限定的良知自然发用，而这种良知自然发用的状态不过就是真诚的状态。重要的是，既然真诚恻怛本体的动力之自我限定与调节，表现为适应

---

① 钱德洪编《传习录》第189条，《王阳明全集》卷二，第96页。
② 钱德洪编《传习录》第189条，《王阳明全集》卷二，第96页。

具体情境的准则，那么，就可以说准则内在于本体的动力之中，而非另有来源。换个角度来说，良知的普遍性必然表现在具体性、特殊性之中。其普遍性不是抽象普遍性，而是具体普遍性。阳明学研究中的"具体普遍性"这一说法取自吴震先生。《传习录》第93条涉及了"万物一体之仁"的问题。吴先生在对这一条的点评中指出："他（引者按：指阳明）注意到儒家的'仁爱'并不是一种抽象的爱，而是一种具体的普遍之爱。一方面，仁爱要从家庭人伦的'孝悌'做起，这就是具体之爱；另一方面，又通过渐次扩充的过程，实现对天下所有的'民'和'物'的仁爱，这就使得仁爱具有了普遍性。总之，仁之爱具有具体普遍性之特征，仁既是'生生不息'之根本，也体现了'万物一体'的精神。"[1] 良知只是一个而又能有多样化的表现，就是其具体普遍性特征的集中体现。

通过以上分析可知，阳明是为了强调本体在克除私欲的工夫中的重要性，才提及真诚恻怛，并认为真诚恻怛便是本体，蕴含了做工夫所需要的动力及其准则。由于私欲问题是阳明始终面对和思考的问题，因此可说真诚恻怛在阳明学中具有通盘性的意义。只有充分理解私欲问题是阳明始终如一的问题关切，才能真正理解他提出真诚恻怛并将其提到本体高度的目的。接下来的问题是，阳明何以必欲诉诸真诚恻怛，真诚恻怛何以就能提供克除私欲所需的动力及其准则，从而有助于工夫的完成？这正是我们下一节所要讨论的问题。

第三节　真诚恻怛之动力源自生生之仁

在阳明处，良知不仅是一般理解的知是知非的意思。因为他所谓知是知非的良知，是足以突破私欲遮蔽的本然之知，是足以保证知行合一的。尽管在某些地方，如在著名的四句教中有"知善知恶是良

---

[1]　吴震解读《中华传统文化百部经典·传习录》，第141页。

知"一语，如果断章取义，不将其后"为善去恶"之"格物"当作良知的内在要求和必然结果的话，那就难免片面地以为良知仅仅是对善恶、是非的认识而已了。关于良知能够保证知行合一，吴震先生一针见血地指出："由于良知具有自知自觉、自反自证的根本能力，从而使知行合一得以可能。"①对晚年的阳明来说，如何诠释出良知足以保证知行合一的固有能力，就成为一项不容回避的课题。其以真诚恻怛，以及我们马上要提到的一体之仁来诠释良知的含义，正是围绕这一课题展开的主要工作。真诚恻怛和一体之仁都是为了指点出良知本体蕴含的克除私欲，化知为行的动力而提出的概念。

阳明非常重视从一体之仁的角度解释良知何以为良的原因。他说："大人之能以天地万物为一体也，非意之也，其心之仁本若是，其与天地万物而为一也，岂惟大人，虽小人之心亦莫不然，彼顾自小之耳……是乃根于天命之性，而自然灵昭不昧者也。"②中间省略的是具体例证。末句所说即是良知。根据全段前后部分的连接词"是乃"，可知阳明此处所欲表达的意思是，前半部分所说的一体之仁就是后半部分所说的良知，亦即阳明在此是用一体之仁来诠释良知的含义。

良知之"良"既有善的、好的的意思，也有天所赋予、人所固有的意思。在这两层含义中，首先，良知之所以是善的、好的，是因其是人所具有的生生之仁，其表现既有维系与提升自己生命的生生之德，也有维系万物生机的一体之仁。一体的意思是，宇宙万物如同人的身体一样，构成相互感通、痛痒相关、休戚与共的生命整体。正是包含一体之仁的生生之仁规定了人的意识与行动的应有方向。维护生生之仁及其内在条理的意识或行动，就是善的，反之就是恶的，就是私欲。从良知包含一体之仁的角度来说，一体之仁赋予了良知评判善恶、是非的实质性标准。评判善恶、是非的实质性标准，就构成了良

---

① 吴震：《作为良知伦理学的"知行合一"论——以"一念动处便是知亦便是行"为中心》，《学术月刊》2018年第5期，第14页。
② 王守仁：《大学问》，《王阳明全集》卷二十六，第1066页。

知本体（或真诚恻怛本体）的准则。

　　其次，仅仅维护一体之仁及其内在条理，不足以涵盖良知的完整内涵。良知之为良知，在于意识和行动不仅合于一体之仁及其内在条理，而且意念还是出于一体之仁的。亦即一体之仁本身是准则的同时，也包含了实现其准则的动力。何以说一体之仁包含了实现其准则的动力？这就涉及一体之仁是本体这一特点。"其心之仁本若是"，就表明了一体之仁是本体。之所以说一体之仁是本体，是因为它并非仅为某些人主观的设定或工夫修养所致的境界，而是人心固有而根本的存在方式。正因为是人心固有而根本的存在方式，一体之仁才有可能包含实现其准则所需的动力。一体之仁以疾痛感受的形式表现出来，而疾痛感受正是将一体之仁蕴含的准则实现出来的动力。关于这一点，我们将在下一节详论。

　　总之，良知是一体之仁意味着良知本体具有至善性质，必然能好善恶恶而为善去恶。阳明晚年之所以必欲提出一体之仁以诠释良知内涵，便是为了揭示良知的这一性质和能力。

　　与一体之仁密切相关的是，阳明晚年还提出真诚恻怛，以揭示良知蕴含的足以克除私欲的动力。真诚恻怛不仅在内涵上与一体之仁接近，这从"仁"与"恻怛"是体与用的对应关系这一点上可以直观看到，而且它和一体之仁一样，也是本体。两者的差异则在于，从字面上来看，一体之仁落脚在仁之性上，因而其字面含义局限于本体方面，尽管事实上在阳明学中即体是用，体用不二。而真诚恻怛则不然。一方面，尽管恻怛本是发用层面上的感受，不足以形容本体。然而，即体即用的思路使得这一发用层面的感受可以同时是本体，加之将表示现实与本体合一的"真诚"一词，置于表示发用之感的"恻怛"一词之前，也强调了恻怛之感有其本体依据，由其表现必能推知其本体依据。因为在真诚的情况下，其本体依据必能表现为恻怛之感。在真诚的状态中，恻怛与其本体是一而二、二而一的关系，因而恻怛表示发用的同时，亦可表示本体。当然毋庸赘言的是，此本体便是一体之仁，因而，真诚恻怛一语便指向了一体之仁这一本体。另一方面，阳明还说："'诚'字有以工夫说者：诚是心之本体，求复其本体，便是思诚的工夫。"[1]据此说法可知，真诚在指工夫的同时，也可指本体。

综合以上关于恻怛和真诚的讨论可知，"真诚恻怛"一语仅从字面上就能将本体以及发用，尤其是发用层面的工夫两个方面，都充分展示出来。正因为真诚恻怛能充分展示本体与工夫两个方面的含义，而良知的含义也不外于此，所以阳明才特别强调"良知只是一个真诚恻怛"。

以真诚恻怛界定良知，是为了揭示良知本体中蕴含的足以克除私欲、使工夫得以完成的动力。其克除私欲的一面主要从"真诚"一语中体现出来，因为真诚意味着使意念出于本体而不受私欲遮蔽或干扰。而其动力则主要从"恻怛"一语中表现出来。阳明之所以必欲诉诸真诚恻怛，原因便在于真诚恻怛的如上内涵。在下一节，我们便对恻怛之动力是如何具体发挥作用的这一问题展开分析。

第四节　一体之痛感即是化知为行、为善去恶的根本动力

发于一体之仁的痛感就是化知为行、为善去恶的根本动力。努力让意念指向恻怛，使恻怛主导意识，或者保持意识自然所处的恻怛状态，就是具体落实真诚恻怛本体作用的方式，也是真诚恻怛工夫的要点。

嘉靖五年（1526）阳明《答聂文蔚》第一书："夫人者，天地之心，天地万物，本吾一体者也。生民之困苦荼毒，孰非疾痛之切于吾身者乎？不知吾身之疾痛，无是非之心者也。"[2]"是非之心"指代的

---

[1]　钱德洪编《传习录》第 121 条，《王阳明全集》卷一，第 40 页。
[2]　钱德洪编《传习录》第 179 条，《王阳明全集》卷二，第 89~90 页。

是良知。因为"不知吾身之疾痛"中的"身"指的是天地万物一体之身，而非通常所理解的一己之身，所以此处的疾痛就不是单纯的生理痛感，而是具有伦理意义的一体之痛感。亦即阳明说的疾痛感受，是以一体之仁为根源，因而具有善的性质。这种一体之痛感若以他人的痛苦处境等为对象的话，便是恻怛或恻隐之心。与以动物、植物和无生命物等为对象比起来，一体之痛感在以人为对象的时候，最优先、最集中、最充分地表现出来，故恻怛或恻隐之心可说是一体之痛感中尤其深切者，也是一体之仁最主要的表现形式。而一体之仁的不同表现，也就体现了良知的准则。

　　尽管我们说恻隐之心是深切的一体之痛感，故而不知一体之痛感，就是无恻隐之心，然而在"不知吾身之疾痛，无是非之心者也"中，阳明不是使用"恻隐之心"，而是使用"是非之心"，来指称能感受一体之痛感的主体。换句话说，"是非之心"这个具有能指功能的符号，被他填充到了意义之所指为"恻隐之心"的地方。这一看似不合逻辑的做法恰恰说明，阳明在用是非之心指代良知全体时，其含义不仅不是单纯的知是知非之心，而且与恻隐之心相通，甚至是包含恻隐之心，且以恻隐之心为根本内容的。阳明以恻隐之心解释良知，并非只有这一处。实际上，人们很少注意到的是，阳明在正德十五年（1520）以前论及良知时，便已将良知与恻隐之心联系在一起。《传习录》卷上载阳明语："若良知之发，更无私意障碍，即所谓'充其恻隐之心，而仁不可胜用矣'。"[1] 陈立胜先生精辟地指出："王阳明之良知固然是一普遍的是非之心，但此是非之心依然与'真诚恻怛'绾结在一起，一体相关的生命之实感仍然是通过痛感体验乃呈现，以致有'不知吾身之疾痛，无是非之心者也'之论说。"[2] 之所以用包含痛感体验的恻隐之心来规定作为是非之心的良知的内涵，不仅是因为恻隐

---

[1]　钱德洪编《传习录》第8条，《王阳明全集》卷一，第7页。
[2]　陈立胜：《"恻隐之心"、"他者之痛"与"疼痛镜像神经元"——对儒家以"识痛痒"论仁思想一系的现代解释》，《社会科学》2016年第12期，第112页。

本身就展现了是非的准则，更是因为若无恻隐之心的推动，人们将会知是非却又不按照是非的准则来行动，如此则良知的善的性质无从实现，良知也就失去了其本来意义。另外，以恻隐之心来规定良知的内涵，也体现了阳明体不离用、即用是体的思路。本体在做工夫中的作用，正是借由这种本体与发用合一的关系才得以具体发挥出来的。

那么，恻隐之心何以就能推动人们按照是非的标准来行动呢？我们可以从"知吾身之疾痛"之"知"说起。这里说的"知"，不是对事物的客观认知，而是对"吾身之疾痛"的感知。这种感知受到乍见孺子入井之类情景触动，便能够自然呈现，不假思索，不必外求，就像只要躯体并未彻底瘫痪，人们便自然能感知到躯体的疼痛一样。当然，这种痛感是具有伦理意义的痛感。因为它承载着将以是为是、以非为非的态度落实到为善去恶的具体行动中，并最终维护一体之仁的伦理责任。而这种痛感本身蕴含的动力，就有助于实现这一目标。

更具体来说，恻隐之心推动化知为行、为善去恶的机制在于，正如痛痒相关，则人们不自觉地就会去除使其痛痒的东西一样，恻隐之心意味着是非乃是痛痒相关、不得不为的事情，由此推动了知之必行。正如阳明所说："自家痛痒，自家须会知得，自家须会搔摩得，既自知得痛痒，自家须不能不搔摩得。"[1] 类似说法在《王阳明全集》中所在多有，如："才有一毫非礼萌动，便如刀割，如针刺，忍耐不过，必须去了刀，拔了针，这才是有为己之心，方能克己。"[2] 又如："故凡慕富贵，忧贫贱，欣戚得丧，爱憎取舍之类，皆足以蔽吾聪明睿知之体，而窒吾渊泉时出之用。若此者，如明目之中而翳之以尘沙，聪耳之中而塞之以木楔也。其疾痛郁逆，将必速去之为快，而何能忍于时刻乎？"[3]

一体之痛感正是要让人回到为善去恶如同人不得不去除痛痒般

---

①　钱德洪编《传习录》第144条，《王阳明全集》卷二，第65页。
②　钱德洪编《传习录》第122条，《王阳明全集》卷一，第41页。
③　王守仁:《答南元善》，《王阳明全集》卷六，第235页。

的本然需要这个层面，从而为做工夫提供了直接动力。也就是说，只有将良知（是非之心）紧扣痛感体验来说，才使人具有充沛的力量以为善去恶，知之必行。而人们所应做的无非是努力克制包括权谋智术在内私欲的遮蔽，让意念指向恻怛，使恻怛主导意识，或者保持意识自然处在恻怛的状态，而避免"假借"与"增减"之类因素的干扰而已。实际上也正是对痛感的强调，凸显一种直接面对内心最真实感受的倾向，而这种倾向与对仁和物不容自已的爱一起，可以使人避免陷入理想性的狂热和个体性的执迷中。

至于一体之痛感与因致良知而生的满足、快乐之间关系的问题，我们可以说，它们是一体之两面的关系。人因有一体之痛感，而浑身不自在，拥有一股不能自已的力量，必欲在当下面对的具体情境中使一体之仁实现出来。而一旦启动并逐步完成这样的行动，一体之痛感得以释放的同时，满足、快乐的感觉也就随之而来。

阳明就遇到父母去世而痛哭的情形谈了这一过程：

> 问："乐是心之本体，不知遇大故于哀哭时，此乐还在否？"
> 先生曰："须是大哭一番方乐，不哭便不乐矣。虽哭，此心安处即是乐也，本体未尝有动。"①

从主观方面说，是自己的情感得到妥善安顿；从客观方面说，是周围的人事物得到妥善安顿，两者应是一体两面的关系。从郁积和错位中摆脱出来，得到妥善安顿，就是乐。

牟宗三先生也谈到了痛感的平复："此种醒悟亦是其本心所透示之痛切之感，亦可以说是其本心之惊蛰、震动所振起之波浪。由其所振起之波浪反而肯认其自己、操存其自己，亦即自觉其自己，使其自己归于其正位以呈现其主宰之用，此即是'求其放心'，使放失之心复

---

①　钱德洪编《传习录》第292条，《王阳明全集》卷三，第127页。

位。放失之心一旦复位，则由惊蛰、震动所振起之波浪即复消融于此本心中而归于平平，此时即唯是本心之坦然与沛然，溥博渊泉而时出之。"[①] 放失之心的复位，即意味着动力中所蕴含的准则得以实现。

小　结

阳明有一个关于"入圣之机"的说法非常重要，而这正可从真诚恻恒的角度加以理解。他说："昔镜未开，可得藏垢。今镜明矣，一尘之落，自难住脚。此正入圣之机也。勉之！"[②] 晶莹的镜子比喻的是本心，一粒灰尘落在其上也不能容忍，比喻的是本心的恻恒不容已之情，代表的是本体。阳明认为这是入圣之机，即是说这是在实现成贤成圣目标过程中大可凭借的力量。真切感受到这一恻恒不容已之情而使其顺畅发用，则是与之相应的工夫。两者结合构成成贤成圣的充分条件，而这也正是"真诚恻恒"一语所要表达的内涵。更宽泛地从良知的角度来讲，入圣之机就是具有直接性和充足性的良知。点出入圣之机，既是对人心本有的积极因素的信任，也是对人提出的工夫要求。

从总体上来看，朱子学、佛道二教、明道与象山之学以及世俗学问，构成了阳明学形成的思想资源与扬弃对象。

在这四者中，克服朱子学的支离与繁难，是促使阳明思想得以形成的首要问题意识。为此他对工夫提出了切要而简易的要求。切要即是说工夫不必从漫长而艰苦的格物致知入手，而可以直接从克除私欲的诚意切入。之所以能直接从诚意切入，则是因为良知可以直接呈现，可以为工夫提供充足的动力和明晰的准则，由此工夫也是简易的。不过，由于私欲的牵累，初始阶段良知的动力并不充足，准则也不够明晰，这就有必要诉诸真切，才能落实良知。同时，人们会因为

①　牟宗三：《从陆象山到刘蕺山》，第105页。
②　陈荣捷编《传习录拾遗》第46条，《王阳明全集》卷三十二，第1302页。

致良知简易而产生轻忽的心理，或者产生对良知的怀疑而另寻他途。这些都是阳明思想面临的内在问题。这些问题使得真诚恻怛的提出成为必要。它既揭示良知本体本身既是动力又是准则，同时也提出了切实落实良知的要求。无论从本体还是工夫的角度，从初学阶段还是较高阶段的角度，它都揭示了良知的根本特征和积极作用，反映了阳明思想的内在要求。

对佛道二教背离人伦价值的批评，构成阳明仅次于批评朱子学的重要问题意识。虽然阳明自身并未直接提及，不过显然真诚恻怛在其中也起到重要作用。他本人之所以放弃出世的念头，原因便在于不能割舍对祖母和父亲的牵挂，以及不能抛弃对天下苍生的悲悯。而这种牵挂和悲悯无疑是发自天性真切不容已的感情，亦即真诚恻怛的表现。由此可见，真诚恻怛对解决阳明的两大问题意识都起到关键作用。

阳明在处理完两广事物回程途中溘然长逝，以至于很多思想都尚未来得及深入阐发和充分展开。一般认为，"此心光明，亦复何言"是他的遗言。这固然没有错，不过按照黄宗贤为他写的《行状》的记载，他的遗言还包括："他无所念，平生学问方才见得数分，未能与吾党共成之，为可恨耳！"[1] 由此可见在他自己心中，许多思想尚未获得深入阐发和充分展开，无疑是至为遗憾的。他曾说："义理无定在，无穷尽。吾与子言，不可以少有所得而遂谓止此也。再言之，十年、二十年、五十年未有止也。"[2] 阳明仅得中寿，若得高年，其对义理的阐发诚然无法限量。不过从他龙场悟道到去世，也有长达二十年的时间，思想精蕴可以说也得到了很大程度的发挥。从他晚年对一体之仁和真诚恻怛的持续关注与多次强调，以及门人弟子对此的重视可以看

---

[1]　黄绾：《阳明先生行状》，《王阳明全集》卷三十八，第 1579 页。关于阳明遗言的讨论可参邓国元、王大印《王阳明"临终遗言"献疑与辨证——兼论〈阳明先生年谱〉嘉靖本与全书本的差异》，《现代哲学》2021 年第 2 期，第 142~147 页。

[2]　钱德洪编《传习录》第 22 条，《王阳明全集》卷一，第 14 页。

出，他的思想阐发应该还是会沿着更加深切著明地揭示本体的动力与准则，以及怎样才能使人更加切实落实本体的方向推进。而真诚恻怛与一体之仁一起，在这条思路中正居于关键地位。

在这一思路中，其去世前一年天泉证道时提出的从无善无恶亦即自然致知入手的工夫提升之路，充分展示了良知的作用，无疑是阳明想要深入阐发的一个关键思想。而对于这条工夫提升之路，他最为担心的是："人有习心，不教他在良知上实用为善去恶功夫，只去悬空想个本体，一切事为俱不着实，不过养成一个虚寂。此个病痛不是小小，不可不早说破。"[①] 着实致良知而不流于虚寂的要求，与上述批评佛道二教的问题意识有相似之处。同样地，真诚恻怛在其中也正可发挥关键作用。真诚恻怛尽管并非专为从自然而入的工夫提升之路而发，不过在他去世前最为牵挂的这一问题上，真诚恻怛应该是占有重要的一席之地的。

总之，无论从阳明思想形成的主要问题意识、其思想面临的内在问题，还是从其晚年的致思路径、关注的重要话题来看，真诚恻怛都居于关键地位，充分反映了阳明去世前思想所达到的高度。

---

① 钱德洪编《传习录》第315条，《王阳明全集》卷三，第134页。

第十八章
真诚恻怛的总结性意义

"真诚恻怛"不仅在弟子中引起很大反响，而且也引起了现当代一些学者的关注。

耿宁先生在《人生第一等事》这部"生命之作"中把真诚恻怛称为阳明的"哲学遗言"，这应当是非常有见地的。他辟专节"'良知本体'是'仁'或'真诚恻怛'"，来讨论有关真诚恻怛的问题。他指出《答聂文蔚》第二书极其重要，认为这封信"是他（引者按：指阳明）撰写的最后一封有重要哲学内容的信函，意味着某种哲学遗言"。耿宁先生还认为，堪称阳明"哲学遗言"的真诚恻怛，不过是"真正的同情或同感"。真诚恻怛和动静合一一起，因为"铭刻着伦理理想或圣人观念"，"为此概念（引者按：指良知）打上了本质的儒家烙印"，所以成为良知的"两个最重要的本质特征"[1]。另外，耿宁先生还认为："他（按：指阳明）所关心的是伦理力量的一种'动力学'。"他将阳明处的伦理动力划分为四种，一种是追求成圣的意志，另三种则与良知有关。[2] 真诚可指发自成圣意志的刻意努力，恻怛则发自良知本体，两者分别对应于阳明两大类型的伦理动力。事实上，真诚恻怛明确揭示工夫的两种动力，是阳明晚年必欲提出并重视真诚恻怛的重要

---

[1] 〔瑞士〕耿宁：《人生第一等事：王阳明及其后学论"致良知"》，该节在第299~309页，引文分别见第305、299、310、299和310页。

[2] 〔瑞士〕耿宁：《人生第一等事：王阳明及其后学论"致良知"》，第252页。

原因。

　　陈立胜先生则主要在知情意中的情的维度中对真诚恻怛做了深入阐发，并高度评价了真诚恻怛在阳明良知学中的重要地位。他说："可以说'真诚恻怛'是贞定住'良知'的桥头堡。"①又说："第一，阳明之良知乃是指点本心仁体这一实事，它既是一种知孝知弟、知爱知敬、本分之'知'，是人天然本具的尽一己天职之能力，同时又是一种对心之所发的意念的善恶性质恒照、恒察，并同时予以克治（好者好之、恶者恶之）之能力，良知之知孝知弟、知爱知敬、知是知非（知善知恶）、是是非非（好善恶恶）的能力在根本上乃是扎根于仁体之中、浑然与物同体的感受能力、判断能力、取舍能力、应对能力。要之，良知是一知情意三位一体的概念。第二，在良知所指点的本心全体之中，真诚恻怛是奠基性的，'只是一个真诚恻怛，便是他本体'，本心在根本上乃是浑然与物同体之感通、感应的觉情与能力。"②

　　其他学者虽未撰专文探讨真诚恻怛，不过也对阳明这一观点做了论述。如冈田武彦先生不仅注意到真诚恻怛在阳明思想中居于本体地位，也指出阳明强调真诚恻怛的缘由："因良知并非冷彻之感知，而是与好恶之情一体的温血之知觉，故而阳明又称良知之体为真诚恻怛。"③此外，在论述阳明后学工夫论时，冈田先生也强调了阳明门人对真诚恻怛的重视。④唐君毅先生亦曾指出阳明重真诚恻怛。他说："能真知而笃行是之谓诚；故阳明重真诚恻怛。此与中庸孟子之意无殊。人若能真诚恻怛，以致其知善知恶之良知，而诚其好善恶恶之意，以成其为善去恶之行，则善日以长，而恶日以消。"⑤吴震先生则认为阳明提出的真诚恻怛"意思是说，良知本体是最为真实无妄的实

---

①　陈立胜：《入圣之机：王阳明"致良知"工夫论研究》，第242页。
②　陈立胜：《知情意：王阳明良知论的三个面向》，《贵阳学院学报》（社会科学版）2018年第4期，第9、18页。
③　〔日〕冈田武彦：《王阳明与明末儒学》，第50页。
④　〔日〕冈田武彦：《王阳明与明末儒学》，第137、138、231页。
⑤　唐君毅：《中国哲学原论·原性篇》，第286页。

体存在，同时又是最能体现人类所具有的同情心、怜悯心等情感因素。也就是说，良知本体包含了性与情两个方面的重要因素，它不仅是形上存在的性体，同时又是内在情感的表现，而两者之间是密不可分的"①。

牟宗三先生也非常重视真诚恻怛，他说："良知之照临不只是空头地一觉，而且即在其照临的一觉中隐然自决一应当如何之方向，此即所谓良知之天理。而且又不只是决定一方向，它本身的真诚恻怛就具有一种不容已地要实现其方向（天理）于意念乃至意念之所在（物）以诚之与正之之力量。"② 他以下说的"精诚恻怛"实即真诚恻怛："良知之内容亦不只是光板的、作用的明觉，而是羞恶、辞让、是非、恻隐全在内的心体之全，故阳明总言'良知之天理'，亦总言'精诚恻怛'之本心。这也是既是理，也是情，也是心。"③ 真诚恻怛还可以置于仁智（悲慧）关系的视野中来把握。牟先生说："悲以润慧，仁以养智。要润它、养它，必须要回头发见本心之悲与仁，此便是吾心之本体、意义、价值之根源。所以阳明说良知只是个精诚恻怛，亦就是仁，顺这个回头的觉悟而作事，则不是逐物地作之，而是顺致良知而来的天理地作之。圣贤工夫只是教你回头顺天理作之。不回头，无此步工夫可言：一切都是逐物。回头才能正己成物。此第二义也。"④

值得注意的是，牟先生不仅局限于儒家和中国传统文化的内部来谈真诚恻怛，而且在中西对比中将其视为整个儒家思想的特色和优长。他将康德与儒家进行对比时特别强调了儒家重视真诚恻怛，这是儒家优胜于康德哲学乃至整个西方哲学的关键。他评论康德说："可惜他一间未达、一层未透（自由为一隔绝之预定、设准，其本身之必然性不可理解，是一本质的关键），'道德的形上学'不能出现，而只完成了一个'道德的神学'。拨开这'一间'，打通那一层隔，是要靠

---

① 　吴震解读《中华传统文化百部经典·传习录》，第344页。
② 　牟宗三：《从陆象山到刘蕺山》，第151页。
③ 　牟宗三：《心体与性体》（上），第113页。
④ 　牟宗三：《王阳明致良知教》，《牟宗三先生全集》第8卷，第60页。

那精诚的道德意识所贯注的原始而通透的直悟的，亦即靠那具体清澈精诚恻怛之圆而神的浑全襟怀，这是儒圣的德慧生命之所开发。西方自始即无这种生命。以步步分解建构的方式而达至康德的造诣，亦算不易了。"[1] 由此亦可见阳明有关真诚恻怛的思想在整个儒学史上也占有一席之地。

　　总体而言，虽然学界已经注意到真诚恻怛在阳明思想中的重要性，然而这一概念内涵之丰富与深刻，还是超过了人们的想象。可以说，真诚恻怛分别是本体与工夫、动力与准则、勉然与自然的统一。上述三重统一使"真诚恻怛"堪称阳明思想的精要表达，对阳明思想具有总结性的意义。耿宁先生将其称为阳明的"哲学遗言"，可谓良有以也。而阐述这三重统一正是本章的课题。

第一节　本体与工夫的统一

　　真诚恻怛意味着本体与工夫的统一。阳明去世前必欲提出真诚恻怛并将其提至本体高度的根本原因，乃是以此揭示本体所蕴含的足以推动工夫的动力和引导工夫的准则，从而实现本体与工夫的统一。

　　阳明认为良知："只是一个真诚恻怛，便是他本体。"[2] 这里不是说良知本体是良知本体，那样的话就成了无意义的同义反复，而是说发用层面的良知同时也是本体，亦即良知是即发用而为本体的。本体不在发用之外别为一物，而发用直接就已经是本体了。正因为良知是即发用而为本体，所以真诚恻怛也是即发用而为本体，同时兼有了发用和本体的双重含义。质言之，真诚恻怛绾结了阳明学中的发用与本体，而将它们统一起来，展现了即用是体的思想。

　　与本体、发用这一对概念类似的，是本体与工夫这一对概念。刘

---

① 　牟宗三：《心体与性体》（上），第158页。
② 　钱德洪编《传习录》第189条，《王阳明全集》卷二，第95页。

蕺山对阳明思想有"即体即用，即工夫即本体"①的著名评论。这一评论应当是符合阳明思想实情的，尽管在此基础上可以进一步说即用是体，如此才能充分、准确揭示在阳明这里体与用的关系。体和用指本体和发用。发用是相对于本体而言的，指本体的表现。工夫主要是从主体有意识的、自觉的行为的角度来说的。在阳明学中，由于工夫的发动和施行受到本体或多或少的指引和推动，故也应属于发用的领域。因此，在本体、发用和工夫三个概念中，关键是如何界定本体的含义。

然而，阳明不仅从本体的角度来界定发用和工夫的含义，还非常注重从发用和工夫的角度反过来界定本体的含义。如果说他对体用关系的理解"即体而言，用在体，即用而言，体在用：是谓'体用一源'"②可谓对本体与发用含义的相互界定，那么《稽山承语》所载四句话就是对本体与工夫含义的相互界定。这四句话中，"合着本体，方是工夫"是以本体界定工夫，而"做工夫的，便是本体"、"做得工夫，方是本体"以及"做得功夫，方见本体"则是以工夫界定本体。③由上述四句里的中间两句可知，工夫的具体推动者和实施者（即"做工夫的"），便是所谓本体（即"便是本体"）；并且唯有能推动和实施工夫的（即"做得工夫"），才称得上是本体（即"方是本体"）。由此，工夫之所以为工夫，是因为它符合了本体的要求；而本体之所以为本体，则是因为它推动了工夫的完成，两者是相互界定的关系。

正是在相互界定的意义上，阳明的观点不同于后来的黄梨洲。众所周知，梨洲有一著名观点："心无本体，工夫所至，即其本体。"④其表述形式与阳明"做工夫的，便是本体"以及"做得工夫，方是本体"类似。不过其内涵却很不相同。梨洲开头所说"心无本体"提示了这

---

① 黄宗羲:《明儒学案》师说，第7页。
② 钱德洪编《传习录》第108条，《王阳明全集》卷一，第36页。
③ 朱得之编《稽山承语》第20条，《王阳明全集》（新编本），第1610页。
④ 黄宗羲:《明儒学案》自序，吴光主编《黄宗羲全集》第七册，浙江古籍出版社，2012，第3页。

一不同。陈畅先生指出梨洲这一命题是在如下脉络中提出的："气的秩序是万事万物自身所蕴含，非由超越于事物的任何实体所赋予。"[1]阳明则虽然认为做的工夫便是本体，如此则有消解本体的倾向，在这一点上与梨洲有近似之处，不过他仍然认为工夫要与本体相合，如此则又凸显了本体相对于工夫的优先地位，这是梨洲那里所没有的。

在本体与工夫相互界定的脉络中来看真诚恻怛，则可以发现它和良知一样，可以把本体和发用，或者更具体说本体和工夫统一起来，这是我们说真诚恻怛在阳明学中具有总结性意义的原因之一。

至于真诚恻怛何以就能统一本体与工夫，其实也并不难理解。因为工夫的最重要要素，是推动工夫的动力和工夫所要完成的目标，而所要完成的目标又具体落实为所当依循的准则，或说符合工夫的准则也就符合了工夫的目标，所以我们可说本体即是工夫得以完成的动力和准则。良知在阳明看来当然是工夫得以完成的动力和准则，因而可以称为本体。他又将真诚恻怛称为本体，其意无非是说，和良知一样，真诚恻怛也是工夫得以完成的动力和准则。正是在作为工夫得以完成的动力和准则的意义上，真诚恻怛实现了本体和工夫的统一。

为了理解何以真诚恻怛就能提供克除私欲所需的动力和准则的问题，我们有必要对比阳明其他工夫指点语，以及考察作为私欲突出表现形式的知而不行问题。

正如刘蕺山所概括的，在阳明龙场悟道以后，体现其思想宗旨和指点学者做工夫思路的主要用语，是"去人欲而存天理"、"知行合一"和"致良知"。[2]促使阳明提出这些主张的，便是有关私欲的问题。"去人欲而存天理"作为工夫指点语的好处，在于他直接点出了去除私欲这一课题，问题则在于，它不仅没有说明私欲问题的突出表现形式，也没有说明人们能做到这一工夫的动力究竟何在。

---

① 陈畅：《牟宗三与刘宗周论寂感真几：比较与省思》，《现代哲学》2015年第6期，第116页。

② 黄宗羲：《明儒学案》卷十，第183页。

私欲问题的表现，不仅有良知被遮蔽而全然不知，更有明知私欲萌动却又无力克制亦即知而不行。由于良知自知自觉，即便受到一定程度的遮蔽，也能一反便得，所以知而不行相较于全然不知可谓更为普遍而困难的问题。《传习录》卷下载门人以下说法，将这一知而不行问题一语道出："私意萌时，分明自心知得，只是不能使他即去。"①"知行合一"这一指点语的好处，便是直面了作为私欲突出表现形式的知而不行问题，其问题则和上一指点语类似，没有明确说明人们能做到这一工夫的动力究竟何在。虽然仔细推敲可知"知行合一"这一表述中的"知"并非通常理解的知识，而不外乎就是良知，但毕竟这一含义可以说是相当隐晦的。

相较之下，"致良知"的优越性，就在于指点出良知这一做工夫的动力和准则。也正因为致良知之于工夫有如此作用，所以可以说正德十五年（1520）前后致良知学说的正式提出，就标志着阳明的思想以及教法已臻成熟。

不过值得注意的是，即便"良知"点出了做工夫的动力和准则，学者仍然被知而不行的问题困扰。事实上这一问题广泛而持久的存在，正是阳明在去世前几年提出真诚恻怛的一个重要背景。

只要我们承认阳明的学说不是无的放矢的，那么他在叙述自己观点之际提及的以下问题，就不仅仅是假设，而更多地反映了现实的情况。他在论述《大学》工夫条目之间的关系时提出以下问题："然知得善，却不依这个良知便做去，知得不善，却不依这个良知便不做去。"他也意识到这一不能致知的问题会导致"善虽知好，不能着实好了；恶虽知恶，不能着实恶了"亦即不能诚意的后果。②上述门人所说即是此处说的不能诚意的问题。而阳明认为不能诚意是由于不能致知亦即不能致良知造成的。

原本阳明认为致良知工夫极为简易，可是何以他已指点出这一简

---

① 钱德洪编《传习录》第333条，《王阳明全集》卷三，第140页。
② 均见钱德洪编《传习录》第317条，《王阳明全集》卷三，第135~136页。

易工夫，却仍然不能促使人们将对是非的认识贯彻于行动之中而做到致知呢？这当然不是致良知学说本身的问题，而是人们未真实用功的缘故。如果我们追溯人们未真实用功以至于知而不行在认识论上的原因，就会发现人们对良知的理解出现了偏差。其偏差主要体现在，将阳明用以诠释良知的是非之心，单纯理解为知是知非的知识而已，没有真正在工夫中诉诸良知。而如果良知的含义仅止于在认识层面分清孰是孰非，亦即良知仅仅是不导出行动的静观而已的话，它不足以保证人们知之必行，也就不足为怪了。

然而事实上，良知在被阳明提出之际，就不仅是一般理解的知是知非的意思。因为他所谓知是知非的良知，是足以突破私欲遮蔽的本然之知，是足以保证知行合一的。对晚年的阳明来说，如何诠释出良知足以保证知行合一的固有能力，就成为一项不容回避的课题。其以真诚恻怛，以及与之近似的一体之仁来诠释良知的含义，正是围绕这一课题展开的主要工作。真诚恻怛和一体之仁，都是为了指点出良知本体蕴含的克除私欲，从而化知为行的动力而提出的概念。

第二节　动力与准则的统一

真诚恻怛意味着动力与准则的统一。本体包含的动力与准则并非相互外在的关系，准则是内在于动力之中的，动力的自我调节就形成了准则。而准则内在于动力，动力即已是准则，正是"心即理"这一命题所欲表达的观点。

良知即是动力，那么准则又在何处呢？我们可以参看阳明如下关于良知的论述。他在《大学问》中解释"至善"含义之后，也用至善诠释了良知的含义："至善者，明德、亲民之极则也。天命之性，粹然至善，其灵昭不昧者，此其至善之发见，是乃明德之本体，而即所谓良知也。"[1] 首先值得注意的是，从"其灵昭不昧者"以后的内容可以

---

① 　王守仁：《大学问》，《王阳明全集》卷二十六，第 1067 页。

看出，良知之发用，便是其本体，本体事实上不在发用之外。良知之发用与其本体是一而二、二而一的关系。而良知即作用而为本体这一点正是我们在第一节所讨论的问题。

阳明这段话不仅反映了良知即用是体，更表明良知具有至善的本质特征。良知之"良"既可表示价值上的好、善的意思，也可表示天所赋予、人所固有的意思。而且正因为是天所赋予、人所固有，所以才使其价值上善的性质具有了至善的内涵。至善包含善以及善是固有的这两层含义。这两层含义可以分别对应于完成工夫所需的准则和动力。也就是说，善构成做工夫的准则，有此准则，工夫便有了克除私欲的清晰目标；而善是固有的亦即不假后天人为的，则意味着良知自有将此善实现出来的动力，此善实际上是内在于此动力中的。

阳明以下说法论及了良知内含的准则："若不就自己良知上真切体认，如以无星之称而权轻重，未开之镜而照妍媸，真所谓以小人之腹而度君子之心矣。"[①] 以下则论及了良知内涵的动力："若良知之发，更无私意障碍，即所谓'充其恻隐之心，而仁不可胜用矣'。"[②] 实际上，以恻隐之心来规定良知的内涵，也体现了阳明体不离用、即用是体的思路。本体在做工夫中的作用，正是借由这种本体与发用合一的关系才得以具体发挥出来的。

阳明以真诚恻怛来界定良知，则意味着真诚恻怛也是内含着准则的动力，能有助于克服私欲，从而完成工夫。他说良知："其发见流行处，却自有轻重厚薄，毫发不容增减者，所谓'天然自有之中'也。虽则轻重厚薄毫发不容增减，而原又只是一个；虽则只是一个，而其间轻重厚薄又毫发不容增减，若可得增减，若须假借，即已非其真诚恻怛之本体矣。"[③]"轻重厚薄"即是亲亲、仁民、爱物之类的等级与层次。"毫发不容增减"则意味着这样的等级与层次是不容违反的准则。

---

① 钱德洪编《传习录》第 146 条，《王阳明全集》卷二，第 66 页。
② 钱德洪编《传习录》第 8 条，《王阳明全集》卷一，第 7 页。
③ 钱德洪编《传习录》第 189 条，《王阳明全集》卷二，第 96 页。

这些准则并非外在的、强加于人的，阳明指出这些准则内在于良知的"发见流行处"，是良知在发用的过程中自然而然呈现出来的。也就是说良知的动力可以因应具体的情境进行自我限定和调节，从而避免出现过与不及的偏差。由此达到的状态就构成了人所应当遵循的准则。由此，准则是内在于良知的动力中的，动力与准则是统一的。而良知即是真诚恻怛，因此也可以说真诚恻怛的动力中蕴含着准则。真诚恻怛意味着动力与准则的统一，这是我们说真诚恻怛在阳明学中具有总结性意义的原因之二。

真诚恻怛是好恶之动力与善恶之准则的统一。前引日本学者冈田武彦先生的说法便已提及真诚恻怛与好恶的内在关联。前已述及，阳明将是非之心解释成好恶。对事物的好恶不同于静观，它带有强烈的意志性，必然引发相应的行为。阳明以好恶解释是非之心，意图之一也正在于揭示是非之心蕴含的导向行动的能力。不过，以导向行动的好恶诠释良知，难免让人产生疑问，即阳明何以保证其所说的好恶是好善恶恶的呢，亦即此好恶之动力何以是内含准则的动力呢？事实上，阳明此处说的好恶，是在本然状态的意义上来说的，亦即其所指乃是未受私欲遮蔽的本然好恶，或者说真己之好恶。良知之准则内在于动力。这一点在好恶上的表现就是，本然好恶不仅是好善恶恶的，甚至于，善恶的标准本身就是由本然好恶所好恶出来的，而非在此本然好恶之前已经先行地存在着好恶的标准。如阳明说："好字原是好字，恶字原是恶字。"[1] 好恶不仅关乎意志，也关乎情感。正是一体之痛感使人的好恶更接近或达到本然状态。或者说，正因为有了一体之痛感，人才能放下对自我的执着，而顺从真好恶、真是非。由此，以好恶来诠释良知，就不仅展示了良知化知为行的力量，而且其所知所行也是符合善的标准和要求的。唯其如此，动力才是内含准则的动力，而好恶才是完成工夫所必需的本体。也唯其如此，冈田先生所说

---

[1]　黄宗羲:《明儒学案》卷二十五，第585页。

的"温血之知觉"才不至于沦为单纯的感性情欲，而同时包含了良知的准则。前引唐君毅先生的说法也包含了好恶之动力和善恶之准则，可以说比较全面揭示了真诚恻怛之本体的内涵及作用。

准则内在于动力，准则即理，动力来自心，因而此处实际上涉及了"心即理"命题。由此也可说，真诚恻怛与通常称为阳明学"第一命题"的"心即理"存在着内在关联。

因为准则内在于动力之中，所以关键还在于动力。而此动力即是一体之痛感。在"真诚恻怛"一语中，此一体之痛感即由"恻怛"表达出来。而真诚工夫所要指向的便是恢复这种恻怛的状态，也唯有恻怛才能使得意识与本体一致的真诚状态得以维系和延续。

第三节　勉然与自然的统一

真诚恻怛意味着勉然与自然的统一。真诚恻怛既可理解为以真诚工夫呈露恻怛之仁，即勉然的工夫；也可理解为以恻怛之力维护真诚状态，即自然的工夫。工夫由勉然提升至自然，构成一个完整的工夫提升之路。

先秦儒学即已有对人所处的层次、阶段的区分，这样的观点被宋明儒学继承下来。处在不同层次、阶段的人应该适用不同的工夫，工夫存在勉然和自然的区别。如《中庸》说："诚者天之道也；诚之者人之道也。诚者不勉而中，不思而得，从容中道，圣人也。诚之者，择善而固执之者也。"[1] 孟子则说："万物皆备于我矣。反身而诚，乐莫大焉。强恕而行，求仁莫近焉。"[2] 不同于朱子主张八层工夫，阳明以两层工夫作为自身工夫论的基本框架。

阳明倡导两层工夫，相关论述可以说俯拾皆是。两层指的是自然与勉然。我们可以借孟子所说"反身而诚"与"求仁"，以及《中庸》

---

[1]　朱熹:《中庸章句》,《四书章句集注》, 第 31 页。

[2]　朱熹:《孟子集注》卷十三,《四书章句集注》, 第 350 页。

所说"诚"与"诚之"来分析其两层工夫的内涵。首先，关于自然工夫。"反身而诚"指的是意识不必费力便可以直接达到与本体一致的状态，其含义与《中庸》所说"诚"是一样的。本体的基本内涵则是仁或者说一体之仁。仁之本体直接充实于意识并主导意识和行动，这就是自然工夫。质言之，自然工夫就是以本体固有的恻怛之力维护真诚状态。其次，关于勉然工夫。"求仁"即是努力排除纷扰的意念的干扰，达到仁之本体能够主导意识和行动的状态。其含义与《中庸》所说"诚之"是一样的。"诚之"即是努力达到诚的状态，即努力达到仁之本体主导意识和行动的状态。质言之，勉然工夫即是借助真诚工夫呈露恻怛之仁。由此，借助真诚工夫呈露恻怛之仁和借助恻怛之力维护真诚状态两个层次实际上都为"真诚恻怛"一语所涵盖。而这两个层次分别是勉然工夫和自然工夫，因此可以说，真诚恻怛意味着勉然与自然的统一。真诚恻怛意味着勉然与自然的统一，这是我们说真诚恻怛在阳明学中具有总结性意义的原因之三。

阳明以下关于两层工夫的论述，可以印证我们的以上分析。他说："若良知之发，更无私意障碍，即所谓'充其恻隐之心，而仁不可胜用矣'。然在常人不能无私意障碍，所以须用致知格物之功。胜私复理，即心之良知更无障碍，得以充塞流行，便是致其知。知致则意诚。"① "更无私意障碍"则无须费力，"充其恻隐之心"即是使恻隐之心主导意识和行动，进而体现于事事物物之中。这就是自然工夫，就是借助恻怛之力维护真诚状态。与之不同，"在常人不能无私意障碍"，则不能单纯凭借本体固有的恻怛之力，还"须用致知格物之功"，即还有必要借助后天的真诚工夫，去除私欲的障碍，恢复本体对意识和行动的主导。这就是勉然工夫，就是借助真诚工夫呈露恻怛之仁。阳明以下所说"率性"和"修道"，也分别对应自然和勉然的工夫："率性是诚者事，所谓'自诚明，谓之性'也。修道是诚之者事，所谓'自明诚，谓之教'也。圣人率性而行，即是道。圣人以

---

① 钱德洪编《传习录》第8条，《王阳明全集》卷一，第7页。

下，未能率性，于道未免有过不及，故须修道。"① 以下所引孔子"发愤忘食"也表达了诉诸后天努力的意思，之所以能"乐以忘忧"则是因为借助了先天固有的本体。阳明说："'发愤忘食'是圣人之志，如此真无有已时；'乐以忘忧'是圣人之道，如此真无有戚时。恐不必云得不得也。"②

达到较高阶段并不容易。对于大多数学者来说，应该切实做勉然工夫。这就是阳明为什么经常以"真切"来要求学者的原因。"真切"实即真诚恻怛的简化形式，主要表达了以真诚工夫呈露恻怛之仁的意思。较高阶段本体充分呈露，工夫可以自然开展是长期真切做工夫以后随顺而来的结果。如他说："吾辈今日用功，只是要为善之心真切。此心真切，见善即迁，有过即改，方是真切工夫。如此则人欲日消，天理日明。"③ 又如他讲到良知时说："人皆有之，但终身由之而不知者众耳。各人须是信得及，尽着自己力量，真切用功，日当有见。"④

以下说法虽未直接提到"真切"，但也表达了同样的意思："省察克治之功，则无时而可间，如去盗贼，须有个扫除廓清之意。无事时，将好色、好货、好名等私欲逐一追究搜寻出来，定要拔去病根，永不复起，方始为快。常如猫之捕鼠，一眼看着，一耳听着，才有一念萌动，即与克去，斩钉截铁，不可姑容与他方便，不可窝藏，不可放他出路，方是真实用功，方能扫除廓清。到得无私可克，自有端拱时在。虽曰'何思何虑'，非初学时事。初学必须思省察克治，即是思诚，只思一个天理，到得天理纯全，便是'何思何虑'矣。"⑤ "何思何虑"即不必刻意思虑而思虑都能合理。当然，这只是阳明中年时期的看法。从他晚年的书信可以看出，他后来把"何思何虑"理解为"所思所虑只是一个天理，更无别思别虑耳"。由此"何思何虑"即

---

① 钱德洪编《传习录》第 127 条，《王阳明全集》卷一，第 43 页。
② 钱德洪编《传习录》第 224 条，《王阳明全集》卷三，第 109 页。标点有改动。
③ 钱德洪编《传习录》第 97 条，《王阳明全集》卷一，第 31 页。
④ 朱得之编《稽山承语》第 40 条，《王阳明全集》（新编本）卷四十，第 1614 页。
⑤ 钱德洪编《传习录》第 39 条，《王阳明全集》卷一，第 18 页。

可涵盖勉然和自然的工夫，而不再仅仅是自然的工夫。其言曰："'何思何虑'正是工夫，在圣人分上便是自然的，在学者分上便是勉然的。"[①] 不过，中年时期阳明认为初学阶段不能适用"何思何虑"的自然工夫，在此阶段精察克治是不可或缺的。阳明将此工夫称为"思诚"，亦即前述"诚之"。"端拱"原意是指正坐拱手，无为而治。在此则表示自然工夫。之所以工夫实施起来可以自然而然、不必费力，是因为获得了本体的充分支撑。本体可以给工夫以充分的支撑，则是长期努力精察克治的结果。由此，对大多数人来说，工夫的关键在于初学阶段的勉然工夫。

当然，须指出的是，勉然工夫并非没有本体的指引和推动，那样的话工夫和本体就脱节了。即便处在被遮蔽的状态，本体也在一定程度上指引和推动了工夫。正如阳明所说普通人也有良知，只是人们忽略了它而已："'惟天下至圣，为能聪明睿智'，旧看何等玄妙，今看来原是人人自有的。耳原是聪，目原是明，心思原是睿智，圣人只是一能之尔。能处正是良知，众人不能，只是个不致知，何等明白简易！"[②] 此良知正可在初学时对工夫起到一定的推动和指引作用。

小　结

诚如阳明弟子陈明水所说，《王阳明全集》谈到真诚恻怛及其类似表述的地方并不多。这很大程度上与阳明出征广西回程途中溘然长逝有关。他关于真诚恻怛的思想由此未能得到充分展开，这无疑是令人扼腕叹息的。不过仅从现在留下的论述出发，结合阳明的整体思想，我们还是可以从中总结出真诚恻怛在阳明思想中的地位和作用。其作用是统一了本体与工夫、动力与准则、勉然与自然，其地位则是对阳明思想的总结。之所以说是总结，不仅是因为其被提出的时间在

---

① 　钱德洪编《传习录》第 145 条，《王阳明全集》卷二，第 66 页。
② 　钱德洪编《传习录》第 283 条，《王阳明全集》卷三，第 124 页。

阳明去世前夕，更是因为它所涉及的这三个方面正好回应了本体与工夫这组宋明儒学的关键概念。对阳明来说，动力与准则构成了本体的内涵，勉然与自然构成了工夫层次和阶段的划分。而本体与工夫两者则是相互界定、密不可分的关系。从整个宋明儒学来看，上述三个统一与其他儒者的思想相比有同有异，通过对比可以看出阳明思想的特色。以下我们首先从动力与准则的统一说起。

首先，动力与准则的统一。这可以说是理学和心学共享的主张。朱子认为性或者理是本体，而阳明则进一步认为直接发自性而不容已地要实现出来的情，或者说良知也是本体。这是双方在何为本体这一问题上的分歧。抛开这一点暂且不论，双方对本体的内涵的理解却有一致之处。不仅阳明认为本体内含动力和准则两个维度，其实朱子也可认同这一观点。如他说："动处是心，动底是性。"后者是说性的能动性，从中可以看出性所具有的不容已的动力，性不是无所作为的。又说："盖主宰运用底便是心，性便是会恁地做底理。"①"恁地做"表明性的能动性是有特定方向的，其方向实际上就是仁义礼智。而仁义礼智即构成了人行动的准则。由此可见，尽管对本体之所指有不同主张，不过朱王在本体内含准则与动力这一点上却持一致的看法。当然，朱子重视理代表的准则，准则中可以内含动力，阳明重视心代表的动力，动力中内含准则，双方侧重点是有所不同的。

其次，本体与工夫的统一。这一主张很大程度上使心学区别于理学。朱子认为在已经达到物格知至之后，使意念与本体一致的诚意工夫可以相对轻松容易地实现。在此之后的工夫基本上可以说是本体工夫。不过在达到物格知至之前，诚意工夫则并非本体工夫，而主要诉诸的是后天努力。诚意工夫除了诉诸后天努力以外，朱子认为还可以诉诸格物（或说穷理）和居敬。而无论格物还是居敬，也都不能称为本体工夫。格物的过程是漫长而艰苦的，其主要依赖后天努力是自不

---

①　分别见黎靖德编《朱子语类》卷五，第88、90页。

待言的。居敬是使心保持不昏昧的状态，或者说私欲产生便被意识到并加以克除的状态。在此不排除作为性的自然发露的本心的存在，只是朱子认为本心的发用时断时续，不足凭借。居敬就其本质而言，主要凭借的是后天努力。就此而言，朱子固然不否认性可以自然发用，但在达到物格知至之前，却并不凭借作为本体的性。由此，他主张的工夫就不能说是本体工夫。这不同于阳明，阳明在初学阶段虽然强调后天努力的作用，但也不否认本体的发用，不排除发挥本体的作用，并且后天努力的目标恰恰是要使本体的作用真正得以落实。由此初学阶段的工夫仍然可以称为本体工夫，尽管不是完全出于本体的工夫亦即严格的本体工夫，而只是部分出于本体的工夫亦即广义的本体工夫而已。若不论工夫熟后的状态，可以说心学和理学倡导的工夫具有是否为本体工夫的区别。相应地，心学认为符合本体的作用可以称为本体，而理学则并不如此，双方存在是否承认即用是体的差别。

最后，勉然与自然的统一。这一主张使阳明的主张区别于明道、象山等心学一系的其他思想家。明道主张"不须防检，不须穷索"[1]。象山主张："深山有宝，无心于宝者得之。"[2] 这些主张强调的都是自然工夫。之所以能做到自然，是因为完全凭借了本体。自然的内涵不仅是以自然的方式达到意识与本体的一致，而且是以自然的方式体悟本体。勉然不仅无助于彻底达到意识与本体的一致，还会妨碍人们体悟到本体。阳明则认为大多数人没有办法从自然悟入，工夫只能从勉然入手。这是他和明道、象山的差别之处。他的思想开辟了明代心学的新境界，一定程度上改变了明道、象山的思路主导心学的局面。

总而言之，动力与准则的统一是理学与心学共享的观念；本体与工夫的统一主要是心学内部共享的观念；勉然与自然则主要是阳明的特色。真诚恻怛体现了上述三层的统一，足以作为阳明思想的总结，值得引起我们的充分重视。

---

[1]　程颢、程颐:《河南程氏遗书》卷二上,《二程集》，第16~17页。
[2]　陆九渊:《语录》上,《陆九渊集》卷三十四，第409页。

征引文献

一　古籍

曹学佺:《周易可说》,《续修四库全书》第 13 册,上海古籍出版社,2002。

曹雪芹著,脂砚斋评,周汝昌校批《周汝昌校订批点本石头记》,译林出版社,2017。

陈荣捷:《王阳明〈传习录〉详注集评》,华东师范大学出版社,2009。

程颢、程颐:《二程集》,中华书局,2004。

方祖猷、梁一群、李庆龙等编校整理《罗汝芳集》,凤凰出版社,2007。

方以智:《易余》,黄山书社,2019。

顾宪成:《顾端文公遗书》,清光绪三年泾里顾氏宗祠刻本。

管志道:《问辨牍》,《四库全书存目丛书》子部第 87 册,齐鲁书社,1997。

洪垣:《觉山先生绪言》,《续修四库全书》第一一二四册,上海古籍出版社,2002。

胡宏:《胡宏集》,中华书局,1987。

胡寅:《斐然集·崇正辩》,岳麓书社,2009。

黄明同主编《湛若水全集》,上海古籍出版社,2020。

黄宗羲:《明儒学案》,中华书局,2008。

黄宗羲著，全祖望补修《宋元学案》，中华书局，1986。

季本：《四书私存》，台北"中研院"中国文哲研究所，2013。

黎靖德编《朱子语类》，中华书局，1986。

李光地：《注解正蒙》，中华书局，2020。

陆九渊：《陆九渊集》，中华书局，1980。

潘士藻：《读易述》，《景印文渊阁四库全书》第33册，台湾商务印书馆，1986。

钱明、程海霞编校《王时槐集》，上海古籍出版社，2015。

〔日〕中井履轩：《孟子逢原》，关仪一郎编《日本名家四书注释全书》第10卷，东京凤出版，1973。

〔日〕佐藤一斋注评《传习录栏外书》，黎业明点校，上海古籍出版社，2017。

邵雍：《邵雍集》，中华书局，2010。

束景南：《王阳明佚文辑考编年》（增订版），上海古籍出版社，2015。

孙希旦：《礼记集解》，中华书局，1989。

王弼注，孔颖达疏《周易正义》，李学勤主编《十三经注疏》，北京大学出版社，1999。

王夫之：《尚书引义》，中华书局，1962。

王廷相：《王廷相集》，中华书局，1989。

王守仁著，梁启超点校《传习录集评》，九州出版社，2014。

吴光主编《黄宗羲全集》，浙江古籍出版社，2012。

吴光主编《刘宗周全集》，浙江古籍出版社，2012。

吴光、钱明、董平、姚延福编校《王阳明全集》，上海古籍出版社，2014。

吴光、钱明、董平、姚延福编校《王阳明全集》（新编本），浙江古籍出版社，2010。

吴可为编校整理《聂豹集》，凤凰出版社，2007。

吴震编校整理《王畿集》，凤凰出版社，2007。

徐儒宗编校整理《罗洪先集》，凤凰出版社，2007。

杨起元：《证学编》，上海古籍出版社，2016。

查铎：《毅斋查先生阐道集》，《四库未收书辑刊》第 7 辑第 16 册，北京出版社，1997。

湛若水：《湛甘泉先生文集》，广西师范大学出版社，2014。

张九成：《张九成集》，浙江古籍出版社，2013。

张栻：《张栻全集》，长春出版社，1999。

张岳：《小山类稿》，福建人民出版社，2000。

张载：《张载集》，中华书局，1978。

赵广升编校整理《孙应鳌全集》，贵州民族出版社，2016。

郑玄注，孔颖达疏《礼记正义》，李学勤主编《十三经注疏》，北京大学出版社，1999。

周敦颐：《周敦颐集》，中华书局，2009。

周汝登：《周汝登集》，浙江古籍出版社，2015。

朱熹：《四书章句集注》，中华书局，1983。

朱杰人、严佐之、刘永翔主编《朱子全书》，上海古籍出版社、安徽教育出版社，2002。

二　论著（含论文集）

蔡仁厚：《王阳明哲学》，九州出版社，2012。

陈来：《有无之境——王阳明哲学的精神》，人民出版社，1991。

陈来：《朱子哲学研究》，华东师范大学出版社，2000。

陈来：《宋明理学》，华东师范大学出版社，2003。

陈来：《中国近世思想史研究》（增订本），生活·读书·新知三联书店，2010。

陈来：《仁学本体论》，生活·读书·新知三联书店，2014。

陈立胜：《入圣之机：王阳明致良知工夫论研究》，生活·读书·新知三联书店，2019。

〔法〕卢梭:《爱弥儿》(下)，李平沤译，《卢梭全集》第7卷，商务印书馆，2012。

〔法〕弗朗索瓦·于连:《道德奠基:孟子与启蒙哲人的对话》，宋刚译，北京大学出版社，2002。

冯友兰:《三松堂全集》，河南人民出版社，2000。

郭齐勇:《熊十力传论》，中国社会科学出版社，2013。

郭晓东:《识仁与定性:工夫论视域下的程明道哲学研究》，复旦大学出版社，2006。

〔荷〕爱德华·扬·戴克斯特豪斯:《世界图景的机械化》，张卜天译，商务印书馆，2017。

胡勇:《中国哲学体用思想研究》，博士学位论文，南京大学哲学系，2013。

焦堃:《阳明心学与明代内阁政治》，中华书局，2021。

劳思光:《新编中国哲学史》，广西师范大学出版社，2005。

梁启超:《梁启超论儒家哲学》，商务印书馆，2012。

李旭:《心之德业——阳明心学的本体学研究》，上海文艺出版社，2021。

李泽厚:《论语今读》，安徽文艺出版社，1998。

李泽厚:《中国古代思想史论》，生活·读书·新知三联书店，2008。

李泽厚:《伦理学新说述要》，世界图书出版公司，2019。

梁漱溟:《梁漱溟全集》第1卷，山东人民出版社，1989。

梁漱溟:《梁漱溟全集》第7卷，山东人民出版社，1993。

林月惠:《良知学的转折:聂双江与罗念庵思想之研究》，台大出版中心，2005。

林月惠:《诠释与工夫:宋明理学的超越蕲向与内在辩证》，台北"中研院"中国文哲研究所，2008。

刘咸炘:《推十书》(增补全本),上海科学技术文献出版社,2009。

吕思勉:《理学纲要》,江苏文艺出版社,2008。

〔美〕安东尼奥·R.达马西奥:《笛卡尔的错误:情绪、推理和人脑》,毛彩凤译,教育科学出版社,2007。

〔美〕杜维明:《青年王阳明:1472—1509:行动中的儒家思想》,朱志方译,生活·读书·新知三联书店,2017。

〔美〕倪德卫:《儒家之道:中国哲学之探讨》,周炽成译,江苏人民出版社,2006。

蒙培元:《朱熹哲学十论》,中国人民大学出版社,2010。

牟宗三:《牟宗三先生全集》,(台北)联经出版事业有限公司,2003。

牟宗三:《宋明儒学的问题与发展》,华东师范大学出版社,2004。

牟宗三:《从陆象山到刘蕺山》,吉林出版集团有限责任公司,2010。

牟宗三:《圆善论》,吉林出版集团有限责任公司,2010。

牟宗三:《中西哲学之会通十四讲》,吉林出版集团有限责任公司,2010。

牟宗三:《心体与性体》,吉林出版集团有限责任公司,2015。

牟宗三:《中国哲学十九讲》,吉林出版集团有限责任公司,2015。

彭国翔:《良知学的展开:王龙溪与中晚明的阳明学》(增订版),生活·读书·新知三联书店,2015。

钱穆:《朱子学提纲》,生活·读书·新知三联书店,2002。

钱穆:《中国学术思想史论丛》,生活·读书·新知三联书店,2009。

钱穆:《学龠》,九州出版社,2010。

钱穆:《阳明学述要》,九州出版社,2015。

〔日〕岛田虔次:《朱子学与阳明学》,蒋国保译,山东人民出版社,2022。

〔日〕冈田武彦:《王阳明与明末儒学》,吴光、钱明、屠承先译,重庆出版社,2016。

〔日〕荒木见悟:《佛教与阳明学》,(东京)第三文明社,1979。

〔日〕荒木见悟:《阳明学的位相》,焦堃、陈晓杰、廖明飞、申绪璐译,江苏人民出版社,2022。

〔日〕藤井伦明:《朱熹思想结构探索——以"理"为考察中心》,台大出版中心,2013。

〔日〕吾妻重二:《朱子学的新研究——近世士大夫思想的展开》,傅锡洪等译,商务印书馆,2017。

〔瑞士〕耿宁:《心的现象——耿宁心性现象学研究文集》,倪梁康编,倪梁康、张庆熊、王庆节等译,商务印书馆,2012。

〔瑞士〕耿宁:《人生第一等事——王阳明及其后学论"致良知"》,倪良康译,商务印书馆,2014。

束景南:《王阳明年谱长编》,上海古籍出版社,2017。

唐君毅:《中国哲学原论·原性篇》,中国社会科学出版社,2005。

唐君毅:《中国哲学原论·原道篇上》,中国社会科学出版社,2006。

唐君毅:《中国哲学原论·原教篇》,中国社会科学出版社,2006。

王汎森:《晚明清初思想十论》,复旦大学出版社,2004。

王国维:《王国维遗书》,上海书店出版社,2011。

王庆节:《解释学、海德格尔与儒道今释》,中国人民大学出版社,2004。

吴光选编《中国近代思想家文库:马一浮卷》,中国人民大学出版社，2015。

吴震：《聂豹·罗洪先评传》，南京大学出版社，2001。

吴震主编《宋代新儒学的精神世界——以朱子学为中心》，华东师范大学出版社，2009。

吴震：《〈传习录〉精读》，复旦大学出版社，2011。

吴震：《阳明后学研究》（增订本），上海人民出版社，2016。

吴震：《阳明学再读》，商务印书馆，2024。

吴震解读《中华传统文化百部经典·传习录》，国家图书馆出版社，2018。

吴震：《朱子思想再读》，生活·读书·新知三联书店，2018。

吴震：《朱子学与阳明学——宋明理学纲要》，北京大学出版社，2022。

吴震、申绪璐主编《中国哲学的丰富性再现——荒木见悟与近世中国思想论集》，上海古籍出版社，2021。

向世陵：《善恶之上：胡宏·性学·理学》，中国广播电视出版社，2000。

向世陵：《理气性心之间——宋明理学的分系与四系》，人民出版社，2008。

熊十力：《熊十力全集》，湖北教育出版社，2001。

徐复观：《中国思想史论集》，九州出版社，2014。

徐复观：《中国思想史论集续篇》，九州出版社，2013。

杨国荣：《心学之思：王阳明哲学的阐释》，生活·读书·新知三联书店，1997。

杨国荣：《走向良知：〈传习录〉与阳明心学》，上海外语教育出版社，2018。

杨泽波：《贡献与终结——牟宗三儒学思想研究》，上海人民出版社，2014。

曾亦：《本体与工夫：湖湘学派研究》，上海人民出版社，2007。

张卫红:《由凡至圣:阳明心学工夫散论》,生活·读书·新知三联书店,2016。

张学智:《中国儒学史》(明代卷),北京大学出版社,2011。

张学智:《明代哲学史》,中国人民大学出版社,2012。

三 论文

蔡家和:《论牟宗三判明道为"心即理"之学》,《孔学堂》2020年第2期。

蔡祥元:《感通本体引论——兼与李泽厚、陈来等先生商榷》,《文史哲》2018年第5期。

陈碧强:《从"意"概念的二重性看杨简的"不起意"学说》,《哲学分析》2017年第4期。

陈畅:《牟宗三与刘宗周论寂感真几:比较与省思》,《现代哲学》2015年第6期。

陈来:《仁学视野中的"万物一体"论》(下),《河北学刊》2016年第4期。

陈来:《王阳明晚年思想的感应论》,《深圳社会科学》2020年第2期。

陈立胜:《在现象学意义上如何理解"良知"?——对耿宁之王阳明良知三义说的方法论反思》,《哲学分析》2014年第4期。

陈立胜:《王阳明思想中的"独知"概念——兼论王阳明与朱子工夫论之异同》,《中山大学学报》(社会科学版)2016年第5期。

陈立胜:《"恻隐之心"、"他者之痛"与"疼痛镜像神经元"——对儒家以"识痛痒"论仁思想一系的现代解释》,《社会科学》2016年第12期。

陈立胜:《知情意:王阳明良知论的三个面向》,《贵阳学院学报》(社会科学版)2018年第4期。

陈立胜:《王阳明"四民异业而同道"新解——兼论〈节庵方公墓

表〉问世的一段因缘》,《哲学研究》2021 年第 3 期。

陈立胜:《湛甘泉"独体"意识的形成及其历史效应》,《贵州大学学报》(社会科学版)2022 年第 1 期。

陈少明:《"心外无物":从存在论到意义建构》,《中国社会科学》2014 年第 1 期。

邓国元:《王阳明"格竹"考辨》,《阳明学刊》2015 年。

邓国元、王大印:《王阳明"临终遗言"献疑与辨证——兼论〈阳明先生年谱〉嘉靖本与全书本的差异》,《现代哲学》2021 年第 2 期。

丁纪:《鹅湖诗与四句教》,曾海军主编《切磋七集:四川大学哲学系儒家哲学合集》,华夏出版社,2018。

东方朔:《王阳明对象山之学的评判及牟宗三的诠释》,《思想与文化》第五辑,2005。

东方朔:《"两头明,中间暗"——朱子对象山心学的批评及其蕴含的理论问题》,《孔学堂》2022 年第 3 期。

董平:《阳明心学的定性及良知的公共性与无善无恶》,《哲学研究》2018 年第 2 期。

董平:《主体性的自我澄明:论王阳明"致良知"说》,《中国哲学史》2020 年第 1 期。

杜保瑞:《对胡五峰哲学的当代诠释之反省》,《船山学刊》2016 年第 3 期。

方旭东:《悟致知焉尽矣——禅学对诠释王阳明思想的一个启发》,《贵阳学院学报》(社会科学版)2020 年第 5 期。

冯耀明:《王阳明良知新诠》,收入郑宗义、林月惠合编《全球与本土之间的哲学探索:刘述先先生八秩寿庆论文集》,(台北)学生书局,2014。

傅锡洪:《朱陆之辩再论:理论症结、内在关联与话题选择》,《杭州师范大学学报》(社会科学版)2021 年第 4 期。

傅锡洪:《朱子论"未发"的若干问题辨析——就心性、动静、善恶与工夫而谈》,《朱子学研究》2021 年第 2 辑。

傅锡洪:《朱王工夫论的结构差异——兼谈朱陆之争》,《学术研究》2022 年第 1 期。

傅锡洪:《伊川、朱子思想及其与陆王的会通再论——对杨祖汉先生研究的若干补充》,《鹅湖月刊》2023 年第 6 期。

傅锡洪:《"形"的哲学:张载思想的一个侧面》,《哲学动态》2023 年第 9 期。

傅锡洪:《朱王工夫论的异同刍议》,《朱子学研究》2023 年第 2 辑。

龚隽:《从经史之学到道学:再论北宋思想史上的辟佛说》,《中国哲学史》2022 年第 3 期。

郭亮:《圣人年谱:立志与成圣——王阳明与季本〈论语〉"志于学"章辨释》,《中山大学学报》(社会科学版)2017 年第 6 期。

〔韩〕朴炫贞:《朱熹与王阳明的体用与中和》,《中国哲学史》2022 年第 6 期。

黄勇、崔雅琴:《论王阳明的良知概念:命题性知识,能力之知,抑或动力之知?》,《学术月刊》2016 年第 1 期。

黄勇:《附:再论动力之知:回应郁振华教授》,《学术月刊》2016 年第 12 期。

黄勇、王振钰:《用哲学的方法研究中国哲学——黄勇教授访谈》,《学术月刊》2022 年第 8 期。

贾庆军、李靖:《阳明四句教古今诠释评析》,《江汉学术》2016 年第 4 期。

赖区平:《王阳明中后期思想变化之理路试析——从工夫面向的视角来看》,《哲学门》2016 年第 1 辑。

赖区平:《"心是灵气"作为道学共识——基于道学史的考察》,《哲学与文化》2019 年第 4 期。

赖尚清:《论朱子"仁者,理即是心,心即是理"——兼论牟宗三批判朱子哲学"心即是气"》,《朱子学刊》2017 年第二辑。

乐爱国:《梁漱溟对阳明学的阐发与吸取》,《湖北大学学报》(人文社会科学版)2020年第2期。

李承贵:《王阳明"万物一体"义理构造及其意蕴》,《江淮论坛》2018年第2期。

李承贵:《陆象山对阳明心学形成的双重意义——基于王阳明的视角》,《学术研究》2020年第1期。

李承贵:《"心即理"的构造与运行》,《学术界》2020年第8期。

李承贵:《"心即理"的效应——兼及"心即理"的意识形态特性》,《社会科学研究》2021年第3期。

李承贵、朱汉民、蔡方鹿、董平、吴震:《新"鹅湖之会"高端会讲——朱子学与阳明学的现代交锋》,《贵阳学院学报》(社会科学版)2020年第1期。

李纪祥:《〈四书〉本〈大学〉与〈礼记·大学〉:两种文本的比较》,《文史哲》2016年第4期。

李明辉:《从康德的实践哲学论王阳明的"知行合一"说》,《中国文哲研究集刊》1994年第4期。

李世平:《牟学是阳明学还是朱子学?——由牟宗三的"心体""性体"看》,《朱子学研究》第38辑,2022。

梁涛:《"以生言性"的传统与孟子性善论》,《哲学研究》2007年第7期。

廖晓炜:《超越的分解与辩证的综和:牟宗三形而上学思考的基本原则》,《康德、儒家与中西融通学术研讨会论文集》,中山大学哲学系、中山大学东西哲学与文明互鉴研究中心,2023年6月。

林月惠:《殊途同归:王阳明与郑霞谷的良知体用观》,《王学研究》2017年第2期。

林月惠:《耿宁对阳明后学的诠释与评价》,《广西大学学报》(哲学社会科学版)2015年第3期。

林永胜:《反工夫的工夫论——以禅宗与阳明学为中心》,《台大佛学研究》2012 年第 24 期。

　　刘海滨：《"致"良知与"信"良知——良知教的实修方法及其难点》，《广西大学学报》（哲学社会科学版）2015 年第 4 期。

　　刘梁剑：《"无善无恶心之体"：船山与阳明关于心学的智性对话》，《贵阳学院学报》（社会科学版）2015 年第 6 期。

　　刘梁剑：《牟宗三"道德的形上学"检视》，《中国儒学》第十八辑，2022。

　　刘荣茂：《心体与工夫：论王阳明之"未发—已发"》，《鹅湖月刊》2013 年第 5 期。

　　刘荣茂：《"游艺"与"养心"：阳明学派的知识面向——以顾应祥、唐顺之为中心》，《哲学与文化》2020 年第 6 期。

　　刘勇：《从门人到批判者：明儒王道与阳明学之疏离》，《台大文史哲学报》2018 年第 90 期。

　　刘增光：《"可欲之谓善"——阳明后学对欲之合理性的论证及其思想意义》，《孔学堂》2019 年第 4 期。

　　倪培民：《良药也需遵医嘱——阳明学普及所需注意的倾向》，《孔学堂》2019 年第 1 期。

　　钱明：《被遗忘的王学中坚——明代思想家孙应奎》，《杭州师范大学学报》（社会科学版）2010 年第 7 期。

　　秦峰：《〈明儒学案〉对"四句教"的诠释和批评》，《哲学动态》2014 年第 11 期。

　　〔日〕荒木见悟：《心学与理学》，李凤全译，《复旦学报》（社会科学版）1998 年第 5 期。

　　田智忠：《一在二中与即用是体——方以智对理学的回应》，《中国哲学史》2020 年第 2 期。

　　王格：《王阳明"知行合一"义理再探》，《道德与文明》2015 年第 5 期。

　　王光松：《从静坐涵养到随处体认——试论湛甘泉的静坐观演变》，

《学术研究》2017 年第 7 期。

王巧生:《熊十力本心论的逻辑、特征与创获》,《周易研究》2020 年第 5 期。

吴震:《略议耿宁对王阳明"良知自知"说的诠释——就〈心的现象:耿宁心性现象学论文集〉而谈》,《现代哲学》2015 年第 1 期。

吴震:《心学道统论——以"颜子没而圣学亡"为中心》,《浙江大学学报》(人文社会科学版)2017 年第 3 期。

吴震:《作为良知伦理学的"知行合一"论——以"一念动处便是知亦便是行"为中心》,《学术月刊》2018 年第 5 期。

吴震:《心学与气学的思想异动》,《复旦学报》(社会科学版)2020 年第 1 期。

吴震:《阳明学时代何以"异端"纷呈?——以杨慈湖在明代的重新出场为例》,《浙江社会科学》2020 年第 1 期。

吴震:《明清之际人性论述的思想转变及其反思》,《道德与文明》2022 年第 2 期。

吴震:《从本体到仁体——熊十力哲学及其与宋明理学的交汇》,《甘肃社会科学》2022 年第 4 期。

吴震、刘昊:《论阳明学的良知实体化》,《学术月刊》2019 年第 10 期。

向世陵:《宋代理学的"性即理"与"心即理"》,《哲学研究》2014 年第 1 期。

杨海文:《阳明"四句教"出处辑考》,《深圳大学学报》(人文社会科学版)2014 年第 2 期。

杨朗:《"诚":中唐舆论环境下兴起的一种道德观念》,《文史哲》2015 年第 2 期。

杨儒宾:《格物与豁然贯通——朱子〈格物补传〉的诠释问题》,收入《朱子学的开展——学术篇》,(台北)汉学研究中心,2002。

杨儒宾:《理学工夫论的"德性之知"》,《中国文化》第四十七期,

2018。

杨泽波:《四无与圆善——评牟宗三立四无为圆教以解决圆善问题》,《复旦学报》(社会科学版)2010年第2期。

杨泽波:《"隐默说":"无善无恶心之体"新解读》,《中国哲学史》2022年第2期。

杨祖汉:《从主理的观点看朱子的哲学》,《当代儒学研究》2013年第15期。

叶云:《语言与直觉——儒家心学中的言说问题》,《浙江社会科学》2020年第8期。

张新民等:《孙应鳌及其传世著述考论》,《孔学堂》2021年第1期。

曾海军:《重估王阳明"心外无物"论的价值——读丁纪〈鹅湖诗与四句教〉所思所得》,《天府新论》2022年第6期。

曾亦:《工夫与效验——从程明道论"识仁"看朱子对〈大学〉新本的阐释》,《中国儒学》第十辑,2015。

郑家栋:《为什么是牟宗三?——〈'中国哲学'的牟宗三时代〉导论》,《中国文哲研究通讯》2021年第2期。

郑泽绵:《从王阳明的戒慎恐惧工夫看良知学的形成》,《人文论丛》2017年第2辑。

郑泽绵:《王阳明良知学中的"先天"与"经验"》,《新亚学报》第37卷,2020。

郑泽绵:《从朱熹的"诚意"难题到王阳明的"知行合一"——重构从理学到心学的哲学史叙事》,《哲学动态》2021年第2期。

周海春、韩晓龙:《论王阳明"知行合一"的立言宗旨》,《湖北大学学报》(哲学社会科学版)2019年第3期。

初出一览

导论第一节、第六章第二节部分内容:《朱陆王工夫论的结构差异》,《中南大学学报》(社会科学版)2022年第5期,《高等学校文科学术文摘》2023年第1期收录摘要。

导论第二节:《阳明学中的本体、工夫及体用关系辨析》,《贵州大学学报》(社会科学版)2024年第1期。

第一章:《"本心之知"视域下王阳明"知行合一"重探》,《南昌大学学报》(人文社会科学版)2023年第4期。

第二章第一节:《朱子的"心即理"及其与阳明的异同》,《中国哲学史》2022年第5期。

第二章第二节、结语部分内容:《王阳明"心即理"理解的三重误解与辩证》,《云南师范大学学报》(哲学社会科学版)2023年第4期。

第二章第三节、结语部分内容:《论王阳明的"理生于心":内涵、原因与工夫指向》,《杭州师范大学学报》(社会科学版)2023年第2期,《高等学校文科学术文摘》2023年第4期收录摘要。

第三章第一节、结语部分内容:《王阳明的良知天道一体论及其内蕴的幸福观》,《东南大学学报》(哲学社会科学版)2023年第4期。

第三章第二节、第三节、结语部分内容:《王阳明的良知天道同构论》,《孔学堂》2023年第1期,人大复印报刊资料《中国哲学》2023年第10期全文转载。

第四章:《王阳明中晚年工夫论的转折与连续》,《思想与文化》

第 28 辑，2021。

第五章前半部分：《王阳明晚年工夫论中的致知与诚意》，《现代哲学》2021 年第 3 期。

第五章后半部分：《王阳明工夫论演进的内在线索》，《上饶师范学院学报》2022 年第 5 期。

第六章第一、三节部分内容：《朱陆王的功夫阶次论》，《中州学刊》2022 年第 10 期。

第六章第二、三节部分内容：《王阳明的格物论及其与朱子的区别——兼谈陆王工夫论的差异》，《齐鲁学刊》2023 年第 2 期，《新华文摘》2023 年第 16 期收录标题。

第七章：《简易与真切的互蕴：王阳明工夫论的内在理路》，《西南民族大学学报》（人文社会科学版）2022 年第 4 期。

第八章：《宋至清思想转型视野中的王阳明性论》，《云南大学学报》（社会科学版）2023 年第 2 期，《新华文摘》2023 年第 15 期收录标题。

第九章第一节、结语部分内容：《即用是体：宋明儒学视野中王阳明"良知"的意义》，《孔学堂》2024 年第 2 期。

第九章第二节、结语部分内容：《在朱子与程明道之间：论王阳明对"先天渐教"的选择》，《学术研究》2024 年第 2 期。

第九章第三节、第四节、结语部分内容：《阳明学与阳明后学的演化趋向——从阳明各指点语的意义与局限看》，《安徽师范大学学报》（人文社会科学版）2023 年第 3 期。

第十章第一节、第二节前半部分、第五节：《宋明儒学工夫论从五峰和南轩到朱子、阳明的演进》，《广东社会科学》2023 年第 5 期。

第十章第二节后半部分及第三、四节：《良知即已发而为未发：王阳明的未发已发论探析》，《哲学评论》第 30 辑，2022。

第十一章：《论王阳明的"动静合一"：从一元两层本体工夫看》，《孔学堂》2022 年第 1 期。

第十二章:《从体用论、工夫论与境界论看王阳明的"无善无恶"说》,《湖北大学学报》(哲学社会科学版)2021年第6期,《新华文摘》2022年第6期收录标题。

第十三章:《两种〈大学〉诠释,两种"四句教"》,《云南大学学报》(社会科学版)2021年第6期,人大复印报刊资料《中国哲学》2022年第6期全文转载。

第十四章:《王阳明"四句教"解义及辩证》,《哲学研究》2019年第7期,人大复印报刊资料《哲学文摘》2019年第4期部分转载。

第十五章:《"严滩四句"本意考》,《哲学与文化》2020年第7期。

第十六章:《论阳明学中的"真诚恻怛":思想渊源、工夫内涵及当代意义》,《杭州师范大学学报》(社会科学版)2020年第5期,人大复印报刊资料《中国哲学》2021年第2期全文转载。

第十七章:《"良知只是一个真诚恻怛":论王阳明的"哲学遗言"》,《原道》第42辑,2022。

第十八章:《论"真诚恻怛"对王阳明思想的总结性意义》,《上饶师范学院学报》2021年第5期。

后　记

　　我出生在福建省上杭县的一个山村，2005 年以福建省文科第 44 名考入复旦大学，第一志愿选择了哲学专业。之所以选择哲学专业，很大程度上和我从小就视力微弱有关。一方面，左眼全盲和右眼 0.04 的视力让我根本没有资格填报理工农医各门学科；另一方面，视力的局限让我更需要寻求有效的学习方法，并促使我思考诸如命运之类的人生问题。于是哲学很自然成了我的选择。

　　虽然小时候难免受到一些歧视，不过总体上我度过了非常幸福的青少年时代。这很大程度上得益于爸妈凭着辛勤努力，为我和姐姐营造了较为宽松的家庭环境。他们善良朴实、热情正直的性格也深深地影响了我。

　　20 世纪 80 年代初，改革开放刚刚开始，大家的生活都还不富裕，村里决定在现在的位置建蛟洋小学，爸妈豪爽地捐出平日积蓄 500 元，金额与当时村中首富并列第一。妈妈刚嫁过来不久，经常和一位婶婶一桌吃酒席，总是说："嫂子你不爱吃肥肉，我来吃，你吃瘦的。"1994 年前后，外婆得了心脏病，作为长女婿的爸爸开车送外婆到古田和龙岩看病，付了各种医药费，还给外婆买了当时很少见的液化燃气灶。1996 年寒冬腊月，外婆过世，天寒地冻中亲友跪了一地，大家公推爸爸不用下跪，到里屋取暖，因为他对外婆最孝顺。经常有人包车，第二天早上几点要到哪里，爸爸都很难睡好，但是总能准时出现，"六六师傅"声名远扬。四五年级时和妈妈一起下田，一位婶子的丈夫意外去世了，妈妈看到她也在田里，让我拿一个梨给她。到日本念书时，大舅妈过世了，凡是我带回来的好东西，妈妈都给大舅留下一份。不同时期见到或听到的这些故事深深地印在我脑海里，比起书上学来的知识，它们给我更多潜移默化的影响。

进入大学以后，我在大二下学期修读吴震老师"中国哲学史（下）"课程，第一次正式接触宋明儒学。在仔细比较了多个学科以后，2009 年我选择中国哲学作为专业方向直升了研究生，跟从吴老师和中国哲学专业诸位老师研究宋明儒学。研一下学期修读吴老师"《传习录》"课程，撰写了第一篇关于阳明学的论文。2012 年由吴老师推荐赴日本关西大学跟从吾妻重二老师学习。2015 年 3 月在沈国威老师等主编的《东亚与世界》第二辑上正式发表关于阳明学的第一篇论文。从撰写第一篇阳明学论文到现在，转眼已经过去了将近十四个年头。

在正式发表了第一篇阳明学论文的 2015 年，我到了中山大学工作。中山大学有着研究阳明学的浓厚氛围，我在潜移默化中受到了影响。从 2017 年开始，给本科生讲授"宋明儒学"课程，以参加陈立胜老师主办的儒家工夫论会议为契机，我开始正式踏入阳明学的研究领域，并且一发不可收，在近几年里完成了本书的写作。

我的研究一方面受到了中山大学学者的影响，另一方面也延续了学生时代在复旦以及关大的影响。虽然本书是近几年成果的结集，并未收入学生时代的两篇论文，不过思路是一以贯之的。这最典型的体现便是我在研一时便认为阳明"心即理"命题表达的是心与理的完全同一，而不是心与理的相即不离，这一观点至今没有改变，只是当时我并无能力真正证成它们何以能够同一。

古代的学问可以划分为义理、辞章、考据和经济等门类，我所热爱的是义理之学，并且将自己的工作设定为在新的历史条件下展开中国义理学的阐扬与重建。本书直接的、显性的追求，是依据文本对阳明思想做出尽可能全面、准确的分析和解释。这样的分析和解释有什么意义呢？我希望不仅仅可以为研究心学的学者提供一个可行的理解思路，而且也将并非研究心学的学者纳入自己的视野之中。陈来先生在题为《蒙培元后期的朱熹哲学研究》的演讲中提到的蒙培元先生在《朱熹哲学十论》中展现出的姿态，是非常令我向往的。陈先生说："他是站在一个怎么来挖掘朱熹哲学里边的那些普遍的价值和普遍的哲学观念的角度，换句话说就是，更关注朱熹哲学里面哲学的普遍性，从而把朱熹哲学讨论和现代哲学加以对接，这是他的问题意识，我觉得这个是非常可贵的。"我自然没有能力直接回应现代哲学的诸多问题，不过除了为研究心学的学者提供参考以外，非研究心学的学者也能够从本书中吸收有益的营养，是本书潜在的、长远的追求。

这样的追求并不是可有可无的。因为心学在后世有着广泛的影响，有更多人对心学的内在理路有所了解是非常重要的。以往心学在东亚世界既有被误解，也有被误用的历史，心学怎样成为今天我们开创思想新局的正面的思想资源，抑或心学是否有可能成为正面的资源，这是我潜在的问题意识。只有澄清了心学自身的逻辑，展示出其可能存在的问题，以及如何避免这些问题，心学才可能既不被误解，也不被误用，从而进入开创思想新局的潮流中，并成为积极的思想资源。

除了各章标题显示出的关键概念、命题之外，我在本书中还尝试提出和讨论若干重要问题，比如宋明儒学的两个维度（具体普遍性的核心关切与自然生生的双重目标）、宋明儒学的分派问题（从工夫角度可以分为典型的四派）、理学心学异同问题（将本体理解为内含动力的准则还是内含准则的动力，在工夫中是否直接凭借本心，在本体与现实关系上主张分而不离还是合而不混）、陆王异同问题（是否基本上完全凭借本心）、阳明龙溪异同问题（是否基本上完全凭借本心）、阳明学的特质问题（认为本体与现实是合而不混的关系，主张即用是体与发自先天、后天的两种因素并用）、阳明后学对阳明思想的继承与偏离问题（后学朝着离用言体与用即是体两个方向分化）等。其中，我认为即用是体是能反映阳明心学特征的一个非常核心的术语。它首先意味着直接发自体的用是体，由此打破主要从与现实相对的规范的角度理解本体的倾向。因为它强调凡是符合体的用都可以称为体，所以从中可以体会到心学对人积极顺应本心而行动，从而发掘每个人多元的潜能的鼓励；当然如果不慎加运用，没有意识到自我调节是本心的内在要求的话，这一思想也存在着规范性的制约相对较弱，容易滑向凡用都是体的狂热和执迷的缺陷。只不过，由于阳明特别强调良知本心以及真诚恻怛，而这是一种直面内心最直接感受的取向，是一种发自本心不容自已的对人和物的爱，这种爱又能一定程度上使人避免陷入狂热或执迷。

在研究过程中，我特别注意以下几个问题。

第一，着眼于周、张、二程、朱、陆、王代表的宋明儒学整体来研究阳明的思想，尤其侧重于看出朱、陆、王等不同思想家各自的特色与价值，尽量避免门户之见，而展现出各家观点的固有思路及其内在问题。

第二，着眼于思想的内在结构，以关键概念和命题为切入点展开研究。相比于思想随着时间的演变，我更重视的是思想内在的一贯性。对阳明等儒者的经典诠释是否符合原意的问题，我也较少关注，而只是关注梳理和评价儒者借助经典进行的思想阐发。

第三，将研究建立在全面、深入、细致的文本解读上，使结论有坚实的文本支撑。在文本的择取上，除了《传习录》《大学问》《年谱》等传统文献，我也大量引用了《传习录拾遗》《遗言录》《稽山承语》，以及散见于《明儒学案》等处的阳明语录。

第四，关注和回应阳明后学与晚明学者对阳明思想的继承与发展、修正与偏离，吸收和回应广义的现代新儒家冯友兰、梁漱溟、钱穆、马一浮、熊十力、唐君毅、牟宗三、徐复观等学者的研究成果，吸收和回应陈来、杨国荣、吴震、向世陵、钱明、董平、张学智、陈立胜等阳明学以及宋明理学研究专家的研究，回应岛田虔次、荒木见悟、冈田武彦、耿宁、倪德卫等海外学者的研究。对于年轻学者近来的研究，我也在力所能及的范围内加以吸收。其中多少有一些自己的观点，如果对前贤时彦有所批评，那我想借杨泽波老师在《贡献与终结：牟宗三儒学思想研究》导言中的话说：批评往往是尊重的表现。

全书篇幅较长，从其中任何一章切入开始阅读都可以。开头虽然是"导论"，但难度一点也不低，因为把最核心的观点都表达出来了，所以这部分更准确的名称应该是"总论"。尽管在我心目中在一条线索贯穿到底的前提下层层深入、步步推进才是更好的写法，但是我自觉并没有这样的能力，而且各章原是单篇文章，修改起来也太费力，其中排在后面的几章还是较早写完的。原本我认为四句教之类问题是阳明学中较难的部分，应该放在最后来研究，不过吊诡的是，四句教部分反而成为我最早完成的部分之一，以至于出现了章节次序与完成次序前后颠倒的情况。

更何况，如果考虑到中国古代思想家的言说结构，那么采用层层深入、步步推进的写法，就会首先面临引文的问题。正如徐复观先生所说："西方哲学家的思想结构，常即表现为他们的著作的结构。他们的著作的展开，即是他们思想的展开，这便使读者易于把握。但中国的思想家，很少是有意识地以有组织的文章结构来表达他们思想的结构，而常是把他们的中心论点，分散在许多文字单元中去；同时，在同一篇文字中又常关涉到许多观念、许多问题。即使在一篇文章或一段语录中是专谈某一观念、某一问题，也常只谈到某一观念、某一问题、对某一特定的人或事所需要说明的某一侧面，而很少下一种抽象的可以概括全般的定义或界说。"如果单纯采用层层深入、步步推进的写法的话，就难免过度切割引文的问题。

以上是对本书写作背景、过程和思路的说明，事实上，本书是在我全盲的情况下完成的。这几年我的视力大不如前，完全没办法看书，甚至于正常走路都不行，幸亏有了适用于盲人的读屏软件，才使我的学术生命得以继续。感谢现代科技的帮助，让残疾人有了更多用武之地。也感谢2016年以来在我最困难的时候在生活、工作、医疗等各个方面给我无私帮助的亲友。尤其值得纪念的是，在我博士毕业以后吴震老师仍然不遗余力地帮我修改论文，在生活和工作的各个方面都给我指导、鼓励和提携，这既让我汗颜，也让我感激。吴老师还在百忙之中为本书写了序言，对本书多有肯定。当然我心里明白自己离吴老师的期许还有很大的距离，今后还需要好好努力。年逾古稀的朱杰人教授帮我写了亲笔推荐信，徐洪兴老师在我找工作的时候也帮我做了推荐，这些都让我一直非常感念。我刚到广州的时候，素不相识的张丰乾老师第一时间打来电话了解我有什么困难，仔细询问之下才知道原来是孙钦香师姐主动请张老师关心我的情况。同样毕业于关西大学的两位学姐韩一瑾和邹双双以及吴震老师帮忙联系的孙占卿老师更是给了我难以想象的巨大帮助。时任中山大学常务副校长、副书记余敏斌教授帮我治疗过眼睛，作为中山大学的领导，他的爱才、惜才之心让我印象深刻。在他的关心下，在杨扬帆教授的具体安排下，由张少冲、魏雁涛教授亲自帮我做了数次手术。几年来我在中山大学眼科医院得到了良好的治疗，视力一度大为好转。后来由于增生膜的生长，视力再次下降，在读屏软件能够帮我恢复工作能力的情况下，我选择了暂时停止治疗，以便等待更成熟的手术时机。

以下我还要列出一个长长的感谢名单，尽管如此，我想这个名单也一定是挂一漏万的。

感谢陈来、杨国荣、郭齐勇、蔡方鹿、徐洪兴、龚隽、向世陵、陈少明、李兰芬、陈立胜、龚隽、张丰乾、陈迎年、陈畅、郭亮、刘勇、李长春、陈乔见、赖区平、苏晓冰、包佳道、赖尚清、蔡祥元、郑泽绵、刘增光、邱维平、李旭、杨少涵、王格、肖芬芳、邹建峰、张亦辰等师友以及投稿时的匿名审稿人对本书各个章节的宝贵指教。感谢罗传芳、卢宣宇、朱晓江、蒋金珅、李巍、徐翔、黄文红、陆继萍、张瑞臣、徐公喜、邱忠善、陈乔见、殷慧、陈明、尹邦志、张发贤、陈真、杨翌琳、胡星华、刘菡、张新国、徐福来、刘丰、廖璨璨、廖晓炜、杨春梅、张方玉、郑治文、陈畅、徐嘉、万旭、肖国荣、罗苹、叶达、钱果长、孙海燕、方英敏、张娅等老师的厚爱和出色工作，使本书的部分章节或段落得以及时跟读者见面，感谢《新华文摘》《高等学校文科学术文摘》《哲学文摘》《中国哲学》等各大文摘转载多篇文章的标题、摘要、部分内容甚至全文。感谢陈立胜、吴宁、赖区平、王堃、陈畅、张锦枝、王格、廖璨璨、程方毅、张新国、张发贤、赵金刚、高海波、朱人求、陈琳、李敬峰、秦晋楠、殷慧、邱维平、匡钊、邓国元、王庆节、谢晓东、冯兵、王硕等师友提供讲座和参加会议的机会，使我有机会将尚不成熟的作品拿出来向方家请教。当然，跟会议和期刊论文比起来，本书做了大量修改和补充，这是不用赘言的。

记得 2017 年参加中山大学哲学系陈立胜老师主持的一次会议之前，我请评论人郭亮老师一定要多多批评，结果郭老师提前手写了满满 4 页 A4 纸的意见，并在评论环节择取重要的部分读出来。由于评论的内容实在太多，以至于主持人刘海滨老师只好数次打断郭老师。郭老师的认真细致以及深厚情谊让我至今感念不已。像这样的例子还有很多，这些年来得到的关心和帮助我都铭记在心。

本书的不少内容在"《传习录》"、"中国哲学经典选读（王阳明）"，以及"中国近世思想"等课程上讲过，一些灵感则是来自多次讲授的"宋明儒学"和"中国哲学经典研读（朱子）"课程。感谢博雅学院的本科生和研究生参与课程时认真听讲，并且提供了很多有意义的思考。此外还要感谢李进杰、林泓桦、尤伊娜、王闻卿、杨璎珞、宋习良、陈致至、李彤、张子圆、盛子涵、戴佳希、李文锦、盛汀苑、叶乐扬、梁雨婷、龚克等同学在查找资料、校对引文和修订文字方面付出的诸多努力。

还要感谢中国社会科学研究院、《哲学研究》编辑部姜妮伶老师介绍我认识了社会科学文献出版社的奚亚男老师，我在购买《哲学研究》杂志时随意提起书稿出版的事宜，奚老师非常热情地对我的问题进行了解答。在了解了社会科学文献出版社的情况以后，我决定委托他们出版自己的第一部专著。2023 年 8 月我与社会科学文献出版社副社长梁艳玲以及奚老师当面仔细讨论了出版的具体事宜，她们给了我很多有益的意见。本书得以出版，凝结了梁副社长、奚亚男老师、责任编辑卫羚老师以及文稿编辑田正帅老师的努力，对此我表示诚挚的感谢。

最后还要感谢中山大学的资助，本书的出版获得中山大学研究生教育质量提升专项计划（24200-18842270）和中山大学中央高校基本科研业务费专项资金（22wkqb01）的资助，感谢谢湜副校长对我科研和教学工作的肯定与鼓励，感谢中山大学博雅学院各位同事特别是历任领导甘阳、郝雅娟、谢湜、龙波、陈建洪、曾佳妮、樊峰会、王承教，以及哲学系中国哲学团队冯达文、陈少明、陈立胜、张永义、杨海文、周春健、张卫红、李长春、刘伟、马永康、郑淑红、赖区平、张清江、王慧宇等老师对我研究、教学的支持，感谢爸爸和老梦的陪伴和照顾。老梦在最初有关真诚恻怛、无善无恶的论文中也给予了我很多有益的启发，并在我写出让她觉得眼前一亮的段落时，从来不吝啬对我的赞扬。

最为遗憾的是妈妈傅秀招已于 2015 年 7 月我博士毕业在即的时候病逝，爸爸傅才忠于 2023 年 11 月我已度过最困难的时期之后病逝，他们都没有机会看到这部作品，这让我感到莫大的痛苦。他们生前不仅要担心我出远门的时候磕着绊着，还要目睹我走路都要人牵，碗筷都要人告诉，这种辛酸是旁人难以想象的。如今他们不用再为我忍受这样的痛苦，也不用忍受病痛的折磨，这是我唯一可以安慰自己的地方。至于生活本身的困难，我并不畏惧。

希望读者能有不错的阅读体验，也欢迎读者通过我在中山大学主页提供的邮箱进行交流。

2022 年 1 月初稿于广州中山大学

2023 年 12 月终稿于广州中山大学

图书在版编目（CIP）数据

即用是体 : 阳明学深度解读 / 傅锡洪著 . -- 北京 :
社会科学文献出版社 , 2024. 8（2025.2 重印）. -- ISBN 978-7-5228
-4063-5

Ⅰ . B248.25

中国国家版本馆 CIP 数据核字第 2024JA9854 号

即用是体
——阳明学深度解读

著　　者 / 傅锡洪

出 版 人 / 冀祥德
责任编辑 / 卫　羚
文稿编辑 / 田正帅
责任印制 / 王京美

出　　版 / 社会科学文献出版社·人文分社（010）59367215
　　　　　 地址：北京市北三环中路甲29号院华龙大厦　邮编：100029
　　　　　 网址：www.ssap.com.cn
发　　行 / 社会科学文献出版社（010）59367028
印　　装 / 北京联兴盛业印刷股份有限公司

规　　格 / 开　本：787mm×1092mm　1/16
　　　　　 印　张：45.75　字　数：630 千字
版　　次 / 2024年8月第1版　2025年2月第2次印刷
书　　号 / ISBN 978-7-5228-4063-5
定　　价 / 238.00元

读者服务电话：4008918866